U0145482

就業服務乙級技術士證照考試（學科、術科）

重點中的重點，不囉嗦，讓你一本就 *PASS*～

第二版

李聰成——著

五南圖書出版公司 印行

自序

　　從事乙級就業服務技術士考照輔導工作，業已超過十年，來自各大學、公（工）會、協會及商業總會的邀課，授課的地區遍及臺北市、新北市、桃園市、新竹市、臺中市、彰化縣、雲林縣、臺南市及高雄市等，每年大約開設三十餘班。

　　經常有學員參加技能檢定考試不知如何準備，沒有掌握要領，不得其門而入，往往鎩羽而歸。有鑑於此，多年來很多的考生不斷地要求本人，編著一本針對「乙級就業服務」考試用書。因此，為了服務全省考生，本人將數十年來的教學經驗，彙成一本考試用書，期盼可以協助考生順利取得乙級就業服務證照。

　　本書完成出版，首先要感恩靈魂伴侶芷豫夫人，不斷地支持及鼓勵，讓我有強大的能量與動力不斷向前邁進、提昇。非常感謝五南文化出版公司副總編輯黃惠娟小姐這五年來的邀約，您不斷鞭策及追蹤進度，最終得以完成。最後感謝新北市就業服務商業同業公會理事長張宏昌、臺北市就業服務商業同業公會理事長滕翔安及臺南市就業服務商業同業公會理事長凌榮廷等的聯合推薦。

技術士技能檢定就業服務職類規範

95 年 1 月 18 日行政院勞工委員會勞中二字第 0950200091 號書函

96 年 1 月 5 日行政院勞工委員會勞中二字第 0960200025 號函修正

101 年 1 月 13 日行政院勞工委員會勞中一字第 1000100380 號令修正

111 年 7 月 15 日勞動部勞動發能字第 1110509299 號令修正

級　　別：乙級

工作範圍：依據就業服務法第三十五條規定，從事職業介紹、人力仲介、招募、職涯諮詢輔導，及外國人引進、聘僱、管理事項。

應具知能：應具備下列各項技能及相關知識。

工作項目	技能種類	技能標準	相關知識
一、職業介紹、人力仲介及外國人引進、聘僱、管理事項	(一) 熟悉勞動相關法令	能熟悉並正確引用勞動相關法令。	瞭解勞動法令及共通性專業知識： (1) 就業服務法及其相關子法。 (2) 就業保險法及其相關子法。 (3) 職業訓練法及其相關子法。 (4) 個人資料保護法及其相關子法。 (5) 身心障礙者權益保障法（就業促進）。 (6) 中高齡者及高齡者就業促進法及其相關子法。 (7) 外國專業人才延攬及僱用法（不含申請簽證、居留、所得稅、公立學校教師退休、全民健康保險相關規定）。 (8) 勞動基準法及其相關子法。 (9) 性別工作平等法。 (10) 勞工保險條例。 (11) 勞工職業災害保險及保護法。 (12) 勞工退休金條例。 (13) 勞資爭議處理法。 (14) 大量解僱勞工保護法。 (15) 就業市場基本概念與資訊蒐集及分析運用。 (16) 職業道德及專業倫理。 (17) 社會資源運用（含公立及私立就業服務機構、社會福利機構、職業訓練機構等社會資源運用）。
	(二) 蒐集、分析及應用	能蒐集、分析及應用就業市場相關資訊。	
	(三) 專業精神及職業倫理	能具有專業精神及職業倫理。	
	(四) 管理顧客關係	能蒐集、分析與應用顧客（求職者及求才者）資料，以規劃及提供更符合顧客需求之服務。	
	(五) 運用政府及社會資源	能有效運用社會及政府相關資源。	

工作項目	技能種類	技能標準	相關知識
二、招募	㈠面試技巧	能嫻熟面試之種類、方式及技巧。	瞭解招募相關概念及方法：
	㈡分析職務及職能	能分析職務與職能所需之專業能力及條件。	⑴求職求才面試之種類、方式及技巧。 ⑵行職業概念、分類及分析方法。
	㈢就業媒合會談技巧	能熟悉應用就業媒合會談之相關技巧。	⑶就業媒合會談技巧概論及實務。
三、職涯諮詢輔導	㈠簡易職業心理測驗及分析	能進行簡易職業心理測驗及分析。	瞭解職涯諮詢輔導之相關理論、技巧及運用職業心理測驗工具技術：
	㈡職涯發展概念及諮詢技術	1. 能熟悉職涯發展概念及諮詢技術。 2. 能協助求職者擬訂職涯發展計畫。	⑴職業心理測驗（含重要工具簡介及分析運用）。 ⑵職涯發展與規劃重要理論及技術。
	㈢職場情緒管理及人際溝通	能協助顧客（求職者及在職有諮詢輔導需求者）做好職場情緒管理及人際溝通。	⑶情緒管理與人際溝通之理論及技術。

CONTENTS
目　錄

職業訓練法

職業訓練法

修正日期：民國 104 年 07 月 01 日

第一章　總則

第 1 條

為實施職業訓練，以培養國家建設技術人力，提高工作技能，促進國民就業，特制定本法。

第 2 條

本法所稱主管機關：在中央為勞動部；在直轄市為直轄市政府；在縣（市）為縣（市）政府。

第 3 條

本法所稱職業訓練，指為培養及增進工作技能而依本法實施之訓練。

職業訓練之實施，分為養成訓練、技術生訓練、進修訓練及轉業訓練。

主管機關得將前項所定養成訓練及轉業訓練之職業訓練事項，委任所屬機關（構）或委託職業訓練機構、相關機關（構）、學校、團體或事業機構辦理。

接受前項委任或委託辦理職業訓練之資格條件、方式及其他應遵行事項之辦法，由中央主管機關定之。

歷屆考題（101-1-2）

請列舉任 2 項職業訓練的實施類別？（4分）

答案

1. 養成訓練　　　　　　　　2. 技術生訓練
3. 進修訓練　　　　　　　　4. 轉業訓練

第 4 條

職業訓練應與職業教育、補習教育及就業服務，配合實施。

職業訓練法施行細則

第 2 條

本法第四條所定職業訓練及就業服務之配合實施，依下列規定辦理：

一、職業訓練機構規劃及辦理職業訓練時，應配合就業市場之需要。

二、職業訓練機構應提供未就業之結訓學員名冊，送由公立就業服務機構推介就業。

三、職業訓練機構應接受公立就業服務機構之委託，辦理職業訓練。

四、職業訓練機構得接受其他機構之委託，辦理職業訓練。

第 4-1 條

中央主管機關應協調、整合各中央目的事業主管機關所定之職能基準、訓練課程、能力鑑定規範與辦理職業訓練等服務資訊，以推動國民就業所需之職業訓練及技能檢定。

第二章　職業訓練機構

第 5 條

職業訓練機構包括左列三類：

一、政府機關設立者。

二、事業機構、學校或社團法人等團體附設者。

三、以財團法人設立者。

職業訓練機構、就業服務機構種類
職業訓練機構種類
1. 政府機關設立者
2. 事業機構、學校或社團法人等團體附設者
3. 以財團法人設立者
就業服務機構種類
1. 公立就業服務機構，由政府機關設置者
2. 私立就業服務機構，由政府以外之私人或團體所設置

依職業訓練法第 5 條規定，職業訓練機構分為哪 3 種？（6分）

答案

1. 政府機關設立者
2. 事業機構、學校或社團法人等團體附設者
3. 以財團法人設立者

第 6 條

職業訓練機構之設立，應經中央主管機關登記或許可；停辦或解散時，應報中央主管機關核備。

職業訓練機構，依其設立目的，辦理訓練；並得接受委託，辦理訓練。

職業訓練機構之設立及管理辦法，由中央主管機關定之。

職業訓練機構設立及管理辦法

第 4 條

職業訓練機構應有專用教室、訓練場所、訓練設備及配置飲水及盥洗設備等，並符合訓練品質規範。

專用教室面積不得少於三十平方公尺，每一學員平均使用面積不得少於一點三平方公尺；但其他法規另有特別規定者，從其規定。

第 5 條

職業訓練機構應置職業訓練師，按其訓練容量，每十五人至少置職業訓練師一人，未滿十五人者，以十五人計算。

第 6 條

政府機關設立職業訓練機構及公營事業機構或公立學校附設職業訓練機構，應先報請各該直接監督機關核准後，檢附下列文件，送請中央主管機關登記及發給設立證書。

第 7 條

財團法人設立職業訓練機構及民營事業機構、社團法人或財團法人附設職業訓練機構之許可程序，應報請申請設立職業訓練機構所在地之地方主管機關審核後，送請中央主管機關許可及發給設立證書。

依職業訓練法規定，職業訓練機構之設立應經中央主管機關登記或許可，並訂有職業訓練機構設立及管理辦法，請依該辦法第 6 條及第 7 條規定回答下列問題：

㈠ 請分別說明採登記制、許可制之設立主體為何？（6分）

㈡ 申請設立登記應先報請何機關核准？（1分）再送請何機關登記？（1分）申請設立許可應報請何機關審核？（1分）再送請何機關許可？（1分）

答案

㈠ 1. 登記制——政府機關設立職業訓練機構及公營事業機構或公立學校附設職業訓練機構。

2. 許可制──財團法人設立職業訓練機構及民營事業機構、社團法人或財團法人附設職業訓練機構。

㈡ 1. 各該直接監督機關　　　　　　2. 中央主管機關

　　3. 所在地之地方主管機關　　　　4. 中央主管機關

歷屆考題（112-3-2）

依據職業訓練機構設立及管理辦法規定，企業欲申請為職業訓練機構，辦理電腦軟體應用單一職類進修訓練，訓練容量為 40 人，其專用教室面積不得少於多少平方公尺？（2 分）按其訓練容量至少需有職業訓練師幾人？（2 分）

答案

　1. 52 平方公尺　　　　　　　　　2. 3 人

第三章　職業訓練之實施

第一節　養成訓練

第 7 條

養成訓練，係對十五歲以上或國民中學畢業之國民，所實施有系統之職前訓練。

第 8 條

養成訓練，除本法另有規定外，由職業訓練機構辦理。

第 9 條

經中央主管機關公告職類之養成訓練，應依中央主管機關規定之訓練課程、時數及應具設備辦理。

第 10 條

養成訓練期滿，經測驗成績及格者，由辦理職業訓練之機關（構）、學校、團體或事業機構發給結訓證書。

第二節　技術生訓練

第 11 條

技術生訓練，係事業機構為培養其基層技術人力，招收十五歲以上或國民中學畢業之國民，所實施之訓練。

技術生訓練之職類及標準，由中央主管機關訂定公告之。

技術生者

指依中央主管機關規定之技術生訓練職類中以學習技能為目的，接受雇主訓練之人。

第 12 條

事業機構辦理技術生訓練，應先擬訂訓練計畫，並依有關法令規定，與技術生簽訂書面訓練契約。

第 13 條

主管機關對事業機構辦理技術生訓練，應予輔導及提供技術協助。

第 14 條

技術生訓練期滿，經測驗成績及格者，由事業機構發給結訓證書。

第 5 條

事業機構辦理技術生訓練，應由具備左列資格之技術熟練人員擔任技術訓練及輔導工作：

一、已辦技能檢定之職類，經取得乙級以上技術士證者。

二、未辦技能檢定之職類，具有五年以上相關工作經驗者。

歷屆考題（112-3-2）

依據職業訓練法施行細則規定，事業機構辦理技術生訓練，屬未辦技能檢定之職類，應由具有幾年以上相關工作經驗之技術熟練人員擔任技術訓練及輔導工作？（2分）

答案

五年以上

第三節　進修訓練

第 15 條

進修訓練，係為增進在職技術員工專業技能與知識，以提高勞動生產力所實施之訓練。

第 16 條

進修訓練，由事業機構自行辦理、委託辦理或指派其參加國內外相關之專業訓練。

歷屆考題（109-2-3）

依職業訓練法規定，進修訓練係為增進在職技術員工專業技能與知識，以提高勞動生產力所實施之訓練，請試述進修訓練之方式，除由事業單位自行辦理外，還有那2種方式？（4分）

答案

1. 委託辦理　　　　　　　　2. 指派其參加國內外相關之專業訓練

第 17 條

事業機構辦理進修訓練，應於年度終了後二個月內將辦理情形，報主管機關備查。

歷屆考題（108-1-2）

依職業訓練法規定，事業機構辦理進修訓練，應於年度終了後幾個月內將辦理情形，報主管機關備查？（2分）

答案

二個月內

第四節　轉業訓練

第 18 條

轉業訓練，係爲職業轉換者獲得轉業所需之工作技能與知識，所實施之訓練。

第 19 條

主管機關爲因應社會經濟變遷，得辦理轉業訓練需要之調查及受理登記，配合社會福利措施，訂定訓練計畫。

主管機關擬定前項訓練計畫時，關於農民志願轉業訓練，應會商農業主管機關訂定。

第 20 條

轉業訓練，除本法另有規定外，由職業訓練機構辦理。

職業訓練

定義	指為培養及增進工作技能而依本法實施之訓練	
類型 （種類）	意義	辦理單位（方式）
養成 訓練	係對十五歲以上或國民中學畢業之國民，所實施有系統之職前訓練。	職業訓練機構
技術生 訓練	係事業機構為培養其基層技術人力，招收十五歲以上或國民中學畢業之國民，所實施之訓練。	事業機構
進修 訓練	係為增進在職技術員工專業技能與知識，以提高勞動生產力所實施之訓練。	1. 事業機構自行辦理 2. 委託辦理 3. 指派其參加國內外相關之專業訓練 （事業機構辦理進修訓練，應於年度終了後二個月內將辦理情形，報主管機關備查。）
轉業 訓練	係為職業轉換者獲得轉業所需之工作技能與知識，所實施之訓練。	職業訓練機構 （主管機關為因應社會經濟變遷，得辦理轉業訓練需要之調查及受理登記，配合社會福利措施，訂定訓練計畫。）

歷屆考題（106-2-4）

職業訓練法第 19 條規定：主管機關爲因應社會經濟變遷，得辦理哪一種職業訓練需要之調查及受理登記，配合哪一種措施，訂定訓練計畫？（2分）

答案

1. 轉業訓練　　　　　　　　　2. 社會福利措施

第五節（刪除）

第 21 條

（刪除）

第 22 條

（刪除）

第 23 條

（刪除）

第四章　職業訓練師

第 24 條

職業訓練師，係指直接擔任職業技能與相關知識教學之人員。

職業訓練師之名稱、等級、資格、甄審及遴聘辦法，由中央主管機關定之。

第 25 條

職業訓練師經甄審合格者，其在職業訓練機構之教學年資，得與同等學校教師年資相互採計。其待遇並得比照同等學校教師。

前項採計及比照辦法，由中央主管機關會同教育主管機關定之。

第 26 條

中央主管機關，得指定職業訓練機構，辦理職業訓練師之養成訓練、補充訓練及進修訓練。

前項職業訓練師培訓辦法，由中央主管機關定之。

職業訓練師培訓辦法

第 4 條

職業訓練師之養成訓練，以大學、專科以上相關科系、高級中等學校畢業或持有乙級技術士證，已服畢兵役或免服兵役之國民為對象，實施有系統之職前訓練。

第 8 條

職業訓練師補充訓練，係對在職人員已擔任或準備擔任職業訓練教學工作，並已具備部分之職業訓練師應具條件者，就其尚未具備部分之條件，施予相關課程之訓練。

第 11 條

職業訓練師進修訓練，係對在職之職業訓練師施予專業學科、專業術科、教育專業科目或相關法規與知識之一般科目等之訓練。

職業訓練與職業訓練師之類型					
職業訓練	養成訓練	技術生訓練	進修訓練	轉業訓練	
職業訓練師	養成訓練		進修訓練		補充訓練

第五章　事業機構辦理訓練之費用

第 27 條

應辦職業訓練之事業機構，其每年實支之職業訓練費用，不得低於當年度營業額之規定比率。其低於規定比率者，應於規定期限內，將差額繳交中央主管機關設置之職業訓練基金，以供統籌辦理職業訓練之用。

前項事業機構之業別、規模、職業訓練費用比率、差額繳納期限及職業訓練基金之設置、管理、運用辦法，由行政院定之。

第 28 條

前條事業機構，支付職業訓練費用之項目如左：

一、自行辦理或聯合辦理訓練費用。

二、委託辦理訓練費用。

三、指派參加訓練費用。

前項費用之審核辦法，由中央主管機關定之。

第 29 條

依第二十七條規定，提列之職業訓練費用，應有獨立之會計科目，專款專用，並以業務費用列支。

第 30 條

應辦職業訓練之事業機構，須於年度終了後二個月內將職業訓練費用動支情形，報主管機關審核。

第六章　技能檢定、發證及認證

第 31 條

為提高技能水準，建立證照制度，應由中央主管機關辦理技能檢定。

前項技能檢定，必要時中央主管機關得委託或委辦有關機關（構）、團體辦理。

第 31-1 條

中央目的事業主管機關或依法設立非以營利為目的之全國性專業團體，得向中央主管機關申請技能職類測驗能力之認證。

前項認證業務，中央主管機關得委託非以營利為目的之專業認證機構辦理。

前二項機關、團體、機構之資格條件、審查程序、審查費數額、認證職類、等級與期間、終止委託及其他管理事項之辦法，由中央主管機關定之。

第 31-2 條

依前條規定經認證之機關、團體（以下簡稱經認證單位），得辦理技能職類測驗，並對測驗合格者，核發技能職類證書。

前項證書之效力比照技術士證，其等級比照第三十二條規定；發證及管理之辦法，由中央主管機關定之。

第 32 條

辦理技能檢定之職類，依其技能範圍及專精程度，分甲、乙、丙三級；不宜分三級者，由中央主管機關定之。

技術士技能檢定及發證辦法

第 5 條

技能檢定職類分為甲、乙、丙三級，不宜分三級者，定為單一級。

歷屆考題（108-1-2）

中央主管機關辦理技能檢定之職類，依其技能範圍及專精程度，除不宜分級外，可分哪幾級？（2分）

答案

甲、乙、丙三級

第 33 條

技能檢定合格者稱技術士，由中央主管機關統一發給技術士證。

技能檢定題庫之設置與管理、監評人員之甄審訓練與考核、申請檢定資格、學、術科測試委託辦理、術科測試場地機具、設備評鑑與補助、技術士證發證、管理及對推動技術士證照制度獎勵等事項，由中央主管機關另以辦法定之。

技能檢定之職類開發、規範製訂、試題命製與閱卷、測試作業程序、學科監場、術科監評及試場須知等事項，由中央主管機關另以規則定之。

技術士技能檢定及發證辦法

第 49 條

技術士證及證書不得租借他人使用。違反規定者，中央主管機關應廢止其技術士證，並註銷其技術士證書。

應檢人有下列情形之一者，撤銷其報檢資格或學、術科測試成績，並不予發證；已發技術士證及證書者，應撤銷其技術士證，並註銷其技術士證書：

一、參加技能檢定者之申請檢定資格與規定不合。

二、參加技能檢定違反學、術科測試規定。

三、冒名頂替。

四、偽造或變造應考證件。

五、擾亂試場內外秩序，經監場人員勸阻不聽。

六、以詐術或其他不正當手法，使檢定發生不正確結果。

七、其他舞弊情事。

應檢人或參與人員涉及前項所定情形之一者，中央主管機關應通知其相關學校或機關依規定究辦，其涉及刑事責任者，中央主管機關應移送檢察機關。

中央主管機關於撤銷技術士證或註銷技術士證書時，應通知相關中央目的事業主管機關。

歷屆考題（110-3-4）

請依職業訓練法授權訂定的技術士技能檢定及發證辦法第 49 條規定，回答下列問題：

(一)取得技術士證者有何種情形作為，中央主管機關應廢止其技術士證。（4分）

(二)請依第49條第2項第1款至第6款規定，中央主管機關應撤銷技術士技能檢定應檢人報檢資格或學、術科測試成績或已發技術士證的6種情形中，任舉3種違反規定情形。（6分）

答案

(一)技術士證及證書租借他人使用。

(二) 1. 參加技能檢定者之申請檢定資格與規定不合。

　　2. 參加技能檢定違反學、術科測試規定。

　　3. 冒名頂替。

　　4. 偽造或變造應考證件。

　　5. 擾亂試場內外秩序，經監場人員勸阻不聽。

　　6. 以詐術或其他不正當手法，使檢定發生不正確結果。

　　7. 其他舞弊情事。

第 34 條

進用技術性職位人員，取得乙級技術士證者，得比照專科學校畢業程度遴用；取得甲級技術士證者，得比照大學校院以上畢業程度遴用。

歷屆考題（107-3-3）

事業單位進用技術性職位之人員甲，依職業訓練法規定，取得乙級技術士證者，得比照哪一層級學校畢業程度遴用？（2分）取得甲級技術士證者，得比照哪一層級校院以上畢業程度遴用？（2分）

答案

1. 專科學校畢業程度　　　　　　2. 大學校院以上畢業程度

第 35 條

技術上與公共安全有關業別之事業機構，應僱用一定比率之技術士；其業別及比率由行政院定之。

第七章　輔導及獎勵

第 36 條

主管機關得隨時派員查察職業訓練機構及事業機構辦理職業訓練情形。

職業訓練機構或事業機構，對前項之查察不得拒絕，並應提供相關資料。

第 37 條

主管機關對職業訓練機構或事業機構辦理職業訓練情形，得就考核結果依左列規定辦理：

一、著有成效者，予以獎勵。

二、技術不足者，予以指導。

三、經費困難者，酌予補助。

第 38 條

私人、團體或事業機構，捐贈財產辦理職業訓練，或對職業訓練有其他特殊貢獻者，應予獎勵。

第 38-1 條

中央主管機關為鼓勵國民學習職業技能，提高國家職業技能水準，應舉辦技能競賽。

前項技能競賽之實施、委任所屬機關（構）或委託有關機關（構）、團體辦理、裁判人員遴聘、選手資格與限制、競賽規則、爭議處理及獎勵等事項之辦法，由中央主管機關定之。

第八章　罰則

第 39 條

職業訓練機構辦理不善或有違反法令或設立許可條件者，主管機關得視其情節，分別為下列處理：

一、警告。

二、限期改善。

三、停訓整頓。

四、撤銷或廢止許可。

第 39-1 條

依第三十一條之一規定經認證單位，不得有下列情形：

一、辦理技能職類測驗，為不實之廣告或揭示。

二、收取技能職類測驗規定數額以外之費用。

三、謀取不正利益、圖利自己或他人。

四、會務或財務運作發生困難。

五、依規定應提供資料，拒絕提供、提供不實或失效之資料。

六、違反中央主管機關依第三十一條之一第三項所定辦法關於資格條件、審查程序或其他管理事項規定。

違反前項各款規定者，處新臺幣三萬元以上三十萬元以下罰鍰，中央主管機關並得視其情節，分別為下列處理：

一、警告。

二、限期改善。

三、停止辦理測驗。

四、撤銷或廢止認證。

經認證單位依前項第四款規定受撤銷或廢止認證者，自生效日起，不得再核發技能職類證書。

經認證單位違反前項規定或未經認證單位，核發第三十一條之二規定之技能職類證書者，處新臺幣十萬元以上一百萬元以下罰鍰。

第 39-2 條

取得技能職類證書者，有下列情形之一時，中央主管機關應撤銷或廢止其證書：

一、以詐欺、脅迫、賄賂或其他不正方法取得證書。

二、證書租借他人使用。

三、違反第三十一條之二第二項所定辦法關於證書效力等級、發證或其他管理事項規定，情節重大。

經認證單位依前條規定受撤銷或廢止認證者，其參加技能職類測驗人員於生效日前合法取得之證書，除有前項行為外，效力不受影響。

第 40 條

依第二十七條規定，應繳交職業訓練費用差額而未依規定繳交者，自規定期限屆滿之次日起，至差額繳清日止，每逾一日加繳欠繳差額百分之零點二滯納金。但以不超過欠繳差額一倍為限。

滯納金	
職業訓練法 第 40 條	依第二十七條規定，應繳交職業訓練費用差額而未依規定繳交者，自規定期限屆滿之次日起，至差額繳清日止，每逾一日加繳欠繳差額百分之零點二滯納金。但以不超過欠繳差額一倍為限。
就業服務法 第 55 條	雇主未依規定期限繳納就業安定費者，得寬限三十日；於寬限期滿仍未繳納者，自寬限期滿之翌日起至完納前一日止，每逾一日加徵其未繳就業安定費百分之零點三滯納金。但以其未繳之就業安定費百分之三十為限。
勞工退休金條例 第 53 條	雇主違反第十四條第一項、第十九條第一項或第二十條第二項規定，未按時提繳或繳足退休金者，自期限屆滿之次日起至完繳前一日止，每逾一日加徵其應提繳金額百分之三滯納金至應提繳金額之一倍為止。

第 41 條

本法所定應繳交之職業訓練費用差額及滯納金，經通知限期繳納而逾期仍未繳納者，得移送法院強制執行。

第九章　附則

第 42 條

（刪除）

第 43 條

本法施行細則，由中央主管機關定之。

第 44 條

本法自公布日施行。

本法修正條文，除中華民國一百年十月二十五日修正之第三十一條之一、第三十一條之二、第三十九條之一及第三十九條之二自公布後一年施行外，自公布日施行。

職業訓練法施行細則

修正日期：民國 101 年 05 月 30 日

第 1 條

本細則依職業訓練法（以下簡稱本法）第四十三條規定訂定之。

第 2 條

本法第四條所定職業訓練及就業服務之配合實施，依下列規定辦理：

一、職業訓練機構規劃及辦理職業訓練時，應配合就業市場之需要。

二、職業訓練機構應提供未就業之結訓學員名冊，送由公立就業服務機構推介就業。

三、職業訓練機構應接受公立就業服務機構之委託，辦理職業訓練。

四、職業訓練機構得接受其他機構之委託，辦理職業訓練。

歷屆考題（104-3-3）

請依職業訓練法第 4 條及其施行細則第 2 條規定，回答下列問題：

㈠職業訓練機構規劃及辦理職業訓練時，應配合哪種需要？（4分）

㈡職業訓練機構為協助推介就業，應提供未就業之結訓學員名冊至哪一機構？（3分）

㈢職業訓練機構應接受哪一機構之委託，辦理職業訓練？（3分）

答案

㈠就業市場　　　　　　　　　　㈡公立就業服務機構

㈢公立就業服務機構

第 2-1 條

中央主管機關為辦理本法第四條之一所定事項，應訂定各項服務資訊之提供期間及方式。

各中央目的事業主管機關應依前項規定配合辦理。

第 3 條

辦理未經公告職類之養成訓練，由職業訓練機構擬具訓練計畫，同時報請中央主管機關備查。

前項訓練計畫，應包括左列事項：

一、訓練職類及班別。

二、訓練目標。

三、受訓學員資格。

四、訓練期間。

五、訓練課程。

六、訓練時間配置及進度。

七、訓練場所。

八、訓練設備。

九、訓練方式。

十、經費概算。

第 4 條

養成訓練結訓證書應記載下列事項：

一、結訓學員姓名、身分證明文件字號及出生年、月、日。

二、訓練班別。

三、訓練起訖年、月、日。

四、訓練課程及其時數。

五、訓練單位名稱。

六、證書字號。

訓練單位依本法第三條第三項接受委託辦理養成訓練者，其結訓證書除應記載前項事項外，應再列明委託機關名稱。

第 5 條

事業機構辦理技術生訓練，應由具備左列資格之技術熟練人員擔任技術訓練及輔導工作：

一、已辦技能檢定之職類，經取得乙級以上技術士證者。

二、未辦技能檢定之職類，具有五年以上相關工作經驗者。

歷屆考題（112-3-2）

依據職業訓練法施行細則規定，事業機構辦理技術生訓練，屬未辦技能檢定之職類，應由具有幾年以上相關工作經驗之技術熟練人員擔任技術訓練及輔導工作？（2分）

答案

五年以上

第 6 條

事業機構辦理技術生訓練，依本法第十二條擬訂之訓練計畫，除應依第三條第二項規定辦理外，並應包括左列事項：

一、事業機構名稱。

二、擔任技術訓練及輔導工作人員之姓名及資格。

三、配合訓練單位。

第 7 條

技術生訓練結訓證書之應記載事項，準用第四條之規定。

第 8 條

（刪除）

第 9 條

（刪除）

第 10 條

本法所稱年度，爲各職業訓練機構依其應適用之年度。

第 11 條

私人、團體或事業機構對於職業訓練機構捐贈現金、有價證券或其他動產時，受贈機構應出具收據；捐贈不動產時，應即會同受贈機構辦理所有權移轉登記手續，並均應列帳。

第 12 條

本細則自發布日施行。

技術士技能檢定及發證辦法

修正日期：民國 112 年 11 月 02 日

第一章　總則

第 1 條

本辦法依職業訓練法第三十三條第二項規定訂定之。

第 2 條

中央主管機關掌理事項如下：

一、法規之訂定、修正及解釋。

二、技能檢定學科、術科題庫之建立。

三、技能檢定學科、術科收費標準之審定及支出之規定。

四、技能檢定監評人員資格甄審、訓練、考核及發證。

五、技能檢定術科測試場地及機具設備之評鑑及發證。

六、全國技能檢定計畫之訂定、公告及辦理。

七、技能檢定之專案辦理。

八、技術士證與證書之核發及管理。

九、技術士證照效用之協調推動。

十、辦理技能檢定優良單位及人員之獎勵。

十一、其他技能檢定業務之推動、辦理、監督、協調、稽核及考評。

前項第二款、第四款至第八款及第十一款業務，中央主管機關得委任所屬機關（構）辦理之。

第一項第六款全國技能檢定計畫之辦理及第七款業務，中央主管機關得委託其他機關（構）、學校或法人團體或委辦直轄市、縣（市）主管機關辦理之。

第 3 條

（刪除）

第 4 條

（刪除）

第二章　申請檢定資格

第 5 條

技能檢定職類分為甲、乙、丙三級，不宜分三級者，定為單一級。

第 6 條

年滿十五歲或國民中學畢業者，得參加丙級或單一級技術士技能檢定。

前項年齡計算，以檢定辦理單位同一梯次學科測試日期之第一日為準。

第 7 條

具有下列資格之一者，得參加乙級技術士技能檢定：

一、取得申請檢定相關職類丙級以上技術士證，並接受相關職類職業訓練時數累計八百小時以上，或從事申請檢定職類相關工作二年以上。

二、取得申請檢定相關職類丙級以上技術士證，並具有高級中等學校畢業或同等學力證明，或高級中等學校在校最高年級。

三、取得申請檢定相關職類丙級以上技術士證，並為五年制專科三年級以上、二年制及三年制專科、技術學院、大學之在校學生。

四、接受相關職類職業訓練時數累計四百小時，並從事申請檢定職類相關工作三年以上。

五、接受相關職類職業訓練時數累計八百小時，並從事申請檢定職類相關工作二年以上。

六、接受相關職類職業訓練時數累計一千六百小時以上。

七、接受相關職類職業訓練時數累計八百小時以上，並具有高級中等學校畢業或同等學力證明。

八、接受相關職類職業訓練時數累計四百小時，並從事申請檢定職類相關工作一年以上，且具有高級中等學校畢業或同等學力證明。

九、接受相關職類技術生訓練二年，並從事申請檢定職類相關工作二年以上。

十、具有高級中等學校畢業或同等學力證明，並從事申請檢定職類相關工作二年以上。

十一、具有大專校院以上畢業或同等學力證明，或大專校院以上在校最高年級。

十二、從事申請檢定職類相關工作六年以上。

前項相關職類丙級以上技術士證，由中央主管機關認定，並公告之。

第一項相關職類職業訓練及技術生訓練由中央主管機關認定，並以在職業訓練機關（構）或政府委辦單位參訓者為限。

參加國際技能競賽或國際展能節職業技能競賽之國手培訓時數，經中央主管機關認定，得納入第一項相關職類職業訓練時數。

第 8 條

具有下列資格之一者，得參加甲級技術士技能檢定：

一、取得申請檢定相關職類乙級以上技術士證，並從事申請檢定職類相關工作二年以上。

二、取得申請檢定相關職類乙級以上技術士證，並接受相關職類職業訓練時數累計八百小時以上。

三、取得申請檢定相關職類乙級以上技術士證，並接受相關職類職業訓練時數累計四百小時以上者，並從事申請檢定職類相關工作一年以上。

四、取得申請檢定相關職類乙級以上技術士證，並具有技術學院、大學畢業或同等學力證明，且從事申請檢定職類相關工作一年以上。

五、具有專科畢業或同等學力證明，並從事應檢職類相關工作四年以上。

六、具有技術學院或大學畢業或同等學力證明，並從事應檢職類相關工作三年以上。

前項相關職類乙級以上技術士證，由中央主管機關認定，並公告之。

第一項相關職類職業訓練由中央主管機關認定，並以在職業訓練機關（構）或政府委辦單位參者為限。

參加國際技能競賽或國際展能節職業技能競賽之國手培訓時數，經中央主管機關認定，得納入第一項相關

職類職業訓練時數。

第 9 條

前三條規定之申請檢定資格，中央目的事業主管機關另有法規規定者，從其規定。

申請檢定資格特殊之職類，由中央主管機關公告其申請檢定資格，必要時得會商中央目的事業主管機關後公告之。

第 9-1 條

前四條學歷證明之採認、訓練時數或工作年資之採計，計算至受理檢定報名當日為止。

第 10 條

同一職類級別之技能檢定，學科測試成績及術科測試成績均及格者，為檢定合格。

前項術科測試成績及格者，該測試成績自下年度起，三年內參加檢定時，得予保留。

不適用前二項規定之職類，由中央主管機關公告檢定合格方式。

第二項保留年限，得扣除暫停辦理檢定之年限，或配合停辦之職類縮短保留年限。

第 10-1 條

（刪除）

第 11 條

參加技能競賽之下列人員，得向中央主管機關申請免術科測試：

一、國際技能組織主辦之國際技能競賽、國際奧林匹克身心障礙聯合會主辦之國際展能節職業技能競賽，獲得前三名或優勝獎，自獲獎日起五年內參加相關職類各級技能檢定者。

二、中央主管機關主辦之全國技能競賽或全國身心障礙者技能競賽成績及格，自及格日起三年內，參加相關職類乙級、丙級或單一級技能檢定者。

三、中央主管機關主辦之分區技能競賽或經認可之機關（構）、學校或法人團體舉辦之技能及技藝競賽獲得前三名，自獲獎日起三年內，參加相關職類丙級或單一級技能檢定者。

前項得免術科測試之人員，應以獲獎日或及格日已開辦之職類擇一參加，其年限之計算依第十條第四項規定辦理。

前項得免術科測試之職類、級別及項目，由中央主管機關公告之。

第一項第三款有關經認可單位之資格條件，由中央主管機關公告之。

第三章　學、術科測試辦理

第 12 條

中央主管機關應於年度開始前公告辦理全國技能檢定之梯次、職類級別、報名及測試等相關事項，為非特定對象舉辦全國技能檢定。

中央主管機關於必要時，得為特定對象及特定目的辦理專案技能檢定。

第 13 條

受委任、委託或委辦辦理技能檢定術科測試試務工作單位，其術科測試採筆試非測驗題以外之方式者，其場地及機具設備應經中央主管機關評鑑合格。

第 14 條

受委任、委託或委辦辦理技能檢定單位有下列情形之一者，中央主管機關得終止委任、委託或委辦：

一、對參加技能檢定人員之資格有故意或重大過失審查不實，經查證屬實。

二、未依相關規定辦理各項試務工作，經通知限期改善，屆期仍未改善完成。

三、辦理職業訓練、技能檢定收取規定標準以外之費用或不當利益，經查證屬實。

四、未經許可將受委任、委託或委辦業務，再委任、委託或委辦其他單位。

五、違反本辦法及相關法令規定情節重大。

第 15 條

受委任、委託或委辦辦理專案技能檢定之下列單位，得辦理所屬特定對象技能檢定學科、術科測試試務工作：

一、政府機關設立之職業訓練機關（構）：自行辦理受訓學員技能檢定。

二、法務部所屬矯正機關：辦理收容人技能檢定。

三、事業機構：辦理在職員工技能檢定。

四、國防部所屬機關（構）：辦理國軍人員技能檢定。

五、教育部：辦理在校生技能檢定。

六、依法設立之公會：辦理所屬廠商僱用之員工技能檢定。

七、依法設立之工會：辦理所屬會員技能檢定。

八、其他依法或經專案核准之機關（構）：辦理技能檢定。

第 16 條

受委任、委託或委辦辦理專案技能檢定之單位，應符合下列資格條件：

一、政府機關設立之職業訓練機關（構）及法務部所屬矯正機關：辦理之職類，應與訓練課程相關，且當期訓練時數至少符合下列規定：

　㈠甲、乙級檢定：依職業訓練主管機關公告之養成訓練課程或報經職業訓練主管機關核准之養成訓練課程訓練完畢。

　㈡丙級檢定：八十小時以上。

二、事業機構：

　㈠依法領有登記證明文件，且營業項目與辦理技能檢定職類相關。

　㈡內部規章訂有從事某項工作須為技能檢定合格人員，或對參加技能檢定合格人員給予核敘職級、薪給等激勵措施。

　㈢為在職員工辦理短期訓練，報經該主管機關核准，並負擔或補助參檢費用。

三、國防部所屬機關（構）：為國軍人員辦理短期訓練報經國防部核准。

四、中央教育主管機關：其辦理程序及承辦單位等事項，由中央主管機關會商中央教育主管機關另定年度實施計畫規定之。

五、依法設立之公會或工會：

　㈠章程所定任務與申辦技能檢定職類具有相關性。

　㈡持有經主管機關核准設立之立案證書滿三年以上者。

㈢持有經主管機關出具證明文件確認其會務運作正常者。

㈣擬訂技能檢定推動計畫書及提經會員（代表）大會通過且列有紀錄，並報經主管機關核准者。

㈤備有一次可容納十人以上學科測試專用場地者。

㈥為其所屬會員或廠商僱用之員工辦理短期訓練，報經主管機關核准，並負擔或補助參檢費用。

第 17 條

申請檢定各項專案技能檢定人員，除符合第二章申請檢定資格外，並應符合下列資格條件：

一、受訓學員：參加職業訓練機關（構）之當期學員，且申請檢定職類與受訓課程內容相關。

二、收容人：參加法務部所屬矯正機關之當期學員，且申請檢定職類與受訓課程內容相關。

三、在職員工：經參加短期技能訓練班結訓且參加公教人員保險、勞工保險或勞工職業災害保險之在職員工。

四、國軍人員：經參加短期技能訓練班結訓之國軍官兵、軍事校院學生及國軍單位之聘僱人員。

五、在校生：為具有學籍之在校學生。

六、公會所屬廠商僱用之員工：經參加短期技能訓練班結訓，且已參加勞工保險或勞工職業災害保險者。

七、工會所屬會員：經參加短期技能訓練班結訓，且已參加勞工保險或勞工職業災害保險者。

前項申請專案技能檢定人員，同一梯次以申請一職類為限。

第 18 條

辦理專案技能檢定，應以公告之全國技能檢定職類及級別為限。但術科試題測試前列入保密之職類及級別，應經中央主管機關核准，始得辦理。

第 19 條

辦理專案技能檢定之單位，除情形特殊經中央主管機關核准者外，應符合下列事項：

一、每一梯次之同一職類同一級別參加檢定人數須在十人以上。

二、甲、乙級之學科測試採筆試測驗題方式者，須配合全國技能檢定舉辦學科測試。但中央主管機關必要時，得另定各職類級別統一學科試題及測試日期。

第四章　術科測試場地機具設備評鑑與補助

第 20 條

技能檢定術科測試採筆試非測驗題以外之方式者，其場地及機具設備應先經中央主管機關評鑑。但術科測試場地設在海上、海下或空中者，其場地得不列入評鑑。

第 21 條

申請技能檢定術科測試場地及機具設備評鑑之單位，除經中央主管機關專案核定者外，應符合下列資格之一：

一、職業訓練機構：依職業訓練機構設立及管理辦法登記或許可設立，領有職業訓練機構設立證書，且其設立證書登載之訓練職類與申請評鑑職類相關者。

二、學校：經教育主管機關核准設立之公私立高級中等以上學校，並設有與評鑑職類相關科系者。

三、事業機構：依公司法或商業登記法登記，領有公司登記證明文件或商業登記證明文件之公司行號，其所營事業與申請評鑑職類相關，且其登記資本額在新臺幣一千五百萬元以上或僱用員工人數達一百人

　　以上者。

四、團體：

　　㈠設立三年以上領有登記證書，且申請評鑑職類與其會員本業相關之工會或同業公會。

　　㈡設立三年以上領有登記證書，且申請評鑑職類與其捐助章程所定任務相關之全國性財團法人。

五、政府機關（構）或政府輔助設立之法人機構：依政府組織法規設置之機關（構）或政府輔助設立之法人機構。

歷屆考題（112-2-3-4）

依據技術士技能檢定及發證辦法第21條規定：Ａ企業申請為技能檢定術科測試場地及機具設備評鑑之單位，除經中央主管機關專案核定者外，應符合其所營事業與申請評鑑職類相關，且登記資本額在新臺幣多少元以上？（1分）或僱用員工人數達多少人以上？（1分）

答案

　1.一千五百萬元以上　　　　　　　2.一百人以上

第 22 條

中央主管機關應依各職類級別，公告技能檢定術科測試場地及機具設備評鑑自評表（以下簡稱自評表）。

中央主管機關應於每年一月底前，公告辦理當年度術科測試場地及機具設備評鑑之職類、級別。

前二項情形特殊者，得另行公告辦理。

第 23 條

申請技能檢定術科測試場地及機具設備評鑑之單位，應於依據各職類級別自評表自行評鑑符合規定後，檢附下列文件及自評表一式二份向中央主管機關申請評鑑：

一、設立證明文件影本。但機關及公立學校不在此限。

二、測試場地之土地所有權狀影本或土地登記簿謄本、建築物所有權狀影本或建築物登記簿謄本。但機關、學校或得由地政資訊網際網路服務系統進行確認者，不在此限。

三、學校應檢附與申請評鑑職類級別相關科系之課程表。

四、團體應檢附經主管機關備查之會務運作相關之證明文件。

前項第二款測試場地屬租借者，應另檢附自受理申請日起二年以上期間之租約或使用同意書。

同一場地及機具設備不得提供作為二個以上單位申請評鑑使用。

申請評鑑職類級別術科測試場地，具有獨特性、單一場地、就業市場需求、從業管理法規效用或其他情形特殊者，中央主管機關得專案核定之。

第 24 條

技能檢定術科測試場地、機具及設備評鑑之審核程序如下：

一、初審：由中央主管機關以書面審查方式為之。

二、實地評鑑：初審合格者，由中央主管機關聘請題庫命製人員或具監評人員資格者二人至三人實地評鑑，評鑑結果應填列評鑑結果表。

第 25 條

經實地評鑑合格單位，由中央主管機關核發技能檢定術科測試場地及機具設備評鑑合格證書，並載明下列事項：

一、評鑑合格者之名稱。

二、職類名稱及級別。

三、每場檢定崗位數量。

四、場地地址。

五、有效期限。

前項第一款至第四款事項或機具發生變更時，評鑑合格單位應於辦理測試前三個月內，報中央主管機關核定。

第一項第五款所稱有效期限，自發證日起算五年，場地租借期間少於五年者，有效期限與場地租約或使用同意書終止日期相同。但遇有第二十七條情事者，從其規定。

評鑑合格單位應於有效期限屆滿前三個月內重新填報自評表送中央主管機關備查。必要時，中央主管機關得隨時辦理實地評鑑。

第 26 條

中央主管機關得視經費預算編列情形，補助術科測試辦理單位技能檢定所需機具設備。

第 27 條

中央主管機關於技能檢定職類級別試題有重大修訂並更動自評表時，應於適用該新試題三個月前公告新訂自評表。

評鑑合格單位應依前項自評表重新自評，並於中央主管機關所訂期間內提出評鑑申請或填報調整情形。

第 28 條

離島地區、偏遠地區或符合第十五條第二款規定資格之單位，申請評鑑經中央主管機關核准者，不受評鑑自評表所定每場最少辦理崗位數量之限制。

符合第十五條第二款規定資格之單位，因矯治及管理需要，得向中央主管機關申請免設置自評表所定之部分場地共同設施。

第 29 條

評鑑合格單位有下列情形之一者，中央主管機關應為廢止其職類級別場地合格之處分，並註銷其合格證書：

一、場地及機具設備嚴重毀損或變更用途，致已無法辦理術科測試。

二、場地經建管、環保、消防、安全衛生或相關機關（構）檢查不符規定，經各該目的事業主管機關限期改善，屆期未改善。

三、評鑑合格後縮減場地空間、機具設備，經中央主管機關限期改善，屆期未改善。

四、拒絕接受中央主管機關委託或委辦辦理術科測試連續三次以上或五年內累計達五次以上。

五、違反第二十三條第三項規定。

六、違反第二十五條第二項規定。

七、未依第二十七條第二項規定辦理。

八、辦理技能檢定有徇私舞弊。

九、其他違反本辦法及相關法令規定情節重大。

評鑑合格單位有前項第一款、第二款情形時，應立即停止辦理技能檢定，並通知中央主管機關，未通知經查獲者，除註銷其評鑑合格證書外，不再受理其申請同職類級別場地評鑑。

第 30 條

評鑑合格單位所提供申請評鑑之資料、文件，有偽造、變造或其他虛偽不實情事者，中央主管機關得撤銷其評鑑合格證書。

第五章　監評人員資格甄審、訓練及考核

第 31 條

中央主管機關有下列情形之一者，應公告辦理監評人員資格之培訓：

一、新開發之職類級別。

二、經評估具監評人員資格者數量不足之職類級別。

三、其他有必要辦理之職類級別。

第 32 條

下列單位得向中央主管機關推派人員參加監評人員資格之培訓：

一、培訓職類之術科測試辦理單位。

二、培訓職類之技能檢定規範製訂及學、術科題庫命製人員服務單位。

三、培訓職類技能檢定術科測試場地及機具設備經評鑑合格之單位。

四、設有與培訓職類相同或相關科別之職業訓練機關（構）或學校。

五、具有與培訓職類相同技術、設備等之事業單位。

六、與培訓職類相關之職業工會、同業公會及專業團體。

七、各有關目的事業主管機關。

八、其他經中央主管機關指定者。

第 33 條

具下列資格條件之一者，得經前條單位推派或自我推薦參加監評人員資格之培訓：

一、專科學校以上畢業，現任或曾任培訓職類依法領有登記證明文件相關機構之技術人員、高中（職）以上學校教師、軍事學校教官、技術人員或職業訓練機關（構）訓練師，並從事與培訓職類相關工作達八年以上。

二、現任或曾接受中央主管機關聘請擔任培訓職類技能檢定規範製訂或學、術科題庫命製人員。

三、由各有關目的事業主管機關或中央主管機關指定推薦具有相當學經歷之專家或主管（辦）人員。

四、取得培訓職類乙級以上技術士證，並從事相關工作達十年以上。

五、高中（職）以上學校畢業，具所開辦職類級別技術士證，並從事相關工作達十三年以上，而培訓之職類未開辦乙級檢定。

六、參加國際技能競賽或國際展能節職業技能競賽，獲得優勝以上，並從事相關工作三年以上，且競賽職類與培訓職類相關。

七、參加全國技能競賽，獲得前三名，並從事相關工作八年以上，且競賽職類與培訓職類相關。

前項單位推派或自我推薦人員之甄選，由中央主管機關公開辦理。

符合第一項所列資格條件之人員，以培訓職類相關科系畢業、實際教授培訓職類相關課程並持有培訓職類技術士證者，優先遴選參加監評人員之培訓。

前項人員參加監評人員培訓，以一個職類為限。但經中央主管機關公告者，不在此限。

擔任監評相關職類之補習班等相同性質單位之負責人或行政、教學工作者，不得參加培訓。

情形特殊之職類，其資格條件得由中央主管機關專案核定之。

第 34 條

參加監評人員資格培訓者，應全程參與培訓課程，經測試成績合格取得監評人員資格後，由中央主管機關發給監評人員資格證書。

前項證書效期自發證日起算五年。

取得第一項監評人員資格證書者，於有效期間內，得向中央主管機關申請註銷監評人員資格證書。

第 35 條

中央主管機關有下列情形之一者，應對已具有監評人員資格者辦理監評人員研討：

一、技能檢定術科測試試題或監評標準有重大修訂之職類級別。

二、五年內未辦理監評研討之職類級別。

三、其他有必要辦理之職類級別。

第 36 條

參加監評研討之人員，應全程參與課程，並經測試成績合格，始得擔任該職類級別之監評工作。

具監評人員資格者，擔任監評相關職類之補習班等相同性質單位之負責人或行政、教學工作，不得參加前項研討。

未參加第一項研討、未全程參與或研討成績不合格者，暫停執行監評工作。

參加第一項研討之監評人員資格證書定有效期者，應重新核發資格證書，其效期自發證日起算五年。

因天災、事變或突發事件，致中央主管機關未能於效期內辦理第一項研討，得專案核定延長其資格效期六個月；必要時，得再延長之，每次最長為六個月。

第 36-1 條

具監評人員資格者報名參加其所擔任監評職類技能檢定術科測試，不得受聘擔任當梯次該職類所有場次監評工作。

第 36-2 條

（刪除）

第 37 條

監評人員對於術科測試成績或因職務及業務知悉或持有之祕密事項，應保守祕密。

第 38 條

具監評人員資格者，無正當理由不得拒絕至指定術科測試場地擔任監評工作。

違反前項規定者，應停止遴聘其擔任監評工作二年。

第 39 條

具監評人員資格者有下列情形之一，經查證屬實者，中央主管機關應撤銷或廢止監評人員資格證書：

一、洩漏或盜用屬於保密性試題、評審標準、評審表、參考答案、測試成績或因職務、業務知悉或持有祕密事項之資料。

二、資格證明文件有偽造、變造或其他虛偽不實情事。

三、受有期徒刑一年以上刑之宣告確定。但過失犯不在此限。

四、以詐術、冒名頂替或其他不正當手法，參加監評人員培訓或研討。

五、其他因故意或重大疏忽致影響應檢人權益或測試事宜。

前項具監評人員資格者之證書經撤銷或廢止後，其不得再參加任何職類級別監評人員資格培訓。

第 39-1 條

具監評人員資格者有下列情形之一，經查證屬實者，中央主管機關應撤銷或廢止該職類級別監評人員資格證書：

一、擔任監評相關職類之補習班等相同性質單位之負責人或行政、教學工作。

二、應檢人為其配偶、前配偶、四親等內之血親、三親等內之姻親，應自行迴避而未迴避。

三、現任或自報名梯次首日前二年內曾任應檢人之授課人員，應自行迴避而未迴避。

四、現任應檢人機關（構）、團體、學校或事業機構之首長（負責人）或直屬長官，應自行迴避而未迴避。

五、在術科測試辦理單位專任、兼任之授課人員及協同教學業界專家，監評對象為該單位學員或學生，應自行迴避而未迴避。

六、其他有具體事實足認其執行職務有偏頗之虞，應自行迴避而未迴避。

具監評人員資格者於暫停或停止執行監評工作期間有前項第一款情形者，不予撤銷或廢止監評人員資格證書。

第一項具監評人員資格者之證書經撤銷或廢止後，其不得再參加該職類級別監評人員資格培訓。

第六章　題庫設置與管理

第 40 條

中央主管機關為統一管理技能檢定試題，應設置題庫並指定管理人員負責試題管理事項。

前項管理人員應保守祕密。

第 41 條

各職類題庫命製人員之遴聘資格，應符合下列條件之一：

一、現任或曾任大學校院助理教授以上職務，並有相關科系五年以上教學經驗者。

二、大學校院以上畢業，並有十年以上相關職類教學經驗者。

三、大專以上畢業，現任或曾任檢定相關職類，政府機關或依法領有登記證明文件相關機構技術部門或訓練部門之主管職位五年以上或非主管職位八年以上者。

四、高中職以上畢業，具有現已辦理檢定相關職類最高級別技能檢定合格者，並在相關職類有現場實務經驗十年以上者或擔任相關職業訓練工作十年以上者。

五、各級主管機關或目的事業主管機關推薦之代表。

性質特殊職類之命製人員無法依前項規定遴聘時,不受前項之限制。

每一職類題庫命製人員爲六人至十二人;每人限擔任一職類題庫命製人員,但經中央主管機關專案核定者,不在此限。

第 42 條

中央主管機關遴聘前條人員,得請相關目的事業主管機關、學校、機構及團體推薦之;其經遴聘者,發給題庫命製人員聘書。

前項聘書效期,自聘任日起至當年十二月三十一日止。

第 43 條

題庫命製人員對命製過程中持有或知悉未公開之試題及其相關資料,應保守祕密,不得洩漏或據以編印書本、講義。

第 44 條

有下列情事之一者,不得遴聘爲題庫命製人員,已遴聘者應予解聘:

一、投資或經營相關職類之補習班等營利單位。

二、於技能檢定相關職類之補習班等營利單位,擔任行政或教學工作。

三、違反前條規定。

第 45 條

題庫命製人員於參與命製題庫及試題使用期間,不得報名參加該職類技能檢定。但試題使用逾二年者,不在此限。

前項命製題庫及試題使用期間,題庫命製人員有下列情形之一,應予迴避:

一、題庫命製人員之配偶、前配偶、四親等內之血親或三親等內之姻親應檢者。

二、有具體事實足認其執行職務有偏頗之虞者。

違反前二項規定者,適用前條規定。

第 46 條

學、術科測試試題應由題庫管理人員密封後,點交學、術科測試辦理單位領題人員簽收,或密交辦理單位首長。

測試辦理單位相關人員於試題之領取、印製、分送等過程,應保守祕密。

第 46-1 條

保密性之學、術科試題職類級別,由中央主管機關公告之。

第七章　技術士證發證與管理

第 47 條

技能檢定合格者,由中央主管機關發給技術士證,並得應技能檢定合格者之申請,發給技術士證書。技術士證或證書毀損或遺失者,得申請換發或補發。

中央主管機關得應中央目的事業主管機關之請求,於其執行法定職務必要範圍內,提供技術士名冊等相關資料。

第 48 條

技術士證應記載之事項及內容如下：

一、姓名、出生年月日及國民身分證統一編號。

二、照片。

三、職類（項）名稱及等級。

四、技術士證總編號。

五、發證機關。

六、生效日期。

七、製發日期。

八、其他經中央主管機關認定應記載事項。

技術士證書應記載姓名及前項第二款至第八款所列事項。

第 49 條

技術士證及證書不得租借他人使用。違反規定者，中央主管機關應廢止其技術士證，並註銷其技術士證書。

應檢人有下列情形之一者，撤銷其報檢資格或學、術科測試成績，並不予發證；已發技術士證及證書者，應撤銷其技術士證，並註銷其技術士證書：

一、參加技能檢定者之申請檢定資格與規定不合。

二、參加技能檢定違反學、術科測試規定。

三、冒名頂替。

四、偽造或變造應考證件。

五、擾亂試場內外秩序，經監場人員勸阻不聽。

六、以詐術或其他不正當手法，使檢定發生不正確結果。

七、其他舞弊情事。

應檢人或參與人員涉及前項所定情形之一者，中央主管機關應通知其相關學校或機關依規定究辦，其涉及刑事責任者，中央主管機關應移送檢察機關。

中央主管機關於撤銷技術士證或註銷技術士證書時，應通知相關中央目的事業主管機關。

歷屆考題（110-3-4）

請依職業訓練法授權訂定的技術士技能檢定及發證辦法第 49 條規定，回答下列問題：

㈠取得技術士證者有何種情形作為，中央主管機關應廢止其技術士證？（4 分）

㈡請依第 49 條第 2 項第 1 款至第 6 款規定，中央主管機關應撤銷技術士技能檢定應檢人報檢資格或學、術科測試成績或已發技術士證的 6 種情形中，任舉 3 種違反規定情形。（6 分）

答案

㈠技術士證及證書租借他人使用

（二）1. 參加技能檢定者之申請檢定資格與規定不合

2. 參加技能檢定違反學、術科測試規定

3. 冒名頂替

4. 偽造或變造應考證件

5. 擾亂試場內外秩序，經監場人員勸阻不聽

6. 以詐術或其他不正當手法，使檢定發生不正確結果

7. 其他舞弊情事

第 50 條

（刪除）

第八章　附則

第 51 條

中央主管機關對推廣技能檢定績效優良之個人、事業機構、學校、職業訓練及就業服務機關（構），應予公開獎勵。

第 52 條

（刪除）

第 53 條

（刪除）

第 54 條

本辦法所定之各項書證格式，由中央主管機關定之。

第 55 條

本辦法自發布日施行。

職業訓練機構設立及管理辦法

修正日期：民國 95 年 11 月 13 日

第 1 條

本辦法依職業訓練法（以下簡稱本法）第六條第三項規定訂定之。

第 2 條

職業訓練機構之名稱，依下列規定：

一、政府機關設立者，依其組織法令之規定。

二、事業機構、學校、社團法人或財團法人附設者，稱職業訓練中心或職業訓練所，並冠以設立主體全銜附設字樣。

三、以財團法人設立者，稱職業訓練中心或職業訓練所，並冠以財團法人字樣。

依前項第三款設立之職業訓練機構所辦理之業務，除職業訓練外，並辦理其他業務者，其機構名稱得不受前項第三款之限制。

第 3 條

職業訓練機構應置負責人，綜理業務；並設若干單位，辦理教務、輔導、訓練技術服務、總務、人事及會計業務。但附設之職業訓練機構，其業務得由設立主體之相關單位兼辦。

第 4 條

職業訓練機構應有專用教室、訓練場所、訓練設備及配置飲水及盥洗設備等，並符合訓練品質規範。

專用教室面積不得少於三十平方公尺，每一學員平均使用面積不得少於一點三平方公尺；但其他法規另有特別規定者，從其規定。

第 5 條

職業訓練機構應置職業訓練師，按其訓練容量，每十五人至少置職業訓練師一人，未滿十五人者，以十五人計算。

前項職業訓練師，於事業機構、學校、社團法人或財團法人附設之職業訓練機構，得由該設立主體符合職業訓練師資格之人員調充之。

歷屆考題（112-3-2）

依據職業訓練機構設立及管理辦法規定，企業欲申請為職業訓練機構，辦理電腦軟體應用單一職類進修訓練，訓練容量為 40 人，其專用教室面積不得少於多少平方公尺？（2 分）按其訓練容量至少需有職業訓練師幾人？（2 分）

答案

1. 52 平方公尺　　　　　　　　　　　2. 3 人

第 6 條

政府機關設立職業訓練機構及公營事業機構或公立學校附設職業訓練機構，應先報請各該直接監督機關核准後，檢附下列文件，送請中央主管機關登記及發給設立證書：

一、直接監督機關核准設立文件影本。

二、負責人資料。

三、職業訓練師名冊。

四、組織及重要管理規章。

五、開辦年度之業務計畫及預算。

六、建築物完成圖說。

七、建築物使用執照及最近一年內之有效消防安全檢查合格證明文件等影本。

八、訓練設備清冊。

前項第一款規定之文件應載明訓練實施方式、訓練職類及容量。

第 7 條

財團法人設立職業訓練機構及民營事業機構、社團法人或財團法人附設職業訓練機構之許可程序，應報請申請設立職業訓練機構所在地之地方主管機關審核後，送請中央主管機關許可及發給設立證書。

歷屆考題（110-1-4）

依職業訓練法規定，職業訓練機構之設立應經中央主管機關登記或許可，並訂有職業訓練機構設立及管理辦法，請依該辦法第 6 條及第 7 條規定回答下列問題：

(一) 請分別說明採登記制、許可制之設立主體為何？（6 分）

(二) 申請設立登記應先報請何機關核准？（1 分）再送請何機關登記？（1 分）申請設立許可應報請何機關審核？（1 分）再送請何機關許可？（1 分）

答案

(一) 1. 登記制——政府機關設立職業訓練機構及公營事業機構或公立學校附設職業訓練機構

　　2. 許可制——財團法人設立職業訓練機構及民營事業機構、社團法人或財團法人附設職業訓練機構

(二) 1. 各該直接監督機關　　　　　　2. 中央主管機關

　　3. 所在地之地方主管機關　　　　4. 中央主管機關

第 8 條

民營事業機構、社團法人或財團法人申請附設職業訓練機構，應檢附下列文件，依前條程序申請許可：

一、申請書。

二、設立計畫書。

三、土地使用分區證明及土地使用權證明文件影本。

四、場所位置圖及配置圖。

五、符合訓練品質規範之證明文件。

六、民營事業機構附設者，其設立主體之章程、股東或董事會議事錄及營利事業登記證影本。

七、社團法人附設者，其設立主體之章程、大會會議紀錄、法人登記證書影本、立案證書及直接監督機關同意附設職業訓練機構之文件影本。

八、財團法人附設者，其設立主體之章程、董事會會議紀錄、法人登記證書及直接監督機關同意附設職業訓練機構之文件影本。

第 9 條

申請以財團法人設立職業訓練機構者，應檢附下列文件，依第七條程序申請許可：

一、申請書。

二、設立計畫書。

三、土地使用分區證明及土地使用證明文件影本。

四、場所位置圖及配置圖。

五、捐助章程或遺囑影本。

六、捐贈財產清冊及證明文件。

七、董事名冊、戶籍謄本及印鑑；設有監察人者，其名冊、戶籍謄本及印鑑。

八、法人登記證書影本及法人印鑑。

九、董事會議紀錄。

十、直接監督機關同意設立職業訓練機構之文件影本。

第 10 條

經許可設立職業訓練機構者，應於許可後二年內，檢附下列文件，依第七條程序報請中央主管機關發給設立證書：

一、許可文件影本。

二、負責人資料與身分證影本。

三、職業訓練師名冊。

四、組織及重要管理規章。

五、開辦年度之業務計畫及預算。

六、建築物完成圖說。

七、建築物使用執照及最近一年內之有效消防安全檢查合格證明文件等影本。

八、訓練設備清冊。

未依前項期限報請核發設立證書，或有正當理由，經報請中央主管機關核准延長一年仍逾時者，依本法第三十九條規定處理之。

第 11 條

設立計畫書應記載下列事項：

一、設立目的。

二、職業訓練機構名稱及所在地。

三、設立主體名稱、所在地、負責人姓名及住所。

四、擬設訓練職類、容量、訓練實施方式、訓練期限、訓練目標及受訓資格。

五、土地面積及土地使用權取得情形。

六、建築物設計及使用權取得情形。

七、訓練設備規劃情形。

八、結訓學員就業輔導規劃情形。

九、組織編制。

十、師資及學員來源。

十一、經費概算及來源。

十二、預定開辦日期。

十三、開辦後之業務發展計畫。

第 12 條

職業訓練機構申請設立分支機構者，應報其直接監督機關或地方主管機關審核後，由中央主管機關單獨發給設立證書。但以該分支機構組織、人事及財務獨立者為限。

第 13 條

設立證書應記載下列事項：

一、名稱。

二、所在地。

三、訓練實施方式。

四、訓練職類及容量。

五、負責人。

六、許可或核准機關及許可或核准文件日期、文號。

第 14 條

職業訓練機構之名稱、所在地及負責人有變更時，應報請中央主管機關變更證書之記載；其訓練實施方式、訓練職類及容量有變更時，應報請中央主管機關核定。

前項變更事項，準用第六條及第七條規定之程序辦理。

第 15 條

職業訓練機構應備置教職員名冊、員工待遇清冊、學員名冊、學員考查紀錄、課程表、教學進度表、會計簿籍、訓練設備清冊、訓練規則及其他重要規章。

前項學員名冊及考查紀錄，應永久保存。

第 16 條

職業訓練機構辦理訓練，除法令另有規定外，得向學員收取必要費用，並應掣給正式收據。

繳納訓練費用之學員於開訓前退訓者，職業訓練機構應依其申請退還所繳訓練費用之七成；受訓未逾全期三分之一而退訓者，退還所繳訓練費用之半數；受訓逾全期三分之一而退訓者，不退費。

第 17 條

職業訓練機構不能依原訂業務計畫書辦理訓練，必須暫停全部訓練業務時，應於停訓前一個月，將停訓事由、停訓期間及在訓學員之安排，報各該主管機關或直接監督機關核定。

直轄市、縣（市）主管機關或直接監督機關於同意停訓時應將有關資料報請中央主管機關登錄。

第一項停訓期間不得超過一年，必要時得報請各該主管機關或直接監督機關核准延長六個月。

第 18 條

職業訓練機構有下列情事之一者，主管機關得視其情節，依本法第三十九條規定處理：

一、招訓廣告或簡章內容不實者。

二、訓練場所、訓練設備、公共設施或安全衛生設施不良者。

三、訓練教材或訓練方式違反訓練目標者。

四、收費不當者。

五、經費開支浮濫者。

六、業務陳報不實者。

七、對於主管機關查核業務不予配合或妨礙其進行者。

八、經主管機關評鑑不合格或不符訓練品質規範者。

九、其他辦理不善者。

第 19 條

主管機關依本法第三十九條規定處分時，得公開之。

第 20 條

職業訓練機構停辦或解散時，應檢附停辦或解散計畫書，記載下列事項，報中央主管機關核定：

一、停辦或解散之事由。

二、在訓學員之安排計畫，並以自行完成訓練為原則。

三、免稅進口訓練用品及受政府機構獎助添置訓練設備之處理方法。

四、賸餘經費及學員所繳費用之處理方法。

五、預定停辦或解散日期。

第 21 條

職業訓練機構停辦、解散或撤銷許可時，中央主管機關應註銷其設立證書。

第 22 條

本辦法自發布日施行。

職業訓練師培訓辦法

發布日期：民國 79 年 08 月 10 日

第 1 條

本辦法依職業訓練法第二十六條第二項規定訂定之。

第 2 條

職業訓練師之訓練，分為養成訓練、補充訓練及進修訓練等方式，以培養職業訓練師應具之條件。

前項訓練，中央主管機關得指定職業訓練機構辦理，並得視實際需要，委託大專院校、學術研究機構、事業機構或其他專業機構辦理。

第 3 條

職業訓練師之培訓，應兼顧事業機構自辦訓練之特性及職業訓練機構對師資之需求規劃辦理。

第 4 條

職業訓練師之養成訓練，以大學、專科以上相關科系、高級中等學校畢業或持有乙級技術士證，已服畢兵役或免服兵役之國民為對象，實施有系統之職前訓練。

第 5 條

職業訓練師養成訓練，由中央主管機關指定職業訓練機構辦理。

第 6 條

職業訓練師養成訓練課程包括專業學科、專業術科、教育專業科目及相關法規與知識之一般科目等，並注重品德陶冶及專業精神之培養。

前項訓練課程之內容及時數，按訓練對象、訓練職類之特性、知能範圍及專精程度，參照附表一，分別訂定之。

第 7 條

職業訓練師養成訓練期滿，成績及格者，除由辦理訓練之機構發給結訓證書暨輔導參加技能檢定外，並輔導擔任訓練教學或相關技術性工作。

第 8 條

職業訓練師補充訓練，係對在職人員已擔任或準備擔任職業訓練教學工作，並已具備部分之職業訓練師應具條件者，就其尚未具備部分之條件，施予相關課程之訓練。

第 9 條

職業訓練師補充訓練課程，就參加訓練者尚未具備職業訓練師應具條件之部分設計之，分為專業學科、專業術科及教育專業科目及相關法規與知識之一般科目等。

前項訓練課程之內容及時數，按訓練對象、訓練職類之特性、知能範圍及專精程度，參照附表二，分別訂定之。

第 10 條

職業訓練師補充訓練期滿，成績及格者，由辦理訓練之機構發給結訓證書；並應將其受訓期之成績及考勤

等資料，通知其服務單位。

第 11 條

職業訓練師進修訓練，係對在職之職業訓練師施予專業學科、專業術科、教育專業科目或相關法規與知識之一般科目等之訓練。

第 12 條

政府機關設立之職業訓練機構，應遴派其職業訓練師參加進修訓練；其他之職業訓練師得視其需要參加之。

第 13 條

職業訓練師進修訓練期滿，成績及格者，由辦理訓練之機構發給結訓證書；並應將其受訓期間之成績及考勤等資料，通知其服務單位。

第 14 條

為增進職業訓練師之教學知能，主管機關除辦理進修訓練外，並應經常舉辦教學觀摩研討會及講習會，並安排至事業機構觀摩或實習。

第 15 條

擔任職業訓練工作滿三年之合格職業訓練師，服務成績優良者，主管機關得遴薦其參加國內外進修訓練。

第 16 條

事業機構遴派其員工參加職業訓練師之補助訓練及進修訓練所需費用，以業務費用列支。

第 17 條

本辦法自發布日施行。

二

就業服務法

就業服務法

修正日期：民國 112 年 05 月 10 日

第一章　總則

第 1 條

為促進國民就業，以增進社會及經濟發展，特制定本法；本法未規定者，適用其他法律之規定。

第 2 條

本法用詞定義如下：

一、就業服務：指協助國民就業及雇主徵求員工所提供之服務。

二、就業服務機構：指提供就業服務之機構；其由政府機關設置者，為公立就業服務機構；其由政府以外之私人或團體所設置者，為私立就業服務機構。

三、雇主：指聘、僱用員工從事工作者。

四、中高齡者：指年滿四十五歲至六十五歲之國民。

五、長期失業者：指連續失業期間達一年以上，且辦理勞工保險退保當日前三年內，保險年資合計滿六個月以上，並於最近一個月內有向公立就業服務機構辦理求職登記者。

職業訓練機構與就業服務機構種類

職業訓練機構種類

1. 政府機關設立者
2. 事業機構、學校或社團法人等團體附設者
3. 以財團法人設立者

就業服務機構種類

1. 公立就業服務機構，由政府機關設置者
2. 私立就業服務機構，由政府以外之私人或團體所設置者

長期失業者與失業給付

長期失業者

指連續失業期間達一年以上，且辦理勞工保險退保當日前三年內，保險年資合計滿六個月以上，並於最近一個月內有向公立就業服務機構辦理求職登記者。

失業給付

被保險人於非自願離職辦理退保當日前三年內，保險年資合計滿一年以上，具有工作能力及繼續工作意願，向公立就業服務機構辦理求職登記，自求職登記之日起十四日內仍無法推介就業或安排職業訓練。

歷屆考題（99-2-7）

依據行政院主計處 99 年 4 月的調查，從 96 年年底開始，大專以上學歷者的長期失業人口，開始超越高中職學歷者；到 99 年 4 月時，11 萬 4,000 名長期失業者當中大專以上有 5 萬人高中職有 4 萬 4,000 人。為驗證高學歷者是否較容易成為長期失業者，應蒐集哪些就業市場資訊，及如何驗證？（10分）

答案

指連續失業期間達一年以上，且辦理勞工保險退保當日前三年內，保險年資合計滿六個月以上，並於最近一個月內有向公立就業服務機構辦理求職登記者。

第 3 條

國民有選擇職業之自由。但為法律所禁止或限制者，不在此限。

第 4 條

國民具有工作能力者，接受就業服務一律平等。

第 5 條

為保障國民就業機會平等，雇主對求職人或所僱用員工，不得以種族、階級、語言、思想、宗教、黨派、籍貫、出生地、性別、性傾向、年齡、婚姻、容貌、五官、身心障礙、星座、血型或以往工會會員身分為由，予以歧視；其他法律有明文規定者，從其規定。

【處新臺幣三十萬元以上一百五十萬元以下罰鍰】

【應公布其姓名或名稱、負責人姓名，並限期令其改善；屆期未改善者，應按次處罰】

雇主招募或僱用員工，不得有下列情事：

一、為不實之廣告或揭示。

　　【處新臺幣三十萬元以上一百五十萬元以下罰鍰】

二、違反求職人或員工之意思，留置其國民身分證、工作憑證或其他證明文件，或要求提供非屬就業所需之隱私資料。

　　【處新臺幣六萬元以上三十萬元以下罰鍰】

就業服務法施行細則

第 1-1 條

本法第五條第二項第二款所定隱私資料，包括下列類別：

一、生理資訊：基因檢測、藥物測試、醫療測試、HIV 檢測、智力測驗或指紋等。

二、心理資訊：心理測驗、誠實測試或測謊等。

三、個人生活資訊：信用紀錄、犯罪紀錄、懷孕計畫或背景調查等。

雇主要求求職人或員工提供隱私資料，應尊重當事人之權益，不得逾越基於經濟上需求或維護公共利益等特定目的之必要範圍，並應與目的間具有正當合理之關聯。

三、扣留求職人或員工財物或收取保證金。

　　【處新臺幣六萬元以上三十萬元以下罰鍰】

四、指派求職人或員工從事違背公共秩序或善良風俗之工作。

　　【處新臺幣三十萬元以上一百五十萬元以下罰鍰】

五、辦理聘僱外國人之申請許可、招募、引進或管理事項，提供不實資料或健康檢查檢體。

　　【處新臺幣三十萬元以上一百五十萬元以下罰鍰】

六、提供職缺之經常性薪資未達新臺幣四萬元而未公開揭示或告知其薪資範圍。

　　【處新臺幣六萬元以上三十萬元以下罰鍰】

【提供職缺之經常性薪資未達新臺幣四萬元而未公開揭示或告知其薪資範圍】立法理由

1. 以勞動部統計，我國目前平均起薪約為兩萬六千元，而平均起薪最高者為服務業技術人員為三萬六千元，因此以最高平均起薪為基準，並設定四萬元以下須公告或通知求職者最低薪資以杜絕薪資面議資訊不對稱之情形發生。

2. 以各大求職網站及報紙求職廣告，雇主往往以薪資面議做為薪資待遇條件之敘述，不難推斷薪資面議已成為雇主為隱藏低薪或其他不利徵才之工作內容，在與勞工面談時才予以提出，以社會新鮮求職者通常未有類似議談經驗，為求得工作，因此往往被迫遷就同意，損害求職者工作權甚鉅，且不利於我國勞動市場之發展。

3. 綜上所述，爰修正就業服務法第五條將工資為四萬元以下者須告知求職者或所僱用員工最低薪資，不得以面議之方式洽談工資，並修正就業服務法第六十五條將該款納入罰則，避免求職者工作權益受損。

徵才廣告參考範例

○○○公司誠徵作業員

【以下薪資範圍揭示方式，請擇一選取並填入數額】

月薪：

□ 新臺幣 30,000 元至 33,000 元

□ 新臺幣 30,000 元

□ 新臺幣 30,000 元以上

□ 面議（新臺幣 40,000 元以上）

□ 日薪：新臺幣 1,600 元

□ 時薪：新臺幣 200 元

□ 按件計酬：新臺幣 300 元／件

備註：可補充說明用人及核薪條件

公司地址／聯絡電話：

歷屆考題（110-1-3）

甲公司以血型作為選僱勞工之違法行為，應處多少新臺幣罰鍰？（1分）

答案

處新臺幣三十萬元以上一百五十萬元以下罰鍰。

歷屆考題（105-2-3）

依據就業服務法規定，為保障國民就業機會平等，雇主對求職人或所僱用員工，除不得以種族、階級、黨派、籍貫、思想或以往工會會員身分為由予以歧視外，請試述另有哪10種不可歧視之事由？（10分）

答案

㈠ 語言　　㈡ 宗教　　㈢ 出生地　　㈣ 性別　　㈤ 性傾向

㈥ 年齡　　㈦ 婚姻　　㈧ 容貌　　㈨ 五官　　㈩ 身心障礙

歷屆考題（102-3-3）

依據就業服務法第五條第二項第二款所定就業所需之隱私資料，請依其施行細則第一條之一規定，回答下列問題：

㈠ 所稱就業所需之隱私資料，包括哪幾個類別？請分別說出類別，並任舉屬於各類別之一個項目。（6分）

㈡ 雇主要求求職人或員工提供隱私資料，應尊重當事人之權益，不得逾越哪二個特定目的之必要範圍，並應與目的間具有正當合理之關聯？（4分）

答案

㈠ 1. 生理資訊：指紋　　　　　　2. 心理資訊：測謊

　　3. 個人生活資訊：信用紀錄

㈡ 經濟上需求或維護公共利益

歷屆考題（105-1-5）

甲公司於辦理申請聘僱外國人，提供不實之工廠登記證資料，應處罰鍰新臺幣多少元？（3分）

答案

㈠ 處新臺幣三十萬元以上一百五十萬元以下罰鍰。

歷屆考題（99-2-9）

甲因不符申請聘僱外國人從事家庭看護工作之雇主資格，以虛偽不實的資料向行政院勞工委員會提出申請，依就業服務法規定，可科處甲新臺幣多少罰鍰？（5分）該罰鍰由誰來處罰？（5分）

答案

㈠ 處新臺幣三十萬元以上一百五十萬元以下罰鍰。

㈡ 直轄市及縣（市）主管機關。

歷屆考題（109-1-2）

(一) 甲君認為該公司研發單位未提供明確薪資或範圍，有違法之虞，依就業服務法第 5 條第 2 項第 6 款規定，雇主招募或僱用員工，不得為哪一情事？（4分）其立法目的為何？（4分）

(二) 承上，違反者處新臺幣多少罰鍰？（2分）

答案

(一) 1. 提供職缺之經常性薪資未達新臺幣四萬元而未公開揭示或告知其薪資範圍。

  2. 杜絕薪資面議資訊不對稱之情形發生。社會新鮮求職者通常未有類似議談經驗，為求得工作，因此往往被迫遷就同意，損害求職者工作權甚鉅，且不利於我國勞動市場之發展。避免求職者工作權益受損。

(二) 處新臺幣六萬元以上三十萬元以下罰鍰。

第 6 條

本法所稱主管機關：在中央為勞動部；在直轄市為直轄市政府；在縣（市）為縣（市）政府。

中央主管機關應會同原住民族委員會辦理相關原住民就業服務事項。

中央主管機關掌理事項如下：

一、全國性國民就業政策、法令、計畫及方案之訂定。

二、全國性就業市場資訊之提供。

三、就業服務作業基準之訂定。

四、全國就業服務業務之督導、協調及考核。

五、雇主申請聘僱外國人之許可及管理。

六、辦理下列仲介業務之私立就業服務機構之許可、停業及廢止許可：

  (一)仲介外國人至中華民國境內工作。

  (二)仲介香港或澳門居民、大陸地區人民至臺灣地區工作。

  (三)仲介本國人至臺灣地區以外之地區工作。

七、其他有關全國性之國民就業服務及促進就業事項。

直轄市、縣（市）主管機關掌理事項如下：

一、就業歧視之認定。

二、外國人在中華民國境內工作之管理及檢查。

三、仲介本國人在國內工作之私立就業服務機構之許可、停業及廢止許可。

四、前項第六款及前款以外私立就業服務機構之管理。

五、其他有關國民就業服務之配合事項。

就業服務法施行細則

第 2 條

直轄市、縣（市）主管機關依本法第六條第四項第一款規定辦理就業歧視認定時，得邀請相關政府機關、單位、勞工團體、雇主團體代表及學者專家組成就業歧視評議委員會。

第 7 條

主管機關得遴聘勞工、雇主、政府機關之代表及學者專家，研議、諮詢有關就業服務及促進就業等事項；其中勞工、雇主及學者專家代表，不得少於二分之一。

前項代表單一性別，不得少於三分之一。

第 8 條

主管機關為增進就業服務工作人員之專業知識及工作效能，應定期舉辦在職訓練。

第 9 條

就業服務機構及其人員，對雇主與求職人之資料，除推介就業之必要外，不得對外公開。

【處新臺幣三萬元以上十五萬元以下罰鍰】

第 10 條

在依法罷工期間，或因終止勞動契約涉及勞方多數人權利之勞資爭議在調解期間，就業服務機構不得推介求職人至該罷工或有勞資爭議之場所工作。

【處新臺幣六萬元以上三十萬元以下罰鍰】

前項所稱勞方多數人，係指事業單位勞工涉及勞資爭議達十人以上，或雖未達十人而占該勞資爭議場所員工人數三分之一以上者。

勞方當事人與勞方多數人之定義

就業服務法 第 10 條	在依法罷工期間，或因終止勞動契約涉及勞方多數人權利之勞資爭議在調解期間，就業服務機構不得推介求職人至該罷工或有勞資爭議之場所工作。 前項所稱勞方多數人，係指事業單位勞工涉及勞資爭議達十人以上，或雖未達十人而占該勞資爭議場所員工人數三分之一以上者。
勞資爭議處理法 第 7 條	調整事項之勞資爭議，依本法所定之調解、仲裁程序處理之。 前項勞資爭議之勞方當事人，應為工會。但有下列情形者，亦得為勞方當事人： 一、未加入工會，而具有相同主張之勞工達十人以上。 二、受僱於僱用勞工未滿十人之事業單位，其未加入工會之勞工具有相同主張者達三分之二以上。

第 11 條

主管機關對推動國民就業有卓越貢獻者，應予獎勵及表揚。

前項獎勵及表揚之資格條件、項目、方式及其他應遵行事項之辦法，由中央主管機關定之。

第二章　政府就業服務

第 12 條

主管機關得視業務需要，在各地設置公立就業服務機構。

直轄市、縣（市）轄區內原住民人口達二萬人以上者，得設立因應原住民族特殊文化之原住民公立就業服務機構。

前兩項公立就業服務機構設置準則，由中央主管機關定之。

歷屆考題（106-1-5）

請依據就業服務法：

第 12 條規定：主管機關在直轄市、縣（市）轄區內原住民人口達多少以上者，得設立因應原住民族特殊文化之原住民公立就業服務機構？該公立就業服務機構設置準則，由哪一個機關定之？（2分）

答案

1. 二萬人以上　　　　　　　　　　2. 中央主管機關（勞動部）

第 13 條

公立就業服務機構辦理就業服務，以免費為原則。但接受雇主委託招考人才所需之費用，得向雇主收取之。

就業服務法施行細則

第 4 條

本法第十三條所定接受雇主委託招考人才所需之費用如下：

一、廣告費。　　　　　　　　　　二、命題費。

三、閱卷或評審費。　　　　　　　四、場地費。

五、行政事務費。　　　　　　　　六、印刷、文具及紙張費。

七、郵寄費。

歷屆考題（107-2-2）

王大明至公立就業服務機構求職，是否需要繳交登記費及介紹費？（1分）

答案

1. 不需要繳交登記費及介紹費

歷屆考題（99-1-5）

依就業服務法相關規定，公立就業服務機構辦理就業服務，以免費為原則。但接受雇主委託招考人才所需之費用，得向雇主收取之。請依法列述得收取之費用項目。（10分）

答案

㈠ 廣告費　　㈡ 命題費　　㈢ 閱卷或評審費　　㈣ 場地費

㈤ 行政事務費　　㈥ 印刷、文具及紙張費　　㈦ 郵寄費

第 14 條

公立就業服務機構對於求職人及雇主申請求職、求才登記，不得拒絕。但其申請有違反法令或拒絕提供為推介就業所需之資料者，不在此限。

歷屆考題（106-1-5）

請依據就業服務法：

第 14 條規定：公立就業服務機構對於哪二種對象、申請哪二種事項，不得拒絕。但其申請事項，在哪二種情況下得予拒絕？（6分）

答案

　　1. 求職人及雇主　　　　　　　　　　2. 申請求職、求才登記

　　3. 違反法令或拒絕提供為推介就業所需之資料者

第 15 條

（刪除）

第 16 條

公立就業服務機構應蒐集、整理、分析其業務區域內之薪資變動、人力供需及未來展望等資料，提供就業市場資訊。

就業服務法施行細則

第 7 條

公立就業服務機構應定期蒐集其業務區域內之薪資變動、人力供需之狀況及分析未來展望等資料，並每三個月陳報其所屬之中央、直轄市或縣（市）主管機關。

直轄市、縣（市）主管機關應彙整前項資料，陳報中央主管機關，作為訂定人力供需調節措施之參據。

歷屆考題（104-3-4）

請依照就業服務法規定：

蒐集、整理、分析其業務區域內之薪資變動、人力供需及未來展望等資料，而提供就業市場資訊是哪一機構之權責？（3分）

答案

公立就業服務機構

歷屆考題（101-3-4）

就業市場資訊的內容，應依需要資訊的對象不同而有不同的選擇，以滿足求職人、求才廠商雇主及其他應用者的需要為導向。依據就業服務法第16條規定，公立就業服務機構應蒐集、整理、分析其業務區域內哪3種資料，提供就業市場資訊？（3分）另請任舉7個可提供就業市場資料的單位。（7分）

答案

㈠ 薪資變動、人力供需及未來展望

㈡ 1. 勞動部　　　　　　　　　2. 行政院主計總處　　3. 行政院國家發展委員會

4. 行政院原住民族委員會　5. 縣市勞工局（處）　6. 人力銀行
7. 勞動部勞動力發展署　　8. 私立就業服務機構　9. 學校

歷屆考題（106-1-5）
請依據就業服務法：
第16條規定：公立就業服務機構應蒐集、整理、分析其業務區域內之薪資變動、人力供需及未來展望等資料，提供何種資訊？（1分）

答案
就業市場資訊

第17條

公立就業服務機構對求職人應先提供就業諮詢，再依就業諮詢結果或職業輔導評量，推介就業、職業訓練、技能檢定、創業輔導、進行轉介或失業認定及轉請核發失業給付。

前項服務項目及內容，應作成紀錄。

第一項就業諮詢、職業輔導及其他相關事項之辦法，由中央主管機關定之。

> **就業服務法施行細則**
>
> 第8條
>
> 公立就業服務機構依本法第十七條規定提供就業諮詢時，應視接受諮詢者之生理、心理狀況及學歷、經歷等條件，提供就業建議；對於身心障礙者，並應協助其參加職業重建，或就其職業能力及意願，給予適當之就業建議與協助。

公立就業服務機構之工作內容

公立就業服務機構設置準則第3條	一、求職、求才登記及推介就業事項。 二、職業輔導及就業諮詢。 三、就業後追蹤及輔導工作。 四、被資遣員工再就業之協助。 五、雇主服務。 六、應屆畢業生、退伍者、更生保護會受保護人等專案就業服務。 七、職業分析、職業訓練諮詢及安排。 八、就業市場資訊蒐集、分析及提供。 九、雇主申請聘僱外國人辦理國內招募之協助。 十、特定對象之就業服務及就業促進。 十一、就業保險失業給付申請、失業認定等事項。 十二、中央主管機關委任或委辦之就業服務或促進就業事項。 十三、其他法令規定應辦理事項。
就業服務法第17條	公立就業服務機構對求職人應先提供就業諮詢，再依就業諮詢結果或職業輔導評量，推介就業、職業訓練、技能檢定、創業輔導、進行轉介或失業認定及轉請核發失業給付。

請依據就業服務法：

第 17 條規定：公立就業服務機構對求職人應先提供何種服務、再依結果或職業輔導評量推介就業、職業訓練、技能檢定、創業輔導、進行轉介或失業認定及轉請核發失業給付？（1分）

答案

就業諮詢

公立就業服務機構首先會提供就業諮詢的服務，再依就業諮詢結果或職業輔導評量，提供推介就業等服務，請說明其中 3 項服務項目為何？（3分）

答案

(1) 職業訓練	(2) 技能檢定	(3) 創業輔導
(4) 進行轉介	(5) 失業認定	(6) 轉請核發失業給付

第 18 條

公立就業服務機構與其業務區域內之學校應密切連繫，協助學校辦理學生職業輔導工作，並協同推介畢業學生就業或參加職業訓練及就業後輔導工作。

第 19 條

公立就業服務機構為輔導缺乏工作知能之求職人就業，得推介其參加職業訓練；對職業訓練結訓者，應協助推介其就業。

第 20 條

公立就業服務機構對申請就業保險失業給付者，應推介其就業或參加職業訓練。

第三章　促進就業

第 21 條

政府應依就業與失業狀況相關調查資料，策訂人力供需調節措施，促進人力資源有效運用及國民就業。

第 22 條

中央主管機關為促進地區間人力供需平衡並配合就業保險失業給付之實施，應建立全國性之就業資訊網。

請依照就業服務法規定，回答下列問題：

㈠建立全國性之就業資訊網是哪一機關的權責？（3分）

㈡前開機關目前提供之全國性就業資訊網站名稱為何？（4分）

答案

㈠中央主管機關（勞動部）　　　　㈡臺灣就業通

第 23 條

中央主管機關於經濟不景氣致大量失業時，得鼓勵雇主協商工會或勞工，循縮減工作時間、調整薪資、辦理教育訓練等方式，以避免裁減員工；並得視實際需要，加強實施職業訓練或採取創造臨時就業機會、辦理創業貸款利息補貼等輔導措施；必要時，應發給相關津貼或補助金，促進其就業。

前項利息補貼、津貼與補助金之申請資格條件、項目、方式、期間、經費來源及其他應遵行事項之辦法，由中央主管機關定之。

歷屆考題（101-3-6）

就業服務法第二十三條係有關經濟不景氣時之應變措施。該條規定，中央主管機關於經濟不景氣至大量失業時，得鼓勵雇主協商工會或勞工，採取一定之應變措施。請回答下列問題：

(一) 勞資雙方得協商採取哪三種方法以避免裁減員工？（5分）

(二) 中央主管機關並得視實際需要，加強實施哪三種方法以促進其就業？（5分）

答案

(一) 1. 縮減工作時間　　2. 調整薪資　　　　　3. 辦理教育訓練

(二) 1. 職業訓練　　　　2. 採取創造臨時就業機會　3. 辦理創業貸款利息補貼

第 24 條

主管機關對下列自願就業人員，應訂定計畫，致力促進其就業；必要時，得發給相關津貼或補助金：

一、獨力負擔家計者。

二、中高齡者。

三、身心障礙者。

四、原住民。

五、低收入戶或中低收入戶中有工作能力者。

六、長期失業者。

七、二度就業婦女。

八、家庭暴力被害人。

九、更生受保護人。

十、其他經中央主管機關認為有必要者。

前項計畫應定期檢討，落實其成效。

主管機關對具照顧服務員資格且自願就業者，應提供相關協助措施。

第一項津貼或補助金之申請資格、金額、期間、經費來源及其他相關事項之辦法，由主管機關定之。

二度就業婦女

定義為因家庭因素而退出勞動市場二年以上，重返職場之婦女

歷屆考題（102-2-3）

對於符合就業服務法第24條之特定對象應訂定計畫致力促進其就業，必要時得發給相關津貼或補助之機關？（4分）

答案

主管機關

歷屆考題（100-1-2）

依就業服務法第24條規定，除其他經中央主管機關認為有必要者外，主管機關對於哪些自願就業人員，應訂定計畫，致力促進其就業，必要時，得發給相關津貼或補助金？請列舉其中5類。（5分）

答案

1. 獨力負擔家計者
2. 中高齡者
3. 身心障礙者
4. 原住民
5. 低收入戶或中低收入戶中有工作能力者
6. 長期失業者
7. 二度就業婦女
8. 家庭暴力被害人
9. 更生受保護人

歷屆考題（105-1-3）

依照就業服務法第24條規定，主管機關針對特定對象之自願就業人員，應訂定計畫，致力促進其就業。請問前開特定對象，除了獨力負擔家計者、中高齡者、身心障礙者、原住民、長期失業者、及其他經中央主管機關認為有必要者外，還包含哪五個特定對象？（10分）

答案

㈠ 低收入戶或中低收入戶中有工作能力者
㈡ 二度就業婦女
㈢ 家庭暴力被害人
㈣ 更生受保護人

第25條

公立就業服務機構應主動爭取適合身心障礙者及中高齡者之就業機會，並定期公告。

第26條

主管機關為輔導獨力負擔家計者就業，或因妊娠、分娩或育兒而離職之婦女再就業，應視實際需要，辦理職業訓練。

第27條

主管機關為協助身心障礙者及原住民適應工作環境，應視實際需要，實施適應訓練。

第28條

公立就業服務機構推介身心障礙者及原住民就業後，應辦理追蹤訪問，協助其工作適應。

第29條

直轄市及縣（市）主管機關應將轄區內低收入戶及中低收入戶中有工作能力者，列冊送當地公立就業服務

機構，推介就業或參加職業訓練。

公立就業服務機構推介之求職人爲低收入戶、中低收入戶或家庭暴力被害人中有工作能力者，其應徵工作所需旅費，得酌予補助。

第 30 條

公立就業服務機構應與當地役政機關密切連繫，協助推介退伍者就業或參加職業訓練。

第 31 條

公立就業服務機構應與更生保護會密切連繫，協助推介受保護人就業或參加職業訓練。

第 32 條

主管機關爲促進國民就業，應按年編列預算，依權責執行本法規定措施。

中央主管機關得視直轄市、縣（市）主管機關實際財務狀況，予以補助。

第 33 條

雇主資遣員工時，應於員工離職之十日前，將被資遣員工之姓名、性別、年齡、住址、電話、擔任工作、資遣事由及需否就業輔導等事項，列冊通報當地主管機關及公立就業服務機構。但其資遣係因天災、事變或其他不可抗力之情事所致者，應自被資遣員工離職之日起三日內爲之。

【處新臺幣三萬元以上十五萬元以下罰鍰】

公立就業服務機構接獲前項通報資料後，應依被資遣人員之志願、工作能力，協助其再就業。

歷屆考題（109-3-3）

A 公司因公司決策決定搬遷，甲君考量後無法配合到新址繼續工作，由公司依法辦理資遣，依就業服務法第 33 條第 1 項規定，A 公司應於甲君離職幾日前辦理甲君資遣通報？（2分）向何機關通報？（2分）違反上述通報規定應處多少新臺幣罰鍰？（2分）

答案

1. 十日前　　　　　　　　　　　2. 當地主管機關及公立就業服務機構

3. 處新臺幣三萬元以上十五萬元以下罰鍰

歷屆考題（104-2-4）

甲公司因故關廠，需要資遣員工若干名，部分員工 A、B 可於資遣之次日轉移至乙公司，部分員工 C、D 則因乙公司無所需之工作而失業。請依就業服務法及就業保險法規定回答下列問題：（10分）

㈠甲公司是否需要針對 A、B 員工辦理資遣通報？（1分）

㈡甲公司因上述情形而須資遣 C、D 員工，至遲應在幾日前向當地主管機關及公立就業服務機構辦理資遣通報？（2分）

答案

㈠需辦理資遣通報　　　　　　　㈡十日前

第 33-1 條

中央主管機關得將其於本法所定之就業服務及促進就業掌理事項，委任所屬就業服務機構或職業訓練機構、委辦直轄市、縣（市）主管機關或委託相關機關（構）、團體辦理之。

第四章　民間就業服務

第 34 條

私立就業服務機構及其分支機構，應向主管機關申請設立許可，經發給許可證後，始得從事就業服務業務；其許可證並應定期更新之。

未經許可，不得從事就業服務業務。但依法設立之學校、職業訓練機構或接受政府機關委託辦理訓練、就業服務之機關（構），為其畢業生、結訓學員或求職人免費辦理就業服務者，不在此限。

【處新臺幣三十萬元以上一百五十萬元以下罰鍰】

第一項私立就業服務機構及其分支機構之設立許可條件、期間、廢止許可、許可證更新及其他管理事項之辦法，由中央主管機關定之。

第 35 條

私立就業服務機構得經營下列就業服務業務：

一、職業介紹或人力仲介業務。

二、接受委任招募員工。

三、協助國民釐定生涯發展計畫之就業諮詢或職業心理測驗。

四、其他經中央主管機關指定之就業服務事項。

私立就業服務機構經營前項就業服務業務得收取費用；其收費項目及金額，由中央主管機關定之。

公立就業服務機構、私立就業服務機構之工作內容

公立就業服務機構設置準則第 3 條	一、求職、求才登記及推介就業事項。
	二、職業輔導及就業諮詢。
	三、就業後追蹤及輔導工作。
	四、被資遣員工再就業之協助。
	五、雇主服務。
	六、應屆畢業生、退伍者、更生保護會受保護人等專案就業服務。
	七、職業分析、職業訓練諮詢及安排。
	八、就業市場資訊蒐集、分析及提供。
	九、雇主申請聘僱外國人辦理國內招募之協助。
	十、特定對象之就業服務及就業促進。
	十一、就業保險失業給付申請、失業認定等事項。
	十二、中央主管機關委任或委辦之就業服務或促進就業事項。
	十三、其他法令規定應辦理事項。

就業服務法 第 35 條	私立就業服務機構得經營下列就業服務業務： 一、職業介紹或人力仲介業務。 二、接受委任招募員工。 三、協助國民釐定生涯發展計畫之就業諮詢或職業心理測驗。 四、其他經中央主管機關指定之就業服務事項。

私立就業服務機構得經營就業服務業務與就業服務專業人員之職責

就業服務專業人員 之職責	1. 辦理暨分析職業性向。 2. 協助釐定生涯發展計畫之就業諮詢。 3. 查對所屬私立就業服務機構辦理就業服務業務之各項申請文件。 4. 依規定於雇主相關申請書簽證。
私立就業服務機構 得經營就業服務業 務	1. 職業介紹或人力仲介業務。 2. 接受委任招募員工。 3. 協助國民釐定生涯發展計畫之就業諮詢或職業心理測驗。 4. 其他經中央主管機關指定之就業服務事項。

歷屆考題（96-3-5）

依就業服務法第 35 條第 1 項規定，試述經許可之私立就業服務機構得經營哪些就業服務業務？（10 分）

答案

㈠ 職業介紹或人力仲介業務。

㈡ 接受委任招募員工。

㈢ 協助國民釐定生涯發展計畫之就業諮詢或職業心理測驗。

㈣ 其他經中央主管機關指定之就業服務事項。

第 36 條

私立就業服務機構應置符合規定資格及數額之就業服務專業人員。

【處新臺幣六萬元以上三十萬元以下罰鍰】

前項就業服務專業人員之資格及數額，於私立就業服務機構許可及管理辦法中規定之。

第 37 條

就業服務專業人員不得有下列情事：

一、允許他人假藉本人名義從事就業服務業務。

二、違反法令執行業務。

【處新臺幣六萬元以上三十萬元以下罰鍰】

【得廢止其就業服務專業人員證書。】

歷屆考題（102-2-2）

丁公司之就業服務專業人員如有違反就業服務法第 37 條規定之哪些情事，得廢止其就業服務專業人員證書？（4分）

答案

　1. 允許他人假藉本人名義從事就業服務業務　　2. 違反法令執行業務

第 38 條

辦理下列仲介業務之私立就業服務機構，應以公司型態組織之。但由中央主管機關設立，或經中央主管機關許可設立、指定或委任之非營利性機構或團體，不在此限：

一、仲介外國人至中華民國境內工作。

二、仲介香港或澳門居民、大陸地區人民至臺灣地區工作。

三、仲介本國人至臺灣地區以外之地區工作。

【得廢止其設立許可】

第 39 條

私立就業服務機構應依規定備置及保存各項文件資料，於主管機關檢查時，不得規避、妨礙或拒絕。

【處新臺幣六萬元以上三十萬元以下罰鍰】

規避、妨礙或拒絕

就業服務法 第 39 條	私立就業服務機構應依規定備置及保存各項文件資料，於主管機關檢查時，不得規避、妨礙或拒絕。	處新臺幣 6-30 萬罰鍰
就業服務法 第 41 條	接受委託登載或傳播求才廣告者，應自廣告之日起，保存委託者之姓名或名稱、住所、電話、國民身分證統一編號或事業登記字號等資料二個月，於主管機關檢查時，不得規避、妨礙或拒絕。	處新臺幣 3-15 萬罰鍰
就業服務法 第 62 條	主管機關、入出國管理機關、警察機關、海岸巡防機關或其他司法警察機關得指派人員攜帶證明文件，至外國人工作之場所或可疑有外國人違法工作之場所，實施檢查。 對前項之檢查，雇主、雇主代理人、外國人及其他有關人員不得規避、妨礙或拒絕。	處新臺幣 6-30 萬罰鍰
就業保險法 第 7 條	主管機關、保險人及公立就業服務機構為查核投保單位勞工工作情況、薪資或離職原因，必要時，得查對其員工名冊、出勤工作紀錄及薪資帳冊等相關資料，投保單位不得規避、妨礙或拒絕。	處新臺幣 1-5 萬罰鍰
勞工職業災害保險及保護法 第 94 條	投保單位規避、妨礙或拒絕保險人依第十五條第四項規定之查對者，處新臺幣五萬元以上三十萬元以下罰鍰。	處新臺幣 5-30 萬罰鍰
性別平等工作法 第 38-2 條	被申訴人違反第三十二條之二第二項規定，無正當理由而規避、妨礙、拒絕調查或提供資料者	處新臺幣 1-5 萬罰鍰
個人資料保護法 第 22 條	非公務機關及其相關人員不得規避、妨礙或拒絕。	處新臺幣 2-20 萬元罰鍰

第 40 條

私立就業服務機構及其從業人員從事就業服務業務，不得有下列情事：

一、辦理仲介業務，未依規定與雇主或求職人簽訂書面契約。

　　【處新臺幣六萬元以上三十萬元以下罰鍰】

歷屆考題（110-1-3）

私立就業服務機構免費為丙君介紹工作，但未依規定與丙君簽訂書面契約，應處多少新臺幣罰鍰？（1分）

答案

處新臺幣六萬元以上三十萬元以下罰鍰。

二、為不實或違反第五條第一項規定之廣告或揭示。

　　【處新臺幣三十萬元以上一百五十萬元以下罰鍰】

　　【得廢止其設立許可】

三、違反求職人意思，留置其國民身分證、工作憑證或其他證明文件。

　　【處新臺幣六萬元以上三十萬元以下罰鍰】

四、扣留求職人財物或收取推介就業保證金。

　　【處新臺幣六萬元以上三十萬元以下罰鍰】

　　【處一年以下停業處分】

五、要求、期約或收受規定標準以外之費用，或其他不正利益。

　　【處十倍至二十倍罰鍰】

　　【處一年以下停業處分】

歷屆考題（104-3-5）

Ａ私立營利就業服務機構收受規定標準以外之費用，應處超收費用金額多少倍罰鍰？（2分）

答案

處十倍至二十倍罰鍰

六、行求、期約或交付不正利益。

　　【處新臺幣六萬元以上三十萬元以下罰鍰】

　　【處一年以下停業處分】

七、仲介求職人從事違背公共秩序或善良風俗之工作。

　　【處新臺幣三十萬元以上一百五十萬元以下罰鍰】

　　【得廢止其設立許可】

八、接受委任辦理聘僱外國人之申請許可、招募、引進或管理事項，提供不實資料或健康檢查檢體。

　　【處新臺幣三十萬元以上一百五十萬元以下罰鍰】

　　【處一年以下停業處分】

歷屆考題（104-1-2）

A私立就業服務機構如以不實資料提供B雇主申請聘僱外籍看護工，應處罰鍰金額及停業之期間為何？（4分）

答案

1. 新臺幣三十萬以上一百五十萬以下罰鍰　　　　2. 停業一年

九、辦理就業服務業務有恐嚇、詐欺、侵占或背信情事。

【處新臺幣三十萬元以上一百五十萬元以下罰鍰】

【得廢止其設立許可】

十、違反雇主或勞工之意思，留置許可文件、身分證件或其他相關文件。

【處新臺幣六萬元以上三十萬元以下罰鍰】

十一、對主管機關規定之報表，未依規定填寫或填寫不實。

【處新臺幣六萬元以上三十萬元以下罰鍰】

十二、未依規定辦理變更登記、停業申報或換發、補發證照。

【處新臺幣六萬元以上三十萬元以下罰鍰】

十三、未依規定揭示私立就業服務機構許可證、收費項目及金額明細表、就業服務專業人員證書。

【處新臺幣六萬元以上三十萬元以下罰鍰】

十四、經主管機關處分停止營業，其期限尚未屆滿即自行繼續營業。

【處新臺幣六萬元以上三十萬元以下罰鍰】

【得廢止其設立許可】

十五、辦理就業服務業務，未善盡受任事務，致雇主違反本法或依本法所發布之命令，或致勞工權益受損。

【處新臺幣六萬元以上三十萬元以下罰鍰】

歷屆考題（104-1-2）

A私立就業服務機構如未善盡委任事務，致B雇主違反就業服務法上開規定，應處A私立就業服務機構罰鍰金額為何？（2分）

答案

新臺幣六萬以上三十萬以下罰鍰

十六、租借或轉租私立就業服務機構許可證或就業服務專業人員證書。

【處新臺幣六萬元以上三十萬元以下罰鍰】

十七、接受委任引進之外國人入國三個月內發生行蹤不明之情事，並於一年內達一定之人數及比率者。

【處新臺幣六萬元以上三十萬元以下罰鍰】

十八、對求職人或受聘僱外國人有性侵害、人口販運、妨害自由、重傷害或殺人行為。

【處新臺幣三十萬元以上一百五十萬元以下罰鍰】

【得廢止其設立許可】

十九、知悉受聘僱外國人疑似遭受雇主、被看護者或其他共同生活之家屬、雇主之代表人、負責人或代表
　　　雇主處理有關勞工事務之人為性侵害、人口販運、妨害自由、重傷害或殺人行為，而未於二十四小
　　　時內向主管機關、入出國管理機關、警察機關或其他司法機關通報。

【處新臺幣六萬元以上三十萬元以下罰鍰】

歷屆考題（108-1-4）

報載甲私立就業服務機構知悉所引進之外籍看護工疑似遭受雇主性侵害，但未依就業服務
法第 40 條第 1 項第 19 款規定通報相關單位處理，經主管機關處新臺幣 30 萬元罰鍰。請依
就業服務法規定，回答下列問題：

㈠ 該項通報應於知悉該情事多少小時內為之？（2分）

㈡ 該項通報之受理機關為哪 4 類？（8分）

答案

㈠ 二十四小時內

㈡ 1. 主管機關　　　　　　　　　　　　2. 入出國管理機關

　　3. 警察機關　　　　　　　　　　　　4. 其他司法機關

歷屆考題（110-2-1）

依就業服務法第 40 條第 1 項第 19 款、第 67 條、第 69 條等規定，私立就業服務機構及其
從業人員知悉受聘僱外國人疑似遭受雇主有重傷害等 5 種行為後，應在一定時間內向主管
機關、入出國管理機關、警察機關或其他司法機關通報。根據上述回答下列問題：

㈠ 除了重傷害以外，請任列其他 2 種應通報的行為。（4分）

㈡ 請問自知悉後最遲幾小時內要通報？（2分）

㈢ 若未於規定時間內，通報任何一個規定的機關，依就業服務法第 67 條第 1 項規定，會被
　　地方政府處最高新臺幣多少金額罰鍰？（2分）

㈣ 有家 A 私立就業服務機構已陸續有違反上述規定未通報的情形，而受地方政府罰鍰處分
　　達 3 次，卻仍未改善，又發生第 4 次未通報的情形，勞動部依就業服務法第 69 條第 2 款
　　規定，應處以何種處分？（2分）

答案

㈠ 性侵害、人口販運、妨害自由或殺人行為　　　㈡ 二十四小時內

㈢ 處新臺幣三十萬元罰鍰　　　　　　　　　　　㈣ 處一年以下停業處分

二十、其他違反本法或依本法所發布之命令。

【處新臺幣六萬元以上三十萬元以下罰鍰】

前項第十七款之人數、比率及查核方式等事項，由中央主管機關定之。

第 41 條

接受委託登載或傳播求才廣告者，應自廣告之日起，保存委託者之姓名或名稱、住所、電話、國民身分證統一編號或事業登記字號等資料二個月，於主管機關檢查時，不得規避、妨礙或拒絕。

【處新臺幣三萬元以上十五萬元以下罰鍰】

第五章　外國人之聘僱與管理

第 42 條

為保障國民工作權，聘僱外國人工作，不得妨礙本國人之就業機會、勞動條件、國民經濟發展及社會安定。

> **歷屆考題**（108-1-3）
>
> 基於國民工作權之保障，依就業服務法第 42 條規定，聘僱外國人工作，有哪 4 種不得妨礙之事項？（8分）
>
> 答案
>
> | | |
> |---|---|
> | 1. 就業機會 | 2. 勞動條件 |
> | 3. 國民經濟發展 | 4. 社會安定 |

第 43 條

除本法另有規定外，外國人未經雇主申請許可，不得在中華民國境內工作。

【處新臺幣三萬元以上十五萬元以下罰鍰】

【應即令其出國，不得再於中華民國境內工作】

> **歷屆考題**（112-1-2-2）
>
> 甲君經營湯包店，於 108 年 12 月間因非法容留未經許可之外國人乙君於店內從事備料等工作，違反就業服務法第 44 條規定，經地方政府查獲後，於 109 年 3 月間依法裁處罰鍰，並已合法送達裁處書，復於 111 年 12 月間又再經查獲非法容留未經許可之外國人丙君從事店內打掃工作，請依就業服務法規定回答下列問題：
>
> 外國人乙君及丙君係違反就業服務法第 43 條規定，依就業服務法第 68 條第 1 項規定，最低應處新臺幣多少元罰鍰？（2分）另依就業服務法第 68 條第 3 項規定，應即限期令外國人乙君及丙君出國，屆期不出國者，依就業服務法第 68 條第 5 項規定，應由何機關強制出國？（2分）
>
> 答案
>
> | | |
> |---|---|
> | 1. 新臺幣三萬元 | 2. 入出國管理機關 |

第 44 條

任何人不得非法容留外國人從事工作。

【處新臺幣十五萬元以上七十五萬元以下罰鍰】

【五年內再違反者，處三年以下有期徒刑、拘役或科或併科新臺幣一百二十萬元以下罰金】

歷屆考題（105-1-5）

甲公司妨礙並拒絕入出國移民機關派員檢查，及首次非法聘僱外國人，各應處罰鍰新臺幣多少元？（4分）

答案

1. 處新臺幣六萬元以上三十萬元以下罰鍰。
2. 處新臺幣十五萬元以上七十五萬元以下罰鍰。

第 45 條

任何人不得媒介外國人非法為他人工作。

【處新臺幣十萬元以上五十萬元以下罰鍰】

【五年內再違反者，處一年以下有期徒刑、拘役或科或併科新臺幣六十萬元以下罰金】

【意圖營利而違反第四十五條規定者，處三年以下有期徒刑、拘役或科或併科新臺幣一百二十萬元以下罰金】

【處一年以下停業處分】

歷屆考題（100-2-3）

乙私立就業服務機構 5 年內未有非法媒介受處分情形，此次非法媒介行為，依就業服務法第 64 條之處罰內容為何？（2分）

答案

1. 新臺幣十萬元以上五十萬元以下罰鍰。
2. 意圖營利而違反第四十五條規定者，處三年以下有期徒刑、拘役或科或併科新臺幣一百二十萬元以下罰金。

第 46 條

雇主聘僱外國人在中華民國境內從事之工作，除本法另有規定外，以下列各款為限：

一、專門性或技術性之工作。

二、華僑或外國人經政府核准投資或設立事業之主管。

三、下列學校教師：

　㈠公立或經立案之私立大專以上校院或外國僑民學校之教師。

　㈡公立或已立案之私立高級中等以下學校之合格外國語文課程教師。

　㈢公立或已立案私立實驗高級中等學校雙語部或雙語學校之學科教師。

四、依補習及進修教育法立案之短期補習班之專任教師。

五、運動教練及運動員。

六、宗教、藝術及演藝工作。

七、商船、工作船及其他經交通部特許船舶之船員。

八、海洋漁撈工作。

九、家庭幫傭及看護工作。

十、為因應國家重要建設工程或經濟社會發展需要，經中央主管機關指定之工作。

十一、其他因工作性質特殊，國內缺乏該項人才，在業務上確有聘僱外國人從事工作之必要，經中央主管
機關專案核定者。

從事前項工作之外國人，其工作資格及審查標準，除其他法律另有規定外，由中央主管機關會商中央目的
事業主管機關定之。

雇主依第一項第八款至第十款規定聘僱外國人，須訂立書面勞動契約，並以定期契約為限；其未定期限
者，以聘僱許可之期限為勞動契約之期限。

續約時，亦同。

歷屆考題（108-2-2）

為確保補充性原則，依就業服務法第46條第1項規定，雇主聘僱外國人得從事之工作，以
該項所列共11款為限，請問其中第10款所列之規定為何？（3分）

答案

為因應國家重要建設工程或經濟社會發展需要，經中央主管機關指定之工作。

第47條

雇主聘僱外國人從事前條第一項第八款至第十一款規定之工作，應先以合理勞動條件在國內辦理招募，經
招募無法滿足其需要時，始得就該不足人數提出申請，並應於招募時，將招募全部內容通知其事業單位之
工會或勞工，並於外國人預定工作之場所公告之。

雇主依前項規定在國內辦理招募時，對於公立就業服務機構所推介之求職人，非有正當理由，不得拒絕。

歷屆考題（109-1-1）

依就業服務法第47條規定，甲公司應先以合理勞動條件在國內辦理招募，並應於招募時，
將招募全部內容通知其事業單位之哪一單位？（1分）或人員？（1分）

答案

工會或勞工

第48條

雇主聘僱外國人工作，應檢具有關文件，向中央主管機關申請許可。但有下列情形之一，不須申請許可：

一、各級政府及其所屬學術研究機構聘請外國人擔任顧問或研究工作者。

二、外國人與在中華民國境內設有戶籍之國民結婚，且獲准居留者。

三、受聘僱於公立或經立案之私立大學進行講座、學術研究經教育部認可者。

前項申請許可、廢止許可及其他有關聘僱管理之辦法，由中央主管機關會商中央目的事業主管機關定之。

第一項受聘僱外國人入境前後之健康檢查管理辦法，由中央衛生主管機關會商中央主管機關定之。

前項受聘僱外國人入境後之健康檢查，由中央衛生主管機關指定醫院辦理之；其受指定之資格條件、指定、廢止指定及其他管理事項之辦法，由中央衛生主管機關定之。

受聘僱之外國人健康檢查不合格經限令出國者，雇主應即督促其出國。

中央主管機關對從事第四十六條第一項第八款至第十一款規定工作之外國人，得規定其國別及數額。

歷屆考題（106-2-3）

依據就業服務法第 48 條規定，雇主聘僱外國人工作，應向中央主管機關申請許可，但有 3 種情形，不須申請許可，請分述之。（10分）

答案

㈠ 各級政府及其所屬學術研究機構聘請外國人擔任顧問或研究工作者。

㈡ 外國人與在中華民國境內設有戶籍之國民結婚，且獲准居留者。

㈢ 受聘僱於公立或經立案之私立大學進行講座、學術研究經教育部認可者。

第 48-1 條

本國雇主於第一次聘僱外國人從事家庭看護工作或家庭幫傭前，應參加主管機關或其委託非營利組織辦理之聘前講習，並於申請許可時檢附已參加講習之證明文件。

前項講習之對象、內容、實施方式、受委託辦理之資格、條件及其他應遵行事項之辦法，由中央主管機關定之。

第 49 條

各國駐華使領館、駐華外國機構、駐華各國際組織及其人員聘僱外國人工作，應向外交部申請許可；其申請許可、廢止許可及其他有關聘僱管理之辦法，由外交部會商中央主管機關定之。

第 50 條

雇主聘僱下列學生從事工作，得不受第四十六條第一項規定之限制；其工作時間除寒暑假外，每星期最長為二十小時：

一、就讀於公立或已立案私立大專校院之外國留學生。

二、就讀於公立或已立案私立高級中等以上學校之僑生及其他華裔學生。

歷屆考題（111-2-2）

外國留學生甲君今年已經大學三年級，並會利用課餘時間工作賺取生活費。在甲君期中考前一週的某一天，縣政府勞工局的檢查人員到甲君打工的 A 公司訪查，A 公司適用勞動基準法，且發現甲君有合法工作許可，在前一週的工作時間累計達 32 小時。請依就業服務法及勞動基準法規定，回答下列問題：

㈠ 依就業服務法第 50 條及勞動基準法第 30 條第 1 項規定：

甲君在不是寒暑假的期間，每星期的工作時間最長可以工作多少小時？（2分）

㈡ 在上述的訪查結果，A 公司聘僱甲君的工作時間在前一週累計達 32 小時，是否違反就業服務法第 50 條規定？（2分）

㈢如果 A 公司聘僱甲君的工作時數，經過縣政府勞工局認定，A 公司違反就業服務法第 50
　條規定的工作時數，則依違反同法第 57 條規定，應處 A 公司罰鍰新臺幣至少幾萬元？（2
　分）最多幾萬元？（2 分）

答案

㈠二十小時

㈡是

㈢ 1. 六萬元　　　　　　　　　　　　　2. 三十萬元

第 51 條

雇主聘僱下列外國人從事工作，得不受第四十六條第一項、第三項、第四十七條、第五十二條、第五十三
條第三項、第四項、第五十七條第五款、第七十二條第四款及第七十四條規定之限制，並免依第五十五條
規定繳納就業安定費：

一、獲准居留之難民。

二、獲准在中華民國境內連續受聘僱從事工作，連續居留滿五年，品行端正，且有住所者。

三、經獲准與其在中華民國境內設有戶籍之直系血親共同生活者。

四、經取得永久居留者。

前項第一款、第三款及第四款之外國人得不經雇主申請，逕向中央主管機關申請許可。

外國法人為履行承攬、買賣、技術合作等契約之需要，須指派外國人在中華民國境內從事第四十六條第一
項第一款或第二款契約範圍內之工作，於中華民國境內未設立分公司或代表人辦事處者，應由訂約之事業
機構或授權之代理人，依第四十八條第二項及第三項所發布之命令規定申請許可。

歷屆考題（110-1-1）

一、依就業服務法第 51 條第 1 項規定，雇主聘僱同條文各款規定之外國人從事工作，得不
　　受工作類別、工作年限、定期健檢、期滿出國等規定限制，並免依第 55 條規定繳納就
　　業安定費，請回答下列問題：

㈠就業服務法第 51 條第 1 項規定之外國人為哪 4 類？（8 分）

㈡其中哪 1 類外國人不得依同條文第 2 項規定，逕向中央主管機關申請許可？（2 分）

一、答案

㈠ 1. 獲准居留之難民。

　　2. 獲准在中華民國境內連續受聘僱從事工作，連續居留滿五年，品行端正，且有住所者。

　　3. 經獲准與其在中華民國境內設有戶籍之直系血親共同生活者。

　　4. 經取得永久居留者。

㈡獲准在中華民國境內連續受聘僱從事工作，連續居留滿五年，品行端正，且有住所者。

第 52 條

聘僱外國人從事第四十六條第一項第一款至第七款及第十一款規定之工作，許可期間最長為三年，期滿有

繼續聘僱之需要者，雇主得申請展延。

聘僱外國人從事第四十六條第一項第八款至第十款規定之工作，許可期間最長為三年。有重大特殊情形者，雇主得申請展延，其情形及期間由行政院以命令定之。但屬重大工程者，其展延期間，最長以六個月為限。

前項每年得引進總人數，依外籍勞工聘僱警戒指標，由中央主管機關邀集相關機關、勞工、雇主、學者代表協商之。

受聘僱之外國人於聘僱許可期間無違反法令規定情事而因聘僱關係終止、聘僱許可期間屆滿出國或因健康檢查不合格經返國治療再檢查合格者，得再入國工作。但從事第四十六條第一項第八款至第十款規定工作之外國人，其在中華民國境內工作期間，累計不得逾十二年，且不適用前條第一項第二款之規定。

前項但書所定之外國人於聘僱許可期間，得請假返國，雇主應予同意；其請假方式、日數、程序及其他相關事項之辦法，由中央主管機關定之。

從事第四十六條第一項第九款規定家庭看護工作之外國人，且經專業訓練或自力學習，而有特殊表現，符合中央主管機關所定之資格、條件者，其在中華民國境內工作期間累計不得逾十四年。

前項資格、條件、認定方式及其他相關事項之標準，由中央主管機關會商中央目的事業主管機關定之。

歷屆考題（108-1-3）

受聘僱外國人每年得引進總人數，依就業服務法第 52 條第 3 項規定，應依據什麼指標，中央主管機關邀集相關機關、勞工、雇主、學者代表協商之？（2分）

答案

外籍勞工聘僱警戒指標

歷屆考題（106-3-1）

雇主因照顧被看護者而申請聘僱外國人從事家庭看護工作，請依就業服務法相關規定回答下列問題：

外國人經專業訓練或自力學習，而有特殊表現，符合勞動部所定資格及條件者，其在我國工作期間累計最長不得逾幾年？（2分）

答案

不得逾十四年

第 53 條

雇主聘僱之外國人於聘僱許可有效期間內，如需轉換雇主或受聘僱於二以上之雇主者，應由新雇主申請許可。申請轉換雇主時，新雇主應檢附受聘僱外國人之離職證明文件。

第五十一條第一項第一款、第三款及第四款規定之外國人已取得中央主管機關許可者，不適用前項之規定。

受聘僱從事第四十六條第一項第一款至第七款規定工作之外國人轉換雇主或工作者，不得從事同條項第八款至第十一款規定之工作。

受聘僱從事第四十六條第一項第八款至第十一款規定工作之外國人，不得轉換雇主或工作。但有第五十九條第一項各款規定之情事，經中央主管機關核准者，不在此限。

前項受聘僱之外國人經許可轉換雇主或工作者，其受聘僱期間應合併計算之，並受第五十二條規定之限制。

第 54 條

雇主聘僱外國人從事第四十六條第一項第八款至第十一款規定之工作，有下列情事之一者，中央主管機關應不予核發招募許可、聘僱許可或展延聘僱許可之一部或全部；其已核發招募許可者，得中止引進：

一、於外國人預定工作之場所有第十條規定之罷工或勞資爭議情事。

二、於國內招募時，無正當理由拒絕聘僱公立就業服務機構所推介之人員或自行前往求職者。

三、聘僱之外國人行蹤不明或藏匿外國人達一定人數或比率。

四、曾非法僱用外國人工作。

五、曾非法解僱本國勞工。

六、因聘僱外國人而降低本國勞工勞動條件，經當地主管機關查證屬實。

七、聘僱之外國人妨害社區安寧秩序，經依社會秩序維護法裁處。

八、曾非法扣留或侵占所聘僱外國人之護照、居留證件或財物。

九、所聘僱外國人遣送出國所需旅費及收容期間之必要費用，經限期繳納屆期不繳納。

十、於委任招募外國人時，向私立就業服務機構要求、期約或收受不正利益。

十一、於辦理聘僱外國人之申請許可、招募、引進或管理事項，提供不實或失效資料。

十二、刊登不實之求才廣告。

十三、不符申請規定經限期補正，屆期未補正。

十四、違反本法或依第四十八條第二項、第三項、第四十九條所發布之命令。

十五、違反職業安全衛生法規定，致所聘僱外國人發生死亡、喪失部分或全部工作能力，且未依法補償或賠償。

十六、其他違反保護勞工之法令情節重大者。

前項第三款至第十六款規定情事，以申請之日前二年內發生者為限。

第一項第三款之人數、比率，由中央主管機關公告之。

歷屆考題（108-2-1）

報載甲公司塑料工廠宿舍發生火災，致有本、外國員工及消防員死傷，當地主管機關表示，甲公司涉有違反就業服務法及職業安全衛生法等多項勞動法規情事。請依就業服務法及相關辦法規定，回答下列問題：

甲公司於此事件中，如有違反職業安全衛生法規定，致所聘僱外國人發生死亡，喪失部分或全部工作能力，且未依法補償或賠償情事時，依就業服務法規定，中央主管機關得為哪 3 種處分？（6分）

答案

應不予核發招募許可、聘僱許可或展延聘僱許可之一部或全部；其已核發招募許可者，得中止引進。

第 55 條

雇主聘僱外國人從事第四十六條第一項第八款至第十款規定之工作，應向中央主管機關設置之就業安定基金專戶繳納就業安定費，作為加強辦理有關促進國民就業、提升勞工福祉及處理有關外國人聘僱管理事務之用。

前項就業安定費之數額，由中央主管機關考量國家經濟發展、勞動供需及相關勞動條件，並依其行業別及工作性質會商相關機關定之。

雇主或被看護者符合社會救助法規定之低收入戶或中低收入戶、依身心障礙者權益保障法領取生活補助費，或依老人福利法領取中低收入生活津貼者，其聘僱外國人從事第四十六條第一項第九款規定之家庭看護工作，免繳納第一項之就業安定費。

第一項受聘僱之外國人有連續曠職三日失去連繫或聘僱關係終止之情事，經雇主依規定通知而廢止聘僱許可者，雇主無須再繳納就業安定費。

雇主未依規定期限繳納就業安定費者，得寬限三十日；於寬限期滿仍未繳納者，自寬限期滿之翌日起至完納前一日止，每逾一日加徵其未繳就業安定費百分之零點三滯納金。但以其未繳之就業安定費百分之三十為限。

加徵前項滯納金三十日後，雇主仍未繳納者，由中央主管機關就其未繳納之就業安定費及滯納金移送強制執行，並得廢止其聘僱許可之一部或全部。

主管機關並應定期上網公告基金運用之情形及相關會議紀錄。

雇主或被看護者聘僱家庭看護工作，免繳納就業安定費

老	老人福利法	領取中低收入生活津貼
窮	社會救助法	低收入戶或中低收入戶
殘	身心障礙者權益保障法	領取生活補助費

雇主聘僱藍領，免繳納就業安定費

受聘僱之外國人

1. 連續曠職三日失去連繫
2. 聘僱關係終止之情事

經雇主依規定通知而廢止聘僱許可者

歷屆考題（102-1-4）

依就業服務法規定，就業安定費之用途有哪 3 項？（6分）

答案

1. 加強辦理有關促進國民就業　　　　2. 提升勞工福祉
3. 處理有關外國人聘僱管理事務之用

歷屆考題（110-2-1）

(一) 雇主聘僱外國人從事就業服務法第 46 條第 1 項第 9 款規定之家庭看護工作，雇主或被看護者符合哪 3 種法令及對象之情形，免繳納就業安定費？（6分）

（二）受聘僱之外國人有哪 2 種情事，經雇主依規定通知而廢止聘僱許可者，雇主無須再繳納就業安定費？（2分）

（三）雇主未依規定期限繳納就業安定費者，得寬限幾日？（1分）於寬限期滿仍未繳納者，自寬限期滿之翌日起至完納前 1 日止，每逾 1 日加徵其未繳就業安定費 0.3% 滯納金。但加徵滯納金最多以雇主未繳之就業安定費多少百分比爲限？（1分）

答案

（一）1. 社會救助法規定之低收入戶或中低收入戶。
　　2. 身心障礙者權益保障法領取生活補助費。
　　3. 老人福利法領取中低收入生活津貼者。
（二）1. 連續曠職三日失去連繫　　　　2. 聘僱關係終止之情事
（三）1. 三十日　　　　　　　　　　　2. 百分之三十

第 56 條

受聘僱之外國人有連續曠職三日失去連繫或聘僱關係終止之情事，雇主應於三日內以書面載明相關事項通知當地主管機關、入出國管理機關及警察機關。但受聘僱之外國人有曠職失去連繫之情事，雇主得以書面通知入出國管理機關及警察機關執行查察。

【處新臺幣三萬元以上十五萬元以下罰鍰】

受聘僱外國人有遭受雇主不實之連續曠職三日失去連繫通知情事者，得向當地主管機關申訴。經查證確有不實者，中央主管機關應撤銷原廢止聘僱許可及限令出國之行政處分。

歷屆考題（107-1-1）

依就業服務法規定，雇主聘僱外國人有連續曠職三日失去連繫情事，請回答下列問題：
雇主應於幾日內，以書面通知哪 3 個機關？（4分）

答案

1. 三日內　　　　　　　　　　2. 當地主管機關
3. 入出國管理機關　　　　　　4. 警察機關

第 57 條

雇主聘僱外國人不得有下列情事：

一、聘僱未經許可、許可失效或他人所申請聘僱之外國人。

【處新臺幣十五萬元以上七十五萬元以下罰鍰】

【五年內再違反者，處三年以下有期徒刑、拘役或科或併科新臺幣一百二十萬元以下罰金】

【應廢止其招募許可及聘僱許可之一部或全部】

歷屆考題（100-2-3）

甲公司聘僱 B 非法外勞，違反就業服務法何種規定（含法規條款次及內容）？（2分）

答案

就業服務法第五十七條

雇主聘僱外國人不得有下列情事：

一、聘僱未經許可、許可失效或他人所申請聘僱之外國人。

歷屆考題（109-3-1）

甲君未經許可，聘僱來臺遊學的外國人 A 君到其經營的菜攤從事賣菜工作；另乙君經勞動部許可聘僱外國人 B 君來臺從事家庭看護工作，卻指派外國人 B 君至其經營的自助餐店從事餐食料理工作，請依就業服務法規定回答下列問題：

甲君的行為已違反就業服務法第 57 條第 1 款規定，應處多少新臺幣罰鍰？（3分）如甲君於 5 年內再有違反就業服務法第 57 條第 1 款的行為，應處幾年以下有期徒刑？（3分）

答案

1. 處新臺幣十五萬元以上七十五萬元以下罰鍰　　　　2. 處三年以下有期徒刑

二、以本人名義聘僱外國人為他人工作。

【處新臺幣十五萬元以上七十五萬元以下罰鍰】

【五年內再違反者，處三年以下有期徒刑、拘役或科或併科新臺幣一百二十萬元以下罰金】

【應廢止其招募許可及聘僱許可之一部或全部】

三、指派所聘僱之外國人從事許可以外之工作。

【處新臺幣三萬元以上十五萬元以下罰鍰】

【經限期改善，屆期未改善。應廢止其招募許可及聘僱許可之一部或全部】

歷屆考題（104-1-2）

B 雇主違反就業服務法第 57 條第 3 款，指派外籍看護工從事許可以外之工作，應處罰鍰金額為何？（2分）

答案

處新臺幣三萬元以上十五萬元以下罰鍰。

四、未經許可，指派所聘僱從事第四十六條第一項第八款至第十款規定工作之外國人變更工作場所。

【處新臺幣三萬元以上十五萬元以下罰鍰】

【經限期改善，屆期未改善。應廢止其招募許可及聘僱許可之一部或全部】

五、未依規定安排所聘僱之外國人接受健康檢查或未依規定將健康檢查結果函報衛生主管機關。

【處新臺幣六萬元以上三十萬元以下罰鍰】

【經衛生主管機關通知辦理仍未辦理，應廢止其招募許可及聘僱許可之一部或全部】

六、因聘僱外國人致生解僱或資遣本國勞工之結果。

【每人處新臺幣二萬元以上十萬元以下罰鍰】

【應廢止其招募許可及聘僱許可之一部或全部】

七、對所聘僱之外國人以強暴脅迫或其他非法之方法，強制其從事勞動。

　　【應廢止其招募許可及聘僱許可之一部或全部】

八、非法扣留或侵占所聘僱外國人之護照、居留證件或財物。

　　【處新臺幣六萬元以上三十萬元以下罰鍰】

　　【應廢止其招募許可及聘僱許可之一部或全部】

九、其他違反本法或依本法所發布之命令。

　　【處新臺幣六萬元以上三十萬元以下罰鍰】

　　【應廢止其招募許可及聘僱許可之一部或全部】

第 58 條

外國人於聘僱許可有效期間內，因不可歸責於雇主之原因出國、死亡或發生行蹤不明之情事經依規定通知入出國管理機關及警察機關滿三個月仍未查獲者，雇主得向中央主管機關申請遞補。

雇主聘僱外國人從事第四十六條第一項第九款規定之家庭看護工作，因不可歸責之原因，並有下列情事之一者，亦得向中央主管機關申請遞補：

一、外國人於入出國機場或收容單位發生行蹤不明之情事，依規定通知入出國管理機關及警察機關。

二、外國人於雇主處所發生行蹤不明之情事，依規定通知入出國管理機關及警察機關滿一個月仍未查獲。

三、外國人於聘僱許可有效期間內經雇主同意轉換雇主或工作，由新雇主接續聘僱，或經中央主管機關廢止聘僱許可逾一個月未由新雇主接續聘僱。

前二項遞補之聘僱許可期間，以補足原聘僱許可期間為限；原聘僱許可所餘期間不足六個月者，不予遞補。

第 58 條修正理由

一、近年我國人口結構快速變遷，每年工作人口約減少十八萬人，且國人就業觀念及習慣均已改變，配合產業需求及國家建設經濟發展，以及基於人道考量、被照顧者家庭之經濟負擔，及考量外國人行蹤不明原因眾多，非全然可歸責於雇主，遞補等待期間可適度縮短，並兼顧外國人聘僱管理。

二、產業人力包含國內勞工及外國勞工，外國勞工行蹤不明期間之人力需求，尚可由國內勞工及外國勞工互為調配，且於遞補等待期間，勞動部可依產業人力需求，提供求才推介服務及專案媒合，對於國內勞工提供就業獎勵等促進就業措施，及對雇主提供僱用獎助，協助雇主補實人力、促進國人就業，爰將遞補等待期由 6 個月調降為 3 個月。

三、外籍家庭看護工行蹤不明期間之人力需求，家庭難有人力調配立即補實，在居家照顧服務量能有限下，失能者家庭增加照顧需求、家庭經濟及人力負擔，未能及時遞補外籍家庭看護工，將導致勞工須離開原有職場，不利我國就業率，應盡速補充照顧人力，以滿足家庭照顧需求，外籍家庭看護工之雇主在等待遞補期間，被看護者如經縣市長期照顧管理中心評估為長照需要第 2 級以上，可申請長期照顧及喘息服務，紓解家庭照顧壓力，爰將遞補等待期由 3 個月調降為 1 個月。

四、考量外籍家庭看護工經雇主同意轉換雇主或工作，雇主於外國人等待轉換期間，與外國人行蹤不明之家庭同樣面臨無人力替補或足夠照顧資源情形，其遞補等待期間應一致，外籍家庭看護工經雇主同意轉換雇主或工作，於符合下列兩種情形之一者，雇主得向中央主管機關申請遞補：

　　㈠由新雇主接續聘僱。

　　㈡經廢止聘僱許可逾一個月未由新雇主接續聘僱。

歷屆考題（111-1-1）

A 公司從事製造業，聘僱菲律賓籍外國人甲君；另乙君聘僱印尼籍外國人丙君從事家庭看護工作。請依就業服務法第 58 條規定回答下列問題：

㈠ 依第 58 條第 1 項規定，外國人甲君於聘僱許可有效期間內，因不可歸責於 A 公司之原因，並有哪 3 種情事，A 公司得向勞動部申請遞補？（3分）

㈡ 依第 58 條第 2 項規定，乙君聘僱外國人丙君，因不可歸責之原因，並有哪 3 種情事，乙君亦得向勞動部申請遞補？（6分）

㈢ 依第 58 條第 3 項規定，A 公司若有符合得向勞動部申請遞補之情事，其經勞動部核發聘僱外國人甲君之聘僱許可所餘期間應足幾個月以上，始得予以遞補？（1分）

答案

㈠ 出國、死亡或發生行蹤不明之情事

㈡ 1. 外國人於入出國機場或收容單位發生行蹤不明之情事，依規定通知入出國管理機關及警察機關。

　 2. 外國人於雇主處所發生行蹤不明之情事，依規定通知入出國管理機關及警察機關滿三個月仍未查獲。

　 3. 外國人於聘僱許可有效期間內經雇主同意轉換雇主或工作，並由新雇主接續聘僱或出國者。

㈢ 六個月

第 59 條

外國人受聘僱從事第四十六條第一項第八款至第十一款規定之工作，有下列情事之一者，經中央主管機關核准，得轉換雇主或工作：

一、雇主或被看護者死亡或移民者。

二、船舶被扣押、沉沒或修繕而無法繼續作業者。

三、雇主關廠、歇業或不依勞動契約給付工作報酬經終止勞動契約者。

四、其他不可歸責於受聘僱外國人之事由者。

前項轉換雇主或工作之程序，由中央主管機關另定之。

歷屆考題（97-2-5）

依就業服務法第 59 條規定，除不可歸責於外國人之事由外，有哪些情形受聘僱從事就業服務法第 46 條第 1 項第 8 款至第 11 款工作之外國人，經中央主管機關核准得轉換雇主或工作？（6分）

答案

　 1. 雇主或被看護者死亡或移民者。

　 2. 船舶被扣押、沉沒或修繕而無法繼續作業者。

　 3. 雇主關廠、歇業或不依勞動契約給付工作報酬經終止勞動契約者。

　 4. 其他不可歸責於受聘僱外國人之事由者。

第 60 條

雇主所聘僱之外國人，經入出國管理機關依規定遣送出國者，其遣送所需之旅費及收容期間之必要費用，應由下列順序之人負擔：

一、非法容留、聘僱或媒介外國人從事工作者。

二、遣送事由可歸責之雇主。

三、被遣送之外國人。

前項第一款有數人者，應負連帶責任。

第一項費用，由就業安定基金先行墊付，並於墊付後，由該基金主管機關通知應負擔者限期繳納；屆期不繳納者，移送強制執行。

雇主所繳納之保證金，得檢具繳納保證金款項等相關證明文件，向中央主管機關申請返還。

【應廢止其招募許可及聘僱許可之一部或全部】

歷屆考題（108-3-1）

雇主所聘僱之外國人，經入出國管理機關依規定遣送出國者，其遣送之旅費及收容期間之必要費用，請依就業服務法第 60 條規定之順序，說明應由哪些人負擔？（6分）承上，有關外國人遣送之旅費及收容期間之必要費用，會先由哪一基金先行墊付？（2分）另並於墊付後，由該基金主管機關通知應負擔者限期繳納，倘屆期不繳納者，依規定應如何處理？（2分）

答案

㈠ 1. 非法容留、聘僱或媒介外國人從事工作者　　　2. 遣送事由可歸責之雇主

　　3. 被遣送之外國人

㈡ 就業安定基金

㈢ 移送強制執行

第 61 條

外國人在受聘僱期間死亡，應由雇主代為處理其有關喪葬事務。

【處新臺幣三萬元以上十五萬元以下罰鍰】

第 62 條

主管機關、入出國管理機關、警察機關、海岸巡防機關或其他司法警察機關得指派人員攜帶證明文件，至外國人工作之場所或可疑有外國人違法工作之場所，實施檢查。

對前項之檢查，雇主、雇主代理人、外國人及其他有關人員不得規避、妨礙或拒絕。

【處新臺幣六萬元以上三十萬元以下罰鍰】

歷屆考題（105-1-5）

甲公司妨礙並拒絕入出國移民機關派員檢查

答案

處新臺幣六萬元以上三十萬元以下罰鍰。

第六章　罰則

第 63 條

違反第四十四條或第五十七條第一款、第二款規定者，處新臺幣十五萬元以上七十五萬元以下罰鍰。五年內再違反者，處三年以下有期徒刑、拘役或科或併科新臺幣一百二十萬元以下罰金。

法人之代表人、法人或自然人之代理人、受僱人或其他從業人員，因執行業務違反第四十四條或第五十七條第一款、第二款規定者，除依前項規定處罰其行為人外，對該法人或自然人亦科處前項之罰鍰或罰金。

第 64 條

違反第四十五條規定者，處新臺幣十萬元以上五十萬元以下罰鍰。五年內再違反者，處一年以下有期徒刑、拘役或科或併科新臺幣六十萬元以下罰金。

意圖營利而違反第四十五條規定者，處三年以下有期徒刑、拘役或科或併科新臺幣一百二十萬元以下罰金。

法人之代表人、法人或自然人之代理人、受僱人或其他從業人員，因執行業務違反第四十五條規定者，除依前二項規定處罰其行為人外，對該法人或自然人亦科處各該項之罰鍰或罰金。

第 65 條

違反第五條第一項、第二項第一款、第四款、第五款、第三十四條第二項、第四十條第一項第二款、第七款至第九款、第十八款規定者，處新臺幣三十萬元以上一百五十萬元以下罰鍰。

未經許可從事就業服務業務違反第四十條第一項第二款、第七款至第九款、第十八款規定者，依前項規定處罰之。

違反第五條第一項規定經處以罰鍰者，直轄市、縣（市）主管機關應公布其姓名或名稱、負責人姓名，並限期令其改善；屆期未改善者，應按次處罰。

第 66 條

違反第四十條第一項第五款規定者，按其要求、期約或收受超過規定標準之費用或其他不正利益相當之金額，處十倍至二十倍罰鍰。

未經許可從事就業服務業務違反第四十條第一項第五款規定者，依前項規定處罰之。

第 67 條

違反第五條第二項第二款、第三款、第六款、第十條、第三十六條第一項、第三十七條、第三十九條、第四十條第一項第一款、第三款、第四款、第六款、第十款至第十七款、第十九款、第二十款、第五十七條第五款、第八款、第九款或第六十二條第二項規定，處新臺幣六萬元以上三十萬元以下罰鍰。

未經許可從事就業服務業務違反第四十條第一項第一款、第三款、第四款、第六款或第十款規定者，依前項規定處罰之。

第 68 條

違反第九條、第三十三條第一項、第四十一條、第四十三條、第五十六條第一項、第五十七條第三款、第四款或第六十一條規定者，處新臺幣三萬元以上十五萬元以下罰鍰。

違反第五十七條第六款規定者，按被解僱或資遣之人數，每人處新臺幣二萬元以上十萬元以下罰鍰。

違反第四十三條規定之外國人，應即令其出國，不得再於中華民國境內工作。

違反第四十三條規定或有第七十四條第一項、第二項規定情事之外國人，經限期令其出國，屆期不出國

者，入出國管理機關得強制出國，於未出國前，入出國管理機關得收容之。

第 69 條

私立就業服務機構有下列情事之一者，由主管機關處一年以下停業處分：

一、違反第四十條第一項第四款至第六款、第八款或第四十五條規定。

二、同一事由，受罰鍰處分三次，仍未改善。

三、一年內受罰鍰處分四次以上。

就業服務法

第 40 條

私立就業服務機構及其從業人員從事就業服務業務，不得有下列情事：

四、扣留求職人財物或收取推介就業保證金。

五、要求、期約或收受規定標準以外之費用，或其他不正利益。

六、行求、期約或交付不正利益。

八、接受委任辦理聘僱外國人之申請許可、招募、引進或管理事項，提供不實資料或健康檢查檢體。

第 45 條

任何人不得媒介外國人非法為他人工作。

歷屆考題（99-2-5）

五、依就業服務法規定，私立就業服務機構有 7 種情事之一者，由主管機關處 1 年以下停業處分。請至少列舉 5 種情事。（10 分）

五、答案

㈠ 同一事由，受罰鍰處分三次，仍未改善。

㈡ 一年內受罰鍰處分四次以上。

㈢ 任何人不得媒介外國人非法為他人工作。

㈣ 扣留求職人財物或收取推介就業保證金。

㈤ 要求、期約或收受規定標準以外之費用，或其他不正利益。

㈥ 行求、期約或交付不正利益。

㈦ 接受委任辦理聘僱外國人之申請許可、招募、引進或管理事項，提供不實資料或健康檢查檢體。

歷屆考題（110-2-1）

A 私立就業服務機構已陸續有違反上述規定未通報的情形，而受地方政府罰鍰處分達 3 次，卻仍未改善，又發生第 4 次未通報的情形，勞動部依就業服務法第 69 條第 2 款規定，應處以何種處分？（2 分）

答案

處一年以下停業處分

第 70 條

私立就業服務機構有下列情事之一者，主管機關得廢止其設立許可：

一、違反第三十八條、第四十條第一項第二款、第七款、第九款、第十四款、第十八款規定。

二、一年內受停業處分二次以上。

私立就業服務機構經廢止設立許可者，其負責人或代表人於五年內再行申請設立私立就業服務機構，主管機關應不予受理。

第 71 條

就業服務專業人員違反第三十七條規定者，中央主管機關得廢止其就業服務專業人員證書。

第 72 條

雇主有下列情事之一者，應廢止其招募許可及聘僱許可之一部或全部：

一、有第五十四條第一項各款所定情事之一。

二、有第五十七條第一款、第二款、第六款至第九款規定情事之一。

三、有第五十七條第三款、第四款規定情事之一，經限期改善，屆期未改善。

四、有第五十七條第五款規定情事，經衛生主管機關通知辦理仍未辦理。

五、違反第六十條規定。

第 73 條

雇主聘僱之外國人，有下列情事之一者，廢止其聘僱許可：

一、為申請許可以外之雇主工作。

二、非依雇主指派即自行從事許可以外之工作。

三、連續曠職三日失去連繫或聘僱關係終止。

四、拒絕接受健康檢查、提供不實檢體、檢查不合格、身心狀況無法勝任所指派之工作或罹患經中央衛生主管機關指定之傳染病。

五、違反依第四十八條第二項、第三項、第四十九條所發布之命令，情節重大。

六、違反其他中華民國法令，情節重大。

七、依規定應提供資料，拒絕提供或提供不實。

歷屆考題（101-3-9）

依就業服務法第 73 條規定，雇主聘僱之外國人有 7 款之情事者，得廢止其聘僱許可。請寫出至少其中 5 項。（10分）

答案

㈠ 為申請許可以外之雇主工作。

㈡ 非依雇主指派即自行從事許可以外之工作。

㈢ 連續曠職三日失去連繫或聘僱關係終止。

㈣ 拒絕接受健康檢查、提供不實檢體、檢查不合格、身心狀況無法勝任所指派之工作或罹患經中央衛生主管機關指定之傳染病。

㈤ 違反依第四十八條第二項、第三項、第四十九條所發布之命令，情節重大。

(六) 違反其他中華民國法令，情節重大。

(七) 依規定應提供資料，拒絕提供或提供不實。

第 74 條

聘僱許可期間屆滿或經依前條規定廢止聘僱許可之外國人，除本法另有規定者外，應即令其出國，不得再於中華民國境內工作。

受聘僱之外國人有連續曠職三日失去連繫情事者，於廢止聘僱許可前，入出國業務之主管機關得即令其出國。

有下列情事之一者，不適用第一項關於即令出國之規定：

一、依本法規定受聘僱從事工作之外國留學生、僑生或華裔學生，聘僱許可期間屆滿或有前條第一款至第五款規定情事之一。

二、受聘僱之外國人於受聘僱期間，未依規定接受定期健康檢查或健康檢查不合格，經衛生主管機關同意其再檢查，而再檢查合格。

第 75 條

本法所定罰鍰，由直轄市及縣（市）主管機關處罰之。

歷屆考題（99-2-9）

甲因不符申請聘僱外國人從事家庭看護工作之雇主資格，以虛偽不實的資料向行政院勞工委員會提出申請，依就業服務法規定，可科處甲新臺幣多少罰鍰？（5分）該罰鍰由誰來處罰？（5分）

答案

(一) 處新臺幣三十萬元以上一百五十萬元以下罰鍰。

(二) 直轄市及縣（市）主管機關。

第 76 條

依本法所處之罰鍰，經限期繳納，屆期未繳納者，移送強制執行。

第七章　附則

第 77 條

本法修正施行前，已依有關法令申請核准受聘僱在中華民國境內從事工作之外國人，本法修正施行後，其原核准工作期間尚未屆滿者，在屆滿前，得免依本法之規定申請許可。

第 78 條

各國駐華使領館、駐華外國機構及駐華各國際組織人員之眷屬或其他經外交部專案彙報中央主管機關之外國人，其在中華民國境內有從事工作之必要者，由該外國人向外交部申請許可。

前項外國人在中華民國境內從事工作，不適用第四十六條至第四十八條、第五十條、第五十二條至第五十六條、第五十八條至第六十一條及第七十四條規定。

第一項之申請許可、廢止許可及其他應遵行事項之辦法，由外交部會同中央主管機關定之。

第 79 條

無國籍人、中華民國國民兼具外國國籍而未在國內設籍者，其受聘僱從事工作，依本法有關外國人之規定辦理。

第 80 條

大陸地區人民受聘僱於臺灣地區從事工作，其聘僱及管理，除法律另有規定外，準用第五章相關之規定。

第 81 條

主管機關依本法規定受理申請許可及核發證照，應收取審查費及證照費；其費額，由中央主管機關定之。

第 82 條

本法施行細則，由中央主管機關定之。

第 83 條

本法施行日期，除中華民國九十一年一月二十一日修正公布之第四十八條第一項至第三項規定由行政院以命令定之，及中華民國九十五年五月五日修正之條文自中華民國九十五年七月一日施行外，自公布日施行。

就業服務法罰則

處新臺幣 30-150 萬元罰鍰

第 5 條 第 1 項	為保障國民就業機會平等，雇主對求職人或所僱用員工，不得以種族、階級、語言、思想、宗教、黨派、籍貫、出生地、性別、性傾向、年齡、婚姻、容貌、五官、身心障礙、星座、血型或以往工會會員身分為由，予以歧視
第 5 條 第 2 項	雇主招募或僱用員工，不得有下列情事： 一、為不實之廣告或揭示。 四、指派求職人或員工從事違背公共秩序或善良風俗之工作。 五、辦理聘僱外國人之申請許可、招募、引進或管理事項，提供不實資料或健康檢查檢體。
第 34 條 第 2 項	未經許可，不得從事就業服務業務。
第 40 條 第 1 項 第 2 款、 第 7 款至 第 9 款、 第 18 款	私立就業服務機構及其從業人員從事就業服務業務，不得有下列情事： 二、為不實或違反第五條第一項規定之廣告或揭示。 七、仲介求職人從事違背公共秩序或善良風俗之工作。 八、接受委任辦理聘僱外國人之申請許可、招募、引進或管理事項，提供不實資料或健康檢查檢體。 九、辦理就業服務業務有恐嚇、詐欺、侵占或背信情事。 十八、對求職人或受聘僱外國人有性侵害、人口販運、妨害自由、重傷害或殺人行為。

處新臺幣 15-75 萬元罰鍰

（5 年內再違反者，處 3 年以下有期徒刑、拘役或科或併科新臺幣 120 萬元以下罰金。）

第 44 條	任何人不得非法容留外國人從事工作。
第 57 條 第 1 款、 第 2 款	雇主聘僱外國人不得有下列情事： 一、聘僱未經許可、許可失效或他人所申請聘僱之外國人。 二、以本人名義聘僱外國人為他人工作。

處新臺幣 10-50 萬罰鍰

（五年內再違反者，處 1 年以下有期徒刑、拘役或科或併科新臺幣 60 萬元以下罰金。意圖營利而違反第 45 條規定者，處 3 年以下有期徒刑、拘役或科或併科新臺幣 120 萬元以下罰金。）

第 45 條	任何人不得媒介外國人非法為他人工作。

處新臺幣 6-30 萬元罰鍰

第 5 條 第 2 項 第 2 款、	雇主招募或僱用員工，不得有下列情事： 二、違反求職人或員工之意思，留置其國民身分證、工作憑證或其他證明文件，或要求提供非屬就業所需之隱私資料。

第 3 款、 第 6 款、	三、扣留求職人或員工財物或收取保證金。 六、提供職缺之經常性薪資未達新臺幣四萬元而未公開揭示或告知其薪資範圍。
第 10 條	在依法罷工期間，或因終止勞動契約涉及勞方多數人權利之勞資爭議在調解期間，就業服務機構不得推介求職人至該罷工或有勞資爭議之場所工作。
第 36 條 第 1 項	私立就業服務機構應置符合規定資格及數額之就業服務專業人員。
第 37 條	就業服務專業人員不得有下列情事： 一、允許他人假藉本人名義從事就業服務業務。 二、違反法令執行業務。
第 39 條	私立就業服務機構應依規定備置及保存各項文件資料，於主管機關檢查時，不得規避、妨礙或拒絕。
第 40 條 第 1 項 第 1 款、 第 3 款、 第 4 款、 第 6 款、 第 10 款 至 第 17 款、第 19 款、第 20 款	私立就業服務機構及其從業人員從事就業服務業務，不得有下列情事： 一、辦理仲介業務，未依規定與雇主或求職人簽訂書面契約。 三、違反求職人意思，留置其國民身分證、工作憑證或其他證明文件。 四、扣留求職人財物或收取推介就業保證金。 六、行求、期約或交付不正利益。 十、違反雇主或勞工之意思，留置許可文件、身分證件或其他相關文件。 十一、對主管機關規定之報表，未依規定填寫或填寫不實。 十二、未依規定辦理變更登記、停業申報或換發、補發證照。 十三、未依規定揭示私立就業服務機構許可證、收費項目及金額明細表、就業服務專業人員證書。 十四、經主管機關處分停止營業，其期限尚未屆滿即自行繼續營業。 十五、辦理就業服務業務，未善盡受任事務，致雇主違反本法或依本法所發布之命令，或致勞工權益受損。 十六、租借或轉租私立就業服務機構許可證或就業服務專業人員證書。 十七、接受委任引進之外國人入國 3 個月內發生行蹤不明之情事，並於 1 年內達一定之人數及比率者。 十九、知悉受聘僱外國人疑似遭受雇主、被看護者或其他共同生活之家屬雇主之代表人、負責人或代表雇主處理有關勞工事務之人為性侵害、人口販運、妨害自由、重傷害或殺人行為，而未於 24 小時內向主管機關、入出國管理機關、警察機關或其他司法機關通報。 二十、其他違反本法或依本法所發布之命令。
第 57 條 第 5 款、 第 8 款、 第 9 款	雇主聘僱外國人不得有下列情事： 五、未依規定安排所聘僱之外國人接受健康檢查或未依規定將健康檢查結果函報衛生主管機關。 八、非法扣留或侵占所聘僱外國人之護照、居留證件或財物。 九、其他違反本法或依本法所發布之命令。
第 62 條 第 2 項	主管機關、入出國管理機關、警察機關、海岸巡防機關或其他司法警察機關得指派人員攜帶證明文件，至外國人工作之場所或可疑有外國人違法工作之場所，實施檢查。 對前項之檢查，雇主、雇主代理人、外國人及其他有關人員不得規避、妨礙或拒絕。

處新臺幣 3-15 萬元罰鍰

第 9 條	就業服務機構及其人員，對雇主與求職人之資料，除推介就業之必要外，不得對外公開。
第 33 條 第 1 項	雇主資遣員工時，應於員工離職之十日前，將被資遣員工之姓名、性別、年齡、住址、電話、擔任工作、資遣事由及需否就業輔導等事項，列冊通報當地主管機關及公立就業服務機構。但其資遣係因天災、事變或其他不可抗力之情事所致者，應自被資遣員工離職之日起三日內為之。
第 41 條	接受委託登載或傳播求才廣告者，應自廣告之日起，保存委託者之姓名或名稱、住所、電話、國民身分證統一編號或事業登記字號等資料二個月，於主管機關檢查時，不得規避、妨礙或拒絕。
第 43 條	除本法另有規定外，外國人未經雇主申請許可，不得在中華民國境內工作。
第 56 條 第 1 項	受聘僱之外國人有連續曠職三日失去連繫或聘僱關係終止之情事，雇主應於三日內以書面載明相關事項通知當地主管機關、入出國管理機關及警察機關。但受聘僱之外國人有曠職失去連繫之情事，雇主得以書面通知入出國管理機關及警察機關執行查察。
第 57 條 第 3 款、 第 4 款	雇主聘僱外國人不得有下列情事： 三、指派所聘僱之外國人從事許可以外之工作。 四、未經許可，指派所聘僱從事第四十六條第一項第八款至第十款規定工作之外國人變更工作場所。
第 61 條	外國人在受聘僱期間死亡，應由雇主代為處理其有關喪葬事務。

每人處新臺幣 2-10 萬元罰鍰

第 57 條 第 6 款	雇主聘僱外國人不得有下列情事： 六、因聘僱外國人致生解僱或資遣本國勞工之結果。

處一年以下停業處分

第 40 條 第 1 項 第 4 款至 第 6 款、 第 8 款	私立就業服務機構及其從業人員從事就業服務業務，不得有下列情事： 四、扣留求職人財物或收取推介就業保證金。 五、要求、期約或收受規定標準以外之費用，或其他不正利益。 六、行求、期約或交付不正利益。 八、接受委任辦理聘僱外國人之申請許可、招募、引進或管理事項，提供不實資料或健康檢查檢體。
第 45 條	任何人不得媒介外國人非法為他人工作。
	同一事由，受罰鍰處分三次，仍未改善。 一年內受罰鍰處分四次以上。

得廢止其設立許可

第 38 條	辦理下列仲介業務之私立就業服務機構，應以公司型態組織之。
第 40 條 第 1 項 第 2 款、 第 7 款、	私立就業服務機構及其從業人員從事就業服務業務，不得有下列情事： 二、為不實或違反第五條第一項規定之廣告或揭示。 七、仲介求職人從事違背公共秩序或善良風俗之工作。

第 9 款、	九、辦理就業服務業務有恐嚇、詐欺、侵占或背信情事。
第14款、	十四、經主管機關處分停止營業，其期限尚未屆滿即自行繼續營業。
第18款	十八、對求職人或受聘僱外國人有性侵害、人口販運、妨害自由、重傷害或殺人行為。
	一年內受停業處分二次以上。 私立就業服務機構經廢止設立許可者，其負責人或代表人於五年內再行申請設立私立就業服務機構，主管機關應不予受理。

得廢止其就業服務專業人員證書

| 第 37 條 | 就業服務專業人員不得有下列情事：
一、允許他人假藉本人名義從事就業服務業務。
二、違反法令執行業務。 |

廢止其招募許可及聘僱許可之一部或全部

| 第 54 條
第 1 項 | 雇主聘僱外國人從事第四十六條第一項第八款至第十一款規定之工作，有下列情事之一者，中央主管機關應不予核發招募許可、聘僱許可或展延聘僱許可之一部或全部；其已核發招募許可者，得中止引進：
一、於外國人預定工作之場所有第十條規定之罷工或勞資爭議情事。
二、於國內招募時，無正當理由拒絕聘僱公立就業服務機構所推介之人員或自行前往求職者。
三、聘僱之外國人行蹤不明或藏匿外國人達一定人數或比率。
四、曾非法僱用外國人工作。
五、曾非法解僱本國勞工。
六、因聘僱外國人而降低本國勞工勞動條件，經當地主管機關查證屬實。
七、聘僱之外國人妨害社區安寧秩序，經依社會秩序維護法裁處。
八、曾非法扣留或侵占所聘僱外國人之護照、居留證件或財物。
九、所聘僱外國人遣送出國所需旅費及收容期間之必要費用，經限期繳納屆期不繳納。
十、於委任招募外國人時，向私立就業服務機構要求、期約或收受不正利益。
十一、於辦理聘僱外國人之申請許可、招募、引進或管理事項，提供不實或失效資料。
十二、刊登不實之求才廣告。
十三、不符申請規定經限期補正，屆期未補正。
十四、違反本法或依第四十八條第二項、第三項、第四十九條所發布之命令。
十五、違反職業安全衛生法規定，致所聘僱外國人發生死亡、喪失部分或全部工作能力，且未依法補償或賠償。
十六、其他違反保護勞工之法令情節重大者。 |
| 第 57 條
第 1 款、
第 2 款、
第 6 款至
第 9 款 | 雇主聘僱外國人不得有下列情事：
一、聘僱未經許可、許可失效或他人所申請聘僱之外國人。
二、以本人名義聘僱外國人為他人工作。
六、因聘僱外國人致生解僱或資遣本國勞工之結果。
七、對所聘僱之外國人以強暴脅迫或其他非法之方法，強制其從事勞動。
八、非法扣留或侵占所聘僱外國人之護照、居留證件或財物。
九、其他違反本法或依本法所發布之命令。 |

第 57 條第 3 款、第 4 款規定情事之一，經限期改善，屆期未改善。	雇主聘僱外國人不得有下列情事： 三、指派所聘僱之外國人從事許可以外之工作。 四、未經許可，指派所聘僱從事第四十六條第一項第八款至第十款規定工作之外國人變更工作場所。
第 57 條第 5 款規定情事，經衛生主管機關通知辦理仍未辦理。	雇主聘僱外國人不得有下列情事： 五、未依規定安排所聘僱之外國人接受健康檢查或未依規定將健康檢查結果函報衛生主管機關。
第 60 條	雇主所聘僱之外國人，經入出國管理機關依規定遣送出國者，其遣送所需之旅費及收容期間之必要費用，應由下列順序之人負擔： 一、非法容留、聘僱或媒介外國人從事工作者。 二、遣送事由可歸責之雇主。 三、被遣送之外國人。

廢止聘僱許可

第 73 條	雇主聘僱之外國人，有下列情事之一者，廢止其聘僱許可： 一、為申請許可以外之雇主工作。 二、非依雇主指派即自行從事許可以外之工作。 三、連續曠職三日失去連繫或聘僱關係終止。 四、拒絕接受健康檢查、提供不實檢體、檢查不合格、身心狀況無法勝任所指派之工作或罹患經中央衛生主管機關指定之傳染病。 五、違反依第四十八條第二項、第三項、第四十九條所發布之命令，情節重大。 六、違反其他中華民國法令，情節重大。 七、依規定應提供資料，拒絕提供或提供不實。

就業服務法施行細則

修正日期：民國 107 年 06 月 08 日

第 1 條

本細則依就業服務法（以下簡稱本法）第八十二條規定訂定之。

第 1-1 條

本法第五條第二項第二款所定隱私資料，包括下列類別：

一、生理資訊：基因檢測、藥物測試、醫療測試、HIV 檢測、智力測驗或指紋等。

二、心理資訊：心理測驗、誠實測試或測謊等。

三、個人生活資訊：信用紀錄、犯罪紀錄、懷孕計畫或背景調查等。

雇主要求求職人或員工提供隱私資料，應尊重當事人之權益，不得逾越基於經濟上需求或維護公共利益等特定目的之必要範圍，並應與目的間具有正當合理之關聯。

歷屆考題（102-3-3）

依據就業服務法第五條第二項第二款所定就業所需之隱私資料，請依其施行細則第一條之一規定，回答下列問題：

㈠ 所稱就業所需之隱私資料，包括哪幾個類別？請分別說出類別，並任舉屬於各類別之一個項目。（6分）

㈡ 雇主要求求職人或員工提供隱私資料，應尊重當事人之權益，不得逾越哪二個特定目的之必要範圍，並應與目的間具有正當合理之關聯？（4分）

答案

㈠ 1. 生理資訊：指紋　　　　　　　2. 心理資訊：測謊

　　3. 個人生活資訊：信用紀錄

㈡ 經濟上需求或維護公共利益

歷屆考題（111-2-3）

甲君經推介到照顧服務機構面試，該機構基於防疫考量，要求甲君需先提供二日內 PCR 核酸檢驗結果文件。請問依就業服務法施行細則第 1-1 條規定，該檢驗結果屬哪一類就業隱私資料？（1分）雇主要求提供就業隱私資料，除法規要求外，不得逾越哪 2 個特定目的之必要範圍，並應與目的間具有正當合理之關聯，始得要求求職者提供？（2分）

答案

1. 生理資訊　　　　　　　　　　2. 經濟上需求或維護公共利益

第 2 條

直轄市、縣（市）主管機關依本法第六條第四項第一款規定辦理就業歧視認定時，得邀請相關政府機關、單位、勞工團體、雇主團體代表及學者專家組成就業歧視評議委員會。

第 3 條

（刪除）

第 4 條

本法第十三條所定接受雇主委託招考人才所需之費用如下：

一、廣告費。

二、命題費。

三、閱卷或評審費。

四、場地費。

五、行政事務費。

六、印刷、文具及紙張費。

七、郵寄費。

歷屆考題（99-1-5）

依就業服務法相關規定，公立就業服務機構辦理就業服務，以免費爲原則。但接受雇主委託招考人才所需之費用，得向雇主收取之。請依法列述得收取之費用項目。（10分）

答案

(一) 廣告費　　　　　(二) 命題費　　　　　(三) 閱卷或評審費

(四) 場地費　　　　　(五) 行政事務費　　　(六) 印刷、文具及紙張費　　(七) 郵寄費

第 5 條

公立就業服務機構對於雇主或求職人依本法第十四條規定提出之求才或求職申請表件，經發現有記載不實、記載不全或違反法令時，應通知其補正。

申請人不爲前項之補正者，公立就業服務機構得拒絕受理其申請。

第 6 條

本法第二十四條第一項第五款及第二十九條所稱低收入戶或中低收入戶，指依社會救助法規定認定者。

第 7 條

公立就業服務機構應定期蒐集其業務區域內之薪資變動、人力供需之狀況及分析未來展望等資料，並每三個月陳報其所屬之中央、直轄市或縣（市）主管機關。

直轄市、縣（市）主管機關應彙整前項資料，陳報中央主管機關，作爲訂定人力供需調節措施之參據。

第 8 條

公立就業服務機構依本法第十七條規定提供就業諮詢時，應視接受諮詢者之生理、心理狀況及學歷、經歷等條件，提供就業建議；對於身心障礙者，並應協助其參加職業重建，或就其職業能力及意願，給予適當之就業建議與協助。

第 9 條

本法第二十四條第一項第三款、第二十五條、第二十七條及第二十八條所稱身心障礙者，指依身心障礙者權益保障法規定領有身心障礙手冊或證明者。

第 9-1 條

本法第四十八條第一項第二款所定獲准居留，包含經入出國管理機關依入出國及移民法第二十三條第一項第一款規定許可居留、第二十五條規定許可永久居留或第三十一條第四項第一款至第五款規定准予繼續居留者。

第 10 條

本法第四十九條所稱駐華外國機構，指依駐華外國機構及其人員特權暨豁免條例第二條所稱經外交部核准設立之駐華外國機構。

第 11 條

本法第五十一條第一項第三款所稱經獲准與其在中華民國境內設有戶籍之直系血親共同生活者，指經入出國管理機關以依親為由許可居留者。但獲准與在中華民國境內設有戶籍之直系血親共同生活前，已為中華民國國民之配偶而有第九條之一所定入出國及移民法相關規定情形者，其在中華民國境內從事工作，仍依本法第四十八條第一項第二款規定辦理。

第 12 條

本法第六十二條第一項所稱證明文件，指主管機關、入出國管理機關、警察機關、海岸巡防機關或其他司法警察機關所製發之服務證件、勞動檢查證或其他足以表明其身分之文件及實施檢查之公文函件。

主管機關、入出國管理機關、警察機關、海岸巡防機關或其他司法警察機關得視實際情形，會同當地里、鄉長，並持前項規定之證明文件，至外國人工作之場所或可疑有外國人違法工作之場所，實施檢查。

第 13 條

本法第六十九條第二款所稱同一事由，指私立就業服務機構違反本法同一條項款所規定之行為。

第 14 條

本法第六十九條第三款及第七十條第一項第二款所稱一年內，指以最後案件處分日往前計算一年之期間。

第 15 條

本細則自發布日施行。

公立就業服務機構設置準則

修正日期：92 年 07 月 14 日

第 1 條

本準則依就業服務法（以下簡稱本法）第十二條第三項規定訂定之。

第 2 條

公立就業服務機構之設置，應符合本準則之規定。

公立就業服務機構得視業務區域勞動供需、經濟發展及交通狀況，設立就業服務站或就業服務臺辦理就業服務。

第 3 條

公立就業服務機構掌理下列事項：

一、求職、求才登記及推介就業事項。

二、職業輔導及就業諮詢。

三、就業後追蹤及輔導工作。

四、被資遣員工再就業之協助。

五、雇主服務。

六、應屆畢業生、退伍者、更生保護會受保護人等專案就業服務。

七、職業分析、職業訓練諮詢及安排。

八、就業市場資訊蒐集、分析及提供。

九、雇主申請聘僱外國人辦理國內招募之協助。

十、特定對象之就業服務及就業促進。

十一、就業保險失業給付申請、失業認定等事項。

十二、中央主管機關委任或委辦之就業服務或促進就業事項。

十三、其他法令規定應辦理事項。

公立就業服務機構得將前項所定掌理事項，委託相關機關（構）、團體辦理之。

公立就業服務機構之工作內容

公立就業服務機構設置準則第 3 條	一、求職、求才登記及推介就業事項。
	二、職業輔導及就業諮詢。
	三、就業後追蹤及輔導工作。
	四、被資遣員工再就業之協助。
	五、雇主服務。
	六、應屆畢業生、退伍者、更生保護會受保護人等專案就業服務。
	七、職業分析、職業訓練諮詢及安排。
	八、就業市場資訊蒐集、分析及提供。

	九、雇主申請聘僱外國人辦理國內招募之協助。
	十、特定對象之就業服務及就業促進。
	十一、就業保險失業給付申請、失業認定等事項。
	十二、中央主管機關委任或委辦之就業服務或促進就業事項。
	十三、其他法令規定應辦理事項。
就業服務法第 17 條	公立就業服務機構對求職人應先提供就業諮詢，再依就業諮詢結果或職業輔導評量，推介就業、職業訓練、技能檢定、創業輔導、進行轉介或失業認定及轉請核發失業給付。

公立就業服務機構、私立就業服務機構之工作內容

公立就業服務機構設置準則第 3 條	一、求職、求才登記及推介就業事項。
	二、職業輔導及就業諮詢。
	三、就業後追蹤及輔導工作。
	四、被資遣員工再就業之協助。
	五、雇主服務。
	六、應屆畢業生、退伍者、更生保護會受保護人等專案就業服務。
	七、職業分析、職業訓練諮詢及安排。
	八、就業市場資訊蒐集、分析及提供。
	九、雇主申請聘僱外國人辦理國內招募之協助。
	十、特定對象之就業服務及就業促進。
	十一、就業保險失業給付申請、失業認定等事項。
	十二、中央主管機關委任或委辦之就業服務或促進就業事項。
	十三、其他法令規定應辦理事項。
就業服務法第 35 條	私立就業服務機構得經營下列就業服務業務：
	一、職業介紹或人力仲介業務。
	二、接受委任招募員工。
	三、協助國民釐定生涯發展計畫之就業諮詢或職業心理測驗。
	四、其他經中央主管機關指定之就業服務事項。

第 4 條

公立就業服務機構置主管一人，綜理業務；並得依實際業務需求，置若干工作人員。

前項工作人員之員額、職稱及官、職等，由主管機關另以編制表定之。

就業服務站或就業服務臺所需工作人員，就前項所定公立就業服務機構編制員額內派充之。

第 5 條

公立就業服務機構所置工作人員之員額，由主管機關參考下列因素定之：

一、勞動力。

二、失業率。

三、廠商家數。

四、學校數。

五、業務量。

六、業務績效。

七、交通狀況。

八、區域發展需要。

九、財務狀況。

歷屆考題（101-1-4）

依公立就業服務機構設置準則規定，公立就業服務機構所置工作人員之員額，由主管機關參考哪些因素定之？請列舉5項。（10分）

答案

㈠ 勞動力　　　　　㈡ 失業率　　　　　㈢ 廠商家數

㈣ 學校數　　　　　㈤ 業務量　　　　　㈥ 業務績效

㈦ 交通狀況　　　　㈧ 區域發展需要　　㈨ 財務狀況

第6條

直轄市、縣（市）主管機關設置原住民公立就業服務機構，應符合本法第十二條第二項及本準則之規定，並應依原住民族工作權保障法之規定優先進用原住民。

第7條

本準則自發布日施行。

私立就業服務機構收費項目及金額標準

修正日期：民國 106 年 04 月 06 日

第 1 條

本標準依就業服務法（以下簡稱本法）第三十五條第二項規定訂定之。

第 2 條

本標準收費項目定義如下：

一、登記費：辦理求職或求才登錄所需之費用。

二、介紹費：媒合求職人與雇主成立聘僱關係所需之費用。

三、職業心理測驗費：評量求職人之職業能力等所需之費用。

四、就業諮詢費：協助求職人了解其就業人格特質，釐定其就業方向所需之費用。

五、服務費：辦理經中央主管機關依本法第三十五條第一項第四款指定之就業服務事項所需之費用，包含接送外國人所需之交通費用。

第 3 條

營利就業服務機構接受雇主委任辦理就業服務業務，得向雇主收取費用之項目及金額如下：

一、登記費及介紹費：

　(一)招募之員工第一個月薪資在平均薪資以下者，合計每一員工不得超過其第一個月薪資。

　(二)招募之員工第一個月薪資逾平均薪資者，合計每一員工不得超過其四個月薪資。

二、服務費：每一員工每年不得超過新臺幣二千元。

前項第一款規定之平均薪資，係指中央主管機關公告之行職業別薪資調查最新一期之工業及服務業人員每月平均薪資。

歷屆考題（104-3-5）

A 私立營利就業服務機構接受甲雇主委任辦理製造業外籍勞工引進，且接受外籍勞工委任辦理就業服務業務，請依就業服務法相關規定，回答下列問題：

(一)A 私立營利就業服務機構得向甲雇主收取登記費及介紹費（招募之員工第一個月薪資在平均薪資以下者），每一員工不得超過金額為何？（2分）

(二)A 私立營利就業服務機構得向甲雇主收取服務費，每一員工每年不得超過金額新臺幣多少元？（2分）

答案

(一) 第一個月薪資　　　　　　　　　　(二) 新臺幣二千元

第 4 條

營利就業服務機構接受本國求職人委任辦理就業服務業務，得向本國求職人收取費用之項目及金額如下：

一、登記費及介紹費：合計不得超過求職人第一個月薪資百分之五。

二、就業諮詢費：每小時不得超過新臺幣一千元。

三、職業心理測驗費：每項測驗不得超過新臺幣七百元。

歷屆考題（110-1-3）

勞動部已訂定職業介紹服務定型化契約範本，範本中載明私立就業服務機構接受委任辦理就業服務業，應依『私立就業服務機構收費項目及金額標準』收費，依上述收費標準，私立就業服務機構可以向本國求職人收費的項目為何，及金額各為新臺幣多少元？（6分）

答案

(1) 登記費及介紹費：合計不得超過求職人第一個月薪資百分之五。

(2) 就業諮詢費：每小時不得超過新臺幣一千元。

(3) 職業心理測驗費：每項測驗不得超過新臺幣七百元。

第 5 條

營利就業服務機構接受外國人委任辦理從事本法第四十六條第一項第一款至第七款或第十一款規定工作之就業服務業務，得向外國人收取費用之項目及金額如下：

一、登記費及介紹費：合計不得超過外國人第一個月薪資。但求職條件特殊經外國人同意者，不在此限。

二、服務費：每年不得超過新臺幣二千元。

第 6 條

營利就業服務機構接受外國人委任辦理從事本法第四十六條第一項第八款至第十款規定工作之就業服務業務，得向外國人收取服務費。

前項服務費之金額，依外國人當次入國後在臺工作累計期間，第一年每月不得超過新臺幣一千八百元，第二年每月不得超過新臺幣一千七百元，第三年起每月不得超過新臺幣一千五百元。但曾受聘僱工作二年以上，因聘僱關係終止或聘僱許可期間屆滿出國後再入國工作，並受聘僱於同一雇主之外國人，每月不得超過新臺幣一千五百元。

前項費用不得預先收取。

歷屆考題（104-3-5）

A 私立營利就業服務機構接受甲雇主委任辦理製造業外籍勞工引進，且接受外籍勞工委任辦理就業服務業務，請依就業服務法相關規定，回答下列問題：

A 私立營利就業服務機構得向外國人收取服務費，第一年每月不得超過金額為何？但曾受聘僱工作二年以上，因聘僱關係終止或聘僱許可期間屆滿出國後再入國工作，並受聘僱於同一雇主之外國人，每月不得超過金額新臺幣多少元？（4分）

答案

1. 新臺幣一千八百元　　　　　　2. 新臺幣一千五百元

第 7 條

非營利就業服務機構接受委任辦理就業服務業務，得向雇主、本國求職人或外國人收取費用之項目，適用第三條至第六條規定，收費金額以第三條至第六條規定金額百分之八十為上限。

第 8 條

本標準自發布日施行。

私立就業服務機構收費項目及金額標準

	登記費及介紹費	服務費	就業諮詢費	職業心理測驗費
雇主	1. 在平均薪資以下者——第一個月薪資 2. 逾平均薪資者——四個月薪資	2,000 元		
第一類外國人 第三類外國人	第一個月薪資	2,000 元		
第二類外國人		第 1 年每月不得超過新臺幣 1,800 元 第 2 年每月不得超過新臺幣 1,700 元 第 3 年起每月不得超過新臺幣 1,500 元。 但曾受聘僱工作 2 年以上，因聘僱關係終止或聘僱許可期間屆滿出國後再入國工作，並受聘僱於同一雇主之外國人，每月不得超過新臺幣 1,500 元。		
本勞	第一個月薪資百分之五		每小時 1,000 元	每項測驗 700 元

就業促進津貼實施辦法

修正日期：111 年 4 月 29 日

第一章　總則

第 1 條

本辦法依就業服務法（以下簡稱本法）第二十三條第二項及第二十四條第四項規定訂定之。

第 2 條

本辦法之適用對象如下：

一、非自願離職者。

二、本法第二十四條第一項各款所列之失業者。

前項所定人員須具有工作能力及工作意願。

非自願離職之定義

非自願離職	指被保險人因投保單位關廠、遷廠、休業、解散、破產宣告離職；或因勞動基準法第十一條、第十三條但書、第十四條及第二十條規定各款情事之一離職。
視為非自願離職	被保險人因定期契約屆滿離職，逾一個月未能就業，且離職前一年內，契約期間合計滿六個月以上者。

本法第二十四條第一項各款所列之失業者

一、獨力負擔家計者。

二、中高齡者。

三、身心障礙者。

四、原住民。

五、低收入戶或中低收入戶中有工作能力者。

六、長期失業者。

七、二度就業婦女。

八、家庭暴力被害人。

九、更生受保護人。

十、其他經中央主管機關認為有必要者。

第 3 條

前條第一項所定人員有下列情事之一者，不適用本辦法：

一、已領取公教人員保險養老給付或勞工保險老年給付。

二、已領取軍人退休俸或公營事業退休金。

前項人員符合社會救助法低收入戶或中低收入戶資格、領取中低收入老人生活津貼或身心障礙者生活補助費者，得適用本辦法。

第 4 條

中央主管機關得視國內經濟發展、國民失業及經費運用等情形，發給下列就業促進津貼：

一、求職交通補助金。

二、臨時工作津貼。

三、職業訓練生活津貼。

前項津貼發給業務，得委任、委託公立就業服務機構或職業訓練單位辦理。

第一項津貼之停止發給，應由中央主管機關公告之。

就業促進津貼、跨域就業補助與就業保險之比較

就業促進津貼	1. 求職交通補助金 2. 臨時工作津貼 3. 職業訓練生活津貼
跨域就業補助	1. 求職交通補助金 2. 異地就業交通補助金 3. 搬遷補助金 4. 租屋補助金
就業保險之給付	1. 失業給付 2. 提早就業獎助津貼 3. 職業訓練生活津貼 4. 育嬰留職停薪津貼 5. 失業之被保險人及隨同被保險人辦理加保之眷屬全民健康保險保險費補助

歷屆考題（109-2-2）

依就業促進津貼實施辦法規定，中央主管機關得視國內經濟發展、國民失業及經費運用等情形，發給哪四種就業促進津貼？（4分）

答案

1. 求職交通補助金　　　　　　　2. 臨時工作津貼
3. 職業訓練生活津貼　　　　　　4. 創業貸款利息補貼（111.4.29 刪除）

歷屆考題（108-2-3）

為促進失業者迅速重回就業市場以及照顧其一定期間之基本生活，依就業促進津貼實施辦法（以下稱本辦法）規定，勞動部得視國內經濟發展、國民失業及經費運用等情形，發給哪5種就業促進津貼（補助金）？（5分）（此5種津貼發給業務，得委任或委託哪一機構及哪一單位辦理？（4分）如本辦法適用對象因不實領取津貼，經依規定撤銷者，自撤銷之日起幾年內不能申領本辦法之津貼？（1分）

答案

(一) 1. 求職交通補助金　　　　　　2. 臨時工作津貼

　3. 職業訓練生活津貼　　　　　4. 創業貸款利息補貼（111.4.29 刪除）

㈡公立就業服務機構或職業訓練單位

㈢二年內

第 5 條

第二條第一項所定人員，領取前條第一項第一款至第三款津貼者，除檢具國民身分證正反面影本及同意代為查詢勞工保險資料委託書外，並應附下列文件：

一、獨力負擔家計者：本人及受扶養親屬戶口名簿等戶籍資料證明文件影本；其受撫養親屬為年滿十五歲至六十五歲者，另檢具該等親屬之在學或無工作能力證明文件影本。

二、身心障礙者：身心障礙手冊或證明影本。

三、原住民：註記原住民身分之戶口名簿等戶籍資料證明文件影本。

四、低收入戶或中低收入戶：低收入戶或中低收入戶證明文件影本。

五、二度就業婦女：因家庭因素退出勞動市場之證明文件影本。

六、家庭暴力被害人：直轄市、縣（市）政府開立之家庭暴力被害人身分證明文件、保護令影本或判決書影本。

七、更生受保護人：出監證明或其他身分證明文件影本。

八、非自願離職者：原投保單位或直轄市、縣（市）主管機關開具之非自願離職證明文件影本或其他足資證明文件。

九、其他經中央主管機關規定之文件。

第二章　津貼申請及領取

第一節　求職交通補助金

第 6 條

第二條第一項所定人員親自向公立就業服務機構辦理求職登記後，經公立就業服務機構諮詢並開立介紹卡推介就業，而有下列情形之一者，得發給求職交通補助金：

一、其推介地點與日常居住處所距離三十公里以上。

二、為低收入戶、中低收入戶或家庭暴力被害人。

求職交通補助金

就業促進津貼實施辦法	一、其推介地點與日常居住處所距離三十公里以上。
	二、為低收入戶、中低收入戶或家庭暴力被害人。
青年跨域就業促進補助實施辦法	其推介地點與其日常居住處所距離三十公里以上
就業保險促進就業實施辦法	一、其推介地點與日常居住處所距離三十公里以上。
	二、為低收入戶或中低收入戶。
失業中高齡者及高齡者就業促進辦法	一、推介地點與日常居住處所距離三十公里以上。
	二、為低收入戶、中低收入戶或家庭暴力被害人。

第 7 條

申請前條補助金者，應備下列文件：

一、第五條規定之文件。

二、補助金領取收據。

三、其他經中央主管機關規定之文件。

第 8 條

第六條補助金，每人每次得發給新臺幣五百元。但情形特殊者，得核實發給，每次不得超過新臺幣一千二百五十元。

前項補助金每人每年度以發給四次為限。

第 9 條

領取第六條補助金者，應於推介就業之次日起七日內，填具推介就業情形回覆卡通知公立就業服務機構，逾期未通知者，當年度不再發給。

第二節　臨時工作津貼

第 10 條

公立就業服務機構受理第二條第一項所定人員之求職登記後，經就業諮詢並推介就業，有下列情形之一者，公立就業服務機構得指派其至用人單位從事臨時性工作，並發給臨時工作津貼：

一、於求職登記日起十四日內未能推介就業。

二、有正當理由無法接受推介工作。

前項所稱正當理由，指工作報酬未達原投保薪資百分之六十，或工作地點距離日常居住處所三十公里以上者。

第一項所稱用人單位，指政府機關（構）或合法立案之非營利團體，並提出臨時工作計畫書，經公立就業服務機構審核通過者。但不包括政治團體及政黨。

用人單位應代發臨時工作津貼，並為扣繳義務人，於發給津貼時扣繳稅款。

第 11 條

用人單位申請前條津貼，應備下列文件：

一、執行臨時工作計畫之派工紀錄及領取津貼者之出勤紀錄表。

二、經費印領清冊。

三、臨時工作計畫執行報告。

四、領據。

五、其他經中央主管機關規定之文件。

第 12 條

第十條津貼發給標準，按中央主管機關公告之每小時基本工資核給，且一個月合計不超過月基本工資，最長六個月。

基本工資

	每月基本工資	每小時基本工資
113 年 1 月 1 日起	27,470 元	183 元
112 年 1 月 1 日起	26,400 元	176 元
111 年 1 月 1 日起	25,250 元	168 元
110 年 1 月 1 日起	24,000 元	160 元
109 年 1 月 1 日起	23,800 元	158 元
108 年 1 月 1 日起	23,100 元	150 元
107 年 1 月 1 日起	22,000 元	140 元
106 年 1 月 1 日起	21,009 元	133 元

臨時工作津貼

就業促進津貼實施辦法第 12 條	按中央主管機關公告之每小時基本工資核給，且一個月合計不超過月基本工資，最長六個月。
就業保險促進就業實施辦法第 40 條	按中央主管機關公告之每小時基本工資核給，且一個月合計不超過月基本工資，最長六個月。

歷屆考題（110-3-3）

依就業促進津貼實施辦法，為協助非自願離職者、就業服務法第 24 條特定對象失業者就業，公立就業服務機構除運用相關就業促進措施外，得指派其至用人單位從事臨時性工作，並發給臨時工作津貼，該項津貼係按中央主管機關公告之每小時基本工資核給，請問 1 個月津貼的領取上限為多少？（2 分）

答案
月基本工資

第 13 條

領取第十條津貼者，經公立就業服務機構推介就業時，應於推介就業之次日起七日內，填具推介就業情形回覆卡通知公立就業服務機構。期限內通知者，應徵當日給予四小時或八小時之有給求職假。

前項求職假，每週以八小時為限。

第一項人員之請假事宜，依用人單位規定辦理；用人單位未規定者，參照勞動基準法及勞工請假規則辦理。請假天數及第一項求職假應計入臨時工作期間。

求職假（謀職假）（尋職假）

就業促進津貼實施辦法第 13 條	領取第十條津貼者，經公立就業服務機構推介就業時，應於推介就業之次日起七日內，填具推介就業情形回覆卡通知公立就業服務機構。期限內通知者，應徵當日給予四小時或八小時之有給求職假。 前項求職假，每週以八小時為限。

就業保險促進就業實施辦法第41條	領取臨時工作津貼者，經公立就業服務機構推介就業時，應於推介就業之次日起七日內，填具推介就業情形回覆卡通知公立就業服務機構。期限內通知者，應徵當日給予四小時或八小時之求職假。 前項求職假，每星期以八小時為限，請假期間，津貼照給。
勞動基準法第16條	雇主依第十一條或第十三條但書規定終止勞動契約者，其預告期間依左列各款之規定： 一、繼續工作三個月以上一年未滿者，於十日前預告之。 二、繼續工作一年以上三年未滿者，於二十日前預告之。 三、繼續工作三年以上者，於三十日前預告之。 勞工於接到前項預告後，為另謀工作得於工作時間請假外出。其請假時數，每星期不得超過二日之工作時間，請假期間之工資照給。

第 14 條

公立就業服務機構得不定期派員實地查核臨時工作計畫執行情形。

用人單位有下列情形之一，得終止其計畫：

一、規避、妨礙或拒絕查核。

二、未依第十條第三項之臨時工作計畫書及相關規定執行，經書面限期改正，屆期未改正者。

三、違反勞工相關法令。

臨時工作計畫經終止者，公立就業服務機構應以書面限期命用人單位繳回終止後之津貼；屆期未繳回，依法移送行政執行。

第 15 條

臨時工作計畫經終止，致停止臨時工作之人員，公立就業服務機構得指派其至其他用人單位從事臨時性工作，並發給臨時工作津貼。

前項工作期間應與原從事之臨時工作合併計算。

第 16 條

申領第十條津貼者，有下列情形之一，應予撤銷、廢止、停止或不予給付臨時工作津貼：

一、於領取津貼期間已就業。

二、違反用人單位之指揮及規定，經用人單位通知公立就業服務機構停止其臨時性工作。

三、原從事之臨時性工作終止後，拒絕公立就業服務機構指派之其他臨時性工作。

四、拒絕公立就業服務機構推介就業。

第 17 條

用人單位應為從事臨時工作之人員辦理參加勞工保險、勞工職業災害保險及全民健康保險。

第三節　職業訓練生活津貼

第 18 條

第二條第一項第二款人員經公立就業服務機構就業諮詢並推介參訓，或經政府機關主辦或委託辦理之職業訓練單位甄選錄訓，其所參訓性質為各類全日制職業訓練，得發給職業訓練生活津貼。

前項所稱全日制職業訓練，應符合下列條件：

一、訓練期間一個月以上。

二、每星期訓練四日以上。

三、每日訓練日間四小時以上。

四、每月總訓練時數一百小時以上。

歷屆考題（107-1-3）

依就業保險法與就業服務法相關規定，均有職業訓練生活津貼，請回答下列問題：

(一)二者之給付金額分別為何？又給付期間最長分別為何？（6分）

(二)承上，適用對象參加「全日制」訓練課程方可發給津貼，所稱「全日制」需符合哪些要件？（4分）

答案

(一) 1. 就業保險法：六個月平均月投保薪資百分之六十；六個月。受其扶養之眷屬者，最多計至百分之二十。

　　 2. 就業促進津貼實施辦法：按基本工資百分之六十發給；六個月。申請人為身心障礙者，最長發給一年。

(二) 1. 每日訓練日間四小時以上　　　　2. 每星期訓練四日以上

　　 3. 每月總訓練時數達一百小時以上　4. 訓練期間一個月以上

第 19 條

申請前條津貼者，應備下列文件，於開訓後十五日內向訓練單位提出：

一、第五條規定之文件。

二、津貼申請書。

三、其他經中央主管機關規定之文件。

第 20 條

第十八條津貼每月按基本工資百分之六十發給，最長以六個月為限。申請人為身心障礙者，最長發給一年。

第十八條津貼依受訓學員參加訓練期間以三十日為一個月計算，一個月以上始發給；超過三十日之畸零日數，應達十日以上始發給，並依下列方式辦理：

一、十日以上且訓練時數達三十小時者，發給半個月。

二、二十日以上且訓練時數達六十小時者，發給一個月。

職業訓練生活津貼

就業促進津貼實施辦法	每月按基本工資百分之六十發給，最長以六個月為限。 申請人為身心障礙者，最長發給一年。
就業保險法	退保之當月起前六個月平均月投保薪資百分之六十發給職業訓練生活津貼，最長發給六個月。 有受其扶養之眷屬者，每一人按申請人離職辦理本保險退保之當月起前六個月平均月投保薪資百分之十加給給付或津貼，最多計至百分之二十。

歷屆考題（107-2-4）

甲君是肢體障礙者，無任何眷屬，經過某就業中心職訓諮詢後，推介參加 6 個月期之全日制工業設計資訊職類訓練，依法他可以申請職訓生活津貼。請回答下列問題：

假設甲君未具有就業保險身分，依據就業服務法令規定，申領該法令之職業訓練生活津貼，依法甲君全部可以申請多少職業訓練生活津貼？（5分）

答案

22,000*60%*6 個月 =79,200 元

第 21 條

申領第十八條津貼，有下列情形之一者，應予撤銷、廢止、停止或不予核發職業訓練生活津貼：

一、於領取津貼期間已就業、中途離訓或遭訓練單位退訓。

二、同時具有第二條第一項第一款及第二款身分者，未依第二十六條第二項優先請領就業保險法職業訓練生活津貼。

第四節（刪除）

第 22 條

（刪除）

第 23 條

（刪除）

第 24 條

（刪除）

第三章　津貼申請及領取之限制

第 25 條

第二條第一項所定人員，依本辦法、就業保險促進就業實施辦法領取之臨時工作津貼及政府機關其他同性質之津貼或補助，二年內合併領取期間以六個月為限。

第 26 條

第二條第一項第二款人員，依本辦法、就業保險法領取之職業訓練生活津貼及政府機關其他同性質之津貼或補助，二年內合併領取期間以六個月為限。但申請人為身心障礙者，以一年為限。

前項人員同時具有第二條第一項第一款身分者，應優先請領就業保險法所定之職業訓練生活津貼。

第一項人員領取就業保險法之失業給付或職業訓練生活津貼期間，不得同時請領第十八條之津貼。

前項情形於扣除不得同時請領期間之津貼後，賸餘之職業訓練生活津貼依第二十條第二項規定辦理。

第 27 條

（刪除）

第 28 條

不符合請領資格而領取津貼或有溢領情事者，發給津貼單位得撤銷或廢止，並以書面限期命其繳回已領取之津貼；屆期未繳回者，依法移送行政執行。

因不實領取津貼經依前項規定撤銷者，自撤銷之日起二年內不得申領本辦法之津貼。

第 29 條

中央主管機關、公立就業服務機構或職業訓練單位為查核就業促進津貼執行情形，必要時得查對相關資料，領取津貼者不得規避、妨礙或拒絕。

領取津貼者違反前項規定時，發給津貼單位得予撤銷或廢止，並以書面限期命其繳回已領取之津貼；屆期未繳回者，依法移送行政執行。

第四章　附則

第 30 條

本辦法所規定之書表、文件，由中央主管機關另定之。

第 31 條

本辦法之經費，由就業安定基金支應。

第 32 條

本辦法自發布日施行。

本辦法中華民國一百十一年四月二十九日修正發布之條文，自一百十一年五月一日施行。

青年跨域就業促進補助實施辦法

發布日期：111 年 5 月 3 日

第 1 條

本辦法依就業服務法第二十四條第四項規定訂定之。

第 2 條

本辦法適用對象為年滿十八歲至二十九歲，未在學而有就業意願且初次跨域尋職之本國籍青年（以下簡稱未就業青年）。但畢業於高級中等學校者，不受年滿十八歲之限制。

前項所稱初次跨域尋職，指於開立介紹卡推介就業前未曾參加勞工保險或勞工職業災害保險，且推介或就業地點與日常居住處所距離三十公里以上者。

未就業青年在學期間曾參加前項保險，且於開立介紹卡推介就業前未曾再參加者，視為未曾參加。

15 歲以上各階段之稱呼

15-16	童工
16-18	青少年工
18-29	青年
30-44	中年
45-65	中高齡
65---	高齡

第 3 條

本辦法所定雇主，為就業保險投保單位之民營事業單位、團體或私立學校。

前項所稱團體，指依人民團體法或其他法令設立者。但不包括政治團體及政黨。

第 4 條

本辦法所定跨域就業補助，分下列四種：

一、求職交通補助金。

二、異地就業交通補助金。

三、搬遷補助金。

四、租屋補助金。

歷屆考題（107-1-2）

依青年跨域就業促進補助實施辦法所定跨域就業補助，有哪 4 種補助金？（4分）

答案

1. 求職交通補助金
2. 異地就業交通補助金
3. 搬遷補助金
4. 租屋補助金

第 5 條

未就業青年親自向公立就業服務機構辦理求職登記，經諮詢及開立介紹卡推介就業，推介地點與其日常居住處所距離三十公里以上者，公立就業服務機構得發給求職交通補助金。

第 6 條

前條之未就業青年申請求職交通補助金，應檢附下列文件：

一、補助金領取收據。

二、其他中央主管機關規定之文件。

第 7 條

求職交通補助金，每人每次得發給新臺幣五百元。但情形特殊者，得於新臺幣一千二百五十元內核實發給。

每人每年度合併領取前項補助金及依就業促進津貼實施辦法領取之求職交通補助金，以四次為限。

第 8 條

領取求職交通補助金者，應於推介就業之次日起七日內，填具推介就業情形回覆卡通知公立就業服務機構，逾期未通知者，當年度不再發給。

第 9 條

未就業青年親自向公立就業服務機構辦理求職登記，經諮詢及開立介紹卡推介就業，並符合下列情形者，得向就業當地轄區之公立就業服務機構申請核發異地就業交通補助金：

一、就業地點與原日常居住處所距離三十公里以上。

二、因就業有交通往返之事實。

三、連續三十日受僱於同一雇主。

前項第三款受僱之認定，自未就業青年到職投保就業保險生效之日起算。

異地就業交通補助金

青年跨域就業促進補助實施辦法	1. 就業地點與原日常居住處所距離三十公里以上。 2. 因就業有交通往返之事實。 3. 連續三十日受僱於同一雇主。
就業保險促進就業實施辦法	1. 失業期間連續達三個月以上或非自願性離職。 2. 就業地點與原日常居住處所距離三十公里以上。 3. 因就業有交通往返之事實。 4. 連續三十日受僱於同一雇主。
失業中高齡者及高齡者就業促進辦法	1. 高齡者、失業期間連續達三個月以上中高齡者或非自願性離職中高齡者。 2. 就業地點與原日常居住處所距離三十公里以上。 3. 因就業有交通往返之事實。 4. 連續三十日受僱於同一雇主。

第 10 條

前條之未就業青年於連續受僱滿三十日之日起九十日內，得向就業當地轄區公立就業服務機構申請異地就

業交通補助金，並應檢附下列文件：

一、異地就業交通補助金申請書。

二、補助金領取收據。

三、本人名義之國內金融機構存摺封面影本。

四、本人之身分證影本。

五、同意代為查詢勞工保險資料委託書。

六、居住處所查詢同意書。

七、其他中央主管機關規定之文件。

前項之未就業青年，得於每滿三個月之日起九十日內，向就業當地轄區之公立就業服務機構申請補助金。

第 11 條

異地就業交通補助金，依下列規定核發：

一、未就業青年就業地點與原日常居住處所距離三十公里以上未滿五十公里者，每月發給新臺幣一千元。

二、未就業青年就業地點與原日常居住處所距離五十公里以上未滿七十公里者，每月發給新臺幣二千元。

三、未就業青年就業地點與原日常居住處所距離七十公里以上者，每月發給新臺幣三千元。

前項補助金最長發給十二個月。

補助期間一個月以三十日計算，其末月期間逾二十日而未滿三十日者，以一個月計算，未滿二十日者不予發給補助。

異地就業交通補助金

30 公里以上未滿 50 公里	1,000 元
50 公里以上未滿 70 公里	2,000 元
70 公里以上	3,000 元

第 12 條

未就業青年親自向公立就業服務機構辦理求職登記，經諮詢及開立介紹卡推介就業，並符合下列情形者，得向就業當地轄區之公立就業服務機構申請核發搬遷補助金：

一、就業地點與原日常居住處所距離三十公里以上。

二、因就業而需搬離原日常居住處所，搬遷後有居住事實。

三、就業地點與搬遷後居住處所距離三十公里以內。

四、連續三十日受僱於同一雇主。

前項第四款受僱之認定，自未就業青年到職投保就業保險生效之日起算。

搬遷補助金

青年跨域就業促進補助實施辦法	1. 就業地點與原日常居住處所距離三十公里以上。
	2. 因就業而需搬離原日常居住處所，搬遷後有居住事實。
	3. 就業地點與搬遷後居住處所距離三十公里以內。
	4. 連續三十日受僱於同一雇主。

就業保險促進就業實施辦法	1. 失業期間連續達三個月以上或非自願性離職。 2. 就業地點與原日常居住處所距離三十公里以上。 3. 因就業而需搬離原日常居住處所，搬遷後有居住事實。 4. 就業地點與搬遷後居住處所距離三十公里以內。 5. 連續三十日受僱於同一雇主。
失業中高齡者及高齡者就業促進辦法	1. 高齡者、失業期間連續達三個月以上中高齡者或非自願性離職中高齡者。 2. 就業地點與原日常居住處所距離三十公里以上。 3. 因就業而需搬離原日常居住處所，搬遷後有居住事實。 4. 就業地點與搬遷後居住處所距離三十公里以內。 5. 連續三十日受僱於同一雇主。

第 13 條

前條之未就業青年向就業當地轄區公立就業服務機構申請搬遷補助金者，應檢附下列文件於搬遷之日起九十日內為之：

一、搬遷補助金申請書。

二、補助金領取收據。

三、本人名義之國內金融機構存摺封面影本。

四、搬遷費用收據。

五、搬遷後居住處所之居住證明文件。

六、本人之身分證影本。

七、同意代為查詢勞工保險資料委託書。

八、居住處所查詢同意書。

九、其他中央主管機關規定之必要文件。

前項第四款所稱搬遷費用，指搬運或寄送傢俱與生活所需用品之合理必要費用。但不含包裝人工費及包裝材料費用。

第 14 條

搬遷補助金，以搬遷費用收據所列總額核實發給，最高發給新臺幣三萬元。

第 15 條

未就業青年親自向公立就業服務機構辦理求職登記，經諮詢及開立介紹卡推介就業，並符合下列情形者，得向就業當地轄區之公立就業服務機構申請核發租屋補助金：

一、就業地點與原日常居住處距離三十公里以上。

二、因就業而需租屋，並有居住事實。

三、就業地點與租屋處所距離三十公里以內。

四、連續三十日受僱於同一雇主。

前項第四款受僱之認定，自未就業青年到職投保就業保險生效之日起算。

租屋補助金

青年跨域就業促進補助實施辦法	1. 就業地點與原日常居住處所距離三十公里以上。
	2. 因就業而需租屋，並有居住事實。
	3. 就業地點與租屋處所距離三十公里以內。
	4. 連續三十日受僱於同一雇主。
就業保險促進就業實施辦法	1. 失業期間連續達三個月以上或非自願性離職。
	2. 就業地點與原日常居住處所距離三十公里以上。
	3. 因就業而需租屋，並有居住事實。
	4. 就業地點與租屋處所距離三十公里以內。
	5. 連續三十日受僱於同一雇主。
失業中高齡者及高齡者就業促進辦法	1. 高齡者、失業期間連續達三個月以上中高齡者或非自願性離職中高齡者。
	2. 就業地點與原日常居住處所距離三十公里以上。
	3. 因就業而需租屋，並在租屋處所有居住事實。
	4. 就業地點與租屋處所距離三十公里以內。
	5. 連續三十日受僱於同一雇主。

第 16 條

前條之未就業青年於受僱且租屋之日起九十日內，得向就業當地轄區公立就業服務機構申請租屋補助金，並應檢附下列文件：

一、租屋補助金申請書。

二、補助金領取收據。

三、本人名義之國內金融機構存摺封面影本。

四、房租繳納證明文件。

五、房屋租賃契約影本。

六、租賃房屋之建物登記第二類謄本。

七、本人之身分證影本。

八、同意代為查詢勞工保險資料委託書。

九、居住處所及租賃事實查詢同意書。

十、其他中央主管機關規定之必要文件。

前項之未就業青年，得於受僱且租屋每滿三個月之日起九十日內，向就業當地轄區之公立就業服務機構申請補助金。

第 17 條

租屋補助金，自受僱且租賃契約所記載之租賃日起，以房屋租賃契約所列租金總額之百分之六十核實發給，每月最高發給新臺幣五千元，最長十二個月。

前項補助期間一個月以三十日計算，其末月期間逾二十日而未滿三十日者，以一個月計算，未滿二十日者不予發給補助。

歷屆考題（107-3-5）

甲為大學應屆畢業生，希望能至科技公司擔任工程師，但住家附近並無相關職缺，經公立就業服務機構諮詢後推介至新竹某科技公司順利錄取上班，因距離住家超過 30 公里未滿 50 公里，公立就業服務機構協助其申請跨域就業補助。請依青年跨域就業促進補助實施辦法規定，回答下列問題：

㈠甲如決定通勤，則其得申請哪一種跨域就業補助？（2分）依該辦法之補助標準為每個月可領新臺幣多少元及最長可領多少個月？（2分）

㈡甲如決定搬至新竹居住，則其得申請哪 2 種跨域就業補助？（2分）依該辦法之補助標準最高各可領新臺幣多少元？（4分）

答案

㈠ 1.異地就業交通補助金。

　　2.每月發給新臺幣新臺幣一千元，最長發給十二個月。

㈡ 1.搬遷補助金、租屋補助金。

　　2.⑴搬遷補助金以搬遷費用收據所列總額核實發給，最高發給新臺幣三萬元。

　　　⑵租屋補助金以房屋租賃契約所列租金總額之百分之六十核實發給，每月最高發給新臺幣五千元。

第 18 條

未就業青年申領租屋補助金或異地就業交通補助金，於補助期間得互相變更申領，其合併領取期間以十二個月為限。

第 19 條

未就業青年申請本辦法之補助不符申請規定之文件，經公立就業服務機構通知限期補正，屆期未補正者，不予受理。

第 20 條

中央主管機關及公立就業服務機構為查核本辦法執行情形，得查對相關資料，申請或領取補助金者不得規避、妨礙或拒絕。

第 21 條

申領異地就業交通補助金、搬遷補助金或租屋補助金者，有下列情形之一，公立就業服務機構應不予發給補助；已發給者，經撤銷後，應追還之：

一、未於公立就業服務機構推介就業之次日起七日內，填具推介就業情形回覆卡通知公立就業服務機構。

二、為雇主、事業單位負責人或房屋出租人之配偶、直系血親或三親等內之旁系血親。

三、於同一事業單位或同一負責人之事業單位離職未滿一年再受僱者。

四、搬遷後居住處所為其戶籍所在地。

五、規避、妨礙或拒絕中央主管機關或公立就業服務機構查核。

六、不實申領。

七、其他違反本辦法之規定。

領取補助金者，有前項情形之一，經公立就業服務機構書面通知限期繳回，屆期未繳回者，依法移送強制執行。

第 22 條

本辦法所規定之書表及文件，由中央主管機關定之。

第 23 條

本辦法所需經費，由就業安定基金項下支應。

中央主管機關得視預算額度之調整，發給或停止本辦法之津貼，並公告之。

第 24 條

本辦法自發布日施行。

本辦法中華民國一百十一年五月三日修正發布之條文，自一百十一年五月一日施行。

私立就業服務機構許可及管理辦法

修正日期：113 年 01 月 30 日

第一章　總則

第 1 條

本辦法依就業服務法（以下簡稱本法）第三十四條第三項及第四十條第二項規定訂定之。

第 2 條

本法所稱私立就業服務機構，依其設立目的分為營利就業服務機構及非營利就業服務機構，其定義如下：

一、營利就業服務機構：謂依公司法所設立之公司或依商業登記法所設立之商業組織，從事就業服務業務者。

二、非營利就業服務機構：謂依法設立之財團、以公益為目的之社團或其他非以營利為目的之組織，從事就業服務業務者。

就業服務機構

公立就業服務機構	政府機關設置者
私立就業服務機構	政府以外之私人或團體所設置者

私立就業服務機構

營利就業服務機構	謂依公司法所設立之公司或依商業登記法所設立之商業組織，從事就業服務業務者
非營利就業服務機構	謂依法設立之財團、以公益為目的之社團或其他非以營利為目的之組織，從事就業服務業務者

營利就業服務機構	
1. 跨國	2. 本國

歷屆考題（96-3-6）

私立就業服務機構依私立就業服務機構許可及管理辦法規定，其設立目的分為哪 2 類？其定義為何？（5 分）

答案

1. 營利就業服務機構：謂依公司法所設立之公司或依商業登記法所設立之商業組織，從事就業服務業務者。

2. 非營利就業服務機構：謂依法設立之財團、以公益為目的之社團或其他非以營利為目的之組織，從事就業服務業務者。

第 3 條

本法第三十五條第一項第四款所定其他經中央主管機關指定之就業服務事項如下：

一、接受雇主委任辦理聘僱外國人之招募、引進、接續聘僱及申請求才證明、招募許可、聘僱許可、展延聘僱許可、遞補、轉換雇主、轉換工作、變更聘僱許可事項、通知外國人連續曠職三日失去連繫之核備。

二、接受雇主或外國人委任辦理在中華民國境內工作外國人之生活照顧服務、安排入出國、安排接受健康檢查、健康檢查結果函報衛生主管機關、諮詢、輔導及翻譯。

三、接受從事本法第四十六條第一項第八款至第十一款規定工作之外國人委任，代其辦理居留業務。

就業服務法

第 35 條

私立就業服務機構得經營下列就業服務業務：

一、職業介紹或人力仲介業務。

二、接受委任招募員工。

三、協助國民釐定生涯發展計畫之就業諮詢或職業心理測驗。

四、其他經中央主管機關指定之就業服務事項。

就業服務法

第 46 條

雇主聘僱外國人在中華民國境內從事之工作，除本法另有規定外，以下列各款為限：

一、專門性或技術性之工作。

二、華僑或外國人經政府核准投資或設立事業之主管。

三、下列學校教師：

㈠公立或經立案之私立大專以上校院或外國僑民學校之教師。

㈡公立或已立案之私立高級中等以下學校之合格外國語文課程教師。

㈢公立或已立案私立實驗高級中等學校雙語部或雙語學校之學科教師。

四、依補習及進修教育法立案之短期補習班之專任教師。

五、運動教練及運動員。

六、宗教、藝術及演藝工作。

七、商船、工作船及其他經交通部特許船舶之船員。

八、海洋漁撈工作。

九、家庭幫傭及看護工作。

十、為因應國家重要建設工程或經濟社會發展需要，經中央主管機關指定之工作。

十一、其他因工作性質特殊，國內缺乏該項人才，在業務上確有聘僱外國人從事工作之必要，經中央主管機關專案核定者。

第 4 條

私立就業服務機構收取費用時，應掣給收據，並保存收據存根。

介紹費之收取，應於聘僱契約生效後，始得為之。

聘僱契約生效後四十日內，因可歸責於求職人之事由，致聘僱契約終止者，雇主得請求私立就業服務機構

免費重行推介一次，或退還百分之五十之介紹費。

聘僱契約生效後四十日內，因可歸責於雇主之事由，致聘僱契約終止者，求職人得請求私立就業服務機構免費重行推介一次，或退還百分之五十之介紹費。

求職人或雇主已繳付登記費者，得請求原私立就業服務機構於六個月內推介三次。但經推介於聘僱契約生效或求才期限屆滿者，不在此限。

歷屆考題（110-3-2）

請依「私立就業服務機構許可及管理辦法」（簡稱管理辦法）規定，回答以下問題：

依管理辦法第4條第3項規定，雇主與求職人之間的聘僱契約生效後多少日內？（2分），如因可歸責於求職人之事由，致聘僱契約終止，雇主得請求私立就業服務機構免費重行推介幾次？（3分）或退還百分之多少的介紹費？（3分）

答案

| 1. 四十日內 | 2. 一次 | 3. 百分之五十 |

第5條

本法第三十六條所稱就業服務專業人員，應具備下列資格之一者：

一、經中央主管機關發給測驗合格證明，並取得就業服務專業人員證書。

二、就業服務職類技能檢定合格，經中央主管機關發給技術士證，並取得就業服務專業人員證書。

參加就業服務職類技術士技能檢定者，應具備經教育部立案或認可之國內外高中職以上學校畢業或同等學力資格。

就業服務法

第36條

私立就業服務機構應置符合規定資格及數額之就業服務專業人員。

前項就業服務專業人員之資格及數額，於私立就業服務機構許可及管理辦法中規定之。

第5-1條

就業服務專業人員以取得一張就業服務專業人員證書為限。

就業服務專業人員經依本法第七十一條規定廢止證書者，自廢止之日起二年內不得再行申請核發證書。

本辦法中華民國九十三年一月十三日修正發布後，取得就業服務專業人員效期證書者，由中央主管機關換發就業服務專業人員證書。

歷屆考題（102-3-1）

就業服務專業人員證書經中央主管機關廢止後，自廢止之日起最長幾年內，不得再行申請核發證書？（2分）

答案

二年內

第 6 條

本法第三十六條所稱就業服務專業人員之數額如下：

一、從業人員人數在五人以下者，應置就業服務專業人員至少一人。

二、從業人員人數在六人以上十人以下者，應置就業服務專業人員至少二人。

三、從業人員人數逾十人者，應置就業服務專業人員至少三人，並自第十一人起，每逾十人應另增置就業服務專業人員一人。

私立就業服務機構或其分支機構依前項規定所置之就業服務專業人員，已為其他私立就業服務機構或分支機構之就業服務專業人員者，不計入前項所定之數額，且不得從事第七條第一項第四款所定之職責。

就業服務專業人員之數額

從業人員人數	就業服務專業人員
1-5	1
6-10	2
11-20	3
21-30	4
31-40	5

歷屆考題（102-1-3）

甲公司為經許可之私立就業服務機構，僱有從業人員 11 人。某日接受乙雇主委任，引進初次入國工作之外國人丙從事家庭看護工作，惟甲公司每月向丙超收規定標準以外費用新臺幣 2,000 元。請回答下列問題：

依私立就業服務機構許可及管理辦法規定，甲公司應置就業服務專業人員至少幾人？（2分）

答案

3 人

第 7 條

就業服務專業人員之職責如下：

一、辦理暨分析職業性向。

二、協助釐定生涯發展計畫之就業諮詢。

三、查對所屬私立就業服務機構辦理就業服務業務之各項申請文件。

四、依規定於雇主相關申請書簽證。

就業服務專業人員執行前項業務，應遵守誠實信用原則。

歷屆考題（108-3-2）

請依私立就業服務機構許可及管理辦法第 7 條規定，回答就業服務專業人員的職責有哪 4 項？（8分）

答案
1. 辦理暨分析職業性向。
2. 協助釐定生涯發展計畫之就業諮詢。
3. 查對所屬私立就業服務機構辦理就業服務業務之各項申請文件。
4. 依規定於雇主相關申請書簽證。

歷屆考題（96-1-5）
試述就業服務專業人員之法定職責及執行業務應遵守之原則？（5分）

答案
1.(1) 辦理暨分析職業性向。
　(2) 協助釐定生涯發展計畫之就業諮詢。
　(3) 查對所屬私立就業服務機構辦理就業服務業務之各項申請文件。
　(4) 依規定於雇主相關申請書簽證。
2. 誠實信用原則

第 8 條

本法第三十九條所稱各項文件資料包括：

一、職員名冊應記載職員姓名、國民身分證統一編號、性別、地址、電話及到職、離職日期等事項。

二、各項收費之收據存根，含第四條第一項規定之收據存根。

三、會計帳冊。

四、求職登記及求才登記表應記載求職人或雇主名稱、地址、電話、登記日期及求職、求才條件等事項。

五、求職、求才狀況表。

六、與雇主、求職人簽訂之書面契約。

七、仲介外國人從事本法第四十六條第一項第八款至第十一款工作之外國人報到紀錄表及外國人入國工作費用及工資切結書。

八、主管機關規定之其他文件資料。

前項文件資料應保存五年。

第 9 條

私立就業服務機構，受理求職登記或推介就業，不得有下列情形：

一、推介十五歲以上未滿十六歲之童工，及十六歲以上未滿十八歲之人，從事危險性或有害性之工作。

二、受理未滿十五歲者之求職登記或為其推介就業。但國民中學畢業或經主管機關認定其工作性質及環境無礙其身心健康而許可者，不在此限。

三、推介未滿十八歲且未具備法定代理人同意書及其年齡證明文件者就業。

第 10 條

私立就業服務機構除經許可外，不得以其他形式設立分支機構，從事就業服務業務。

第 10-1 條

私立就業服務機構及其分支機構申請許可，及就業服務專業人員申請證書，主管機關得公告採網路傳輸方

式申請項目。

依前項規定公告之項目，私立就業服務機構及其分支機構申請許可，及就業服務專業人員申請證書，應採網路傳輸方式爲之。但有正當理由，經主管機關同意者，不在此限。

第二章　私立就業服務機構之許可及變更

第 11 條

辦理仲介本國人在國內工作之營利就業服務機構最低實收資本總額爲新臺幣五十萬元，每增設一分支機構，應增資新臺幣二十萬元。但原實收資本總額已達增設分支機構所須之實收資本總額者，不在此限。

仲介外國人至中華民國工作、或依規定仲介香港或澳門居民、大陸地區人民至臺灣地區工作、或仲介本國人至臺灣地區以外工作之營利就業服務機構，最低實收資本總額爲新臺幣五百萬元，每增設一分公司，應增資新臺幣二百萬元。但原實收資本總額已達增設分支機構所須之實收資本總額者，不在此限。

仲介外國人至中華民國工作、或依規定仲介香港或澳門居民、大陸地區人民至臺灣地區工作、或仲介本國人至臺灣地區以外工作之非營利就業服務機構，應符合下列規定：

一、依法向主管機關登記設立二年以上之財團法人或公益社團法人；其爲公益社團法人者，應爲職業團體或社會團體。

二、申請之日前二年內，因促進社會公益、勞雇和諧或安定社會秩序等情事，受主管機關或目的事業主管機關獎勵或有具體事蹟者。

歷屆考題（112-1-1-2）

依「私立就業服務機構許可及管理辦法」第 11 條第 2 項規定，仲介外國人至中華民國工作之營利就業服務機構，最低實收資本總額爲多少新臺幣？（2 分）

答案

新臺幣五百萬元

第 12 條

私立就業服務機構及其分支機構之設立，應向所在地之主管機關申請許可。但從事仲介外國人至中華民國工作、或依規定仲介香港或澳門居民、大陸地區人民至臺灣地區工作、或仲介本國人至臺灣地區以外工作者，應向中央主管機關申請許可。

申請設立私立就業服務機構及其分支機構者，應備下列文件申請籌設許可：

一、申請書。

二、法人組織章程或合夥契約書。

三、營業計畫書或執行業務計畫書。

四、收費項目及金額明細表。

五、實收資本額證明文件。但非營利就業服務機構免附。

六、主管機關規定之其他文件。

主管機關於必要時，得要求申請人繳驗前項文件之正本。

經中央主管機關許可籌設之從事仲介外國人至中華民國工作、或依規定仲介香港或澳門居民、大陸地區人民至臺灣地區工作、或仲介本國人至臺灣地區以外工作者，應於申請設立許可前，通知當地主管機關檢查。

前項檢查項目由中央主管機關公告之。

第 13 條

前條經許可籌設者，應自核發籌設許可之日起三個月內，依法登記並應備下列文件向主管機關申請設立許可及核發許可證：

一、申請書。

二、從業人員名冊。

三、就業服務專業人員證書及其國民身分證正反面影本。

四、公司登記、商業登記證明文件或團體立案證書影本。

五、銀行保證金之保證書正本。但分支機構、非營利就業服務機構及辦理仲介本國人在國內工作之營利就業服務機構免附。

六、經當地主管機關依前條第四項規定檢查確有籌設事實之證明書。

七、主管機關規定之其他文件。

主管機關於必要時，得要求申請人繳驗前項文件之正本。

未能於第一項規定期限內檢具文件申請者，應附其理由向主管機關申請展延，申請展延期限最長不得逾二個月，並以一次為限。

經審核合格發給許可證者，本法第三十四條第一項及第二項之許可始為完成。

經中央主管機關許可之私立就業服務機構，並得從事仲介本國人在國內工作之就業服務業務。

第 13-1 條

主管機關得自行或委託相關機關（構）、團體辦理私立就業服務機構評鑑，評鑑成績分為 A、B 及 C 三級。

前項評鑑辦理方式、等級、基準及評鑑成績優良者之表揚方式，由主管機關公告之。

歷屆考題（109-1-8）

請依私立就業服務機構許可及管理辦法規定，回答下列問題：

私立就業服務機構評鑑成績分為哪幾個等級？（3分）

答案

A、B 及 C 三級

第 14 條

辦理仲介外國人至中華民國工作、或依規定仲介香港或澳門居民、大陸地區人民至臺灣地區工作、或仲介本國人至臺灣地區以外工作之營利就業服務機構，依第十三條第一項第五款規定應繳交由銀行出具金額新臺幣三百萬元保證金之保證書，作為民事責任之擔保。

前項營利就業服務機構於許可證有效期間未發生擔保責任及最近一次經評鑑為 A 級者，每次許可證效期屆滿換發新證時，保證金依次遞減新臺幣一百萬元之額度。但保證金數額最低遞減至新臺幣一百萬元。

前二項營利就業服務機構發生擔保責任，經以保證金支付後，其餘額不足法定數額者，應由該機構於不足之日起一個月內補足，並於其許可證效期屆滿換發新證時，保證金數額調為新臺幣三百萬元。未補足者，由中央主管機關廢止其設立許可。

營利就業服務機構所繳交銀行保證金之保證書，於該機構終止營業繳銷許可證或註銷許可證或經主管機關廢止設立許可之日起一年後，解除保證責任。

歷屆考題（112-1-1-3）

依「私立就業服務機構許可及管理辦法」第14條第1項規定，辦理仲介外國人至中華民國工作之營利就業服務機構，依同辦法第13條第1項第5款規定應繳交由銀行出具金額多少新臺幣保證金之保證書，作為民事責任之擔保？（2分）

答案

三百萬元

第15條

私立就業服務機構及其分支機構申請籌設許可、設立許可或重新申請設立許可有下列情形之一，主管機關應不予許可：

一、不符本法或本辦法之申請規定者。

二、機構或機構負責人、經理人、董（理）事或代表人曾違反本法第三十四條第二項或第四十五條規定，受罰鍰處分、經檢察機關起訴或法院判決有罪者。

三、機構負責人、經理人、董（理）事或代表人曾任職私立就業服務機構，因其行為致使該機構有下列情事之一者：

　㈠違反本法第四十條第一項第四款至第九款或第四十五條規定。

　㈡違反本法第四十條第一項第二款或第十四款規定，經限期改善，屆期未改善。

　㈢同一事由，受罰鍰處分三次，仍未改善。

　㈣一年內受罰鍰處分四次以上。

　㈤一年內受停業處分二次以上。

四、機構負責人、經理人、董（理）事或代表人從事就業服務業務或假借業務上之權力、機會或方法對求職人、雇主或外國人曾犯刑法第二百二十一條至第二百二十九條、第二百三十一條至第二百三十三條、第二百九十六條至第二百九十七條、第三百零二條、第三百零四條、第三百零五條、第三百三十五條、第三百三十六條、第三百三十九條、第三百四十一條、第三百四十二條或第三百四十六條規定之罪，經檢察機關起訴或法院判決有罪者。

五、機構負責人、經理人、董（理）事或代表人曾犯人口販運防制法所定人口販運罪，經檢察機關起訴或法院判決有罪者。

六、非營利就業服務機構曾因妨害公益，受主管機關或目的事業主管機關處罰鍰、停業或限期整理處分。

七、營利就業服務機構申請為營業處所之公司登記地址或商業登記地址，已設有私立就業服務機構者。

八、非營利就業服務機構申請之機構地址，已設有私立就業服務機構者。

九、評鑑為 C 級，經限期令其改善，屆期不改善或改善後仍未達 B 級者。

十、申請設立分支機構，未曾接受評鑑而無評鑑成績或最近一次評鑑成績為 C 級者。

十一、規避、妨礙或拒絕接受評鑑者。

十二、接受委任辦理聘僱許可，外國人於下列期間發生行蹤不明情事達附表一規定之人數及比率者：

　㈠入國第三十一日至第九十日。

　㈡入國三十日內，因私立就業服務機構及其分支機構未善盡受任事務所致。

前項第二款至第六款及第十二款規定情事，以申請之日前二年內發生者為限。

直轄市或縣（市）主管機關核發許可證者，不適用第一項第九款及第十二款規定。

歷屆考題（109-1-8）

私立就業服務機構若經主管機關評鑑為哪一等級時？（1分）承上，在哪 2 項情況下主管機關應不予許可？（6分）

答案

1. 評鑑為 C 級。
2. 經限期令其改善，屆期不改善或改善後仍未達 B 級。

第 15-1 條

本法第四十條第一項第十七款所稱接受委任引進之外國人入國三個月內發生行蹤不明之情事，並於一年內達一定之人數及比率者，指接受委任引進之外國人於下列期間發生行蹤不明情事達第十五條附表一規定之人數及比率者：

一、入國第三十一日至第九十日。

二、入國三十日內，因私立就業服務機構及其分支機構未善盡受任事務所致。

中央主管機關應定期於每年三月、六月、九月及十二月，依第十五條附表一規定查核私立就業服務機構。

中央主管機關經依前項規定查核，發現私立就業服務機構達第十五條附表一規定之人數及比率者，應移送直轄市或縣（市）主管機關裁處罰鍰。

第 16 條

外國人力仲介公司辦理仲介其本國人或其他國家人民至中華民國、或依規定仲介香港或澳門居民、大陸地區人民至臺灣地區，從事本法第四十六條第一項第八款至第十款規定之工作者，應向中央主管機關申請認可。

外國人力仲介公司取得前項認可後，非依第十七條規定經主管機關許可，不得在中華民國境內從事任何就業服務業務。

第一項認可有效期間為二年；其申請應備文件如下：

一、申請書。

二、當地國政府許可從事就業服務業務之許可證或其他相關證明文件影本及其中譯本。

三、最近二年無違反當地國勞工法令證明文件及其中譯本。

四、中央主管機關規定之其他文件。

前項應備文件應於申請之日前三個月內，經當地國政府公證及中華民國駐當地國使館驗證。

外國人力仲介公司申請續予認可者，應於有效認可期限屆滿前三十日內提出申請。

中央主管機關為認可第一項規定之外國人力仲介公司，得規定其國家或地區別、家數及業務種類。

第 17 條

主管機關依國內經濟、就業市場狀況，得許可外國人或外國人力仲介公司在中華民國境內設立私立就業服務機構。

外國人或外國人力仲介公司在中華民國境內設立私立就業服務機構，應依本法及本辦法規定申請許可。

第 18 條

私立就業服務機構及其分支機構變更機構名稱、地址、資本額、負責人、經理人、董（理）事或代表人等許可證登記事項前，應備下列文件向原許可機關申請變更許可：

一、申請書。

二、股東同意書或會議決議紀錄；屬外國公司在臺分公司申請變更負責人時，應檢附改派在中華民國境內指定之負責人授權書。

三、許可證影本。

四、主管機關規定之其他文件。

前項經許可變更者，應自核發變更許可之日起三個月內依法辦理變更登記，並應備下列文件向主管機關申請換發許可證：

一、申請書。

二、公司登記、商業登記證明文件或團體立案證書影本。

三、許可證正本。

四、主管機關規定之其他文件。

未能於前項規定期限內檢具文件申請者，應附其理由向主管機關申請展延，申請展延期限最長不得逾二個月，並以一次為限。

第 19 條

私立就業服務機構及其分支機構申請變更許可，有下列情形之一，主管機關應不予許可：

一、申請變更後之機構負責人、經理人、董（理）事或代表人，曾違反本法第三十四條第二項或第四十五條規定，受罰鍰處分、經檢察機關起訴或法院判決有罪者。

二、申請變更後之機構負責人、經理人、董（理）事或代表人，曾任職私立就業服務機構，因執行業務致使該機構有下列情事之一者：

　㈠違反本法第四十條第一項第四款至第九款或第四十五條規定。

　㈡違反本法第四十條第一項第二款或第十四款規定，經限期改善，屆期未改善。

　㈢同一事由，受罰鍰處分三次，仍未改善。

　㈣一年內受罰鍰處分四次以上。

　㈤一年內受停業處分二次以上。

三、申請變更後之機構負責人、經理人、董（理）事或代表人從事就業服務業務或假借業務上之權力、機會或方法對求職人、雇主或外國人曾犯刑法第二百二十一條至第二百二十九條、第二百三十一條至

第二百三十三條、第二百九十六條至第二百九十七條、第三百零二條、第三百零四條、第三百零五條、第三百三十五條、第三百三十六條、第三百三十九條、第三百四十一條、第三百四十二條或第三百四十六條規定之罪，經檢察機關起訴或法院判決有罪者。

四、申請變更後之機構負責人、經理人、董（理）事或代表人曾犯人口販運防制法所定人口販運罪，經檢察機關起訴或法院判決有罪者。

五、營利就業服務機構申請變更後之營業處所之公司登記地址或商業登記地址，已設有私立就業服務機構者。

六、非營利就業服務機構申請變更後之機構地址，已設有私立就業服務機構者。

七、未依前條規定申請變更許可者。

前項第一款至第四款規定情事，以申請之日前二年內發生者為限。

第三章　私立就業服務機構之管理

第 20 條

私立就業服務機構為雇主辦理聘僱外國人或香港或澳門居民、大陸地區人民在臺灣地區工作之申請許可、招募、引進、接續聘僱或管理事項前，應與雇主簽訂書面契約。辦理重新招募或聘僱時亦同。

前項書面契約應載明下列事項：

一、費用項目及金額。

二、收費及退費方式。

三、外國人或香港或澳門居民、大陸地區人民未能向雇主報到之損害賠償事宜。

四、外國人或香港或澳門居民、大陸地區人民入國後之交接、安排接受健康檢查及健康檢查結果函報衛生主管機關事宜。

五、外國人或香港或澳門居民、大陸地區人民之遣返、遞補、展延及管理事宜。

六、違約之損害賠償事宜。

七、中央主管機關規定之其他事項。

雇主聘僱外國人從事本法第四十六條第一項第九款規定之家庭幫傭或看護工作，第一項之書面契約，應由雇主親自簽名。

第 21 條

私立就業服務機構為從事本法第四十六條第一項第八款至第十一款規定工作之外國人，辦理其在中華民國境內工作之就業服務事項，應與外國人簽訂書面契約，並載明下列事項：

一、服務項目。

二、費用項目及金額。

三、收費及退費方式。

四、中央主管機關規定之其他事項。

外國人從事本法第四十六條第一項第九款規定之家庭幫傭或看護工作，前項之書面契約，應由外國人親自簽名。

第一項契約應作成外國人所瞭解之譯本。

歷屆考題（96-1-6）

依就業服務法及私立就業服務機構許可及管理辦法規定，私立就業服務機構為雇主辦理聘僱外國人在臺灣地區工作之相關就業服務業務事項前，應與雇主及外國人簽訂書面契約，其契約內容除中央主管機關規定之其他事項外，請列舉其應載明之事項各3項。（6分）

答案

1. 與雇主簽訂書面契約：費用項目及金額、收費及退費方式、違約之損害賠償事宜。
2. 與外國人簽訂書面契約：服務項目、費用項目及金額、收費及退費方式。

歷屆考題（110-3-2）

請依「私立就業服務機構許可及管理辦法」（簡稱管理辦法）規定，回答以下問題：

依管理辦法第20條規定，私立就業服務機構為雇主辦理聘僱外國人在臺灣地區工作之申請許可或管理事項前，應與雇主訂定契約，並以何種方式為之？（2分）

答案

書面契約

第22條

主管機關依第十七條規定許可外國人或外國人力仲介公司在中華民國境內設立之私立就業服務機構，其負責人離境前，應另指定代理人，並將其姓名、國籍、住所或居所及代理人之同意書，向原許可機關辦理登記。

第23條

私立就業服務機構之就業服務專業人員異動時，應自異動之日起三十日內，檢附下列文件報請原許可機關備查：

一、就業服務專業人員異動申請表。

二、異動後之從業人員名冊。

三、新聘就業服務專業人員證書及其國民身分證正反面影本。

四、主管機關規定之其他文件。

第24條

私立就業服務機構之許可證，不得租借或轉讓。

前項許可證或就業服務專業人員證書污損者，應繳還原證，申請換發新證；遺失者，應備具結書及申請書，並載明原證字號，申請補發遺失證明書。

第25條

私立就業服務機構許可證有效期限為二年，有效期限屆滿前三十日內，應備下列文件重新申請設立許可及換發許可證：

一、申請書。

二、從業人員名冊。

三、公司登記、商業登記證明文件或團體立案證書影本。

四、銀行保證金之保證書正本。但分支機構、非營利就業服務機構及辦理仲介本國人在國內工作之營利就業服務機構免附。

五、申請之日前二年內，曾違反本法規定受罰鍰處分者，檢附當地主管機關所開具已繳納罰鍰之證明文件。

六、許可證正本。

七、主管機關規定之其他文件。

未依前項規定申請許可者，應依第二十七條之規定辦理終止營業，並繳銷許可證。未辦理或經不予許可者，由主管機關註銷其許可證。

歷屆考題（112-1-1-4）

依「私立就業服務機構許可及管理辦法」第 25 條第 1 項規定，私立就業服務機構許可證有效期限為幾年？（1 分）有效期限屆滿前幾日內，應備規定文件重新申請設立許可及換發許可證？（1 分）

答案

1. 二年
2. 前三十日內

第 26 條

私立就業服務機構暫停營業一個月以上者，應於停止營業之日起十五日內，向原許可機關申報備查。

前項停業期間最長不得超過一年；復業時應於十五日內申報備查。

第 27 條

私立就業服務機構終止營業時，應於辦妥解散、變更營業項目或歇業登記之日起三十日內，向原許可機關繳銷許可證。未辦理者，由主管機關廢止其設立許可。

第 28 條

私立就業服務機構應將許可證、收費項目及金額明細表、就業服務專業人員證書，揭示於營業場所內之明顯位置。

就業服務法

第 40 條

私立就業服務機構及其從業人員從事就業服務業務，不得有下列情事：

十三、未依規定揭示私立就業服務機構許可證、收費項目及金額明細表、就業服務專業人員證書。

違反

處新臺幣 6 萬元以上 30 萬元以下罰鍰

歷屆考題（97-2-6）

依私立就業服務機構許可及管理辦法第 28 條規定，私立就業服務機構應將哪些事項揭示於營業場所內之明顯位置？（6分）

第 29 條

私立就業服務機構於從事職業介紹、人才仲介及甄選服務時，應告知所推介工作之內容、薪資、工時、福利及其他有關勞動條件。

私立就業服務機構接受委任仲介從事本法第四十六條第一項第八款至第十款規定工作之外國人，應向雇主及外國人告知本法或依本法發布之命令所規定之事項。

第 30 條

私立就業服務機構應於每季終了十日內，填報求職、求才狀況表送直轄市或縣（市）主管機關。

直轄市及縣（市）主管機關應於每季終了二十日內彙整前項資料，層報中央主管機關備查。

第 31 條

第十六條之外國人力仲介公司或其從業人員從事就業服務業務有下列情形之一，中央主管機關得不予認可、廢止或撤銷其認可：

一、不符申請規定經限期補正，屆期未補正者。

二、逾期申請續予認可者。

三、經其本國廢止或撤銷營業執照或從事就業服務之許可者。

四、違反第十六條第二項規定者。

五、申請認可所載事項或所繳文件有虛偽情事者。

六、接受委任辦理就業服務業務，違反本法第四十五條規定，或有提供不實資料或外國人健康檢查檢體者。

七、辦理就業服務業務，未善盡受任事務，致雇主違反本法第四十四條或第五十七條規定者。

八、接受委任仲介其本國人或其他國家人民至中華民國工作、或依規定仲介香港或澳門居民、大陸地區人民至臺灣地區工作，未善盡受任事務，致外國人發生行蹤不明失去連繫之情事者。

九、辦理就業服務業務，違反雇主之意思，留置許可文件或其他相關文件者。

十、辦理就業服務業務，有恐嚇、詐欺、侵占或背信情事，經第一審判決有罪者。

十一、辦理就業服務業務，要求、期約或收受外國人入國工作費用及工資切結書或規定標準以外之費用，或不正利益者。

十二、辦理就業服務業務，行求、期約或交付不正利益者。

十三、委任未經許可者或接受其委任辦理仲介外國人至中華民國境內工作事宜者。

十四、在其本國曾受與就業服務業務有關之處分者。

十五、於申請之日前二年內，曾接受委任仲介其本國人或其他國家人民至中華民國境內工作，其仲介之外國人入國三十日內發生行蹤不明情事達附表二規定之人數及比率者。

十六、其他違法或妨礙公共利益之行為，情節重大者。

中央主管機關依前項規定不予認可、廢止或撤銷其認可者，應公告之。

第 31-1 條

中央主管機關應定期於每年三月、六月、九月及十二月，依第三十一條附表二規定查核外國人力仲介公司接受委任仲介其本國人或其他國家人民至中華民國境內工作，其所仲介之外國人入國三十日內發生行蹤不明情事之人數及比率。

中央主管機關經依前項規定查核後發現，外國人力仲介公司達第三十一條附表二規定人數及比率之次數，應通知外交部及駐外館處，依下列規定日數，暫停其接受外國人委任辦理申請簽證：

一、第一次：暫停七日。

二、第二次以上：暫停日數按次增加七日，最長為二十八日。

第 32 條

（刪除）

第 33 條

本法第四十條第一項第十一款所定報表如下：

一、求職、求才狀況表。

二、從業人員名冊。

三、就業服務專業人員異動申請表。

四、外國人招募許可之申請表。

五、外國人聘僱許可之申請表。

六、外國人展延聘僱許可之申請表。

七、外國人轉換雇主或工作之申請表。

八、外國人行蹤不明失去連繫之申報表。

九、主管機關規定之其他報表。

第 34 條

私立就業服務機構接受委任辦理就業服務業務，應依規定於雇主或求職人申請書（表）加蓋機構圖章，並經負責人簽章及所置就業服務專業人員簽名。

第 35 條

私立就業服務機構刊播或散發就業服務業務廣告，應載明機構名稱、許可證字號、機構地址及電話。

第 36 條

從業人員或就業服務專業人員離職，私立就業服務機構應妥善處理其負責之業務及通知其負責之委任人。

第 37 條

私立就業服務機構經委任人終止委任時，應將保管之許可文件及其他相關文件，歸還委任人。

私立就業服務機構終止營業或經註銷許可證、廢止設立許可者，應通知委任人，並將保管之許可文件及其他相關文件歸還委任人，或經委任人書面同意，轉由其他私立就業服務機構續辦。

第 38 條

第十六條規定之外國人力仲介公司經廢止或撤銷認可者，於二年內重行申請認可，中央主管機關應不予認可。

第 39 條

主管機關對私立就業服務機構所為評鑑成績、罰鍰、停止全部或一部營業、撤銷或廢止其設立許可者，應公告之。

第 40 條

主管機關得隨時派員檢查私立就業服務機構業務狀況及有關文件資料；經檢查後，對應改善事項，應通知其限期改善。

主管機關依前項所取得之資料，應保守祕密，如令業者提出證明文件、表冊、單據及有關資料為正本者，應於收受後十五日內發還。

第 41 條

直轄市及縣（市）主管機關應於每季終了二十日內，統計所許可私立就業服務機構之設立、變更、停業、復業、終止營業及違規受罰等情形，層報中央主管機關備查。

第 42 條

依身心障礙者權益保障法規定向主管機關申請結合設立之身心障礙者就業服務機構，不得有下列行為：

一、未依主管機關核定設立計畫執行者。

二、規避、妨礙或拒絕會計帳目查察者。

第四章　附則

第 43 條

本辦法有關書表格式由中央主管機關定之。

第 44 條

本辦法自發布日施行。

本辦法中華民國一百十二年九月四日修正發布之第三十一條之一及第三十一條附表二，自一百十二年十二月十六日施行。

雇主聘僱外國人許可及管理辦法

修正日期：112 年 10 月 13 日

第一章　總則

第 1 條

本辦法依就業服務法（以下簡稱本法）第四十八條第二項規定訂定之。

第 2 條

本辦法用詞，定義如下：

一、第一類外國人：指受聘僱從事本法第四十六條第一項第一款至第六款規定工作之外國人。

二、第二類外國人：指受聘僱從事本法第四十六條第一項第八款至第十款規定工作之外國人。

三、第三類外國人：指下列受聘僱從事本法第四十六條第一項第十一款規定工作之外國人：

　㈠外國人從事就業服務法第四十六條第一項第八款至第十一款工作資格及審查標準（以下簡稱審查標準）規定之雙語翻譯工作、廚師及其相關工作。

　㈡審查標準規定中階技術工作之海洋漁撈工作、機構看護工作、家庭看護工作、製造工作、營造工作、屠宰工作、外展農務工作、農業工作或其他經中央主管機關會商中央目的事業主管機關指定之工作（以下併稱中階技術工作）。

　㈢其他經中央主管機關專案核定之工作。

四、第四類外國人：指依本法第五十條第一款或第二款規定從事工作之外國人。

五、第五類外國人：指依本法第五十一條第一項第一款至第四款規定從事工作之外國人。

外國人之類別

第一類外國人	第四十六條第一項第一款至第六款（白領）
第二類外國人	第四十六條第一項第八款至第十款（藍領）
第三類外國人	第四十六條第一項第十一款（藍領）雙語翻譯、外國廚師、中階技術
第四類外國人	第五十條第一款或第二款（外國留學生）
第五類外國人	第五十一條第一項第一款至第四款（獲准居留之難民……）

第 3 條

中央主管機關就國內經濟發展及就業市場情勢，評估勞動供需狀況，得公告雇主聘僱前條第一類外國人之數額、比例及辦理國內招募之工作類別。

第 4 條

非以入國工作為主要目的之國際書面協定，其內容載有同意外國人工作、人數、居（停）留期限等者，外國人據以辦理之入國簽證，視為工作許可。

前項視為工作許可之期限，最長為一年。

第 5 條

外國人有下列情形之一者，其停留期間在三十日以下之入國簽證或入國許可視為工作許可：

一、從事本法第五十一條第三項規定之工作。

二、為公益目的協助解決因緊急事故引發問題之需要，從事本法第四十六條第一項第一款規定之工作。

三、經各中央目的事業主管機關認定或受大專以上校院、各級政府機關及其所屬機構邀請之知名優秀專業人士，並從事本法第四十六條第一項第一款規定之演講或技術指導工作。

四、受各級政府機關、各國駐華使領館或駐華外國機構邀請，並從事非營利性質之表演或活動。

經入出國管理機關核發學術及商務旅行卡，並從事本法第四十六條第一項第一款規定之演講或技術指導工作之外國人，其停留期間在九十日以下之入國簽證或入國許可視為工作許可。

第 6 條

外國人受聘僱在我國境內從事工作，除本法或本辦法另有規定外，雇主應向中央主管機關申請許可。

中央主管機關為前項許可前，得會商中央目的事業主管機關研提審查意見。

雇主聘僱本法第四十八條第一項第二款規定之外國人從事工作前，應核對外國人之外僑居留證及依親戶籍資料正本。

就業服務法

第 48 條

雇主聘僱外國人工作，應檢具有關文件，向中央主管機關申請許可。但有下列情形之一，不須申請許可：

一、各級政府及其所屬學術研究機構聘請外國人擔任顧問或研究工作者。

二、外國人與在中華民國境內設有戶籍之國民結婚，且獲准居留者。

三、受聘僱於公立或經立案之私立大學進行講座、學術研究經教育部認可者。

歷屆考題（107-3-1）

請依就業服務法、雇主聘僱外國人許可及管理辦法相關規定，回答下列問題：

依就業服務法第 48 條規定，雇主聘僱外國人工作，應檢具有關文件，向中央主管機關申請許可。但雇主聘僱與在中華民國境內設有戶籍之國民結婚且獲准居留之外國人，不須申請許可；惟雇主聘僱前，應核對該外國人哪一文件及哪一資料正本？（4分）

答案

外僑居留證及依親戶籍資料正本

第 7 條

雇主申請聘僱外國人或外國人申請工作許可，中央主管機關得公告採網路傳輸方式申請項目。

依前項規定公告之項目，雇主申請聘僱第一類外國人至第四類外國人申請工作許可，應採網路傳輸方式為之。但有正當理由，經中央主管機關同意者，不在此限。

雇主依前二項規定之方式申請者，申請文件書面原本，應自行保存至少五年。

歷屆考題（107-3-1）

請依就業服務法、雇主聘僱外國人許可及管理辦法相關規定，回答下列問題：

雇主申請聘僱外國人，依勞動部公告採網路傳輸方式申請者，申請文件書面原本應自行保管至少幾年？（2分）

答案

五年

第8條

雇主申請聘僱外國人之應備文件中，有經政府機關（構）或國營事業機構開具之證明文件，且得由中央主管機關自網路查知者，雇主得予免附。

前項免附之文件，由中央主管機關公告之。

第8-1條

中央主管機關得應中央目的事業主管機關之請求，於其執行法定職務必要範圍內，提供外國人名冊等相關資料。

第二章　第一類外國人聘僱許可之申請

第9條

雇主申請聘僱第一類外國人，應備下列文件：

一、申請書。

二、申請人或公司負責人之身分證明文件；其公司登記證明、有限合夥登記證明、商業登記證明、工廠登記證明或特許事業許可證等影本。但依相關法令規定，免辦工廠登記證明或特許事業許可證者，免附。

三、聘僱契約書影本。

四、受聘僱外國人之名冊、護照影本或外僑居留證影本及畢業證書影本。但外國人入國從事本法第四十六條第一項第二款、第五款及第六款工作者，免附畢業證書影本。

五、審查費收據正本。

六、其他經中央主管機關規定之文件。

申請外國人入國從事本法第五十一條第三項規定之工作，除應備前項第一款、第五款及第六款規定之文件外，另應備下列文件：

一、承攬、買賣或技術合作等契約書影本。

二、訂約國內、國外法人登記證明文件。

三、外國法人出具指派履約工作之證明文件。

四、申請單位之登記或立案證明。特許事業應附特許證明文件影本及負責人身分證明文件影本。

五、履約外國人之名冊、護照或外僑居留證影本及畢業證書影本。但自申請日起前一年內履約工作期間與當次申請工作期間累計未逾九十日者，免附畢業證書影本。

前二項檢附之文件係於國外作成者，中央主管機關得要求經我國駐外館處之驗證。

雇主為人民團體者，除檢附第一項第一款、第三款至第六款規定之文件外，另應檢附該團體立案證書及團體負責人之身分證明文件影本。

第 10 條

依國際書面協定開放之行業項目，外國人依契約在我國境內從事本法第四十六條第一項第一款或第二款規定之工作，除本法或本辦法另有規定外，應由訂約之事業機構，依第一類外國人規定申請許可。

前項外國人之訂約事業機構屬自由經濟示範區內事業單位，且於區內從事本法第四十六條第一項第一款或第二款規定之工作者，得不受國際書面協定開放行業項目之限制。

前二項外國人入國後之管理適用第一類外國人規定。

申請第一項或第二項許可，除應檢附前條第一項第一款、第五款、第六款及第二項第四款規定文件外，另應備下列文件：

一、契約書影本。

二、外國人名冊、護照影本、畢業證書或相關證明文件影本。但外國人入國從事本法第四十六條第一項第二款工作者，免附畢業證書或相關證明文件。

外國人從事第一項或第二項之工作，應取得執業資格、符合一定執業方式及條件者，另應符合中央目的事業主管機關所定之法令規定。

第 11 條

聘僱許可有效期限屆滿日前四個月期間內，雇主如有繼續聘僱該第一類外國人之必要者，於該期限內應備第九條第一項第一款、第三款至第六款規定之文件，向中央主管機關申請展延聘僱許可。但聘僱許可期間不足六個月者，應於聘僱許可期間逾三分之二後，始得申請。

第 12 條

第五條之外國人，其停留期間在三十一日以上九十日以下者，得於該外國人入國後三十日內依第九條規定申請許可。

第 13 條

中央主管機關於核發第一類外國人之聘僱許可或展延聘僱許可時，應副知外交部。

第 14 條

雇主申請聘僱第一類外國人而有下列情形之一者，中央主管機關應不予聘僱許可或展延聘僱許可之全部或一部：

一、提供不實或失效資料。

二、依中央衛生福利主管機關訂定相關之受聘僱外國人健康檢查管理辦法規定，健康檢查不合格。

三、不符申請規定，經限期補正，屆期未補正。

四、不符本法第四十六條第二項所定之標準。

第 15 條

雇主聘僱第一類外國人，依法有留職停薪之情事，應於三日內以書面通知中央主管機關。

第 16 條

依本法第五十一條第三項規定入國工作之外國人，除本法另有規定者外，其申請及入國後之管理適用第二條第一款第一類外國人之規定。

第三章　第二類外國人招募及聘僱許可之申請

第 17 條

雇主申請聘僱第二類外國人應以合理勞動條件向工作場所所在地之公立就業服務機構辦理求才登記後次日起，在中央主管機關依本法第二十二條所建立全國性之就業資訊網登載求才廣告，並自登載之次日起至少七日辦理招募本國勞工。但同時於中央主管機關指定之國內新聞紙中選定一家連續刊登二日者，自刊登期滿之次日起至少三日辦理招募本國勞工。

前項求才廣告內容，應包括求才工作類別、人數、專長或資格、雇主名稱、工資、工時、工作地點、聘僱期間、供膳狀況與受理求才登記之公立就業服務機構名稱、地址及電話。

雇主為第一項之招募時，應通知其事業單位之工會或勞工，並於事業單位員工顯明易見之場所公告之。

雇主申請聘僱外國人從事家庭看護工作者，應依第十八條規定辦理國內招募。

歷屆考題（103-2-2）

雇主申請聘僱外國人從事製造業工作，應以合理勞動條件辦理國內招募，向工作場所所在地之公立就業服務機構辦理求才登記？請回答下列問題：

(一) 試述雇主刊登求才廣告之二種方式及其辦理招募本國勞工時間為幾日？（8分）

(二) 雇主為前開招募時，仍應通知何對象及於何處所公告？（2分）

答案

(一) 1. 在中央主管機關依本法第二十二條所建立全國性之就業資訊網登載求才廣告，並自登載之次日起至少二十一日辦理招募本國勞工。

2. 於中央主管機關指定之國內新聞紙中選定一家連續刊登三日者，自刊登期滿之次日起至少十四日辦理招募本國勞工。

(二) 應通知其事業單位之工會或勞工，並於事業單位員工顯明易見之場所公告之。

第 18 條

雇主有聘僱外國籍家庭看護工意願者，應向中央主管機關公告之醫療機構申請被看護者之專業評估。

被看護者經專業評估認定具備中央主管機關規定聘僱外國人從事家庭看護工作之條件，由直轄市及縣（市）政府之長期照護管理中心推介本國籍照顧服務員，有正當理由無法滿足照顧需求而未能推介成功者，雇主得向中央主管機關申請聘僱外國籍家庭看護工。

被看護者具下列資格之一者，雇主得不經前二項評估手續，直接向直轄市及縣（市）政府之長期照護管理中心申請推介本國籍照顧服務員：

一、持特定重度身心障礙手冊或證明。

二、符合中央主管機關規定，免經醫療機構專業評估。

第 19 條

雇主依第十七條規定辦理國內招募所要求之專長或資格，其所聘僱之第二類外國人亦應具備之。中央主管機關必要時，得複驗該第二類外國人之專長或資格。經複驗不合格者，應不予許可。

雇主於國內招募舉辦甄選測驗，應於辦理求才登記時，將甄試項目及錄用條件送受理求才登記之公立就業

服務機構備查。公立就業服務機構對該專長測驗，得指定日期辦理測驗，並得邀請具該專長之專業人士到場見證。

前項甄試項目及錄用條件，得由中央主管機關依工作類別公告之。

第 20 條

雇主依第十七條第一項規定辦理招募本國勞工，有招募不足者，得於同條第一項所定招募期滿次日起十五日內，檢附刊登求才廣告資料、聘僱國內勞工名冊及中央主管機關規定之文件，向原受理求才登記之公立就業服務機構申請求才證明書。

原受理求才登記之公立就業服務機構，經審核雇主已依第十七條及第十九條規定辦理者，就招募本國勞工不足額之情形，應開具求才證明書。

第 21 條

雇主依規定辦理國內招募時，對於公立就業服務機構所推介之人員或自行應徵之求職者，不得有下列情事之一：

一、不實陳述工作困難性或危險性等情事。

二、求才登記之職類別屬非技術性工或體力工，以技術不合為理由拒絕僱用求職者。

三、其他無正當理由拒絕僱用本國勞工者。

歷屆考題（109-1-1）

甲公司為紡織業，因其工廠缺工而申請外籍勞工，請依就業服務法相關規定回答下列問題：依雇主聘僱外國人許可及管理辦法第 15 條規定，甲公司辦理國內招募時，對於公立就業服務機構所推介之人員或自行應徵之求職者，不得有哪 3 項情事之 1，該 3 項情事為何？（6分）

答案

1. 不實陳述工作困難性或危險性等情事。

2. 求才登記之職類別屬非技術性工或體力工，以技術不合為理由拒絕僱用求職者。

3. 其他無正當理由拒絕僱用本國勞工者。

第 21-1 條

雇主曾以下列方式之一招募本國勞工，於無法滿足其需要時，得自招募期滿次日起六十日內，向工作場所所在地之公立就業服務機構申請求才證明書，據以申請聘僱第二類外國人：

一、向工作場所所在地之公立就業服務機構辦理求才登記之次日起至少七日。

二、自行於本法第二十二條所建立全國性之就業資訊網登載求才廣告之次日起至少七日。

雇主依前項規定申請求才證明書，應檢附下列文件：

一、符合第十七條第一項至第三項有關合理勞動條件、求才廣告內容、通知工會或勞工及公告之資料。

二、聘僱國內勞工名冊。

三、其他經中央主管機關規定之文件。

公立就業服務機構審核雇主已依前二項規定辦理，且未違反前條規定，應就其招募本國勞工不足額之情形，開具求才證明書。

第 22 條

雇主申請第二類外國人之招募許可，應備下列文件：

一、申請書。

二、申請人或公司負責人之身分證明文件；其公司登記證明、有限合夥登記證明、商業登記證明、工廠登記證明或特許事業許可證等影本。但有下列情形之一，免附特許事業許可證：

　(一)聘僱外國人從事營造工作者。

　(二)其他依相關法令規定，免辦特許事業許可證者。

三、求才證明書。但聘僱外國人從事家庭看護工作者，免附。

四、雇主於國內招募時，其聘僱國內勞工之名冊。但聘僱外國人從事家庭看護工作者，免附。

五、直轄市或縣（市）政府就下列事項開具之證明文件：

　(一)已依規定提撥勞工退休準備金及提繳勞工退休金。

　(二)已依規定繳納積欠工資墊償基金。

　(三)已依規定繳納勞工保險費及勞工職業災害保險費。

　(四)已依規定繳納違反勞工法令所受之罰鍰。

　(五)已依規定舉辦勞資會議。

　(六)第二類外國人預定工作之場所，無具體事實足以認定有本法第十條規定之罷工或勞資爭議情事。

　(七)無具體事實可推斷有業務緊縮、停業、關廠或歇業之情形。

　(八)無因聘僱第二類外國人而降低本國勞工勞動條件之情事。

六、審查費收據正本。

七、其他經中央主管機關規定之文件。

前項第五款第六目至第八目規定情事，以申請之日前二年內發生者為限。

雇主申請聘僱外國人有下列情形之一者，免附第一項第五款規定之證明文件：

一、聘僱外國人從事家庭幫傭及家庭看護工作。

二、未聘僱本國勞工之自然人雇主與合夥人約定採比例分配盈餘，聘僱外國人從事海洋漁撈工作。

三、未聘僱本國勞工之自然人雇主，聘僱外國人從事農、林、牧或養殖漁業工作。

雇主為人民團體者，除檢附第一項第一款、第三款至第七款規定之文件外，另應檢附該團體立案證書及團體負責人之身分證明文件影本。

歷屆考題（110-3-1）

一、依「雇主聘僱外國人許可及管理辦法」第16條規定，雇主申請第2類外國人之招募許可，應備相關文件向勞動部提出申請，請回答下列問題：

　(一)依第16條第1項第3款、第4款規定，雇主申請聘僱第2類外國人從事哪一項工作可免附求才證明書及國內招募時之聘僱國內勞工名冊？（1分）

　(二)第16條第1項第5款規定之證明文件係由何政府機關開具？（1分）

　(三)依第16條第3項規定，雇主申請聘僱外國人，符合哪3種情形之一，可免附第16條第1項第5款規定之證明文件？（8分）

一、答案

(一) 家庭看護工。

(二) 直轄市或縣（市）政府。

(三) 1. 聘僱家庭幫傭及家庭看護工。

　　2. 未聘僱本國勞工之自然人雇主與合夥人約定採比例分配盈餘，聘僱外國人從事海洋漁撈工作。

　　3. 未聘僱本國勞工之自然人雇主，聘僱外國人從事農、林、牧或魚塭養殖工作。

第 23 條

雇主聘僱之第二類外國人因不可歸責於雇主之原因出國，而依本法第五十八條第一項規定申請遞補者，應備下列文件：

一、申請書。

二、外國人出國證明文件。

三、直轄市、縣（市）政府驗證雇主與第二類外國人終止聘僱關係證明書。但雇主與外國人聘僱關係終止而依第六十八條規定公告無須驗證或外國人無新雇主接續聘僱而出國者，免附。

四、其他經中央主管機關規定之文件。

前項雇主因外國人死亡而申請遞補者，應備下列文件：

一、申請書。

二、外國人死亡證明書。

三、其他經中央主管機關規定之文件。

雇主因聘僱之第二類外國人行蹤不明，而依本法第五十八條第一項、第二項第一款或第二款規定申請遞補者，應備下列文件：

一、申請書。

二、其他經中央主管機關規定之文件。

雇主同意聘僱之家庭看護工轉換雇主或工作，而依本法第五十八條第二項第三款規定申請遞補者，應備下列文件：

一、申請書。

二、外國人由新雇主接續聘僱許可函影本。但經廢止聘僱許可逾一個月未由新雇主接續聘僱者，免附。

三、其他經中央主管機關規定之文件。

第 24 條

雇主依本法第五十八條第一項規定申請遞補第二類外國人者，應於外國人出國、死亡或行蹤不明依規定通知入出國管理機關及警察機關屆滿三個月之日起，六個月內申請遞補。

雇主依本法第五十八條第二項規定申請遞補家庭看護工者，應依下列規定期間申請：

一、依本法第五十八條第二項第一款規定申請者，於發生行蹤不明情事之日起六個月內。

二、依本法第五十八條第二項第二款規定申請者，於發生行蹤不明情事屆滿一個月之日起六個月內。

三、依本法第五十八條第二項第三款規定申請者：

　(一) 於新雇主接續聘僱之日起六個月內。

㈡於經廢止聘僱許可屆滿一個月未由新雇主接續聘僱之翌日起六個月內。

雇主逾前二項申請遞補期間，中央主管機關應不予許可。

第 24-1 條

本辦法中華民國一百十二年五月二十日修正生效前，雇主聘僱之外國人有下列情形之一者，其申請遞補應於本辦法修正生效之日起六個月內為之：

一、發生行蹤不明之情事，依規定通知入出國管理機關及警察機關滿三個月且未逾六個月。

二、從事家庭看護工作之外國人，於雇主處所發生行蹤不明之情事，依規定通知入出國管理機關及警察機關滿一個月且未逾三個月。

三、從事家庭看護工作之外國人，經雇主同意轉換雇主或工作，並經廢止聘僱許可逾一個月未由新雇主接續聘僱。

雇主逾前項申請遞補期間，中央主管機關應不予許可。

第 25 條

雇主申請聘僱第二類外國人，不得於辦理國內招募前六個月內撤回求才登記。但有正當理由者，不在此限。

歷屆考題（109-1-1）

一、甲公司為紡織業，因其工廠缺工而申請外籍勞工，請依就業服務法相關規定回答下列問題：

㈢依雇主聘僱外國人許可及管理辦法第 18 條規定，甲公司除有正當理由外，不得於辦理國內招募前幾個月內撤回求才登記？（2分）

一、答案

㈢前六個月內

第 26 條

雇主經中央主管機關核准重新申請第二類外國人，於原聘僱第二類外國人出國前，不得引進或聘僱第二類外國人。但有下列情形之一者，不在此限：

一、外國人於聘僱許可有效期間內經雇主同意轉換雇主或工作，並由新雇主接續聘僱。

二、外國人從事家庭看護工作，於聘僱許可有效期間內，經雇主同意轉換雇主或工作，並經廢止聘僱許可逾一個月尚未由新雇主接續聘僱。

三、外國人於聘僱許可有效期間屆滿，原雇主經許可繼續聘僱（以下簡稱期滿續聘）。

四、外國人於聘僱許可有效期間屆滿，由新雇主依外國人受聘僱從事就業服務法第四十六條第一項第八款至第十一款規定工作之轉換雇主或工作程序準則（以下簡稱轉換雇主準則）規定，許可接續聘僱（以下簡稱期滿轉換）。

五、外國人因受羈押、刑之執行、重大傷病或其他不可歸責於雇主之事由，致須延後出國，並經中央主管機關專案核定。

第 27 條

雇主申請聘僱第二類外國人時，於申請日前二年內，有資遣或解僱本國勞工達中央主管機關所定比例者，中央主管機關得不予許可。

第 28 條

雇主申請聘僱第二類外國人時，有下列情形之一，中央主管機關應不予許可：

一、雇主、被看護者或其他共同生活之親屬，對曾聘僱之第二類外國人，有刑法第二百二十一條至第二百二十九條規定情事之一者。

二、雇主之代表人、負責人或代表雇主處理有關勞工事務之人，對曾聘僱之第二類外國人，有刑法第二百二十一條至第二百二十九條規定情事之一者。

第 29 條

雇主申請聘僱第二類外國人時，有違反依本法第四十六條第二項所定之標準或依本法第五十九條第二項所定之準則者，中央主管機關應不予許可。

第 30 條

雇主申請招募第二類外國人，中央主管機關得規定各項申請文件之效期及申請程序。

雇主依前項規定申請招募第二類外國人經許可者，應於許可通知所定之日起六個月內，自許可引進之國家，完成外國人入國手續。但未能於規定期限內完成外國人入國手續者，得於期限屆滿翌日起三個月內引進。

雇主未依前項規定期限完成外國人入國手續者，招募許可失其效力。

第 31 條

雇主不得聘僱已進入我國境內之第二類外國人。但有下列情形之一者，不在此限：

一、經中央主管機關許可期滿續聘或期滿轉換。

二、其他經中央主管機關專案核准。

第 32 條

第二類外國人依規定申請入國簽證，應備下列文件：

一、招募許可。

二、經我國中央衛生福利主管機關認可醫院或指定醫院核發之三個月內健康檢查合格報告。

三、專長證明。

四、行為良好之證明文件。但外國人出國後三十日內再入國者，免附。

五、經其本國主管部門驗證之外國人入國工作費用及工資切結書。

六、已簽妥之勞動契約。

七、外國人知悉本法相關工作規定之切結書。

八、其他經中央目的事業主管機關規定之簽證申請應備文件。

雇主原聘僱之第二類外國人，由雇主自行辦理重新招募，未委任私立就業服務機構，並經中央主管機關代轉申請文件者，免附前項第三款至第五款及第七款規定之文件。

第 33 條

雇主申請聘僱第二類外國人，應依外國人生活照顧服務計畫書確實執行。

前項外國人生活照顧服務計畫書，應規劃下列事項：

一、飲食及住宿之安全衛生。

二、人身安全及健康之保護。

三、文康設施及宗教活動資訊。

四、生活諮詢服務。

五、住宿地點及生活照顧服務人員。

六、其他經中央主管機關規定之事項。

雇主聘僱外國人從事家庭幫傭或家庭看護工之工作者，免規劃前項第三款及第四款規定事項。

雇主違反第一項規定，經當地主管機關認定情節輕微者，得先以書面通知限期改善。

雇主於第二項第五款規定事項有變更時，應於變更後七日內，通知外國人工作所在地或住宿地點之當地主管機關。

第 34 條

雇主申請聘僱第二類外國人者，應於外國人入國後三日內，檢附下列文件通知當地主管機關實施檢查：

一、外國人入國通報單。

二、外國人生活照顧服務計畫書。

三、外國人名冊。

四、經外國人本國主管部門驗證之外國人入國工作費用及工資切結書。但符合第三十二條第二項規定者，免附。

當地主管機關受理雇主檢附之文件符合前項規定者，應核發受理雇主聘僱外國人入國通報證明書，並辦理前條規定事項之檢查。但核發證明書之日前六個月內已檢查合格者，得免實施前項檢查。

期滿續聘之雇主，免依第一項規定辦理。

期滿轉換之雇主，應依轉換雇主準則之規定，檢附文件通知當地主管機關實施檢查。

外國人之住宿地點非雇主依前條第二項第五款規劃者，當地主管機關於接獲雇主依第一項或前條第五項之通報後，應訪視外國人探求其真意。

歷屆考題（102-1-4）

依雇主聘僱外國人許可及管理辦法規定，甲應於乙入國後 3 日內，檢附哪 4 項文件通知當地主管機關實施檢查？（4分）

答案

　　1.外國人入國通報單。

　　2.外國人生活照顧服務計畫書。

　　3.外國人名冊。

　　4.經外國人本國主管部門驗證之外國人入國工作費用及工資切結書。

歷屆考題（110-1-2）

二、外國人甲君受僱主乙公司聘僱從事製造之體力工作，僱主乙公司於外國人甲君入國日當天安排住宿地點在丙地址。請回答下列問題：

(一) 依「僱主聘僱外國人許可及管理辦法」第27之1條第1項規定，僱主乙公司應自外國人甲君入國後幾日內，通知住宿地點丙地址的勞工主管機關實施檢查？（2分）

(二) 若住宿地點丙地址經當地勞工主管機關實地檢查發現，因入住的外國人人數增加，導致外國人每人居住面積小於3.6平方公尺而違反規定標準，並認定情節輕微：

1. 依110年1月6日修正發布「僱主聘僱外國人許可及管理辦法」第19條第3項規定，當地勞工主管機關得通知僱主乙公司做何處置？（3分）

2. 承上，當地勞工主管機關以何種法定方式通知？（2分）

(三) 若僱主乙公司決定將外國人甲君的住宿地點丙地址，搬遷至新的住宿地點丁地址，則依「僱主聘僱外國人許可及管理辦法」第19條第4項規定，僱主乙公司應在變更外國人甲君住宿地點後幾日內，通知外國人甲君工作所在地及住宿地點的當地勞工主管機關？（3分）

二、答案

(一) 三日內

(二) 1. 限期改善　　　　　　　　　　2. 書面通知

(三) 七日內

歷屆考題（108-2-1）

為防止僱主聘僱外國人疏於管理規劃，依據僱主聘僱外國人許可及管理辦法第19條規定，僱主就外國人之飲食、住宿、人身安全……等安排，應規劃於哪一文件中，並確實執行？（2分）又僱主未依規定辦理者，在罰鍰處分前，當地主管機關應如何處理？（2分）

答案

1. 外國人生活照顧服務計畫書　　　2. 以書面通知限期改善

歷屆考題（104-2-3）

有關私立就業服務機構接受僱主委任辦理外籍製造工之生活照顧者，請依就業服務法相關規定回答下列問題：（10分）

(一) 依外國人之生活照顧服務計畫書，私立就業服務機構應規劃哪些事項？（8分）

(二) 如外國人住宿地點變更，至遲應於幾日內通知工作所在地及住宿地點之哪一機關？（2分）

答案

(一) 1. 飲食及住宿之安全衛生　　　　2. 人身安全及健康之保護

　　3. 文康設施及宗教活動資訊　　　4. 生活諮詢服務

5. 住宿地點及生活照顧服務人員　　6. 其他經中央主管機關規定之事項

㈡ 1. 七日內　　　　　　　　　　　2. 當地主管機關

第 34-1 條

雇主申請聘僱外國人從事家庭幫傭或家庭看護之工作者，應於外國人入國日五日前，向中央主管機關申請並同意辦理下列事項：

一、安排外國人於入國日起接受中央主管機關辦理之入國講習。

二、代轉文件通知當地主管機關實施第三十三條規定事項之檢查。

三、申請聘僱許可。

第 34-2 條

雇主同意代轉前條第二款所定文件如下：

一、外國人生活照顧服務通報單。

二、外國人生活照顧服務計畫書。

三、經外國人本國主管部門驗證之外國人入國工作費用及工資切結書。但符合第三十二條第二項規定者，免附。

中央主管機關應將前項文件轉送當地主管機關；經當地主管機關審查文件符合前項規定者，應辦理第三十三條規定事項之檢查。但外國人入國日前六個月內已檢查合格者，得免實施檢查。

第 34-3 條

雇主辦理第三十四條之一第三款所定申請聘僱許可事項，應備下列文件：

一、申請書。

二、審查費收據正本。

三、其他經中央主管機關規定之文件。

雇主已依第三十四條之一、第三十四條之二及前項規定辦理完成者，免依第三十四條第一項及第三十六條規定辦理。

第 34-4 條

外國人完成第三十四條之一第一款之入國講習後，由中央主管機關發給五年效期之完訓證明。

前項外國人因故未完成入國講習者，雇主應安排其於入國日起九十日內，至中央主管機關所建立之入國講習網站參加入國講習，以取得五年效期之完訓證明。

第 35 條

當地主管機關實施第二類外國人之入國工作費用或工資檢查時，應以第三十四條第一項第四款或第三十四條之二第一項第三款規定之外國人入國工作費用工資切結書記載內容為準。

當地主管機關對期滿續聘之雇主實施前項規定檢查時，應以外國人最近一次經其本國主管部門驗證之外國人入國工作費用及工資切結書記載內容為準。

當地主管機關對期滿轉換之雇主實施第一項規定檢查時，應以雇主依轉換雇主準則規定通知時所檢附之外國人入國工作費用及工資切結書記載內容為準。

前三項所定外國人入國工作費用及工資切結書之內容，不得為不利益於外國人之變更。

第 36 條

雇主於所招募之第二類外國人入國後十五日內，應備下列文件申請聘僱許可：

一、申請書。

二、審查費收據正本。

三、依前條規定，經當地主管機關核發受理通報之證明文件。

四、其他經中央主管機關規定之文件。

歷屆考題（103-1-1）

甲營造工程公司經中央主管機關許可，招募引進外籍營造工 299 人。請依雇主聘僱外國人許可及管理辦法回答下列問題：

甲於所招募之外籍營造工人國後 15 日內，應備妥哪些文件向中央主管機關申請聘僱許可？

（7分）

答案

　1. 申請書。

　2. 審查費收據正本。

　3. 依前條規定，經當地主管機關核發受理通報之證明文件。

　4. 其他經中央主管機關規定之文件。

第 37 條

雇主應自引進第二類外國人入國日或期滿續聘之日起，依本法之規定負雇主責任。

雇主未依第三十四條之一第三款、第三十四條之三、前條或第三十九條規定申請、逾期申請或申請不符規定者，中央主管機關得核發下列期間之聘僱許可：

一、自外國人入國日起至不予核發聘僱許可之日。

二、自期滿續聘日起至不予核發聘僱許可之日。

第 38 條

雇主申請聘僱在我國境內工作期間屆滿十二年或將於一年內屆滿十二年之外國人，從事本法第四十六條第一項第九款規定家庭看護工作，應備下列文件申請外國人之工作期間得累計至十四年之許可：

一、申請書。

二、外國人具專業訓練或自力學習而有特殊表現之評點表及其證明文件。

前項第二款所定之特殊表現證明文件，依審查標準第二十條附表四規定。

第 39 條

第二類外國人之聘僱許可有效期間屆滿日前二個月至四個月內，雇主有繼續聘僱該外國人之必要者，於該期限內應備下列文件，向中央主管機關申請期滿續聘許可：

一、申請書。

二、勞僱雙方已合意期滿續聘之證明。

三、其他經中央主管機關規定之文件。

第 40 條

第二類外國人之聘僱許可有效期間屆滿日前二個月至四個月內，雇主無繼續聘僱該外國人之必要者，於該期限內應備申請書及其他經中央主管機關規定之文件，為該外國人向中央主管機關申請期滿轉換。

原雇主申請期滿轉換時，該外國人已與新雇主合意期滿接續聘僱者，新雇主得依轉換雇主準則規定，直接向中央主管機關申請接續聘僱外國人。

歷屆考題（107-3-1）

一、請依就業服務法、雇主聘僱外國人許可及管理辦法相關規定，回答下列問題：

㈡依就業服務法第 52 條規定，受聘僱之外國人於聘僱許可期間無違反法令規定情事而因聘僱關係終止、聘僱許可期間屆滿出國或因健康檢查不合格經返國治療再檢查合格者，得再入國工作。但從事就業服務法第 46 條第 1 項第 8 款至第 10 款規定工作之外國人，其在中華民國境內工作期間，累計不得逾 12 年。前開規定已取消外國人須出國 1 日再入國之規定，請問：

1. 從事就業服務法第 46 條第 1 項第 8 款至第 10 款規定工作之外國人聘僱許可將期滿，雇主有繼續聘僱之必要，應於其聘僱許可有效期間屆滿前哪一期間內，檢附申請書及應備文件，向中央主管機關申請期滿續聘許可？（2 分）

2. 承上，如無繼續聘僱該外國人之必要，也應於前開所詢期間內，檢附申請書及應備文件，向中央主管機關申請哪一作業程序？（2 分）

一、答案

㈡ 1. 前二個月至四個月　　　　　　　2. 期滿轉換

第 41 條

有本法第五十二條第二項重大特殊情形、重大工程之工作，其聘僱許可有效期限屆滿日前六十日期間內，雇主如有繼續聘僱該等外國人之必要者，於該期限內應備展延聘僱許可申請書及其他經中央主管機關規定之文件，向中央主管機關申請展延聘僱許可。

第四章　第三類外國人聘僱許可之申請

第 42 條

雇主申請聘僱第三類外國人，應先以合理勞動條件向工作場所所在地之公立就業服務機構辦理國內招募，有正當理由無法滿足需求者，得向中央主管機關申請聘僱外國人。但申請聘僱外國人從事中階技術家庭看護工作，應由直轄市及縣（市）政府之長期照護管理中心推介本國籍照顧服務員，無須辦理國內招募。

前項辦理國內招募及撤回求才登記，適用第十七條至第二十一條之一、第二十五條規定。

第 43 條

第二類外國人在我國境內受聘僱從事工作，符合下列情形之一，得受聘僱從事中階技術工作：

一、現受聘僱從事工作，且連續工作期間達六年以上，或受聘僱於同一雇主，累計工作期間達六年以上者。

二、曾受聘僱從事工作期間累計達六年以上出國後，再次入國工作，其工作期間累計達十一年六個月以上者。

三、曾受聘僱從事工作，累計工作期間達十一年六個月以上，並已出國者。

雇主應依下列規定期間，申請聘僱前項第一款規定之外國人從事中階技術工作：

一、原雇主：於聘僱許可有效期間屆滿日前二個月申請。

二、新雇主：於前款聘僱許可有效期間屆滿日前二個月至四個月內申請，並自其聘僱許可期間屆滿之翌日起聘僱。

雇主應於聘僱許可有效期間屆滿日前二個月至四個月內，申請聘僱第一項第二款規定之外國人從事中階技術工作，並自其聘僱許可期間屆滿之翌日起聘僱。

第一項第三款規定之外國人，除從事中階技術家庭看護工作者外，應由曾受聘僱之雇主，申請聘僱從事中階技術工作。

第一項第三款規定之外國人從事中階技術家庭看護工作，雇主應符合下列情形之一：

一、曾聘僱該外國人從事家庭看護工作。

二、與曾聘僱該外國人之雇主，有審查標準第二十一條第一項親屬關係。

三、與曾受該外國人照顧之被看護者，有審查標準第二十一條第一項親屬關係。

四、為曾受該外國人照顧之被看護者本人，有審查標準第二十一條第三項規定情形。

五、與曾受該外國人照顧之被看護者無親屬關係，有審查標準第二十一條第三項規定情形。

中階技術工作

雇主聘僱外國人許可及管理辦法第43條	第二類外國人在我國境內受聘僱從事工作，符合下列情形之一，得受聘僱從事中階技術工作： 一、現受聘僱從事工作，且連續工作期間達六年以上，或受聘僱於同一雇主，累計工作期間達六年以上者。 二、曾受聘僱從事工作期間累計達六年以上出國後，再次入國工作，其工作期間累計達十一年六個月以上者。 三、曾受聘僱從事工作，累計工作期間達十一年六個月以上，並已出國者。
（藍領）工作資格及審查標準第62條	外國人受聘僱從事第六條第三款之中階技術工作，應符合附表十三所定專業證照、訓練課程或實作認定資格條件，並具備下列資格之一： 一、現受聘僱從事本法第四十六條第一項第八款至第十款工作，連續工作期間達六年以上，或受聘僱於同一雇主，累計工作期間達六年以上者。 二、曾受聘僱從事前款所定工作期間累計達六年以上出國後，再次入國工作者，其工作期間累計達十一年六個月以上者。 三、曾受聘僱從事第一款所定工作，累計工作期間達十一年六個月以上，並已出國者。 四、在我國大專校院畢業，取得副學士以上學位之外國留學生、僑生或其他華裔學生。

第 44 條

雇主申請聘僱第三類外國人，應備下列文件：

一、申請書。

二、申請人或公司負責人之身分證明文件；其公司登記證明、有限合夥登記證明、商業登記證明、工廠登記證明或特許事業許可證等影本。但依相關法令規定，免辦工廠登記證明或特許事業許可證者，免附。

三、求才證明書。但聘僱外國人從事中階技術家庭看護工作者，免附。

四、雇主依第四十二條規定辦理國內求才，所聘僱國內勞工之名冊。但聘僱外國人從事中階技術家庭看護工作者，免附。

五、直轄市或縣（市）政府就下列事項開具之證明文件：

　㈠已依規定提撥勞工退休準備金及提繳勞工退休金。

　㈡已依規定繳納積欠工資墊償基金。

　㈢已依規定繳納勞工保險費及勞工職業災害保險費。

　㈣已依規定繳納違反勞工法令所受之罰鍰。

　㈤已依規定舉辦勞資會議。

　㈥第三類外國人預定工作之場所，無具體事實足以認定有本法第十條規定之罷工或勞資爭議情事。

　㈦無具體事實可推斷有業務緊縮、停業、關廠或歇業之情形。

　㈧無因聘僱第三類外國人而降低本國勞工勞動條件之情事。

六、受聘僱外國人之名冊、護照影本或外僑居留證影本。

七、審查費收據正本。

八、其他經中央主管機關規定之文件。

前項第五款第六目至第八目規定情事，以申請之日前二年內發生者為限。

雇主申請聘僱外國人從事中階技術工作，有下列情形之一者，免附第一項第五款規定之證明文件：

一、從事中階技術家庭看護工作。

二、未聘僱本國勞工之自然人雇主與合夥人約定採比例分配盈餘，聘僱外國人從事中階技術海洋漁撈工作。

三、未聘僱本國勞工之自然人雇主，聘僱外國人從事中階技術外展農務工作或中階技術農業工作。

雇主為人民團體者，除檢附第一項第一款、第三款至第八款規定之文件外，另應檢附該團體立案證書及團體負責人之身分證明文件影本。

雇主申請聘僱第三類外國人，中央主管機關得規定各項申請文件之效期及申請程序。

第 45 條

雇主向中央主管機關申請自國外引進聘僱下列第三類外國人，外國人應依規定申請入國簽證：

一、從事雙語翻譯或廚師相關工作者。

二、曾在我國境內受其聘僱從事第二類外國人工作，且累計工作期間達本法第五十二條規定之上限者。

三、在我國大專校院畢業，取得副學士以上學位之外國留學生、僑生或其他華裔學生。

前項外國人依規定申請入國簽證，應檢附下列文件：

一、聘僱許可。

二、經我國中央衛生福利主管機關認可醫院或指定醫院核發之三個月內健康檢查合格報告。但外國人居住
　　國家，未有經中央衛生福利主管機關認可醫院或指定醫院者，得以該國合格設立之醫療機構最近三個
　　月內核發健康檢查合格報告代之。

三、外國人知悉本法相關工作規定之切結書。

四、其他經中央目的事業主管機關規定之簽證申請應備文件。

第 46 條

雇主應自引進第三類外國人入國日或聘僱許可生效日起，依本法之規定負雇主責任。

第 47 條

雇主申請聘僱外國人從事中階技術工作，應規劃並執行第三十三條規定之外國人生活照顧服務計畫書，並
依下列規定期間，通知當地主管機關實施檢查：

一、由國外引進外國人從事中階技術工作，於外國人入國後三日內。

二、於國內聘僱中階技術外國人，自申請聘僱許可日起三日內。

前項通知，除免附經外國人本國主管部門驗證之外國人入國工作費用及工資切結書外，其餘應檢附之文
件、當地主管機關受理、核發證明書及實施檢查，適用第三十三條及第三十四條規定。

已在我國境內工作之第二類外國人，由同一雇主申請聘僱從事中階技術工作者，免依第一項規定通知當地
主管機關實施檢查。

歷屆考題（111-2-1）

「雇聘辦法」第 47 條第 1 項規定，雇主申請聘僱外國人從事中階技術工作，應規劃並執行
「雇聘辦法」第 33 條規定之外國人生活照顧服務計畫書，並依規定期間，通知當地主管機
關實施檢查，請依規定回答下列問題：

1. 雇主由國外引進外國人從事中階技術工作，應於外國人入國後幾日內通知實施檢查？（1
   分）

2. 雇主於國內聘僱中階技術外國人，應自申請聘僱許可日起幾日內通知實施檢查？（1 分）

答案

1. 三日內　　　　　　　　　　　　　　2. 三日內

第 48 條

雇主有繼續聘僱第三類外國人之必要者，應備第四十四條規定之文件，於聘僱許可有效期限屆滿日前四個
月內，向中央主管機關申請展延聘僱許可。

雇主無申請展延聘僱從事中階技術工作外國人之必要者，應備申請書及其他經中央主管機關規定之文件，
於聘僱許可有效期間屆滿日前二個月至四個月內，為該外國人依轉換雇主準則規定，向中央主管機關申請
期滿轉換，或得由新雇主依轉換雇主準則規定，申請接續聘僱為第二類或第三類外國人。

從事中階技術工作之外國人，經雇主依轉換雇主準則規定，接續聘僱為第二類外國人，除從事中階技術工
作期間外，其工作期間合計不得逾本法第五十二條規定之工作年限。

第 49 條

雇主申請聘僱第三類外國人，申請及入國後管理，除第二十三條至第二十四條之一及本章另有規定外，適用第二類外國人之規定。

第五章　第四類外國人聘僱許可之申請

第 50 條

本法第五十條第一款之外國留學生，應符合外國學生來臺就學辦法規定之外國學生身分。

第 51 條

前條外國留學生從事工作，應符合下列規定：

一、正式入學修習科、系、所課程，或學習語言課程六個月以上。

二、經就讀學校認定具下列事實之一者：

　㈠其財力無法繼續維持其學業及生活，並能提出具體證明。

　㈡就讀學校之教學研究單位須外國留學生協助參與工作。

外國留學生符合下列資格之一者，不受前項規定之限制：

一、具語文專長，且有下列情形之一，並經教育部專案核准：

　㈠入學後於各大專校院附設語文中心或外國在華文教機構附設之語文中心兼任外國語文教師。

　㈡入學後協助各級學校語文專長相關教學活動。

二、就讀研究所，並經就讀學校同意從事與修習課業有關之研究工作。

第 52 條

本法第五十條第二款之僑生，應符合僑生回國就學及輔導辦法規定之學生。

本法第五十條第二款之華裔學生，應具下列身分之一：

一、香港澳門居民來臺就學辦法規定之學生。

二、就讀僑務主管機關舉辦之技術訓練班學生。

第 53 條

第四類外國人申請工作許可，應備下列文件：

一、申請書。

二、審查費收據正本。

三、其他經中央主管機關規定之文件。

第 54 條

第四類外國人之工作許可有效期間最長為六個月。

前項許可工作之外國人，其工作時間除寒暑假外，每星期最長為二十小時。

第 55 條

第四類外國人申請工作許可有下列情形之一者，中央主管機關應不予許可：

一、提供不實資料。

二、不符申請規定，經限期補正，屆期未補正。

第六章 第五類外國人聘僱許可之申請

第 56 條

雇主申請聘僱第五類外國人，應備下列文件：

一、申請書。

二、申請人或公司負責人之身分證明文件；其公司登記證明、有限合夥登記證明、商業登記證明、工廠登記證明或特許事業許可證等影本。但依相關法令規定，免辦工廠登記證明或特許事業許可證者，免附。

三、聘僱契約書或勞動契約書影本。

四、受聘僱外國人之護照影本。

五、受聘僱外國人之外僑居留證或永久居留證影本。

六、審查費收據正本。

七、其他經中央主管機關規定之文件。

雇主為人民團體者，除檢附前項第一款、第三款至第七款規定之文件外，另應檢附該團體立案證書及團體負責人之身分證明文件影本。

第 57 條

聘僱許可有效期限屆滿日前六十日期間內，雇主如有繼續聘僱該第五類外國人之必要者，於該期限內應備前條第一項第一款、第三款至第七款規定之文件，向中央主管機關申請展延聘僱許可。

展延聘僱許可、期滿續聘許可、期滿轉換

第一類	前四個月內	繼續聘僱	展延聘僱許可
第二類	前二個月至四個月內	繼續聘僱	期滿續聘許可
第二類	前二個月至四個月內	無繼續聘僱	期滿轉換
重大特殊情形、重大工程之工作	前六十日期間內	繼續聘僱	展延聘僱許可
第三類	前四個月內	繼續聘僱	展延聘僱許可
第三類	前二個月至四個月內	無繼續聘僱	期滿轉換
第五類	前六十日內	繼續聘僱	展延聘僱許可

第 58 條

第五類外國人依本法第五十一條第二項規定，逕向中央主管機關申請者，應檢附第五十六條第一項第一款、第四款至第七款規定之文件申請許可。

第 59 條

雇主申請聘僱第五類外國人或外國人依本法第五十一條第二項規定逕向中央主管機關申請許可，其有下列情形之一者，中央主管機關應不予聘僱許可或展延聘僱許可：

一、提供不實資料。

二、不符申請規定，經限期補正，屆期未補正。

第七章　入國後之管理

第 60 條

雇主聘僱外國人，從事本法第四十六條第一項第九款之機構看護工作、第十款所定工作及第十一款所定中階技術工作達十人以上者，應依下列規定設置生活照顧服務人員：

一、聘僱人數達十人以上未滿五十人者，至少設置一人。

二、聘僱人數達五十人以上未滿一百人者，至少設置二人。

三、聘僱人數達一百人以上者，至少設置三人；每增加聘僱一百人者，至少增置一人。

前項生活照顧服務人員應具備下列條件之一：

一、取得就業服務專業人員證書者。

二、從事外國人生活照顧服務工作二年以上經驗者。

三、大專校院畢業，並具一年以上工作經驗者。

雇主違反前二項規定者，當地主管機關得通知限期改善。

第 61 條

私立就業服務機構接受前條雇主委任辦理外國人之生活照顧服務者，應依下列規定設置生活照顧服務人員：

一、外國人人數達十人以上未滿五十人者，至少設置一人。

二、外國人人數達五十人以上未滿一百人者，至少設置二人。

三、外國人人數達一百人以上者，至少設置三人；每增加一百人者，至少增置一人。

前項生活照顧服務人員應具備之條件，適用前條第二項規定。

私立就業服務機構違反前二項規定者，當地主管機關得通知委任之雇主及受任之私立就業服務機構限期改善。

生活照顧服務人員設置人數

第九款及第十款及第十一款外國人	生活照顧服務人員
10-49	1
50-99	2
100-199	3
200-299	4

歷屆考題（104-1-3）

三、依照就業服務法相關規定，甲雇主聘僱引進 178 名外國人入國從事製造業工作，請回答下列問題：

(一)甲雇主應設置生活照顧服務員幾人？（2分）

(二)生活照顧服務員應具備之條件有哪三種規定？（6分）

三、答案

(一)3 人

㈡ 1.取得就業服務專業人員證書者。

　　2.從事外國人生活照顧服務工作二年以上經驗者。

　　3.大專校院畢業，並具一年以上工作經驗者。

第 62 條

雇主委任私立就業服務機構辦理外國人生活照顧服務計畫書所定事項者，應善盡選任監督之責。

第 63 條

外國人從事本法第四十六條第一項第八款至第十一款規定之工作，經地方主管機關認定有安置必要者，得依中央主管機關所定之安置對象、期間及程序予以安置。

第 64 條

雇主聘僱第六十條之外國人達三十人以上者；其所聘僱外國人中，應依下列規定配置具有雙語能力者：

一、聘僱人數達三十人以上未滿一百人者，至少配置一人。

二、聘僱人數達一百人以上未滿二百人者，至少配置二人。

三、聘僱人數達二百人以上者，至少配置三人；每增加聘僱一百人者，至少增置一人。

雇主違反前項規定者，當地主管機關得通知限期改善。

雙語能力設置人數

第九款及第十款及第十一款外國人	雙語能力
30-99	1
100-199	2
200-299	3
300-399	4

歷屆考題（104-1-3）

依照就業服務法相關規定，甲雇主聘僱引進 178 名外國人入國從事製造業工作，請回答下列問題：

其聘僱 178 名外國人中，依規定配置應至少具有雙語能力者幾人？（2 分）

答案

2 人

第 65 條

雇主依本法第四十六條第三項規定與外國人簽訂之定期書面勞動契約，應以中文爲之，並應作成該外國人母國文字之譯本。

第 66 條

雇主依勞動契約給付第二類外國人或第三類外國人之工資，應檢附印有中文及該外國人本國文字之薪資明細表，並記載下列事項，交予該外國人收存，且自行保存五年：

一、實領工資、工資計算項目、工資總額及工資給付方式。

二、應負擔之全民健康保險費、勞工保險費、所得稅、膳宿費及職工福利金。

三、依法院或行政執行機關之扣押命令所扣押之金額。

四、依其他法律規定得自工資逕予扣除之項目及金額。

前項所定工資，包括雇主法定及約定應給付之工資。

雇主應備置及保存下列文件，供主管機關檢查：

一、勞動契約書。

二、經驗證之第二類外國人入國工作費用及工資切結書。

雇主依第三十二條第二項規定引進第二類外國人者，免備置及保存前項所定之切結書。

第一項工資，除外國人應負擔之項目及金額外，雇主應全額以現金直接給付第二類外國人或第三類外國人。但以其他方式給付者，應提供相關證明文件，交予外國人收存，並自行保存一份。

第一項工資，雇主未全額給付者，主管機關得限期令其給付。

歷屆考題（101-2-3）

依雇主聘僱外國人許可及管理辦法第43條明定，雇主A聘僱外籍看護工B照顧A的父親，A應依勞動契約給付B工資，依規定A交予B收存的薪資明細表上，除實領工資外，還應記載哪些項目？（10分）

答案

工資計算項目、工資總額、工資給付方式、外國人應負擔之全民健康保險費、勞工保險費、所得稅、膳宿費、職工福利金、依法院或行政執行機關之扣押命令所扣押之金額，或依其他法律規定得自工資逕予扣除之項目及金額。

第 67 條

第二類外國人，不得攜眷居留。但受聘僱期間在我國生產子女並有能力扶養者，不在此限。

第 68 條

雇主對聘僱之外國人有本法第五十六條規定之情事者，除依規定通知當地主管機關、入出國管理機關及警察機關外，並副知中央主管機關。

雇主對聘僱之第二類外國人或第三類外國人，於聘僱許可有效期間因聘僱關係終止出國，應於該外國人出國前通知當地主管機關，由當地主管機關探求外國人之真意，並驗證之；其驗證程序，由中央主管機關公告之。

第一項通知內容，應包括外國人之姓名、性別、年齡、國籍、入國日期、工作期限、招募許可或聘僱許可文號及外僑居留證影本等資料。

外國人未出國者，警察機關應彙報內政部警政署，並加強查緝。

就業服務法

第 56 條

受聘僱之外國人有連續曠職三日失去連繫或聘僱關係終止之情事，雇主應於三日內以書面載明相關事項通知當地主管機關、入出國管理機關及警察機關。但受聘僱之外國人有曠職失去連繫之情事，雇主得以書面通知

入出國管理機關及警察機關執行查察。

受聘僱外國人有遭受雇主不實之連續曠職三日失去連繫通知情事者，得向當地主管機關申訴。經查證確有不實者，中央主管機關應撤銷原廢止聘僱許可及限令出國之行政處分。

第 69 條

雇主應於所聘僱之外國人聘僱許可期限屆滿前，為其辦理手續並使其出國。

聘僱外國人有下列情事之一經令其出國者，雇主應於限令出國期限前，為該外國人辦理手續並使其出國；其經入出國管理機關依法限令其出國者，不得逾該出國期限：

一、聘僱許可經廢止者。

二、健康檢查結果表有不合格項目者。

三、未依規定辦理聘僱許可或經不予許可者。

雇主應於前二項外國人出國後三十日內，檢具外國人名冊及出國證明文件，通知中央主管機關。但外國人聘僱許可期限屆滿出國，或聘僱關係終止並經當地主管機關驗證出國者，不在此限。

第 70 條

雇主因故不能於本辦法規定期限內通知或申請者，經中央主管機關認可後，得於核准所定期限內，補行通知或申請。

前項補行通知或申請，就同一通知或申請案別，以一次為限。

第 71 條

雇主依本法第五十五條第一項規定繳納就業安定費者，應自聘僱之外國人入國翌日或接續聘僱日起至聘僱許可屆滿日或廢止聘僱許可前一日止，按聘僱外國人從事之行業別、人數及本法第五十五條第二項所定就業安定費之數額，計算當季應繳之就業安定費。

雇主繳納就業安定費，應於次季第二個月二十五日前，向中央主管機關設置之就業安定基金專戶繳納；雇主得不計息提前繳納。

雇主聘僱外國人之當月日數未滿一個月者，其就業安定費依實際聘僱日數計算。

雇主繳納之就業安定費，超過應繳納之數額者，得檢具申請書及證明文件申請退還。

第八章　附則

第 72 條

本辦法所規定之書表格式，由中央主管機關定之。

第 73 條

本辦法自中華民國一百十一年四月三十日施行。

本辦法修正條文，除中華民國一百十一年十月十二日修正發布之條文，自一百十一年四月三十日施行；一百十一年十二月二十六日修正發布之條文，自一百十二年一月一日施行外，自發布日施行。

雇主聘僱外國人從事家庭看護工作或家庭幫傭聘前講習實施辦法

修正日期：109 年 06 月 20 日

第 1 條

本辦法依就業服務法第四十八條之一第二項規定訂定之。

第 2 條

本國雇主於第一次聘僱外國人從事家庭看護工作或家庭幫傭者，應於申請聘僱或接續聘僱許可前參加聘前講習。

前項聘僱家庭看護工之雇主無法參加聘前講習，得由與被看護者具有下列關係之一者，且共同居住或代雇主對家庭看護工行使管理監督地位之人參加：

一、配偶。

二、直系血親。

三、三親等內之旁系血親或繼父母、繼子女、配偶之父母或繼父母、子女或繼子女之配偶。

四、祖父母與孫子女之配偶、繼祖父母與孫子女、繼祖父母與孫子女之配偶。

五、雇主為被看護者時，受其委託處理聘僱管理事務之人。

第一項聘僱家庭幫傭之雇主無法參加聘前講習者，得由與被照顧者具有直系血親或繼父母、繼子女、配偶之父母或繼父母、子女或繼子女之配偶，且共同居住或代雇主對家庭幫傭行使管理監督地位者參加。

依前二項規定代雇主參加講習者，應提供共同居住親屬或代雇主行使外國人管理監督地位之證明文件或切結書。

參加聘前講習

【聘僱家庭看護工（家庭幫傭）雇主無法講習，共同居住或代雇主對家庭看護工（家庭幫傭）行使管理監督地位之人參加】

家庭看護	1. 配偶
	2. 直系血親
	3. 三親等內之旁系血親或繼父母、繼子女、配偶之父母或繼父母、子女或繼子女之配偶
	4. 祖父母與孫子女之配偶、繼祖父母與孫子女、繼祖父母與孫子女之配偶
	5. 雇主為被看護者時，受其委託處理聘僱管理事務之人
家庭幫傭	1. 直系血親
	2. 繼父母、繼子女、配偶之父母或繼父母、子女或繼子女之配偶

家庭看護工作參加聘前講習、雇主與被看護者間應有下列親屬關係

聘前講習 第 2 條	聘僱家庭看護工之雇主無法參加聘前講習，得由與被看護者具有下列關係之一者，且共同居住或代雇主對家庭看護工行使管理監督地位之人參加：

	1. 配偶
	2. 直系血親
	3. 三親等內之旁系血親或繼父母、繼子女、配偶之父母或繼父母、子女或繼子女之配偶
	4. 祖父母與孫子女之配偶、繼祖父母與孫子女、繼祖父母與孫子女之配偶
	5. 雇主為被看護者時，受其委託處理聘僱管理事務之人
藍領工作資格及審查標準第21條	外國人受聘僱從事第四條第三款之家庭看護工作，雇主與被看護者間應有下列親屬關係之一： 一、配偶。 二、直系血親。 三、三親等內之旁系血親。 四、繼父母、繼子女、配偶之父母或繼父母、子女或繼子女之配偶。 五、祖父母與孫子女之配偶、繼祖父母與孫子女、繼祖父母與孫子女之配偶。

歷屆考題（107-2-3）

依就業服務法規定，本國雇主於第一次聘僱外國人從事家庭看護工作或家庭幫傭者，應於申請聘僱或接續聘僱許可前參加聘前講習。請回答下列問題：

聘僱家庭看護工之雇主無法參加聘前講習，得由與被看護者具有何種關係者，且共同居住或代雇主對家庭看護工行使管理監督地位之人參加，請依「雇主聘僱外國人從事家庭看護工作或家庭幫傭前講習實施辦法」敘明其中 3 種與被看護者身分之關係？（6分）

答案

1. 配偶。
2. 直系血親。
3. 三親等內之旁系血親或繼父母、繼子女、配偶之父母或繼父母、子女或繼子女之配偶。
4. 祖父母與孫子女之配偶、繼祖父母與孫子女、繼祖父母與孫子女之配偶。
5. 雇主為被看護者時，受其委託處理聘僱管理事務之人。

第 3 條

聘前講習之時數至少為一小時；其內容應包括下列事項：

一、聘僱外國人之相關法令。

二、外國人健康檢查及其罹患法定傳染病之處置。

三、聘僱外國人入國後應辦理事項。

四、外國人權益保障。

五、其他與外國人聘僱管理有關之事項。

第 4 條

聘前講習得以下列方式辦理：

一、臨櫃講習：參加講習者至公立就業服務機構參加講習。

二、團體講習：同時參加講習為十人以上者，應以預約方式至直轄市或縣（市）政府所指定場所，參加講習。

三、網路講習：參加講習者至中央主管機關所建立之聘前講習網站，參加講習。

講習課程得以播放影片或多媒體簡報等方式進行。

歷屆考題（107-2-3）

依就業服務法規定，本國雇主於第一次聘僱外國人從事家庭看護工作或家庭幫傭者，應於申請聘僱或接續聘僱許可前參加聘前講習。請回答下列問題：

聘前講習辦理方式除可以預約方式至直轄市或縣（市）政府所指定場所，參加 10 人以上之團體講習外，還有哪 2 種方式辦理？（4分）

答案

　1. 臨櫃講習　　　　　　　　　　　2. 網路講習

第 5 條

參加講習者，應攜帶國民身分證、駕駛執照或全民健康保險卡等身分證明文件，以供核對。但依第二條第二項及第三項規定參加講習者，除應出具本人身分證明文件外，另應出具符合該規定之證明文件。

參加網路講習者，應使用各目的事業主管機關核發具有身分查驗功能之憑證登入。

第 6 條

辦理聘前講習之單位對於完成聘前講習者，應登錄於雇主聘前講習資訊系統，並發給完訓憑證。

參加聘前講習之完訓憑證，得由中央主管機關自網路查知者，雇主申請聘僱或接續聘僱許可時，得免附。

第 7 條

主管機關得委託依法設立或登記之財團法人、非營利之社團法人或其他以公益為目的之團體，辦理聘前講習。

前項委託辦理講習之方式，為臨櫃講習或團體講習。

第 8 條

本辦法自中華民國一百零五年七月一日施行。

本辦法修正條文自發布日施行。

雇主辦理與所聘僱第二類及第三類外國人終止聘僱關係之驗證程序

修正日期：111 年 04 月 29 日

一、勞動部（以下簡稱本部）為執行雇主聘僱外國人許可及管理辦法（以下簡稱本辦法）第六十八條規定，並保護第二類及第三類外國人（以下併稱外國人）工作權益，避免遭雇主強迫終止聘僱關係致強行遣送出國，特訂定本程序。

歷屆考題（97-2-5）

請回答以下問題：

依雇主聘僱外國人許可及管理辦法第 45 條規定，雇主與受聘僱之外國人聘僱關係終止，需通知當地主管機關踐行何種程序？該程序之目的為何？（4分）

答案

1. 雇主辦理與所聘僱第二類外國人終止聘僱關係之驗證程序。
2. 為保護第二類外國人工作權益，避免遭雇主強迫終止聘僱關係致強行遣送出國。

二、雇主終止聘僱關係有下列情形之一時，免踐行驗證程序：

㈠ 預定於聘僱許可期限屆滿前十四日內出國。

㈡ 外國人於受聘僱期間罹患中央衛生主管機關指定之傳染病或健康檢查不合格，經所在地衛生主管機關不予備查。

㈢ 因違反就業服務法（以下簡稱本法）相關規定，經廢止聘僱許可或不予核發聘僱許可並限令出國。

㈣ 經司法機關、中央主管機關、衛生主管機關、警察機關或入出國管理機關依相關法令限期出國。

三、驗證程序如下：

㈠ 雇主與外國人合意終止聘僱關係時，應通知直轄市或縣（市）政府（以下簡稱當地主管機關）；其內容包括雙方之姓名、性別、年齡、國籍、入國日期、工作期限、招募許可或聘僱許可文號及終止聘僱關係事由，且需以中文及外國人母國文字作成（參考樣例如附件一）。經雇主及外國人簽名或蓋章始生效力。

㈡ 通知書應於外國人與雇主合意終止聘僱關係日十四日前，連同外僑居留證影本等資料送達外國人工作所在地之當地主管機關辦理驗證手續。

㈢ 當地主管機關接獲前項通知書後，依下列方式處理：

1. 依通知書查核雙方基本資料，並進行電話或親自訪談以探求其真意，於結束訪談前應提供外國人申訴電話。

2. 經電話或親自訪談仍無法探求外國人真意時，得要求當事人雙方（雇主委任代理人者須有委託書）親至指定地點辦理驗證。當地主管機關應認定雇主（或代理人）及外國人合意終止聘僱關係之事

實。任一方如無正當理由拒絕到場，視爲放棄陳述意見，逕依權責處理。

3.當地主管機關依前二目方式認定雙方無異議者，應開具「直轄市、縣（市）政府驗證雇主與外國人終止聘僱關係證明書」（以下簡稱證明書，如附件二）。

4.當地主管機關於開具證明書後，應留存證明書影本乙份備查，另將證明書影本及雇主所送通知書影本與外僑居留證影本等資料，副知外國人所在地之入出國管理機關。

5.雇主申請證明書所需文件，得採網路傳輸方式爲之。

四、當地主管機關於驗證程序中，如任一方對通知書有異議者，應依勞資爭議程序儘速處理，方式如下：

㈠經處理後雇主同意繼續聘僱者，應返還通知書及相關文件。

㈡經雙方合意終止聘僱關係者，當地主管機關應開具證明書。

歷屆考題（104-2-2）

有關雇主因故需與所聘僱之外籍看護工終止聘僱關係，請依就業服務法相關規定回答下列問題：（10分）

㈠雇主辦理所聘僱外國人終止聘僱關係之驗證程序，請敘明哪四種情形爲免踐行驗證程序？

㈡雇主辦理所聘僱外國人終止聘僱關係之驗證程序，應檢附雇主與外國人簽名或蓋章之通知書，並於合意終止聘僱關係至少應於幾日前通知當地主管機關？（2分）

答案

㈠ 1.預定於聘僱許可期限屆滿前十四日內出國。

2.外國人於受聘僱期間罹患中央衛生主管機關指定之傳染病或健康檢查不合格，經所在地衛生主管機關不予備查。

3.因違反本法相關規定，經廢止聘僱許可或不予核發聘僱許可並限令出國。

4.經司法機關、中央主管機關、衛生主管機關、警察機關或入出國及移民機關依相關法令限期出國。

㈡十四日前

五、雙方無法合意者，當地主管機關依下列方式處理：

㈠外國人有收容安置之必要，即依受聘僱從事就業服務法第四十六條第一項第八款至第十一款規定工作之外國人臨時安置作業要點辦理收容事宜，並返還通知書及相關資料。

㈡無收容安置外國人之必要，且有可歸責於外國人之事由，逕開具證明書。

㈢於處理期間外國人之居留期限已屆滿者，且無入出國及移民法規定禁止出國之情事或本部認定有留置之必要者，得逕開具證明書。

六、當地主管機關於開具證明書後，依行政程序法規定送達雇主。

七、雇主已辦理驗證程序，且經當地主管機關開具證明書者，視同已依本法第五十六條通知。

八、雇主於取得證明書後，應依預定安排出國日前辦理外國人出國，並應在外國人出國後三十日內，檢具外國人名冊及出國證明文件，通知中央主管機關。雇主並得檢附有效之證明書及其他規定文件，依規定申請遞補外國人事宜。

外國人於驗證證明書所載協議終止聘僱關係日前十四日至協議終止聘僱關係日以外期間出國者，除有第二點免踐行驗證程序規定之情事外，應重新辦理驗證程序。

附件一 通知書參考樣例

雇主姓名（甲方）	身分證字號 （營利事業單位統一編號）	聯結電話 _____ 行動電話 _____

性別：□男　□女　年齡：___歲

□第二類 _ □第三類 外國人姓名（乙方）	護照號碼	聯絡電話 _____ 行動電話 _____

性別：□男　□女　年齡：___歲　招募許可文號：_____聘僱許可文號：_____
入國日期：___年___月___日　工作期限：___年___月___日至___年___月___日
工作地址：　縣　　鄉鎮　　路（街）　段　巷　弄　號　樓
　　　　　（市）　市區

甲乙雙方協議自_____年_____月_____日起終止聘僱關係。

終止聘僱關係事由：

（甲文）	（母國文字）

甲方簽章　　　　　　　　　　　乙方親簽

（營利事業單位名稱）　（負責人簽章）

甲方委任代理人簽章

中華國民　　年　　月　　日

附註 1：本通知書意於雙方合意解約日 14 日前至雙方合意解約日前 4 個月內送件申請。
附註 2：本協議書所填寫之資料均應購買，如內容有涉不實，需負法律上一切責任。

附件二

直轄市、縣（市）政府驗證雇主與第二類及第三類外國人終止聘僱關係
證明書

第　　　　　號

茲證明

　　　　　　　　　　　　　身分證字號

雇主　　　　　　　　　　（營利事業單位　　　　　　　
　　　　　　　　　　　　　統一編號）

與□第二類外國人　□第三類外國人

姓　名 _____

國　籍 _____　護照號碼 _____

協議於中華民國_____年_____月_____日終止聘僱關係，雙方均無異議。

處理紀錄：

□經電話連繫確認：於_____年_____月_____日驗證確認

□指定地點確認：於_____年_____月_____日在下列地點辦理驗證確認：

　　　　　　　□直轄市、縣（市）政府

　　　　　　　□雇主處

　　　　　　　□其他：_____

□處理意見：

```
┌─────────────┐
│  證明書專用章  │
│             │
│             │
└─────────────┘
```

　　　　　　　直轄市政府
　　　　　　　縣（市）政府

中　　　　華　　　　民　　　　國　　　　年　　　　月　　　　日

受聘僱外國人健康檢查管理辦法

修正日期：111 年 04 月 29 日

第 1 條

本辦法依就業服務法（以下簡稱本法）第四十八條第三項規定訂定之。

第 2 條

本辦法用詞，定義如下：

一、第一類外國人：指受聘僱從事本法第四十六條第一項第一款至第六款規定工作之外國人。

二、第二類外國人：指受聘僱從事本法第四十六條第一項第八款至第十款規定工作之外國人。

三、第三類外國人：指受聘僱從事本法第四十六條第一項第十一款規定工作之外國人，且從事雇主聘僱外國人許可及管理辦法第二條第三款之工作。

四、認可醫院：指經中央衛生主管機關認可得辦理受聘僱外國人入國前健康檢查之國外醫院。

五、指定醫院：指經中央衛生主管機關指定得辦理受聘僱外國人入國後健康檢查之國內醫院。

六、都治服務：指經衛生主管機關指派之關懷員送藥及親眼目睹病人服藥之服務（Directly Observed Treatment Short-Course, DOTS）。

第 3 條

雇主申請第四條規定以外之第一類外國人之聘僱許可及展延聘僱許可，得免檢具該類人員之健康檢查合格證明。但對於入國工作三個月以上者，中央衛生主管機關得依其曾居住國家疫情或其他特性，公告其應檢具之健康檢查證明。

第 4 條

雇主聘僱第一類外國人從事本法第四十六條第一項第四款規定之工作，申請聘僱許可及展延聘僱許可時，應檢具下列各款文件之一，送交中央主管機關：

一、該人員由居住國家合格設立之醫療機構最近三個月內核發經醫師簽章之健康檢查合格證明及其中文譯本，並經我國駐外館處驗證；前述證明文件以英文開具者，得予免附中文譯本。

二、該人員由指定醫院最近三個月內核發之健康檢查合格證明。

前項健康檢查證明，應包括下列檢查及證明項目：

一、胸部 X 光肺結核檢查。

二、梅毒血清檢查。

三、身體檢查。

四、麻疹及德國麻疹之抗體陽性檢驗報告或預防接種證明。但申請展延聘僱許可者，得免檢附。

五、其他經中央衛生主管機關依其曾居住國家疫情或其他特性認定之必要檢查。

中央主管機關對於前項健康檢查任一項目不合格者，不予核發聘僱許可或展延聘僱許可。但符合下列情形之一者，不在此限：

一、因國內疫苗短缺致無法檢附前項第四款之預防接種證明，經中央衛生主管機關限期預防接種。

二、第七條第二項、第三項或第九條所定情形。

第 5 條

第二類及第三類外國人辦理健康檢查之時程如下：

一、申請入國簽證時，應檢具認可醫院核發之三個月內健康檢查合格證明。但第三類外國人居住國家無認可醫院者，得檢具居住國家合格設立之醫療機構最近三個月內核發經醫師簽章之健康檢查合格證明及其中文譯本，並經我國駐外館處驗證。

二、入國後三個工作日內，雇主應安排其至指定醫院接受健康檢查；因故未能依限安排健康檢查者，得於延長三個工作日內補行辦理。

三、自聘僱許可生效日起，工作滿六個月、十八個月及三十個月之日前後三十日內，雇主應安排其至指定醫院接受定期健康檢查。

前項第一款入國前健康檢查有任一項目不合格者，不予辦理入國簽證。

第二類及第三類外國人依本法第五十二條第五項規定請假返國者，中央衛生主管機關得依工作性質及勞動輸出國疫情或其他特性，公告其再入國後之健康檢查時程及項目，並由雇主安排其至指定醫院辦理。

雇主聘僱在中華民國境內工作之第三類外國人，於申請聘僱許可時，應檢具指定醫院核發之三個月內健康檢查合格證明，並應依第一項第三款規定辦理定期健康檢查。

歷屆考題（102-2-1）

甲經許可聘僱外國人乙入國從事家庭看護工作，1 年後即將乙交予丙從事販賣五金器具，並由丙支付薪資給乙。請回答下列問題：

依受聘僱外國人健康檢查管理辦法規定，原則上甲應於乙入國後幾日內，安排乙至指定醫院接受初次健康檢查？另應於乙入國工作分別滿幾個月之日前後幾日內，安排其接受定期健康檢查？

答案

1. 三個工作日內。
2. 滿六個月、十八個月及三十個月之日前後三十日內。

第 6 條

前條健康檢查，應包括下列項目：

一、胸部 X 光肺結核檢查。

二、漢生病檢查。

三、梅毒血清檢查。

四、腸內寄生蟲糞便檢查。

五、身體檢查。

六、麻疹及德國麻疹之抗體陽性檢驗報告或預防接種證明。但辦理前條第一項第二款、第三款之健康檢查者，得免檢附。

七、其他經中央衛生主管機關依工作性質及勞動輸出國疫情或其他特性認定之必要檢查。

第三類外國人來自中央衛生主管機關公告之特定國家、地區，得免辦理前項第二款及第四款檢查。

指定醫院健康檢查項目不合格之認定及處理原則如附表。

第 7 條

雇主應於收受指定醫院核發第五條第一項第二款、第三款及第四項健康檢查證明後，送交該外國人留存。

前項健康檢查結果有不合格或須進一步檢查者，雇主應安排該人員依下列時程辦理再檢查及治療：

一、胸部 X 光肺結核檢查：疑似肺結核或無法確認診斷者，自收受健康檢查證明之次日起十五日內，至指定機構再檢查。

二、漢生病檢查：疑似漢生病者，自收受健康檢查證明之次日起十五日內，至指定機構再檢查。

三、梅毒血清檢查：於收受健康檢查證明之次日起三十日內，取得完成治療證明。

四、腸內寄生蟲糞便檢查：於收受健康檢查證明之次日起六十五日內，至指定醫院治療後再檢查並取得陰性之證明；經確診為痢疾阿米巴原蟲陽性者，須取得治療後再檢查三次均為陰性之證明。

第 8 條

雇主應於收受第五條第一項第二款及第四項外國人健康檢查再檢查診斷證明書或完成治療證明之次日起十五日內，檢具再檢查診斷證明書或完成治療證明正本文件，送中央主管機關備查。

雇主應於收受第五條第一項第三款外國人定期健康檢查再檢查診斷證明書或完成治療證明之次日起十五日內，檢具下列文件，送直轄市、縣（市）衛生主管機關備查：

一、中央主管機關核發之外國人聘僱許可文件。

二、再檢查診斷證明書或完成治療證明正本文件。

第 9 條

受聘僱外國人經健康檢查確診為肺結核、結核性肋膜炎或漢生病者，除多重抗藥性個案外，雇主應於收受診斷證明書之次日起十五日內，檢具下列文件，送直轄市、縣（市）衛生主管機關申請都治服務：

一、診斷證明書。

二、受聘僱外國人接受衛生單位安排都治服務同意書。

受聘僱外國人於完成前項都治服務藥物治療，且經直轄市、縣（市）衛生主管機關認定完成治療者，視為合格。

第 10 條

本法第七十三條第四款所定檢查不合格，指下列各款情形之一：

一、受聘僱外國人經確認診斷為多重抗藥性結核病。

二、受聘僱外國人未依第四條第三項但書第一款規定完成預防接種。

三、受聘僱外國人未依第七條第二項規定完成再檢查或再檢查不合格。

四、受聘僱外國人未依第九條規定配合結核病或漢生病都治服務累計達十五日以上。

第 11 條

受聘僱外國人有下列各款情形之一，已逾一年未接受健康檢查者，雇主應自聘僱許可生效日之次日起七日內，安排其至指定醫院接受健康檢查：

一、第二類及第三類外國人轉換雇主或工作。

二、第二類及第三類外國人依本法重新核發聘僱許可。

三、第三類外國人依本法重新核發展延聘僱許可。

前項健康檢查結果有不合格或須進一步檢查者，依第七條至第九條規定辦理。

第 12 條

第二類及第三類外國人因故未能於規定期限內辦理第五條第一項第三款或前條第一項健康檢查時，雇主得檢具相關證明文件，報直轄市、縣（市）衛生主管機關備查，並得提前於七日內或事由消失後七日內，辦理上開健康檢查。

第 13 條

受聘僱從事本法第四十六條第一項第七款規定工作之外國人，其健康檢查管理，依船員法第八條規定辦理。

第 14 條

中央流行疫情指揮中心成立期間，中央衛生主管機關得依國內疫情防治或勞動輸出國疫情評估所需，公告調整第二類及第三類外國人依第五條第一項第二款、第三款及第十一條第一項健康檢查之辦理期限。

配合前項公告致第五條第一項第三款健康檢查之日與最近一次接受健康檢查日間隔未滿三個月，雇主得於第五條第一項第三款所定健康檢查期限七日前，檢具最近一次健康檢查報告向直轄市、縣（市）衛生主管機關申請免辦理該次健康檢查。

第 15 條

本辦法自中華民國一百十一年四月三十日施行。

外國人從事就業服務法第四十六條第一項第一款至第六款工作資格及審查標準

修正日期：111 年 4 月 29 日

第一章　總則

第 1 條

本標準依就業服務法（以下簡稱本法）第四十六條第二項規定訂定之。

第 2 條

外國人受聘僱從事本法第四十六條第一項第一款、第二款、第四款至第六款規定之工作，其工作資格應符合本標準規定。

外國人受聘僱從事本法第四十六條第一項第三款規定之工作，其工作資格應符合教育部訂定之各級學校申請外國教師聘僱許可及管理辦法規定。

歷屆考題（112-2-1）

依「外國人從事就業服務法第四十六條第一項第一款至第六款工作資格及審查標準（以下簡稱審查標準）」第 2 條第 1 項規定：「外國人受聘僱從事本法第 46 條第 1 項第 1 款、第 2 款、第 4 款至第 6 款規定之工作，其工作資格應符合本標準規定。」請依規定回答下列問題：

依審查標準第 2 條第 2 項規定，外國人受聘僱從事就業服務法第 46 條第 1 項第 3 款規定之學校教師工作，其工作資格應符合何機關？（2 分）訂定之何辦法規定？（2 分）

答案

1. 教育部　　　　　　　　　　2. 各級學校申請外國教師聘僱許可及管理辦法

第 2-1 條

外國人從事前條所定工作，於申請日前三年內不得有下列情事之一：

一、未經許可從事工作。

二、為申請許可以外之雇主工作。

三、非依雇主指派即自行從事許可以外之工作。

四、連續曠職三日失去連繫。

五、拒絕接受健康檢查或提供不實檢體。

六、違反本法第四十八條第二項、第三項、第四十九條所發布之命令，情節重大。

七、違反其他中華民國法令，情節重大。

八、依規定應提供資料，拒絕提供或提供不實。

第 3 條

爲保障國民工作權，並基於國家之平等互惠原則，中央主管機關得會商相關中央目的事業主管機關，就國內就業市場情勢、雇主之業別、規模、用人計畫、營運績效及對國民經濟、社會發展之貢獻，核定其申請聘僱外國人之名額。

第二章　專門性或技術性工作

第 4 條

本法第四十六條第一項第一款所稱專門性或技術性工作，指外國人受聘僱從事下列具專門知識或特殊專長、技術之工作：

一、營繕工程或建築技術工作。

二、交通事業工作。

三、財稅金融服務工作。

四、不動產經紀工作。

五、移民服務工作。

六、律師、專利師工作。

七、技師工作。

八、醫療保健工作。

九、環境保護工作。

十、文化、運動及休閒服務工作。

十一、學術研究工作。

十二、獸醫師工作。

十三、製造業工作。

十四、批發業工作。

十五、其他經中央主管機關會商中央目的事業主管機關指定之工作。

第 5 條

外國人受聘僱從事前條工作，除符合本標準其他規定外，仍應符合下列資格之一：

一、依專門職業及技術人員考試法規定取得證書或執業資格者。

二、取得國內外大學相關系所之碩士以上學位者，或取得相關系所之學士學位而有二年以上相關工作經驗者。

三、服務跨國企業滿一年以上經指派來我國任職者。

四、經專業訓練，或自力學習，有五年以上相關經驗，而有創見及特殊表現者。

歷屆考題（112-2-1）

依「外國人從事就業服務法第四十六條第一項第一款至第六款工作資格及審查標準（以下簡稱審查標準）」第 2 條第 1 項規定：「外國人受聘僱從事本法第 46 條第 1 項第 1 款、第 2 款、第 4 款至第 6 款規定之工作，其工作資格應符合本標準規定。」請依規定回答下列問題：

依審查標準第 5 條規定，外國人受聘僱從事第 4 條規定之專門性或技術性工作，除符合審查標準其他規定外，仍應符合 4 款資格之一，請回答下列各款資格規定之內容是否正確？

1. 外國人應依專門職業及技術人員考試法規定取得證書或執業資格？（1分）
2. 外國人應取得國內外大學相關系所之博士以上學位者，或取得相關系所之學士學位而有 2 年以上相關工作經驗？（1分）
3. 外國人應服務跨國企業滿 2 年以上經指派來我國任職？（1分）
4. 外國人應經專業訓練，或自力學習，有 6 年以上相關經驗，而有創見及特殊表現？（1分）

一、答案
（二）1. 是　　　　2. 否　　　　3. 否　　　　4. 否

第 5-1 條

外國留學生、僑生或其他華裔學生具下列資格之一，除符合本標準其他規定外，依附表計算之累計點數滿七十點者，得受聘僱從事第四條之工作，不受前條規定之限制：

一、在我國大學畢業，取得學士以上學位。

二、在我國大專校院畢業，取得製造、營造、農業、長期照顧或電子商務等相關科系之副學士學位。

中央主管機關應就前項許可之人數數額、申請期間、申請文件及核發許可程序公告之。

相關點數

（白領）工作資格及審查標準 第 5-1 條	外國留學生、僑生或其他華裔學生具下列資格之一，除符合本標準其他規定外，依附表計算之累計點數滿七十點者，得受聘僱從事第四條之工作，不受前條規定之限制。
（藍領）工作資格及審查標準 第 12 條	外國人受聘僱從事第四條第一款之家庭幫傭工作，雇主申請招募時，應具下列條件之一： 一、有三名以上之年齡六歲以下子女。 二、有四名以上之年齡十二歲以下子女，且其中二名為年齡六歲以下。 三、累計點數滿十六點者。
（藍領）工作資格及審查標準 第 20 條	從事本法第四十六條第一項第八款至第十款規定工作之外國人，除符合本標準其他規定外，其在我國境內工作期間累計屆滿十二年或將於一年內屆滿十二年，且依附表四計算之累計點數滿六十點者，經雇主申請聘僱從事家庭看護工作，該外國人在我國境內之工作期間得累計至十四年。

歷屆考題（112-2-1）

依「外國人從事就業服務法第四十六條第一項第一款至第六款工作資格及審查標準（以下簡稱審查標準）」第2條第1項規定：「外國人受聘僱從事本法第46條第1項第1款、第2款、第4款至第6款規定之工作，其工作資格應符合本標準規定。」請依規定回答下列問題：

依審查標準第5條之1規定，外國留學生、僑生或其他華裔學生具有在我國大學畢業，取得學士以上學位，或具有在我國大專校院畢業，取得製造、營造、農業、長期照顧或電子商務等相關科系之副學士學位，除符合審查標準其他規定外，依審查標準附表計算之累計點數應滿幾點，即得受聘僱從事審查標準第4條之專門性或技術性工作，且不受審查標準第5條規定之限制？（2分）

答案
七十點

第6條

為因應產業環境變動，協助企業延攬專門性、技術性工作人員，經中央主管機關會商中央目的事業主管機關專案同意者，其依第五條第二款聘僱之外國人，得不受二年以上相關工作經驗之限制。

經中央主管機關會商中央目的事業主管機關專案同意屬具創新能力之新創事業者，其依第五條第四款聘僱之外國人，得不受五年以上相關經驗之限制。

第7條

雇主應於收受指定醫院核發第五條第一項第二款、第三款及第四項健康檢查證明後，送交該外國人留存。

前項健康檢查結果有不合格或須進一步檢查者，雇主應安排該人員依下列時程辦理再檢查及治療：

一、胸部 X 光肺結核檢查：疑似肺結核或無法確認診斷者，自收受健康檢查證明之次日起十五日內，至指定機構再檢查。

二、漢生病檢查：疑似漢生病者，自收受健康檢查證明之次日起十五日內，至指定機構再檢查。

三、梅毒血清檢查：於收受健康檢查證明之次日起三十日內，取得完成治療證明。

四、腸內寄生蟲糞便檢查：於收受健康檢查證明之次日起六十五日內，至指定醫院治療後再檢查並取得陰性之證明；經確診為痢疾阿米巴原蟲陽性者，須取得治療後再檢查三次均為陰性之證明。

因國內治療藥物短缺致無法取得前項再檢查、完成治療證明者，中央衛生主管機關得公告調整期限、再檢查或治療之替代方式。

第8條

外國人受聘僱或依國際協定開放之行業項目所定契約，在中華民國境內從事第四條之工作，其薪資或所得報酬不得低於中央主管機關公告之數額。

第8-1條

外國人受聘僱從事營繕工程或建築技術工作，其內容應為營繕工程施工技術指導、品質管控或建築工程之規劃、設計、監造、技術諮詢。

第 9 條

聘僱前條外國人之雇主，應具備下列條件之一：

一、取得目的事業主管機關許可、登記之營造業者。

二、取得建築師開業證明及二年以上建築經驗者。

第 10 條

本法第七十三條第四款所定檢查不合格，指下列各款情形之一：

一、受聘僱外國人經確認診斷為多重抗藥性結核病。

二、受聘僱外國人未依第四條第三項但書第一款規定完成預防接種。

三、受聘僱外國人未依第七條第二項或第三項規定完成再檢查或再檢查不合格。

四、受聘僱外國人未依第九條規定配合結核病或漢生病都治服務累計達十五日以上。

第 11 條

聘僱前條外國人之雇主，應取得目的事業主管機關核發經營事業之證明。

外國人受聘僱從事前條第五款規定之觀光事業導遊人員、領隊人員或旅行業經理人工作，應分別取得中央目的事業主管機關核發之導遊執業證照、領隊執業證照或旅行業經理人結業證書。

第 12 條

外國人受聘僱從事航空器運渡或試飛工作，應具備下列資格：

一、具有雇主所需機型之航空器運渡或試飛駕駛員資格。

二、持有雇主所需機型之有效檢定證明。

三、持有有效體格檢查合格證明。

第 13 條

外國人受聘僱從事航空器駕駛員訓練工作，應具備下列資格：

一、具有航空器訓練教師資格。

二、持有雇主所需機型之有效檢定證明。

三、持有有效體格檢查合格證明。

第 14 條

外國人受聘僱從事航空器營運飛航工作，應具備下列資格：

一、具有民航運輸駕駛員資格。

二、持有雇主所需機型之有效檢定證明。

三、持有民用航空醫務中心航空人員體格檢查合格證明。

雇主聘僱國內外缺乏所需航空器機型之駕駛員時，得聘僱未取得該機型有效檢定證明之外國飛航駕駛員，經施予訓練，於取得該機型之有效檢定證明後，始得從事本條之工作。但本國合格飛航駕駛員應予優先訓練。

第 15 條

本辦法自中華民國一百十一年四月三十日施行。

本辦法中華民國一百十三年三月二十九日修正發布之條文，自一百十三年二月七日施行。

第 16 條

聘僱第十二條至第十四條外國人之雇主，應取得中央目的事業主管機關核發之民用航空運輸業許可證。

第 17 條

外國人受聘僱從事本國籍普通航空業之駕駛員工作，應具備下列資格：

一、具有正駕駛員資格。

二、持有雇主所需機型之有效檢定證明。

三、持有有效體格檢查合格證明。

第 18 條

聘僱前條外國人之雇主，應具備下列條件：

一、取得中央目的事業主管機關核發之中華民國普通航空業許可證。

二、所聘僱之外國人執行航空器之作業與訓練，限於未曾引進之機型。但曾引進之機型而無該機型之本國
　　籍教師駕駛員或執行已具該機型執業資格之國籍駕駛員複訓者，不在此限。

第 19 條

前條之雇主聘僱外國人，其申請計畫應符合下列規定之一：

一、單、雙座駕駛員機種，雇主指派任一飛航任務，第一年許可全由外籍駕駛員擔任；第二年起雙座駕駛
　　員機種至少一人，應由本國籍駕駛員擔任。

二、單座駕駛員機種，自第二年起該機種飛行總時數二分之一以上，應由本國籍駕駛員擔任飛行操作。但
　　工作性質及技能特殊，經中央主管機關會商中央目的事業主管機關核准者，不在此限。

第 20 條

外國人受聘僱從事航空器發動機、機體或通信電子相關簽證工作，應持有有效檢定證明及具備航空器維修
或相關技術領域五年以上工作經驗。

第 21 條

外國人受聘僱從事財稅金融服務工作，其內容應為：

一、證券、期貨事業：

　㈠有價證券及證券金融業務之企劃、研究、分析、管理或引進新技術之工作。

　㈡期貨交易、投資、分析及財務、業務之稽核或引進新技術之工作。

二、金融事業：存款、授信、投資、信託、外匯及其他中央主管機關會商中央目的事業主管機關認定之相
　　關金融業務，以及上開業務之企劃、研究分析、管理諮詢之工作。

三、保險事業：人身、財產保險之理賠、核保、精算、投資、資訊、再保、代理、經紀、訓練、公證、工
　　程、風險管理或引進新技術之工作。

四、協助處理商業會計事務之工作。

五、協助處理會計師法所定業務之工作。

聘僱前項第一款至第四款外國人之雇主，應取得中央目的事業主管機關核發經營證券、期貨事業、金融事
業或保險事業之證明。

聘僱第一項第五款外國人之雇主，應取得會計師執業登記。

第 22 條

外國人受聘僱從事不動產經紀工作，其內容應為執行不動產仲介或代銷業務。

前項外國人應取得直轄市、縣（市）主管機關核發之不動產經紀人證書或中央目的事業主管機關指定之機構、團體發給之不動產經紀營業員證明。

第 23 條

外國人受聘僱於移民業務機構從事移民服務工作，其內容應為：

一、與投資移民有關之移民基金諮詢、仲介業務，並以保護移民者權益所必須者為限。

二、其他與移民有關之諮詢業務。

前項外國人應具備下列資格之一：

一、從事前項之移民業務二年以上。

二、曾任移民官員，負責移民簽證一年以上。

三、具備律師資格，從事移民相關業務一年以上。

第 24 條

外國人受聘僱從事律師工作，應具備下列資格之一：

一、中華民國律師。

二、外國法事務律師。

第 25 條

聘僱前條外國人之雇主，應具備下列條件之一：

一、中華民國律師。

二、外國法事務律師。

第 25-1 條

外國人受聘僱從事專利師工作，應具備中華民國專利師資格。

聘僱前項專利師之雇主應為經營辦理專利業務之事務所，並具備下列條件之一：

一、中華民國專利師。

二、中華民國律師。

三、中華民國專利代理人。

第 26 條

外國人受聘僱執行技師業務，應取得技師法所定中央主管機關核發之執業執照。

聘僱前項外國人之雇主，應取得下列證明之一：

一、工程技術顧問公司登記證。

二、目的事業主管機關核發經營該業務之證明。

第 27 條

外國人受聘僱於醫事機構從事醫療保健工作，應具備下列資格之一：

一、取得中央目的事業主管機關核發之醫事專門職業證書之醫師、中醫師、牙醫師、藥師、醫事檢驗師、醫事放射師、物理治療師、職能治療師、護理師、營養師、臨床心理師、諮商心理師、呼吸治療師、語言治療師、聽力師、牙體技術師、助產師或驗光師。

二、其他經中央主管機關會商中央目的事業主管機關認定醫療衛生業務上須聘僱之醫事專門性或技術性人員。

第 28 條

前條所稱醫事機構，以下列各款為限：

一、前條第一款所定人員之法定執業登記機構。

二、藥商。

三、衛生財團法人。

四、其他經中央主管機關會商中央目的事業主管機關認定得聘僱前條外國人之機構。

第 29 條

外國人受聘僱從事環境保護工作，其內容應為：

一、人才訓練。

二、技術研究發展。

三、污染防治機具安裝、操作、維修工作。

第 30 條

聘僱前條外國人之雇主，以下列各款為限：

一、環境檢驗測定機構。

二、廢水代處理業者。

三、建築物污水處理設施清理機構。

四、廢棄物清除處理機構。

五、其他經中央主管機關會商中央目的事業主管機關認定得聘僱前條外國人之事業。

第 31 條

外國人受聘僱從事文化、運動及休閒服務工作，其內容應為：

一、出版事業：新聞紙、雜誌、圖書之經營管理、外文撰稿、編輯、翻譯、編譯；有聲出版之經營管理、製作、編曲及引進新設備技術之工作。

二、電影業：電影片製作、編導、藝術、促銷、經營管理或引進新技術之工作。

三、無線、有線及衛星廣播電視業：節目策劃、製作、外文撰稿、編譯、播音、導播及主持、經營管理或引進新技術之工作。

四、藝文及運動服務業：文學創作、評論、藝文活動經營管理、藝人及模特兒經紀、運動場館經營管理、運動裁判、運動訓練指導或運動活動籌劃之工作。

五、圖書館及檔案保存業：各種資料之收藏及維護，資料製成照片、地圖、錄音帶、錄影帶及其他形式儲存或經營管理之工作。

六、博物館、歷史遺址及其他文化資產保存機構：對各類文化資產或其他具文化資產保存價值之保存、維護、陳列、展示（覽）、教育或經營管理之工作。

七、休閒服務業：遊樂園業經營及管理之工作。

聘僱前項第五款及第六款外國人之雇主，應取得目的事業主管機關核發從事圖書館、檔案保存業、博物館或歷史遺址等機構之證明。

第 32 條

外國人受聘僱從事研究工作，其雇主應為專科以上學校、經中央目的事業主管機關依法核准立案之學術研究機構或教學醫院。

第 33 條

外國人受聘僱於獸醫師之執業機構或其他經中央主管機關會商中央目的事業主管機關認定之機構從事獸醫師工作，應取得中央目的事業主管機關核發之獸醫師證書。

第 34 條

外國人受聘僱於製造業工作，其內容應為經營管理、研究、分析、設計、規劃、維修、諮詢、機具安裝、技術指導等。

第 35 條

外國人受聘僱從事批發業工作，其工作內容應為經營管理、設計、規劃、技術指導等。

第 36 條

聘僱第四條第十五款、第二十二條第一項、第二十三條第一項、第二十九條、第三十一條第一項第一款至第四款及第七款、第三十四條或前條外國人之雇主，應符合下列條件之一：

一、本國公司：

　㈠設立未滿一年者，實收資本額達新臺幣五百萬元以上、營業額達新臺幣一千萬元以上、進出口實績總額達美金一百萬元以上或代理佣金達美金四十萬元以上。

　㈡設立一年以上者，最近一年或前三年度平均營業額達新臺幣一千萬元以上、平均進出口實績總額達美金一百萬元以上或平均代理佣金達美金四十萬元以上。

二、外國公司在我國分公司或大陸地區公司在臺分公司：

　㈠設立未滿一年者，在臺營運資金達新臺幣五百萬元以上、營業額達新臺幣一千萬元以上、進出口實績總額達美金一百萬元以上或代理佣金達美金四十萬元以上。

　㈡設立一年以上者，最近一年或前三年度在臺平均營業額達新臺幣一千萬元以上、平均進出口實績總額達美金一百萬元以上或平均代理佣金達美金四十萬元以上。

三、經中央目的事業主管機關許可之外國公司代表人辦事處或大陸地區公司在臺辦事處，且在臺有工作實績者。

四、經中央目的事業主管機關核准設立之研發中心、企業營運總部。

五、對國內經濟發展有實質貢獻，或因情況特殊，經中央主管機關會商中央目的事業主管機關專案認定者。

第 37 條

聘僱外國人從事第四條工作之雇主為財團法人、社團法人、政府機關（構）、行政法人或國際非政府組織者，應符合下列條件之一：

一、財團法人：設立未滿一年者，設立基金達新臺幣一千萬元以上；設立一年以上者，最近一年或前三年度平均業務支出費用達新臺幣五百萬元以上。

二、社團法人：社員人數應達五十人以上。

三、政府機關（構）：各級政府機關及其附屬機關（構）。

四、行政法人：依法設置之行政法人。

五、國際非政府組織：經中央目的事業主管機關許可設立之在臺辦事處、祕書處、總會或分會。

第 37-1 條

外國人受聘僱從事本法第四十六條第一項第一款至第六款規定之工作，其隨同居留之外國籍配偶，受聘僱從事第四條之部分工時工作，其時薪或所得報酬，不得低於中央主管機關依第八條公告之數額。

雇主申請聘僱前項外國籍配偶從事工作，得不受下列規定之限制：

一、第三十六條第一款、第二款所定實收資本額、營業額、進出口實績總額、代理佣金及在臺營運資金。

二、前條第一款、第二款所定設立基金額度、平均業務支出費用額度及社員人數。

外國人之外國籍配偶，依第一項規定申請之許可工作期間，不得逾外國人之許可工作期間。

第三章　華僑或外國人投資或設立事業之主管工作

第 38 條

外國人受聘僱從事本法第四十六條第一項第二款規定，於華僑或外國人經政府核准投資或設立事業擔任主管，應具備下列資格之一：

一、依華僑回國投資條例或外國人投資條例核准投資之公司，其華僑或外國人持有所投資事業之股份或出資額，合計超過該事業之股份總數或資本總額三分之一之公司經理人。

二、外國分公司經理人。

三、經中央目的事業主管機關許可設立代表人辦事處之代表人。

四、符合第六條第二項專案同意之具創新能力之新創事業，其部門副主管以上或相當等級之人員。

雇主依前項第一款至第三款規定所聘僱之人數超過一人者，其外國人、雇主資格或其他資格，應符合第二章規定。

雇主依第一項第四款規定所聘僱之人數超過一人者，其外國人薪資或所得報酬不得低於中央主管機關依第八條公告之數額。

外國人受大陸地區公司在臺分公司或辦事處聘僱從事主管工作，準用前三項規定。

第 39 條

前條外國人之雇主，應具備下列條件之一：

一、公司設立未滿一年者，實收資本額或在臺營運資金達新臺幣五十萬元以上、營業額達新臺幣三百萬元以上、進出口實績總額達美金五十萬元以上或代理佣金達美金二十萬元以上。

二、公司設立一年以上者，最近一年或前三年在臺平均營業額達新臺幣三百萬元以上、平均進出口實績總額達美金五十萬元以上或平均代理佣金達美金二十萬元以上。

三、經中央目的事業主管機關許可設立之外國公司代表人辦事處，且在臺有工作實績者。但設立未滿一年者，免工作實績。

四、對國內經濟發展有實質貢獻，或因情況特殊，經中央主管機關會商中央目的事業主管機關專案認定。

第 39-1 條

外國人受聘僱從事本法第四十六條第一項第一款至第六款規定之工作，其隨同居留之外國籍配偶，受聘僱從事第三十八條之部分工時工作，其時薪或所得報酬，不得低於中央主管機關依第八條公告之數額。

雇主申請聘僱前項外國籍配偶從事工作，得不受前條第一款、第二款所定實收資本額、營業額、進出口實績總額、代理佣金及在臺營運資金之條件限制。

外國人之外國籍配偶，依第一項規定申請之許可工作期間，不得逾外國人之許可工作期間。

第四章 （刪除）

第 40 條

（刪除）

第 41 條

（刪除）

第 41-1 條

（刪除）

第 42 條

（刪除）

第五章 運動、藝術及演藝工作

第 43 條

外國人受聘僱從事本法第四十六條第一項第五款規定之運動教練工作，應具備下列資格之一：

一、持有國家單項運動協會核發之國家運動教練證。

二、曾任運動教練實際工作經驗二年以上，並經國家（際）單項運動協（總）會推薦。

三、具有各該國際單項運動總會核發之教練講習會講師資格證書，並經該總會推薦者。

四、具有動作示範能力，並經各該國際（家）單項運動總（協）會推薦者。

五、具有運動專長，為促進國內體育發展，或因情況特殊，經中央主管機關會商中央目的事業主管機關專案認定者。

第 44 條

外國人受聘僱從事本法第四十六條第一項第五款規定運動員之工作，應具備下列資格之一：

一、曾代表參加國際或全國性運動競賽之運動員，持有證明文件。

二、曾任運動員實際工作經驗一年以上，並經國家（際）單項運動協（總）會推薦。

三、具有運動專長，為促進國內體育發展，或因情況特殊，經中央主管機關會商中央目的事業主管機關專案認定者。

第 45 條

聘僱前二條外國人之雇主，應具備下列條件之一：

一、學校。

二、政府機關（構）或行政法人。

三、公益體育團體。

四、營業項目包括體育運動等相關業務之公司。

五、參與國家單項運動總會或協會主辦之體育運動競賽，附有證明文件之機構或公司。

第 46 條

外國人受聘僱從事本法第四十六條第一項第六款規定之藝術及演藝工作，應出具從事藝術、演藝工作證明文件或其所屬國官方機構出具之推薦或證明文件。但因情況特殊，經中央主管機關會商中央目的事業主管機關專案認定者，不在此限。

第 47 條

聘僱前條外國人之雇主，應具備下列條件之一：

一、學校、公立社會教育文化機構。

二、觀光旅館。

三、觀光遊樂業者。

四、演藝活動業者。

五、文教財團法人。

六、演藝團體、學術文化或藝術團體。

七、出版事業者。

八、電影事業者。

九、無線、有線或衛星廣播電視業者。

十、藝文服務業者。

十一、政府機關（構）或行政法人。

十二、各國駐華領使館、駐華外國機構、駐華國際組織。

第六章　附則

第 48 條

本標準自發布日施行。

本標準中華民國九十九年一月二十九日修正發布之第十五條，自一百零四年一月二十九日施行；一百十年十月二十五日修正發布之條文，自一百十年十月二十五日施行；一百十一年四月二十九日修正發布之條文，自一百十一年四月三十日施行。

外國人從事就業服務法第四十六條第一項第八款至第十一款工作資格及審查標準

修正日期：112 年 10 月 13 日

第一章　　總則

第 1 條

本標準依就業服務法（以下簡稱本法）第四十六條第二項及第五十二條第七項規定訂定之。

第 2 條

外國人受聘僱從事本法第四十六條第一項第八款至第十一款規定之工作，其資格應符合本標準規定。

第 3 條

外國人受聘僱從事本法第四十六條第一項第八款規定海洋漁撈工作，其工作內容，應為從事漁船船長、動力小船駕駛人以外之幹部船員及普通船員、箱網養殖或與其有關之體力工作。

第 4 條

外國人受聘僱從事本法第四十六條第一項第九款規定之工作，其工作內容如下：

一、家庭幫傭工作：在家庭，從事房舍清理、食物烹調、家庭成員起居照料或其他與家事服務有關工作。

二、機構看護工作：在第十五條所定之機構或醫院，從事被收容之身心障礙者或病患之日常生活照顧等相關事務工作。

三、家庭看護工作：在家庭，從事身心障礙者或病患之日常生活照顧相關事務工作。

第 5 條

中央主管機關依本法第四十六條第一項第十款規定指定之工作，其工作內容如下：

一、製造工作：直接從事製造業產品製造或與其有關之體力工作。

二、外展製造工作：受雇主指派至外展製造服務契約履行地，直接從事製造業產品製造或與其有關之體力工作。

三、營造工作：在營造工地或相關場所，直接從事營造工作或與其有關之體力工作。

四、屠宰工作：直接從事屠宰工作或與其有關之體力工作。

五、外展農務工作：受雇主指派至外展農務服務契約履行地，直接從事農、林、牧、養殖漁業工作或與其有關之體力工作。

六、農、林、牧或養殖漁業工作：在農、林、牧場域或養殖場，直接從事農、林、牧、養殖漁業工作或與其有關之體力工作。

七、其他經中央主管機關指定之工作。

第 6 條

中央主管機關依本法第四十六條第一項第十一款規定專案核定之工作，其工作內容如下：

一、雙語翻譯工作：從事本標準規定工作之外國人，擔任輔導管理之翻譯工作。

二、廚師及其相關工作：從事本標準規定工作之外國人，擔任食物烹調等相關之工作。

三、中階技術工作：符合第十四章所定工作年資、技術或薪資，從事下列工作：

　(一)中階技術海洋漁撈工作：在第十條所定漁船或箱網養殖漁業區，從事海洋漁撈工作。

　(二)中階技術機構看護工作：在第十五條所定機構或醫院，從事被收容之身心障礙者或病患之生活支持、協助及照顧相關工作。

　(三)中階技術家庭看護工作：在第十八條所定家庭，從事身心障礙者或病患之個人健康照顧工作。

　(四)中階技術製造工作：在第二十四條所定特定製程工廠，從事技藝、機械設備操作及組裝工作。

　(五)中階技術營造工作：

　　1.在第四十二條或第四十三條所定工程，從事技藝、機械設備操作及組裝工作。

　　2.在第四十七條之一所定工程，從事技藝、機械設備操作及組裝工作。

　(六)中階技術屠宰工作：在第四十八條所定場所，從事禽畜卸載、繫留、致昏、屠宰、解體及分裝工作。

　(七)中階技術外展農務工作：在第五十三條所定外展農務服務契約履行地，從事農業生產工作。

　(八)中階技術農業工作：在第五十六條第一項所定場所，從事農、林、牧或養殖漁業工作。

　(九)其他經中央主管機關會商中央目的事業主管機關指定工作場所之中階技術工作。

四、其他經中央主管機關專案核定之工作。

第 2 類外國人與中階技術工作

	第二類外國人	中階技術工作
第 46 條第 1 項第 8 款	海洋漁撈工作	V
第 46 條第 1 項第 9 款	家庭幫傭工作	
″	機構看護工作	V
″	家庭看護工作	V
第 46 條第 1 項第 10 款	製造工作	V
″	外展製造工作	
″	營造工作	V
″	屠宰工作	V
″	外展農務工作	V
″	農、林、牧或養殖漁業工作	農業工作
″	其他	V

歷屆考題（111-2-1）

第三類外國人受聘僱從事就業服務法第46條第1項第11款規定工作之類別，依「審查標準」第6條規定，除雙語翻譯工作、廚師及其相關工作、其他經中央主管機關專案核定之工作外，還包括哪8類之中階技術工作（8類任寫4類，答對1個給1分，最高給4分）？（4分）

答案

1. 中階技術海洋漁撈工作	2. 中階技術機構看護工作	3. 中階技術家庭看護工作
4. 中階技術製造工作	5. 中階技術營造工作	6. 中階技術外展農務工作
7. 中階技術農業工作	8. 其他中階技術	

第 7 條

外國人受聘僱從事本標準規定之工作，不得有下列情事：

一、曾違反本法第四十三條規定者。

二、曾違反本法第七十三條第一款、第二款、第三款之連續曠職三日失去連繫、第五款至第七款規定之一者。

三、曾拒絕接受健康檢查或提供不實檢體者。

四、健康檢查結果不合格者。

五、在我國境內受聘僱從事第三條至第五條規定工作，累計工作期間逾本法第五十二條第四項或第六項規定期限者。但從事前條規定工作者，不在此限。

六、工作專長與原申請許可之工作不符者。

七、未持有行為良好證明者。

八、未滿十六歲者。

九、曾在我國境內受聘僱從事本標準規定工作，且於下列期間連續三日失去連繫者：

　㈠外國人入國未滿三日尚未取得聘僱許可。

　㈡聘僱許可期間賸餘不足三日。

　㈢經地方主管機關安置、轉換雇主期間或依法令應出國而尚未出國期間。

十、違反其他經中央主管機關規定之工作資格者。

第 8 條

外國人受聘僱從事第四條之工作，其年齡須二十歲以上，並應具下列資格：

一、入國工作前，應經中央衛生福利主管機關認可之外國健康檢查醫院或其本國勞工部門指定之訓練單位訓練合格，或在我國境內從事相同工作滿六個月以上者。

二、從事家庭幫傭或家庭看護工作之外國人，入國時應於中央主管機關指定地點，接受八小時以上之講習，並取得完訓證明。但曾於五年內完成講習者，免予參加。

前項第二款之講習內容，包括下列事項：

一、外國人聘僱管理相關法令。

二、勞動權益保障相關法令。

三、衛生及防疫相關資訊。

四、外國人工作及生活適應相關資訊。

五、其他經中央主管機關規定事項。

歷屆考題（106-3-1）

雇主因照顧被看護者而申請聘僱外國人從事家庭看護工作，請依就業服務法相關規定回答下列問題：

依外國人從事就業服務法第 46 條第 1 項第 8 款至第 11 款工作資格及審查標準規定，受僱外國人年齡須幾歲以上？（2 分）

答案

二十歲以上

歷屆考題（112-3-1）

依「外國人從事就業服務法第四十六條第一項第八款至第十一款工作資格及審查標準（以下簡稱審查標準）」第 2 條規定：「外國人受聘僱從事本法第 46 條第 1 項第 8 款至第 11 款規定之工作，其資格應符合本標準規定。」請依規定回答下列問題：

㈠ 依審查標準第 8 條第 1 項規定，外國人受聘僱從事就業服務法第 46 條第 1 項第 9 款規定之家庭幫傭及看護工作，其年齡須為幾歲以上？（2 分）

㈡ 依審查標準第 8 條第 1 項規定，從事家庭幫傭或家庭看護工作之外國人，入國時應於中央主管機關指定地點，接受幾小時以上之講習？（2 分）但曾於幾年內完成講習者，免予參加？（2 分）

答案

㈠ 二十歲以上

㈡ 1. 八小時以上　　　　　　　　　　　2. 五年內

第 9 條

雇主申請聘僱外國人從事下列工作，其所聘僱本法第四十六條第一項第一款及第八款至第十一款規定工作總人數，不得超過雇主申請當月前二個月之前一年僱用員工平均人數之百分之五十：

一、製造工作或中階技術製造工作。

二、屠宰工作或中階技術屠宰工作。

三、第四十七條之一規定營造工作，或第六條第三款第五目之 2 規定中階技術營造工作。

前項僱用員工平均人數，依雇主所屬同一勞工保險證號之參加勞工保險人數計算。但雇主依第六條第三款第五目之 1、第四十二條及第四十三條申請之人數，不予列計。

雇主申請聘僱外國人從事第四十二條或第四十三條規定營造工作，或第六條第三款第五目之 1 規定中階技術營造工作，其所聘僱本法第四十六條第一項第一款及第八款至第十一款規定工作總人數，不得超過以工程經費法人力需求模式計算所得人數百分之五十。但經行政院核定增加外國人核配比率者，不在此限。

第一項及前項雇主聘僱本法第四十六條第一項第一款規定工作之人數，經中央主管機關會商中央目的事業主管機關專案同意者，不計入所聘僱外國人總人數。

歷屆考題（112-3-1）

依審查標準第 9 條規定，雇主申請聘僱外國人從事製造工作或中階技術製造工作，其所聘僱就業服務法第 46 條第 1 項第 1 款及第 8 款至第 11 款規定工作總人數，不得超過雇主申請當月前 2 個月之前 1 年僱用員工平均人數之百分之多少？（2 分）

答案
百分之五十

第二章　海洋漁撈工作

第 10 條

外國人受聘僱從事第三條之海洋漁撈工作，其雇主應具下列條件之一：

一、總噸位二十以上之漁船漁業人，並領有目的事業主管機關核發之漁業執照。

二、總噸位未滿二十之動力漁船漁業人，並領有目的事業主管機關核發之漁業執照。

三、領有目的事業主管機關核發之箱網養殖漁業區劃漁業權執照，或專用漁業權人出具之箱網養殖入漁證明。

第 11 條

外國人受前條第一款及第二款雇主聘僱從事海洋漁撈工作總人數之認定，應包括下列人數，且不得超過該漁船漁業執照規定之船員人數：

一、申請初次招募外國人人數。

二、幹部船員出海最低員額或動力小船應配置員額人數，至少一人：

三、得申請招募許可人數、取得招募許可人數及已聘僱外國人人數。

四、申請日前二年內，因可歸責於雇主之原因，經廢止外國人招募許可及聘僱許可人數。

前項幹部船員出海最低員額，及動力小船應配置員額，依中央目的事業主管機關公告規定及小船管理規則有關規定認定之。

同一漁船出海本國船員數高於前項出海最低員額者，應列計出海船員數。

外國人受前條第三款雇主聘僱從事海洋漁撈工作者，依漁業權執照或入漁證明所載之養殖面積，每二分之一公頃，得聘僱外國人一人。但不得超過雇主僱用國內勞工人數之三分之二。

前項僱用國內勞工人數，依雇主所屬同一勞工保險證號之申請當月前二個月之前一年參加勞工保險認定之。但雇主依勞工保險條例第六條規定，為非強制參加勞工保險且未成立投保單位者，得以經直轄市或縣（市）政府漁業主管機關驗章之證明文件認定之。

第四項聘僱外國人總人數之認定，應包括下列人數：

一、申請初次招募外國人人數。

二、得申請招募許可人數、取得招募許可人數及已聘僱外國人人數。

三、申請日前二年內，因可歸責於雇主之原因，經廢止外國人招募許可及聘僱許可人數。

前條第三款雇主與他人合夥從事第三條之箱網養殖工作，該合夥關係經公證，且合夥人名冊由直轄市或縣（市）政府漁業主管機關驗章者，其合夥人人數得計入前項僱用國內勞工人數。

第一項第三款及第六項第二款已聘僱外國人人數，應列計從事中階技術海洋漁撈工作之人數。

第三章　家庭幫傭工作

第 12 條

外國人受聘僱從事第四條第一款之家庭幫傭工作，雇主申請招募時，應具下列條件之一：

一、有三名以上之年齡六歲以下子女。

二、有四名以上之年齡十二歲以下子女，且其中二名為年齡六歲以下。

三、累計點數滿十六點者。

前項各款人員，與雇主不同戶籍、已申請家庭看護工、中階技術家庭看護工或已列計為申請家庭幫傭者，其人數或點數，不予列計。

第一項第三款累計點數之計算，以雇主未滿六歲之子女、年滿七十五歲以上之直系血親尊親屬或繼父母、配偶之父母或繼父母之年齡，依附表一計算。

第 13 條

外國人受聘僱從事第四條第一款之家庭幫傭工作，其雇主應符合下列條件之一：

一、受聘僱於外資金額在新臺幣一億元以上之公司，並任總經理級以上之外籍人員；或受聘僱於外資金額在新臺幣二億元以上之公司，並任各部門主管級以上之外籍人員。

二、受聘僱於上年度營業額在新臺幣五億元以上之公司，並任總經理級以上之外籍人員；或受聘僱於上年度營業額在新臺幣十億元以上之公司，並任各部門主管級以上之外籍人員。

三、上年度在我國繳納綜合所得稅之薪資所得新臺幣三百萬元以上；或當年度月薪新臺幣二十五萬元以上，並任公司、財團法人、社團法人或國際非政府組織主管級以上之外籍人員。

四、經中央目的事業主管機關認定，曾任國外新創公司之高階主管或研發團隊核心技術人員，且有被其他公司併購交易金額達美金五百萬元以上實績之外籍人員。

五、經中央目的事業主管機關認定，曾任國外新創公司之高階主管或研發團隊核心技術人員，且有成功上市實績之外籍人員。

六、經中央目的事業主管機關認定，曾任創投公司或基金之高階主管，且投資國外新創或事業金額達美金五百萬元以上實績之外籍人員。

七、經中央目的事業主管機關認定，曾任創投公司或基金之高階主管，且投資國內新創或事業金額達美金一百萬元以上實績之外籍人員。

前項第三款之外籍人員，年薪新臺幣二百萬元以上或月薪新臺幣十五萬元以上，且於入國工作前於國外聘僱同一名外籍幫傭，得聘僱該名外國人從事家庭幫傭工作。

第一項第四款至第七款之雇主，申請重新招募外國人時，應檢附經中央目的事業主管機關認定之雇主在國內工作實績。

外國分公司之經理人或代表人辦事處之代表人，準用第一項外籍總經理之申請條件。

第 14 條

雇主依前二條聘僱家庭幫傭工作者，一戶以聘僱一人為限。

前項聘僱外國人總人數之認定，應包括下列人數：

一、申請初次招募外國人人數。

二、得申請招募許可人數、取得招募許可人數及已聘僱外國人人數。

三、經同意轉換雇主或工作，尚未由新雇主接續聘僱或出國之外國人人數。

四、申請日前二年內，因可歸責於雇主之原因，經廢止外國人招募許可及聘僱許可人數。

第四章　機構看護工作

第 15 條

外國人受聘僱從事第四條第二款之機構看護工作，其雇主應具下列條件之一：

一、收容養護中度以上身心障礙者、精神病患及失智症患者之長期照顧機構、養護機構、安養機構或財團法人社會福利機構。

二、護理之家機構、慢性醫院或設有慢性病床、呼吸照護病床之綜合醫院、醫院、專科醫院。

三、依長期照顧服務法設立之機構住宿式服務類長期照顧服務機構。

第 16 條

外國人受聘僱於前條雇主，從事機構看護工作總人數如下：

一、前條第一款之機構，以其依法登記之許可業務規模床數每三床聘僱一人。

二、前條第二款之護理之家機構，以其依法登記之許可床數每五床聘僱一人。

三、前條第二款之醫院，以其依法登記之床數每五床聘僱一人。

四、前條第三款之機構，以其依法登記之許可服務規模床數每五床聘僱一人。

前項外國人人數，除第三款醫院合計不得超過本國看護工人數外，不得超過本國看護工及護理人員之合計人數。

前項本國看護工及護理人員人數之計算，應以申請招募許可當日該機構參加勞工保險人數為準。

第 17 條

外國人受前條雇主聘僱從事機構看護工作總人數之認定，應包括下列人數：

一、申請初次招募外國人人數。

二、得申請招募許可人數、取得招募許可人數及已聘僱外國人人數。但有下列情形之一者，不予列計：

　㈠外國人聘僱許可期限屆滿日前四個月期間內，雇主有繼續聘僱外國人之需要，向中央主管機關申請重新招募之外國人人數。

　㈡原招募許可所依據之事實事後發生變更，致無法申請遞補招募、重新招募或聘僱之外國人人數。

三、申請日前二年內，因可歸責於雇主之原因，經廢止外國人招募許可及聘僱許可人數。

第五章　家庭看護工作

第 18 條

外國人受聘僱於家庭從事第四條第三款之家庭看護工作，其照顧之被看護者，應具下列條件之一：

一、特定身心障礙項目之一者。

二、年齡未滿八十歲，經醫療機構以團隊方式所作專業評估，認定有全日照護需要者。

三、年齡滿八十歲以上，經醫療機構以團隊方式所作專業評估，認定有嚴重依賴照護需要者。

四、年齡滿八十五歲以上，經醫療機構以團隊方式所作專業評估，認定有輕度依賴照護需要者。

五、符合長期照顧服務申請及給付辦法第七條及第九條附表四，且由各級政府補助使用居家照顧服務、日間照顧服務或家庭托顧服務連續達六個月以上者。

六、經神經科或精神科專科醫師開立失智症診斷證明書，並載明或檢附臨床失智評估量表（Clinical Dementia Rating, CDR）一分以上者。

已依第十二條列計點數申請家庭幫傭之人員者，不得為前項被看護者。

第一項第一款特定身心障礙項目如附表二，或中央主管機關公告之身心障礙類別鑑定向度。

第一項第二款至第四款所定之醫療機構，由中央主管機關會商中央衛生福利主管機關公告。

第一項第二款至第四款所定之專業評估方式，由中央衛生福利主管機關定之。

家庭看護工作，被看護者應具條件

特定身心障礙		
未滿八十歲	經醫療機構以團隊方式所作專業評估	全日照護需要者
滿八十歲以上	經醫療機構以團隊方式所作專業評估	嚴重依賴照護需要者
八十五歲以上	經醫療機構以團隊方式所作專業評估	輕度依賴照護需要者

第 19 條

雇主曾經中央主管機關核准聘僱外國人，申請重新招募許可，被看護者符合下列規定之一者，得免經前條所定醫療機構之專業評估：

一、附表三適用情形之一。

二、年齡滿七十五歲以上。

第 20 條

從事本法第四十六條第一項第八款至第十款規定工作之外國人，除符合本標準其他規定外，其在我國境內工作期間累計屆滿十二年或將於一年內屆滿十二年，且依附表四計算之累計點數滿六十點者，經雇主申請聘僱從事家庭看護工作，該外國人在我國境內之工作期間得累計至十四年。

第 21 條

外國人受聘僱從事第四條第三款之家庭看護工作，雇主與被看護者間應有下列親屬關係之一：

一、配偶。

二、直系血親。

三、三親等內之旁系血親。

四、繼父母、繼子女、配偶之父母或繼父母、子女或繼子女之配偶。

五、祖父母與孫子女之配偶、繼祖父母與孫子女、繼祖父母與孫子女之配偶。

雇主或被看護者為外國人時，應經主管機關許可在我國居留。

被看護者在我國無親屬，或情況特殊經中央主管機關專案核定者，得由與被看護者無親屬關係之人擔任雇主或以被看護者為雇主申請聘僱外國人。

但以被看護者為雇主者，應指定具行為能力人於其無法履行雇主責任時，代為履行。

第 22 條

外國人受聘僱於前條雇主，從事家庭看護工作或中階技術家庭看護工作者，同一被看護者以一人為限。但

同一被看護者有下列情形之一者，得增加一人：

一、身心障礙手冊或證明記載為植物人。

二、經醫療專業診斷巴氏量表評為零分，且於六個月內病情無法改善。

前項聘僱外國人總人數之認定，應包括下列人數：

一、申請初次招募外國人人數。

二、得申請招募許可人數、取得招募許可人數及已聘僱外國人人數。

三、經廢止聘僱許可，同意轉換雇主或工作，尚未由新雇主接續聘僱或出國之外國人人數。但經廢止聘僱
許可逾一個月尚未由新雇主接續聘僱者，不在此限。

四、申請日前二年內，因可歸責於雇主之原因，經廢止外國人招募許可及聘僱許可人數。

歷屆考題（106-3-1）

外國人受雇主聘僱從事家庭看護工作者，同一被看護者以 1 人為限，但同一被看護者有哪 2
種情形，得增加 1 人？（4分）

答案

1. 身心障礙手冊或證明記載為植物人。

2. 經醫療專業診斷巴氏量表評為零分，且於六個月內病情無法改善。

第 23 條

外國人受聘僱從事家庭看護工或中階技術家庭看護工作之聘僱許可期間，經主管機關認定雇主有違反本法
第五十七條第三款或第四款規定情事，中央主管機關得限期令雇主安排被看護者至指定醫療機構重新依規
定辦理專業評估。

雇主未依中央主管機關通知期限辦理，或被看護者經專業評估已不符第十八條第一項或前條資格者，中央
主管機關應依本法第七十二條規定，廢止雇主招募許可及聘僱許可之一部或全部。

第六章　製造工作

第 24 條

外國人受聘僱從事第五條第一款之製造工作，其雇主之工廠屬異常溫度作業、粉塵作業、有毒氣體作業、
有機溶劑作業、化學處理、非自動化作業及其他特定製程，且最主要產品之行業，經中央目的事業主管機
關或自由貿易港區管理機關認定符合附表五規定，得申請聘僱外國人初次招募許可。

符合前項特定製程，而非附表五所定之行業者，得由中央主管機關會商中央目的事業主管機關專案核定
之。

中央主管機關、中央目的事業主管機關或自由貿易港區管理機關，得就前二項規定條件實地查核。

第 25 條

外國人受前條所定雇主聘僱從事製造工作，其雇主向中央目的事業主管機關或自由貿易港區管理機關申請
特定製程經認定者，申請初次招募人數之核配比率、僱用員工人數及所聘僱外國人總人數，應符合附表六
規定。

前項所定僱用員工平均人數，不列計依第二十五條之一、第二十六條第一項各款及第二十八條第三項但書規定所聘僱之外國人人數。

第 25-1 條

僱主符合第二十四條資格，經中央主管機關核准接續聘僱其他製造業僱主所聘僱之外國人，得於第二十五條附表六核配比率予以提高百分之五。但合計第二十五條附表六核配比率、第二十六條比率不得超過僱主申請當月前二個月之前一年僱用員工平均人數之百分之四十。

第 26 條

僱主依第二十五條申請初次招募人數及所聘僱外國人總人數之比率，得依下列情形予以提高。但合計第二十五條附表六核配比率、第二十五條之一比率不得超過僱主申請當月前二個月之前一年僱用員工平均人數之百分之四十：

一、提高比率至百分之五者：僱主聘僱外國人每人每月額外繳納就業安定費新臺幣三千元。

二、提高比率超過百分之五至百分之十者：僱主聘僱外國人每人每月額外繳納就業安定費新臺幣五千元。

三、提高比率超過百分之十至百分之十五者：僱主聘僱外國人每人每月額外繳納就業安定費新臺幣七千元。

四、提高比率超過百分之十五至百分之二十者：僱主聘僱外國人每人每月額外繳納就業安定費新臺幣九千元。

僱主依前項各款提高比率引進外國人後，不得變更應額外繳納就業安定費之數額。

第 27 條

僱主符合下列資格之一，經向中央目的事業主管機關申請新增投資案之認定者，得申請聘僱外國人初次招募許可：

一、屬新設立廠場，取得工廠設立登記證明文件。

二、符合前款規定資格及下列條件之一：

　㈠高科技產業之製造業投資金額達新臺幣五億元以上，或其他產業之製造業投資金額達新臺幣一億元以上。

　㈡新增投資計畫書預估工廠設立登記證明核發之日起，一年內聘僱國內勞工人數達一百人以上。

前項申請認定之期間，自本標準中華民國一百零二年三月十三日修正生效日起，至一百零三年十二月三十一日止。

第一項經認定之僱主，應一次向中央主管機關申請，且申請外國人及所聘僱外國人總人數，合計不得超過中央目的事業主管機關預估建議僱用員工人數乘以第二十五條附表六核配比率、第二十五條之一比率加前條所定之比率。

前項聘僱外國人之比率，符合下列規定者，得免除前條所定應額外繳納就業安定費之數額三年：

一、第一項第一款：百分之五以下。

二、第一項第二款：百分之十以下。

第 28 條

僱主符合下列資格，向中央目的事業主管機關申請經認定後，得申請聘僱外國人初次招募許可：

一、經中央目的事業主管機關核准或認定赴海外地區投資二年以上，並認定符合下列條件之一者：

　㈠自有品牌國際行銷最近二年海外出貨占產量百分之五十以上。

㈡國際供應鏈最近一年重要環節前五大供應商或國際市場占有率達百分之十以上。

㈢屬高附加價值產品及關鍵零組件相關產業。

㈣經中央目的事業主管機關核准新設立研發中心或企業營運總部。

二、經中央目的事業主管機關依前款規定核發認定函之日起三年內完成新設立廠場，並取得工廠設立登記
　　證明文件，且符合前條第一項第二款第一目及第二目規定資格者。

前項申請認定之期間如下：

一、前項第一款：自中華民國一百零一年十一月二十二日起，至一百零三年十二月三十一日止。

二、前項第二款：中央目的事業主管機關核發前項第一款之認定函之日起三年內。

第一項經認定之雇主，應一次向中央主管機關申請，且申請外國人及所聘僱外國人人數，應依前條第三項
規定計算。但雇主申請外國人之比率未達百分之四十者，得依第二十六條第一項第三款規定額外繳納就業
安定費之金額，提高聘僱外國人比率至百分之四十。

前項聘僱外國人之比率，符合下列規定者，得免除第二十六條第一項各款及前項但書所定應額外繳納就業
安定費之數額五年：

一、第一項第一款第一目至第三目：百分之二十以下。

二、第一項第一款第四目：百分之十五以下。

第 29 條

雇主依前二條規定申請聘僱外國人，經中央主管機關核發初次招募許可者，應於許可通知所定期間內，申
請引進外國人。

前項雇主申請引進外國人，不得逾初次招募許可人數之二分之一。但雇主聘僱國內勞工人數，已達其新增
投資案預估聘僱國內勞工人數之二分之一者，不在此限。

第 30 條

雇主符合行政院中華民國一百零七年十二月七日核定之歡迎臺商回臺投資行動方案，向中央目的事業主管
機關申請經認定後，得申請聘僱外國人初次招募許可。

雇主符合行政院中華民國一百十年七月二十六日核定之離岸風電產業人力補充行動方案，向中央目的事業
主管機關申請經認定後，得申請聘僱外國人初次招募許可。

雇主符合前二項規定者，應於認定函所定完成投資期限後一年內，一次向中央主管機關申請核發初次招募
許可。

第 31 條

前條雇主申請外國人及所聘僱外國人總人數，合計不得超過中央目的事業主管機關預估僱用人數乘以第
二十五條附表六核配比率、第二十五條之一比率加第二十六條所定之比率。

前項雇主申請外國人之比率未達百分之四十，經依第二十六條第一項第三款規定額外繳納就業安定費者，
得依下列規定提高聘僱外國人之比率，但合計比率最高不得超過百分之四十：

一、前條第一項：百分之十五。

二、前條第二項：百分之十。

雇主依前二項比率計算聘僱外國人總人數，應符合第二十五條附表六規定。

第一項及前項所定僱用人數及所聘僱外國人總人數，依雇主所屬工廠之同一勞工保險證號之參加勞工保險

人數計算之。但所屬工廠取得中央目的事業主管機關或自由貿易港區管理機關認定特定製程之行業，達二個級別以上者，應分別設立勞工保險證號。

第 32 條

雇主符合第三十條規定向中央目的事業主管機關申請認定之期間，應符合下列規定期間：

一、符合第三十條第一項規定者，自中華民國一百零八年一月一日至一百十三年十二月三十一日止。

二、符合第三十條第二項規定者，自中華民國一百十年七月一日至一百十三年六月三十日止。

雇主同一廠場申請第三十條第一項或第二項之認定，以一次為限，且中央主管機關及中央目的事業主管機關，得實地查核雇主相關資格。

第 33 條

雇主依第三十條規定申請聘僱外國人，經中央主管機關核發初次招募許可者，應於許可通知所定期間內，申請引進外國人。

雇主依前項規定申請引進之外國人人數，不得逾初次招募許可人數之二分之一。但所聘僱之國內勞工人數，已達預估聘僱國內勞工人數二分之一者，不在此限。

前項但書之國內勞工人數，於雇主未新設勞工保險證號時，應以雇主至公立就業服務機構登記辦理國內求才之日當月起，至其申請之日前新增聘僱國內勞工人數計算之。

第 33-1 條

雇主所聘僱外國人於聘僱許可期間內，至我國大專校院在職進修製造、營造、農業、長期照顧等副學士以上相關課程，或就讀相關課程推廣教育學分班，每學期達九學分以上，且雇主已依第二十六條第一項第三款規定聘僱外國人者，雇主得以外國人在職進修人數，申請聘僱外國人招募許可。

雇主依前項申請聘僱外國人之招募許可人數，經依第二十六條第一項第三款規定提高後，得再提高聘僱外國人比率百分之五。但合計比率最高不得超過百分之四十。

雇主依前二項申請聘僱外國人，應依第二十六條第一項第三款規定額外繳納就業安定費，並依第三十四條規定辦理查核。

第 34 條

雇主聘僱外國人人數，與其引進第二十四條、第二十五條及第三十七條所定外國人總人數，應符合下列規定：

一、屬自由貿易港區之製造業者：聘僱外國人人數不得超過僱用員工人數之百分之四十。

二、屬第二十四條附表五 A+ 級行業：聘僱外國人人數不得超過僱用員工人數之百分之三十五。

三、屬第二十四條附表五 A 級行業：聘僱外國人人數不得超過僱用員工人數之百分之二十五。

四、屬第二十四條附表五 B 級行業：聘僱外國人人數不得超過僱用員工人數之百分之二十。

五、屬第二十四條附表五 C 級行業：聘僱外國人人數不得超過僱用員工人數之百分之十五。

六、屬第二十四條附表五 D 級行業：聘僱外國人人數不得超過僱用員工人數之百分之十。

前項聘僱外國人人數為一人者，每月至少聘僱本國勞工一人以上。

中央主管機關自雇主聘僱外國人引進入國或接續聘僱滿三個月起，每三個月依前二項規定查核雇主聘僱外國人之比率或人數，及聘僱本國勞工人數。

第一項及第二項聘僱外國人人數、本國勞工人數及僱用員工人數，以中央主管機關查核當月之前二個月為

基準月份，自基準月份起採計前三個月參加勞工保險人數之平均數計算。

雇主聘僱外國人人數，與其引進第二十四條、第二十五條、第二十六條至第二十八條所定外國人總人數，及中央主管機關辦理查核雇主聘僱外國人之方式，應符合附表七規定。

雇主聘僱第三十條所定外國人，中央主管機關除依前五項規定辦理查核外，並應依附表八規定辦理下列查核：

一、雇主聘僱外國人人數及引進第二十四條、第二十五條、第二十六條至第二十八條、第三十一條所定外國人總人數。

二、雇主同一勞工保險證號應新增聘僱國內勞工，其勞工保險投保薪資及勞工退休金提繳工資，應符合下列規定：

　㈠符合第三十條第一項規定者：均達新臺幣三萬零三百元以上。

　㈡符合第三十條第二項規定者：均達新臺幣三萬三千三百元以上。

雇主聘僱外國人有下列情形之一者，應依本法第七十二條規定，廢止其未符合規定人數之招募許可及聘僱許可，並計入第二十五條附表六聘僱外國人總人數：

一、聘僱外國人超過第一項所定之比率或人數，及聘僱本國勞工人數未符第二項所定人數，經中央主管機關通知限期改善，屆期未改善。

二、違反前項第二款規定。

第 35 條

雇主聘僱外國人超過前條附表七規定之人數，經中央主管機關依本法第七十二條規定廢止招募許可及聘僱許可，應追繳第二十七條及第二十八條規定免除額外繳納就業安定費之數額。

前項追繳就業安定費人數、數額及期間之計算方式如下：

一、人數：當次中央主管機關廢止招募許可及聘僱許可人數。但未免除額外繳納之就業安定費者，不予列計。

二、數額：前款廢止許可人數，依第二十六條第一項各款免除應額外繳納就業安定費數額。

三、期間：

　㈠第一次查核：自外國人入國翌日至廢止聘僱許可前一日止。

　㈡第二次以後查核：自中央主管機關通知雇主限期改善翌日至廢止聘僱許可前一日止。但外國人入國日在通知雇主限期改善日後，自入國翌日至廢止聘僱許可前一日止。

第 36 條

雇主聘僱外國人人數，與其引進第二十四條及第三十七條所定外國人總人數，應符合下列規定：

一、屬自由貿易港區之製造業者：聘僱外國人人數不得超過僱用員工人數之百分之四十。

二、非屬自由貿易港區之製造業者：聘僱外國人人數不得超過僱用員工人數之百分之二十，且每月至少聘僱本國勞工一人以上。

中央主管機關應依第三十四條第三項及第四項規定，查核雇主聘僱外國人之比率及本國勞工人數。

雇主聘僱外國人超過第一項所定之比率或人數，及聘僱本國勞工人數未符第一項第二款所定人數，經中央主管機關通知限期改善，屆期未改善者，應依本法第七十二條規定，廢止雇主超過規定人數之招募許可及聘僱許可，並計入第二十五條附表六聘僱外國人總人數。

第 37 條

外國人聘僱許可期限屆滿日前四個月期間內，製造業雇主如有繼續聘僱外國人之需要，得向中央主管機關申請重新招募，並以一次為限。

前項申請重新招募人數，不得超過同一勞工保險證號之前次招募許可引進或接續聘僱許可人數。

第七章　外展製造工作

第 38 條

外國人受聘僱從事第五條第二款規定之外展製造工作，應由經中央目的事業主管機關會商中央主管機關指定試辦，依產業創新條例第五十條第一項成立之工業區管理機構，委由下列之一者擔任雇主：

一、財團法人。

二、非營利社團法人。

三、其他以公益為目的之非營利組織。

前項外國人受聘僱從事外展製造工作，其外展製造服務契約履行地，應經中央目的事業主管機關認定具第二十四條第一項、第二項特定製程之生產事實場域。

第 39 條

雇主經向中央目的事業主管機關提報外展製造服務計畫書且經核定者，得申請聘僱外國人初次招募許可。

前項外展製造服務計畫書，應包括下列事項：

一、雇主資格之證明文件。

二、服務提供、收費項目及金額、契約範本等相關規劃。

三、製造工作之人力配置、督導及教育訓練機制規劃。

四、外展製造服務契約履行地，使用外展製造服務之工作人數定期查核及管制規劃。

五、其他外展製造服務相關資料。

雇主應依據核定之外展製造服務計畫書內容辦理。

外國人受雇主聘僱從事外展製造工作人數，不得超過中央目的事業主管機關核定人數。

前項聘僱外國人總人數之認定，應包括下列人數：

一、申請初次招募外國人人數。

二、得申請招募許可人數、取得招募許可人數及已聘僱外國人人數。

三、申請日前二年內，因可歸責於雇主之原因，經廢止外國人招募許可及聘僱許可人數。

第 40 條

雇主指派外國人從事外展製造工作之服務契約履行地，其自行聘僱從事製造工作之外國人與使用從事外展製造工作之外國人，合計不得超過服務契約履行地參加勞工保險人數之百分之四十。

前項外國人人數，依服務契約履行地受查核當月之前二個月之參加勞工保險人數計算。

第三十八條第一項所定工業區管理機構，應自外國人至服務契約履行地提供服務之日起，每三個月依第一項規定查核服務契約履行地之外國人比率，並將查核結果通知中央主管機關。

服務契約履行地自行聘僱從事製造工作之外國人及使用從事外展製造工作之外國人，合計超過第一項規定之比率者，中央主管機關應通知雇主不得再指派外國人至服務契約履行地提供服務。

第 41 條

前條雇主有下列情事之一者，中央主管機關應依本法第七十二條規定，廢止其招募許可及聘僱許可之一部或全部：

一、指派外國人至未具第二十四條第一項或第二項規定之生產事實場域從事外展製造工作，經限期改善，屆期未改善。

二、違反外展製造服務計畫書內容，經中央目的事業主管機關廢止核定。

三、經中央主管機關依前條第四項規定通知應停止外展製造服務，未依通知辦理。

四、經營不善、違反相關法令或對公益有重大危害。

第八章　營造工作

第 42 條

外國人受聘僱從事第五條第三款之營造工作，其雇主應為承建公共工程，並與發包興建之政府機關（構）、行政法人或公營事業機構訂有工程契約之得標廠商，且符合下列條件之一，得申請聘僱外國人初次招募許可：

一、工程契約總金額達新臺幣一億元以上，且工程期限達一年六個月以上。

二、工程契約總金額達新臺幣五千萬元以上，未達新臺幣一億元，且工程期限達一年六個月以上，經累計同一雇主承建其他公共工程契約總金額達新臺幣一億元以上。但申請初次招募許可時，同一雇主承建其他公共工程已完工、工程契約總金額未達新臺幣五千萬元或工程期限未達一年六個月者，不予累計。

前項各款工程由公營事業機構發包興建者，得由公營事業機構申請聘僱外國人初次招募許可。

第一項得標廠商有下列情形之一，其與分包廠商簽訂之分包契約符合第一項規定者，經工程主辦機關同意後，分包廠商得就其分包部分申請聘僱外國人初次招募許可：

一、選定之分包廠商，屬政府採購法施行細則第三十六條規定者。

二、為非屬營造業之外國公司，並選定分包廠商者。

第一項公共工程，得由得標廠商或其分包廠商擇一申請聘僱外國人初次招募許可，以一家廠商為限；其經中央主管機關核發許可後，不得變更。

第 43 條

外國人受聘僱從事第五條第三款之營造工作，其雇主承建民間機構投資興建之重大經建工程（以下簡稱民間重大經建工程），並與民間機構訂有工程契約，且個別營造工程契約總金額達新臺幣二億元以上、契約工程期限達一年六個月以上，得申請聘僱外國人初次招募許可，並以下列工程為限：

一、經專案核准民間投資興建之公用事業工程。

二、經核准獎勵民間投資興建之工程或核定民間機構參與重大公共建設，或依促進民間參與公共建設法興建之公共工程。

三、私立之學校、社會福利機構、醫療機構或社會住宅興建工程。

四、製造業重大投資案件廠房興建工程。

雇主承建符合前項各款資格之一之民間重大經建工程，其契約總金額達新臺幣一億元以上，未達新臺幣

二億元，且工程期限達一年六個月以上，經累計同一雇主承建其他民間重大經建工程契約總金額達新臺幣二億元以上者，亦得申請聘僱外國人初次招募許可。

前項雇主承建其他民間重大經建工程，該工程已完工、工程契約總金額未達新臺幣一億元或工程期限未達一年六個月者，工程契約總金額不予累計。

前三項雇主申請許可，應經目的事業主管機關認定符合前三項條件。

第一項各款工程屬民間機構自行統籌規劃營建或安裝設備者，得由該民間機構申請聘僱外國人初次招募許可。

第 44 條

外國人受第四十二條之雇主聘僱在同一公共工程從事營造工作總人數，依個別營造工程契約所載工程金額及工期，按附表九計算所得人數百分之二十為上限。但個別工程有下列情事之一，分別依各該款規定計算之：

一、經依附表九分級指標及公式計算總分達八十分以上者，核配外國人之比率得依其總分乘以千分之四核配之。

二、中央目的事業主管機關認有增加外國人核配比率必要，報經行政院核定者。

前項所定工程總金額、工期及分級指標，應經公共工程之工程主辦機關（構）及其上級機關認定。

第 45 條

外國人受第四十三條之雇主聘僱在同一民間重大經建工程從事營造工作總人數，依個別營造工程契約所載工程總金額及工期，按前條附表九計算所得人數百分之二十為上限。但由民間機構自行統籌規劃營建或安裝設備，其個別營造工程契約金額未達新臺幣一億元，契約工程期限未達一年六個月者，不予列計。

前項所定工程總金額及工期，應經目的事業主管機關認定。但其工程未簽訂個別營造工程契約者，應由目的事業主管機關依該計畫工程認定營造工程總金額及工期。

第 46 條

雇主承建之公共工程經工程主辦機關（構）開立延長工期證明，且於延長工期期間，有聘僱外國人之需要者，應於外國人原聘僱許可期限屆滿日前十四日至一百二十日期間內，向中央主管機關申請延長聘僱許可。

民間機構自行或投資興建之民間重大經建工程經目的事業主管機關開立延長工期證明，且於延長工期期間，有聘僱外國人之需要者，應於外國人原聘僱許可期限屆滿日前十四日至一百二十日期間內，向中央主管機關申請延長聘僱許可。

前二項所定延長聘僱許可之外國人人數，由中央主管機關以原工期加計延長工期，依第四十四條附表九重新計算，且不得逾中央主管機關原核發初次招募許可人數。

第一項及第二項所定外國人之延長聘僱許可期限，以延長工期期間為限，且其聘僱許可期間加計延長聘僱許可期間，不得逾三年。

第 47 條

雇主承建之公共工程於工程驗收期間仍有聘僱外國人之需要，經工程主辦機關（構）開立工程預定完成驗收日期證明者，應於外國人原聘僱許可期限屆滿日前十四日至一百二十日期間內，向中央主管機關申請延長聘僱許可。

前項所定延長聘僱許可之外國人人數，不得逾該工程曾經聘僱之外國人人數百分之五十。

經依規定通知主管機關有連續曠職三日失去連繫之外國人，不列入前項曾經聘僱外國人人數。

第一項所定外國人之延長聘僱許可期限，以工程預定完成驗收期間為限，且其聘僱許可期間加計延長聘僱許可期間，不得逾三年。

第 47-1 條

外國人受聘僱從事第五條第三款之營造工作，其符合營造業法規定之雇主，經中央目的事業主管機關認定已承攬在建工程，且符合附表九之一規定，得申請聘僱外國人初次招募許可。

第 47-2 條

外國人受前條所定雇主聘僱從事營造工作，其雇主申請初次招募人數之核配比率、僱用員工人數及所聘僱外國人總人數，應符合附表九之二規定。

前項所定僱用員工平均人數，不列計依第四十七條之三第一項各款規定所聘僱之外國人人數。

第 47-3 條

雇主依前條申請初次招募人數及所聘僱外國人總人數之比率，得依下列情形予以提高。但合計不得超過雇主申請當月前二個月之前一年僱用員工平均人數之百分之四十：

一、提高比率至百分之五者：雇主聘僱外國人每人每月額外繳納就業安定費新臺幣三千元。

二、提高比率超過百分之五至百分之十者：雇主聘僱外國人每人每月額外繳納就業安定費新臺幣五千元。

雇主依前條及前項申請初次招募人數及所聘僱外國人總人數，不得超過中央目的事業主管機關核定人數。

雇主依第一項各款提高比率引進外國人後，不得變更應額外繳納就業安定費之數額。

第九章　屠宰工作

第 48 條

外國人受聘僱從事第五條第四款之屠宰工作，其雇主從事禽畜屠宰、解體、分裝及相關體力工作，經中央目的事業主管機關認定符合規定者，得申請聘僱外國人初次招募許可。

中央主管機關及中央目的事業主管機關得就前項規定條件實地查核。

第 49 條

外國人受前條所定雇主聘僱從事屠宰工作，其雇主經中央目的事業主管機關認定符合規定者，申請初次招募人數之核配比率、僱用員工人數及所聘僱外國人總人數，應符合附表十規定。

前項所定僱用員工平均人數，不列計依第五十條第一項各款規定所聘僱之外國人人數。

第 50 條

雇主依前條申請初次招募人數及所聘僱外國人總人數之比率，得依下列情形予以提高。但合計不得超過雇主申請當月前二個月之前一年僱用員工平均人數之百分之四十：

一、提高比率至百分之五者：雇主聘僱外國人每人每月額外繳納就業安定費新臺幣三千元。

二、提高比率超過百分之五至百分之十者：雇主聘僱外國人每人每月額外繳納就業安定費新臺幣五千元。

三、提高比率超過百分之十至百分之十五者：雇主聘僱外國人每人每月額外繳納就業安定費新臺幣七千元。

雇主依前項各款提高比率引進外國人後，不得變更應額外繳納就業安定費之數額。

第 51 條

雇主聘僱外國人人數，與其引進第四十八條及第四十九條所定外國人總人數，不得超過僱用員工人數之百分之二十五，且每月至少聘僱本國勞工一人以上。

雇主聘僱外國人人數與其引進第四十八條至第五十條所定外國人總人數，及中央主管機關辦理查核雇主聘僱外國人之方式，應符合附表十一規定。

中央主管機關自雇主所聘僱之外國人引進入國或接續聘僱滿三個月起，每三個月應查核雇主依前二項規定聘僱外國人之比率或人數，及本國勞工人數。

第一項及第二項聘僱外國人人數、本國勞工人數及僱用員工人數，以中央主管機關查核當月之前二個月為基準月份，自基準月份起採計前三個月參加勞工保險人數之平均數計算。

雇主聘僱外國人超過第一項所定之比率或人數，及聘僱本國勞工人數未符第一項所定人數，經中央主管機關通知限期改善，屆期未改善者，應依本法第七十二條規定，廢止雇主超過規定人數之招募許可及聘僱許可，並計入第四十九條附表十聘僱外國人總人數。

第 52 條

外國人聘僱許可期限屆滿日前四個月期間內，屠宰業雇主如有繼續聘僱外國人之需要，得向中央主管機關申請重新招募，並以一次為限。

前項申請重新招募人數，不得超過同一勞工保險證號之前次招募許可引進或接續聘僱許可之外國人人數。

第十章　外展農務工作

第 53 條

外國人受聘僱從事第五條第五款規定之外展農務工作，其雇主屬農會、漁會、農林漁牧有關之合作社或非營利組織者，得申請聘僱外國人初次招募許可。

外國人從事外展農務工作，其服務契約履行地應具有從事農、林、牧或養殖漁業工作事實之場域。

依本標準規定已申請聘僱外國人從事下列工作之一者，不得申請使用外展農務服務：

一、海洋漁撈工作或中階技術海洋漁撈工作。

二、製造工作或中階技術製造工作。

三、屠宰工作。

四、農、林、牧或養殖漁業工作，或中階技術農業工作。

第 54 條

前條第一項之雇主，應向中央目的事業主管機關提報外展農務服務計畫書。

前項外展農務服務計畫書，應包括下列事項：

一、雇主資格之證明文件。

二、服務提供、收費項目及金額、契約範本等相關規劃。

三、農務工作人力配置、督導及教育訓練機制規劃。

四、其他外展農務服務相關資料。

外展農務服務計畫書經中央目的事業主管機關核定者，雇主應依據核定計畫書內容辦理。

外國人受前條雇主聘僱從事外展農務工作人數，不得超過雇主所屬同一勞工保險證號申請當月前二個月之

前一年參加勞工保險之僱用員工平均人數。

前項聘僱外國人總人數之認定，應包括下列人數：

一、申請初次招募外國人人數。

二、得申請招募許可人數、取得招募許可人數及已聘僱外國人人數。

三、申請日前二年內，因可歸責於雇主之原因，經廢止外國人招募許可及聘僱許可人數。

第 55 條

中央主管機關及中央目的事業主管機關得就前二條規定條件實地查核。

雇主有下列情事之一者，中央主管機關應依本法第七十二條規定，廢止其招募許可及聘僱許可之一部或全部：

一、指派外國人至未具有從事農、林、牧或養殖漁業工作事實之場域從事外展農務工作，經限期改善，屆期未改善。

二、違反相關法令或核定之外展農務服務計畫書內容，經中央目的事業主管機關或中央主管機關認定情節重大。

三、經營不善或對公益有重大危害。

第十一章　農林牧或養殖漁業工作

第 56 條

外國人受聘僱於第五條第六款所定場所，從事農、林、牧或養殖漁業工作，其雇主應從事下列工作之一：

一、經營畜牧場從事畜禽飼養管理、繁殖、擠乳、集蛋、畜牧場環境整理、廢污處理與再利用、飼料調製、疾病防治及畜牧相關之體力工作。

二、經營蔬菜、花卉、種苗、果樹、雜糧、特用作物等栽培及設施農業農糧相關之體力工作。但不包括檳榔、荖藤及菸草等栽培相關之體力工作。

三、經營育苗、造林撫育及伐木林業相關之體力工作。

四、經營養殖漁業水產物之飼養管理、繁殖、收成、養殖場環境整理及養殖漁業相關之體力工作。

五、經營其他經中央主管機關會商中央目的事業主管機關指定之農、林、牧或養殖漁業產業相關之體力工作。

前項雇主經中央目的事業主管機關認定符合附表十二規定者，得申請聘僱外國人初次招募許可。

雇主依第一項規定聘僱外國人從事農、林、牧或養殖漁業工作，其核配比率、僱用員工人數及聘僱外國人總人數之認定，應符合附表十二規定。

第十二章　雙語翻譯工作

第 57 條

外國人受聘僱從事第六條第一款之雙語翻譯工作，應具備國內外高級中等以上學校畢業資格，且其雇主應為從事跨國人力仲介業務之私立就業服務機構。

第 58 條

外國人受前條雇主聘僱從事雙語翻譯工作總人數如下：

一、以前條之機構從業人員人數之五分之一為限。

二、以前條之機構受委託管理外國人人數計算，同一國籍每五十人聘僱一人。

前項第一款機構從業人員人數之計算，應以申請聘僱許可當日參加勞工保險人數為準。

歷屆考題（106-1-3）

三、從事跨國人力仲介業務之私立就業服務機構有從業人員 50 人，並接受委託管理外國人（計有印尼籍 250 人，越南籍 40 人，菲律賓籍 40 人，泰國籍 40 人）。請回答下列問題：

㈠依據外國人從事就業服務法第 46 條第 1 項第 8 款至第 11 款工作資格及審查標準，該機構可申請聘僱雙語翻譯最多幾人？（3 分）

三、答案

㈠ 15 人

第十三章　廚師及其相關工作

第 59 條

外國人受聘僱從事第六條第二款之廚師及其相關工作，其雇主為從事跨國人力仲介業務之私立就業服務機構，且受委託管理從事本標準規定工作之同一國籍外國人達一百人者。

第 60 條

外國人受前條雇主聘僱從事廚師及其相關工作總人數如下：

一、受委託管理外國人一百人以上未滿二百人者，得聘僱廚師二人及其相關工作人員一人。

二、受委託管理外國人二百人以上未滿三百人，得聘僱廚師三人及其相關工作人員二人。

三、受委託管理外國人達三百人以上，每增加管理外國人一百人者，得聘僱廚師及其相關工作人員各一人。

前項受委託管理之外國人不同國籍者，應分別計算。

外籍廚師及其相關工作員額

受委託管理外國人	廚師及其相關工作
100-199	2+1
200-299	3+2
300-399	4+3

歷屆考題（106-1-3）

三、從事跨國人力仲介業務之私立就業服務機構有從業人員 50 人，並接受委託管理外國人（計有印尼籍 250 人，越南籍 40 人，菲律賓籍 40 人，泰國籍 40 人）。請回答下列問題：

㈢依據外國人從事就業服務法第 46 條第 1 項第 8 款至第 11 款工作資格及審查標準，該機構可申請聘僱何國籍廚師？（2 分）最多聘僱幾人？（2 分）

三、答案

㈢ 1. 印尼籍　　　　　　　　　2. 廚師三人及其相關工作人員二人

第十四章　中階技術工作

第 61 條

外國人受聘僱從事第六條第三款之中階技術工作，其雇主申請資格應符合第十條、第十五條、第十八條、第二十一條、第二十四條、第四十二條、第四十三條、第四十六條至第四十七條之一、第四十八條、第五十三條或第五十六條第一項規定。

雇主申請聘僱外國人從事中階技術家庭看護工作，有下列情形之一者，被看護者得免經第十八條所定醫療機構專業評估：

一、雇主現有聘僱外國人從事第四條第三款規定家庭看護工作，照顧同一被看護者。

二、被看護者曾受前款外國人照顧，且有第十九條所列各款情形之一。

三、申請展延聘僱許可。

雇主依第四十六條規定，於延長工期期間，有申請聘僱中階技術營造工作外國人之需要者，延長聘僱許可之中階技術營造工作外國人人數，由中央主管機關以原工期加計延長工期，依第六十四條附表十四重新計算。

第 62 條

外國人受聘僱從事第六條第三款之中階技術工作，應符合附表十三所定專業證照、訓練課程或實作認定資格條件，並具備下列資格之一：

一、現受聘僱從事本法第四十六條第一項第八款至第十款工作，連續工作期間達六年以上，或受聘僱於同一雇主，累計工作期間達六年以上者。

二、曾受聘僱從事前款所定工作期間累計達六年以上出國後，再次入國工作者，其工作期間累計達十一年六個月以上者。

三、曾受聘僱從事第一款所定工作，累計工作期間達十一年六個月以上，並已出國者。

四、在我國大專校院畢業，取得副學士以上學位之外國留學生、僑生或其他華裔學生。

歷屆考題（111-2-1）

依「雇主聘僱外國人許可及管理辦法（以下簡稱雇聘辦法）」第 2 條第 3 款規定，第三類外國人指受聘僱從事就業服務法第 46 條第 1 項第 11 款規定工作之外國人，請依「雇聘辦法」及「外國人從事就業服務法第四十六條第一項第八款至第十一款工作資格及審查標準（以下簡稱審查標準）」規定，回答下列問題：

依「審查標準」第 62 條規定，外國人受聘僱從事第 6 條第 3 款之中階技術工作，應符合附表 13 所定專業證照、訓練課程或實作認定資格條件，並具備哪 4 種資格之一？（4 分）

答案

1. 現受聘僱從事本法第四十六條第一項第八款至第十款工作，且連續工作期間達六年以上者。

2. 曾受聘僱從事前款所定工作期間累計達六年以上出國後，再次入國工作者，其工作期間達本法第五十二條規定之工作年限。

3. 曾受聘僱從事第一款所定工作，累計工作期間達本法第五十二條規定之工作年限，並已出國者。

第 63 條

外國人受聘僱從事第六條第三款之中階技術工作，其在我國薪資應符合附表十三之一所定之基本數額。

前項外國人薪資達附表十三之一所定之一定數額以上者，不受前條附表十三有關專業證照、訓練課程或實作認定資格之限制。

歷屆考題（112-3-1）

依審查標準第 63 條規定，外國人受聘僱從事審查標準第 6 條第 3 款第 3 目之中階技術家庭看護工作，其每月總薪資不得低於審查標準附表十三之一所定新臺幣多少元之薪資基本數額？（2 分）

答案

24,000 元

第 64 條

雇主依第六十二條規定聘僱外國人從事中階技術工作，其核配比率、僱用員工人數及聘僱外國人總人數之認定，應符合附表十四規定。

第十五章　附則

第 65 條

本標準自中華民國一百十一年四月三十日施行。

本標準修正條文，除中華民國一百十一年八月十五日修正發布之第八條自一百十二年一月一日施行；一百十一年十月十二日修正發布之條文，自一百十一年四月三十日施行外，自發布日施行。

外國人受聘僱從事就業服務法第四十六條第一項第八款至第十一款規定工作之轉換雇主或工作程序準則

修正日期：113 年 01 月 03 日

第 1 條

本準則依就業服務法（以下簡稱本法）第五十九條第二項規定訂定之。

第 2 條

受聘僱之外國人有本法第五十九條第一項各款規定情事之一者，得由該外國人或原雇主檢附下列文件向中央主管機關申請轉換雇主或工作：

一、申請書。

二、下列事由證明文件之一：

　（一）原雇主或被看護者死亡證明書或移民相關證明文件。

　（二）漁船被扣押、沉沒或修繕而無法繼續作業之證明文件。

　（三）原雇主關廠、歇業或不依勞動契約給付工作報酬，經終止勞動契約之證明文件。

　（四）其他不可歸責受聘僱外國人事由之證明文件。

三、外國人同意轉換雇主或工作之證明文件。

外國人依前項規定申請轉換雇主或工作，未檢齊相關文件者，得由主管機關查證後免附。

就業服務法

第 59 條

外國人受聘僱從事第四十六條第一項第八款至第十一款規定之工作，有下列情事之一者，經中央主管機關核准，得轉換雇主或工作：

一、雇主或被看護者死亡或移民者。

二、船舶被扣押、沉沒或修繕而無法繼續作業者。

三、雇主關廠、歇業或不依勞動契約給付工作報酬經終止勞動契約者。

四、其他不可歸責於受聘僱外國人之事由者。

第 3 條

雇主或外國人申請外國人轉換雇主或工作，依雇主聘僱外國人許可及管理辦法（以下簡稱聘僱許可辦法）第七條第一項規定所公告之項目，應採網路傳輸方式申請。但有正當理由，經中央主管機關同意者，不在此限。

雇主或外國人申請外國人轉換雇主或工作之應備文件，經中央主管機關由資訊網路查得中央目的事業主管

機關、自由貿易港區管理機關、公立就業服務機構、直轄市、縣（市）政府或國營事業已開具證明文件者，得免附。

前項免附之文件，由中央主管機關公告之。

第 4 條

中央主管機關廢止原雇主之聘僱許可或不予核發聘僱許可，其所聘僱之外國人有本法第五十九條第一項各款規定情事之一時，中央主管機關應限期外國人轉換雇主或工作。

原雇主應於中央主管機關所定期限內，檢附第二條第一項第一款、第三款及廢止聘僱許可函或不予核發聘僱許可函影本等，向公立就業服務機構辦理轉換登記。但外國人依本法或人口販運防制法相關規定安置者，不在此限。

第 5 條

第二條第一項申請案件，中央主管機關經審核後，通知原勞動契約當事人。

原勞動契約當事人得於中央主管機關指定之資訊系統登錄必要資料，由公立就業服務機構辦理外國人轉換程序。

歷屆考題（109-3-2）

外國人甲君受聘僱從事家庭看護工作，並依「外國人受聘僱從事就業服務法第四十六條第一項第八款至第十一款規定工作之轉換雇主或工作程序準則」規定，經勞動部廢止原雇主乙君與甲君的聘僱許可，及同意甲君轉換雇主，請回答下列問題：

依上述準則第 4 條規定，應由誰向公立就業服務機構辦理甲君轉換登記？（3分）公立就業服務機構應自轉換登記的次日起，辦理為期多長的外國人轉換雇主作業？（3分）

答案

1. 原雇主　　　　　　　　　　2. 六十日內

第 6 條

雇主申請接續聘僱外國人，應檢附下列文件：

一、申請書。

二、申請人或公司負責人之身分證明文件；其公司登記證明、有限合夥登記證明、商業登記證明、工廠登記證明或特許事業許可證等影本。但依相關法令規定，免辦工廠登記證明或特許事業許可證者，免附。

三、申請月前二個月往前推算一年之僱用勞工保險投保人數明細表正本。但依外國人從事就業服務法第四十六條第一項第八款至第十一款工作資格及審查標準（以下簡稱審查標準）申請聘僱外國人，有下列情形之一者，免附：

　（一）在漁船從事海洋漁撈工作或中階技術海洋漁撈工作。

　（二）從事家庭幫傭工作、家庭看護工作或中階技術家庭看護工作。

　（三）從事機構看護工作或中階技術機構看護工作。

四、符合第七條接續聘僱外國人資格之證明文件正本。

五、求才證明書正本。但申請接續聘僱外國人從事家庭看護工作或中階技術家庭看護工作者，免附。

六、外國人預定工作內容說明書。

七、直轄市或縣（市）政府依聘僱許可辦法第二十二條第一項第五款或第四十四條第一項第五款規定開具之證明文件。

雇主持招募許可函申請接續聘僱外國人，免附前項第二款、第三款、第五款及第七款文件。

第 7 條

雇主申請接續聘僱外國人，公立就業服務機構應依下列順位辦理：

一、持外國人原從事同一工作類別之招募許可函，在招募許可函有效期間，得引進外國人而尚未足額引進者。

二、符合中央主管機關規定聘僱外國人資格，且與外國人原從事同一工作類別，於聘僱外國人人數未達審查標準規定之比率或數額上限者。

三、在招募許可函有效期間，得引進外國人而尚未足額引進者。

四、符合中央主管機關規定聘僱外國人資格，且聘僱外國人人數未達審查標準規定之比率或數額上限者。

五、屬製造業或營造業之事業單位未聘僱外國人或聘僱外國人人數，未達中央主管機關規定之比率或數額上限，並依本法第四十七條規定辦理國內招募，經招募無法滿足其需要者。

雇主申請接續聘僱外國人從事審查標準第六條第三款所定中階技術工作（以下簡稱中階技術外國人），公立就業服務機構應依前項第二款及第四款規定順位辦理。

製造業雇主依審查標準第二十五條之一規定，申請接續聘僱外國人從事製造工作，應符合第一項第二款規定。

公立就業服務機構經審核前三項申請接續聘僱登記符合規定後，應於中央主管機關指定之資訊系統登錄必要資料。

依第一項至第三項規定申請登記，自登記日起六十日內有效。期滿後仍有接續聘僱需要時，應重新辦理登記。

歷屆考題（111-1-2）

二、請依「外國人受聘僱從事就業服務法第四十六條第一項第八款至第十一款規定工作之轉換雇主或工作程序準則」（簡稱轉換準則）規定，回答以下問題：

(一)依轉換準則規定，公立就業服務機構應依規定的順位，辦理雇主接續聘僱外國人，請依照轉換準則第 7 條第 1 項規定，將下列五項順位資格之代碼，依序由第 1 順位排至第 5 順位（須依序填答代碼）：(4分)

A. 屬製造業或營造業之事業單位未聘僱外國人或聘僱外國人人數未達中央主管機關規定之比率或數額上限，並依本法第四十七條規定辦理國內招募，經招募無法滿足其需要者。

B. 符合中央主管機關規定聘僱外國人資格，且與外國人原從事同一工作類別，於聘僱外國人人數未達審查標準規定之比率或數額上限者。

C. 符合中央主管機關規定聘僱外國人資格，且聘僱外國人人數未達審查標準規定之比率或數額上限者。

D. 持外國人原從事同一工作類別之招募許可函，在招募許可函有效期間，得引進外國人而尚未足額引進者。

E. 在招募許可函有效期間，得引進外國人而尚未足額引進者。

二、答案

㈠ DBECA

歷屆考題（111-1-2）

請依「外國人受聘僱從事就業服務法第四十六條第一項第八款至第十一款規定工作之轉換雇主或工作程序準則」（簡稱轉換準則）規定，回答以下問題：

轉換準則第 10 條第 7 項規定，外國人在勞動部規定之期間內（現行令釋為 14 日），若無符合上述轉換準則第 7 條第 1 項規定中哪兩個順位資格的雇主登記接續聘僱，才可以由其他順位資格的雇主依序合意接續聘僱（請填答代碼）？（4分）

答案

DB

第 8 條

外國人辦理轉換登記，以原從事同一工作類別為限。但有下列情事之一者，不在此限：

一、由具有前條第一項第三款或第四款規定資格之雇主申請接續聘僱。

二、遭受性侵害、性騷擾、暴力毆打或經鑑別為人口販運被害人。

三、經中央主管機關核准。

看護工及家庭幫傭視為同一工作類別。

第 9 條

公立就業服務機構應依第七條第一項及第三項規定之順位、外國人期待工作地點、工作類別、賸餘工作期間及其他中央主管機關指定之條件，辦理轉換作業。不能區分優先順位時，由中央主管機關指定之資訊系統隨機決定。

公立就業服務機構辦理轉換作業，應依前項規定選定至少十名接續聘僱申請人，且其得接續聘僱外國人之人數應達辦理外國人轉換人數一點五倍。但得接續聘僱人數未達上開人數或比例時，不在此限。

第 10 條

公立就業服務機構應每週以公開協調會議方式，辦理接續聘僱外國人之作業。

前項協調會議應通知原雇主、接續聘僱申請人及外國人等相關人員參加。

原雇主、接續聘僱申請人未到場者，可出具委託書委託代理人出席。接續聘僱申請人或其代理人未出席者，視同放棄當次接續聘僱。

外國人應攜帶護照、居留證或其他相關證明文件，參加第一項之協調會議。但其護照及居留證遭非法留置者，不在此限。

外國人無正當理由不到場者，視同放棄轉換雇主或工作。

第一項之協調會議，接續聘僱申請人應說明外國人預定工作內容，並與外國人合意決定之。外國人人數超過雇主得接續聘僱外國人人數時，由公立就業服務機構協調之。

中央主管機關規定之期間內，外國人無符合第七條第一項第一款或第二款規定之申請人登記接續聘僱者，始得由符合第七條第一項第三款至第五款規定之申請人，依序合意接續聘僱。

第 11 條

公立就業服務機構應自原雇主依第四條第二項規定辦理轉換登記之翌日起六十日內，依前二條規定辦理外國人轉換作業。但外國人有特殊情形經中央主管機關核准者，得延長轉換作業期間六十日，並以一次為限。

外國人受雇主或其僱用員工、委託管理人、親屬或被看護者人身侵害，經中央主管機關廢止聘僱許可者，其申請延長轉換作業得不受前項次數限制。

經核准轉換雇主或工作之外國人，於轉換作業或延長轉換作業期間，無正當理由未依前條規定出席協調會議，或已逾前二項轉換作業期間仍無法轉換雇主或工作者，公立就業服務機構應通知原雇主於公立就業服務機構協調會議翌日起十四日內，負責為該外國人辦理出國手續並使其出國。但外國人有特殊情形經中央主管機關核准者，不在此限。

前項原雇主行蹤不明時，由直轄市、縣（市）主管機關洽請外國人工作所在地警察機關或移民主管機關，辦理外國人出國事宜。

符合第一項但書規定特殊情形之外國人，應於原轉換作業期間屆滿前十四日內，申請延長轉換作業期間。

歷屆考題（109-3-2）

外國人甲君受聘僱從事家庭看護工作，並依「外國人受聘僱從事就業服務法第四十六條第一項第八款至第十一款規定工作之轉換雇主或工作程序準則」規定，經勞動部廢止原雇主乙君與甲君的聘僱許可，及同意甲君轉換雇主，請回答下列問題：

依上述準則第 4 條規定，應由誰向公立就業服務機構辦理甲君轉換登記？（3分）公立就業服務機構應自轉換登記的次日起，辦理為期多長的外國人轉換雇主作業？（3分）

答案

1. 原雇主　　　　　　　　　　　2. 六十日內

歷屆考題（109-3-2）

外國人甲君受聘僱從事家庭看護工作，並依「外國人受聘僱從事就業服務法第四十六條第一項第八款至第十一款規定工作之轉換雇主或工作程序準則」規定，經勞動部廢止原雇主乙君與甲君的聘僱許可，及同意甲君轉換雇主，請回答下列問題：

依上述準則第 10 條及第 11 條規定，甲君應參加公立就業服務機構辦理的公開協調會議，請問公立就業服務機構應每幾週辦理公開協調會議？（2分）又，甲君若是無正當理由未依規定出席協調會議，應依公立就業服務機構通知，在協調會議次日起多少日內出國？（2分）

答案

1. 每週　　　　　　　　　　　　2. 十四日內

公立就業服務機構為外國人辦理轉換作業期間最長為幾日？但外國人有特殊情形經核准者，得延長轉換作業期間，並以幾次為限？（6分）

答案

1. 六十日內　　　　　　　　　　2. 一次

甲君之父母親年邁相繼病倒，均符合申請外籍看護工之資格條件，於是甲君以雇主名義申請外籍看護A君照顧父親，另申請外籍看護B君照顧母親，惟近日父親往生，因B君曾有逾假遲歸之情形，且A君平日表現亦較B君為優，爰經家人討論決定留下A君照顧母親，經詢問A君及B君均無異議。請依外國人受聘僱從事就業服務法第46條第1項第8款至第11款規定工作之轉換雇主或工作程序準則（以下簡稱外籍移工轉換準則）規定，回答下列問題：

承上，如甲君後續依外籍移工轉換準則第17條第1項及第4項所定親屬關係，辦理接續聘僱A君之相關程序，應向哪一機關提出申請？（2分）該申請期間，應自事由發生日（父親往生）起多少日內提出？（2分）

答案

1. 中央主管機關　　　　　　　　2. 六十日內

第 12 條

公立就業服務機構完成外國人轉換作業後，應發給接續聘僱證明書予接續聘僱之雇主及原雇主。

第 13 條

接續聘僱之雇主應於取得接續聘僱證明書之翌日起十五日內，檢具下列文件向中央主管機關申請核發聘僱許可或展延聘僱許可：

一、申請書。

二、申請人或公司負責人之身分證明文件、公司登記證明、有限合夥登記證明、商業登記證明、工廠登記證明、特許事業許可證等影本。但依相關法令規定，免辦工廠登記證明或特許事業許可證者，免附。

三、依第二十條規定，經當地主管機關核發受理通報之證明文件。

四、其他如附表一之文件。

雇主為人民團體者，除檢附前項第一款、第三款及第四款規定之文件外，應另檢附該團體負責人之身分證明文件及團體立案證書影本。

接續聘僱之雇主應於取得接續聘僱證明書之翌日起最長幾日內，向勞動部申請核發聘僱許可或展延聘僱許可？（2分）

答案

十五日內

第 14 條

接續聘僱之雇主聘僱許可期間最長爲三年。但以遞補招募許可申請接續聘僱者，以補足所聘僱外國人原聘僱許可期間爲限。

第 15 條

接續聘僱之雇主依本準則接續聘僱外國人之人數，與下列各款人數之合計，不得超過中央主管機關規定之比率或數額上限：

一、得申請招募許可人數、已取得招募許可人數及已聘僱外國人人數。但有下列情形之一者，不予列計：

　㈠已取得重新招募之外國人人數。

　㈡原招募許可所依據之事實事後發生變更，致無法申請遞補招募、重新招募或聘僱之外國人人數。

二、申請接續聘僱日前二年內，因可歸責雇主之原因，經廢止招募許可及聘僱許可之人數。

第 16 條

原雇主行蹤不明，外國人經工作所在地之直轄市或縣（市）主管機關認定有本法第五十九條第一項各款情事之一，且情況急迫需立即安置者，主管機關於徵詢外國人同意後，應逕行通知公立就業服務機構爲其辦理登記。

第 17 條

有下列情形之一，申請人得直接向中央主管機關申請接續聘僱外國人，不適用第二條至第十三條規定：

一、原雇主有死亡、移民或其他無法繼續聘僱外國人之事由，申請人與原被看護者有第四項規定親屬關係或申請人爲聘僱家庭幫傭之原雇主配偶者。

二、審查標準第三條、第四條第二款、第五條第一款、第四款、第六款及第六條第三款第一目、第二目、第四目、第八目所定工作之自然人雇主，因變更船主或負責人，且於事由發生日當月之前六個月起開始接續聘僱原雇主全部本國勞工者。

三、承購或承租原製造業雇主之機器設備或廠房，或承購或承租原雇主之屠宰場，且於事由發生日當月前六個月起開始接續聘僱原雇主全部本國勞工者。

四、原雇主因關廠、歇業等因素造成重大工程停工，接續承建原工程者。

五、經中央主管機關廢止或不予核發聘僱許可之外國人及符合第七條第一項第一款、第二款或第三項申請資格之雇主，於中央主管機關核准外國人轉換雇主作業期間，簽署雙方合意接續聘僱證明文件者（以下簡稱雙方合意接續聘僱）。

六、外國人、原雇主及符合第七條第一項第一款、第二款或第三項申請資格之雇主簽署三方合意接續聘僱證明文件者（以下簡稱三方合意接續聘僱）。

事業單位併購後存續、新設或受讓事業單位，於事由發生日當月前六個月內接續聘僱或留用原雇主全部或分割部分之本國勞工者，應直接向中央主管機關申請資料異動，不適用第二條至第十五條規定。

事業單位爲法人者，其船主或負責人變更時，應向中央主管機關申請船主或負責人資料異動，不適用第二條至第十五條規定。

第一項第一款之親屬關係如下：

一、配偶。

二、直系血親。

三、三親等內之旁系血親。

四、繼父母、繼子女、配偶之父母或繼父母、子女或繼子女之配偶。

五、祖父母與孫子女之配偶、繼祖父母與孫子女、繼祖父母與孫子女之配偶。

歷屆考題（109-2-1）

甲君之父母親年邁相繼病倒，均符合申請外籍看護工之資格條件，於是甲君以雇主名義申請外籍看護 A 君照顧父親，另申請外籍看護 B 君照顧母親，惟近日父親往生，因 B 君曾有逾假遲歸之情形，且 A 君平日表現亦較 B 君為優，爰經家人討論決定留下 A 君照顧母親，經詢問 A 君及 B 君均無異議。請依外國人受聘僱從事就業服務法第 46 條第 1 項第 8 款至第 11 款規定工作之轉換雇主或工作程序準則（以下簡稱外籍移工轉換準則）規定，回答下列問題：

甲君辦理 B 君轉換雇主，得透過哪一機構辦理？（2分）或哪一種合意方式辦理？（2分）另 B 君得否轉換為家庭幫傭？（2分）

答案

1. 公立就業服務機構　　　　2. 三方合意接續聘僱

3. 可轉換為家庭幫傭

歷屆考題（111-1-2）

若有一名外國人、原雇主及同一工作類別的新雇主三方合意接續聘僱，依轉換雇主準則第 17 條第 1 項第 6 款規定，則應簽署什麼證明文件？申請人得直接向何機關申請接續聘僱外國人？（2分）

答案

1. 三方合意接續聘僱證明文件者　　2. 中央主管機關

第 18 條

雇主有前條第一項第三款情事，依第十五條規定接續聘僱第二類外國人總人數之比率，得依下列情形予以提高。但合計不得超過雇主申請當月前二個月之前一年僱用員工平均人數之百分之四十：

一、提高比率至百分之五者：雇主聘僱外國人每人每月額外繳納就業安定費新臺幣三千元。

二、提高比率超過百分之五至百分之十者：雇主聘僱外國人每人每月額外繳納就業安定費新臺幣五千元。

三、提高比率超過百分之十至百分之十五者：雇主聘僱外國人每人每月額外繳納就業安定費新臺幣七千元。

四、提高比率超過百分之十五至百分之二十者：雇主聘僱外國人每人每月額外繳納就業安定費新臺幣九千元。

雇主依前項各款提高比率接續聘僱外國人後，不得變更應額外繳納就業安定費之數額。

第 19 條

第十七條第一項各款所定情形，其申請期間如下：

一、第一款至第四款：應於事由發生日起六十日內提出。

二、第五款及第六款：應於雙方或三方合意接續聘僱之翌日起十五日內提出。

前項第一款事由發生日如下：

一、第十七條第一項第一款：原雇主死亡、移民或其他事由事實發生日。

二、第十七條第一項第二款及第三款：漁船、箱網養殖漁業、養護機構、工廠、屠宰場、農、林、牧場域或養殖場變更或註銷登記日。

三、第十七條第一項第四款：接續承建原工程日。

第十七條第二項所定情形，應於併購基準日起六十日內提出申請。

原雇主於取得招募許可後至外國人未入國前有第十七條第一項第一款規定之情事者，符合同條第四項親屬關係之申請人，得於外國人入國後十五日內，向中央主管機關申請接續聘僱許可。

第十七條第一項第二款、第三款及第二項之原雇主已取得招募許可，且於許可有效期間尚未足額申請或引進外國人之人數者，申請人應於第一項及第二項規定期間內一併提出申請。

第 20 條

雇主接續聘僱第二類外國人及中階技術外國人者，應檢附下列文件，通知當地主管機關實施檢查：

一、雇主接續聘僱外國人通報單。

二、外國人生活照顧服務計畫書。

三、外國人名冊。

四、外國人入國工作費用及工資切結書。但接續聘僱中階技術外國人者，免附。

五、中央主管機關規定之其他文件。

前項雇主應於下列所定之期間，通知當地主管機關：

一、依第七條規定申請者：於公立就業服務機構發給接續聘僱證明書之日起三日內。

二、依第十七條第一項第一款至第四款及第二項規定申請者：於前條第二項及第三項所定之事由發生日起六十日內。但原雇主於取得招募許可後至外國人未入國前有第十七條第一項第一款規定之情事者，符合同條第四項親屬關係之申請人，於外國人入國後三日內。

三、依第十七條第一項第五款及第六款規定申請者：於雙方或三方合意接續聘僱日起三日內。

雇主依前二項規定通知當地主管機關後，撤回者不生效力。

雇主檢附之文件符合第一項規定者，當地主管機關應核發受理雇主接續聘僱外國人通報證明書，並依聘僱許可辦法第三十三條及第三十四條規定辦理。但核發證明書之日前六個月內已檢查合格者，得免實施第一項檢查。

第 21 條

接續聘僱之雇主或原雇主依本準則接續聘僱或轉出外國人時，不得以同一外國人名額，同時或先後簽署雙方或三方合意接續聘僱證明文件，或至公立就業服務機構接續聘僱或轉出外國人。

第 22 條

雇主依第十七條第一項規定申請接續聘僱外國人，應檢附下列文件：

一、申請書。

二、事由證明文件。

三、依第二十條規定，經當地主管機關核發受理通報之證明文件。

四、其他如附表二之文件。

前項第二款事由證明如下：

一、依第十七條第一項第一款規定資格申請者：

　㈠原雇主死亡、移民或其他無法繼續聘僱外國人相關證明文件。

　㈡申請人及被看護者或受照顧人之戶口名簿影本。

二、依第十七條第一項第二款規定資格申請者：

　㈠審查標準第三條、第四條第二款、第五條第一款、第四款、第六款及第六條第三款第一目、第二目、
　　第四目、第八目所定工作之自然人雇主變更船主或負責人證明文件影本。

　㈡原雇主聘僱本國勞工及申請人所接續聘僱本國勞工之勞工保險資料及名冊正本。

三、依第十七條第一項第三款規定資格申請者：

　㈠工廠或屠宰場買賣發票或依公證法公證之租賃契約書影本。

　㈡工廠、屠宰場或公司變更登記及註銷等證明文件影本。

　㈢原雇主聘僱本國勞工及申請人所接續聘僱本國勞工之勞工保險資料及名冊影本。

四、依第十七條第一項第四款規定資格申請者：

　㈠原雇主關廠歇業證明文件影本。

　㈡申請人公司登記證明文件影本。

　㈢申請人承接原工程之工程契約書影本。

五、依第十七條第一項第五款規定資格申請者：雙方合意接續聘僱之證明文件。

六、依第十七條第一項第六款規定資格申請者：

　㈠第二條第一項第二款證明文件之一。

　㈡三方合意接續聘僱之證明文件。

依第十七條第二項資格申請資料異動，應檢附下列文件：

一、申請書。

二、事由證明文件。

三、負責人之身分證明文件、申請人及原雇主公司登記證明、有限合夥登記證明、商業登記證明。

依第十七條第三項資格申請資料異動，應檢附下列文件：

一、申請書。

二、事業單位依法變更登記相關證明文件。

三、負責人身分證明文件。

第 23 條

受聘僱為第二類外國人或中階技術外國人，於聘僱許可期間屆滿前二個月至四個月內，經與原雇主協議不續聘，且願意轉由新雇主接續聘僱者（以下簡稱期滿轉換之外國人），原雇主應檢附下列文件向中央主管機關申請轉換雇主或工作。但外國人已於前開期間由新雇主申請期滿轉換並經許可者，原雇主得免向中央主管機關申請外國人轉換雇主或工作：

一、申請書。

二、外國人同意轉換雇主或工作之證明文件。

中央主管機關應依前項外國人之意願，於指定之資訊系統登錄必要資料。

公立就業服務機構於前項資料登錄後，應依外國人期待工作地點、工作類別及其他中央主管機關指定之條件，辦理外國人期滿轉換作業；其程序依第九條第二項、第十條及第十二條規定。

第 24 條

雇主申請接續聘僱期滿轉換之第二類外國人，應以招募許可函有效期間，尚未足額引進者為限。

雇主申請接續聘僱期滿轉換之中階技術外國人，應符合審查標準規定，其聘僱外國人人數，以尚未足額聘僱者為限。

第 25 條

期滿轉換之外國人辦理轉換雇主或工作，不以原從事之同一工作類別為限。

轉換工作類別之外國人，其資格應符合審查標準規定。

第 26 條

期滿轉換之外國人，應於中央主管機關核准轉換雇主或工作之日起至聘僱許可期間屆滿前十四日內，辦理轉換作業。

前項所定轉換作業期間，不得申請延長。

經中央主管機關核准轉換雇主或工作之期滿轉換外國人，逾第一項轉換作業期間仍無法轉換雇主或工作者，應由原雇主於聘僱許可期間屆滿前，負責為該外國人辦理出國手續並使其出國。

第 27 條

符合第二十四條申請資格之雇主，於外國人聘僱許可有效期間屆滿前，與期滿轉換之外國人簽署雙方合意接續聘僱證明文件者，應直接向中央主管機關申請接續聘僱外國人，不適用第二條至第十三條及第二十三條規定。

第 28 條

雇主接續聘僱期滿轉換之外國人，應於下列所定之日起三日內，檢附第二十條第一項所定文件通知當地主管機關實施檢查：

一、公立就業服務機構發給期滿轉換接續聘僱證明書之日。

二、與外國人簽署雙方合意接續聘僱證明文件之日。

雇主依前項規定通知當地主管機關後，不得撤回。但有不可歸責於雇主之事由者，不在此限。

雇主檢附之文件符合第一項規定者，當地主管機關應核發受理雇主接續聘僱期滿轉換之外國人通報證明書，並依聘僱許可辦法第三十三條及第三十四條規定辦理。但核發證明書之日前一年內已檢查合格者，得免實施第一項檢查。

歷屆考題（103-3-3）

雇主應於取得接續聘僱證明書之日起最長幾日內檢附文件通知當地主管機關實施檢查？（2分）

答案

三日

第 29 條

雇主接續聘僱期滿轉換之第二類外國人，應於簽署雙方合意接續聘僱證明文件之翌日起十五日內，檢具下列文件向中央主管機關申請核發接續聘僱許可：

一、申請書。

二、申請人或公司負責人之身分證明文件；其公司登記證明、有限合夥登記證明、商業登記證明、工廠登記證明或特許事業許可證等影本。但依相關法令規定，免辦工廠登記證明或特許事業許可證者，免附。

三、依前條規定，經當地主管機關核發受理通報之證明文件。

四、招募許可函正本。但接續聘僱中階技術外國人者，免附。

五、審查費收據正本。

六、外國人向入出國管理機關申請居留之證明文件。

前項第四款招募許可函未具引進效力者，應另檢附入國引進許可函及名冊正本。

雇主接續聘僱期滿轉換之中階技術外國人，除檢具第一項第一款至第三款、第五款規定文件外，應另檢附下列文件：

一、求才證明書。但聘僱從事中階技術家庭看護工作者，免附。

二、雇主辦理國內招募時，其聘僱國內勞工之名冊。但聘僱從事中階技術家庭看護工作者，免附。

三、直轄市或縣（市）政府依聘僱許可辦法第四十四條第一項第五款開具之證明文件。

四、受聘僱外國人之護照影本或外僑居留證影本。

雇主為人民團體者，除檢附第一項第一款、第三款至第六款及前項規定之文件外，應另檢附該團體負責人之身分證明文件及團體立案證書影本。

中央主管機關應自期滿轉換外國人之原聘僱許可期間屆滿之翌日起核發接續聘僱許可，許可期間最長為三年。但以遞補招募許可申請接續聘僱者，以補足所聘僱外國人原聘僱許可期間為限。

第 30 條

接續聘僱外國人之雇主，應於下列所定之日起依本法之規定負雇主責任，並繳交就業安定費：

一、依第七條規定申請者，自公立就業服務機構核發接續聘僱證明書之日。

二、依第十七條第一項第一款至第四款規定申請者，自第十九條第二項規定之事由發生日。

三、依第十七條第一項第五款及第六款規定申請者，自雙方合意接續聘僱或三方合意接續聘僱日。

四、依第十七條第二項規定申請者，自第十九條第三項規定之事由發生日。

五、依第二十七條及第二十九條規定申請者，自原聘僱許可期間屆滿翌日。

前項之雇主經中央主管機關不予核發聘僱許可者，中央主管機關得核發外國人自前項所定之日起至不予核發聘僱許可日之期間之接續聘僱許可。

第一項之雇主，自第一項所定之日起對所接續聘僱外國人有本法第五十六條規定之情形者，應依規定通知當地主管機關、入出國管理機關及警察機關，並副知中央主管機關。但因聘僱關係終止而通知者，當地主管機關應依聘僱許可辦法第六十八條規定辦理。

第 31 條

接續聘僱之雇主得於聘僱許可期間屆滿前，依審查標準及相關規定辦理重新招募。但接續聘僱原經中央主

管機關核准從事營造工作之外國人，接續聘僱之期間，以補足該外國人原聘僱許可期間為限。

前項辦理重新招募外國人時，其重新招募外國人人數、已聘僱外國人人數及已取得招募許可人數，合計不得超過中央主管機關規定之比率或數額上限。

審查標準第五條第一款所定製造工作之雇主，申請前項重新招募許可人數，以同一勞工保險證號之前次招募許可引進或接續聘僱許可人數為限。

雇主依第十三條或第十七條規定辦妥聘僱許可或展延聘僱許可後，已逾重新招募辦理期間者，得於取得聘僱許可或展延聘僱許可四個月內辦理重新招募。

雇主接續聘僱中階技術外國人，免辦理重新招募許可。

第 32 條

製造業雇主聘僱外國人人數與其依第七條第一項第一款至第五款及第十七條第一項第三款規定接續聘僱外國人人數、引進前條第一項外國人總人數，及中央主管機關辦理查核雇主聘僱外國人之比率及方式，應符合附表四規定。

前項雇主，未依審查標準第二十五條規定聘僱外國人者，每月至少應聘僱本國勞工一人，始得聘僱外國人一人。

中央主管機關自雇主接續聘僱第一項首名外國人滿三個月起，每三個月依前二項規定查核雇主聘僱外國人之比率或人數及本國勞工人數。

第一項及第二項聘僱外國人人數、本國勞工人數及僱用員工人數，以中央主管機關查核當月之前二個月為基準月份，自基準月份起採計前三個月參加勞工保險人數之平均數計算。

取得審查標準第三十條資格，依第七條第一項第一款至第四款及第十七條第一項第三款規定接續聘僱外國人之製造業雇主，中央主管機關除依前四項規定辦理查核外，並應依審查標準第三十四條附表八規定辦理下列查核：

一、雇主聘僱外國人人數及引進審查標準第二十四條、第二十五條、第二十六條至第二十八條、第三十一條所定外國人總人數。

二、雇主同一勞工保險證號應新增聘僱國內勞工，其勞工保險投保薪資及勞工退休金提繳工資，應符合下列規定：

　㈠符合審查標準第三十條第一項規定者：均達新臺幣三萬零三百元以上。

　㈡符合審查標準第三十條第二項規定者：均達新臺幣三萬三千三百元以上。

雇主聘僱外國人超過第一項及前項第一款所定之比率或人數，及聘僱本國勞工人數未符第二項所定人數，經中央主管機關通知限期改善，屆期未改善者，或違反前項第二款規定，應依本法第七十二條規定，廢止雇主超過規定人數之招募許可及聘僱許可，並計入第十五條與審查標準第二十五條附表六之聘僱外國人總人數。

第一項至第五項雇主聘僱外國人總人數，不計入中階技術外國人人數。

第 33 條

屠宰業雇主聘僱外國人人數與其依第七條第一項第一款至第四款及第十七條第一項第三款規定接續聘僱外國人人數、引進第三十一條第一項外國人總人數，及中央主管機關辦理查核雇主聘僱外國人之比率及方式，應符合附表五規定。

中央主管機關自雇主接續聘僱前項首名外國人滿三個月起，每三個月依前項規定查核雇主聘僱外國人之比率或人數。

第一項聘僱外國人人數及僱用員工人數，以中央主管機關查核當月之前二個月為基準月份，自基準月份起採計前三個月參加勞工保險人數之平均數計算。

雇主聘僱外國人超過第一項所定之比率或人數，經中央主管機關通知限期改善，屆期未改善者，應依本法第七十二條規定，廢止雇主超過規定人數之招募許可及聘僱許可，並分別計入第十五條與審查標準第四十九條附表十之聘僱外國人總人數。

第 34 條

雇主或外國人未依本準則所定期限通知或申請者，經中央主管機關認可後，得於所定期限屆滿後十五日內，補行通知或申請。

前項雇主補行通知或申請，就同一通知或申請案別，以一次為限。

第 35 條

本準則所規定之書表格式，由中央主管機關公告之。

第 36 條

本準則自發布日施行。

本準則中華民國一百零六年七月六日修正發布之條文，自一百零七年一月一日施行；一百十一年四月二十九日修正發布之條文，自一百十一年四月三十日施行；一百十一年十月十二日修正發布之第十三條附表一、第二十九條附表三，自一百十一年八月十七日施行；一百十三年一月三日修正發布之條文，自一百十三年一月四日施行。

雇主聘僱本國籍照顧服務員補助辦法

修正日期：112 年 05 月 15 日

第 1 條

本辦法依就業服務法（以下簡稱本法）第二十三條第二項規定訂定之。

第 2 條

符合外國人從事就業服務法第四十六條第一項第八款至第十一款工作資格及審查標準（以下簡稱審查標準）之雇主，聘僱本國籍照顧服務員，照顧符合審查標準第十八條第一項規定之被看護者，得依本辦法規定申請補助金。

前項所定本國籍照顧服務員，應具有中華民國國籍，並具備下列資格之一者：

一、領有照顧服務員訓練結業證明書。

二、領有照顧服務員職類技術士證。

三、高中（職）以上學校護理、照顧相關科、系、組、所、學位學程畢業。

四、完成經中央衛生福利主管機關公告之照顧服務員修業課程，並取得修業證書。

歷屆考題（111-2-3）

我國已進入高齡社會，照顧服務需求漸增而有人力短缺的情形，為鼓勵雇主聘僱本國籍照顧服務員，依雇主聘僱本國籍照顧服務員補助辦法，已符合聘僱外籍家庭看護工之雇主僱用本國籍照顧服務員可申請補助金，依該辦法第 2 條第 2 項規定，本國籍照顧服務員應具有中華民國國籍，並具備 3 款資格之一，請回答是哪 3 款資格？（3 分）

答案

　1. 領有照顧服務員訓練結業證明書

　2. 領有照顧服務員職類技術士證

　3. 高中（職）以上學校護理、照顧相關科（組）畢業

第 3 條

雇主聘僱照顧服務員，符合下列各款規定者，由公立就業服務機構發給補助金：

一、聘僱由各直轄市或縣（市）政府推介並開立推介證明之照顧服務員。

二、聘僱照顧服務員平均每週工作時數達四十小時，聘僱期間連續達一個月以上。

三、依勞動契約以金融機構轉帳方式發給工資。

聘僱期間依實際聘僱時間以三十日為一個月計算，其末月聘僱時間逾二十日而未滿三十日者，以一個月計算。

第 4 條

雇主應於聘僱照顧服務員每滿三個月之次日起九十日內，檢附下列文件，向實際勞務提供所在地之當地公立就業服務機構申請發給補助金：

一、申請書。

二、聘僱名冊、領據、印領清冊及薪資轉帳金融帳戶影本。

三、照顧服務員之身分證影本。

四、勞動契約影本。

五、各直轄市或縣（市）政府開立之推介證明。

第 5 條

本辦法之補助金，以每一被看護者發給雇主每月新臺幣一萬元，合計最長以十二個月為限。

第 6 條

有下列情形之一者，不發給雇主補助金：

一、同一被看護者，已發給雇主合計滿十二個月補助金。

二、照顧服務員為雇主之配偶、直系血親或其配偶、配偶之直系血親或其配偶。

三、聘僱照顧服務員或被看護者，於同一時期已領取政府機關其他同性質之照顧服務相關補助或津貼。

四、雇主及受推介之照顧服務員，未於七日內將推介就業與否回覆卡檢送各直轄市或縣（市）政府。

五、不實申領。

六、雇主有規避、妨礙或拒絕推介單位或公立就業服務機構查核之情事。

七、因可歸責於雇主之事由致與申請案聘僱之照顧服務員發生勞資爭議，經查屬實。

八、雇主已聘僱外國人從事家庭看護工作。

第 7 條

雇主有前條各款情事之一，經公立就業服務機構撤銷或廢止補助時，補助金應繳回者，公立就業服務機構應以書面通知限期繳回，逾期仍未繳回者，依法移送強制執行。

第 8 條

雇主有前條經撤銷或廢止補助情形時，二年內不得申領本辦法補助金。

第 9 條

本辦法所需經費由本法第五十五條第一項之就業安定基金支應。

本辦法補助金之發給或停止，得視前項經費額度調整，並公告之。

第 9-1 條

雇主聘僱依法取得工作權之外籍配偶或大陸地區配偶照顧服務員，適用本辦法。

前項所定照顧服務員，應具備第二條第二項各款資格之一。

雇主聘僱第一項所定照顧服務員，申請補助金時應檢附第四條第一款、第二款、第四款、第五款規定文件及照顧服務員有效期間居留證明文件。

第 10 條

本辦法相關書表、格式，由中央主管機關另定之。

第 11 條

本辦法自發布日施行。

就業保險法

就業保險法

修正日期：111 年 01 月 12 日

第一章　總則

第 1 條

為提昇勞工就業技能，促進就業，保障勞工職業訓練及失業一定期間之基本生活，特制定本法；本法未規定者，適用其他法律之規定。

第 2 條

就業保險（以下簡稱本保險）之主管機關：在中央為勞動部；在直轄市為直轄市政府；在縣（市）為縣（市）政府。

第 3 條

本保險業務，由勞工保險監理委員會監理。

被保險人及投保單位對保險人核定之案件發生爭議時，應先向勞工保險監理委員會申請審議；對於爭議審議結果不服時，得依法提起訴願及行政訴訟。

第二章　保險人、投保對象及投保單位

第 4 條

本保險由中央主管機關委任勞工保險局辦理，並為保險人。

第 5 條

年滿十五歲以上，六十五歲以下之下列受僱勞工，應以其雇主或所屬機構為投保單位，參加本保險為被保險人：

一、具中華民國國籍者。

二、與在中華民國境內設有戶籍之國民結婚，且獲准居留依法在臺灣地區工作之外國人、大陸地區人民、香港居民或澳門居民。

前項所列人員有下列情形之一者，不得參加本保險：

一、依法應參加公教人員保險或軍人保險。

二、已領取勞工保險老年給付或公教人員保險養老給付。

三、受僱於依法免辦登記且無核定課稅或依法免辦登記且無統一發票購票證之雇主或機構。

受僱於二個以上雇主者，得擇一參加本保險。

歷屆考題（110-1-3）

甲公司僱用年齡逾 65 歲之求職人，可否為該員工投保就業保險？（1 分）

答案

否

第 6 條

本法施行後，依前條規定應參加本保險為被保險人之勞工，自投保單位申報參加勞工保險生效之日起，取得本保險被保險人身分；自投保單位申報勞工保險退保效力停止之日起，其保險效力即行終止。

本法施行前，已參加勞工保險之勞工，自本法施行之日起，取得被保險人身分；其依勞工保險條例及勞工保險失業給付實施辦法之規定，繳納失業給付保險費之有效年資，應合併計算本保險之保險年資。

依前條規定應參加本保險為被保險人之勞工，其雇主或所屬團體或所屬機構未為其申報參加勞工保險者，各投保單位應於本法施行之當日或勞工到職之當日，為所屬勞工申報參加本保險；於所屬勞工離職之當日，列表通知保險人。其保險效力之開始或停止，均自應為申報或通知之當日起算。

但投保單位非於本法施行之當日或勞工到職之當日為其申報參加本保險者，除依本法第三十八條規定處罰外，其保險效力之開始，均自申報或通知之翌日起算。

第 7 條

主管機關、保險人及公立就業服務機構為查核投保單位勞工工作情況、薪資或離職原因，必要時，得查對其員工名冊、出勤工作紀錄及薪資帳冊等相關資料，投保單位不得規避、妨礙或拒絕。

第三章　保險財務

第 8 條

本保險之保險費率，由中央主管機關按被保險人當月之月投保薪資百分之一至百分之二擬訂，報請行政院核定之。

就業保險費率：1%

勞工保險普通事故保險費率：（112-113 年 11%）

歷屆考題（109-1-5）

㈠依勞工保險條例所定之普通事故保險及就業保險法所定就業保險之保險費率，現行分別為百分之多少？（4分）

㈡承上，上述 2 種保險之保費，甲君與乙公司分別要負擔百分之多少？（4分）

答案

㈠ 1.勞工保險條例所定之普通事故保險之保險費率：10%。

　　2.就業保險法所定就業保險之保險費率：1%。

㈡ 1.甲君 20%　　　　　　　　　　2.乙公司 70%

第 9 條

本保險之保險費率，保險人每三年應至少精算一次，並由中央主管機關聘請精算師、保險財務專家、相關學者及社會公正人士九人至十五人組成精算小組審查之。

有下列情形之一者，中央主管機關應於前條規定之保險費率範圍內調整保險費率：

一、精算之保險費率，其前三年度之平均值與當年度保險費率相差幅度超過正負百分之五。

二、本保險累存之基金餘額低於前一年度保險給付平均月給付金額之六倍或高於前一年度保險給付平均月給付金額之九倍。

三、本保險增減給付項目、給付內容、給付標準或給付期限，致影響保險財務。

第四章　保險給付

第 10 條

本保險之給付，分下列五種：

一、失業給付。

二、提早就業獎助津貼。

三、職業訓練生活津貼。

四、育嬰留職停薪津貼。

五、失業之被保險人及隨同被保險人辦理加保之眷屬全民健康保險保險費補助。

前項第五款之補助對象、補助條件、補助標準、補助期間之辦法，由中央主管機關定之。

歷屆考題（99-2-8）

依就業保險法規定，就業保險有哪幾種給付？（5分）

答案

1. 失業給付。
2. 提早就業獎助津貼。
3. 職業訓練生活津貼。
4. 育嬰留職停薪津貼。
5. 失業之被保險人及隨同被保險人辦理加保之眷屬全民健康保險保險費補助。

歷屆考題（110-2-3）

就業保險之保險給付中，針對 A 君及同 A 君辦理加保之眷屬可給付何種保費補助？（1分）

答案

全民健康保險保險費

第 11 條

本保險各種保險給付之請領條件如下：

一、失業給付：被保險人於非自願離職辦理退保當日前三年內，保險年資合計滿一年以上，具有工作能力及繼續工作意願，向公立就業服務機構辦理求職登記，自求職登記之日起十四日內仍無法推介就業或安排職業訓練。

二、提早就業獎助津貼：符合失業給付請領條件，於失業給付請領期間屆滿前受僱工作，並參加本保險三個月以上。

三、職業訓練生活津貼：被保險人非自願離職，向公立就業服務機構辦理求職登記，經公立就業服務機構安排參加全日制職業訓練。

四、育嬰留職停薪津貼：被保險人之保險年資合計滿一年以上，子女滿三歲前，依性別工作平等法之規定，辦理育嬰留職停薪。

被保險人因定期契約屆滿離職，逾一個月未能就業，且離職前一年內，契約期間合計滿六個月以上者，視為非自願離職，並準用前項之規定。

本法所稱非自願離職，指被保險人因投保單位關廠、遷廠、休業、解散、破產宣告離職；或因勞動基準法第十一條、第十三條但書、第十四條及第二十條規定各款情事之一離職。

非自願離職與視為非自願離職

非自願離職

指被保險人因投保單位關廠、遷廠、休業、解散、破產宣告離職；或因勞動基準法第十一條、第十三條但書、第十四條及第二十條規定各款情事之一離職。

視為非自願離職

被保險人因定期契約屆滿離職，逾一個月未能就業，且離職前一年內，契約期間合計滿六個月以上者，並準用前項之規定。

勞動基準法 第 11 條	非有左列情事之一者，雇主不得預告勞工終止勞動契約： 一、歇業或轉讓時。 二、虧損或業務緊縮時。 三、不可抗力暫停工作在一個月以上時。 四、業務性質變更，有減少勞工之必要，又無適當工作可供安置時。 五、勞工對於所擔任之工作確不能勝任時。
勞動基準法 第 13 條	勞工在第五十條規定之停止工作期間或第五十九條規定之醫療期間，雇主不得終止契約。但雇主因天災、事變或其他不可抗力致事業不能繼續，經報主管機關核定者，不在此限。
勞動基準法 第 14 條	有下列情形之一者，勞工得不經預告終止契約： 一、雇主於訂立勞動契約時為虛偽之意思表示，使勞工誤信而有受損害之虞者。 二、雇主、雇主家屬、雇主代理人對於勞工，實施暴行或有重大侮辱之行為者。 三、契約所訂之工作，對於勞工健康有危害之虞，經通知雇主改善而無效果者。 四、雇主、雇主代理人或其他勞工患有法定傳染病，對共同工作之勞工有傳染之虞，且重大危害其健康者。 五、雇主不依勞動契約給付工作報酬，或對於按件計酬之勞工不供給充分之工作者。 六、雇主違反勞動契約或勞工法令，致有損害勞工權益之虞者。 勞工依前項第一款、第六款規定終止契約者，應自知悉其情形之日起，三十日內為之。但雇主有前項第六款所定情形者，勞工得於知悉損害結果之日起，三十日內為之。 有第一項第二款或第四款情形，雇主已將該代理人間之契約終止，或患有法定傳染病者依衛生法規已接受治療時，勞工不得終止契約。 第十七條規定於本條終止契約準用之。
勞動基準法 第 20 條	事業單位改組或轉讓時，除新舊雇主商定留用之勞工外，其餘勞工應依第十六條規定期間預告終止契約，並應依第十七條規定發給勞工資遣費。其留用勞工之工作年資，應由新雇主繼續予以承認。

歷屆考題（101-1-1）

請問失業給付的請領條件為何（8分）？

答案

被保險人於非自願離職辦理退保當日前三年內，保險年資合計滿一年以上，具有工作能力及繼續工作意願，向公立就業服務機構辦理求職登記，自求職登記之日起十四日內仍無法推介就業或安排職業訓練。

歷屆考題（97-2-3）

就業保險法所稱「非自願離職」之定義為何？（4分）

答案

指被保險人因投保單位關廠、遷廠、休業、解散、破產宣告離職；或因勞動基準法第十一條、第十三條但書、第十四條及第二十條規定各款情事之一離職。

歷屆考題（100-2-4）

依就業保險法第 11 條第 3 項規定，被保險人除投保單位因勞動基準法第 11 條、第 13 條但書、第 14 條及第 20 條各款情事之一離職以外，還有因投保單位發生哪些情形而離職，亦屬「非自願離職」？（10分）

答案

關廠、遷廠、休業、解散、破產宣告離職

第 12 條

公立就業服務機構為促進失業之被保險人再就業，得提供就業諮詢、推介就業或參加職業訓練。

前項業務得由主管機關或公立就業服務機構委任或委託其他機關（構）、學校、團體或法人辦理。

中央主管機關得於就業保險年度應收保險費百分之十及歷年經費執行賸餘額度之範圍內提撥經費，辦理下列事項：

一、被保險人之在職訓練。

二、被保險人失業後之職業訓練、創業協助及其他促進就業措施。

三、被保險人之僱用安定措施。

四、雇主僱用失業勞工之獎助。

辦理前項各款所定事項之對象、職類、資格條件、項目、方式、期間、給付標準、給付限制、經費管理、運用及其他應遵行事項之辦法，由中央主管機關定之。

第一項所稱就業諮詢，指提供選擇職業、轉業或職業訓練之資訊與服務、就業促進研習活動或協助工作適應之專業服務。

歷屆考題（102-2-3）

協助就業保險非自願離職者辦理失業後之失業認定與協助就業、推介參加職業訓練之機關？（2分）

答案

公立就業服務機構

歷屆考題（98-3-2）

依就業保險法第 12 條規定，公立就業服務機構為促進被保險人失業後再就業，得提供就業諮詢、推介就業或參加職業訓練。其所稱就業諮詢，係包括哪些服務內容？（10分）

答案

指提供選擇職業、轉業或職業訓練之資訊與服務、就業促進研習活動或協助工作適應之專業服務。

第 13 條

申請人對公立就業服務機構推介之工作，有下列各款情事之一而不接受者，仍得請領失業給付：

一、工資低於其每月得請領之失業給付數額。

二、工作地點距離申請人日常居住處所三十公里以上。

第 14 條

申請人對公立就業服務機構安排之就業諮詢或職業訓練，有下列情事之一而不接受者，仍得請領失業給付：

一、因傷病診療，持有證明而無法參加者。

二、為參加職業訓練，需要變更現在住所，經公立就業服務機構認定顯有困難者。

申請人因前項各款規定情事之一，未參加公立就業服務機構安排之就業諮詢或職業訓練，公立就業服務機構在其請領失業給付期間仍得擇期安排。

歷屆考題（97-1-6）

A 任職於甲公司，並與公司簽訂 1 年期定期契約 A 因期限屆滿離職；請依就業保險法規定回答以下問題：

㈠A 失業期間連續達多久以上，即得視為非自願性離職，準用失業給付相關申請規定？（2分）

㈡依該法第 13 條規定，A 到公立就業服務機構申請失業給付，公立就業服務機構推介工作給 A 請問 A 在哪些情形下得拒絕就業推介，而仍得請領失業給付？（4分）

㈢依該法第 14 條規定，經公立就業服務機構評估，A 需要接受就業諮詢及職業訓練。請 A 在哪些情形下得拒絕，而仍得請領失業給付？（4分）

答案

㈠一個月以上。

㈡ 1. 工資低於其每月得請領之失業給付數額。

　 2. 工作地點距離申請人日常居住處所三十公里以上。

㈢ 1. 因傷病診療，持有證明而無法參加者。

　 2. 為參加職業訓練，需要變更現在住所，經公立就業服務機構認定顯有困難者。

第 15 條

被保險人有下列情形之一者，公立就業服務機構應拒絕受理失業給付之申請：

一、無第十三條規定情事之一不接受公立就業服務機構推介之工作。

二、無前條規定情事之一不接受公立就業服務機構之安排，參加就業諮詢或職業訓練。

第 16 條

失業給付按申請人離職辦理本保險退保之當月起前六個月平均月投保薪資百分之六十按月發給，最長發給六個月。但申請人離職辦理本保險退保時已年滿四十五歲或領有社政主管機關核發之身心障礙證明者，最長發給九個月。

中央主管機關於經濟不景氣致大量失業或其他緊急情事時，於審酌失業率及其他情形後，得延長前項之給付期間最長至九個月，必要時得再延長之，但最長不得超過十二個月。但延長給付期間不適用第十三條及第十八條之規定。

前項延長失業給付期間之認定標準、請領對象、請領條件、實施期間、延長時間及其他相關事項之辦法，由中央主管機關擬訂，報請行政院核定之。

受領失業給付未滿前三項給付期間再參加本保險後非自願離職者，得依規定申領失業給付。但合併原已領取之失業給付月數及依第十八條規定領取之提早就業獎助津貼，以發給前三項所定給付期間為限。

依前四項規定領滿給付期間者，自領滿之日起二年內再次請領失業給付，其失業給付以發給原給付期間之二分之一為限。

依前五項規定領滿失業給付之給付期間者，本保險年資應重行起算。

就業保險延長失業給付實施辦法第 2 條

中央主管機關於失業狀況符合下列情形時，得公告延長失業給付，最長發給九個月：

一、每月領取失業給付人數占每月領取失業給付人數加計每月底被保險人人數之比率，連續四個月達百分之三點三以上。

二、中央主計機關發布之失業率連續四個月未降低。

前項所定失業狀況加重達下列情形時，得再公告延長失業給付，合計最長發給十二個月：

一、每月領取失業給付人數占每月領取失業給付人數加計每月底被保險人人數之比率，連續八個月達百分之三點三以上。

二、中央主計機關發布之失業率連續八個月未降低。

歷屆考題（110-2-3）

受嚴重特殊傳染性肺炎（COVID-19）影響，甲公司與勞工協商同意實施減班休息 3 個月，並向地方政府通報在案，甲公司受僱勞工 A 君（48 歲）實施減班休息期間之協議薪資為每月新臺幣（以下同）30,000 元，A 君就業保險平均月投保薪資為 42,000 元，A 君符合政府安心計畫薪資補貼條件，請問 A 君可申領之每月薪資補貼金額為多少元？（2 分）

承上，甲公司經評估後決定先行休業，A 君考量對收入的影響後決定離職，依就業保險法規定，A 君符合非自願離職，因 A 君未曾申請失業給付，故至公立就業服務機構向就服員詢問下列失業給付申請問題：

A 君最長可以領幾個月的失業給付？（2分）

答案

九個月

歷屆考題（110-3-3）

甲君46歲，因公司歇業遭非自願離職，甲君於領滿失業給付後3個月始找到工作並參加就業保險，但工作1年後又再次遭非自願離職，於是再次向公立就業服務機構申請失業給付，請問甲君如符合失業給付申請資格，最多可以申領幾個月失業給付？（3分）

答案

4.5月

歷屆考題（110-3-3）

近期 COVID-19 疫情對國內部分產業的衝擊，也反應在失業率上，依就業保險法第16條第2項及「就業保險延長失業給付實施辦法」第2條規定，中央主管機關審酌失業狀況等情形，得公告延長失業給付，最長發給九個月。請問認定標準包括每月領取失業給付人數占每月領取失業給付人數加計每月底被保險人人數之比率，連續4個月達百分之多少以上？（3分）

答案

3.3

第 17 條

被保險人於失業期間另有工作，其每月工作收入超過基本工資者，不得請領失業給付；其每月工作收入未超過基本工資者，其該月工作收入加上失業給付之總額，超過其平均月投保薪資百分之八十部分，應自失業給付中扣除。但總額低於基本工資者，不予扣除。

領取勞工保險傷病給付、職業訓練生活津貼、臨時工作津貼、創業貸款利息補貼或其他促進就業相關津貼者，領取相關津貼期間，不得同時請領失業給付。

歷屆考題（110-2-3）

A 君請領失業給付期間，為增加家庭收入，另找了一份兼職工作，第一個月工作收入為25,000元，則該月 A 君可請領之失業給付金額為多少元？（2分）

答案

0元

第 18 條

符合失業給付請領條件，於失業給付請領期限屆滿前受僱工作，並依規定參加本保險為被保險人滿三個月以上者，得向保險人申請，按其尚未請領之失業給付金額之百分之五十，一次發給提早就業獎助津貼。

第 19 條

被保險人非自願離職，向公立就業服務機構辦理求職登記，經公立就業服務機構安排參加全日制職業訓練，於受訓期間，每月按申請人離職辦理本保險退保之當月起前六個月平均月投保薪資百分之六十發給職業訓練生活津貼，最長發給六個月。

職業訓練單位應於申請人受訓之日，通知保險人發放職業訓練生活津貼。

中途離訓或經訓練單位退訓者，訓練單位應即通知保險人停止發放職業訓練生活津貼。

第 19-1 條

被保險人非自願離職退保後，於請領失業給付或職業訓練生活津貼期間，有受其扶養之眷屬者，每一人按申請人離職辦理本保險退保之當月起前六個月平均月投保薪資百分之十加給給付或津貼，最多計至百分之二十。

前項所稱受扶養眷屬，指受被保險人扶養之無工作收入之父母、配偶、未成年子女或身心障礙子女。

歷屆考題（111-1-3）

甲君非自願離職後到公立就業服務機構辦理求職登記，同時詢問相關給付津貼申請資格，請依就業保險法規定回答下列問題：

就業保險法第 19 條之 1 已修正擴大受扶養眷屬範圍，並自 111 年 1 月 18 日起施行，甲君因有扶養眷屬便詢問就業服務人員，第 19 條之 1 修正將哪一類受扶養眷屬納為失業給付及職業訓練生活津貼之眷屬加給範圍？（2 分）

答案

無工作收入之父母

就業保險法施行細則

第 16 條

本法第十一條第一項第三款所定全日制職業訓練，應符合下列條件：

一、訓練期間一個月以上。

二、每星期訓練四日以上。

三、每日訓練日間四小時以上。

四、每月總訓練時數達一百小時以上。

第 19 條

本法第十九條第一項規定之職業訓練生活津貼，應按申請人實際參訓起迄時間，以三十日為一個月核算發放；其訓練期間未滿三十日者，依下列方式核算發放：

一、十日以上且訓練時數達三十小時者，發放半個月。

二、二十日以上且訓練時數達六十小時者，發放一個月。

前項津貼，按月於期末發給。

歷屆考題（107-1-3）

三、依就業保險法與就業服務法相關規定，均有職業訓練生活津貼，請回答下列問題：

（一）二者之給付金額分別為何？又給付期間最長分別為何？（6分）

（二）承上，適用對象參加「全日制」訓練課程方可發給津貼，所稱「全日制」需符合哪些要件？（4分）

三、答案

（一）1. 就業保險法：六個月平均月投保薪資百分之六十；六個月。受其扶養之眷屬者，最多計至百分之二十。

　　2. 就業促進津貼實施辦法：按基本工資百分之六十發給；六個月。申請人為身心障礙者，最長發給一年。

（二）1. 訓練期間一個月以上。

　　2. 每星期訓練四日以上。

　　3. 每日訓練日間四小時以上。

　　4. 每月總訓練時數達一百小時以上。

歷屆考題（106-2-4）

請依據就業服務法與就業保險法相關規定，回答下列有關職業訓練生活津貼給付問題：

1. 各依哪一種標準核算？發給多少比率之津貼？（4分）

2. 各最長給付期間為何？（3分）

3. 依據就業保險法規定，有受其扶養之眷屬者，最多計至多少比率？（1分）

答案

1.(1) 就業服務法：基本工資百分之六十。

　(2) 就業保險法：退保之當月起前六個月平均月投保薪資百分之六十。

2.(1) 就業服務法：六個月，身心障礙者，最長發給一年。

　(2) 就業保險法：六個月。

3. 百分之二十

歷屆考題（109-3-6）

甲君今年滿49歲，需撫育2個尚在國中就學的小孩，受僱A公司擔任專案管理員工作滿15年，並依法參加法定相關保險，今（109）年因故非自願離職，請回答下列問題：

依就業保險法及其相關法令規定，甲君完成相關程序後，最長可以申領幾個月的「失業給付」？（2分）如甲君依規定接受公立就業服務機構推介參加全日制職業訓練時，每月最長可申領的「職業訓練生活津貼」是甲君離職退保當月起前6個月平均月投保薪資的多少％？（2分）

答案

1. 九個月　　　　　　　　　　2. 百分之八十

歷屆考題（107-2-2）

王大明 107 年 5 月 1 日始滿 45 歲，其自 100 年 1 月 1 日起任職於甲公司，107 年 1 月 1 日甲公司經營不善關廠而被資遣退保後，截至目前仍失業中，請依就業服務法及就業保險法規定，回答下列問題：

王大明經勞動部勞工保險局審查符合失業給付請領條件，請問依規定最長可以請領幾個月？（2 分）如他於失業給付請領期限屆滿前受僱工作，並參加就業保險滿 3 個月，得向勞動部勞工保險局申請何種津貼？（2 分）又此津貼給付的標準為何？（2 分）

答案

1. 六個月 2. 提早就業獎助津貼

3. 按其尚未請領之失業給付金額之百分之五十

歷屆考題（101-3-5）

小英剛因公司關廠而失業，倘若符合就業保險職業訓練生活津貼請領資格，請問依據就業保險法第 19 條，她應該符合且兼具何種身分（2 分），經過何種程序（2 分），並經由哪種機構安排（2 分），接受何種訓練課程（2 分），方可申領職業訓練生活津貼？其每月給付金額之計算方式為何（2 分）？請說明。

答案

(一) 非自願離職 (二) 辦理求職登記

(三) 公立就業服務機構 (四) 全日制職業訓練

(五) 退保之當月起前六個月平均月投保薪資百分之六十

第 19-2 條

育嬰留職停薪津貼，以被保險人育嬰留職停薪之當月起前六個月平均月投保薪資百分之六十計算，於被保險人育嬰留職停薪期間，按月發給津貼，每一子女合計最長發給六個月。

前項津貼，於同時撫育子女二人以上之情形，以發給一人為限。

依家事事件法、兒童及少年福利與權益保障法相關規定與收養兒童先行共同生活之被保險人，其共同生活期間得依第十一條第一項第四款及前二項規定請領育嬰留職停薪津貼。但因可歸責於被保險人之事由，致未經法院裁定認可收養者，保險人應通知限期返還其所受領之津貼，屆期未返還者，依法移送強制執行。

歷屆考題（111-1-3）

甲君規劃受僱一年後，考慮要申請育嬰留職停薪，獲悉近期就業保險法第 19 條之 2 配合《性別工作平等法》之修正，修正請領育嬰留職停薪津貼規定，亦自 111 年 1 月 18 日起施行，請說明第 19 條之 2 之修正重點？（2 分）

答案

（父母可同時請領育嬰留職停薪津貼）考量照顧子女為雙親共同之責任，且如勞工已有育嬰留職停薪事實，基於本保險旨在於被保險人發生保險事故，提供部分所得損失填補。

育嬰留職停薪薪資補助要點

五、本補助由勞保局按育嬰津貼所依據之平均月投保薪資百分之二十計算後，與育嬰津貼合併發給。

育嬰留職停薪津貼＋育嬰留職停薪薪資補助＝平均月投保薪資百分之八十

第 20 條

失業給付自向公立就業服務機構辦理求職登記之第十五日起算。

職業訓練生活津貼自受訓之日起算。

歷屆考題（111-1-3）

㈠甲君符合失業給付申領資格，失業給付自哪一日起算？（2 分）

㈡甲君參加職業訓練並符合職業訓練生活津貼申領資格，職業訓練生活津貼的給付自哪一日起算？（2 分）

答案

㈠向公立就業服務機構辦理求職登記之第十五日　　　　㈡受訓之日

第 21 條

投保單位故意為不合本法規定之人員辦理參加保險手續，領取保險給付者，保險人應通知限期返還，屆期未返還者，依法移送強制執行。

第 22 條

被保險人領取各種保險給付之權利，不得讓與、抵銷、扣押或供擔保。

被保險人依本法規定請領保險給付者，得檢具保險人出具之證明文件，於金融機構開立專戶，專供存入保險給付之用。

前項專戶內之存款，不得作為抵押、扣押、供擔保或強制執行之標的。

第 22-1 條

依本法發給之保險給付，經保險人核定後，應在十五日內給付之。如逾期給付可歸責於保險人者，其逾期部分應加給利息。

第 23 條

申請人與原雇主間因離職事由發生勞資爭議者，仍得請領失業給付。

前項爭議結果，確定申請人不符失業給付請領規定時，應於確定之日起十五日內，將已領之失業給付返還。屆期未返還者，依法移送強制執行。

第 24 條

領取保險給付之請求權，自得請領之日起，因二年間不行使而消滅。

第五章　申請及審核

第 25 條

被保險人於離職退保後二年內，應檢附離職或定期契約證明文件及國民身分證或其他足資證明身分之證

件，親自向公立就業服務機構辦理求職登記、申請失業認定及接受就業諮詢，並填寫失業認定、失業給付申請書及給付收據。

公立就業服務機構受理求職登記後，應辦理就業諮詢，並自求職登記之日起十四日內推介就業或安排職業訓練。未能於該十四日內推介就業或安排職業訓練時，公立就業服務機構應於翌日完成失業認定，並轉請保險人核發失業給付。

第一項離職證明文件，指由投保單位或直轄市、縣（市）主管機關發給之證明；其取得有困難者，得經公立就業服務機構之同意，以書面釋明理由代替之。

前項文件或書面，應載明申請人姓名、投保單位名稱及離職原因。

申請人未檢齊第一項規定文件者，應於七日內補正；屆期未補正者，視為未申請。

第 26 條

公立就業服務機構為辦理推介就業及安排職業訓練所需，得要求申請人提供下列文件：

一、最高學歷及經歷證書影本。

二、專門職業及技術人員證照或執業執照影本。

三、曾接受職業訓練之結訓證書影本。

第 27 條

申請人應於公立就業服務機構推介就業之日起七日內，將就業與否回覆卡檢送公立就業服務機構。

申請人未依前項規定辦理者，公立就業服務機構應停止辦理當次失業認定或再認定。已辦理認定者，應撤銷其認定。

第 28 條

職業訓練期滿未能推介就業者，職業訓練單位應轉請公立就業服務機構完成失業認定；其未領取或尚未領滿失業給付者，並應轉請保險人核發失業給付，合併原已領取之失業給付，仍以第十六條規定之給付期間為限。

第 29 條

繼續請領失業給付者，應於前次領取失業給付期間末日之翌日起二年內，每個月親自前往公立就業服務機構申請失業再認定。但因傷病診療期間無法親自辦理者，得提出醫療機構出具之相關證明文件，以書面陳述理由委託他人辦理之。

未經公立就業服務機構為失業再認定者，應停止發給失業給付。

第 30 條

領取失業給付者，應於辦理失業再認定時，至少提供二次以上之求職紀錄，始得繼續請領。未檢附求職紀錄者，應於七日內補正；屆期未補正者，停止發給失業給付。

第 31 條

失業期間或受領失業給付期間另有其他工作收入者，應於申請失業認定或辦理失業再認定時，告知公立就業服務機構。

第 32 條

領取失業給付者，應自再就業之日起三日內，通知公立就業服務機構。

第六章　基金及行政經費

第 33 條

就業保險基金之來源如下：

一、本保險開辦時，中央主管機關自勞工保險基金提撥之專款。

二、保險費與其孳息收入及保險給付支出之結餘。

三、保險費滯納金。

四、基金運用之收益。

五、其他有關收入。

前項第一款所提撥之專款，應一次全數撥還勞工保險基金。

第 34 條

就業保險基金，經勞工保險監理委員會之通過，得為下列之運用：

一、對於公債、庫券及公司債之投資。

二、存放於公營銀行或中央主管機關指定之金融機構及買賣短期票券。

三、其他經中央主管機關核准有利於本基金收益之投資。

前項第三款所稱其他有利於本基金收益之投資，不得為權益證券及衍生性金融商品之投資。

就業保險基金除作為第一項運用、保險給付支出、第十二條第三項規定之提撥外，不得移作他用或轉移處分。基金之收支、運用情形及其積存數額，應由保險人報請中央主管機關按年公告之。

第 35 條

辦理本保險所需之經費，由保險人以當年度保險費收入預算總額百分之三點五為上限編列，由中央主管機關編列預算撥付之。

第七章　罰則

第 36 條

以詐欺或其他不正當行為領取保險給付或為虛偽之證明、報告、陳述者，除按其領取之保險給付處以二倍罰鍰外，並應依民法請求損害賠償；其涉及刑責者，移送司法機關辦理。

第 37 條

勞工違反本法規定不參加就業保險及辦理就業保險手續者，處新臺幣一千五百元以上七千五百元以下罰鍰。

第 38 條

投保單位違反本法規定，未為其所屬勞工辦理投保手續者，按自僱用之日起，至參加保險之前一日或勞工離職日止應負擔之保險費金額，處十倍罰鍰。勞工因此所受之損失，並應由投保單位依本法規定之給付標準賠償之。

投保單位未依本法之規定負擔被保險人之保險費，而由被保險人負擔者，按應負擔之保險費金額，處二倍罰鍰。投保單位並應退還該保險費與被保險人。

投保單位違反本法規定，將投保薪資金額以多報少或以少報多者，自事實發生之日起，按其短報或多報之

保險費金額，處四倍罰鍰，其溢領之給付金額，經保險人通知限期返還，屆期未返還者，依法移送強制執行，並追繳其溢領之給付金額。勞工因此所受損失，應由投保單位賠償之。

投保單位違反第七條規定者，處新臺幣一萬元以上五萬元以下罰鍰。

本法中華民國九十八年三月三十一日修正之條文施行前，投保單位經依規定加徵滯納金至應納費額上限，其應繳之保險費仍未向保險人繳納，且未經保險人處以罰鍰或處以罰鍰而未執行者，不再裁處或執行。

勞工保險、就業保險之罰責

	違反	罰鍰
勞工保險條例	以詐欺或其他不正當行為領取保險給付	二倍
	未為其所屬勞工辦理投保手續者	四倍
	未依規定負擔被保險人之保險費	二倍
	投保薪資金額以多報少或以少報多者	四倍
就業保險法	以詐欺或其他不正當行為領取保險給付	二倍
	未為其所屬勞工辦理投保手續者	十倍
	未依規定負擔被保險人之保險費	二倍
	投保薪資金額以多報少或以少報多者	四倍

歷屆考題（110-3-3）

失業給付係按申請人平均月投保薪資 60% 按月發給，請問如果投保單位違反規定將投保薪資金額以多報少或以少報多者，自事實發生之日起，按其短報或多報之保險費金額，處多少倍罰鍰？（2分）

答案

4 倍

第 39 條

依本法所處之罰鍰，經保險人通知限期繳納，屆期未繳納者，依法移送強制執行。

第八章　附則

第 40 條

本保險保險效力之開始及停止、月投保薪資、投保薪資調整、保險費負擔、保險費繳納、保險費寬限期與滯納金之徵收及處理、基金之運用與管理，除本法另有規定外，準用勞工保險條例及其相關規定辦理。

第 41 條

勞工保險條例第二條第一款有關普通事故保險失業給付部分及第七十四條規定，自本法施行之日起，不再適用。

自本法施行之日起，本法被保險人之勞工保險普通事故保險費率應按被保險人當月之月投保薪資百分之一調降之，不受勞工保險條例第十三條第二項規定之限制。

第 42 條

本保險之一切帳冊、單據及業務收支，均免課稅捐。

第 43 條

本法施行細則，由中央主管機關定之。

第 44 條

本法之施行日期，由行政院定之。

本法中華民國九十八年四月二十一日修正之第三十五條條文，自中華民國九十九年一月一日施行。

本法中華民國一百零一年十二月四日修正之條文，自公布日施行。

就業保險法施行細則

修正日期：111 年 04 月 19 日

第 1 條

本細則依就業保險法（以下簡稱本法）第四十三條規定訂定之。

第 2 條

就業保險（以下簡稱本保險）業務，依本法第三條第一項規定，由中央主管機關監理，其監理事項如下：

一、本保險年度工作計畫及成果報告之審議事項。

二、本保險年度預算及決算之審議事項。

三、本保險基金管理及運用之審議事項。

四、其他有關本保險監理事項。

中央主管機關爲前項監理事項之審議時，得視需要邀請學者專家及相關機關代表列席。

第 3 條

保險人及勞動部勞動基金運用局（以下簡稱基金運用局）應依其業務職掌，按月將下列書表報請中央主管機關備查：

一、投保單位、投保人數及投保薪資統計表。

二、保險給付統計表。

三、保險收支會計報表。

四、保險基金運用概況表。

第 4 條

（刪除）

第 5 條

被保險人及投保單位對保險人就下列事項所爲之核定案件發生爭議時，依本法第三條第二項規定，應先向中央主管機關申請審議：

一、被保險人資格或投保事項。

二、被保險人投保薪資或年資事項。

三、保險費或滯納金事項。

四、保險給付事項。

五、其他有關保險權益事項。

依前項規定申請審議者，應於接到保險人核定通知文件之翌日起六十日內，填具就業保險爭議事項審議申請書，並檢附有關證件經由保險人向中央主管機關申請審議。

依第一項規定申請審議者，準用勞工保險爭議事項審議辦法之規定。

第 6 條

符合本法第五條第一項規定之被保險人，未參加勞工保險者，其保險費應由投保單位以保險人指定金融機

構自動轉帳方式繳納之，自動轉帳之扣繳日期為次月底。

第 7 條

本法第六條第二項所稱本法施行前已參加勞工保險之勞工，指依本法第五條第一項規定應參加本保險並於本法施行前已參加勞工保險之勞工。

第 8 條

投保單位依本法第六條第三項規定為所屬勞工申報參加本保險時，除政府機關（構）、公立學校及使用政府機關（構）提供之線上申請系統辦理投保手續者外，應填具投保申請書及加保申報表各一份送交保險人，並檢附負責人國民身分證正背面影本及各目的事業主管機關核發之下列相關證件影本：

一、工廠：工廠有關登記證明文件。

二、礦場：礦場登記證、採礦、探礦執照或有關認定證明文件。

三、鹽場、農場、畜牧場、林場、茶場：登記證書或有關認定證明文件。

四、交通事業：運輸業許可證或有關認定證明文件。

五、公用事業：事業執照或有關認定證明文件。

六、公司、行號：公司登記證明文件或商業登記證明文件。

七、私立學校、新聞事業、文化事業、公益事業、合作事業、職業訓練機構及各業人民團體：立案或登記證明書。

八、中央或地方公職人員選舉之擬參選人及候選人：監察院政治獻金開戶許可函、選舉委員會受理登記為候選人之公文或相當證明文件。

九、中央或地方公職人員選舉之當選人：當選證書。

十、其他各業：執業證照或有關登記、核定或備查證明文件。

投保單位依規定無法取得前項各款證件者，應檢附稅捐稽徵機關核發之扣繳單位設立（變更）登記申請書或使用統一發票購票證，辦理投保手續。

第 8-1 條

投保單位為所屬本法第五條第一項第二款所定勞工申報加保時，除依前條規定辦理外，並應檢附該勞工在我國居留證明文件影本；其為依法應經中央主管機關或相關目的事業主管機關核准始得從事工作者，另應檢附核准從事工作之證明文件影本。

本細則關於國民身分證之規定，於前項被保險人，以在我國居留證明文件替代之。

第 8-2 條

本法第五條第一項第二款所定與在中華民國境內設有戶籍之國民結婚，且獲准居留依法在臺灣地區工作之外國人、大陸地區人民、香港居民或澳門居民，包括因離婚或其配偶死亡致婚姻關係消滅後，依法准予繼續居留者。

第 9 條

本法第六條第三項所定之投保單位有下列各款情事之一者，應於事實發生之日起三十日內，填具投保單位變更事項申請書，並檢附有關證件影本，送交保險人辦理變更：

一、投保單位之名稱、地址或通訊地址變更。

二、投保單位之負責人變更。

投保單位未依前項規定辦理變更手續者，保險人得依相關機關登記之資料逕予變更。

第 10 條

被保險人姓名、出生年月日、國民身分證統一編號等有變更或錯誤時，被保險人應即通知其所屬投保單位。

前項被保險人之相關個人資料有變更或錯誤之情形，投保單位應即填具被保險人變更事項申請書，檢附國民身分證正背面影本或有關證明文件送交保險人憑辦。

被保險人未依第一項規定通知其所屬投保單位，或投保單位未依前項規定檢附相關文件送交保險人者，保險人得依相關機關登記之資料逕予變更。

第 11 條

投保單位應置備員工名冊、出勤工作紀錄及薪資帳冊，供主管機關、保險人及公立就業服務機構依本法第七條規定為查對，並自被保險人離職之日起保存五年。

前項員工名冊，應分別記載下列事項：

一、姓名、出生年月日、住址及國民身分證統一編號。

二、到職之年月日。

三、工作類別。

四、工作時間及薪資。

五、留職停薪事由及期間。

第 12 條

被保險人請領本法第十條第一項第一款至第四款所定之失業給付、提早就業獎助津貼、職業訓練生活津貼或育嬰留職停薪津貼，經保險人審查應予發給者，由保險人匯入被保險人所指定國內金融機構之本人名義帳戶。

第 12-1 條

本法第二十二條之一所定逾期部分應加給之利息，以各該年一月一日之郵政儲金一年期定期存款固定利率為準，按日計算，並以新臺幣元為單位，角以下四捨五入。

前項所需費用，由保險人編列公務預算支應。

第 13 條

被保險人依本法第十一條第一項第一款規定請領失業給付者，應備具下列書件：

一、失業（再）認定、失業給付申請書及給付收據。

二、離職證明書或定期契約證明文件。

三、國民身分證或其他身分證明文件影本。

四、被保險人本人名義之國內金融機構存摺影本。但匯款帳戶與其請領職業訓練生活津貼之帳戶相同者，免附。

五、身心障礙者，另檢附社政主管機關核發之身心障礙證明。

六、有扶養眷屬者，另檢附下列證明文件：

　(一)受扶養眷屬之戶口名簿影本或其他身分證明文件影本。

　(二)受扶養之子女為身心障礙者，另檢附社政主管機關核發之身心障礙證明。

第 14 條

被保險人依本法第十一條第一項第二款規定請領提早就業獎助津貼者，應備具下列書件：

一、提早就業獎助津貼申請書及給付收據。

二、被保險人本人名義之國內金融機構存摺影本。但匯款帳戶與其請領失業給付之帳戶相同者，免附。

第 14-1 條

依本法第十一條第二項規定，準用本法第十一條第一項第二款得請領提早就業獎助津貼之被保險人，不包括於失業給付請領期間屆滿前，再受僱於原投保單位參加本保險者。

第 14-2 條

本法第十一條第一項第二款所定參加本保險三個月以上，不計入領取失業給付期間參加本保險之年資。

第 15 條

被保險人依本法第十一條第一項第三款規定請領職業訓練生活津貼者，應備具下列書件：

一、職業訓練生活津貼申請書及給付收據。

二、離職證明書。

三、國民身分證或其他身分證明文件影本。

四、被保險人本人名義之國內金融機構存摺影本。但匯款帳戶與其請領失業給付之帳戶相同者，免附。

五、有扶養眷屬者，應檢附下列證明文件：

　㈠受扶養眷屬之戶口名簿影本或其他身分證明文件影本。

　㈡受扶養之子女為身心障礙者，應檢附社政主管機關核發之身心障礙證明。

第 16 條

本法第十一條第一項第三款所定全日制職業訓練，應符合下列條件：

一、訓練期間一個月以上。

二、每星期訓練四日以上。

三、每日訓練日間四小時以上。

四、每月總訓練時數達一百小時以上。

第 16-1 條

被保險人依本法第十一條第一項第四款規定請領育嬰留職停薪津貼者，應備具下列書件：

一、育嬰留職停薪津貼申請書及給付收據。

二、被保險人及子女之戶口名簿影本。

三、育嬰留職停薪證明。

四、被保險人本人名義之國內金融機構存摺影本。

第 16-2 條

依本法規定請領各項保險給付，其所檢附之身分證明文件為我國政府機關（構）以外製作者，以六個月內為限，並應經下列單位驗證：

一、於國外製作：經我國駐外館處驗證；其在國內由外國駐臺使領館或授權機構製作者，應經外交部複驗。

二、於大陸地區製作：經行政院設立或指定機構或委託之民間團體驗證。

三、於香港或澳門製作：經行政院於香港或澳門設立或指定機構或委託之民間團體驗證。

前項文件為外文者，應檢附經前項各款所列單位驗證或國內公證人認證之中文譯本。但為英文者，除保險人認有需要外，得予免附。

第 17 條

中央主管機關辦理本法第十二條第三項規定事項之經費，指當年度應收保險費百分之十範圍及歷年應收保險費百分之十之執行賸餘額度；其額度以審定決算數為計算基礎。

前項經費由保險人按提撥經費預算數每六個月撥付之，執行結果若有賸餘，應於年度結算後辦理繳還。

第 18 條

（刪除）

第 18-1 條

本法第十七條第二項所定勞工保險傷病給付，為勞工保險條例及勞工職業災害保險及保護法之傷病給付。

第 19 條

本法第十九條第一項規定之職業訓練生活津貼，應按申請人實際參訓起迄時間，以三十日為一個月核算發放；其訓練期間未滿三十日者，依下列方式核算發放：

一、十日以上且訓練時數達三十小時者，發放半個月。

二、二十日以上且訓練時數達六十小時者，發放一個月。

前項津貼，按月於期末發給。

第 19-1 條

本法第十九條之一規定之受扶養眷屬於同一期間已請領本法給付或津貼，或已由其他被保險人申請加給給付或津貼者，不予加計。

第 19-2 條

本法第十九條之二第一項規定之育嬰留職停薪津貼，給付期間自育嬰留職停薪之日起至期滿之日止。但被保險人提前復職者，計至復職之前一日止。

前項津貼，按月於期初發給；未滿一個月者，以一個月計。

第 19-3 條

被保險人因離職事由發生勞資爭議，依本法第二十三條第一項規定請領失業給付者，應檢附下列文件之一：

一、勞資爭議調解經受理之證明文件影本。

二、勞資爭議仲裁經受理之證明文件影本。

三、因勞資爭議提起訴訟之相關資料影本。

被保險人應於收到前項勞資爭議之調解紀錄、仲裁判斷書或確定判決之日起十五日內，檢送該資料影本予公立就業服務機構或保險人審查。

第 20 條

被保險人依本法第二十五條第一項規定向公立就業服務機構辦理求職登記時，應申報其日常居住處所。

第 21 條

申請人依本法第二十七條第一項規定檢送就業與否回覆卡或領取失業給付之被保險人依本法第三十二條規定通知公立就業服務機構再就業時，得以自行送達或掛號郵寄方式辦理；其以掛號郵寄方式辦理者，以交

郵當日之郵戳爲準。

第 22 條

被保險人依本法規定申請失業給付或職業訓練生活津貼，其所屬投保單位未依規定爲其辦理退保手續者，由保險人自被保險人離職之日逕予退保，並核發給付。

第 23 條

本法第三十條所定之求職紀錄內容如下：

一、單位名稱、地址、電話及聯絡人。

二、工作內容。

三、日期。

四、應徵情形。

前項求職紀錄應爲被保險人辦理失業再認定申請日前三十日內之求職資料。

第 24 條

本保險依本法第四十二條規定免課之稅捐如下：

一、保險人、基金運用局及投保單位辦理本保險所用之契據，免徵印花稅。

二、保險人及基金運用局辦理本保險所收保險費、保險費滯納金與因此所承受強制執行標的物之收入、基金運用之收支及雜項收入，免納營業稅及所得稅。

三、保險人及基金運用局辦理業務使用之房地、器材及被保險人領取之保險給付，依稅法有關規定免徵稅捐。

第 24-1 條

勞工因雇主違反本法所定應辦理加保及投保薪資以多報少等規定，致影響其保險給付所提起之訴訟，得向中央主管機關申請扶助。

前項扶助業務，中央主管機關得委託民間團體辦理。

第 25 條

本法及本細則所定之書表格式，由保險人定之。

第 26 條

本細則自中華民國九十二年一月一日施行。

本細則修正條文，除中華民國一百十一年四月十九日修正發布之條文，自一百十一年五月一日施行外，自發布日施行。

就業保險促進就業實施辦法

修正日期：112 年 06 月 29 日

第一章　總則

第 1 條

本辦法依就業保險法（以下簡稱本法）第十二條第四項規定訂定之。

第 2 條

本辦法所定雇主，為就業保險投保單位之民營事業單位、團體或私立學校。

前項所稱團體，指依人民團體法或其他法令設立者。但不包括政治團體。

第 3 條

本辦法促進就業措施之範圍如下：

一、僱用安定措施。

二、僱用獎助措施。

三、其他促進就業措施：

㈠補助求職交通、異地就業之交通、搬遷及租屋費用。

㈡推介從事臨時工作。

㈢辦理適性就業輔導。

㈣協助雇主改善工作環境及勞動條件。

㈤促進職場勞工身心健康、工作與生活平衡。

㈥促進職業災害勞工穩定就業。

㈦提升工會保障勞工就業權益之能力。

㈧促進中高齡者及高齡者就業。

㈨協助受天災、事變或其他重大情事影響之勞工就業。

歷屆考題（107-1-7）

小芬在 A 公司工作了五年，最近因故失業了，她希望運用政府提供的就業資源來幫助自己度過此一失業危機。請列出政府對失業者提供的相關就業促進的措施或津貼協助，任舉 5 項。（每項 2 分，共 10 分）

答案

1. 失業給付。　　　　　　　　　2. 提早就業獎助津貼。

3. 職業訓練生活津貼。

4. 失業之被保險人及隨同被保險人辦理加保之眷屬全民健康保險保險費補助。

5. 求職交通補助金

第 4 條

中央主管機關得將本辦法所定之促進就業事項，委任所屬機關（構）、委辦直轄市、縣（市）主管機關或委託相關機關（構）、團體辦理之。

第二章　僱用安定措施

第 5 條

中央主管機關因景氣因素影響，致勞雇雙方協商減少工時（以下簡稱減班休息），經評估有必要時，得召開僱用安定措施諮詢會議（以下簡稱諮詢會議），辦理僱用安定措施。

第 5-1 條

諮詢會議置委員十五人至二十一人，任期三年，其中一人爲召集人，由中央主管機關指派人員兼任之；其餘委員，由中央主管機關就下列人員聘（派）兼之：

一、中央主管機關代表一人。

二、行業目的事業主管機關代表三人至五人。

三、行政院主計總處代表一人。

四、國家發展委員會代表一人。

五、勞方代表二人至三人。

六、資方代表二人至三人。

七、學者專家四人至六人。

諮詢會議委員任一性別比例，不得低於全體委員人數之三分之一。

諮詢會議由召集人召集，並爲主席；召集人未能出席時，由其指定委員其中一人代理之。必要時，得邀請有關單位、勞工、雇主或學者專家參加，聽取其意見

第 5-2 條

諮詢會議得參採下列資料，就僱用安定措施啓動時機、辦理期間、被保險人薪資補貼期間、適用對象及其他相關事項提出諮詢意見：

一、事業單位受景氣因素影響情形。

二、各行業發展情形及就業狀況。

三、實施減班休息事業單位家數及人數。

四、失業率。

五、資遣通報人數。

六、其他辦理僱用安定措施之資料。

第 6 條

中央主管機關辦理僱用安定措施，應公告啓動時機、辦理期間、被保險人薪資補貼期間、適用對象及其他相關事項。

前項辦理期間，最長爲十二個月。但中央主管機關於評估無辦理必要時，得於前項辦理期間屆滿前，公告終止。

第 9 條

被保險人領取薪資補貼，應符合下列規定：

一、於辦理僱用安定措施期間內，經被保險人與雇主協商同意實施減班休息期間達三十日以上，並依因應事業單位實施勞雇雙方協商減少工時相關規定辦理。

二、實施減班休息前，以現職雇主為投保單位參加就業保險達三個月以上。

三、屬全時勞工，或有固定工作日（時）數或時間之部分時間工作勞工（以下簡稱部分工時勞工）。

四、未具請領薪資補貼之事業單位代表人、負責人、合夥人、董事或監察人身分。

中央主管機關應依前項第一款規定報送之勞雇雙方協商減班休息案件認定之。

被保險人於僱用安定措施啟動前，已受僱現職雇主，且領取薪資補貼前受僱一個月以上者，不受第一項第二款參加就業保險期間限制。

第 12 條

公立就業服務機構應依下列規定，發給被保險人薪資補貼：

一、按被保險人於實施減班休息日前一個月至前三個月之平均月投保薪資，與實施減班休息後實際協議薪資差額之百分之五十發給。但被保險人於現職單位受僱未滿三個月者，依其於現職單位實際參加就業保險期間之平均月投保薪資計算。

二、前款實施減班休息後實際協議薪資，最低以中央主管機關公告之每月基本工資數額核算。但庇護性就業之身心障礙者及部分工時勞工，不在此限。

三、每月不得超過勞工保險投保薪資分級表所定最高月投保薪資，與中央主管機關公告每月基本工資差額之百分之五十。

四、薪資補貼金額採無條件進位方式計算至百位數。

同一被保險人同時受僱於二個以上雇主，得依規定分別申請薪資補貼。

同一被保險人受僱於同一雇主，不得於同一減班休息期間，重複申請薪資補貼。

受僱於同一雇主之被保險人於領取第一項薪資補貼期間，不得重複領取政府機關其他相同性質之補助或津貼。

第 13 條

薪資補貼於減班休息實施日起算，公立就業服務機構依下列規定計算發給被保險人薪資補貼之期間：

一、一個月以三十日計算，發給一個月。

二、最末次申請之日數為二十日以上，未滿三十日者，發給一個月；十日以上，未滿二十日者，發給半個月。

薪資補貼發給期間，應於中央主管機關公告辦理僱用安定措施期間內。

中央主管機關公告辦理僱用安定措施之期間未中斷者，被保險人領取薪資補貼，其合併領取期間以二十四個月為限；該公告辦理期間中斷者，其領取補貼期間重新計算。

第 14 條

被保險人申請薪資補貼，應檢附下列文件，於實施減班休息每滿三十日之次日起九十日內，向工作所在地之公立就業服務機構提出：

一、薪資補貼申請書。

二、本人之身分證明或居留證明文件之影本。

三、被保險人當次申請補貼期間之薪資清冊或證明。

四、同意代為查詢勞工保險資料委託書。

五、本人名義之國內金融機構存摺封面影本。

六、其他中央主管機關規定之文件。

中央主管機關公告辦理僱用安定措施期間內，被保險人與雇主已於公告日前，實施減班休息期間達三十日以上者，應於公告日之次日起九十日內提出申請。

雇主得於前二項所定申請期間內，檢附第一項文件及委託書，代減班休息被保險人提出申請。

被保險人於第二次起之申請案，得免附第一項第二款及第四款規定文件；第一項第五款規定匯款帳戶未有變更者，亦得免附。

第 15 條

雇主與被保險人另為約定，致變更減班休息期間時，申請薪資補貼之雇主或被保險人，應於變更日之次日起七日內，通知工作所在地之公立就業服務機構。

第 16 條

雇主或被保險人有下列情形之一者，公立就業服務機構應不予發給薪資補貼；已發給者，經撤銷或廢止原核定之補貼後，應追還之：

一、未於規定期間內提出申請。

二、雇主與被保險人協商縮短減班休息期間，未依前條規定通知工作所在地之公立就業服務機構。

三、被保險人於請領薪資補貼之事業單位具有代表人、負責人、合夥人、董事或監察人身分。

第 17-1 條

逾六十五歲或屬本法第五條第二項第二款不得參加就業保險人員，經其雇主投保勞工職業災害保險者，得依第九條、第十二條至第十四條規定領取薪資補貼，並依第六條、第十五條、第十六條、第五十三條至第五十五條規定辦理。

第三章　僱用獎助措施

第 18 條

公立就業服務機構或第四條受託單位受理下列各款失業勞工之求職登記，經就業諮詢無法推介就業者，得發給僱用獎助推介卡：

一、失業期間連續達三十日以上之特定對象。

二、失業期間連續達三個月以上。

前項失業期間之計算，以勞工未有參加就業保險、勞工保險或勞工職業災害保險紀錄之日起算。

第一項第一款之特定對象如下：

一、年滿四十五歲至六十五歲失業者。

二、身心障礙者。

三、長期失業者。

四、獨力負擔家計者。

五、原住民。

六、低收入戶或中低收入戶中有工作能力者。

七、更生受保護人。

八、家庭暴力及性侵害被害人。

九、二度就業婦女。

十、其他中央主管機關認爲有必要者。

就業服務法

第 24 條

主管機關對下列自願就業人員，應訂定計畫，致力促進其就業；必要時，得發給相關津貼或補助金：

一、獨力負擔家計者。

二、中高齡者。

三、身心障礙者。

四、原住民。

五、低收入戶或中低收入戶中有工作能力者。

六、長期失業者。

七、二度就業婦女。

八、家庭暴力被害人。

九、更生受保護人。

十、其他經中央主管機關認為有必要者。

第 19 條

雇主以不定期契約或一年以上之定期契約，僱用前條由公立就業服務機構或受託單位發給僱用獎助推介卡之失業勞工，連續滿三十日，由公立就業服務機構發給僱用獎助。

雇主有下列情形之一者，公立就業服務機構應不予發給僱用獎助；已發給者，經撤銷原核定之獎助後，應追還之：

一、申請僱用獎助前，未依身心障礙者權益保障法及原住民族工作權保障法比例進用規定，足額進用身心障礙者及原住民或繳納差額補助費、代金；或申請僱用獎助期間，所僱用之身心障礙者或原住民經列計爲雇主應依法定比率進用之對象。

二、未爲應參加就業保險、勞工職業災害保險之受僱勞工，申報參加就業保險或勞工職業災害保險。

三、僱用雇主或事業單位負責人之配偶、直系血親或三親等內之旁系血親。

四、同一雇主再僱用離職未滿一年之勞工。

五、僱用同一勞工，於同一時期已領取政府機關其他就業促進相關補助或津貼。

六、同一勞工之其他雇主於相同期間已領取政府機關其他就業促進相關補助或津貼。

七、第四條受委託之單位僱用自行推介之勞工。

八、庇護工場僱用庇護性就業之身心障礙者。

第 20 條

雇主於連續僱用同一受領僱用獎助推介卡之勞工滿三十日之日起九十日內，得向原推介轄區之公立就業服務機構申請僱用獎助，並應檢附下列證明文件：

一、僱用獎助申請書。

二、僱用名冊、載明受僱者工作時數之薪資清冊、出勤紀錄。

三、受僱勞工之身分證影本或有效期間居留證明文件。

四、請領僱用獎助之勞工保險、就業保險、勞工職業災害保險投保資料表或其他足資證明投保之文件。

五、其他中央主管機關規定之必要文件。

前項雇主，得於每滿三個月之日起九十日內，向原推介轄區之公立就業服務機構提出僱用獎助之申請。

第一項僱用期間之認定，自勞工到職投保就業保險生效之日起算。但依法不得辦理參加就業保險者，自其勞工職業災害保險生效之日起算。

前項僱用期間，一個月以三十日計算，其末月僱用時間逾二十日而未滿三十日者，以一個月計算。

第 21 條

雇主依前二條規定申請僱用獎助，依下列規定核發：

一、勞雇雙方約定按月計酬方式給付工資者，依下列標準核發：

　㈠僱用第十八條第三項第一款至第三款人員，依受僱人數每人每月發給新臺幣一萬三千元。

　㈡僱用第十八條第三項第四款至第十款人員，依受僱人數每人每月發給新臺幣一萬一千元。

　㈢僱用第十八條第一項第二款人員，依受僱人數每人每月發給新臺幣九千元。

二、勞雇雙方約定按前款以外方式給付工資者，依下列標準核發：

　㈠僱用第十八條第三項第一款至第三款人員，依受僱人數每人每小時發給新臺幣七十元，每月最高發給新臺幣一萬三千元。

　㈡僱用第十八條第三項第四款至第十款人員，依受僱人數每人每小時發給新臺幣六十元，每月最高發給新臺幣一萬一千元。

　㈢僱用第十八條第一項第二款人員，依受僱人數每人每小時發給新臺幣五十元，每月最高發給新臺幣九千元。

同一雇主僱用同一勞工，合併領取本僱用獎助及政府機關其他之就業促進相關補助或津貼，最長以十二個月為限。

同一勞工於同一時期受僱於二以上雇主，並符合第一項第二款規定者，各雇主均得依規定申請獎助；公立就業服務機構應按雇主申請送達受理之時間，依序核發。但獎助金額每月合計不得超過第一項第二款各目規定之最高金額。

僱用獎助

就業保險促進就業實施辦法	13,000 元（每小時 70 元）——失業期間連續達三十日以上—中高齡者、身心障礙者、長期失業者
	11,000 元（每小時 60 元）——失業期間連續達三十日以上原住民、更生人……
	9,000 元（每小時 50 元）——失業期間連續達三個月以上
失業中高齡者及高齡者就業促進辦法	15,000 元（每小時 80 元）——高齡者
	13,000 元（每小時 70 元）——中高齡者

歷屆考題（109-3-3）

依勞動部 108 年 3 月 5 日公告認定 15 歲以上未滿 18 歲的未就學未就業少年爲就業服務法第 24 條第 1 項第 10 款所定人員，甲君屬上述人員，於 109 年 1 月起連續失業 2 個月，到公立就業服務機構辦理求職登記，經就業服務人員就業諮詢後推介工作未被錄用，請回答下列問題：

甲君經就業服務人員評估後，運用僱用獎助推介受僱於 A 公司，並依法參加就業保險，經 A 公司連續僱用滿 30 天後，A 公司每個月可申請的僱用獎助金額爲新臺幣多少元？（2分）

答案

新臺幣一萬一千元

歷屆考題（109-2-2）

依就業保險促進就業實施辦法規定，甲公司僱用中高齡之乙君及家庭暴力被害人之丙君，則甲公司依規定可分別申領僱用乙君及丙君每 1 個月各新臺幣多少金額之僱用獎助？（4分）

答案

1. 一萬三千元　　　　　　　　2. 一萬一千元

第四章　其他促進就業措施

第一節　補助交通與搬遷及租屋費用

第 22 條

失業被保險人親自向公立就業服務機構辦理求職登記，經公立就業服務機構諮詢及開立介紹卡推介就業，有下列情形之一者，得發給求職交通補助金：

一、其推介地點與日常居住處所距離三十公里以上。

二、爲低收入戶或中低收入戶。

第 23 條

前條之勞工申請求職交通補助金，應檢附下列文件：

一、補助金領取收據。

二、其他中央主管機關規定之文件。

以低收入戶或中低收入戶身分申請者，除檢附前項規定文件外，並應檢附低收入戶或中低收入戶證明文件影本。

第 24 條

第二十二條補助金，每人每次得發給新臺幣五百元。但情形特殊者，得於新臺幣一千二百五十元內核實發給。

每人每年度合併領取前項補助金及依就業促進津貼實施辦法領取之求職交通補助金，以四次爲限。

第 25 條

領取第二十二條補助金者，應於推介就業之次日起七日內，填具推介就業情形回覆卡通知公立就業服務機構，逾期未通知者，當年度不再發給。

第 26 條

失業被保險人親自向公立就業服務機構辦理求職登記，經諮詢及開立介紹卡推介就業，並符合下列情形者，得向就業當地轄區之公立就業服務機構申請核發異地就業交通補助金：

一、失業期間連續達三個月以上或非自願性離職。

二、就業地點與原日常居住處所距離三十公里以上。

三、因就業有交通往返之事實。

四、連續三十日受僱於同一雇主。

第 27 條

前條之勞工於連續受僱滿三十日之日起九十日內，得向就業當地轄區公立就業服務機構申請異地就業交通補助金，並應檢附下列證明文件：

一、異地就業交通補助金申請書。

二、補助金領取收據。

三、本人名義之國內金融機構存摺封面影本。

四、本人之身分證影本或有效期間居留證明文件。

五、同意代為查詢勞工保險資料委託書。

六、居住處所查詢同意書。

七、其他中央主管機關規定之文件。

前項之勞工，得於每滿三個月之日起九十日內，向當地轄區之公立就業服務機構申請補助金。

第一項受僱期間之認定，自勞工到職投保就業保險生效之日起算。但依法不得辦理參加就業保險者，自其勞工職業災害保險生效之日起算。

第 28 條

異地就業交通補助金，依下列規定核發：

一、勞工就業地點與原日常居住處所距離三十公里以上未滿五十公里者，每月發給新臺幣一千元。

二、勞工就業地點與原日常居住處所距離五十公里以上未滿七十公里者，每月發給新臺幣二千元。

三、勞工就業地點與原日常居住處所距離七十公里以上者，每月發給新臺幣三千元。

前項補助金最長發給十二個月。

補助期間一個月以三十日計算，其末月期間逾二十日而未滿三十日者，以一個月計算。

異地就業交通補助金

30 公里以上未滿 50 公里	1,000 元
50 公里以上未滿 70 公里	2,000 元
70 公里以上	3,000 元

歷屆考題（109-3-3）

依勞動部 108 年 3 月 5 日公告認定 15 歲以上未滿 18 歲的未就學未就業少年為就業服務法第 24 條第 1 項第 10 款所定人員，甲君屬上述人員，於 109 年 1 月起連續失業 2 個月，到公立就業服務機構辦理求職登記，經就業服務人員就業諮詢後推介工作未被錄用，請回答下列問題：

承上，甲君再到公立就業服務機構求職，因居住處所附近一直沒有適合的工作，就業服務人員建議甲君擴大尋職範圍，並推介甲君到 B 公司，如甲君符合相關規定申請新臺幣 3 千元的異地就業交通補助金，請問 B 公司上班地點距離甲君原日常居住處所至少應達多少公里以上？（2 分）

答案
七十公里以上

第 29 條

失業被保險人親自向公立就業服務機構辦理求職登記，經諮詢及開立介紹卡推介就業，並符合下列情形者，得向就業當地轄區之公立就業服務機構申請核發搬遷補助金：

一、失業期間連續達三個月以上或非自願性離職。

二、就業地點與原日常居住處所距離三十公里以上。

三、因就業而需搬離原日常居住處所，搬遷後有居住事實。

四、就業地點與搬遷後居住處所距離三十公里以內。

五、連續三十日受僱於同一雇主。

第 30 條

前條之勞工向就業當地轄區公立就業服務機構申請搬遷補助金者，應檢附下列證明文件於搬遷之日起九十日內為之：

一、搬遷補助金申請書。

二、補助金領取收據。

三、本人名義之國內金融機構存摺封面影本。

四、搬遷費用收據。

五、搬遷後居住處所之居住證明文件。

六、本人之身分證影本或有效期間居留證明文件。

七、同意代為查詢勞工保險資料委託書。

八、居住處所查詢同意書。

九、其他中央主管機關規定之必要文件。

前項第四款所稱搬遷費用，指搬運、寄送傢俱或生活所需用品之合理必要費用。但不含包裝人工費及包裝材料費用。

第 31 條

搬遷補助金，以搬遷費用收據所列總額核實發給，最高發給新臺幣三萬元。

第 32 條

失業被保險人親自向公立就業服務機構辦理求職登記，經諮詢及開立介紹卡推介就業，並符合下列情形者，得向就業當地轄區之公立就業服務機構申請核發租屋補助金：

一、失業期間連續達三個月以上或非自願性離職。

二、就業地點與原日常居住處所距離三十公里以上。

三、因就業而需租屋，並有居住事實。

四、就業地點與租屋處所距離三十公里以內。

五、連續三十日受僱於同一雇主。

第 33 條

前條之勞工於受僱且租屋之日起九十日內，得向就業當地轄區公立就業服務機構申請租屋補助金，並應檢附下列證明文件：

一、租屋補助金申請書。

二、補助金領取收據。

三、本人名義之國內金融機構存摺封面影本。

四、房租繳納證明文件。

五、房屋租賃契約影本。

六、租賃房屋之建物登記第二類謄本。

七、本人之身分證影本或有效期間居留證明文件。

八、同意代為查詢勞工保險資料委託書。

九、居住處所及租賃事實查詢同意書。

十、其他中央主管機關規定之必要文件。

前項之勞工，得於受僱且租屋每滿三個月之日起九十日內，向當地轄區之公立就業服務機構申請補助金。

第一項受僱之認定，自勞工到職投保就業保險生效之日起算。但依法不得辦理參加就業保險者，自其勞工職業災害保險生效之日起算。

第 34 條

租屋補助金，自就業且租賃契約所記載之租賃日起，以房屋租賃契約所列租金總額之百分之六十核實發給，每月最高發給新臺幣五千元，最長十二個月。

前項補助期間一個月以三十日計算，其末月期間逾二十日而未滿三十日者，以一個月計算。

第 35 條

勞工申領租屋補助金或異地就業交通補助金，於補助期間得互相變更申領，其合併領取期間以十二個月為限。

歷屆考題（103-2-3）

依據就業保險促進就業實施辦法第4章其他促進就業措施中有關異地就業之交通、搬遷及租屋費用等補助，請分別說明其補助規定與金額。（10分）

答案

(一) 異地就業交通補助金

1. 補助規定

　(1) 失業期間連續達三個月以上或非自願性離職。

　(2) 就業地點與原日常居住處所距離三十公里以上。

　(3) 因就業有交通往返之事實。

　(4) 連續三十日受僱於同一雇主。

2. 補助金額

　(1) 勞工就業地點與原日常居住處所距離三十公里以上未滿五十公里者，每月發給新臺幣一千元。

　(2) 勞工就業地點與原日常居住處所距離五十公里以上未滿七十公里者，每月發給新臺幣二千元。

　(3) 勞工就業地點與原日常居住處所距離七十公里以上者，每月發給新臺幣三千元。

　前項補助金最長發給十二個月。

(二) 搬遷補助金

1. 補助規定

　(1) 失業期間連續達三個月以上或非自願性離職。

　(2) 就業地點與原日常居住處所距離三十公里以上。

　(3) 因就業而需搬離原日常居住處所，搬遷後有居住事實。

　(4) 就業地點與搬遷後居住處所距離三十公里以內。

　(5) 連續三十日受僱於同一雇主。

2. 補助金額

　搬遷補助金，以搬遷費用收據所列總額核實發給，最高發給新臺幣三萬元。

(三) 租屋補助金：

1. 補助規定

　(1) 失業期間連續達三個月以上或非自願性離職。

　(2) 就業地點與原日常居住處所距離三十公里以上。

　(3) 因就業而需租屋，並有居住事實。

　(4) 就業地點與租屋處所距離三十公里以內。

　(5) 連續三十日受僱於同一雇主。

2. 補助金額

　租屋補助金，自就業且租賃契約所記載之租賃日起，以房屋租賃契約所列租金總額之百分之六十核實發給，每月最高發給新臺幣五千元，最長十二個月。

歷屆考題（104-1-5）

依照就業保險促進就業辦法規定，補助之異地交通補助金及租屋費用，請依與日常居住處所距離三十公里以上未滿五十公里、五十公里以上未滿七十公里及七十公里以上等三種情形，分別敘明每月異地交通補助金額（6分，每項2分）？另租屋費用請敘明依租金總額補助之比率及每月最高補助金額上限（4分，每項2分）？

答案

㈠ 異地就業交通補助金，依下列規定核發：

　　1. 勞工就業地點與原日常居住處所距離三十公里以上未滿五十公里者，每月發給新臺幣一千元。

　　2. 勞工就業地點與原日常居住處所距離五十公里以上未滿七十公里者，每月發給新臺幣二千元。

　　3. 勞工就業地點與原日常居住處所距離七十公里以上者，每月發給新臺幣三千元。

　　　補助金最長發給十二個月。

㈡ 租屋補助金，自就業且租賃契約所記載之租賃日起，以房屋租賃契約所列租金總額之百分之六十核實發給，每月最高發給新臺幣五千元，最長十二個月。

第 36 條

申領搬遷補助金、租屋補助金或異地就業交通補助金者，有下列情形之一，公立就業服務機構應不予發給；已發給者，經撤銷後，應追還之：

一、未於公立就業服務機構推介就業之次日起七日內，填具推介就業情形回覆卡通知公立就業服務機構。

二、為雇主、事業單位負責人或房屋出租人之配偶、直系血親或三親等內之旁系血親。

三、於同一事業單位或同一負責人之事業單位離職未滿一年再受僱者。

四、不符申請規定，經勞工就業當地轄區公立就業服務機構撤銷資格認定。

第二節　推介從事臨時工作

第 37 條

公立就業服務機構受理失業被保險人之求職登記，經就業諮詢及推介就業，有下列情形之一，公立就業服務機構得指派其至政府機關（構）或合法立案之非營利團體（以下合稱用人單位）從事臨時工作：

一、於求職登記日起十四日內未能推介就業。

二、有正當理由無法接受推介工作。

前項所稱正當理由，指工作報酬未達原投保薪資百分之六十，或工作地點距離日常居住處所三十公里以上者。

第 38 條

公立就業服務機構受理用人單位所提之臨時工作計畫申請，經審查核定後，用人單位始得接受推介執行計畫。

第 39 條

失業被保險人依第三十七條規定從事臨時工作期間，用人單位應為失業被保險人向公立就業服務機構申請臨時工作津貼。

用人單位申請前項津貼，應備下列文件：

一、執行臨時工作計畫之派工紀錄及領取津貼者之出勤紀錄表。

二、經費印領清冊。

三、臨時工作計畫執行報告。

四、領據。

五、其他中央主管機關規定之文件。

用人單位應代公立就業服務機構轉發臨時工作津貼，並為扣繳義務人，於發給失業被保險人津貼時扣繳稅款。

第 40 條

前條津貼發給標準，按中央主管機關公告之每小時基本工資核給，且一個月合計不超過月基本工資，最長六個月。

失業被保險人二年內合併領取前項津貼、依就業促進津貼實施辦法領取之臨時工作津貼或政府機關其他同性質津貼，最長六個月。

第 41 條

領取臨時工作津貼者，經公立就業服務機構推介就業時，應於推介就業之次日起七日內，填具推介就業情形回覆卡通知公立就業服務機構。期限內通知者，應徵當日給予四小時或八小時之求職假。

前項求職假，每星期以八小時為限，請假期間，津貼照給。

第一項人員之請假事宜，依用人單位規定辦理；用人單位未規定者，參照勞動基準法及勞工請假規則辦理。請假日數及第一項求職假，應計入臨時工作期間。

第 42 條

公立就業服務機構應定期或不定期派員，實地查核臨時工作計畫執行情形。

用人單位有下列情形之一，公立就業服務機構得終止其計畫：

一、規避、妨礙或拒絕查核者。

二、未依第三十八條臨時工作計畫書及相關規定執行，經書面限期改善，屆期未改善者。

第 43 條

臨時工作計畫終止後，公立就業服務機構得指派該人員至其他用人單位從事臨時工作，並發給臨時工作津貼。

前項工作期間，應與原從事之臨時工作期間合併計算。

第 44 條

領取臨時工作津貼者，有下列情形之一，公立就業服務機構應不予發給臨時工作津貼；已發給者，經撤銷或廢止後，應追還之：

一、同時領取本法之失業給付。

二、於領取津貼期間已就業。

三、違反用人單位之指揮及規定，經用人單位通知公立就業服務機構停止其臨時工作。

四、原從事之臨時工作終止後，拒絕公立就業服務機構指派之其他臨時工作。

五、拒絕公立就業服務機構推介就業。

第 45 條

用人單位應爲從事臨時工作之人員辦理參加勞工保險、勞工職業災害保險及全民健康保險。但臨時工作之人員依法不能參加勞工保險者，應爲其辦理參加勞工職業災害保險。

第三節　辦理適性就業輔導

第 46 條

公立就業服務機構受理失業被保險人之求職登記，辦理下列適性就業輔導事項：

一、職涯規劃。

二、職業心理測驗。

三、團體諮商。

四、就業觀摩。

歷屆考題（108-1-5）

請問我去公立就業服務機構求職登記，公立就業服務機構會提供我哪 4 種適性就業輔導事項？（4分）

答案

1. 職涯規劃
2. 職業心理測驗
3. 團體諮商
4. 就業觀摩

第四節　協助雇主改善工作環境及勞動條件

第 47 條

中央主管機關爲協助雇主改善工作環境，促進勞工就業，得辦理下列事項：

一、工作環境、製程及設施之改善。

二、人因工程之改善及工作適性安排。

三、工作環境改善之專業人才培訓。

四、強化勞動關係與提升勞動品質之研究及發展。

五、其他工作環境改善事項。

第 48 條

中央主管機關爲協助雇主改善工作環境及勞動條件，促進勞工就業，得訂定計畫，補助直轄市、縣（市）主管機關或有關機關辦理之。

第 49 條

中央主管機關爲協助雇主辦理工作環境改善，得訂定補助計畫。

前項補助之申請，雇主得擬定工作環境改善計畫書，於公告受理申請期間內，送中央主管機關審核。

第五節　職場勞工身心健康及生活平衡

第 50 條

中央主管機關為促進職場勞工身心健康，得協助並促進雇主辦理下列事項：

一、工作相關疾病預防。

二、健康管理及促進。

三、勞工健康服務專業人才培訓。

四、其他促進職場勞工身心健康事項。

第 51 條

中央主管機關為協助雇主促進職場勞工身心健康，得訂定補助計畫。

前項補助之申請，雇主得擬定促進職場勞工身心健康計畫書，於公告受理申請期間內，送中央主管機關審核。

第 52 條

中央主管機關為推動勞工之工作與生活平衡，得辦理下列事項：

一、推動合理工作時間規範及促進縮減工作時間。

二、促進職場工作平等及育嬰留職停薪權益之保護。

三、補助與辦理教育訓練、活動、措施、設施及宣導。

中央主管機關為辦理前項事項，得訂定實施或補助計畫。

前項補助之申請，直轄市、縣（市）主管機關、有關機關或雇主得擬定計畫書，於公告受理申請期間內，送中央主管機關審核。

第六節　促進職業災害勞工穩定就業

第 52-1 條

中央主管機關為促進職業災害勞工穩定就業，得辦理下列事項：

一、職業災害勞工重返職場之補助。

二、雇主僱用或協助職業災害勞工復工之獎助。

三、其他促進職業災害勞工穩定就業措施。

中央主管機關為辦理前項事項，得訂定實施或補助計畫。

第七節　提升工會保障勞工就業權益能力

第 52-2 條

中央主管機關為提升工會保障勞工就業權益之能力，得辦理下列事項：

一、工會簽訂團體協約及進行勞雇對話之獎補助。

二、工會參與事業單位經營管理之補助。

三、工會協助勞工組織結社之補助。

四、工會辦理就業權益教育訓練之補助。

五、其他提升工會保障勞工就業權益能力之措施。

中央主管機關為辦理前項事項，得訂定實施或補助計畫。

第八節　促進中高齡者及高齡者就業

第 52-3 條

中央主管機關為協助中高齡者及高齡者就業，得辦理下列事項：

一、職務再設計。

二、繼續僱用補助。

三、其他有關就業協助事項。

中央主管機關為辦理前項事項，得訂定實施或補助計畫。

第九節　協助受影響勞工就業

第 52-4 條

中央主管機關對受天災、事變或其他重大情事影響之勞工，得辦理下列事項：

一、穩定就業協助。

二、重返職場協助。

三、其他有關就業協助事項。

中央主管機關為辦理前項事項，得訂定實施或補助計畫。

第五章　附則

第 53 條

雇主或勞工申請本辦法之津貼或補助不符申請規定之文件，經中央主管機關或公立就業服務機構通知限期補正，屆期未補正者，不予受理。

第 54 條

中央主管機關及公立就業服務機構為查核本辦法執行情形，得查對相關資料，雇主、用人單位、領取津貼或接受補助者，不得規避、妨礙或拒絕。

第 55 條

中央主管機關或公立就業服務機構發現雇主、用人單位、領取津貼或接受補助者，有下列情形之一，應不予核發津貼或補助；已發給者，經撤銷或廢止後，應追還之：

一、不實申領。

二、規避、妨礙或拒絕中央主管機關或公立就業服務機構查核。

三、其他違反本辦法之規定。

四、違反保護勞工法令，情節重大。

前項領取津貼或接受補助者，經中央主管機關或公立就業服務機構書面通知限期繳回，屆期未繳回者，依法移送強制執行。

第 56 條

本辦法所規定之書表及文件，由中央主管機關定之。

第 57 條

本辦法所需經費，依本法第十二條第三項提撥之經費額度中支應。

中央主管機關得視預算額度之調整，發給或停止本辦法之津貼或補助，並公告之。

第 58 條

本辦法自發布日施行。

就業保險延長失業給付實施辦法

發布日期：99 年 09 月 10 日

第 1 條

本辦法依就業保險法（以下簡稱本法）第十六條第三項規定訂定之。

第 2 條

中央主管機關於失業狀況符合下列情形時，得公告延長失業給付，最長發給九個月：

一、每月領取失業給付人數占每月領取失業給付人數加計每月底被保險人人數之比率，連續四個月達百分
之三點三以上。

二、中央主計機關發布之失業率連續四個月未降低。

前項所定失業狀況加重達下列情形時，得再公告延長失業給付，合計最長發給十二個月：

一、每月領取失業給付人數占每月領取失業給付人數加計每月底被保險人人數之比率，連續八個月達百分
之三點三以上。

二、中央主計機關發布之失業率連續八個月未降低。

歷屆考題（110-3-3）

近期 COVID-19 疫情對國內部分產業的衝擊，也反應在失業率上，依就業保險法第 16 條第
2 項及「就業保險延長失業給付實施辦法」第 2 條規定，中央主管機關審酌失業狀況等情形，
得公告延長失業給付，最長發給九個月。請問認定標準包括每月領取失業給付人數占每月
領取失業給付人數加計每月底被保險人人數之比率，連續 4 個月達百分之多少以上？（3分）

答案
3.3

第 3 條

中央主管機關依前條規定公告延長失業給付時，其實施期間為六個月。

前項實施期間屆滿當月，失業狀況仍達前條各該項規定情形時，中央主管機關得再公告延長實施期間，合
計最長不得超過十二個月。

中央主管機關於符合下列情形時，得於前二項實施期間屆滿前，公告終止延長失業給付：

一、每月領取失業給付人數占每月領取失業給付人數加計每月底被保險人人數之比率，連續四個月未達百
分之三點三。

二、中央主計機關發布之失業率連續四個月未提高。

第 4 條

延長失業給付實施期間屆滿後，申請人不得繼續請領延長失業給付。

符合請領延長失業給付者，於延長失業給付實施期間屆滿前，經公立就業服務機構完成失業再認定，保險

人應發給當月之失業給付。

第 5 條

申請人有下列情形之一者，不得申領延長失業給付：

一、於第二條第一項之公告實施前，已依本法第十六條第一項規定領滿失業給付。

二、於第二條第二項之公告實施前，已依第二條第一項規定領滿失業給付。

申請人離職辦理就業保險退保時，已年滿四十五歲或領有社政主管機關核發之身心障礙證明者，保險人應先依本法第十六條第一項規定發給失業給付最長九個月，不適用第二條第一項及第三條規定。但於公告實施第二條第二項延長失業給付時，合計最長發給十二個月。

第 6 條

申請人請領延長失業給付期間，不適用本法第十三條及第十八條之規定。

第 7 條

本辦法自發布日施行。

育嬰留職停薪薪資補助要點

（民國 110 年 06 月 04 日訂定）

一、勞動部（以下簡稱本部）爲落實「國家跟你一起養」政策，提升就業保險法之被保險人於育嬰留職停薪期間之生活，加強經濟安全，以發給育嬰留職停薪薪資補助（以下簡稱本補助）予以協助，特訂定本要點。

二、本要點主辦機關爲本部，其任務如下：

　㈠本要點之訂定、修正及解釋。

　㈡本要點之協調、督導及經費預算調控。

　㈢其他依本要點應辦理事項。

三、本要點執行機關爲本部勞工保險局（以下簡稱勞保局），其任務如下：

　㈠本補助之宣導、審查、核發及申訴處理等事項。

　㈡資訊作業系統之規劃、建置。

　㈢本補助相關統計及分析。

　㈣其他依本要點應辦理事項。

四、本要點之補助對象，爲依就業保險法第十一條第一項第四款及第十九條之二等規定請領育嬰留職停薪津貼（以下簡稱育嬰津貼）之被保險人。

五、本補助由勞保局按育嬰津貼所依據之平均月投保薪資百分之二十計算後，與育嬰津貼合併發給。

六、被保險人請領育嬰津貼期間跨越本要點生效日者，其生效日以後之日數依前點規定，按比例計給。

七、勞保局爲辦理本補助需要，得派員查對相關資料，被保險人、投保單位及其他有關人員不得規避、妨礙或拒絕。

八、被保險人有下列情形之一者，勞保局不予發給本補助；已發給者，經撤銷或廢止後，應以書面行政處分令其限期返還：

　㈠依就業保險法請領之育嬰津貼被撤銷或廢止。

　㈡規避、妨礙或拒絕查對。

　㈢其他違反本要點之規定。

九、本要點所需經費由公務預算支應。

勞動基準法

勞動基準法

修正日期：109 年 06 月 10 日

第一章　總則

第 1 條

為規定勞動條件最低標準，保障勞工權益，加強勞雇關係，促進社會與經濟發展，特制定本法；本法未規定者，適用其他法律之規定。

雇主與勞工所訂勞動條件，不得低於本法所定之最低標準。

第 2 條

本法用詞，定義如下：

一、勞工：指受雇主僱用從事工作獲致工資者。

二、雇主：指僱用勞工之事業主、事業經營之負責人或代表事業主處理有關勞工事務之人。

三、工資：指勞工因工作而獲得之報酬；包括工資、薪金及按計時、計日、計月、計件以現金或實物等方式給付之獎金、津貼及其他任何名義之經常性給與均屬之。

四、平均工資：指計算事由發生之當日前六個月內所得工資總額除以該期間之總日數所得之金額。工作未滿六個月者，指工作期間所得工資總額除以工作期間之總日數所得之金額。工資按工作日數、時數或論件計算者，其依上述方式計算之平均工資，如少於該期內工資總額除以實際工作日數所得金額百分之六十者，以百分之六十計。

五、事業單位：指適用本法各業僱用勞工從事工作之機構。

六、勞動契約：指約定勞雇關係而具有從屬性之契約。

七、派遣事業單位：指從事勞動派遣業務之事業單位。

八、要派單位：指依據要派契約，實際指揮監督管理派遣勞工從事工作者。

九、派遣勞工：指受派遣事業單位僱用，並向要派單位提供勞務者。

十、要派契約：指要派單位與派遣事業單位就勞動派遣事項所訂立之契約。

平均工資、基本工資、原領工資之定義

平均工資

指計算事由發生之當日前六個月內所得工資總額除以該期間之總日數所得之金額。

基本工資

指勞工在正常工作時間內所得之報酬。不包括延長工作時間之工資與休息日、休假日及例假工作加給之工資。

原領工資

係指該勞工遭遇職業災害前一日正常工作時間所得之工資。

勞動基準法施行細則

第 10 條

本法第二條第三款所稱之其他任何名義之經常性給與係指左列各款以外之給與。

一、紅利。

二、獎金：指年終獎金、競賽獎金、研究發明獎金、特殊功績獎金、久任獎金、節約燃料物料獎金及其他非經常性獎金。

三、春節、端午節、中秋節給與之節金。

四、醫療補助費、勞工及其子女教育補助費。

五、勞工直接受自顧客之服務費。

六、婚喪喜慶由雇主致送之賀禮、慰問金或奠儀等。

七、職業災害補償費。

八、勞工保險及雇主以勞工為被保險人加入商業保險支付之保險費。

九、差旅費、差旅津貼及交際費。

十、工作服、作業用品及其代金。

十一、其他經中央主管機關會同中央目的事業主管機關指定者。

勞動基準法施行細則

第 2 條

依本法第二條第四款計算平均工資時，下列各款期日或期間均不計入：

一、發生計算事由之當日。

二、因職業災害尚在醫療中者。

三、依本法第五十條第二項減半發給工資者。

四、雇主因天災、事變或其他不可抗力而不能繼續其事業，致勞工未能工作者。

五、依勞工請假規則請普通傷病假者。

六、依性別平等工作法請生理假、產假、家庭照顧假或安胎休養，致減少工資者。

七、留職停薪者。

認定工資的原則

「勞務對價性」判斷為主

「經常性給與」只是補充性的判斷標準

從屬性要素

1. 人格從屬性

2. 經濟從屬性

3. 組織從屬性

歷屆考題（110-1-5）

依據勞動基準法第 2 條規定，有關乙公司給付的「工資」，除了現金方式給付外，還可以用什麼方式給付？（2分）

答案
實物

第 3 條

本法於左列各業適用之：

一、農、林、漁、牧業。

二、礦業及土石採取業。

三、製造業。

四、營造業。

五、水電、煤氣業。

六、運輸、倉儲及通信業。

七、大眾傳播業。

八、其他經中央主管機關指定之事業。

依前項第八款指定時，得就事業之部分工作場所或工作者指定適用。

本法適用於一切勞僱關係。但因經營型態、管理制度及工作特性等因素適用本法確有窒礙難行者，並經中央主管機關指定公告之行業或工作者，不適用之。

前項因窒礙難行而不適用本法者，不得逾第一項第一款至第七款以外勞工總數五分之一。

第 4 條

本法所稱主管機關：在中央為勞動部；在直轄市為直轄市政府；在縣（市）為縣（市）政府。

第 5 條

雇主不得以強暴、脅迫、拘禁或其他非法之方法，強制勞工從事勞動。

【處 5 年以下有期徒刑、拘役或科或併科新臺幣 75 萬元以下罰金。】

第 6 條

任何人不得介入他人之勞動契約，抽取不法利益。

【處 3 年以下有期徒刑、拘役或科或併科新臺幣 45 元以下罰金】

第 7 條

雇主應置備勞工名卡，登記勞工之姓名、性別、出生年月日、本籍、教育程度、住址、身分證統一號碼、到職年月日、工資、勞工保險投保日期、獎懲、傷病及其他必要事項。

前項勞工名卡，應保管至勞工離職後五年。

【處新臺幣 2 萬元以上 30 萬元以下罰鍰】

【主管機關得依事業規模、違反人數或違反情節，加重其罰鍰至法定罰鍰最高額 2 分之 1】

勞工名卡與勞工名冊之比較

勞動基準法 第 7 條	勞工名卡	雇主應置備勞工名卡，登記勞工之姓名、性別、出生年月日、本籍、教育程度、住址、身分證統一號碼、到職年月日、工資、勞工保險投保日期、獎懲、傷病及其他必要事項。 前項勞工名卡，應保管至勞工離職後五年。
勞工退休金 條例 第 21 條	勞工名冊	雇主應置備僱用勞工名冊，其內容包括勞工到職、離職、出勤工作紀錄、工資、每月提繳紀錄及相關資料，並保存至勞工離職之日起五年止。

第 8 條

雇主對於僱用之勞工，應預防職業上災害，建立適當之工作環境及福利設施。其有關安全衛生及福利事項，依有關法律之規定。

第二章　勞動契約

第 9 條

勞動契約，分為定期契約及不定期契約。臨時性、短期性、季節性及特定性工作得為定期契約；有繼續性工作應為不定期契約。派遣事業單位與派遣勞工訂定之勞動契約，應為不定期契約。

【處新臺幣 2 萬元以上 30 萬元以下罰鍰】

【主管機關得依事業規模、違反人數或違反情節，加重其罰鍰至法定罰鍰最高額 2 分之 1】

定期契約屆滿後，有下列情形之一，視為不定期契約：

一、勞工繼續工作而雇主不即表示反對意思者。

二、雖經另訂新約，惟其前後勞動契約之工作期間超過九十日，前後契約間斷期間未超過三十日者。

前項規定於特定性或季節性之定期工作不適用之。

勞動基準法施行細則

第 6 條

本法第九條第一項所稱臨時性、短期性、季節性及特定性工作，依左列規定認定之：

一、臨時性工作：係指無法預期之非繼續性工作，其工作期間在六個月以內者。

二、短期性工作：係指可預期於六個月內完成之非繼續性工作。

三、季節性工作：係指受季節性原料、材料來源或市場銷售影響之非繼續性工作，其工作期間在九個以內者。

四、特定性工作：係指可在特定期間完成之非繼續性工作。其工作期間超過一年者，應報請主管機關核備。

定期契約之類型

	是否預期	非繼續性工作	工作期間
臨時性工作	×	非繼續性工作	六個月以內
短期性工作	○	非繼續性工作	六個月以內
季節性工作		非繼續性工作	九個以內
特定性工作		非繼續性工作	工作期間超過一年者，應報請主管機關核備

勞動基準法施行細則

第 7 條

勞動契約應依本法有關規定約定下列事項：

一、工作場所及應從事之工作。

二、工作開始與終止之時間、休息時間、休假、例假、休息日、請假及輪班制之換班。

三、工資之議定、調整、計算、結算與給付之日期及方法。

四、勞動契約之訂定、終止及退休。

五、資遣費、退休金、其他津貼及獎金。

六、勞工應負擔之膳宿費及工作用具費。

七、安全衛生。

八、勞工教育及訓練。

九、福利。

十、災害補償及一般傷病補助。

十一、應遵守之紀律。

十二、獎懲。

十三、其他勞資權利義務有關事項。

歷屆考題（109-3-6）

甲君今年滿 49 歲，需撫育 2 個尚在國中就學的小孩，受僱 A 公司擔任專案管理員工作滿 15 年，並依法參加法定相關保險，今（109）年因故非自願離職，請回答下列問題：

依勞動基準法及其相關法令有關「勞動契約」規定，甲君與 A 公司訂定的勞動契約是屬於定期契約或不定期契約？（2分）

答案

不定期契約

歷屆考題（108-2-4）

勞動契約分為定期契約及不定期契約。依勞動基準法規定，乙派遣事業單位與甲派遣勞工訂定之勞動契約，應為哪一種契約？（2分）

答案

不定期契約

歷屆考題（97-1-2）

請依勞動基準法有關定期契約之規定回答下列問題：

㈠那四種類型之工作，方得訂定為定期契約？（4分）

㈡如為臨時性工作之定期契約，期限屆滿，勞工繼續工作，而雇主亦不為反對之意思表示，請問該勞動契約之效力為何？（2分）

㈢如為短期性工作之定期契約，期限屆滿，於間斷 30 日內復另訂同樣類型之定期契約，前後勞動契約之工作期間應超過幾日，依法即視為不定期契約？（2分）

㈣依勞動基準法施行細則第 6 條規定，季節性工作之定期契約，最長不得超過幾個月？（2分）

答案

㈠ 臨時性工作、短期性工作、季節性工作、特定性工作

㈡ 不定期契約　　　　　　　㈢ 九十日　　　　　　㈣ 九個月

第 9-1 條

未符合下列規定者，雇主不得與勞工為離職後競業禁止之約定：

一、雇主有應受保護之正當營業利益。

二、勞工擔任之職位或職務，能接觸或使用雇主之營業祕密。

三、競業禁止之期間、區域、職業活動之範圍及就業對象，未逾合理範疇。

四、雇主對勞工因不從事競業行為所受損失有合理補償。

前項第四款所定合理補償，不包括勞工於工作期間所受領之給付。

違反第一項各款規定之一者，其約定無效。

離職後競業禁止之期間，最長不得逾二年。逾二年者，縮短為二年。

勞動基準法施行細則

第 7-2 條

本法第九條之一第一項第三款所為之約定未逾合理範疇，應符合下列規定：

一、競業禁止之期間，不得逾越雇主欲保護之營業祕密或技術資訊之生命週期，且最長不得逾二年。

二、競業禁止之區域，應以原雇主實際營業活動之範圍為限。

三、競業禁止之職業活動範圍，應具體明確，且與勞工原職業活動範圍相同或類似。

四、競業禁止之就業對象，應具體明確，並以與原雇主之營業活動相同或類似，且有競爭關係者為限。

勞動基準法施行細則

第 7-3 條

本法第九條之一第一項第四款所定之合理補償，應就下列事項綜合考量：

一、每月補償金額不低於勞工離職時一個月平均工資百分之五十。

二、補償金額足以維持勞工離職後競業禁止期間之生活所需。

三、補償金額與勞工遵守競業禁止之期間、區域、職業活動範圍及就業對象之範疇所受損失相當。

四、其他與判斷補償基準合理性有關之事項。

前項合理補償，應約定離職後一次預為給付或按月給付。

歷屆考題（105-2-1）

試述依勞動基準法規定，在符合哪四項情事下，雇主得與勞工為離職後競業禁止之約定？
（10分）

答案

㈠ 雇主有應受保護之正當營業利益。

㈡ 勞工擔任之職位或職務，能接觸或使用雇主之營業祕密。

㈢ 競業禁止之期間、區域、職業活動之範圍及就業對象，未逾合理範疇。

㈣ 雇主對勞工因不從事競業行為所受損失有合理補償。

第 10 條

定期契約屆滿後或不定期契約因故停止履行後，未滿三個月而訂定新約或繼續履行原約時，勞工前後工作年資，應合併計算。

第 10-1 條

雇主調動勞工工作，不得違反勞動契約之約定，並應符合下列原則：

一、基於企業經營上所必須，且不得有不當動機及目的。但法律另有規定者，從其規定。

二、對勞工之工資及其他勞動條件，未作不利之變更。

三、調動後工作為勞工體能及技術可勝任。

四、調動工作地點過遠，雇主應予以必要之協助。

五、考量勞工及其家庭之生活利益。

歷屆考題（105-3-2）

試述雇主調動勞工作時，除不得違反契約之約定外依基準法規定，並應符合哪五項原則？
（10分）

答案

㈠ 基於企業經營上所必須，且不得有不當動機及目的。但法律另有規定者，從其規定。

㈡ 對勞工之工資及其他勞動條件，未作不利之變更。

㈢ 調動後工作為勞工體能及技術可勝任。

㈣ 調動工作地點過遠，雇主應予以必要之協助。

㈤ 考量勞工及其家庭之生活利益。

第 11 條

非有左列情事之一者，雇主不得預告勞工終止勞動契約：

一、歇業或轉讓時。

二、虧損或業務緊縮時。

三、不可抗力暫停工作在一個月以上時。

四、業務性質變更，有減少勞工之必要，又無適當工作可供安置時。

五、勞工對於所擔任之工作確不能勝任時。

雇主得預告勞工終止勞動契約

勞基法 11 條	非有左列情事之一者，雇主不得預告勞工終止勞動契約： 一、歇業或轉讓時。 二、虧損或業務緊縮時。 三、不可抗力暫停工作在一個月以上時。 四、業務性質變更，有減少勞工之必要，又無適當工作可供安置時。 五、勞工對於所擔任之工作確不能勝任時。
職保法 第 84 條	非有下列情形之一者，雇主不得預告終止與職業災害勞工之勞動契約： 一、歇業或重大虧損，報經主管機關核定。 二、職業災害勞工經醫療終止後，經中央衛生福利主管機關醫院評鑑合格醫院認定身心障礙不堪勝任工作。 三、因天災、事變或其他不可抗力因素，致事業不能繼續經營，報經主管機關核定。

歷屆考題（97-2-2）

二、B 與 C 均為適用勞動基準法之甲營造公司員工，B 為警衛，C 為會計。甲公司決定不再僱用警衛人員，而與乙保全公司簽訂派遣商務契約，使用派遣之保全；C 則涉嫌侵占公款，人贓俱獲，甲公司決定解僱 B、C 兩人。請回答下列問題：

㈢甲公司在終止勞動契約前，依勞動基準法第 11 條第 4 款規定，應先嘗試為 B 安置其他適當工作；我國司法實務及學理上，將之稱為何一原則？（3 分）

二、答案

㈢最後手段原則

歷屆考題（96-1-1）

一、A 證券公司有員工 120 人，其中股票承銷部有 25 人。因市場生態丕變，股票承銷業務量急速下降，狀況不佳，公司決定 1 日內同時將所有承銷部的員工解僱，以減少成本。請依勞動基準法與大量解僱勞工保護法之規定，回答下列問題：

㈠A 公司解僱承銷部的員工，應依勞動基準法第 11 條所稱之何種原因？（3 分）

一、答案

㈠虧損或業務緊縮時

歷屆考題（110-3-5）

五、甲君在僱有 20 個員工的 A 公司工作，請依據相關勞動法令回答下列問題：

㈤依據大量解僱勞工保護法第 2 條規定：「所稱大量解僱勞工，係指事業單位有勞動基準法第 11 條所定各款情形之一、……」，請在法定 5 種情形中，任舉 2 種勞動基準法第 11 條所定的各款情形。（2 分）

五、答案

㈤ 1. 歇業或轉讓時。

2. 虧損或業務緊縮時。

3. 不可抗力暫停工作在一個月以上時。

4. 業務性質變更，有減少勞工之必要，又無適當工作可供安置時。

5. 勞工對於所擔任之工作確不能勝任時。

第 12 條

勞工有左列情形之一者，雇主得不經預告終止契約：

一、於訂立勞動契約時為虛偽意思表示，使雇主誤信而有受損害之虞者。

二、對於雇主、雇主家屬、雇主代理人或其他共同工作之勞工，實施暴行或有重大侮辱之行為者。

三、受有期徒刑以上刑之宣告確定，而未諭知緩刑或未准易科罰金者。

四、違反勞動契約或工作規則，情節重大者。

五、故意損耗機器、工具、原料、產品，或其他雇主所有物品，或故意洩漏雇主技術上、營業上之祕密，致雇主受有損害者。

六、無正當理由繼續曠工三日，或一個月內曠工達六日者。

雇主依前項第一款、第二款及第四款至第六款規定終止契約者，應自知悉其情形之日起，三十日內為之。

繼續曠工三日

按曠工者，係指勞工於有為勞務給付之義務日，未經請假核准而無故不為勞務給付狀況。

法律上判斷勞動基準法第 12 條第 1 項第 6 款是否繼續曠工，並非以曆日之連續為要件，而係指應勞務給付日之連續曠工，惟該勞務給付日如有例假日及休息（或請假）日之間隔，仍屬繼續。是以，謂「繼續曠工三日」必須扣除例假（或請假）日後，仍達三日者，始算繼續曠工三日。例如：勞工星期四、五連續無故曠工二日後，第三、四日雖間隔週休二日之星期六與星期日，然於隔週星期一又無故曠工一日時，即構成無正當理由繼續曠工 3 日。查，勞動基準法第 12 條第 1 項第 6 款所謂「繼續曠工」，係指勞工應為工作之日無故繼續不到工作者而言，其受核准請假之日，不得併予計入繼續曠工之範圍，亦不因其中間隔有該請假日而阻卻其繼續性。（參見最高法院 81 年臺上字 127 號民事判例）

一個月內曠工達六日者

行政院勞工委員會 88 年 11 月 18 日（88）臺勞資二字第 48187 號函意旨：

勞動基準法第 12 條第項第 6 款規定，勞工無正當理由繼續曠工 3 日，或一個月內曠工達 6 日者，雇主得不經預告終止勞動契約。按勞務提供係勞動者之主要義務，且勞務提供具有繼續性，而依民法第 123 條規定：「稱月或年者，依曆計算。」是以，本案所稱「一個月」應以首次曠工事實發生之日起依曆計算一個月。至「一個月」期間之終止應依民法第 121 條規定辦理。故郭靖應以九月底首次曠職起依曆一個月為計算，故其抗辯自屬無理由。

歷屆考題（97-2-2）

B 與 C 均為適用勞動基準法之甲營造公司員工，B 為警衛，C 為會計。甲公司決定不再僱用警衛人員，而與乙保全公司簽訂派遣商務契約，使用派遣之保全；C 則涉嫌侵占公款，人贓俱獲，甲公司決定解僱 B、C 兩人。請回答下列問題：

甲公司應在知悉 C 之行為起幾日內，終止勞動契約？（2分）

關於甲公司對 C 所為之解僱，學理上稱之為何種解僱？（3分）

答案

1. 三十日內　　　　　　　　　　　2. 懲戒性解僱

歷屆考題（101-1-3）

依勞動基準法規定，勞工無正當理由繼續曠工達幾日者，雇主即得不經預告終止契約？（2分）

答案

三日

歷屆考題（101-1-3）

依勞動基準法規定，雇主欲主張勞工因無正當理由連續曠工數日而應予不經預告終止契約者，應自知悉其情形之日起幾日內為之？（2分）

答案

三十日內

第 13 條

勞工在第五十條規定之停止工作期間或第五十九條規定之醫療期間，雇主不得終止契約。但雇主因天災、事變或其他不可抗力致事業不能繼續，經報主管機關核定者，不在此限。

【處新臺幣 9 萬元以上 45 萬元以下罰鍰】

歷屆考題（102-3-4）

㈠勞工處於哪些情形之期間內時，雇主原則上不得對其終止契約？（4分）

㈡承上，雇主因哪些事由致事業不能繼續，經報主管機關核定者，不在此限？（6分）

答案

㈠第五十條規定之停止工作期間或第五十九條規定之醫療期間。

㈡天災、事變或其他不可抗力。

第 14 條

有下列情形之一者，勞工得不經預告終止契約：

一、雇主於訂立勞動契約時為虛偽之意思表示，使勞工誤信而有受損害之虞者。

二、雇主、雇主家屬、雇主代理人對於勞工，實施暴行或有重大侮辱之行為者。

三、契約所訂之工作，對於勞工健康有危害之虞，經通知雇主改善而無效果者。

四、雇主、雇主代理人或其他勞工患有法定傳染病，對共同工作之勞工有傳染之虞，且重大危害其健康者。

五、雇主不依勞動契約給付工作報酬，或對於按件計酬之勞工不供給充分之工作者。

六、雇主違反勞動契約或勞工法令，致有損害勞工權益之虞者。

勞工依前項第一款、第六款規定終止契約者，應自知悉其情形之日起，三十日內為之。但雇主有前項第六款所定情形者，勞工得於知悉損害結果之日起，三十日內為之。

有第一項第二款或第四款情形，雇主已將該代理人間之契約終止，或患有法定傳染病者依衛生法規已接受治療時，勞工不得終止契約。

第十七條規定於本條終止契約準用之。

勞工得不經預告終止契約

勞基法 第 14 條	有下列情形之一者，勞工得不經預告終止契約： 一、雇主於訂立勞動契約時為虛偽之意思表示，使勞工誤信而有受損害之 虞者。 二、雇主、雇主家屬、雇主代理人對於勞工，實施暴行或有重大侮辱之行為者。 三、契約所訂之工作，對於勞工健康有危害之虞，經通知雇主改善而無效果者。 四、雇主、雇主代理人或其他勞工患有法定傳染病，對共同工作之勞工有傳染之虞，且重大危害其健康者。 五、雇主不依勞動契約給付工作報酬，或對於按件計酬之勞工不供給充分之工作者。 六、雇主違反勞動契約或勞工法令，致有損害勞工權益之虞者。
職保法 第 85 條	有下列情形之一者，職業災害勞工得終止勞動契約： 一、經中央衛生福利主管機關醫院評鑑合格醫院認定身心障礙不堪勝任工作。 二、事業單位改組或轉讓，致事業單位消滅。 三、雇主未依規定協助勞工恢復原工作或安置適當之工作。 四、對雇主依規定安置之工作未能達成協議。

第 15 條

特定性定期契約期限逾三年者，於屆滿三年後，勞工得終止契約。但應於三十日前預告雇主。

不定期契約，勞工終止契約時，應準用第十六條第一項規定期間預告雇主。

第 15-1 條

未符合下列規定之一，雇主不得與勞工為最低服務年限之約定：

一、雇主為勞工進行專業技術培訓，並提供該項培訓費用者。

二、雇主為使勞工遵守最低服務年限之約定，提供其合理補償者。

前項最低服務年限之約定，應就下列事項綜合考量，不得逾合理範圍：

一、雇主為勞工進行專業技術培訓之期間及成本。

二、從事相同或類似職務之勞工，其人力替補可能性。

三、雇主提供勞工補償之額度及範圍。

四、其他影響最低服務年限合理性之事項。

違反前二項規定者，其約定無效。

勞動契約因不可歸責於勞工之事由而於最低服務年限屆滿前終止者，勞工不負違反最低服務年限約定或返還訓練費用之責任。

歷屆考題（105-3-1）

一、試述依勞動基準法之規定，在符合哪二項情事下，雇主得與勞工為最低服務年限之約定？（10分）

一、答案

㈠雇主為勞工進行專業技術培訓，並提供該項培訓費用者。

㈡雇主為使勞工遵守最低服務年限之約定，提供其合理補償者。

歷屆考題（105-2-2）

二、試述雇主與勞工為最低服務年限之約定時，依勞動基準法規定，應綜合考量哪四種事項，並不得逾合理範圍？（10分）

二、答案

㈠雇主為勞工進行專業技術培訓之期間及成本。

㈡從事相同或類似職務之勞工，其人力替補可能性。

㈢雇主提供勞工補償之額度及範圍。

㈣其他影響最低服務年限合理性之事項。

第 16 條

雇主依第十一條或第十三條但書規定終止勞動契約者，其預告期間依左列各款之規定：

一、繼續工作三個月以上一年未滿者，於十日前預告之。

二、繼續工作一年以上三年未滿者，於二十日前預告之。

三、繼續工作三年以上者，於三十日前預告之。

勞工於接到前項預告後，為另謀工作得於工作時間請假外出。其請假時數，每星期不得超過二日之工作時間，請假期間之工資照給。

雇主未依第一項規定期間預告而終止契約者，應給付預告期間之工資。

【處新臺幣 2 萬元以上 30 萬元以下罰鍰】

【主管機關得依事業規模、違反人數或違反情節，加重其罰鍰至法定罰鍰最高額 2 分之 1】

歷屆考題（112-1-4）

C 餐館於 96 年 7 月 1 日開業，即聘僱甲員工做外場服務，因生意興隆於 108 年 7 月 1 日又增聘乙員工；因受疫情影響虧損，依據勞動基準法第 11 條規定於 110 年 6 月 30 日同時與上述 2 位員工終止勞動契約，請依勞動法令之規定回答下列問題：

(二)C 餐館依勞動基準法第 16 條規定應於幾日前，分別向甲、乙 2 位員工預告終止勞動契約？（2 分）如未預告，雇主應如何處理才不致違法？（2 分）

(三)甲、乙 2 位員工於接到預告後，為另謀工作得於工作時間請假外出，其請假時數，每星期最多不得超過幾日之工作時間，其請假之工資照給？（2 分）

答案

(二) 1. 甲為三十日前、乙為二十日前　　2. 應給付預告期間之工資

(三) 二日

歷屆考題（97-2-2）

如 B 受僱於甲公司已滿 4 年，甲公司應於幾日前預告終止勞動契約？（2 分）

答案

三十日前

歷屆考題（101-3-3）

乙公司因虧損及業務緊縮而終止員工之勞動契約，試述勞動基準法第 16 條所定因員工工作年資不同之預告期間規定內容？（6 分）

答案

1. 繼續工作三個月以上一年未滿者，於十日前預告之。

2. 繼續工作一年以上三年未滿者，於二十日前預告之。

3. 繼續工作三年以上者，於三十日前預告之。

第 17 條

雇主依前條終止勞動契約者，應依下列規定發給勞工資遣費：

一、在同一雇主之事業單位繼續工作，每滿一年發給相當於一個月平均工資之資遣費。

二、依前款計算之剩餘月數，或工作未滿一年者，以比例計給之。未滿一個月者以一個月計。

前項所定資遣費，雇主應於終止勞動契約三十日內發給。

【處新臺幣 30 萬元以上 150 萬元以下罰鍰，並限期令其給付，屆期未給付者，應按次處罰】

資遣費

勞動基準法 第 17 條	雇主依前條終止勞動契約者，應依下列規定發給勞工資遣費： 一、在同一雇主之事業單位繼續工作，每滿一年發給相當於一個月平均工資之資遣費。 二、依前款計算之剩餘月數，或工作未滿一年者，以比例計給之。未滿一個月者以一個月計。 前項所定資遣費，雇主應於終止勞動契約三十日內發給。

勞工退休金條例 第 12 條	勞工適用本條例之退休金制度者，適用本條例後之工作年資，於勞動契約依勞動基準法第十一條、第十三條但書、第十四條及第二十條或職業災害勞工保護法第二十三條、第二十四條規定終止時，其資遣費由雇主按其工作年資，每滿一年發給二分之一個月之平均工資，未滿一年者，以比例計給；最高以發給六個月平均工資為限，不適用勞動基準法第十七條之規定。 依前項規定計算之資遣費，應於終止勞動契約後三十日內發給。

歷屆考題（111-1-5）

依據勞動基準法規定，被 A 公司裁減資遣解僱的員工，應如何給付資遣費？（3分）

答案

1. 在同一雇主之事業單位繼續工作，每滿一年發給相當於一個月平均工資之資遣費。

2. 依前款計算之剩餘月數，或工作未滿一年者，以比例計給之。未滿一個月者以一個月計。

第 17-1 條

要派單位不得於派遣事業單位與派遣勞工簽訂勞動契約前，有面試該派遣勞工或其他指定特定派遣勞工之行為。【處新臺幣 9 萬元以上 45 萬元以下罰鍰】

要派單位違反前項規定，且已受領派遣勞工勞務者，派遣勞工得於要派單位提供勞務之日起九十日內，以書面向要派單位提出訂定勞動契約之意思表示。

要派單位應自前項派遣勞工意思表示到達之日起十日內，與其協商訂定勞動契約。逾期未協商或協商不成立者，視為雙方自期滿翌日成立勞動契約，並以派遣勞工於要派單位工作期間之勞動條件為勞動契約內容。

派遣事業單位及要派單位不得因派遣勞工提出第二項意思表示，而予以解僱、降調、減薪、損害其依法令、契約或習慣上所應享有之權益，或其他不利之處分。【處新臺幣 9 萬元以上 45 萬元以下罰鍰】

派遣事業單位及要派單位為前項行為之一者，無效。

派遣勞工因第二項及第三項規定與要派單位成立勞動契約者，其與派遣事業單位之勞動契約視為終止，且不負違反最低服務年限約定或返還訓練費用之責任。

前項派遣事業單位應依本法或勞工退休金條例規定之給付標準及期限，發給派遣勞工退休金或資遣費。

【處新臺幣 30 萬元以上 150 萬元以下罰鍰，並限期令其給付，屆期未給付者，應按次處罰】

歷屆考題（108-3-4）

㈠乙派遣事業單位與甲派遣勞工簽訂勞動契約前，丙要派單位有面試甲派遣勞工或其他指定特定派遣勞工之行為，且已受領派遣勞工勞務者，該派遣勞工得於要派單位提供勞務之日起多少日內，以書面向要派單位提出訂定勞動契約之意思表示？（2分）

㈡承上，丙要派單位應自甲派遣勞工意思表示到達之日起多少日內，與其協商訂定勞動契約？（2分）又如逾期未協商或協商不成立者，視為雙方自期滿之何時起成立勞動契約？（2分）

答案

㈠九十日內

㈡ 1. 十日內　　　　　　　　　2. 翌日

歷屆考題（110-2-5）

A 要派公司在甲君和 B 派遣公司簽訂勞動契約前，A 要派公司已和甲君面試，並指定他為 A 要派公司工作，請回答下列問題：

㈠甲君可以在為 A 要派公司工作之日起最遲幾日內，向 A 要派公司提出訂定勞動契約之意思？（2分）

㈡甲君應以何方式向 A 要派公司提出訂定勞動契約之意思表示？（2分）

㈢A 要派公司自甲君訂定勞動契約之意思表示到達之日起，最遲幾日內要與甲君協商訂定勞動契約？（2分）

㈣除了有協商而訂定勞動契約之外，另有哪 2 種情況，可視為甲君與 A 要派公司自期滿翌日勞動契約成立？（4分）

答案

㈠九十日內　　　　　　　　　㈡書面

㈢十日內　　　　　　　　　　㈣逾期末協商或協商不成立者

第 18 條

有左列情形之一者，勞工不得向雇主請求加發預告期間工資及資遣費：

一、依第十二條或第十五條規定終止勞動契約者。

二、定期勞動契約期滿離職者。

第 19 條

勞動契約終止時，勞工如請求發給服務證明書，雇主或其代理人不得拒絕。

【處新臺幣 2 萬元以上 30 萬元以下罰鍰】

【主管機關得依事業規模、違反人數或違反情節，加重其罰鍰至法定罰鍰最高額 2 分之 1】

第 20 條

事業單位改組或轉讓時，除新舊雇主商定留用之勞工外，其餘勞工應依第十六條規定期間預告終止契約，並應依第十七條規定發給勞工資遣費。其留用勞工之工作年資，應由新雇主繼續予以承認。

第三章　工資

第 21 條

工資由勞雇雙方議定之。但不得低於基本工資。

【處新臺幣 2 萬元以上 100 萬元以下罰鍰】

前項基本工資，由中央主管機關設基本工資審議委員會擬訂後，報請行政院核定之。

前項基本工資審議委員會之組織及其審議程序等事項，由中央主管機關另以辦法定之。

> **勞動基準法施行細則**
>
> 第 11 條
>
> 本法第二十一條所稱基本工資，指勞工在正常工作時間內所得之報酬。不包括延長工作時間之工資與休息日、休假日及例假工作加給之工資。

歷屆考題（112-3-4）

A 派遣公司聘僱甲君於 B 要派公司工作，請依勞動基準法之規定回答下列工資給付之相關問題：

㈠工資由勞雇雙方議定為基本工資，請問甲君係與何公司議定工資？（2 分）

㈡承上，目前基本工資係由中央主管機關設基本工資審議委員會擬訂後，報請何機關核定之？（2 分）

答案

㈠A 派遣公司　　　　　　　　　　㈡行政院

歷屆考題（97-1-1）

工資原則上由勞雇雙方議定之，惟其工資不得低於何者？（2 分）

答案

基本工資

第 22 條

工資之給付，應以法定通用貨幣為之。但基於習慣或業務性質，得於勞動契約內訂明一部以實物給付之。

工資之一部以實物給付時，其實物之作價應公平合理，並適合勞工及其家屬之需要。

工資應全額直接給付勞工。但法令另有規定或勞雇雙方另有約定者，不在此限。

【處新臺幣 2 萬元以上 100 萬元以下罰鍰】

第 22-1 條

派遣事業單位積欠派遣勞工工資，經主管機關處罰或依第二十七條規定限期令其給付而屆期未給付者，派遣勞工得請求要派單位給付。要派單位應自派遣勞工請求之日起三十日內給付之。

要派單位依前項規定給付者，得向派遣事業單位求償或扣抵要派契約之應付費用。

【處新臺幣 2 萬元以上 100 萬元以下罰鍰】

歷屆考題（109-1-3）

依勞動基準法規定，派遣事業單位積欠派遣勞工工資，經主管機關處罰或依第 27 條規定限期令其給付而屆期未給付者，派遣勞工得請求要派單位給付。要派單位應自派遣勞工請求之日起至遲多少日內給付之？（2 分）承上，要派單位依上述規定給付者，得向派遣事業單位求償或扣抵哪一契約之應付費用？（2 分）

答案

㈠ 1. 三十日內　　　　　　　　　　　2. 要派契約

歷屆考題（109-2-3）

依勞動基準法規定，派遣事業單位積欠派遣勞工工資，經主管機關處罰或依第 27 條規定限期令其給付而屆期未給付者，派遣勞工得向哪一單位請求給付？（2分）承上，派遣勞工發生職業災害，該單位或派遣事業單位依本法規定給付之補償金額，依第 63 條之 1 第 4 項規定，得抵充同一事故哪一種金額？（2分）

答案

1. 要派單位　　　　　　　　　　　　2. 損害之賠償金額

第 23 條

工資之給付，除當事人有特別約定或按月預付者外，每月至少定期發給二次，並應提供工資各項目計算方式明細；按件計酬者亦同。

雇主應置備勞工工資清冊，將發放工資、工資各項目計算方式明細、工資總額等事項記入。工資清冊應保存五年。

【處新臺幣 2 萬元以上 100 萬元以下罰鍰】

勞動基準法施行細則

第 14-1 條

本法第二十三條所定工資各項目計算方式明細，應包括下列事項：

一、勞雇雙方議定之工資總額。

二、工資各項目之給付金額。

三、依法令規定或勞雇雙方約定，得扣除項目之金額。

四、實際發給之金額。

雇主提供之前項明細，得以紙本、電子資料傳輸方式或其他勞工可隨時取得及得列印之資料為之。

歷屆考題（112-3-4）

A 派遣公司聘僱甲君於 B 要派公司工作，請依勞動基準法之規定回答下列工資給付之相關問題：

工資之給付，除當事人有特別約定或按月預付者外，每月至少定期發給多少次？（3分）

答案

二次

第 24 條

雇主延長勞工工作時間者，其延長工作時間之工資，依下列標準加給：

一、延長工作時間在二小時以內者，按平日每小時工資額加給三分之一以上。

二、再延長工作時間在二小時以內者，按平日每小時工資額加給三分之二以上。

三、依第三十二條第四項規定，延長工作時間者，按平日每小時工資額加倍發給。

雇主使勞工於第三十六條所定休息日工作，工作時間在二小時以內者，其工資按平日每小時工資額另再加給一又三分之一以上；工作二小時後再繼續工作者，按平日每小時工資額另再加給一又三分之二以上。

【處新臺幣 2 萬元以上 100 萬元以下罰鍰】

歷屆考題（106-3-4）

四、雇主使勞工於勞動基準法第 36 條所定休息日工作，有關休息日之工作時間及工資之加給與計算，請依勞動基準法規定，回答下列問題：

㈠工作時間在 2 小時以內者，其工資按平日每小時工資額另再加給多少以上？（2分）

㈡承上，工作 2 小時後再繼續工作者，按平日每小時工資額另再加給多少以上？（2分）

四、答案

㈠一又三分之一以上　　　　　　　㈡一又三分之二以上

歷屆考題（105-1-2）

甲平日加班延長工作時間 4 小時，依勞動基準法規定，應按平日每小時工資額分別加給幾分之幾？（6分）

答案

　1.延長工作時間在二小時以內者，按平日每小時工資額加給三分之一以上。

　2.再延長工作時間在二小時以內者，按平日每小時工資額加給三分之二以上。

第 25 條

雇主對勞工不得因性別而有差別之待遇。工作相同、效率相同者，給付同等之工資。

【處新臺幣 2 萬元以上 100 萬元以下罰鍰】

歷屆考題（97-1-1）

所謂工作相同，效率相同者，應給付同等之工資；請問學理上將之稱為何一原則？（2分）

答案

同工同酬原則或性別歧視禁止原則

第 26 條

雇主不得預扣勞工工資作為違約金或賠償費用。

【處新臺幣 9 萬元以上 45 萬元以下罰鍰】

歷屆考題（97-1-1）

依勞動基準法第 26 條規定，雇主不得預扣勞工工資作為何二者之用？（4 分）

答案

違約金或賠償費用

歷屆考題（96-3-1）

雇主主張勞工工作上有重大缺失，造成公司損失，可否預扣當月薪資作為賠償之用？（2 分）

答案

不可以

第 27 條

雇主不按期給付工資者，主管機關得限期令其給付。

【處新臺幣 2 萬元以上 100 萬元以下罰鍰】

第 28 條

雇主有歇業、清算或宣告破產之情事時，勞工之下列債權受償順序與第一順位抵押權、質權或留置權所擔保之債權相同，按其債權比例受清償；未獲清償部分，有最優先受清償之權：

一、本於勞動契約所積欠之工資未滿六個月部分。

二、雇主未依本法給付之退休金。

三、雇主未依本法或勞工退休金條例給付之資遣費。

雇主應按其當月僱用勞工投保薪資總額及規定之費率，繳納一定數額之積欠工資墊償基金，作為墊償下列各款之用：

一、前項第一款積欠之工資數額。

二、前項第二款與第三款積欠之退休金及資遣費，其合計數額以六個月平均工資為限。

【處新臺幣 2 萬元以上 30 萬元以下罰鍰】

【主管機關得依事業規模、違反人數或違反情節，加重其罰鍰至法定罰鍰最高額 2 分之 1】

積欠工資墊償基金，累積至一定金額後，應降低費率或暫停收繳。

第二項費率，由中央主管機關於萬分之十五範圍內擬訂，報請行政院核定之。

雇主積欠之工資、退休金及資遣費，經勞工請求未獲清償者，由積欠工資墊償基金依第二項規定墊償之；雇主應於規定期限內，將墊款償還積欠工資墊償基金。

積欠工資墊償基金，由中央主管機關設管理委員會管理之。基金之收繳有關業務，得由中央主管機關，委託勞工保險機構辦理之。基金墊償程序、收繳與管理辦法、第三項之一定金額及管理委員會組織規程，由中央主管機關定之。

勞動基準法施行細則

第 15 條

本法第二十八條第一項第一款所定積欠之工資，以雇主於歇業、清算或宣告破產前六個月內所積欠者為限。

一、依 104 年 2 月 4 日總統公布之勞動基準法第 28 條規定，雇主有歇業、清算或宣告破產之情事時，勞工有哪些債權受償順序與第一順位抵押權、質權或留置權所擔保之債權相同？（10 分）

一、答案

㈠ 本於勞動契約所積欠之工資未滿六個月部分。

㈡ 雇主未依本法給付之退休金。

㈢ 雇主未依本法或勞工退休金條例給付之資遣費。

依勞動基準法第 28 條規定，雇主應按當月僱用勞工投保薪資總額及規定之費率，繳納一定數額予何者，以暫作為清償勞工未獲給付工資之用？（2 分）

答案

積欠工資墊償基金

第 29 條

事業單位於營業年度終了結算，如有盈餘，除繳納稅捐、彌補虧損及提列股息、公積金外，對於全年工作並無過失之勞工，應給與獎金或分配紅利。

第四章　工作時間、休息、休假

第 30 條

勞工正常工作時間，每日不得超過八小時，每週不得超過四十小時。

【處新臺幣 2 萬元以上 100 萬元以下罰鍰】

前項正常工作時間，雇主經工會同意，如事業單位無工會者，經勞資會議同意後，得將其二週內二日之正常工作時數，分配於其他工作日。其分配於其他工作日之時數，每日不得超過二小時。但每週工作總時數不得超過四十八小時。

【處新臺幣 2 萬元以上 100 萬元以下罰鍰】

第一項正常工作時間，雇主經工會同意，如事業單位無工會者，經勞資會議同意後，得將八週內之正常工作時數加以分配。但每日正常工作時間不得超過八小時，每週工作總時數不得超過四十八小時。

【處新臺幣 2 萬元以上 100 萬元以下罰鍰】

前二項規定，僅適用於經中央主管機關指定之行業。

雇主應置備勞工出勤紀錄，並保存五年。

【處新臺幣九萬元以上四十五萬元以下罰鍰】

前項出勤紀錄，應逐日記載勞工出勤情形至分鐘為止。勞工向雇主申請其出勤紀錄副本或影本時，雇主不得拒絕。【處新臺幣 2 萬元以上 100 萬元以下罰鍰】

雇主不得以第一項正常工作時間之修正，作為減少勞工工資之事由。

【處新臺幣 2 萬元以上 100 萬元以下罰鍰】

第一項至第三項及第三十條之一之正常工作時間，雇主得視勞工照顧家庭成員需要，允許勞工於不變更每日正常工作時數下，在一小時範圍內，彈性調整工作開始及終止之時間。

勞動基準法施行細則

第 21 條

本法第三十條第五項所定出勤紀錄，包括以簽到簿、出勤卡、刷卡機、門禁卡、生物特徵辨識系統、電腦出勤紀錄系統或其他可資覈實記載出勤時間工具所為之紀錄。

前項出勤紀錄，雇主因勞動檢查之需要或勞工向其申請時，應以書面方式提出。

歷屆考題（111-2-2）

外國留學生甲君今年已經大學三年級，並會利用課餘時間工作賺取生活費。在甲君期中考前一週的某一天，縣政府勞工局的檢查人員到甲君打工的 A 公司訪查，A 公司適用勞動基準法，且發現甲君有合法工作許可，在前一週的工作時間累計達 32 小時。請依就業服務法及勞動基準法規定，回答下列問題：

依就業服務法第 50 條及勞動基準法第 30 條第 1 項規定：

若是在寒暑假期間，每星期的正常工時最多幾小時？（2 分）

答案

四十小時

第 30-1 條

中央主管機關指定之行業，雇主經工會同意，如事業單位無工會者，經勞資會議同意後，其工作時間得依下列原則變更：

一、四週內正常工作時數分配於其他工作日之時數，每日不得超過二小時，不受前條第二項至第四項規定之限制。

二、當日正常工作時間達十小時者，其延長之工作時間不得超過二小時。

三、女性勞工，除妊娠或哺乳期間者外，於夜間工作，不受第四十九條第一項之限制。但雇主應提供必要之安全衛生設施。

依中華民國八十五年十二月二十七日修正施行前第三條規定適用本法之行業，除第一項第一款之農、林、漁、牧業外，均不適用前項規定。

第 31 條

在坑道或隧道內工作之勞工，以入坑口時起至出坑口時止為工作時間。

第 32 條

雇主有使勞工在正常工作時間以外工作之必要者，雇主經工會同意，如事業單位無工會者，經勞資會議同意後，得將工作時間延長之。

前項雇主延長勞工之工作時間連同正常工作時間，一日不得超過十二小時；延長之工作時間，一個月不得超過四十六小時，但雇主經工會同意，如事業單位無工會者，經勞資會議同意後，延長之工作時間，一個月不得超過五十四小時，每三個月不得超過一百三十八小時。

雇主僱用勞工人數在三十人以上，依前項但書規定延長勞工工作時間者，應報當地主管機關備查。

因天災、事變或突發事件，雇主有使勞工在正常工作時間以外工作之必要者，得將工作時間延長之。但應於延長開始後二十四小時內通知工會；無工會組織者，應報當地主管機關備查。延長之工作時間，雇主應於事後補給勞工以適當之休息。

在坑內工作之勞工，其工作時間不得延長。但以監視為主之工作，或有前項所定之情形者，不在此限。

【處新臺幣 2 萬元以上 100 萬元以下罰鍰】

歷屆考題（96-3-2）

A 公司為營業需求而延長工時，每一員工 1 個月不得超過幾個小時？（2分）

答案

46 小時

歷屆考題（107-2-1）

公司在訂單旺季，須請甲加班時，依 107 年 3 月 1 日施行之勞動基準法規定，其延長之工作時間（加班），1 個月不得超過 46 小時，但經工會或勞資會議同意後，延長之工作時間，1 個月不得超過幾小時？（1分）每 3 個月不得超過幾小時？（1分）

答案

1. 54 小時　　　　　　　　2. 138 小時

第 32-1 條

雇主依第三十二條第一項及第二項規定使勞工延長工作時間，或使勞工於第三十六條所定休息日工作後，依勞工意願選擇補休並經雇主同意者，應依勞工工作之時數計算補休時數。

前項之補休，其補休期限由勞雇雙方協商；補休期限屆期或契約終止未補休之時數，應依延長工作時間或休息日工作當日之工資計算標準發給工資；未發給工資者，依違反第二十四條規定論處。

第 33 條

第三條所列事業，除製造業及礦業外，因公眾之生活便利或其他特殊原因，有調整第三十條、第三十二條所定之正常工作時間及延長工作時間之必要者，得由當地主管機關會商目的事業主管機關及工會，就必要之限度內以命令調整之。

【處新臺幣 2 萬元以上 100 萬元以下罰鍰】

第 34 條

勞工工作採輪班制者，其工作班次，每週更換一次。但經勞工同意者不在此限。

依前項更換班次時，至少應有連續十一小時之休息時間。但因工作特性或特殊原因，經中央目的事業主管機關商請中央主管機關公告者，得變更休息時間不少於連續八小時。

雇主依前項但書規定變更休息時間者，應經工會同意，如事業單位無工會者，經勞資會議同意後，始得為之。雇主僱用勞工人數在三十人以上者，應報當地主管機關備查。

【處新臺幣 2 萬元以上 100 萬元以下罰鍰】

歷屆考題（107-3-2）

依勞動基準法規定，輪班更換班次時，至少應有連續 11 小時之休息時間。但因哪 2 種事由，經中央目的事業主管機關商請中央主管機關公告者，得變更休息時間不少於連續 8 小時？（4分）

答案

1. 工作特性　　　　　　　　　　　　2. 特殊原因

第 35 條

勞工繼續工作四小時，至少應有三十分鐘之休息。但實行輪班制或其工作有連續性或緊急性者，雇主得在工作時間內，另行調配其休息時間。

【處新臺幣 2 萬元以上 100 萬元以下罰鍰】

第 36 條

勞工每七日中應有二日之休息，其中一日為例假，一日為休息日。

雇主有下列情形之一，不受前項規定之限制：

一、依第三十條第二項規定變更正常工作時間者，勞工每七日中至少應有一日之例假，每二週內之例假及休息日至少應有四日。

二、依第三十條第三項規定變更正常工作時間者，勞工每七日中至少應有一日之例假，每八週內之例假及休息日至少應有十六日。

三、依第三十條之一規定變更正常工作時間者，勞工每二週內至少應有二日之例假，每四週內之例假及休息日至少應有八日。

雇主使勞工於休息日工作之時間，計入第三十二條第二項所定延長工作時間總數。但因天災、事變或突發事件，雇主有使勞工於休息日工作之必要者，其工作時數不受第三十二條第二項規定之限制。

經中央目的事業主管機關同意，且經中央主管機關指定之行業，雇主得將第一項、第二項第一款及第二款所定之例假，於每七日之週期內調整之。

前項所定例假之調整，應經工會同意，如事業單位無工會者，經勞資會議同意後，始得為之。雇主僱用勞工人數在三十人以上者，應報當地主管機關備查。

【處新臺幣 2 萬元以上 100 萬元以下罰鍰】

第 37 條

內政部所定應放假之紀念日、節日、勞動節及其他中央主管機關指定應放假日，均應休假。

中華民國一百零五年十二月六日修正之前項規定，自一百零六年一月一日施行。

【處新臺幣 2 萬元以上 100 萬元以下罰鍰】

第 38 條

勞工在同一雇主或事業單位，繼續工作滿一定期間者，應依下列規定給予特別休假：

一、六個月以上一年未滿者，三日。

二、一年以上二年未滿者，七日。

三、二年以上三年未滿者，十日。

四、三年以上五年未滿者，每年十四日。

五、五年以上十年未滿者，每年十五日。

六、十年以上者，每一年加給一日，加至三十日為止。

前項之特別休假期日，由勞工排定之。但雇主基於企業經營上之急迫需求或勞工因個人因素，得與他方協商調整。

雇主應於勞工符合第一項所定之特別休假條件時，告知勞工依前二項規定排定特別休假。

勞工之特別休假，因年度終結或契約終止而未休之日數，雇主應發給工資。但年度終結未休之日數，經勞雇雙方協商遞延至次一年度實施者，於次一年度終結或契約終止仍未休之日數，雇主應發給工資。

雇主應將勞工每年特別休假之期日及未休之日數所發給之工資數額，記載於第二十三條所定之勞工工資清冊，並每年定期將其內容以書面通知勞工。

勞工依本條主張權利時，雇主如認為其權利不存在，應負舉證責任。

【處新臺幣 2 萬元以上 100 萬元以下罰鍰】

歷屆考題（106-1-1）

一、勞工在同雇主或事業單位，繼續作滿定期間者應給予特別休假。請依勞動基準法規定，回答下列所期間應予特別休假之日數？（10 分）

㈠六個月以上一年未滿者。（2 分）

㈡一年以上二年未滿者。（2 分）

㈢二年以上三未滿者。（2 分）

㈣三年以上五未滿者。（2 分）

㈤五年以上十未滿者。（2 分）

一、答案

㈠ 3 日　　㈡ 7 日　　㈢ 10 日　　㈣ 14 日　　㈤ 15 日

歷屆考題（107-1-5）

勞工之特別休假，因年度終結或契約終止而未休日數雇主應如何辦理？

答案

雇主應發給工資

第 39 條

第三十六條所定之例假、休息日、第三十七條所定之休假及第三十八條所定之特別休假，工資應由雇主照

給。雇主經徵得勞工同意於休假日工作者，工資應加倍發給。因季節性關係有趕工必要，經勞工或工會同意照常工作者，亦同。

【處新臺幣 2 萬元以上 100 萬元以下罰鍰】

第 40 條

因天災、事變或突發事件，雇主認有繼續工作之必要時，得停止第三十六條至第三十八條所定勞工之假期。但停止假期之工資，應加倍發給，並應於事後補假休息。

前項停止勞工假期，應於事後二十四小時內，詳述理由，報請當地主管機關核備。

【處新臺幣 2 萬元以上 100 萬元以下罰鍰】

歷屆考題（111-2-5）

依據勞動基準法第 40 條規定，因突發事件，雇主認有繼續工作之必要時，得停止法定勞工之假期，並於事後依規定報請當地主管機關核備。此一停止假期之工資與假期應如何處理？（4 分）

答案

1. 應加倍發給，並應於事後補假休息。
2. 應於事後二十四小時內，詳述理由，報請當地主管機關核備。

第 41 條

公用事業之勞工，當地主管機關認有必要時，得停止第三十八條所定之特別休假。假期內之工資應由雇主加倍發給。

【處新臺幣 2 萬元以上 100 萬元以下罰鍰】

第 42 條

勞工因健康或其他正當理由，不能接受正常工作時間以外之工作者，雇主不得強制其工作。

【處 6 個月以下有期徒刑、拘役或科或併科新臺幣 30 萬元以下罰金】

第 43 條

勞工因婚、喪、疾病或其他正當事由得請假；請假應給之假期及事假以外期間內工資給付之最低標準，由中央主管機關定之。

【處新臺幣 2 萬元以上 100 萬元以下罰鍰】

第五章　童工、女工

第 44 條

十五歲以上未滿十六歲之受僱從事工作者，為童工。

童工及十六歲以上未滿十八歲之人，不得從事危險性或有害性之工作。

【處 6 個月以下有期徒刑、拘役或科或併科新臺幣 30 萬元以下罰金】

歷屆考題（107-1-5）

㈠何謂童工（2分）

㈡童工及 16 歲以上未滿 18 歲之人，不得從事哪 2 種性質之工作？（2分）

答案

㈠十五歲以上未滿十六歲之受僱從事工作者　　㈡危險性或有害性之工作

第 45 條

雇主不得僱用未滿十五歲之人從事工作。但國民中學畢業或經主管機關認定其工作性質及環境無礙其身心健康而許可者，不在此限。【處 6 個月以下有期徒刑、拘役或科或併科新臺幣 30 萬元以下罰金】

前項受僱之人，準用童工保護之規定。

第一項工作性質及環境無礙其身心健康之認定基準、審查程序及其他應遵行事項之辦法，由中央主管機關依勞工年齡、工作性質及受國民義務教育之時間等因素定之。

未滿十五歲之人透過他人取得工作為第三人提供勞務，或直接為他人提供勞務取得報酬未具勞僱關係者，準用前項及童工保護之規定。

第 46 條

未滿十八歲之人受僱從事工作者，雇主應置備其法定代理人同意書及其年齡證明文件。

【處新臺幣 2 萬元以上 30 萬元以下罰鍰】

【主管機關得依事業規模、違反人數或違反情節，加重其罰鍰至法定罰鍰最高額 2 分之 1】

第 47 條

童工每日之工作時間不得超過八小時，每週之工作時間不得超過四十小時，例假日不得工作。

【處 6 個月以下有期徒刑、拘役或科或併科新臺幣 30 萬元以下罰金】

第 48 條

童工不得於午後八時至翌晨六時之時間內工作。

【處 6 個月以下有期徒刑、拘役或科或併科新臺幣 30 萬元以下罰金】

第 49 條

雇主不得使女工於午後十時至翌晨六時之時間內工作。但雇主經工會同意，如事業單位無工會者，經勞資會議同意後，且符合下列各款規定者，不在此限：

一、提供必要之安全衛生設施。

二、無大眾運輸工具可資運用時，提供交通工具或安排女工宿舍。

【處新臺幣 2 萬元以上 100 萬元以下罰鍰】

前項第一款所稱必要之安全衛生設施，其標準由中央主管機關定之。但雇主與勞工約定之安全衛生設施優於本法者，從其約定。

女工因健康或其他正當理由，不能於午後十時至翌晨六時之時間內工作者，雇主不得強制其工作。

【處 6 個月以下有期徒刑、拘役或科或併科新臺幣 30 萬元以下罰金】

第一項規定，於因天災、事變或突發事件，雇主必須使女工於午後十時至翌晨六時之時間內工作時，不適用之。

第一項但書及前項規定，於妊娠或哺乳期間之女工，不適用之。

【處新臺幣九萬元以上四十五萬元以下罰鍰】

中華民國 110 年 08 月 20 日院臺大二字第 1100023798 號

解釋爭點

勞動基準法第 49 條第 1 項規定，限制女性勞工於夜間工作，是否違反憲法第 7 條保障性別平等之意旨？

解釋文

勞動基準法第 49 條第 1 項規定：「雇主不得使女工於午後 10 時至翌晨 6 時之時間內工作。但雇主經工會同意，如事業單位無工會者，經勞資會議同意後，且符合下列各款規定者，不在此限：一、提供必要之安全衛生設施。二、無大眾運輸工具可資運用時，提供交通工具或安排女工宿舍。」違反憲法第 7 條保障性別平等之意旨，應自本解釋公布之日起失其效力。

第 50 條

女工分娩前後，應停止工作，給予產假八星期；妊娠三個月以上流產者，應停止工作，給予產假四星期。

前項女工受僱工作在六個月以上者，停止工作期間工資照給；未滿六個月者減半發給。

【處新臺幣 9 萬元以上 45 萬元以下罰鍰】

產假

分娩	應使其停止工作	8 星期
妊娠 3 個月以上流產者	應使其停止工作	4 星期
妊娠 2 個月以上未滿 3 個月流產者	應使其停止工作	1 星期
妊娠未滿 2 個月流產者	應使其停止工作	5 日

歷屆考題（96-3-2）

C 女可請求多少日之產假？（2 分）

答案

八星期

第 51 條

女工在妊娠期間，如有較為輕易之工作，得申請改調，雇主不得拒絕，並不得減少其工資。

【處新臺幣 9 萬元以上 45 萬元以下罰鍰】

第 52 條

子女未滿一歲須女工親自哺乳者，於第三十五條規定之休息時間外，雇主應每日另給哺乳時間二次，每次以三十分鐘為度。

前項哺乳時間，視為工作時間。

哺（集）乳（特別法優於普通法）

性別工作平等法第18條	子女未滿二歲須受僱者親自哺（集）乳者，除規定之休息時間外，雇主應每日另給哺（集）乳時間六十分鐘。
	受僱者於每日正常工作時間以外之延長工作時間達一小時以上者，雇主應給予哺（集）乳時間三十分鐘。
	前二項哺（集）乳時間，視為工作時間。
勞動基準法第52條	子女未滿一歲須女工親自哺乳者，於第三十五條規定之休息時間外，雇主應每日另給哺乳時間二次，每次以三十分鐘為度。
	前項哺乳時間，視為工作時間。

第六章　退休

第 53 條

勞工有下列情形之一，得自請退休：

一、工作十五年以上年滿五十五歲者。

二、工作二十五年以上者。

三、工作十年以上年滿六十歲者。

自請退休

年資	年齡	合計
10	60	70
15	55	70
25		

歷屆考題（104-3-2）

勞工符合哪三種法定情形，始得自請退休？（6分）

答：

1. 工作十五年以上年滿五十五歲者
2. 工作二十五年以上者
3. 工作十年以上年滿六十歲者

第 54 條

勞工非有下列情形之一，雇主不得強制其退休：

一、年滿六十五歲者。

二、身心障礙不堪勝任工作者。

前項第一款所規定之年齡，對於擔任具有危險、堅強體力等特殊性質之工作者，得由事業單位報請中央主管機關予以調整。但不得少於五十五歲。

歷屆考題（98-1-2）

依勞動基準法第 54 條第 1 項第 1 款規定，勞工非年滿幾歲者，雇主不得強制其退休？（2 分）

答案

六十五歲

歷屆考題（108-1-1）

依 107 年 11 月 21 日總統公布修正之勞動基準法第 54 條第 1 項規定，勞工除因有年滿 65 歲外，另有哪一情形，雇主始得強制其退休？（2 分）

答案

身心障礙不堪勝任工作者

第 55 條

勞工退休金之給與標準如下：

一、按其工作年資，每滿一年給與兩個基數。但超過十五年之工作年資，每滿一年給與一個基數，最高總數以四十五個基數為限。未滿半年者以半年計；滿半年者以一年計。

二、依第五十四條第一項第二款規定，強制退休之勞工，其身心障礙係因執行職務所致者，依前款規定加給百分之二十。

前項第一款退休金基數之標準，係指核准退休時一個月平均工資。

第一項所定退休金，雇主應於勞工退休之日起三十日內給付，如無法一次發給時，得報經主管機關核定後，分期給付。本法施行前，事業單位原定退休標準優於本法者，從其規定。

【處新臺幣 30 萬元以上 150 萬元以下罰鍰，並限期令其給付，屆期未給付者，應按次處罰】

老年一次金給付、一次請領老年給付、勞工退休金之差異

老年一次金給付	前 15 年：1 年，按其平均月投保薪資發給 1 個月
一次請領老年給付	16 年起：1 年，按其平均月投保薪資發給 2 個月
勞工退休金	前 15 年：1 年給與 2 個基數
	16 年起：1 年給與 1 個基數

歷屆考題（104-3-2）

勞工退休金給與標準之基數，最高總數上限為何？（2 分）另雇主應於勞工退休之日起幾日內給付退休金？（2 分）

答：

1. 四十五個基數　　　　　　　　2. 三十日內

第 56 條

雇主應依勞工每月薪資總額百分之二至百分之十五範圍內，按月提撥勞工退休準備金，專戶存儲，並不得

作爲讓與、扣押、抵銷或擔保之標的；其提撥之比率、程序及管理等事項之辦法，由中央主管機關擬訂，報請行政院核定之。

【處新臺幣 2 萬元以上 30 萬元以下罰鍰】

【主管機關得依事業規模、違反人數或違反情節，加重其罰鍰至法定罰鍰最高額 2 分之 1】

雇主應於每年年度終了前，估算前項勞工退休準備金專戶餘額，該餘額不足給付次一年度內預估成就第五十三條或第五十四條第一項第一款退休條件之勞工，依前條計算之退休金數額者，雇主應於次年度三月底前一次提撥其差額，並送事業單位勞工退休準備金監督委員會審議。【處新臺幣 9 萬元以上 45 萬元以下罰鍰】

第一項雇主按月提撥之勞工退休準備金匯集爲勞工退休基金，由中央主管機關設勞工退休基金監理委員會管理之；其組織、會議及其他相關事項，由中央主管機關定之。

前項基金之收支、保管及運用，由中央主管機關會同財政部委託金融機構辦理。最低收益不得低於當地銀行二年定期存款利率之收益；如有虧損，由國庫補足之。基金之收支、保管及運用辦法，由中央主管機關擬訂，報請行政院核定之。

雇主所提撥勞工退休準備金，應由勞工與雇主共同組織勞工退休準備金監督委員會監督之。委員會中勞工代表人數不得少於三分之二；其組織準則，由中央主管機關定之。

雇主按月提撥之勞工退休準備金比率之擬訂或調整，應經事業單位勞工退休準備金監督委員會審議通過，並報請當地主管機關核定。

金融機構辦理核貸業務，需查核該事業單位勞工退休準備金提撥狀況之必要資料時，得請當地主管機關提供。

金融機構依前項取得之資料，應負保密義務，並確實辦理資料安全稽核作業。

前二項有關勞工退休準備金必要資料之內容、範圍、申請程序及其他應遵行事項之辦法，由中央主管機關會商金融監督管理委員會定之。

第 57 條

勞工工作年資以服務同一事業者爲限。但受同一雇主調動之工作年資，及依第二十條規定應由新雇主繼續予以承認之年資，應予併計。

第 58 條

勞工請領退休金之權利，自退休之次月起，因五年間不行使而消滅。

勞工請領退休金之權利，不得讓與、抵銷、扣押或供擔保。

勞工依本法規定請領勞工退休金者，得檢具證明文件，於金融機構開立專戶，專供存入勞工退休金之用。

前項專戶內之存款，不得作爲抵銷、扣押、供擔保或強制執行之標的。

補償權、請求權

勞動基準法第 58 條	勞工請領退休金之權利，自退休之次月起，因五年間不行使而消滅。
勞動基準法第 61 條	第五十九條（職業災害補償）之受領補償權，自得受領之日起，因二年間不行使而消滅。
勞工退休金條例第 31 條	雇主末依本條例之規定按月提繳或足額提繳勞工退休金，致勞工受有損害者，勞工得向雇主請求損害賠償。 前項請求權，自勞工離職時起，因五年間不行使而消滅。

勞工退休金條例第 28 條	勞工之遺屬或指定請領人退休金請求權，自得請領之日起，因十年間不行使而消滅。
性別平等工作法第 30 條	損害賠償請求權，自請求權人知有損害及賠償義務人時起，二年間不行使而消滅。自有性騷擾行為或違反各該規定之行為時起，逾十年者，亦同。
中高齡者及高齡者就業促進法第 17 條	損害賠償請求權，自請求權人知有損害及賠償義務人時起，二年間不行使而消滅。自有違反行為時起，逾十年者，亦同。
個人資料保護法第 30 條	損害賠償請求權，自請求權人知有損害及賠償義務人時起，因二年間不行使而消滅；自損害發生時起，逾五年者，亦同。
勞工保險條例第 30 條	領取保險給付之請求權，自得請領之日起，因五年間不行使而消滅。
就業保險法第 24 條	領取保險給付之請求權，自得請領之日起，因二年間不行使而消滅。
勞工職業災害保險及保護法第 82 條	職業災害勞工請領第七十八條至第八十一條所定津貼或補助之請求權，自得請領之日起，因五年間不行使而消滅。

歷屆考題（98-1-2）

依勞動基準法第 58 條規定，勞工請領退休金之權利，自退休之次月起，因幾年間不行使而消滅？（2分）

答案
五年

第七章　職業災害補償

第 59 條

勞工因遭遇職業災害而致死亡、失能、傷害或疾病時，雇主應依下列規定予以補償。但如同一事故，依勞工保險條例或其他法令規定，已由雇主支付費用補償者，雇主得予以抵充之：

一、勞工受傷或罹患職業病時，雇主應補償其必需之醫療費用。職業病之種類及其醫療範圍，依勞工保險條例有關之規定。

二、勞工在醫療中不能工作時，雇主應按其原領工資數額予以補償。但醫療期間屆滿二年仍未能痊癒，經指定之醫院診斷，審定為喪失原有工作能力，且不合第三款之失能給付標準者，雇主得一次給付四十個月之平均工資後，免除此項工資補償責任。

三、勞工經治療終止後，經指定之醫院診斷，審定其遺存障害者，雇主應按其平均工資及其失能程度，一次給予失能補償。失能補償標準，依勞工保險條例有關之規定。

四、勞工遭遇職業傷害或罹患職業病而死亡時，雇主除給與五個月平均工資之喪葬費外，並應一次給與其遺屬四十個月平均工資之死亡補償。

　　其遺屬受領死亡補償之順位如下：

㈠配偶及子女。

㈡父母。

㈢祖父母。

㈣孫子女。

㈤兄弟姐妹。

【處新臺幣 2 萬元以上 100 萬元以下罰鍰】

勞動基準法施行細則

第 31 條

本法第五十九條第二款所稱原領工資，係指該勞工遭遇職業災害前一日正常工作時間所得之工資。其為計月者，以遭遇職業災害前最近一個月正常工作時間所得之工資除以三十所得之金額，為其一日之工資。

罹患職業病者依前項規定計算所得金額低於平均工資者，以平均工資為準。

勞動基準法施行細則

第 32 條

依本法第五十九條第二款但書規定給付之補償，雇主應於決定後十五日內給與。在未給與前雇主仍應繼續為同款前段規定之補償。

勞動基準法施行細則

第 33 條

雇主依本法第五十九條第四款給與勞工之喪葬費應於死亡後三日內，死亡補償應於死亡後十五日內給付。

歷屆考題（97-2-1）

一、適用勞動基準法之甲公司員工 A，於載貨途中遭違規駕駛之 B 撞成重傷；請依相關法律規定，回答下列問題：

㈠在 A 不能工作的醫療期間，雇主應按原領工資予以補償；惟該醫療期間如屆滿多久，A 仍未能痊癒者，雇主即得免除此工資補償責任？（2分）

㈡承上述問題㈠：雇主雖免除工資補償責任，但應一次給付幾個月之平均工資？（2分）

㈢如 A 傷重不治，雇主應給與家屬幾個月之喪葬費？（2分）

㈣甲公司主張 A 並非載貨，而係翹班辦理私事途中出車禍；請問司法實務及學理上，關於類似情形是否符合職業災害之認定，應符合哪 2 項要件？（4分）

一、答案

㈠二年　　　　　　　　　　　　　㈡四十個月平均工資

㈢五個月平均工資　　　　　　　　㈣職務遂行性及業務起因性

歷屆考題（102-1-1）

甲公司僱有員工 31 人，某日其女性員工乙於接洽業務途中不幸發生車禍受傷。送醫後住院 2 個月，治癒後出院並返回公司上班。請回答下列問題：

依勞動基準法第 59 條規定，甲公司對乙應負哪二項補償？（4分）

答案

1. 醫療補償　　　　　　　　　　　2. 工資補償

歷屆考題（105-1-2）

甲因燙傷在醫療中不能工作時，依勞動基準法規定，速食店應如何補償其工資？（2分）

答案

原領工資

歷屆考題（100-2-2）

試述勞工因遭遇職業傷病而死亡，勞動基準法所定雇主應支付之補償內容？（2分）

答案

1. 五個月平均工資之喪葬費　　　　2. 四十個月平均工資之死亡補償

第 60 條

雇主依前條規定給付之補償金額，得抵充就同一事故所生損害之賠償金額。

第 61 條

第五十九條之受領補償權，自得受領之日起，因二年間不行使而消滅。

受領補償之權利，不因勞工之離職而受影響，且不得讓與、抵銷、扣押或供擔保。

勞工或其遺屬依本法規定受領職業災害補償金者，得檢具證明文件，於金融機構開立專戶，專供存入職業災害補償金之用。

前項專戶內之存款，不得作為抵銷、扣押、供擔保或強制執行之標的。

第 62 條

事業單位以其事業招人承攬，如有再承攬時，承攬人或中間承攬人，就各該承攬部分所使用之勞工，均應與最後承攬人，連帶負本章所定雇主應負職業災害補償之責任。

事業單位或承攬人或中間承攬人，為前項之災害補償時，就其所補償之部分，得向最後承攬人求償。

第 63 條

承攬人或再承攬人工作場所，在原事業單位工作場所範圍內，或為原事業單位提供者，原事業單位應督促承攬人或再承攬人，對其所僱用勞工之勞動條件應符合有關法令之規定。

事業單位違背職業安全衛生法有關對於承攬人、再承攬人應負責任之規定，致承攬人或再承攬人所僱用之勞工發生職業災害時，應與該承攬人、再承攬人負連帶補償責任。

第 63-1 條

要派單位使用派遣勞工發生職業災害時，要派單位應與派遣事業單位連帶負本章所定雇主應負職業災害補償之責任。

前項之職業災害依勞工保險條例或其他法令規定，已由要派單位或派遣事業單位支付費用補償者，得主張抵充。

要派單位及派遣事業單位因違反本法或有關安全衛生規定，致派遣勞工發生職業災害時，應連帶負損害賠償之責任。

要派單位或派遣事業單位依本法規定給付之補償金額，得抵充就同一事故所生損害之賠償金額。

歷屆考題（108-3-4）

如果要派單位使用派遣勞工發生職業災害時，要派單位應與派遣事業單位連帶負勞動基準法所定雇主應負之哪一責任？（2分）另要派單位及派遣事業單位因違反勞動基準法或有關安全衛生規定，致派遣勞工發生職業災害時，應連帶負哪一責任？（2分）

答案

　　1. 負職業災害補償之責任　　　　　2. 連帶負損害賠償之責任

第八章　技術生

第 64 條

雇主不得招收未滿十五歲之人爲技術生。但國民中學畢業者，不在此限。

【處 6 個月以下有期徒刑、拘役或科或併科新臺幣 30 萬元以下罰金】

稱技術生者，指依中央主管機關規定之技術生訓練職類中以學習技能爲目的，依本章之規定而接受雇主訓練之人。

本章規定，於事業單位之養成工、見習生、建教合作班之學生及其他與技術生性質相類之人，準用之。

第 65 條

雇主招收技術生時，須與技術生簽訂書面訓練契約一式三份，訂明訓練項目、訓練期限、膳宿負擔、生活津貼、相關教學、勞工保險、結業證明、契約生效與解除之條件及其他有關雙方權利、義務事項，由當事人分執，並送主管機關備案。

【處新臺幣 2 萬元以上 30 萬元以下罰鍰】

【主管機關得依事業規模、違反人數或違反情節，加重其罰鍰至法定罰鍰最高額 2 分之 1】

前項技術生如爲未成年人，其訓練契約，應得法定代理人之允許。

第 66 條

雇主不得向技術生收取有關訓練費用。

【處新臺幣 2 萬元以上 30 萬元以下罰鍰】

【主管機關得依事業規模、違反人數或違反情節，加重其罰鍰至法定罰鍰最高額 2 分之 1】

第 67 條

技術生訓練期滿，雇主得留用之，並應與同等工作之勞工享受同等之待遇。雇主如於技術生訓練契約內訂明留用期間，應不得超過其訓練期間。

【處新臺幣 2 萬元以上 30 萬元以下罰鍰】

【主管機關得依事業規模、違反人數或違反情節，加重其罰鍰至法定罰鍰最高額 2 分之 1】

第 68 條

技術生人數，不得超過勞工人數四分之一。勞工人數不滿四人者，以四人計。

【處新臺幣 2 萬元以上 30 萬元以下罰鍰】

【主管機關得依事業規模、違反人數或違反情節，加重其罰鍰至法定罰鍰最高額 2 分之 1】

第 69 條

本法第四章工作時間、休息、休假，第五章童工、女工，第七章災害補償及其他勞工保險等有關規定，於技術生準用之。

技術生災害補償所採薪資計算之標準，不得低於基本工資。

第九章　工作規則

第 70 條

雇主僱用勞工人數在三十人以上者，應依其事業性質，就左列事項訂立工作規則，報請主管機關核備後並公開揭示之：

一、工作時間、休息、休假、國定紀念日、特別休假及繼續性工作之輪班方法。

二、工資之標準、計算方法及發放日期。

三、延長工作時間。

四、津貼及獎金。

五、應遵守之紀律。

六、考勤、請假、獎懲及升遷。

七、受僱、解僱、資遣、離職及退休。

八、災害傷病補償及撫卹。

九、福利措施。

十、勞雇雙方應遵守勞工安全衛生規定。

十一、勞雇雙方溝通意見加強合作之方法。

十二、其他。

【處新臺幣 2 萬元以上 30 萬元以下罰鍰】

【主管機關得依事業規模、違反人數或違反情節，加重其罰鍰至法定罰鍰最高額 2 分之 1】

勞動基準法施行細則

第 37 條

雇主於僱用勞工人數滿三十人時應即訂立工作規則，並於三十日內報請當地主管機關核備。

本法第七十條所定雇主僱用勞工人數，依第二十二條之一第一項規定計算。

工作規則應依據法令、勞資協議或管理制度變更情形適時修正，修正後並依第一項程序報請核備。

主管機關認為有必要時，得通知雇主修訂前項工作規則。

第 71 條

工作規則，違反法令之強制或禁止規定或其他有關該事業適用之團體協約規定者，無效。

第十章　監督與檢查

第 72 條

中央主管機關，為貫徹本法及其他勞工法令之執行，設勞工檢查機構或授權直轄市主管機關專設檢查機構辦理之；直轄市、縣（市）主管機關於必要時，亦得派員實施檢查。

前項勞工檢查機構之組織，由中央主管機關定之。

第 73 條

檢查員執行職務，應出示檢查證，各事業單位不得拒絕。事業單位拒絕檢查時，檢查員得會同當地主管機關或警察機關強制檢查之。

【處新臺幣 3 萬元以上 15 萬元以下罰鍰】

檢查員執行職務，得就本法規定事項，要求事業單位提出必要之報告、紀錄、帳冊及有關文件或書面說明。如需抽取物料、樣品或資料時，應事先通知雇主或其代理人並製給收據。

勞動基準法施行細則

第 45 條

事業單位對檢查結果有異議時，應於通知送達後十日內向檢查機構以書面提出。

第 74 條

勞工發現事業單位違反本法及其他勞工法令規定時，得向雇主、主管機關或檢查機構申訴。

雇主不得因勞工為前項申訴，而予以解僱、降調、減薪、損害其依法令、契約或習慣上所應享有之權益，或其他不利之處分。

雇主為前項行為之一者，無效。

【處新臺幣 2 萬元以上 30 萬元以下罰鍰】

【主管機關得依事業規模、違反人數或違反情節，加重其罰鍰至法定罰鍰最高額 2 分之 1】

主管機關或檢查機構於接獲第一項申訴後，應為必要之調查，並於六十日內將處理情形，以書面通知勞工。

主管機關或檢查機構應對申訴人身分資料嚴守祕密，不得洩漏足以識別其身分之資訊。

違反前項規定者，除公務員應依法追究刑事與行政責任外，對因此受有損害之勞工，應負損害賠償責任。

主管機關受理檢舉案件之保密及其他應遵行事項之辦法，由中央主管機關定之。

歷屆考題（106-2-1）

一、勞工發現事業單位違反勞動基準法及其他勞工法令規定時，得向雇主、主管機關或檢查機構申訴。依勞動基準法規定，試述雇主不得因勞工之上述申訴，而予以哪些不法行為？（10 分）

一、答案

㈠ 解僱　　　　　　㈡ 降調　　　　　　㈢ 減薪

㈣ 損害其依法令、契約或習慣上所應享有之權益　　　㈤ 其他不利之處分

第十一章　罰則

第 75 條

違反第五條規定者，處五年以下有期徒刑、拘役或科或併科新臺幣七十五萬元以下罰金。

第 76 條

違反第六條規定者，處三年以下有期徒刑、拘役或科或併科新臺幣四十五萬元以下罰金。

第 77 條

違反第四十二條、第四十四條第二項、第四十五條第一項、第四十七條、第四十八條、第四十九條第三項或第六十四條第一項規定者，處六個月以下有期徒刑、拘役或科或併科新臺幣三十萬元以下罰金。

第 78 條

未依第十七條、第十七條之一第七項、第五十五條規定之標準或期限給付者，處新臺幣三十萬元以上一百五十萬元以下罰鍰，並限期令其給付，屆期未給付者，應按次處罰。

違反第十三條、第十七條之一第一項、第四項、第二十六條、第五十條、第五十一條或第五十六條第二項規定者，處新臺幣九萬元以上四十五萬元以下罰鍰。

第 79 條

有下列各款規定行為之一者，處新臺幣二萬元以上一百萬元以下罰鍰：

一、違反第二十一條第一項、第二十二條至第二十五條、第三十條第一項至第三項、第六項、第七項、第三十二條、第三十四條至第四十一條、第四十九條第一項或第五十九條規定。

二、違反主管機關依第二十七條限期給付工資或第三十三條調整工作時間之命令。

三、違反中央主管機關依第四十三條所定假期或事假以外期間內工資給付之最低標準。

違反第三十條第五項或第四十九條第五項規定者，處新臺幣九萬元以上四十五萬元以下罰鍰。

違反第七條、第九條第一項、第十六條、第十九條、第二十八條第二項、第四十六條、第五十六條第一項、第六十五條第一項、第六十六條至第六十八條、第七十條或第七十四條第二項規定者，處新臺幣二萬元以上三十萬元以下罰鍰。

有前三項規定行為之一者，主管機關得依事業規模、違反人數或違反情節，加重其罰鍰至法定罰鍰最高額二分之一。

第 79-1 條

違反第四十五條第二項、第四項、第六十四條第三項及第六十九條第一項準用規定之處罰，適用本法罰則章規定。

第 80 條

拒絕、規避或阻撓勞工檢查員依法執行職務者，處新臺幣三萬元以上十五萬元以下罰鍰。

第 80-1 條

違反本法經主管機關處以罰鍰者，主管機關應公布其事業單位或事業主之名稱、負責人姓名、處分期日、違反條文及罰鍰金額，並限期令其改善；屆期未改善者，應按次處罰。

主管機關裁處罰鍰，得審酌與違反行為有關之勞工人數、累計違法次數或未依法給付之金額，為量罰輕重之標準。

歷屆考題（111-3-5）

依據勞動基準法規定，主管機關裁處 A 公司違反行為罰鍰時，得審酌與違反行為有關之哪些事項，為量罰輕重之標準？

答案

1. 勞工人數　　　　　　　　　2. 累計違法次數

3. 未依法給付之金額

第 81 條

法人之代表人、法人或自然人之代理人、受僱人或其他從業人員，因執行業務違反本法規定，除依本章規定處罰行為人外，對該法人或自然人並應處以各該條所定之罰金或罰鍰。但法人之代表人或自然人對於違反之發生，已盡力為防止行為者，不在此限。

法人之代表人或自然人教唆或縱容為違反之行為者，以行為人論。

第 82 條

本法所定之罰鍰，經主管機關催繳，仍不繳納時，得移送法院強制執行。

第十二章　附則

第 83 條

為協調勞資關係，促進勞資合作，提高工作效率，事業單位應舉辦勞資會議。其辦法由中央主管機關會同經濟部訂定，並報行政院核定。

第 84 條

公務員兼具勞工身分者，其有關任（派）免、薪資、獎懲、退休、撫卹及保險（含職業災害）等事項，應適用公務員法令之規定。但其他所定勞動條件優於本法規定者，從其規定。

第 84-1 條

經中央主管機關核定公告之下列工作者，得由勞僱雙方另行約定，工作時間、例假、休假、女性夜間工作，並報請當地主管機關核備，不受第三十條、第三十二條、第三十六條、第三十七條、第四十九條規定之限制。

一、監督、管理人員或責任制專業人員。

二、監視性或間歇性之工作。

三、其他性質特殊之工作。

前項約定應以書面為之，並應參考本法所定之基準且不得損及勞工之健康及福祉。

勞動基準法施行細則

第 50-1 條

本法第八十四條之一第一項第一款、第二款所稱監督、管理人員、責任制專業人員、監視性或間歇性工作，依左列規定：

一、監督、管理人員：係指受雇主僱用，負責事業之經營及管理工作，並對一般勞工之受僱、解僱或勞動條件具有決定權力之主管級人員。

二、責任制專業人員：係指以專門知識或技術完成一定任務並負責其成敗之工作者。

三、監視性工作：係指於一定場所以監視為主之工作。

四、間歇性工作：係指工作本身以間歇性之方式進行者。

歷屆考題（100-1-3）

依勞動基準法第 84 條之 1 明定除其他性質特殊之工作外，經中央主管機關核定公告之哪 3 款規定工作者，得由勞雇雙方另行約定工作時間、例假、休假、女性夜間工作，並報請當地主管機關核備，不受第 30 條、第 32 條、第 36 條、第 37 條、第 49 條規定之限制？（10分）

答案

㈠ 監督、管理人員或責任制專業人員　　㈡ 監視性或間歇性之工作

㈢ 其他性質特殊之工作

第 84-2 條

勞工工作年資自受僱之日起算，適用本法前之工作年資，其資遣費及退休金給與標準，依其當時應適用之法令規定計算；當時無法令可資適用者，依各該事業單位自訂之規定或勞雇雙方之協商計算之。適用本法後之工作年資，其資遣費及退休金給與標準，依第十七條及第五十五條規定計算。

第 85 條

本法施行細則，由中央主管機關擬定，報請行政院核定。

第 86 條

本法自公布日施行。

本法中華民國八十九年六月二十八日修正公布之第三十條第一項及第二項，自九十年一月一日施行；一百零四年二月四日修正公布之第二十八條第一項，自公布後八個月施行；一百零四年六月三日修正公布之條文，自一百零五年一月一日施行；一百零五年十二月二十一日修正公布之第三十四條第二項施行日期，由行政院定之、第三十七條及第三十八條，自一百零六年一月一日施行。

本法中華民國一百零七年一月十日修正之條文，自一百零七年三月一日施行。

勞動基準法施行細則

第 41 條

中央主管機關應每年定期發布次年度勞工檢查方針。

檢查機構應依前項檢查方針分別擬定各該機構之勞工檢查計畫，並於檢查方針發布之日起五十日內報請中央主管機關核定後，依該檢查計畫實施檢查。

勞動基準法施行細則

修正日期：108 年 02 月 14 日

第一章　總則

第 1 條

本細則依勞動基準法（以下簡稱本法）第八十五條規定訂定之。

第 2 條

依本法第二條第四款計算平均工資時，下列各款期日或期間均不計入：

一、發生計算事由之當日。

二、因職業災害尚在醫療中者。

三、依本法第五十條第二項減半發給工資者。

四、雇主因天災、事變或其他不可抗力而不能繼續其事業，致勞工未能工作者。

五、依勞工請假規則請普通傷病假者。

六、依性別工作平等法請生理假、產假、家庭照顧假或安胎休養，致減少工資者。

七、留職停薪者。

第 3 條

本法第三條第一項第一款至第七款所列各業，適用中華民國行業標準分類之規定。

第 4 條

本法第三條第一項第八款所稱中央主管機關指定之事業及第三項所稱適用本法確有窒礙難行者，係指中央主管機關依中華民國行業標準分類之規定指定者，並得僅指定各行業中之一部分。

第 4-1 條

（刪除）

第 5 條

勞工工作年資以服務同一事業單位為限，並自受僱當日起算。

適用本法前已在同一事業單位工作之年資合併計算。

第二章　勞動契約

第 6 條

本法第九條第一項所稱臨時性、短期性、季節性及特定性工作，依左列規定認定之：

一、臨時性工作：係指無法預期之非繼續性工作，其工作期間在六個月以內者。

二、短期性工作：係指可預期於六個月內完成之非繼續性工作。

三、季節性工作：係指受季節性原料、材料來源或市場銷售影響之非繼續性工作，其工作期間在九個月以內者。

四、特定性工作：係指可在特定期間完成之非繼續性工作。其工作期間超過一年者，應報請主管機關核備。

定期契約之類型

	是否預期	非繼續性工作	工作期間
臨時性工作	×	非繼續性工作	六個月以內
短期性工作	○	非繼續性工作	六個月以內
季節性工作		非繼續性工作	九個以內
特定性工作		非繼續性工作	工作期間超過一年者，應報請主管機關核備

第 7 條

勞動契約應依本法有關規定約定下列事項：

一、工作場所及應從事之工作。

二、工作開始與終止之時間、休息時間、休假、例假、休息日、請假及輪班制之換班。

三、工資之議定、調整、計算、結算與給付之日期及方法。

四、勞動契約之訂定、終止及退休。

五、資遣費、退休金、其他津貼及獎金。

六、勞工應負擔之膳宿費及工作用具費。

七、安全衛生。

八、勞工教育及訓練。

九、福利。

十、災害補償及一般傷病補助。

十一、應遵守之紀律。

十二、獎懲。

十三、其他勞資權利義務有關事項。

第 7-1 條

離職後競業禁止之約定，應以書面爲之，且應詳細記載本法第九條之一第一項第三款及第四款規定之內容，並由雇主與勞工簽章，各執一份。

第 7-2 條

本法第九條之一第一項第三款所爲之約定未逾合理範疇，應符合下列規定：

一、競業禁止之期間，不得逾越雇主欲保護之營業祕密或技術資訊之生命週期，且最長不得逾二年。

二、競業禁止之區域，應以原雇主實際營業活動之範圍爲限。

三、競業禁止之職業活動範圍，應具體明確，且與勞工原職業活動範圍相同或類似。

四、競業禁止之就業對象，應具體明確，並以與原雇主之營業活動相同或類似，且有競爭關係者爲限。

第 7-3 條

本法第九條之一第一項第四款所定之合理補償，應就下列事項綜合考量：

一、每月補償金額不低於勞工離職時一個月平均工資百分之五十。

二、補償金額足以維持勞工離職後競業禁止期間之生活所需。

三、補償金額與勞工遵守競業禁止之期間、區域、職業活動範圍及就業對象之範疇所受損失相當。

四、其他與判斷補償基準合理性有關之事項。

前項合理補償，應約定離職後一次預爲給付或按月給付。

第 8 條

（刪除）

第 9 條

依本法終止勞動契約時，雇主應即結清工資給付勞工。

第三章　工資

第 10 條

本法第二條第三款所稱之其他任何名義之經常性給與係指左列各款以外之給與。

一、紅利。

二、獎金：指年終獎金、競賽獎金、研究發明獎金、特殊功績獎金、久任獎金、節約燃料物料獎金及其他
　　非經常性獎金。

三、春節、端午節、中秋節給與之節金。

四、醫療補助費、勞工及其子女教育補助費。

五、勞工直接受自顧客之服務費。

六、婚喪喜慶由雇主致送之賀禮、慰問金或奠儀等。

七、職業災害補償費。

八、勞工保險及雇主以勞工爲被保險人加入商業保險支付之保險費。

九、差旅費、差旅津貼及交際費。

十、工作服、作業用品及其代金。

十一、其他經中央主管機關會同中央目的事業主管機關指定者。

第 11 條

本法第二十一條所稱基本工資，指勞工在正常工作時間內所得之報酬。不包括延長工作時間之工資與休息
日、休假日及例假工作加給之工資。

第 12 條

採計件工資之勞工所得基本工資，以每日工作八小時之生產額或工作量換算之。

第 13 條

勞工工作時間每日少於八小時者，除工作規則、勞動契約另有約定或另有法令規定者外，其基本工資得按
工作時間比例計算之。

第 14 條

（刪除）

第 14-1 條

本法第二十三條所定工資各項目計算方式明細，應包括下列事項：

一、勞雇雙方議定之工資總額。

二、工資各項目之給付金額。

三、依法令規定或勞雇雙方約定，得扣除項目之金額。

四、實際發給之金額。

雇主提供之前項明細，得以紙本、電子資料傳輸方式或其他勞工可隨時取得及得列印之資料爲之。

第 15 條

本法第二十八條第一項第一款所定積欠之工資，以雇主於歇業、清算或宣告破產前六個月內所積欠者爲限。

第 16 條

勞工死亡時，雇主應即結清其工資給付其遺屬。

前項受領工資之順位準用本法第五十九條第四款之規定。

第四章　工作時間、休息、休假

第 17 條

本法第三十條所稱正常工作時間跨越二曆日者，其工作時間應合併計算。

第 18 條

勞工因出差或其他原因於事業場所外從事工作致不易計算工作時間者，以平時之工作時間爲其工作時間。但其實際工作時間經證明者，不在此限。

第 19 條

勞工於同一事業單位或同一雇主所屬不同事業場所工作時，應將在各該場所之工作時間合併計算，並加計往來於事業場所間所必要之交通時間。

第 20 條

雇主有下列情形之一者，應即公告周知：

一、依本法第三十條第二項、第三項或第三十條之一第一項第一款規定變更勞工正常工作時間。

二、依本法第三十條之一第一項第二款或第三十二條第一項、第二項、第四項規定延長勞工工作時間。

三、依本法第三十四條第二項但書規定變更勞工更換班次時之休息時間。

四、依本法第三十六條第二項或第四項規定調整勞工例假或休息日。

第 20-1 條

本法所定雇主延長勞工工作之時間如下：

一、每日工作時間超過八小時或每週工作總時數超過四十小時之部分。但依本法第三十條第二項、第三項或第三十條之一第一項第一款變更工作時間者，爲超過變更後工作時間之部分。

二、勞工於本法第三十六條所定休息日工作之時間。

第 21 條

本法第三十條第五項所定出勤紀錄，包括以簽到簿、出勤卡、刷卡機、門禁卡、生物特徵辨識系統、電腦出勤紀錄系統或其他可資覈實記載出勤時間工具所爲之紀錄。

前項出勤紀錄，雇主因勞動檢查之需要或勞工向其申請時，應以書面方式提出。

第 22 條

本法第三十二條第二項但書所定每三個月，以每連續三個月爲一週期，依曆計算，以勞雇雙方約定之起迄日期認定之。

本法第三十二條第五項但書所定坑內監視為主之工作範圍如下：

一、從事排水機之監視工作。

二、從事壓風機或冷卻設備之監視工作。

三、從事安全警報裝置之監視工作。

四、從事生產或營建施工之紀錄及監視工作。

第 22-1 條

本法第三十二條第三項、第三十四條第三項及第三十六條第五項所定雇主僱用勞工人數，以同一雇主僱用適用本法之勞工人數計算，包括分支機構之僱用人數。

本法第三十二條第三項、第三十四條第三項及第三十六條第五項所定當地主管機關，為雇主之主事務所、主營業所或公務所所在地之直轄市政府或縣（市）政府。

本法第三十二條第三項、第三十四條第三項及第三十六條第五項所定應報備查，雇主至遲應於開始實施延長工作時間、變更休息時間或調整例假之前一日為之。但因天災、事變或突發事件不及報備查者，應於原因消滅後二十四小時內敘明理由為之。

第 22-2 條

本法第三十二條之一所定補休，應依勞工延長工作時間或休息日工作事實發生時間先後順序補休。補休之期限逾依第二十四條第二項所約定年度之末日者，以該日為期限之末日。

前項補休期限屆期或契約終止時，發給工資之期限如下：

一、補休期限屆期：於契約約定之工資給付日發給或於補休期限屆期後三十日內發給。

二、契約終止：依第九條規定發給。

勞工依本法第三十二條之一主張權利時，雇主如認為其權利不存在，應負舉證責任。

第 22-3 條

本法第三十六條第一項、第二項第一款及第二款所定之例假，以每七日為一週期，依曆計算。雇主除依同條第四項及第五項規定調整者外，不得使勞工連續工作逾六日。

第 23 條

（刪除）

第 23-1 條

本法第三十七條所定休假遇本法第三十六條所定例假及休息日者，應予補假。但不包括本法第三十七條指定應放假之日。

前項補假期日，由勞雇雙方協商排定之。

第 24 條

勞工於符合本法第三十八條第一項所定之特別休假條件時，取得特別休假之權利；其計算特別休假之工作年資，應依第五條之規定。

依本法第三十八條第一項規定給予之特別休假日數，勞工得於勞雇雙方協商之下列期間內，行使特別休假權利：

一、以勞工受僱當日起算，每一週年之期間。但其工作六個月以上一年未滿者，為取得特別休假權利後六個月之期間。

二、每年一月一日至十二月三十一日之期間。

三、教育單位之學年度、事業單位之會計年度或勞雇雙方約定年度之期間。

雇主依本法第三十八條第三項規定告知勞工排定特別休假，應於勞工符合特別休假條件之日起三十日內為之。

第 24-1 條

本法第三十八條第四項所定年度終結，為前條第二項期間屆滿之日。

本法第三十八條第四項所定雇主應發給工資，依下列規定辦理：

一、發給工資之基準：

　㈠按勞工未休畢之特別休假日數，乘以其一日工資計發。

　㈡前目所定一日工資，為勞工之特別休假於年度終結或契約終止前一日之正常工作時間所得之工資。其
　　為計月者，為年度終結或契約終止前最近一個月正常工作時間所得之工資除以三十所得之金額。

　㈢勞雇雙方依本法第三十八條第四項但書規定協商遞延至次一年度實施者，按原特別休假年度終結時應
　　發給工資之基準計發。

二、發給工資之期限：

　㈠年度終結：於契約約定之工資給付日發給或於年度終結後三十日內發給。

　㈡契約終止：依第九條規定發給。

勞雇雙方依本法第三十八條第四項但書規定協商遞延至次一年度實施者，其遞延之日數，於次一年度請休特別休假時，優先扣除。

第 24-2 條

本法第三十八條第五項所定每年定期發給之書面通知，依下列規定辦理：

一、雇主應於前條第二項第二款所定發給工資之期限前發給。

二、書面通知，得以紙本、電子資料傳輸方式或其他勞工可隨時取得及得列印之資料為之。

第 24-3 條

本法第三十九條所定休假日，為本法第三十七條所定休假及第三十八條所定特別休假。

第五章　童工、女工

第 25 條

本法第四十四條第二項所定危險性或有害性之工作，依職業安全衛生有關法令之規定。

第 26 條

雇主對依本法第五十條第一項請產假之女工，得要求其提出證明文件。

第六章　退休

第 27 條

本法第五十三條第一款、第五十四條第一項第一款及同條第二項但書規定之年齡，應以戶籍記載為準。

第 28 條

（刪除）

第 29 條

本法第五十五條第三項所定雇主得報經主管機關核定分期給付勞工退休金之情形如下：

一、依法提撥之退休準備金不敷支付。

二、事業之經營或財務確有困難。

第 29-1 條

本法第五十六條第二項規定之退休金數額，按本法第五十五條第一項之給與標準，依下列規定估算：

一、勞工人數：為估算當年度終了時適用本法或勞工退休金條例第十一條第一項保留本法工作年資之在職
　　勞工，且預估於次一年度內成就本法第五十三條或第五十四條第一項第一款退休條件者。

二、工作年資：自適用本法之日起算至估算當年度之次一年度終了或選擇適用勞工退休金條例前一日止。

三、平均工資：為估算當年度終了之一個月平均工資。

前項數額以元為單位，角以下四捨五入。

第七章　職業災害補償

第 30 條

雇主依本法第五十九條第二款補償勞工之工資，應於發給工資之日給與。

第 31 條

本法第五十九條第二款所稱原領工資，係指該勞工遭遇職業災害前一日正常工作時間所得之工資。其為計
月者，以遭遇職業災害前最近一個月正常工作時間所得之工資除以三十所得之金額，為其一日之工資。

罹患職業病者依前項規定計算所得金額低於平均工資者，以平均工資為準。

第 32 條

依本法第五十九條第二款但書規定給付之補償，雇主應於決定後十五日內給與。在未給與前雇主仍應繼續
為同款前段規定之補償。

第 33 條

雇主依本法第五十九條第四款給與勞工之喪葬費應於死亡後三日內，死亡補償應於死亡後十五日內給付。

第 34 條

本法第五十九條所定同一事故，依勞工保險條例或其他法令規定，已由雇主支付費用補償者，雇主得予以
抵充之。但支付之費用如由勞工與雇主共同負擔者，其補償之抵充按雇主負擔之比例計算。

第 34-1 條

勞工因遭遇職業災害而致死亡或失能時，雇主已依勞工保險條例規定為其投保，並經保險人核定為職業災
害保險事故者，雇主依本法第五十九條規定給予之補償，以勞工之平均工資與平均投保薪資之差額，依本
法第五十九條第三款及第四款規定標準計算之。

第八章　技術生

第 35 條

雇主不得使技術生從事家事、雜役及其他非學習技能為目的之工作。但從事事業場所內之清潔整頓，器具
工具及機械之清理者不在此限。

第 36 條

技術生之工作時間應包括學科時間。

第九章　工作規則

第 37 條

雇主於僱用勞工人數滿三十人時應即訂立工作規則，並於三十日內報請當地主管機關核備。

本法第七十條所定雇主僱用勞工人數，依第二十二條之一第一項規定計算。

工作規則應依據法令、勞資協議或管理制度變更情形適時修正，修正後並依第一項程序報請核備。

主管機關認為有必要時，得通知雇主修訂前項工作規則。

第 38 條

工作規則經主管機關核備後，雇主應即於事業場所內公告並印發各勞工。

第 39 條

雇主認有必要時，得分別就本法第七十條各款另訂單項工作規則。

第 40 條

事業單位之事業場所分散各地者，雇主得訂立適用於其事業單位全部勞工之工作規則或適用於該事業場所之工作規則。

第十章　監督及檢查

第 41 條

中央主管機關應每年定期發布次年度勞工檢查方針。

檢查機構應依前項檢查方針分別擬定各該機構之勞工檢查計畫，並於檢查方針發布之日起五十日內報請中央主管機關核定後，依該檢查計畫實施檢查。

第 42 條

勞工檢查機構檢查員之任用、訓練、服務，除適用公務員法令之規定外，由中央主管機關定之。

第 43 條

檢查員對事業單位實施檢查時，得通知事業單位之雇主、雇主代理人、勞工或有關人員提供必要文件或作必要之說明。

第 44 條

檢查員檢查後，應將檢查結果向事業單位作必要之說明，並報告檢查機構。

檢查機構認為事業單位有違反法令規定時，應依法處理。

第 45 條

事業單位對檢查結果有異議時，應於通知送達後十日內向檢查機構以書面提出。

第 46 條

本法第七十四條第一項規定之申訴得以口頭或書面為之。

第 47 條

雇主對前條之申訴事項，應即查明，如有違反法令規定情事應即改正，並將結果通知申訴人。

第 48 條

（刪除）

第 49 條

（刪除）

第十一章　附則

第 50 條

本法第八十四條所稱公務員兼具勞工身分者，係指依各項公務員人事法令任用、派用、聘用、遴用而於本法第三條所定各業從事工作獲致薪資之人員。所稱其他所定勞動條件，係指工作時間、休息、休假、安全衛生、福利、加班費等而言。

第 50-1 條

本法第八十四條之一第一項第一款、第二款所稱監督、管理人員、責任制專業人員、監視性或間歇性工作，依左列規定：

一、監督、管理人員：係指受雇主僱用，負責事業之經營及管理工作，並對一般勞工之受僱、解僱或勞動條件具有決定權力之主管級人員。

二、責任制專業人員：係指以專門知識或技術完成一定任務並負責其成敗之工作者。

三、監視性工作：係指於一定場所以監視為主之工作。

四、間歇性工作：係指工作本身以間歇性之方式進行者。

第 50-2 條

雇主依本法第八十四條之一規定將其與勞工之書面約定報請當地主管機關核備時，其內容應包括職稱、工作項目、工作權責或工作性質、工作時間、例假、休假、女性夜間工作等有關事項。

第 50-3 條

勞工因終止勞動契約或發生職業災害所生爭議，提起給付工資、資遣費、退休金、職業災害補償或確認僱傭關係存在之訴訟，得向中央主管機關申請扶助。

前項扶助業務，中央主管機關得委託民間團體辦理。

第 50-4 條

本法第二十八條第二項中華民國一百零四年二月六日修正生效前，雇主有清算或宣告破產之情事，於修正生效後，尚未清算完結或破產終結者，勞工對於該雇主所積欠之退休金及資遣費，得於同條第二項第二款規定之數額內，依同條第五項規定申請墊償。

第 51 條

本細則自發布日施行。

勞工請假規則

修正日期：112 年 05 月 01 日

第 1 條

本規則依勞動基準法（以下簡稱本法）第四十三條規定訂定之。

第 2 條

勞工結婚者給予婚假八日，工資照給。

第 3 條

勞工喪假依左列規定：

一、父母、養父母、繼父母、配偶喪亡者，給予喪假八日，工資照給。

二、祖父母、子女、配偶之父母、配偶之養父母或繼父母喪亡者，給予喪假六日，工資照給。

三、曾祖父母、兄弟姊妹、配偶之祖父母喪亡者，給予喪假三日，工資照給。

第 4 條

勞工因普通傷害、疾病或生理原因必須治療或休養者，得在左列規定範圍內請普通傷病假：

一、未住院者，一年內合計不得超過三十日。

二、住院者，二年內合計不得超過一年。

三、未住院傷病假與住院傷病假二年內合計不得超過一年。

經醫師診斷，罹患癌症（含原位癌）採門診方式治療或懷孕期間需安胎休養者，其治療或休養期間，併入住院傷病假計算。

普通傷病假一年內未超過三十日部分，工資折半發給，其領有勞工保險普通傷病給付未達工資半數者，由雇主補足之。

歷屆考題（101-1-3）

甲公司之女性員工 A，因逢生理期，欲請生理假，惟遭公司以「並未致工作有困難」而拒絕，A 憤而向當地勞工主管機關申請勞資爭議調解，並自動在家休息不來上班。A 之主管 B 原本想息事寧人，並未往上級呈報，惟數週後遭甲公司人事單位發現，準備依公司人事規章將 A 解僱。請就上述情節，回答下列相關法律問題：

依性別工作平等法規定，女性受僱者之生理假應併入何種假別計算？依勞工請假規則規定，該等假別勞工每年得請幾日？（2分）

答案

　1.病假　　　　　　　　　　2.三十日

第 5 條

勞工普通傷病假超過前條第一項規定之期限，經以事假或特別休假抵充後仍未痊癒者，得予留職停薪。但

留職停薪期間以一年爲限。

第 6 條

勞工因職業災害而致失能、傷害或疾病者，其治療、休養期間，給予公傷病假。

第 7 條

勞工因有事故必須親自處理者，得請事假，一年內合計不得超過十四日。

事假期間不給工資。

第 8 條

勞工依法令規定應給予公假者，工資照給，其假期視實際需要定之。

第 9 條

雇主不得因勞工請婚假、喪假、公傷病假及公假，扣發全勤獎金；勞工因妊娠未滿三個月流產未請產假，而請普通傷病假者，亦同。

第 10 條

勞工請假時，應於事前親自以口頭或書面敘明請假理由及日數。但遇有急病或緊急事故，得委託他人代辦請假手續。辦理請假手續時，雇主得要求勞工提出有關證明文件。

第 11 條

雇主或勞工違反本規則之規定時，主管機關得依本法有關規定辦理。

第 12 條

本規則自發布日施行。

勞資會議實施辦法

修正日期：103 年 04 月 14 日

第 1 條

本辦法依勞動基準法第八十三條規定訂定之。

第 2 條

事業單位應依本辦法規定舉辦勞資會議；其事業場所勞工人數在三十人以上者，亦應分別舉辦之，其運作及勞資會議代表之選舉，準用本辦法所定事業單位之相關規定。

事業單位勞工人數在三人以下者，勞雇雙方為勞資會議當然代表，不受第三條、第五條至第十一條及第十九條規定之限制。

第 3 條

勞資會議由勞資雙方同數代表組成，其代表人數視事業單位人數多寡各為二人至十五人。但事業單位人數在一百人以上者，各不得少於五人。

勞資會議勞方代表得按事業場所、部門或勞工工作性質之人數多寡分配，並分別選舉之。

第 4 條

勞資會議之資方代表，由事業單位於資方代表任期屆滿前三十日就熟悉業務、勞工情形之人指派之。

第 5 條

勞資會議之勞方代表，事業單位有結合同一事業單位勞工組織之企業工會者，於該工會會員或會員代表大會選舉之；事業場所有結合同一廠場勞工組織之企業工會者，由該工會會員或會員代表大會選舉之。

事業單位無前項工會者，得依下列方式之一辦理勞方代表選舉：

一、事業單位自行辦理者，由全體勞工直接選舉之。

二、事業單位自行辦理，其事業場所有勞資會議者，由事業場所勞工依分配名額就其勞方代表選舉之；其事業場所無勞資會議者，由該事業場所全體勞工依分配名額分別選舉之。

三、勞工有組織、加入事業單位或事業場所範圍外之企業工會者，由該企業工會辦理，並由全體勞工直接選舉之。

第一項勞方代表選舉，事業單位或其事業場所應於勞方代表任期屆滿前九十日通知工會辦理選舉，工會受其通知辦理選舉之日起逾三十日內未完成選舉者，事業單位應自行辦理及完成勞方代表之選舉。

依前二項規定，由事業單位辦理勞工代表選舉者，應於勞方代表任期屆滿前三十日完成新任代表之選舉。

第 6 條

事業單位單一性別勞工人數逾勞工人數二分之一者，其當選勞方代表名額不得少於勞方應選出代表總額三分之一。

勞資會議勞方代表之候補代表名額不得超過應選出代表總額。

勞資會議勞方代表出缺時，由候補代表遞補之；其遞補順序不受第一項規定之限制。

第 7 條

勞工年滿十五歲，有選舉及被選舉為勞資會議勞方代表之權。

第 8 條

代表雇主行使管理權之一級業務行政主管人員，不得為勞方代表。

第 9 條

依第五條辦理選舉者，應於選舉前十日公告投票日期、時間、地點及方式等選舉相關事項。

第 10 條

勞資會議代表之任期為四年，勞方代表連選得連任，資方代表連派得連任。

勞資會議代表之任期，自上屆代表任期屆滿之翌日起算。但首屆代表或未於上屆代表任期屆滿前選出之次屆代表，自選出之翌日起算。

資方代表得因職務變動或出缺隨時改派之。勞方代表出缺或因故無法行使職權時，由勞方候補代表依序遞補之。

前項勞方候補代表不足遞補時，應補選之。但資方代表人數調減至與勞方代表人數同額者，不在此限。

勞方候補代表之遞補順序，應依下列規定辦理：

一、事業單位依第三條第二項辦理勞資會議勞方代表分別選舉者，以該分別選舉所產生遞補名單之遞補代表遞補之。

二、未辦理分別選舉者，遞補名單應依選舉所得票數排定之遞補順序遞補之。

第 11 條

勞資會議代表選派完成後，事業單位應將勞資會議代表及勞方代表候補名單於十五日內報請當地主管機關備查；遞補、補選、改派或調減時，亦同。

第 12 條

勞資會議代表在會議中應克盡協調合作之精神，以加強勞僱關係，並保障勞工權益。

勞資會議代表應本誠實信用原則，共同促進勞資會議之順利進行，對於會議所必要之資料，應予提供。

勞資會議代表依本辦法出席勞資會議，雇主應給予公假。

雇主或代表雇主行使管理權之人，不得對於勞資會議代表因行使職權而有解僱、調職、減薪或其他不利之待遇。

第 13 條

勞資會議之議事範圍如下：

一、報告事項

　㈠關於上次會議決議事項辦理情形。

　㈡關於勞工人數、勞工異動情形、離職率等勞工動態。

　㈢關於事業之生產計畫、業務概況及市場狀況等生產資訊。

　㈣關於勞工活動、福利項目及工作環境改善等事項。

　㈤其他報告事項。

二、討論事項

　㈠關於協調勞資關係、促進勞資合作事項。

㈡關於勞動條件事項。

㈢關於勞工福利籌劃事項。

㈣關於提高工作效率事項。

㈤勞資會議代表選派及解任方式等相關事項。

㈥勞資會議運作事項。

㈦其他討論事項。

三、建議事項

工作規則之訂定及修正等事項，得列為前項議事範圍。

第 14 條

勞資會議得議決邀請與議案有關人員列席說明或解答有關問題。

第 15 條

勞資會議得設專案小組處理有關議案、重要問題及辦理選舉工作。

第 16 條

勞資會議之主席，由勞資雙方代表各推派一人輪流擔任之。但必要時，得共同擔任之。

第 17 條

勞資會議議事事務，由事業單位指定人員辦理之。

第 18 條

勞資會議至少每三個月舉辦一次，必要時得召開臨時會議。

第 19 條

勞資會議應有勞資雙方代表各過半數之出席，協商達成共識後應做成決議；無法達成共識者，其決議應有出席代表四分之三以上之同意。

勞資會議代表因故無法出席時，得提出書面意見。

前項勞資會議未出席代表，不列入第一項出席及決議代表人數之計算。

第 20 條

勞資會議開會通知，事業單位應於會議七日前發出，會議之提案應於會議三日前分送各代表。

第 21 條

勞資會議紀錄應記載下列事項，並由主席及記錄人員分別簽署：

一、會議屆、次數。

二、會議時間。

三、會議地點。

四、出席、列席人員姓名。

五、報告事項。

六、討論事項及決議。

七、臨時動議及決議。

前項會議紀錄，應發給出席及列席人員。

第 22 條

勞資會議之決議，應由事業單位分送工會及有關部門辦理。

勞資雙方應本於誠實信用原則履行前項決議，有情事變更或窒礙難行時，得提交下次會議復議。

第 23 條

勞資會議之運作及代表選舉費用，應由事業單位負擔。

第 24 條

本辦法未規定者，依會議規範之規定。

第 25 條

本辦法自發布日施行。

最低工資法

公布日期：112 年 12 月 27 日

第 1 條

為確保勞工合理之最低工資，提高勞工及其家庭之生活水準，促進勞資和諧，特制定本法。

最低工資事項，依本法之規定；本法未規定者，適用勞動基準法及其他相關法律之規定。

第 2 條

本法之主管機關：在中央為勞動部；在直轄市為直轄市政府；在縣（市）為縣（市）政府。

第 3 條

本法之適用對象為適用勞動基準法之勞工。

本法所稱勞工、雇主、工資及事業單位之定義，依勞動基準法第二條規定。

第 4 條

最低工資分為每月最低工資及每小時最低工資。

第 5 條

勞工與雇主雙方議定之工資，不得低於最低工資；其議定之工資低於最低工資者，以本法所定之最低工資為其工資數額。

第 6 條

中央主管機關應設最低工資審議會（以下簡稱審議會），審議最低工資。

第 7 條

審議會置委員二十一人，由勞動部部長擔任召集人，並為當然委員；其餘委員之組成如下：

一、經濟部代表一人。

二、國家發展委員會代表一人。

三、勞方代表七人。

四、資方代表七人。

五、學者專家四人。

前項勞方代表及資方代表，分別由全國性勞工及工商之相關團體推薦後，由中央主管機關遴聘之。

第一項第五款學者專家，由中央主管機關遴聘之。

審議會委員，任一性別比例不得少於三分之一。

第 8 條

審議會委員任期為二年，期滿得續聘。

前條第一項第一款至第四款所定委員辭職或出缺者，由原推薦機關或團體重行推薦，經中央主管機關遴聘，任期至原任期屆滿之日為止。

前條第一項第五款所定委員辭職或出缺者，由中央主管機關另行遴聘，任期至原任期屆滿之日為止。

審議會委員均為無給職。

第 9 條

最低工資之審議，應參採消費者物價指數年增率擬訂調整幅度。

前項審議，並得參採下列資料：

一、勞動生產力指數年增率。

二、勞工平均薪資年增率。

三、國家經濟發展狀況。

四、國民所得及平均每人所得。

五、國內生產毛額及成本構成之分配比率。

六、民生物價及生產者物價變動狀況。

七、各業產業發展情形及就業狀況。

八、各業勞工工資。

九、家庭收支狀況。

十、最低生活費。

第 10 條

審議會應於每年第三季召開會議。但依第十三條第二項規定召開者，不在此限。

最低工資之審議，應有委員二分之一以上出席，始得開會；審議未能達成共識者，得經出席委員過半數同意議決之。

審議會委員應親自出席，不得委任他人代理。

第 11 條

中央主管機關應於審議會會議結束後三十日內，於該機關網站公開會議資料及紀錄。

第 12 條

中央主管機關應組成研究小組，研究最低工資審議事宜。

前項研究小組之組成，應包括下列人員：

一、學者專家六人，其中四人由第七條第一項第五款所定學者專家擔任，其餘由中央主管機關遴聘之。

二、中央主管機關、國家發展委員會、經濟部、財政部及行政院主計總處各指派一人。

第一項研究小組應於每年四月向審議會提出最低工資實施對經濟及就業狀況之影響報告，並於審議會召開會議三十日前，就第九條所定審議參採資料提出研究報告及調整建議。

第 13 條

中央主管機關應於最低工資審議通過之次日起十日內，報請行政院核定後公告實施。

行政院不予核定者，中央主管機關應於收到不予核定函之日起三十日內，再召開審議會進行審議，並將審議結果依前項規定報請行政院予以核定。

第 14 條

經行政院核定之最低工資，除審議會認有另定實施日期必要，並經行政院核定者外，自次年一月一日實施。

第 15 條

中央主管機關依第十三條第一項規定公告實施最低工資前，原依勞動基準法公告之基本工資繼續有效。

本法施行後第一次公告之最低工資數額，不得低於本法施行前最後一次依勞動基準法公告之基本工資數額。

第 16 條

最低工資之監督及檢查，適用勞動基準法監督與檢查及其他相關事項之規定。

第 17 條

勞工與雇主雙方議定之工資低於最低工資者，由直轄市、縣（市）主管機關處雇主或事業單位新臺幣二萬元以上一百萬元以下罰鍰，並得依事業單位規模、違反人數或違反情節，加重其罰鍰至法定罰鍰最高額二分之一。

經依前項規定處以罰鍰者，直轄市、縣（市）主管機關應公布該事業單位或事業主之名稱、負責人姓名、處分日期及罰鍰金額，並限期令其改善；屆期未改善者，應按次處罰。

直轄市、縣（市）主管機關裁處罰鍰，得審酌與違反行為有關之勞工人數、累計違法次數或未依法給付之金額，為量罰輕重之基準。

第 18 條

本法施行後，其他法規關於基本工資之規定，適用本法最低工資之規定。

第 19 條

本法施行日期，由行政院定之。

五

勞工保險條例

勞工保險條例

修正日期：110 年 4 月 28 日

第一章　總則

第 1 條

爲保障勞工生活，促進社會安全，制定本條例；本條例未規定者，適用其他有關法律。

第 2 條

勞工保險之分類及其給付種類如下：

一、普通事故保險：分生育、傷病、失能、老年及死亡五種給付。

二、職業災害保險：分傷病、醫療、失能及死亡四種給付。

勞工職業災害保險及保護法

第 26 條

本保險之給付種類如下：

一、醫療給付。

二、傷病給付。

三、失能給付。

四、死亡給付。

五、失蹤給付。

勞工保險之分類

	生（生育）	老（老年）	病（傷病）	死（死亡）	殘（失能）	醫療	失蹤
普通事故	V	V	V	V	V		
職業災害			V	V	V	V	V

歷屆考題（96-1-4）

A 發生普通事故時，依勞工保險條例有哪幾種保險給付？（5分）

答案

生育、傷病、失能、老年及死亡五種給付

歷屆考題（101-3-3）

甲爲業務員，某日奉公司指派執行職務發生職業災害，依勞工保險條例規定，職業災害保險給付種類有哪些？（4分）

答案

傷病、醫療、失能及死亡四種給付

第 3 條

勞工保險之一切帳冊、單據及業務收支，均免課稅捐。

第 4 條

勞工保險之主管機關：在中央爲勞動部；在直轄市爲直轄市政府。

第二章　保險人、投保單位及被保險人

第 5 條

中央主管機關統籌全國勞工保險業務，設勞工保險局爲保險人，辦理勞工保險業務。爲監督勞工保險業務及審議保險爭議事項，由有關政府代表、勞工代表、資方代表及專家各佔四分之一爲原則，組織勞工保險監理委員會行之。

勞工保險局之組織及勞工保險監理委員會之組織，另以法律定之。

勞工保險爭議事項審議辦法，由中央主管機關擬訂，報請行政院核定之。

第 6 條

年滿十五歲以上，六十五歲以下之左列勞工，應以其雇主或所屬團體或所屬機構爲投保單位，全部參加勞工保險爲被保險人：

一、受僱於僱用勞工五人以上之公、民營工廠、礦場、鹽場、農場、牧場、林場、茶場之產業勞工及交通、公用事業之員工。

二、受僱於僱用五人以上公司、行號之員工。

三、受僱於僱用五人以上之新聞、文化、公益及合作事業之員工。

四、依法不得參加公務人員保險或私立學校教職員保險之政府機關及公、私立學校之員工。

五、受僱從事漁業生產之勞動者。

六、在政府登記有案之職業訓練機構接受訓練者。

七、無一定雇主或自營作業而參加職業工會者。

八、無一定雇主或自營作業而參加漁會之甲類會員。

前項規定，於經主管機關認定其工作性質及環境無礙身心健康之未滿十五歲勞工亦適用之。

前二項所稱勞工，包括在職外國籍員工。

無一定雇主

指經常於三個月內受僱於非屬同條項第一款至第五款規定之二個以上不同之雇主，其工作機會、工作時間、工作量、工作場所、工作報酬不固定者。

自營作業

指獨立從事勞動或技藝工作，獲致報酬，且未僱用有酬人員幫同工作者。

漁會之甲類會員

係指每年直接從事漁業勞動達三個月以上者。

甲類會員屆滿十五年以上且年滿五十歲者，不受每年直接從事漁業勞動達三個月以上之限制。

第 7 條

前條第一項第一款至第三款規定之勞工參加勞工保險後，其投保單位僱用勞工減至四人以下時，仍應繼續參加勞工保險。

第 8 條

左列人員得準用本條例之規定，參加勞工保險：

一、受僱於第六條第一項各款規定各業以外之員工。

二、受僱於僱用未滿五人之第六條第一項第一款至第三款規定各業之員工。

三、實際從事勞動之雇主。

四、參加海員總工會或船長公會為會員之外僱船員。

前項人員參加保險後，非依本條例規定，不得中途退保。

第一項第三款規定之雇主，應與其受僱員工，以同一投保單位參加勞工保險。

第 9 條

被保險人有左列情形之一者，得繼續參加勞工保險：

一、應徵召服兵役者。

二、派遣出國考察、研習或提供服務者。

三、因傷病請假致留職停薪，普通傷病未超過一年，職業災害未超過二年者。

四、在職勞工，年逾六十五歲繼續工作者。

五、因案停職或被羈押，未經法院判決確定者。

歷屆考題（106-1-2）

二、請依勞工保險條例第 9 條規定，試述被保險人有哪五種情形，其中之一者，得繼續參加勞工保險？（10分）

二、答案

㈠ 應徵召服兵役者。

㈡ 派遣出國考察、研習或提供服務者。

㈢ 因傷病請假致留職停薪，普通傷病未超過一年，職業災害未超過二年者。

㈣ 在職勞工，年逾六十五歲繼續工作者。

㈤ 因案停職或被羈押，未經法院判決確定者。

第 9-1 條

被保險人參加保險，年資合計滿十五年，被裁減資遣而自願繼續參加勞工保險者，由原投保單位為其辦理參加普通事故保險，至符合請領老年給付之日止。

前項被保險人繼續參加勞工保險及保險給付辦法，由中央主管機關定之。

歷屆考題（111-1-5）

依據勞工保險條例規定，被 A 公司裁減資遣之員工，如果自願繼續由 A 公司為其辦理參加勞工保險普通事故保險，至符合請領老年給付之日止時，這類員工其參加勞工保險年資合

第 10 條

各投保單位應為其所屬勞工，辦理投保手續及其他有關保險事務，並備僱用員工或會員名冊。

前項投保手續及其他有關保險事務，投保單位得委託其所隸屬團體或勞工團體辦理之。

保險人為查核投保單位勞工人數、工作情況及薪資，必要時，得查對其員工或會員名冊、出勤工作紀錄及薪資帳冊。

前項規定之表冊，投保單位應自被保險人離職、退會或結（退）訓之日起保存五年。

第 11 條

符合第六條規定之勞工，各投保單位應於其所屬勞工到職、入會、到訓、離職、退會、結訓之當日，列表通知保險人；其保險效力之開始或停止，均自應為通知之當日起算。但投保單位非於勞工到職、入會、到訓之當日列表通知保險人者，除依本條例第七十二條規定處罰外，其保險效力之開始，均自通知之翌日起算。

第 12 條

被保險人退保後再參加保險時，其原有保險年資應予併計。

被保險人於八十八年十二月九日以後退職者，且於本條例六十八年二月二十一日修正前停保滿二年或七十七年二月五日修正前停保滿六年者，其停保前之保險年資應予併計。

前項被保險人已領取老年給付者，得於本條施行後二年內申請補發併計年資後老年給付之差額。

第三章　保險費

第 13 條

本保險之保險費，依被保險人當月投保薪資及保險費率計算。

普通事故保險費率，為被保險人當月投保薪資百分之七點五至百分之十三；本條例中華民國九十七年七月十七日修正之條文施行時，保險費率定為百分之七點五，施行後第三年調高百分之零點五，其後每年調高百分之零點五至百分之十，並自百分之十當年起，每兩年調高百分之零點五至上限百分之十三。但保險基金餘額足以支付未來二十年保險給付時，不予調高。

職業災害保險費率，分為行業別災害費率及上、下班災害費率二種，每三年調整一次，由中央主管機關擬訂，報請行政院核定，送請立法院查照。

僱用員工達一定人數以上之投保單位，前項行業別災害費率採實績費率，按其前三年職業災害保險給付總額占應繳職業災害保險費總額之比率，由保險人依下列規定，每年計算調整之：

一、超過百分之八十者，每增加百分之十，加收其適用行業之職業災害保險費率之百分之五，並以加收至百分之四十為限。

二、低於百分之七十者，每減少百分之十，減收其適用行業之職業災害保險費率之百分之五。

前項實績費率實施之辦法，由中央主管機關定之。

職業災害保險之會計，保險人應單獨辦理。

勞工保險普通事故保險費率

年度	110-111	112-113	114-115	116-117	118-119	120-121
費率	10.5%	11%	11.5%	12%	12.5%	13%

現行保險費率

就業保險費率：1%

勞工保險普通事故保險費率：11%

歷屆考題（109-1-5）

依勞工保險條例所定之普通事故保險及就業保險法所定就業保險之保險費率，現行分別為百分之多少？（4分）

答案

1. 勞工保險條例所定之普通事故保險之保險費率：10%。
2. 就業保險法所定就業保險之保險費率：1%。

第 14 條

前條所稱月投保薪資，係指由投保單位按被保險人之月薪資總額，依投保薪資分級表之規定，向保險人申報之薪資；被保險人薪資以件計算者，其月投保薪資，以由投保單位比照同一工作等級勞工之月薪資總額，按分級表之規定申報者為準。被保險人為第六條第一項第七款、第八款及第八條第一項第四款規定之勞工，其月投保薪資由保險人就投保薪資分級表範圍內擬訂，報請中央主管機關核定適用之。

被保險人之薪資，如在當年二月至七月調整時，投保單位應於當年八月底前將調整後之月投保薪資通知保險人；如在當年八月至次年一月調整時，應於次年二月底前通知保險人。其調整均自通知之次月一日生效。

第一項投保薪資分級表，由中央主管機關擬訂，報請行政院核定之。

勞工保險條被保險人之薪資

薪資調整	通知保險人	生效
二月至七月	八月底前	自通知之次月一日
八月至次年一月	次年二月底前	自通知之次月一日

勞工保險投保薪資分級表（113.1.1）

第 1 級	27,470
第 13 級	45,800
職業訓練	
第 1 級	13,500
第 13 級	26,400
部分工時	
第 1 級	11,100
第 2 級	12,540
庇護性就業身心障礙者	
第 1 級	6,000
第 6 級	12,540

歷屆考題（102-2-4）

依勞工保險條例規定，現行勞工保險投保薪資分級表，月投保薪資最高等級之金額為多少？甲公司若未依規定負擔乙之保險費，而由乙自行負擔，按應負擔之保險費金額，處幾倍之罰鍰？（4分）

答案

1. 45,800 元　　　　　　　　　　2. 2 倍

第 14-1 條

投保單位申報被保險人投保薪資不實者，由保險人按照同一行業相當等級之投保薪資額逕行調整通知投保單位，調整後之投保薪資與實際薪資不符時，應以實際薪資為準。

依前項規定逕行調整之投保薪資，自調整之次月一日生效。

第 14-2 條

依第八條第一項第三款規定加保，其所得未達投保薪資分級表最高一級者，得自行舉證申報其投保薪資。但最低不得低於所屬員工申報之最高投保薪資適用之等級。

第 15 條

勞工保險保險費之負擔，依下列規定計算之：

一、第六條第一項第一款至第六款及第八條第一項第一款至第三款規定之被保險人，其普通事故保險費由被保險人負擔百分之二十，投保單位負擔百分之七十，其餘百分之十，由中央政府補助；職業災害保險費全部由投保單位負擔。

二、第六條第一項第七款規定之被保險人，其普通事故保險費及職業災害保險費，由被保險人負擔百分之六十，其餘百分之四十，由中央政府補助。

三、第六條第一項第八款規定之被保險人，其普通事故保險費及職業災害保險費，由被保險人負擔百分之二十，其餘百分之八十，由中央政府補助。

四、第八條第一項第四款規定之被保險人，其普通事故保險費及職業災害保險費，由被保險人負擔百分之八十，其餘百分之二十，由中央政府補助。

五、第九條之一規定之被保險人，其保險費由被保險人負擔百分之八十，其餘百分之二十，由中央政府補助。

勞工保險保險費之負擔

勞工保險（普通事故保險費）之負擔	被保險人 20%	投保單位 70%	中央政府 10%
第 6 條			
一、受僱於僱用勞工五人以上之公、民營工廠……			
二、受僱於僱用五人以上公司、行號之員工。			
三、受僱於僱用五人以上之新聞、文化、公益及合作事業之員工。			
四、依法不得參加公務人員保險或私立學校教職員保險之政府機關及公、私立學校……			
五、受僱從事漁業生產之勞動者。			
六、在政府登記有案之職業訓練機構接受訓練者。			
第 8 條			
一、受僱於第六條第一項各款規定各業以外之員工。			
二、受僱於僱用未滿五人之第六條第一項第一款至第三款規定各業之員工。			
三、實際從事勞動之雇主。			
第 6 條（普通事故保險費及職業災害保險費）	60%		40%
七、無一定雇主或自營作業而參加職業工會者。			
第 6 條（普通事故保險費及職業災害保險費）	20%		80%
八、無一定雇主或自營作業而參加漁會之甲類會員。			
第 8 條（普通事故保險費及職業災害保險費）	80%		20%
四、參加海員總工會或船長公會為會員之外僱船員。			
第 9-1 條（普通事故保險費）	80%		20%
被保險人參加保險，年資合計滿十五年，被裁減資遣而自願繼續參加勞工保險者，由原投保單位為其辦理參加普通事故保險，至符合請領老年給付之日止。			

歷屆考題（109-1-5）

2 種保險之保費，甲君與乙公司分別要負擔百分之多少？（4分）

答案

1. 甲君 20%　　　　　　　　　　2. 乙公司 70%

歷屆考題（108-3-3）

依勞工保險條例規定，實際從事勞動之雇主得準用該條例規定，參加勞工保險，其普通事故保險費由被保險人甲君負擔百分之多少？（1分）投保單位負擔百分之多少？（1分）中央政府補助百分之多少？（1分）

答案

1. 百分之二十　　　　2. 百分之七十　　　　3. 百分之十

第 16 條

勞工保險保險費依左列規定，按月繳納：

一、第六條第一項第一款至第六款及第八條第一項第一款至第三款規定之被保險人，其應自行負擔之保險費，由投保單位負責扣、收繳，並須於次月底前，連同投保單位負擔部分，一併向保險人繳納。

二、第六條第一項第七款、第八款及第八條第一項第四款規定之被保險人，其自行負擔之保險費，應按月向其所屬投保單位繳納，於次月底前繳清，所屬投保單位應於再次月底前，負責彙繳保險人。

三、第九條之一規定之被保險人，其應繳之保險費，應按月向其原投保單位或勞工團體繳納，由原投保單位或勞工團體於次月底前負責彙繳保險人。

勞工保險之保險費一經繳納，概不退還。但非歸責於投保單位或被保險人之事由所致者，不在此限。

第 17 條

投保單位對應繳納之保險費，未依前條第一項規定限期繳納者，得寬限十五日；如在寬限期間仍未向保險人繳納者，自寬限期滿之翌日起至完納前一日止，每逾一日加徵其應納費額百分之零點一滯納金；加徵之滯納金額，以至應納費額之百分之二十為限。

加徵前項滯納金十五日後仍未繳納者，保險人應就其應繳之保險費及滯納金，依法訴追。投保單位如無財產可供執行或其財產不足清償時，其主持人或負責人對逾期繳納有過失者，應負損害賠償責任。

保險人於訴追之日起，在保險費及滯納金未繳清前，暫行拒絕給付。但被保險人應繳部分之保險費已扣繳或繳納於投保單位者，不在此限。

第六條第一項第七款、第八款及第八條第一項第四款規定之被保險人，依第十五條規定負擔之保險費，應按期送交所屬投保單位彙繳。如逾寬限期間十五日而仍未送交者，其投保單位得適用第一項規定，代為加收滯納金彙繳保險人；加徵滯納金十五日後仍未繳納者，暫行拒絕給付。

第九條之一規定之被保險人逾二個月未繳保險費者，以退保論。其於欠繳保險費期間發生事故所領取之保險給付，應依法追還。

第 17-1 條

勞工保險之保險費及滯納金，優先於普通債權受清償。

第 18 條

被保險人發生保險事故，於其請領傷病給付或住院醫療給付未能領取薪資或喪失收入期間，得免繳被保險人負擔部分之保險費。

前項免繳保險費期間之年資，應予承認。

第四章　保險給付

第一節　通則

第 19 條

被保險人於保險效力開始後停止前，發生保險事故者，被保險人或其受益人得依本條例規定，請領保險給付。

以現金發給之保險給付，其金額按被保險人平均月投保薪資及給付標準計算。被保險人同時受僱於二個以上投保單位者，其普通事故保險給付之月投保薪資得合併計算，不得超過勞工保險投保薪資分級表最高一級。但連續加保未滿三十日者，不予合併計算。

前項平均月投保薪資之計算方式如下：

一、年金給付及老年一次金給付之平均月投保薪資：按被保險人加保期間最高六十個月之月投保薪資予以平均計算；參加保險未滿五年者，按其實際投保年資之平均月投保薪資計算。但依第五十八條第二項規定選擇一次請領老年給付者，按其退保之當月起前三年之實際月投保薪資平均計算；參加保險未滿三年者，按其實際投保年資之平均月投保薪資計算。

二、其他現金給付之平均月投保薪資：按被保險人發生保險事故之當月起前六個月之實際月投保薪資平均計算；其以日爲給付單位者，以平均月投保薪資除以三十計算。

第二項保險給付標準之計算，於保險年資未滿一年者，依其實際加保月數按比例計算；未滿三十日者，以一個月計算。

被保險人如爲漁業生產勞動者或航空、航海員工或坑內工，除依本條例規定請領保險給付外，於漁業、航空、航海或坑內作業中，遭遇意外事故致失蹤時，自失蹤之日起，按其平均月投保薪資百分之七十，給付失蹤津貼；於每滿三個月之期末給付一次，至生還之前一日或失蹤滿一年之前一日或受死亡宣告判決確定死亡時之前一日止。

被保險人失蹤滿一年或受死亡宣告判決確定死亡時，得依第六十四條規定，請領死亡給付。

平均月投保薪資

年金給付 老年一次金給付	按被保險人加保期間最高六十個月之月投保薪資
一次請領老年給付	按其退保之當月起前三年之實際月投保薪資
其他現金給付	按被保險人發生保險事故之當月起前六個月之實際月投保薪資

第 20 條

被保險人在保險有效期間發生傷病事故，於保險效力停止後一年內，得請領同一傷病及其引起之疾病之傷病給付、失能給付、死亡給付或職業災害醫療給付。

被保險人在保險有效期間懷孕，且符合本條例第三十一條第一項第一款或第二款規定之參加保險日數，於保險效力停止後一年內，因同一懷孕事故而分娩或早產者，得請領生育給付。

第 20-1 條

被保險人退保後，經診斷確定於保險有效期間罹患職業病者，得請領職業災害保險失能給付。

前項得請領失能給付之對象、職業病種類、認定程序及給付金額計算等事項之辦法,由中央主管機關定之。

第 21 條

(刪除)

第 21-1 條

(刪除)

第 22 條

同一種保險給付,不得因同一事故而重複請領。

第 23 條

被保險人或其受益人或其他利害關係人,為領取保險給付,故意造成保險事故者,保險人除給與喪葬津貼外,不負發給其他保險給付之責任。

歷屆考題（107-3-3）

事業單位應為所僱用人員甲投保勞工保險,依勞工保險條例規定,被保險人或其受益人或其他利害關係人,為領取保險給付,故意造成保險事故者,勞工保險局除給與哪一津貼外,不負發給其他保險給付之責任?(2分)

答案
喪葬津貼

第 24 條

投保單位故意為不合本條例規定之人員辦理參加保險手續,領取保險給付者,保險人應依法追還;並取消該被保險人之資格。

第 25 條

被保險人無正當理由,不接受保險人特約醫療院、所之檢查或補具應繳之證件,或受益人不補具應繳之證件者,保險人不負發給保險給付之責任。

第 26 條

因戰爭變亂或因被保險人或其父母、子女、配偶故意犯罪行為,以致發生保險事故者,概不給與保險給付。

第 27 條

被保險人之養子女,其收養登記在保險事故發生時未滿六個月者,不得享有領取保險給付之權利。

第 28 條

保險人為審核保險給付或勞工保險監理委員會為審議爭議案件認有必要者,得向被保險人、受益人、投保單位、各該醫院、診所或領有執業執照之醫師、助產士等要求提出報告,或調閱各該醫院、診所及投保單位之病歷、薪資帳冊、檢查化驗紀錄或放射線診斷攝影片(X 光照片)及其他有關文件,被保險人、受益人、投保單位、各該醫院、診所及領有執業執照之醫師或助產士等均不得拒絕。

第 29 條

被保險人、受益人或支出殯葬費之人領取各種保險給付之權利，不得讓與、抵銷、扣押或供擔保。

依本條例規定請領保險給付者，得檢具保險人出具之證明文件，於金融機構開立專戶，專供存入保險給付之用。

前項專戶內之存款，不得作為抵銷、扣押、供擔保或強制執行之標的。

被保險人已領取之保險給付，經保險人撤銷或廢止，應繳還而未繳還者，保險人得以其本人或其受益人請領之保險給付扣減之。

被保險人有未償還第六十七條第一項第四款之貸款本息者，於被保險人或其受益人請領保險給付時逕予扣減之。

前項未償還之貸款本息，不適用下列規定，並溯自中華民國九十二年一月二十二日施行：

一、消費者債務清理條例有關債務免責之規定。

二、破產法有關債務免責之規定。

三、其他法律有關請求權消滅時效規定。

第四項及第五項有關扣減保險給付之種類、方式及金額等事項之辦法，由中央主管機關定之。

保險人應每年書面通知有未償還第六十七條第一項第四款貸款本息之被保險人或其受益人之積欠金額，並請其依規定償還。

第 29-1 條

依本條例以現金發給之保險給付，經保險人核定後，應在十五日內給付之；年金給付應於次月底前給付。

如逾期給付可歸責於保險人者，其逾期部分應加給利息。

第 30 條

領取保險給付之請求權，自得請領之日起，因五年間不行使而消滅。

第二節　生育給付

第 31 條

被保險人合於左列情形之一者，得請領生育給付：

一、參加保險滿二百八十日後分娩者。

二、參加保險滿一百八十一日後早產者。

三、參加保險滿八十四日後流產者。

被保險人之配偶分娩、早產或流產者，比照前項規定辦理。

生育給付

分娩	280 日後
早產	181 日後
流產	84 日後

第 32 條

生育給付標準，依下列各款辦理：

一、被保險人或其配偶分娩或早產者，按被保險人平均月投保薪資一次給與分娩費三十日，流產者減半給付。

二、被保險人分娩或早產者，除給與分娩費外，並按其平均月投保薪資一次給與生育補助費六十日。

三、分娩或早產為雙生以上者，分娩費及生育補助費比例增給。

被保險人難產已申領住院診療給付者，不再給與分娩費。

被保險人同時符合相關社會保險生育給付或因軍公教身分請領國家給與之生育補助請領條件者，僅得擇一請領。但農民健康保險者，不在此限。

勞工保險條例

第 76-1 條

本條例第二條、第三十一條、第三十二條及第三十九條至第五十二條有關生育給付分娩費及普通事故保險醫療給付部分，於全民健康保險施行後，停止適用。

歷屆考題（107-2-1）

一、甲為電子科技公司之裝配作業員，於公司工作滿 1 年後分娩，並於小孩滿 1 歲時向雇主申請育嬰留職停薪，請回答下列問題：

㈡甲於分娩後，依勞工保險條例規定，按其平均月投保薪資一次給與生育補助費多少日？（2 分）

一、答案

㈡生育補助費六十日

歷屆考題（108-2-5）

五、甲女經友人介紹至乙食品麵包店擔任店員工作，某日丙顧客至該店購買麵包時，趁機對其性騷擾，甲女為閃避不慎跌倒而流產，請回答下列問題：

㈡依勞工保險條例規定，被保險人或其配偶分娩或早產者，其生育給付按被保險人平均月投保薪資一次給與分娩費 30 日，惟如流產者，應如何給付？（2 分）

五、答案

㈡流產者減半給付（平均月投保薪資一次給與分娩費 15 日）全民健康保險施行後，生育給付分娩費停止適用。

第三節　傷病給付

第 33 條

被保險人遭遇普通傷害或普通疾病住院診療，不能工作，以致未能取得原有薪資，正在治療中者，自不能工作之第四日起，發給普通傷害補助費或普通疾病補助費。

第 34 條

被保險人因執行職務而致傷害或職業病不能工作，以致未能取得原有薪資，正在治療中者，自不能工作之

第四日起，發給職業傷害補償費或職業病補償費。職業病種類表如附表一。

前項因執行職務而致傷病之審查準則，由中央主管機關定之。

第 35 條

普通傷害補助費及普通疾病補助費，均按被保險人平均月投保薪資半數發給，每半個月給付一次，以六個月為限。但傷病事故前參加保險之年資合計已滿一年者，增加給付六個月。

第 36 條

職業傷害補償費及職業病補償費，均按被保險人平均月投保薪資百分之七十發給，每半個月給付一次；如經過一年尚未痊癒者，其職業傷害或職業病補償費減為平均月投保薪資之半數，但以一年為限。

勞工職業災害保險及保護法

第 42 條

被保險人遭遇職業傷病不能工作，致未能取得原有薪資，正在治療中者，自不能工作之日起算第四日起，得請領傷病給付。

前項傷病給付，前二個月按被保險人平均月投保薪資發給，第三個月起按被保險人平均月投保薪資百分之七十發給，每半個月給付一次，最長以二年為限。

普通傷病補助費		職業傷病給付	
勞保 33	被保險人遭遇普通傷害或普通疾病住院診療，不能工作，以致未能取得原有薪資，正在治療中者，自不能工作之第四日起，發給普通傷害補助費或普通疾病補助費。	職保 42	被保險人遭遇職業傷病不能工作，致未能取得原有薪資，正在治療中者，自不能工作之日起算第四日起，得請領傷病給付。
勞保 35	普通傷害補助費及普通疾病補助費，均按被保險人平均月投保薪資半數發給，每半個月給付一次，以六個月為限。但傷病事故前參加保險之年資合計已滿一年者，增加給付六個月。 50% 年資未滿 1 年——6 個月 年資已滿 1 年——12 個月 最長 1 年		前項傷病給付，前二個月按被保險人平均月投保薪資發給，第三個月起按被保險人平均月投保薪資百分之七十發給，每半個月給付一次，最長以二年為限。 前二個月——100% 第三個月起——70% 最長 2 年

第 37 條

被保險人在傷病期間，已領足前二條規定之保險給付者，於痊癒後繼續參加保險時，仍得依規定請領傷病給付。

第 38 條

（刪除）

第四節　醫療給付

第 39 條

醫療給付分門診及住院診療。

第 39-1 條

爲維護被保險人健康，保險人應訂定辦法，辦理職業病預防。

前項辦法，應報請中央主管機關核定之。

第 40 條

被保險人罹患傷病時，應向保險人自設或特約醫療院、所申請診療。

第 41 條

門診給付範圍如左：

一、診察（包括檢驗及會診）。

二、藥劑或治療材料。

三、處置、手術或治療。

前項費用，由被保險人自行負擔百分之十。但以不超過中央主管機關規定之最高負擔金額爲限。

第 42 條

被保險人合於左列規定之一，經保險人自設或特約醫療院、所診斷必須住院治療者，由其投保單位申請住院診療。但緊急傷病，須直接住院診療者，不在此限。

一、因職業傷害者。

二、因罹患職業病者。

三、因普通傷害者。

四、因罹患普通疾病，於申請住院診療前參加保險之年資合計滿四十五日者。

第 42-1 條

被保險人罹患職業傷病時，應由投保單位塡發職業傷病門診單或住院申請書（以下簡稱職業傷病醫療書單）申請診療；投保單位未依規定塡發者，被保險人得向保險人請領，經查明屬實後發給。

被保險人未檢具前項職業傷病醫療書單，經醫師診斷罹患職業病者，得由醫師開具職業病門診單；醫師開具資格之取得、喪失及門診單之申領、使用辦法，由保險人擬訂，報請中央主管機關核定發布。

第 43 條

住院診療給付範圍如左：

一、診察（包括檢驗及會診）。

二、藥劑或治療材料。

三、處置、手術或治療。

四、膳食費用三十日內之半數。

五、勞保病房之供應，以公保病房爲準。

前項第一款至第三款及第五款費用，由被保險人自行負擔百分之五。但以不超過中央主管機關規定之最高負擔金額爲限。

被保險人自願住較高等病房者，除依前項規定負擔外，其超過之勞保病房費用，由被保險人負擔。

第二項及第四十一條第二項之實施日期及辦法，應經立法院審議通過後實施之。

第 44 條

醫療給付不包括法定傳染病、麻醉藥品嗜好症、接生、流產、美容外科、義齒、義眼、眼鏡或其他附屬品之裝置、病人運輸、特別護士看護、輸血、掛號費、證件費、醫療院、所無設備之診療及第四十一條、第四十三條未包括之項目。但被保險人因緊急傷病，經保險人自設或特約醫療院、所診斷必須輸血者，不在此限。

第 45 條

被保險人因傷病住院診療，住院日數超過一個月者，每一個月應由醫院辦理繼續住院手續一次。

住院診療之被保險人，經保險人自設或特約醫院診斷認為可出院療養時，應即出院；如拒不出院時，其繼續住院所需費用，由被保險人負擔。

第 46 條

被保險人有自由選擇保險人自設或特約醫療院、所診療之權利，但有特殊規定者，從其規定。

第 47 條

（刪除）

第 48 條

被保險人在保險有效期間領取醫療給付者，仍得享有其他保險給付之權利。

第 49 條

被保險人診療所需之費用，由保險人逕付其自設或特約醫療院、所，被保險人不得請領現金。

第 50 條

在本條例施行區域內之各級公立醫療院、所符合規定者，均應為勞工保險之特約醫療院、所。各投保單位附設之醫療院、所及私立醫療院、所符合規定者，均得申請為勞工保險之特約醫療院、所。

前項勞工保險特約醫療院、所特約及管理辦法，由中央主管機關會同中央衛生主管機關定之。

第 51 條

各特約醫療院、所辦理門診或住院診療業務，其診療費用，應依照勞工保險診療費用支付標準表及用藥種類與價格表支付之。

前項勞工保險診療費用支付標準表及用藥種類與價格表，由中央主管機關會同中央衛生主管機關定之。

保險人為審核第一項診療費用，應聘請各科醫藥專家組織診療費用審查委員會審核之；其辦法由中央主管機關定之。

第 52 條

投保單位填具之門診就診單或住院申請書，不合保險給付、醫療給付、住院診療之規定，或虛偽不實或交非被保險人使用者，其全部診療費用應由投保單位負責償付。

特約醫療院、所對被保險人之診療不屬於醫療給付範圍者，其診療費用應由醫療院、所或被保險人自行負責。

第五節　失能給付

第 53 條

被保險人遭遇普通傷害或罹患普通疾病，經治療後，症狀固定，再行治療仍不能期待其治療效果，經保險人自設或特約醫院診斷為永久失能，並符合失能給付標準規定者，得按其平均月投保薪資，依規定之給付標準，請領失能補助費。

前項被保險人或被保險人為身心障礙者權益保障法所定之身心障礙者，經評估為終身無工作能力者，得請領失能年金給付。其給付標準，依被保險人之保險年資計算，每滿一年，發給其平均月投保薪資之百分之一點五五；金額不足新臺幣四千元者，按新臺幣四千元發給。

前項被保險人具有國民年金保險年資者，得依各保險規定分別核計相關之年金給付，並由保險人合併發給，其所需經費由各保險分別支應。

本條例中華民國九十七年七月十七日修正之條文施行前有保險年資者，於符合第二項規定條件時，除依前二項規定請領年金給付外，亦得選擇一次請領失能給付，經保險人核付後，不得變更。

第 54 條

被保險人遭遇職業傷害或罹患職業病，經治療後，症狀固定，再行治療仍不能期待其治療效果，經保險人自設或特約醫院診斷為永久失能，並符合失能給付標準規定發給一次金者，得按其平均月投保薪資，依規定之給付標準，增給百分之五十，請領失能補償費。

前項被保險人經評估為終身無工作能力，並請領失能年金給付者，除依第五十三條規定發給年金外，另按其平均月投保薪資，一次發給二十個月職業傷病失能補償一次金。

普通傷病失能補助費		職業傷病失能一次金給付、失能年金	
勞保 53	被保險人遭遇普通傷害或罹患普通疾病，經治療後，症狀固定，再行治療仍不能期待其治療效果，經保險人自設或特約醫院診斷為永久失能，並符合失能給付標準規定者，得按其平均月投保薪資，依規定之給付標準，請領失能補助費。 前項被保險人或被保險人為身心障礙者權益保障法所定之身心障礙者，經評估為終身無工作能力者，得請領。其給付標準，依被保險人之保險年資計算，每滿一年，發給其平均月投保薪資之百分之一點五五；金額不足新臺幣四千元者，按新臺幣四千元發給	職保 43	被保險人遭遇職業傷病，經治療後，症狀固定，再行治療仍不能改善其治療效果，經全民健康保險特約醫院或診所診斷為永久失能，符合本保險失能給付標準規定者，得按其平均月投保薪資，依規定之給付基準，請領失能一次金給付。 前項被保險人之失能程度，經評估符合下列情形之一者，得請領失能年金： 一、完全失能：按平均月投保薪資百分之七十發給。 二、嚴重失能：按平均月投保薪資百分之五十發給。 三、部分失能：按平均月投保薪資百分之二十發給。

第 54-1 條

前二條失能種類、狀態、等級、給付額度、開具診斷書醫療機構層級及審核基準等事項之標準，由中央主管機關定之。

前項標準，應由中央主管機關建立個別化之專業評估機制，作為失能年金給付之依據。

前項個別化之專業評估機制，應於本條例中華民國九十七年七月十七日修正之條文公布後五年施行。

第 54-2 條

請領失能年金給付者，同時有符合下列條件之眷屬時，每一人加發依第五十三條規定計算後金額百分之二十五之眷屬補助，最多加計百分之五十：

一、配偶應年滿五十五歲且婚姻關係存續一年以上。但有下列情形之一者，不在此限：

　㈠無謀生能力。

　㈡扶養第三款規定之子女。

二、配偶應年滿四十五歲且婚姻關係存續一年以上，且每月工作收入未超過投保薪資分級表第一級。

三、子女應符合下列條件之一。但養子女須有收養關係六個月以上：

　㈠未成年。

　㈡無謀生能力。

　㈢二十五歲以下，在學，且每月工作收入未超過投保薪資分級表第一級。

前項所稱無謀生能力之範圍，由中央主管機關定之。

第一項各款眷屬有下列情形之一時，其加給眷屬補助應停止發給：

一、配偶：

　㈠再婚。

　㈡未滿五十五歲，且其扶養之子女不符合第一項第三款所定請領條件。

　㈢不符合第一項第二款所定請領條件。

二、子女不符合第一項第三款所定之請領條件。

三、入獄服刑、因案羈押或拘禁。

四、失蹤。

前項第三款所稱拘禁，指受拘留、留置、觀察勒戒、強制戒治、保安處分或感訓處分裁判之宣告，在特定處所執行中，其人身自由受剝奪或限制者。但執行保護管束、僅受通緝尚未到案、保外就醫及假釋中者，不包括在內。

第 55 條

被保險人之身體原已局部失能，再因傷病致身體之同一部位失能程度加重或不同部位發生失能者，保險人應按其加重部分之失能程度，依失能給付標準計算發給失能給付。但合計不得超過第一等級之給付標準。

前項被保險人符合失能年金給付條件，並請領失能年金給付者，保險人應按月發給失能年金給付金額之百分之八十，至原已局部失能程度依失能給付標準所計算之失能一次金給付金額之半數扣減完畢為止。

前二項被保險人在保險有效期間原已局部失能，而未請領失能給付者，保險人應按其加重後之失能程度，依失能給付標準計算發給失能給付。但合計不得超過第一等級之給付標準。

第 56 條

保險人於審核失能給付，認為有複檢必要時，得另行指定醫院或醫師複檢，其費用由保險基金負擔。

被保險人領取失能年金給付後，保險人應至少每五年審核其失能程度。但經保險人認為無須審核者，不在此限。

保險人依前項規定審核領取失能年金給付者之失能程度，認爲已減輕至不符合失能年金請領條件時，應停止發給其失能年金給付，另發給失能一次金。

第 57 條

被保險人經評估爲終身無工作能力，領取失能給付者，應由保險人逕予退保。

第六節　老年給付

第 58 條

年滿六十歲有保險年資者，得依下列規定請領老年給付：

一、保險年資合計滿十五年者，請領老年年金給付。

二、保險年資合計未滿十五年者，請領老年一次金給付。

本條例中華民國九十七年七月十七日修正之條文施行前有保險年資者，於符合下列規定之一時，除依前項規定請領老年給付外，亦得選擇一次請領老年給付，經保險人核付後，不得變更：

一、參加保險之年資合計滿一年，年滿六十歲或女性被保險人年滿五十五歲退職者。

二、參加保險之年資合計滿十五年，年滿五十五歲退職者。

三、在同一投保單位參加保險之年資合計滿二十五年退職者。

四、參加保險之年資合計滿二十五年，年滿五十歲退職者。

五、擔任具有危險、堅強體力等特殊性質之工作合計滿五年，年滿五十五歲退職者。

依前二項規定請領老年給付者，應辦理離職退保。

被保險人請領老年給付者，不受第三十條規定之限制。

第一項老年給付之請領年齡，於本條例中華民國九十七年七月十七日修正之條文施行之日起，第十年提高一歲，其後每二年提高一歲，以提高至六十五歲爲限。

被保險人已領取老年給付者，不得再行參加勞工保險。

被保險人擔任具有危險、堅強體力等特殊性質之工作合計滿十五年，年滿五十五歲，並辦理離職退保者，得請領老年年金給付，且不適用第五項及第五十八條之二規定。

第二項第五款及前項具有危險、堅強體力等特殊性質之工作，由中央主管機關定之。

一次請領老年給付

保險之年資	同一投保單位參加保險之年資	年滿
1 年		男性：年滿 60 歲 女性：年滿 55 歲
危險、堅強體力等特殊性質 5 年		年滿 55 歲
15 年		年滿 55 歲
25 年		年滿 50 歲
	25 年	

老年給付之請領年齡

民國（年）	98-106	107	108	109	110	111	112	113	114	115
法定請領年齡	60 歲	61 歲		62 歲		63 歲		64 歲		65 歲
出生年	46 年	47 年		48 年		49 年		50 年		51 年

歷屆考題（98-3-1）

依勞工保險條例第 58 條第 2 項規定，於民國 97 年 7 月 17 日修正前有保險年資者，於符合 5 款規定之一而退職時，除得請領同條第 1 項之老年給付外，亦得選擇 1 次請領老年給付。請列舉該 5 款要件。（10 分）

答案

㈠ 參加保險之年資合計滿一年，年滿六十歲或女性被保險人年滿五十五歲退職者。

㈡ 參加保險之年資合計滿十五年，年滿五十五歲退職者。

㈢ 在同一投保單位參加保險之年資合計滿二十五年退職者。

㈣ 參加保險之年資合計滿二十五年，年滿五十歲退職者。

㈤ 擔任具有危險、堅強體力等特殊性質之工作合計滿五年，年滿五十五歲退職者。

第 58-1 條

老年年金給付，依下列方式擇優發給：

一、保險年資合計每滿一年，按其平均月投保薪資之百分之零點七七五計算，並加計新臺幣三千元。

二、保險年資合計每滿一年，按其平均月投保薪資之百分之一點五五計算。

第 58-2 條

符合第五十八條第一項第一款及第五項所定請領老年年金給付條件而延後請領者，於請領時應發給展延老年年金給付。每延後一年，依前條規定計算之給付金額增給百分之四，最多增給百分之二十。

被保險人保險年資滿十五年，未符合第五十八條第一項及第五項所定請領年齡者，得提前五年請領老年年金給付，每提前一年，依前條規定計算之給付金額減給百分之四，最多減給百分之二十。

第 59 條

依第五十八條第一項第二款請領老年一次金給付或同條第二項規定一次請領老年給付者，其保險年資合計每滿一年，按其平均月投保薪資發給一個月；其保險年資合計超過十五年者，超過部分，每滿一年發給二個月，最高以四十五個月為限。

被保險人逾六十歲繼續工作者，其逾六十歲以後之保險年資，最多以五年計，合併六十歲以前之一次請領老年給付，最高以五十個月為限。

第 60 條

（刪除）

第 61 條

（刪除）

第七節　死亡給付

第 62 條

被保險人之父母、配偶或子女死亡時，依左列規定，請領喪葬津貼：

一、被保險人之父母、配偶死亡時，按其平均月投保薪資，發給三個月。

二、被保險人之子女年滿十二歲死亡時，按其平均月投保薪資，發給二個半月。

三、被保險人之子女未滿十二歲死亡時，按其平均月投保薪資，發給一個半月。

歷屆考題（109-2-5）

甲君及乙君為親兄弟，目前均為勞工保險之被保險人（甲君平均月投保薪資新臺幣 4 萬 5,800 元；乙君平均月投保薪資為 2 萬 3,800 元），其父親係公務員退休多年，於近日往生，請依勞工保險條例規定，回答下列問題：

依第 62 條規定，甲君及乙君可請領哪一種保險給付（津貼）？（2分）該保險給付（津貼）之給付標準，係按被保險人之平均月投保薪資，發給幾個月？（3分）

答案

1. 喪葬津貼　　　　　　　　　2. 3 個月

第 63 條

被保險人在保險有效期間死亡時，除由支出殯葬費之人請領喪葬津貼外，遺有配偶、子女、父母、祖父母、受其扶養之孫子女或受其扶養之兄弟、姊妹者，得請領遺屬年金給付。

前項遺屬請領遺屬年金給付之條件如下：

一、配偶符合第五十四條之二第一項第一款或第二款規定者。

二、子女符合第五十四條之二第一項第三款規定者。

三、父母、祖父母年滿五十五歲，且每月工作收入未超過投保薪資分級表第一級者。

四、孫子女符合第五十四條之二第一項第三款第一目至第三目規定情形之一者。

五、兄弟、姊妹符合下列條件之一：

　㈠有第五十四條之二第一項第三款第一目或第二目規定情形。

　㈡年滿五十五歲，且每月工作收入未超過投保薪資分級表第一級。

第一項被保險人於本條例中華民國九十七年七月十七日修正之條文施行前有保險年資者，其遺屬除得依前項規定請領年金給付外，亦得選擇一次請領遺屬津貼，不受前項條件之限制，經保險人核付後，不得變更。

第 63-1 條

被保險人退保，於領取失能年金給付或老年年金給付期間死亡者，其符合前條第二項規定之遺屬，得請領遺屬年金給付。

前項被保險人於本條例中華民國九十七年七月十七日修正之條文施行前有保險年資者，其遺屬除得依前項規定請領年金給付外，亦得選擇一次請領失能給付或老年給付，扣除已領年金給付總額之差額，不受前條第二項條件之限制，經保險人核付後，不得變更。

被保險人保險年資滿十五年，並符合第五十八條第二項各款所定之條件，於未領取老年給付前死亡者，其符合前條第二項規定之遺屬，得請領遺屬年金給付。

前項被保險人於本條例中華民國九十七年七月十七日修正之條文施行前有保險年資者，其遺屬除得依前項規定請領年金給付外，亦得選擇一次請領老年給付，不受前條第二項條件之限制，經保險人核付後，不得變更。

第 63-2 條

前二條所定喪葬津貼、遺屬年金及遺屬津貼給付標準如下：

一、喪葬津貼：按被保險人平均月投保薪資一次發給五個月。但其遺屬不符合請領遺屬年金給付或遺屬津貼條件，或無遺屬者，按其平均月投保薪資一次發給十個月。

二、遺屬年金：

　（一）依第六十三條規定請領遺屬年金者：依被保險人之保險年資合計每滿一年，按其平均月投保薪資之百分之一點五五計算。

　（二）依前條規定請領遺屬年金者：依失能年金或老年年金給付標準計算後金額之半數發給。

三、遺屬津貼：

　（一）參加保險年資合計未滿一年者，按被保險人平均月投保薪資發給十個月。

　（二）參加保險年資合計已滿一年而未滿二年者，按被保險人平均月投保薪資發給二十個月。

　（三）參加保險年資合計已滿二年者，按被保險人平均月投保薪資發給三十個月。

前項第二款之遺屬年金給付金額不足新臺幣三千元者，按新臺幣三千元發給。

遺屬年金給付於同一順序之遺屬有二人以上時，每多一人加發依第一項第二款及前項規定計算後金額之百分之二十五，最多加計百分之五十。

普通傷病死亡給付		職業傷病死亡給付	
勞保63-2	前二條所定喪葬津貼、遺屬年金及遺屬津貼給付標準如下： 一、喪葬津貼：按被保險人平均月投保薪資一次發給五個月。 　但其遺屬不符合請領遺屬年金給付或遺屬津貼條件，或無遺屬者，按其平均月投保薪資一次發給十個月。 二、遺屬年金： （一）依第六十三條規定請領遺屬年金者：依被保險人之保險年資合計每滿一年，按其平均月投保薪資之百分之一點五計算。 （二）依前條規定請領遺屬年金者：依失能年金或老年年金給標準計算後金額之半數發給。 三、遺屬津貼： （一）參加保險年資合計未滿一年者，按被保險人平均月保薪資發給十個月。	職保51	前二條所定喪葬津貼、遺屬年金、遺屬一次金及遺屬津貼給付之基準如下： 一、喪葬津貼：按被保險人平均月投保薪資一次發給五個月。 　但被保險人無遺屬者，按其平均月投保薪資一次發給十個月。 二、遺屬年金： （一）依第四十九條第二項規定請領遺屬年金者，按被保險人之平均月投保薪資百分之五十發給。 （二）依前條第一項規定請領遺屬年金者，依失能年金給付基準計算後金額之半數發給。 三、遺屬一次金及遺屬津貼：按被保險人平均月投保薪資給付四十個月。 遺屬年金於同一順序之遺屬有二人以上時，每多一人加發依前項第二款計算後金額之百分之十，最多加計百分之二十。

㈡參加保險年資合計已滿一年而未滿二年者，按被保平均月投保薪資發給二十個月。 ㈢參加保險年資合計已滿二年者，按被保險人平均月投保薪資發給三十個月。 前項第二款之遺屬年金給付金額不足新臺幣三千元者，按新臺幣三千元發給。 遺屬年金給付於同一順序之遺屬有二人以上時，每多一人加發依第一項第二款及前項規定計算後金額之百分之二十五，最多加計百分之五十。	

第 63-3 條

遺屬具有受領二個以上遺屬年金給付之資格時，應擇一請領。

本條例之喪葬津貼、遺屬年金給付及遺屬津貼，以一人請領為限。符合請領條件者有二人以上時，應共同具領，未共同具領或保險人核定前如另有他人提出請領，保險人應通知各申請人協議其中一人代表請領，未能協議者，喪葬津貼應以其中核計之最高給付金額，遺屬津貼及遺屬年金給付按總給付金額平均發給各申請人。

同一順序遺屬有二人以上，有其中一人請領遺屬年金時，應發給遺屬年金給付。但經共同協議依第六十三條第三項、第六十三條之一第二項及第四項規定一次請領給付者，依其協議辦理。

保險人依前二項規定發給遺屬給付後，尚有未具名之其他當序遺屬時，應由具領之遺屬負責分與之。

歷屆考題（102-3-5）

甲與乙於民國 95 年同時受僱於丙公司擔任業務員，丙公司亦依規定為 2 人投保勞工保險及提繳勞工退休金。請回答下列問題：

甲於 102 年因病死亡，其配偶丁選擇一次請領遺屬津貼。依勞工保險條例規定，勞保局應按甲之平均月投保薪資發給丁幾個月之遺屬津貼？甲若因職業災害致死，則應發給丁幾個月？（4分）

答案

1. 三十個月
2. 四十個月

歷屆考題（96-3-4）

當 A 於受僱 B 公司第 11 個月期間死亡，遺有父母者，依勞工保險條例，應發給幾個月之哪些津貼？（5分）

答案

1. 五個月喪葬津貼。
2. 十個月遺屬津貼。

3. 被保險人在保險有效期間死亡時，除由支出殯葬費之人請領喪葬津貼外，遺有配偶、子女、父母、祖父母、受其扶養之孫子女或受其扶養之兄弟、姊妹者，得請領遺屬年金給付。

歷屆考題（109-2-5）

甲君及乙君為親兄弟，目前均為勞工保險之被保險人（甲君平均月投保薪資新臺幣4萬5,800元；乙君平均月投保薪資為2萬3,800元），其父親係公務員退休多年，於近日往生，請依勞工保險條例規定，回答下列問題：

依第63條之3規定，該保險給付（津貼）係以一人請領為限，甲君及乙君均符合請領條件，應共同具領或協議一人代表請領；惟乙君未與甲君協議即自行申請，甲君得知後亦提出申請，經勞工保險局通知後，該2人仍未能取得協議，勞工保險局得逕核發新臺幣多少金額？（2分）承上，甲君及乙君各可得新臺幣多少金額？（3分）

答案

　　1. 45,800元 ×3 個月 =137,400元　　2. 68,700元

第 63-4 條

領取遺屬年金給付者，有下列情形之一時，其年金給付應停止發給：

一、配偶：

　㈠ 再婚。

　㈡ 未滿五十五歲，且其扶養之子女不符合第六十三條第二項第二款所定請領條件。

　㈢ 不符合第六十三條第二項第一款所定請領條件。

二、子女、父母、祖父母、孫子女、兄弟、姊妹，於不符合第六十三條第二項第二款至第五款所定請領條件。

三、有第五十四條之二第三項第三款、第四款規定之情形。

第 64 條

被保險人因職業災害致死亡者，除由支出殯葬費之人依第六十三條之二第一項第一款規定請領喪葬津貼外，有符合第六十三條第二項規定之遺屬者，得請領遺屬年金給付及按被保險人平均月投保薪資，一次發給十個月職業災害死亡補償一次金。

前項被保險人之遺屬依第六十三條第三項規定一次請領遺屬津貼者，按被保險人平均月投保薪資發給四十個月。

第 65 條

受領遺屬年金給付及遺屬津貼之順序如下：

一、配偶及子女。

二、父母。

三、祖父母。

四、孫子女。

五、兄弟、姊妹。

前項當序受領遺屬年金給付或遺屬津貼者存在時，後順序之遺屬不得請領。

前項第一順序之遺屬全部不符合請領條件，或有下列情形之一且無同順序遺屬符合請領條件時，第二順序之遺屬得請領遺屬年金給付：

一、在請領遺屬年金給付期間死亡。

二、行蹤不明或於國外。

三、提出放棄請領書。

四、於符合請領條件起一年內未提出請領者。

前項遺屬年金嗣第一順序之遺屬主張請領或再符合請領條件時，即停止發給，並由第一順序之遺屬請領；但已發放予第二順位遺屬之年金不得請求返還，第一順序之遺屬亦不予補發。

第八節　年金給付之申請及核發

第 65-1 條

被保險人或其受益人符合請領年金給付條件者，應填具申請書及檢附相關文件向保險人提出申請。

前項被保險人或其受益人，經保險人審核符合請領規定者，其年金給付自申請之當月起，按月發給，至應停止發給之當月止。

遺屬年金之受益人未於符合請領條件之當月提出申請者，其提出請領之日起前五年得領取之給付，由保險人依法追溯補給之。但已經其他受益人請領之部分，不適用之。

第 65-2 條

被保險人或其遺屬請領年金給付時，保險人得予以查證，並得於查證期間停止發給，經查證符合給付條件者，應補發查證期間之給付，並依規定繼續發給。

領取年金給付者不符合給付條件或死亡時，本人或其法定繼承人應自事實發生之日起三十日內，檢具相關文件資料，通知保險人，自事實發生之次月起停止發給年金給付。

領取年金給付者死亡，應發給之年金給付未及撥入其帳戶時，得由其法定繼承人檢附申請人死亡戶籍謄本及法定繼承人戶籍謄本請領之；法定繼承人有二人以上時，得檢附共同委任書及切結書，由其中一人請領。

領取年金給付者或其法定繼承人未依第二項規定通知保險人致溢領年金給付者，保險人應以書面命溢領人於三十日內繳還；保險人並得自匯發年金給付帳戶餘額中追回溢領之年金給付。

第 65-3 條

被保險人或其受益人符合請領失能年金、老年年金或遺屬年金給付條件時，應擇一請領失能、老年給付或遺屬津貼。

第 65-4 條

本保險之年金給付金額，於中央主計機關發布之消費者物價指數累計成長率達正負百分之五時，即依該成長率調整之。

第 65-5 條

保險人或勞工保險監理委員會為處理本保險業務所需之必要資料，得洽請相關機關提供之，各該機關不得拒絕。

保險人或勞工保險監理委員會依規定所取得之資料，應盡善良管理人之注意義務，確實辦理資訊安全稽核

作業，其保有、處理及利用，並應遵循電腦處理個人資料保護法之規定。

第五章　保險基金及經費

第 66 條

勞工保險基金之來源如左：

一、創立時政府一次撥付之金額。

二、當年度保險費及其孳息之收入與保險給付支出之結餘。

三、保險費滯納金。

四、基金運用之收益。

勞工權益基金、勞工保險基金、就業保險基金、勞工退休基金、就業安定基金之來源

勞工權益基金	1. 勞工權益基金（專戶）賸餘專款。 2. 由政府逐年循預算程序之撥款。 3. 本基金之孳息收入。 4. 捐贈收入。 5. 其他有關收入。
勞工保險基金	1. 創立時政府一次撥付之金額。 2. 當年度保險費及其孳息之收入與保險給付支出之結餘。 3. 保險費滯納金。 4. 基金運用之收益。
就業保險基金	1. 本保險開辦時，中央主管機關自勞工保險基金提撥之專款。 2. 保險費與其孳息收入及保險給付支出之結餘。 3. 保險費滯納金。 4. 基金運用之收益。 5. 其他有關收入。
勞工退休基金	1. 勞工個人專戶之退休金。 2. 基金運用之收益。 3. 收繳之滯納金。 4. 其他收入。
就業安定基金	1. 就業安定費收入。 2. 本基金之孳息收入。 3. 勞工權益基金收入。 4. 其他有關收入。

第 67 條

勞工保險基金，經勞工保險監理委員會之通過，得為左列之運用：

一、對於公債、庫券及公司債之投資。

二、存放於公營銀行或中央主管機關指定之金融機構。

三、自設勞保醫院之投資及特約公立醫院勞保病房整修之貸款；其辦法，由中央主管機關定之。

四、對於被保險人之貸款。

五、政府核准有利於本基金收入之投資。

勞工保險基金除作為前項運用及保險給付支出外，不得移作他用或轉移處分；其管理辦法，由中央主管機關定之。基金之收支、運用情形及其積存數額，應由保險人報請中央主管機關按年公告之。

第一項第四款對於被保險人之貸款資格、用途、額度、利率、期限及還款方式等事項，應由保險人報請中央主管機關公告之。

歷屆考題（111-3-5）

依據勞工保險條例規定，被保險人有未償還第 67 條第 1 項第 4 款之貸款本息者，於「誰」請領保險給付時逕予扣減之？（2 分）

答案

被保險人或其受益人

第 68 條

勞工保險機構辦理本保險所需之經費，由保險人按編製預算之當年六月份應收保險費百分之五點五全年伸算數編列預算，經勞工保險監理委員會審議通過後，由中央主管機關撥付之。

第 69 條

勞工保險如有虧損，在中央勞工保險局未成立前，應由中央主管機關審核撥補。

第六章　罰則

第 70 條

以詐欺或其他不正當行為領取保險給付或為虛偽之證明、報告、陳述及申報診療費用者，除按其領取之保險給付或診療費用處以二倍罰鍰外，並應依民法請求損害賠償；其涉及刑責者，移送司法機關辦理。特約醫療院、

所因此領取之診療費用，得在其已報應領費用內扣除。

第 71 條

勞工違背本條例規定，不參加勞工保險及辦理勞工保險手續者，處一百元以上、五百元以下罰鍰。

第 72 條

投保單位違反本條例規定，未為其所屬勞工辦理投保手續者，按自僱用之日起，至參加保險之前一日或勞工離職日止應負擔之保險費金額，處四倍罰鍰。勞工因此所受之損失，並應由投保單位依本條例規定之給付標準賠償之。

投保單位未依本條例之規定負擔被保險人之保險費，而由被保險人負擔者，按應負擔之保險費金額，處二倍罰鍰。投保單位並應退還該保險費與被保險人。

投保單位違反本條例規定，將投保薪資金額以多報少或以少報多者，自事實發生之日起，按其短報或多報

之保險費金額，處四倍罰鍰，並追繳其溢領給付金額。勞工因此所受損失，應由投保單位賠償之。

投保單位於保險人依第十條第三項規定為查對時，拒不出示者，或違反同條第四項規定者，處新臺幣六千元以上一萬八千元以下罰鍰。

投保單位於本條例中華民國九十七年五月十六日修正生效前，依第十七條第一項規定加徵滯納金至應納費額一倍者，其應繳之保險費仍未向保險人繳納，且未經保險人處以罰鍰或處以罰鍰未執行者，不再裁處或執行。

未投保、未負擔、以多報少、詐欺之罰則

	勞工保險條例	就業保險法	勞工職業災害保險及保護法
未為其所屬勞工辦理投保手續	4 倍	10 倍	2-10 萬元
未規定負擔保險費	2 倍	2 倍	2-10 萬元
以多報少或以少報多	4 倍	4 倍	2-10 萬元
詐欺領取保險給付	2 倍	2 倍	2 倍

歷屆考題（102-2-4）

依勞工保險條例規定，現行勞工保險投保薪資分級表，月投保薪資最高等級之金額為多少？甲公司若未依規定負擔乙之保險費，而由乙自行負擔，按應負擔之保險費金額，處幾倍之罰鍰？（4分）

答案
2 倍

第 73 條

本條例所規定之罰鍰，經催告送達後，無故逾三十日，仍不繳納者，移送法院強制執行。

第七章　附則

第 74 條

失業保險之保險費率、實施地區、時間及辦法，由行政院以命令定之。

第 74-1 條

被保險人於本條例中華民國九十七年七月十七日修正之條文施行前發生失能、老年或死亡保險事故，其本人或其受益人領取保險給付之請求權未超過第三十條所定之時效者，得選擇適用保險事故發生時或請領保險給付時之規定辦理。

第 74-2 條

本條例中華民國九十七年七月十七日修正之條文施行後，被保險人符合本保險及國民年金保險老年給付請領資格者，得向任一保險人同時請領，並由受請求之保險人按其各該保險之年資，依規定分別計算後合併發給；屬他保險應負擔之部分，由其保險人撥還。

前項被保險人於各該保險之年資，未達請領老年年金給付之年限條件，而併計他保險之年資後已符合者，亦得請領老年年金給付。

被保險人發生失能或死亡保險事故，被保險人或其遺屬同時符合國民年金保險給付條件時，僅得擇一請領。

第 75 條

（刪除）

第 76 條

被保險人於轉投軍人保險、公務人員保險或私立學校教職員保險時，不合請領老年給付條件者，其依本條例規定參加勞工保險之年資應予保留，於其年老依法退職時，得依本條例第五十九條規定標準請領老年給付。

前項年資之保留辦法，由中央主管機關擬訂，報請行政院核定之。

第 76-1 條

本條例第二條、第三十一條、第三十二條及第三十九條至第五十二條有關生育給付分娩費及普通事故保險醫療給付部分，於全民健康保險施行後，停止適用。

第 77 條

本條例施行細則，由中央主管機關擬訂，報請行政院核定之。

第 78 條

本條例施行區域，由行政院以命令定之。

第 79 條

本條例自公布日施行。

本條例中華民國九十七年七月十七日修正條文施行日期，除另定施行日期者外，由行政院定之。

本條例中華民國一百年四月八日修正之第十五條之施行日期，由行政院定之。

勞工保險投保薪資分級表

中華民國 112 年 10 月 16 日勞動部勞動保 2 字第 1120077361 號令修正發布，自 113 年 1 月 1 日施行

投保薪資等級	月薪資總額 （實物給付應折現金計算）	月投保薪資
第 1 級	27,470 元以下	27,470 元
第 2 級	27,471 元至 27,600 元	27,600 元
第 3 級	27,601 元至 28,800 元	28,800 元
第 4 級	28,801 元至 30,300 元	30,300 元
第 5 級	30,301 元至 31,800 元	31,800 元
第 6 級	31,801 元至 33,300 元	33,300 元
第 7 級	33,301 元至 34,800 元	34,800 元
第 8 級	34,801 元至 36,300 元	36,300 元
第 9 級	36,301 元至 38,200 元	38,200 元
第 10 級	38,201 元至 40,100 元	40,100 元
第 11 級	40,101 元至 42,000 元	42,000 元
第 12 級	42,001 元至 43,900 元	43,900 元
第 13 級	43,901 元以上	45,800 元
備　註	一、本表依勞工保險條例第十四條第三項規定訂定之。 二、職業訓練機構受訓者之薪資報酬未達基本工資者，其月投保薪資分 13,500 元（13,500 元以下者）、15,840 元（13,501 元至 15,840 元）、16,500 元（15,841 元至 16,500 元）、17,280 元（16,501 元至 17,280 元）、17,880 元（17,281 元至 17,880 元）、19,047 元（17,881 元至 19,047 元）、20,008 元（19,048 元至 20,008 元）、21,009 元（20,009 元至 21,009 元）、22,000 元（21,010 元至 22,000 元）、23,100 元（22,001 元至 23,100 元）、24,000 元 (23,101 元至 24,000 元)、25,250 元（24,001 元至 25,250 元）及 26,400 元 (25,251 元至 26,400 元) 十三級，其薪資總額超過 26,400 元而未達基本工資者，應依本表第一級申報。 三、部分工時勞工保險被保險人之薪資報酬未達基本工資者，其月投保薪資分 11,100 元 (11,100 元以下者) 及 12,540 元 (11,101 元至 12,540 元) 二級，其薪資總額超過 12,540 元者，應依前項規定覈實申報。 四、依身心障礙者權益保障法規定之庇護性就業身心障礙者被保險人之薪資報酬未達基本工資者，其月投保薪資分 6,000 元（6,000 元以下）、7,500 元（6,001 元至 7,500 元）、8,700 元（7,501 元至 8,700 元）、9,900 元（8,701 元至 9,900 元）、11,100 元（9,901 元至 11,100 元）、12,540 元 (11,101 元至 12,540 元)，其薪資總額超過 12,540 元者，應依第二項規定覈實申報。 五、本表投保薪資金額以新臺幣元為單位。	

勞工職業災害保險及保護法

公布日期：110 年 04 月 30 日

第一章　總則

第 1 條

為保障遭遇職業災害勞工及其家屬之生活，加強職業災害預防及職業災害勞工重建，以促進社會安全，特制定本法。

第 2 條

本法所稱主管機關：在中央為勞動部；在直轄市為直轄市政府；在縣（市）為縣（市）政府。

第二章　職業災害保險

第一節　保險人、基金管理、保險監理及爭議處理

第 3 條

勞工職業災害保險（以下簡稱本保險）以勞動部勞工保險局為保險人，辦理保險業務。

勞工職業災害保險基金（以下簡稱本保險基金）之投資運用管理業務，由勞動部勞動基金運用局辦理。

第 4 條

本保險之保險業務及基金投資運用管理業務，由中央主管機關監理，並適用勞工保險條例之監理規定。

第 5 條

投保單位、被保險人、受益人、支出殯葬費之人及全民健康保險特約醫院或診所，對保險人依本章核定之案件有爭議時，應自行政處分達到之翌日起六十日內，向中央主管機關申請審議，對於爭議審議結果不服時，得提起訴願及行政訴訟。

前項爭議之審議，適用勞工保險爭議事項審議辦法；其勞工保險爭議審議會委員，應有職業醫學科專科醫師及勞工團體代表，且比例合計不得低於五分之一。

第二節　投保單位、被保險人及保險效力

第 6 條

年滿十五歲以上之下列勞工，應以其雇主為投保單位，參加本保險為被保險人：

一、受僱於領有執業證照、依法已辦理登記、設有稅籍或經中央主管機關依法核發聘僱許可之雇主。

二、依法不得參加公教人員保險之政府機關（構）、行政法人及公、私立學校之受僱員工。

前項規定，於依勞動基準法規定未滿十五歲之受僱從事工作者，亦適用之。

下列人員準用第一項規定參加本保險：

一、勞動基準法規定之技術生、事業單位之養成工、見習生及其他與技術生性質相類之人。

二、高級中等學校建教合作實施及建教生權益保障法規定之建教生。

三、其他有提供勞務事實並受有報酬，經中央主管機關公告者。

第 7 條

年滿十五歲以上之下列勞工，應以其所屬團體為投保單位，參加本保險為被保險人：

一、無一定雇主或自營作業而參加職業工會之會員。

二、無一定雇主或自營作業而參加漁會之甲類會員。

第 8 條

年滿十五歲以上，於政府登記有案之職業訓練機構或受政府委託辦理職業訓練之單位接受訓練者，應以其所屬機構或單位為投保單位，參加本保險為被保險人。

第 9 條

下列人員得準用本法規定參加本保險：

一、受僱於經中央主管機關公告之第六條第一項規定以外雇主之員工。

二、實際從事勞動之雇主。

三、參加海員總工會或船長公會為會員之外僱船員。

前項人員參加本保險後，非依本法規定，不得中途退保。

第一項第二款規定之雇主，應與其受僱員工，以同一投保單位參加本保險。

僱用勞工合力從事海洋漁撈工作之漁會甲類會員，其僱用人數十人以下，且仍實際從事海洋漁撈工作者，得依第七條第二款規定參加本保險，不受前項規定之限制。

第 10 條

第六條至第九條規定以外之受僱員工或實際從事勞動之人員，得由雇主或本人辦理參加本保險。

勞動基準法第四十五條第四項所定之人，得由受領勞務者辦理參加本保險。

依前二項規定參加本保險之加保資格、手續、月投保薪資等級、保險費率、保險費繳納方式及其他應遵行事項之辦法，由中央主管機關定之。

第 11 條

第六條至第十條所定參加本保險之人員，包括外國籍人員。

第 12 條

符合第六條至第八條規定之勞工，投保單位應於本法施行之當日或勞工到職、入會、到訓之當日，列表通知保險人辦理投保手續。但依第六條第三項第三款公告之人員，投保單位應於該公告指定日期為其辦理投保手續。

勞工於其雇主領有執業證照、依法辦理登記或設有稅籍前到職者，雇主應於領有執業證照、依法辦理登記或設有稅籍之當日，辦理前項投保手續。

前二項勞工離職、退會、結（退）訓者，投保單位應於離職、退會、結（退）訓之當日，列表通知保險人辦理退保手續。

第 13 條

符合第六條規定之勞工，其保險效力之開始自到職當日起算，至離職當日停止。但有下列情形者，其保險效力之開始，自各款所定期日起算：

一、勞工於其雇主符合第六條第一項第一款規定前到職者，自雇主領有執業證照、依法已辦理登記或設有稅籍之當日起算。

二、第六條第三項第三款公告之人員，自該公告指定日期起算。

符合第七條及第八條規定之勞工，其保險效力之開始，依下列規定辦理：

一、投保單位於其所屬勞工入會、到訓之當日通知保險人者，自通知當日起算。

二、投保單位非於其所屬勞工入會、到訓之當日通知保險人者，自通知翌日起算。

下列勞工，其保險效力之開始，自本法施行之日起算：

一、本法施行前，仍參加勞工保險職業災害保險或就業保險之被保險人。

二、受僱於符合第六條規定投保單位之勞工，於本法施行前到職，未參加勞工保險職業災害保險者。但依第六條第三項第三款公告之人員，不適用之。

第二項勞工之保險效力之停止，依下列規定辦理：

一、投保單位於其所屬勞工退會、結（退）訓之當日通知保險人者，於通知當日停止。

二、投保單位非於其所屬勞工退會、結（退）訓之當日通知保險人者，於退會、結（退）訓當日停止。

三、勞工未退會、結（退）訓，投保單位辦理退保者，於通知當日停止。

依第九條規定參加本保險者，其保險效力之開始或停止，準用第二項、第三項第一款及前項規定。

第 14 條

依第十條規定參加本保險者，其保險效力之開始，依下列規定辦理：

一、自雇主、受領勞務者或實際從事勞動之人員保險費繳納完成之實際時間起算。

二、前款保險費繳納完成時，另有向後指定日期者，自該日起算。

前項人員保險效力之停止，至雇主、受領勞務者或實際從事勞動之人員指定之保險訖日停止。

前二項保險效力之起訖時點，於保險費繳納完成後，不得更改。

第 15 條

投保單位應為其所屬勞工，辦理投保、退保手續及其他有關保險事務。

前項投保、退保手續及其他有關保險事務，第六條、第八條及第九條第一項第一款之投保單位得委託勞工團體辦理，其保險費之負擔及繳納方式，分別依第十九條第一款及第二十條第一項第一款規定辦理。

投保單位應備置所屬勞工名冊、出勤工作紀錄及薪資帳冊，並自被保險人離職、退會或結（退）訓之日起保存五年。

保險人為查核投保單位勞工人數、工作情況及薪資，必要時，得查對前項相關表冊，投保單位不得規避、妨礙或拒絕。

第三節　保險費

第 16 條

本保險之保險費，依被保險人當月月投保薪資及保險費率計算。

本保險費率，分為行業別災害費率及上、下班災害單一費率二種。

前項保險費率，於本法施行時，依中央主管機關公告之最近一次勞工保險職業災害保險適用行業別及費率表辦理；其後自施行之日起，每三年調整一次，由中央主管機關視保險實際收支情形及精算結果擬訂，報

請行政院核定後公告。

僱用員工達一定人數以上之投保單位，第二項行業別災害費率採實績費率，按其最近三年保險給付總額占應繳保險費總額及職業安全衛生之辦理情形，由保險人每年計算調整之。

前項實績費率計算、調整及相關事項之辦法，由中央主管機關定之。

第 17 條

前條第一項月投保薪資，投保單位應按被保險人之月薪資總額，依投保薪資分級表之規定，向保險人申報。

被保險人之薪資，在當年二月至七月調整時，投保單位應於當年八月底前將調整後之月投保薪資通知保險人；在當年八月至次年一月調整時，應於次年二月底前通知保險人。前開調整，均自通知之次月一日生效。

依第九條第一項第二款規定加保，其所得未達投保薪資分級表最高一級者，得自行舉證申報其投保薪資。

第一項投保薪資分級表，由中央主管機關擬訂，報請行政院核定後發布。

前項投保薪資分級表之下限與中央主管機關公告之基本工資相同；基本工資調整時，該下限亦調整之。

第 18 條

被保險人投保薪資申報不實者，保險人得按查核資料逕行調整投保薪資至適當等級，並通知投保單位；調整後之投保薪資與實際薪資不符時，應以實際薪資為準。

依前項規定逕行調整之投保薪資，自調整之次月一日生效。

第 19 條

本保險之保險費負擔，依下列規定辦理之：

一、第六條、第八條、第九條第一項第一款、第二款及第十條規定之被保險人，除第十條第一項所定實際從事勞動之人員，保險費應自行負擔外，全部由投保單位負擔。

二、第七條第一款規定之被保險人，由被保險人負擔百分之六十，其餘百分之四十，由中央政府補助。

三、第七條第二款規定之被保險人，由被保險人負擔百分之二十，其餘百分之八十，由中央政府補助。

四、第九條第一項第三款規定之被保險人，由被保險人負擔百分之八十，其餘百分之二十，由中央政府補助。

第 20 條

本保險之保險費，依下列規定按月繳納：

一、第六條、第八條、第九條第一項第一款及第二款規定之被保險人，投保單位應於次月底前向保險人繳納。

二、第七條及第九條第一項第三款規定之被保險人，其自行負擔之保險費，應按月向其所屬投保單位繳納，於次月底前繳清，所屬投保單位應於再次月底前，負責彙繳保險人。

本保險之保險費一經繳納，概不退還。但因不可歸責於投保單位或被保險人之事由致溢繳或誤繳者，不在此限。

第 21 條

投保單位對應繳納之保險費，未依前條第一項規定限期繳納者，得寬限十五日；在寬限期間仍未向保險人繳納者，保險人自寬限期滿之翌日起至完納前一日止，每逾一日加徵其應納費額百分之零點二滯納金；加徵之滯納金額，以至應納費額百分之二十為限。

加徵前項滯納金十五日後仍未繳納者，保險人就其應繳之保險費及滯納金，得依法移送行政執行。投保單位無財產可供執行或其財產不足清償時，由其代表人或負責人負連帶清償責任。

投保單位代表人或負責人有變更者，原代表人或負責人未繳清保險費或滯納金時，新代表人或負責人應負連帶清償責任。

第 22 條

第七條及第九條第一項第三款規定之被保險人，其所負擔之保險費未依第二十條第一項第二款規定期限繳納者，得寬限十五日；在寬限期間仍未向其所屬投保單位繳納者，其所屬投保單位應準用前條第一項規定，代為加收滯納金彙繳保險人。

第七條規定之被保險人欠繳保險費者，所屬投保單位應於彙繳當月份保險費時，列報被保險人欠費名冊。

投保單位依第一項規定代為加收滯納金十五日後，被保險人仍未繳納者，保險人就其應繳之保險費及滯納金，得依法移送行政執行。

第 23 條

有下列情形之一者，保險人應暫行拒絕給付：

一、第七條及第九條第一項第三款規定之被保險人，經投保單位依前條規定代為加收滯納金十五日後，仍未繳納保險費或滯納金。

二、前款被保險人，其所屬投保單位經保險人依第二十一條第一項規定加徵滯納金十五日後，仍未繳清保險費或滯納金。但被保險人應繳部分之保險費已繳納於投保單位者，不在此限。

三、被保險人，其因投保單位欠費，本身負有繳納義務而未繳清保險費或滯納金。

四、被保險人，其擔任代表人或負責人之任一投保單位，未繳清保險費或滯納金。

前項被保險人或投保單位未繳清保險費或滯納金期間，已領取之保險給付，保險人應以書面行政處分令其限期返還。

被保險人在本法施行前，有未繳清勞工保險職業災害保險之保險費或滯納金者，準用前二項規定。

第 24 條

本保險之保險費及滯納金，優先於普通債權受清償。

第 25 條

本保險之保險費及滯納金不適用下列規定：

一、公司法有關公司重整之債務免責規定。

二、消費者債務清理條例有關清算之債務免責規定。

三、破產法有關破產之債務免責規定。

四、其他法律有關消滅時效規定。

第四節　保險給付

第一款　總則

第 26 條

本保險之給付種類如下：

一、醫療給付。

二、傷病給付。

三、失能給付。

四、死亡給付。

五、失蹤給付。

第 27 條

被保險人於保險效力開始後停止前，遭遇職業傷害或罹患職業病（以下簡稱職業傷病），而發生醫療、傷病、失能、死亡或失蹤保險事故者，被保險人、受益人或支出殯葬費之人得依本法規定，請領保險給付。

被保險人在保險有效期間遭遇職業傷病，於保險效力停止之翌日起算一年內，得請領同一傷病及其引起疾病之醫療給付、傷病給付、失能給付或死亡給付。

第一項職業傷病之職業傷害類型、職業病種類、審查認定基準、類型化調查審查程序及其他相關事項之準則，由中央主管機關定之。

第 28 條

以現金發給之保險給付，其金額按被保險人平均月投保薪資及給付基準計算。

前項平均月投保薪資，應按被保險人發生保險事故之當月起前六個月之實際月投保薪資，平均計算；未滿六個月者，按其實際投保期間之平均月投保薪資計算。

保險給付以日為給付單位者，按前項平均月投保薪資除以三十計算。

第六條規定之勞工，其投保單位未依第十二條規定辦理投保、退保手續，且發生保險事故者，該未依規定辦理期間之月投保薪資，由保險人按其月薪資總額對應之投保薪資分級表等級予以認定。但以不高於事故發生時保險人公告之最近年度全體被保險人平均月投保薪資對應之等級為限。

前項未依規定辦理期間之月投保薪資，投保單位或被保險人未提具相關薪資資料供保險人審核時，按投保薪資分級表第一等級計算。

第 29 條

同一種保險給付，不得因同一事故而重複請領。

被保險人發生同一保險事故，被保險人、受益人或支出殯葬費之人同時符合請領本保險、勞工保險、農民健康保險、農民職業災害保險、公教人員保險、軍人保險或國民年金保險（以下簡稱其他社會保險）之給付條件時，僅得擇一請領。

第 30 條

不符合本法所定加保資格而參加本保險者，保險人應撤銷該被保險人之資格；其有領取保險給付者，保險人應以書面行政處分令其限期返還。

不符合本法所定請領條件而溢領或誤領保險給付者，其溢領或誤領之保險給付，保險人應以書面行政處分令其限期返還。

前二項給付返還規定，於受益人、請領人及法定繼承人準用之。

第 31 條

無正當理由不補具應繳之證明文件，或未依第四十七條規定接受保險人指定之醫院或醫師複檢者，保險人不發給保險給付。

第 32 條

保險人為辦理本保險業務或中央主管機關為審議保險爭議事項所需之必要資料，得洽請被保險人、受益人、投保單位、醫事服務機構、醫師或其他相關機關（構）、團體、法人或個人提供之；各該受洽請者不得規避、妨礙、拒絕或為虛偽之證明、報告及陳述。

前項所定資料如下：

一、被保險人之出勤工作紀錄、病歷、處方箋、檢查化驗紀錄、放射線診斷攝影片報告及醫療利用情形之相關資料。

二、被保險人作業情形及健康危害職業暴露相關資料。

三、投保單位辦理本保險事務之相關帳冊、簿據、名冊及書表。

四、其他與本保險業務或保險爭議事項相關之文件及電子檔案。

第一項所定提供機關（構）已建置前項資料電腦化作業者，保險人得逕洽連結提供，各該機關（構）不得拒絕。

保險人及中央主管機關依前三項規定所取得之資料，應盡善良管理人之注意義務；相關資料之保有、處理及利用等事項，應依個人資料保護法之規定為之。

第 33 條

被保險人、受益人或支出殯葬費之人領取各種保險給付之權利，不得讓與、抵銷、扣押或供擔保。

被保險人或受益人依本法規定請領現金給付者，得檢附保險人出具之證明文件，於金融機構開立專戶，專供存入現金給付之用。

前項專戶內之存款，不得作為抵銷、扣押、供擔保或強制執行之標的。

第 34 條

已領取之保險給付，經保險人撤銷或廢止，應繳還而未繳還者，保險人得自其本人或受益人所領取之本保險給付扣減之。

前項有關扣減保險給付之種類、方式、金額及其他相關事項之辦法，由中央主管機關定之。

第一項應繳還而未繳還之保險給付，優先於普通債權受清償，且不適用下列規定：

一、公司法有關公司重整之債務免責規定。

二、消費者債務清理條例有關清算之債務免責規定。

三、破產法有關破產之債務免責規定。

第 35 條

依本法以現金發給之保險給付，經保險人核定後，應在十五日內給付之；年金給付應於次月底前給付。逾期給付可歸責於保險人者，其逾期部分應加給利息。

前項利息，以各該年一月一日之郵政儲金一年期定期存款固定利率為準，按日計算，並以新臺幣元為單位，角以下四捨五入。

第 36 條

投保單位未依第十二條規定，為符合第六條規定之勞工辦理投保、退保手續，且勞工遭遇職業傷病請領保險給付者，保險人發給保險給付後，應於該保險給付之範圍內，確認投保單位應繳納金額，並以書面行政處分令其限期繳納。

投保單位已依前項規定繳納者，其所屬勞工請領之保險給付得抵充其依勞動基準法第五十九條規定應負擔之職業災害補償。

第一項繳納金額之範圍、計算方式、繳納方式、繳納期限及其他應遵行事項之辦法，由中央主管機關定之。

第 37 條

領取保險給付之請求權，自得請領之日起，因五年間不行使而消滅。

第二款　醫療給付

第 38 條

醫療給付分門診及住院診療。

前項醫療給付，得由保險人委託全民健康保險保險人辦理。

被保險人遭遇職業傷病時，應至全民健康保險特約醫院或診所診療；其所發生之醫療費用，由保險人支付予全民健康保險保險人，被保險人不得請領現金。

前項診療範圍、醫療費用之給付項目及支付標準，除準用全民健康保險法及其相關規定辦理外，由保險人擬訂，並會商全民健康保險保險人後，報請中央主管機關核定發布。

第 39 條

被保險人遭遇職業傷病時，應由投保單位填發職業傷病門診單或住院申請書（以下簡稱醫療書單）申請診療；投保單位未依規定填發或被保險人依第十條規定自行投保者，被保險人得向保險人請領，經查明屬實後發給。

被保險人未檢具前項醫療書單，經醫師診斷罹患職業病者，得由醫師開具職業病門診單。

前項醫師開具資格、門診單之申領、使用及其他應遵行事項之辦法，由保險人擬訂，報請中央主管機關核定發布。

第 40 條

被保險人有下列情形之一者，得向保險人申請核退醫療費用：

一、遭遇職業傷病，未持醫療書單至全民健康保險特約醫院或診所診療，於事後補具。

二、於我國境內遭遇職業傷病，因緊急傷病至非全民健康保險特約醫院或診所診療。

三、於我國境外遭遇職業傷病，須於當地醫院或診所診療。

前項申請核退醫療費用，應檢附之證明文件、核退期限、核退基準、程序及緊急傷病範圍，準用全民健康保險法及其相關規定辦理。

第 41 條

投保單位填具醫療書單，不符合保險給付規定、虛偽不實或交非被保險人使用者，其全部醫療費用除依全民健康保險相關法令屬全民健康保險保險人負擔者外，應由投保單位負責償付。

全民健康保險特約醫院或診所提供被保險人之醫療不屬於本保險給付範圍時，其醫療費用應由醫院、診所或被保險人自行負責。

第一項情形，保險人應以書面行政處分命投保單位限期返還保險人支付全民健康保險保險人醫療費用之相同金額。

第三款　傷病給付

第 42 條

被保險人遭遇職業傷病不能工作，致未能取得原有薪資，正在治療中者，自不能工作之日起算第四日起，得請領傷病給付。

前項傷病給付，前二個月**按被保險人平均月投保薪資發給**，第三個月起按被保險人平均月投保薪資百分之七十發給，每半個月給付一次，最長以二年為限。

第四款　失能給付

第 43 條

被保險人遭遇職業傷病，經治療後，症狀固定，再行治療仍不能改善其治療效果，經全民健康保險特約醫院或診所診斷為永久失能，符合本保險失能給付標準規定者，得按其平均月投保薪資，依規定之給付基準，請領失能一次金給付。

前項被保險人之失能程度，經評估符合下列情形之一者，得請領失能年金：

一、完全失能：**按平均月投保薪資**百分之七十**發給。**

二、嚴重失能：**按平均月投保薪資**百分之五十**發給。**

三、部分失能：**按平均月投保薪資**百分之二十**發給。**

被保險人於中華民國九十八年一月一日勞工保險年金制度施行前有勞工保險年資，經評估符合失能年金給付條件，除已領取失能年金者外，亦得選擇請領失能一次金，經保險人核付後，不得變更。

被保險人請領部分失能年金期間，不得同時領取同一傷病之傷病給付。

第一項及第二項所定失能種類、狀態、等級、給付額度、開具診斷書醫療機構層級、審核基準、失能程度之評估基準及其他應遵行事項之標準，由中央主管機關定之。

第 44 條

請領失能年金者，同時有符合下列各款條件之一所定眷屬，每一人加發依前條第二項規定計算後金額百分之十之眷屬補助，最多加發百分之二十：

一、配偶應年滿五十五歲且婚姻關係存續一年以上。但有下列情形之一者，不在此限：

　㈠無謀生能力。

　㈡扶養第三款規定之子女。

二、配偶應年滿四十五歲且婚姻關係存續一年以上，且每月工作收入未超過投保薪資分級表第一級。

三、子女應符合下列條件之一，其為養子女者，並須有收養關係六個月以上：

　㈠未成年。

　㈡無謀生能力。

　㈢二十五歲以下，在學，且每月工作收入未超過投保薪資分級表第一級。

前項各款眷屬有下列情形之一者，其加發眷屬補助應停止發給：

一、配偶離婚或不符合前項第一款及第二款所定請領條件。

二、子女不符合前項第三款所定請領條件。

三、入獄服刑、因案羈押或拘禁。

四、失蹤。

前項第三款所稱拘禁，指受拘留、留置、觀察勒戒、強制戒治或保安處分裁判之宣告，在特定處所執行中，其人身自由受剝奪或限制者。但執行保護管束、保外就醫或假釋中者，不包括在內。

第 45 條

被保險人領取失能年金後，保險人應至少每五年審核其失能程度。但經保險人認為無須審核者，不在此限。

保險人依前項規定審核領取失能年金者，認為其失能程度減輕，仍符合失能年金給付條件時，應改按減輕後之失能程度發給失能年金；其失能程度減輕至不符合失能年金給付條件時，應停止發給失能年金，另發給失能一次金。

第一項之審核，保險人應結合職能復健措施辦理。

第 46 條

被保險人之身體原已局部失能，再因職業傷病致身體之同一部位失能程度加重或不同部位發生失能者，保險人應按其加重部分之失能程度，依失能給付標準計算發給失能給付。但失能一次金合計不得超過第一等級之給付基準。

前項被保險人符合失能年金給付條件，並請領失能年金給付者，保險人應按月發給失能年金給付金額之百分之八十，至原已局部失能程度依失能給付標準所計算之失能一次金給付金額之半數扣減完畢為止。

前二項被保險人在保險有效期間遭遇職業傷病，原已局部失能，而未請領失能給付者，保險人應按其加重後之失能程度，依第四十三條規定發給失能給付。但失能一次金合計不得超過第一等級之給付基準。

請領失能年金之被保險人，因同一職業傷病或再遭遇職業傷病，致同一部位失能程度加重或不同部位發生失能者，保險人應按其評估後之失能程度，依第四十三條第二項規定發給失能年金。但失能程度仍符合原領年金給付條件者，應繼續發給原領年金給付。

前四項給付發給之方法及其他應遵行事項之標準，由中央主管機關定之。

第 47 條

保險人於審核失能給付，認為被保險人有複檢必要時，得另行指定醫院或醫師複檢。

第 48 條

被保險人經評估為終身無工作能力，領取本保險或勞工保險失能給付者，由保險人逕予退保。

第五款　死亡給付

第 49 條

被保險人於保險有效期間，遭遇職業傷病致死亡時，支出殯葬費之人，得請領喪葬津貼。

前項被保險人，遺有配偶、子女、父母、祖父母、受其扶養之孫子女或受其扶養之兄弟姊妹者，得依第五十二條所定順序，請領遺屬年金，其條件如下：

一、配偶符合第四十四條第一項第一款或第二款規定者。

二、子女符合第四十四條第一項第三款規定者。

三、父母、祖父母年滿五十五歲，且每月工作收入未超過投保薪資分級表第一級者。

四、孫子女符合第四十四條第一項第三款第一目至第三目規定情形之一者。

五、兄弟姊妹符合下列條件之一：

㈠有第四十四條第一項第三款第一目或第二目規定情形。

㈡年滿五十五歲，且每月工作收入未超過投保薪資分級表第一級。

前項當序遺屬於被保險人死亡時，全部不符合遺屬年金給付條件者，得請領遺屬一次金，經保險人核付後，不得再請領遺屬年金。

保險人依前項規定核付遺屬一次金後，尚有未具名之其他當序遺屬時，不得再請領遺屬年金，應由具領之遺屬負責分與之。

被保險人於中華民國九十八年一月一日勞工保險年金制度實施前有保險年資者，其遺屬除得依第二項規定請領遺屬年金外，亦得選擇請領遺屬津貼，不受第二項各款所定條件之限制，經保險人核付後，不得變更。

第 50 條

依第四十三條第二項第一款或第二款規定請領失能年金者，於領取期間死亡時，其遺屬符合前條第二項規定者，得請領遺屬年金。

被保險人於中華民國九十八年一月一日勞工保險年金制度施行前有保險年資者，其遺屬除得依前項規定請領年金給付外，亦得選擇一次請領失能給付扣除已領年金給付總額之差額，不受前條第二項各款所定條件之限制，經保險人核付後，不得變更。

前項差額之請領順序及發給方法，準用第五十二條及第五十三條規定。

第 51 條

前二條所定喪葬津貼、遺屬年金、遺屬一次金及遺屬津貼給付之基準如下：

一、喪葬津貼：按被保險人平均月投保薪資一次發給五個月。但被保險人無遺屬者，按其平均月投保薪資一次發給十個月。

二、遺屬年金：

　㈠依第四十九條第二項規定請領遺屬年金者，按被保險人之平均月投保薪資百分之五十發給。

　㈡依前條第一項規定請領遺屬年金者，依失能年金給付基準計算後金額之半數發給。

三、遺屬一次金及遺屬津貼：按被保險人平均月投保薪資發給四十個月。

遺屬年金於同一順序之遺屬有二人以上時，每多一人加發依前項第二款計算後金額之百分之十，最多加計百分之二十。

第 52 條

請領遺屬年金、遺屬一次金及遺屬津貼之順序如下：

一、配偶及子女。

二、父母。

三、祖父母。

四、受扶養之孫子女。

五、受扶養之兄弟姊妹。

前項當序受領遺屬年金、遺屬一次金或遺屬津貼者存在時，後順序之遺屬不得請領。

第一項第一順序之遺屬全部不符合請領條件，或有下列情形之一且無同順序遺屬符合請領條件時，第二順序之遺屬得請領遺屬年金：

一、死亡。

二、提出放棄請領書。

三、於符合請領條件之日起算一年內未提出請領。

前項遺屬年金於第一順序之遺屬主張請領或再符合請領條件時，即停止發給，並由第一順序之遺屬請領。但已發放予第二順序遺屬之年金，不予補發。

第 53 條

本保險之喪葬津貼、遺屬年金、遺屬一次金及遺屬津貼，以一人請領為限。符合請領條件者有二人以上時，應共同具領，未共同具領或保險人核定前另有他人提出請領，保險人應通知各申請人協議其中一人代表請領，未能協議者，按總給付金額平均發給各申請人。

同一順序遺屬有二人以上，有其中一人請領遺屬年金時，應發給遺屬年金。但經共同協議依第四十九條第五項或第五十條第二項規定請領遺屬津貼或失能給付扣除已領年金給付總額之差額者，依其協議辦理。

保險人依前二項規定發給遺屬給付後，尚有未具名之其他當序遺屬時，應由具領之遺屬負責分與之。

第 54 條

領取遺屬年金者，有下列情形之一時，其年金給付應停止發給：

一、配偶再婚或不符合第四十九條第二項第一款所定請領條件。

二、子女、父母、祖父母、孫子女、兄弟姊妹，不符合第四十九條第二項第二款至第五款所定請領條件。

三、有第四十四條第二項第三款或第四款規定之情形。

第六款　失蹤給付

第 55 條

被保險人於作業中遭遇意外事故致失蹤時，自失蹤之日起，發給失蹤給付。

前項失蹤給付，按被保險人平均月投保薪資百分之七十，於每滿三個月之期末給付一次，至生還之前一日、失蹤滿一年之前一日或受死亡宣告裁判確定死亡時之前一日止。

第一項被保險人失蹤滿一年或受死亡宣告裁判確定死亡時，其遺屬得依第四十九條規定，請領死亡給付。

第七款　年金給付之申請及核發

第 56 條

被保險人或其受益人符合請領年金給付條件者，應填具申請書及檢附相關文件向保險人提出申請。

前項被保險人或其受益人，經保險人審核符合請領規定者，其年金給付自申請之當月起，按月發給，至應停止發給之當月止。

遺屬年金之受益人未於符合請領條件之當月提出申請者，其提出請領之日起前五年得領取之給付，由保險人追溯補給之。但已經其他受益人請領之部分，不適用之。

第 57 條

被保險人或其受益人請領年金給付時，保險人得予以查證，並得於查證期間停止發給，經查證符合給付條件者，應補發查證期間之給付，並依規定繼續發給。

領取年金給付者不符合給付條件或死亡時，本人或其繼承人應自事實發生之日起三十日內，檢附相關文件資料通知保險人，保險人應自事實發生之次月起停止發給年金給付。

領取年金給付者死亡，應發給之年金給付未及撥入其帳戶時，得由繼承人檢附載有申請人死亡日期及繼承人之證明文件請領之；繼承人有二人以上時，得檢附共同委任書及切結書，由其中一人請領。

領取年金給付者或其繼承人未依第二項規定通知保險人，致溢領年金給付者，保險人應以書面通知溢領人，自得發給之年金給付扣減之，無給付金額或給付金額不足扣減時，保險人應以書面通知其於三十日內繳還。

第 58 條

被保險人或其受益人因不同保險事故，同時請領本保險或其他社會保險年金給付時，本保險年金給付金額應考量被保險人或其受益人得請領之年金給付數目、金額、種類及其他生活保障因素，予以減額調整。

前項本保險年金給付減額調整之比率，以百分之五十為上限。

第一項有關本保險年金給付應受減額調整情形、比率、方式及其他應遵行事項之辦法，由中央主管機關定之。

第五節　保險基金及經費

第 59 條

本保險基金之來源如下：

一、設立時由勞工保險職業災害保險基金一次撥入之款項。

二、設立時由職業災害勞工保護專款一次撥入之款項。

三、保險費與其孳息之收入及保險給付支出之結餘。

四、保險費滯納金、依第三十六條第一項規定繳納之金額。

五、基金運用之收益。

六、第一百零一條之罰鍰收入。

第 60 條

本保險基金得為下列之運用：

一、投資國內債務證券。

二、存放國內之金融機構及投資短期票券。

三、其他經中央主管機關核准有利於本保險基金收益之投資。

勞動部勞動基金運用局應每年將本保險基金之運用情形及其積存數額，按年送保險人彙報中央主管機關公告之。

第 61 條

本保險基金除作為第二章保險給付支出、第六十二條編列之經費、第四章與第六章保險給付及津貼、補助支出、審核保險給付必要費用及前條之運用外，不得移作他用或轉移處分。

第三章 職業災害預防及重建

第一節 經費及相關協助措施

第 62 條

中央主管機關得於職業災害保險年度應收保險費百分之二十及歷年經費執行賸餘額度之範圍內編列經費，辦理下列事項：

一、職業災害預防。

二、預防職業病健康檢查。

三、職業傷病通報、職業災害勞工轉介及個案服務。

四、職業災害勞工重建。

五、捐（補）助依第七十條規定成立之財團法人。

六、其他有關職業災害預防、職業病防治、職業災害勞工重建與協助職業災害勞工及其家屬之相關事項。

前項第一款至第四款及第六款業務，中央主管機關得委任所屬機關（構）、委託、委辦或補助其他相關機關（構）、法人或團體辦理之。

第一項第五款與前項之補助條件、基準、程序及其他應遵行事項之辦法，由中央主管機關定之。

第 63 條

被保險人從事中央主管機關指定有害作業者，投保單位得向保險人申請預防職業病健康檢查。

勞工曾從事經中央主管機關另行指定有害作業者，得向保險人申請健康追蹤檢查。

前二項預防職業病健康檢查費用及健康追蹤檢查費用之支付，由保險人委託全民健康保險保險人辦理。

第一項及第二項有害作業之指定、檢查之申請方式、對象、項目、頻率、費用、程序、認可之醫療機構、檢查結果之通報內容、方式、期限及其他應遵行事項之辦法，由中央主管機關定之。

第 64 條

主管機關應規劃整合相關資源，並得運用保險人核定本保險相關資料，依職業災害勞工之需求，提供下列適切之重建服務事項：

一、醫療復健：協助職業災害勞工恢復其生理心理功能所提供之診治及療養，回復正常生活。

二、社會復健：促進職業災害勞工與其家屬心理支持、社會適應、福利諮詢、權益維護及保障。

三、職能復健：透過職能評估、強化訓練及復工協助等，協助職業災害勞工提升工作能力恢復原工作。

四、職業重建：提供職業輔導評量、職業訓練、就業服務、職務再設計、創業輔導、促進就業措施及其他職業重建服務，協助職業災害勞工重返職場。

職業災害勞工之重建涉及社會福利或醫療保健者，主管機關應協調衛生福利主管機關，以提供整體性及持續性服務。

第 65 條

中央主管機關應規劃職業災害勞工個案管理服務機制，整合全國性相關職業傷病通報資訊，建立職業災害勞工個案服務資料庫。

直轄市、縣（市）主管機關應建立轄區內通報及轉介機制，以掌握職業災害勞工相關資訊，並應置專業服務人員，依職業災害勞工之需求，適時提供下列服務：

一、職業災害勞工個案管理服務。

二、職業災害勞工家庭支持。

三、勞動權益維護。

四、復工協助。

五、轉介就業服務、職業輔導評量等職業重建資源。

六、連結相關社福資源。

七、其他有關職業災害勞工及其家庭之協助。

主管機關依前二項規定所取得之資料，應盡善良管理人之注意義務；相關資料之保有、處理及利用等事項，應依個人資料保護法之規定為之。

第 66 條

為使職業災害勞工恢復並強化其工作能力，雇主或職業災害勞工得向中央主管機關認可之職能復健專業機構提出申請，協助其擬訂復工計畫，進行職業災害勞工工作分析、功能性能力評估及增進其生理心理功能之強化訓練等職能復健服務。

經認可之職能復健專業機構辦理前項所定職能復健服務事項，得向中央主管機關申請補助。

前二項專業機構之認可條件、管理、人員資格、服務方式、申請補助程序、補助基準、廢止及其他應遵行事項之辦法，由中央主管機關會商中央衛生福利主管機關定之。

第 67 條

職業災害勞工經醫療終止後，雇主應依前條第一項所定復工計畫，並協助其恢復原工作；無法恢復原工作者，經勞雇雙方協議，應按其健康狀況及能力安置適當之工作。

為使職業災害勞工恢復原工作或安置於適當之工作，雇主應提供其從事工作必要之輔助設施，包括恢復、維持或強化就業能力之器具、工作環境、設備及機具之改善等。

前項輔助設施，雇主得向直轄市、縣（市）主管機關申請補助。

第 68 條

被保險人因職業傷病，於下列機構進行職能復健期間，得向直轄市、縣（市）主管機關請領職能復健津貼：

一、依第七十三條認可開設職業傷病門診之醫療機構。

二、依第六十六條認可之職能復健專業機構。

前項津貼之請領日數，合計最長發給一百八十日。

第 69 條

僱用職業災害勞工之事業單位，於符合下列情形之一者，得向直轄市、縣（市）主管機關申請補助：

一、協助職業災害勞工恢復原工作、調整職務或安排其他工作。

二、僱用其他事業單位之職業災害勞工。

前二條及前項補助或津貼之條件、基準、申請與核發程序及其他應遵行事項之辦法，由中央主管機關定之。

第二節　職業災害預防及重建財團法人

第 70 條

為統籌辦理本法職業災害預防及職業災害勞工重建業務，中央主管機關應捐助成立財團法人職業災害預防及重建中心（以下簡稱職災預防及重建中心）；其捐助章程，由中央主管機關定之。

第 71 條

職災預防及重建中心經費來源如下：

一、依第六十二條規定編列經費之捐（補）助。

二、政府機關（構）之捐（補）助。

三、受託業務及提供服務之收入。

四、設立基金之孳息。

五、捐贈收入。

六、其他與執行業務有關之收入。

第 72 條

職災預防及重建中心應建立人事、會計、內部控制及稽核制度，報中央主管機關核定。

為監督並確保職災預防及重建中心之正常運作及健全發展，中央主管機關應就其董事或監察人之遴聘及比例、資格、基金與經費之運用、財產管理、年度重大措施等事項，訂定監督及管理辦法。

中央主管機關對於職災預防及重建中心之業務與財務運作狀況，應定期實施查核，查核結果應於網站公開之。

中央主管機關得邀集勞工團體代表、雇主團體代表、有關機關代表及學者專家，辦理職災預防及重建中心之績效評鑑，評鑑結果應送立法院備查。

第三節　職業傷病通報及職業病鑑定

第 73 條

為提供職業災害勞工職業傷病診治整合性服務及辦理職業傷病通報，中央主管機關得補助經其認可之醫療機構辦理下列事項：

一、開設職業傷病門診，設置服務窗口。

二、整合醫療機構內資源，跨專科、部門通報職業傷病，提供診斷、治療、醫療復健、職能復健等整合性服務。

三、建立區域職業傷病診治及職能復健服務網絡，適時轉介。

四、提供個案管理服務，進行必要之追蹤及轉介。

五、區域服務網絡之職業傷病通報。

六、疑似職業病之實地訪視。

七、其他職業災害勞工之醫療保健相關事項。

前項認可之醫療機構得整合第六十六條之職能復健專業機構，辦理整合性服務措施。

勞工疑有職業病就診，醫師對職業病因果關係診斷有困難時，得轉介勞工至第一項經認可之醫療機構。

雇主、醫療機構或其他人員知悉勞工遭遇職業傷病者，及遭遇職業傷病勞工本人，得向主管機關通報；主

管機關於接獲通報後，應依第六十五條規定，整合職業傷病通報資訊，並適時提供該勞工必要之服務及協助措施。

第一項醫療機構之認可條件、管理、人員資格、服務方式、職業傷病通報、疑似職業病實地訪視之辦理方式、補助基準、廢止與前項通報之人員、方式、內容及其他應遵行事項之辦法，由中央主管機關會商中央衛生福利主管機關定之。

第 74 條

中央主管機關為辦理職業病防治及職業災害勞工重建服務工作，得洽請下列對象提供各款所定資料，不得拒絕：

一、中央衛生福利主管機關及所屬機關（構）依法所蒐集、處理罹患特定疾病者之必要資料。

二、醫療機構所保有之病歷、醫療及健康檢查等資料。

中央主管機關依前項規定取得之資料，應盡善良管理人之注意義務；相關資料之保有、處理及利用等事項，應依個人資料保護法之規定為之。

第 75 條

保險人於審核職業病給付案件認有必要時，得向中央主管機關申請職業病鑑定。

被保險人對職業病給付案件有爭議，且曾經第七十三條第一項認可醫療機構之職業醫學科專科醫師診斷罹患職業病者，於依第五條規定申請審議時，得請保險人逕向中央主管機關申請職業病鑑定。

為辦理前二項職業病鑑定，中央主管機關應建置職業病鑑定專家名冊（以下簡稱專家名冊），並依疾病類型由專家名冊中遴聘委員組成職業病鑑定會。

前三項職業病鑑定之案件受理範圍、職業病鑑定會之組成、專家之資格、推薦、遴聘、選定、職業病鑑定程序、鑑定結果分析與揭露及其他相關事項之辦法，由中央主管機關定之。

第 76 條

職業病鑑定會認有必要時，得由中央主管機關會同職業病鑑定委員實施調查。

對前項之調查，雇主、雇主代理人、勞工及其他有關人員不得規避、妨礙或拒絕。

第一項之調查，必要時得通知當事人或相關人員參與。

第四章　其他勞動保障

第 77 條

參加勞工保險之職業災害勞工，於職業災害醫療期間終止勞動契約並退保者，得以勞工團體或保險人委託之有關團體為投保單位，繼續參加勞工保險，至符合請領老年給付之日止，不受勞工保險條例第六條規定之限制。

前項勞工自願繼續參加勞工保險，其加保資格、投保手續、保險效力、投保薪資、保險費負擔及其補助、保險給付及其他應遵行事項之辦法，由中央主管機關定之。

第 78 條

被保險人從事第六十三條第二項所定有害作業，於退保後，經第七十三條第一項認可醫療機構之職業醫學科專科醫師診斷係因保險有效期間執行職務致罹患職業病者，得向保險人申請醫療補助、失能或死亡津貼。

前項補助與津貼發給之對象、認定程序、發給基準及其他應遵行事項之辦法，由中央主管機關定之。

第一項所定罹患職業病者，得依第七十九條及第八十條規定申請補助。

第 79 條

被保險人遭遇職業傷病，經醫師診斷或其他專業人員評估必須使用輔助器具，且未依其他法令規定領取相同輔助器具項目之補助者，得向勞動部職業安全衛生署（以下簡稱職安署）申請器具補助。

第 80 條

被保險人因職業傷病，有下列情形之一者，得向保險人申請照護補助：

一、符合第四十二條第一項規定，且住院治療中。

二、經評估為終身無工作能力，喪失全部或部分生活自理能力，經常需醫療護理及專人周密照護，或為維持生命必要之日常生活活動需他人扶助。

第 81 條

未加入本保險之勞工，於本法施行後，遭遇職業傷病致失能或死亡，得向保險人申請照護補助、失能補助或死亡補助。

前二條及前項補助之條件、基準、申請與核發程序及其他應遵行事項之辦法，由中央主管機關定之。

第 82 條

職業災害勞工請領第七十八條至第八十一條所定津貼或補助之請求權，自得請領之日起，因五年間不行使而消滅。

第 83 條

職業災害勞工經醫療終止後，主管機關發現其疑似有身心障礙情形者，應通知當地社政主管機關主動協助。

第 84 條

非有下列情形之一者，雇主不得預告終止與職業災害勞工之勞動契約：

一、歇業或重大虧損，報經主管機關核定。

二、職業災害勞工經醫療終止後，經中央衛生福利主管機關醫院評鑑合格醫院認定身心障礙不堪勝任工作。

三、因天災、事變或其他不可抗力因素，致事業不能繼續經營，報經主管機關核定。

雇主依前項規定預告終止勞動契約時，準用勞動基準法規定預告勞工。

第 85 條

有下列情形之一者，職業災害勞工得終止勞動契約：

一、經中央衛生福利主管機關醫院評鑑合格醫院認定身心障礙不堪勝任工作。

二、事業單位改組或轉讓，致事業單位消滅。

三、雇主未依第六十七條第一項規定協助勞工恢復原工作或安置適當之工作。

四、對雇主依第六十七條第一項規定安置之工作未能達成協議。

職業災害勞工依前項第一款規定終止勞動契約時，準用勞動基準法規定預告雇主。

第 86 條

雇主依第八十四條第一項第一款、第三款，或勞工依前條第一項第二款至第四款規定終止勞動契約者，雇

主應按勞工工作年資，適用勞動基準法或勞工退休金條例規定，發給勞工資遣費。但勞工同時符合勞動基準法第五十三條規定時，雇主應依勞動基準法第五十五條及第八十四條之二規定發給勞工退休金。

雇主依第八十四條第一項第二款，或勞工依前條第一項第一款規定終止勞動契約者，雇主應按勞工工作年資，適用勞動基準法規定發給勞工退休金及適用勞工退休金條例規定發給勞工資遣費。

不適用勞動基準法之勞工依前條，或其雇主依第八十四條規定終止勞動契約者，雇主應以不低於勞工退休金條例規定之資遣費計算標準發給離職金，並應於終止勞動契約後三十日內發給。但已依其他法令發給資遣費、退休金或其他類似性質之給與者，不在此限。

第 87 條

事業單位改組或轉讓後所留用之勞工，因職業災害致身心障礙、喪失部分或全部工作能力者，其依法令或勞動契約原有之權益，對新雇主繼續存在。

第 88 條

職業災害未認定前，勞工得先請普通傷病假；普通傷病假期滿，申請留職停薪者，雇主應予留職停薪。經認定結果為職業災害者，再以公傷病假處理。

第 89 條

事業單位以其事業招人承攬，就承攬人於承攬部分所使用之勞工，應與承攬人連帶負職業災害補償之責任。再承攬者，亦同。

前項事業單位或承攬人，就其所補償之部分，對於職業災害勞工之雇主，有求償權。

前二項職業災害補償之標準，依勞動基準法之規定。同一事故，依本法或其他法令規定，已由僱用勞工之雇主支付費用者，得予抵充。

第 90 條

遭遇職業傷病之被保險人於請領本法保險給付前，雇主已依勞動基準法第五十九條規定給與職業災害補償者，於被保險人請領保險給付後，得就同條規定之抵充金額請求其返還。

遭遇職業傷病而不適用勞動基準法之被保險人於請領給付前，雇主已給與賠償或補償金額者，於被保險人請領保險給付後，得主張抵充之，並請求其返還。

被保險人遭遇職業傷病致死亡或失能時，雇主已依本法規定投保及繳納保險費，並經保險人核定為本保險事故者，雇主依勞動基準法第五十九條規定應給予之補償，以勞工之平均工資與平均投保薪資之差額，依勞動基準法第五十九條第三款及第四款規定標準計算之。

第 91 條

勞工因職業災害所致之損害，雇主應負賠償責任。但雇主能證明無過失者，不在此限。

第五章　罰則

第 92 條

以詐欺或其他不正當行為領取保險給付、津貼、補助或為虛偽之證明、報告、陳述及申報醫療費用者，按其領取之保險給付、津貼、補助或醫療費用處以二倍罰鍰。

前項行為人，及共同實施前項行為者，保險人或職安署得依民法規定向其請求損害賠償；其涉及刑責者，移送司法機關辦理。

第一項情形，全民健康保險特約醫院、診所因此領取之醫療費用，保險人應委由全民健康保險保險人在其申報之應領費用內扣除。

第 93 條

雇主有下列情形之一者，處新臺幣三十萬元以上一百五十萬元以下罰鍰，並令其限期給付；屆期未給付者，應按次處罰：

一、違反第八十六條第一項或第二項規定，未依勞動基準法或勞工退休金條例所定退休金、資遣費之標準或期限給付。

二、違反第八十六條第三項規定離職金低於勞工退休金條例規定之資遣費計算標準，或未於期限內給付離職金。

第 94 條

投保單位規避、妨礙或拒絕保險人依第十五條第四項規定之查對者，處新臺幣五萬元以上三十萬元以下罰鍰。

第 95 條

有下列情形之一者，處新臺幣五萬元以上三十萬元以下罰鍰，並令其限期改善；屆期未改善者，應按次處罰：

一、違反第六十七條第一項規定，未協助職業災害勞工恢復原工作或安置適當之工作。

二、違反第七十六條第二項規定，規避、妨礙或拒絕調查。

三、違反第八十四條第二項規定，未準用勞動基準法規定預告勞工終止勞動契約。

四、違反第八十八條規定，未予勞工普通傷病假、留職停薪或公傷病假。

第 96 條

投保單位或雇主未依第十二條規定，為所屬勞工辦理投保、退保手續者，處新臺幣二萬元以上十萬元以下罰鍰，並令其限期改善；屆期未改善者，應按次處罰。

第 97 條

投保單位有下列情形之一者，處新臺幣二萬元以上十萬元以下罰鍰，並令其限期改善；屆期未改善者，應按次處罰：

一、違反第十五條第三項規定，未備置相關文件或保存未達規定期限。

二、違反第十九條第一款規定，未依規定負擔保險費，而由被保險人負擔。

第 98 條

投保單位有下列情形之一者，處新臺幣二萬元以上十萬元以下罰鍰：

一、違反第十七條第一項至第三項規定，將投保薪資金額以多報少或以少報多，或未於期限內通知月投保薪資之調整。

二、經保險人依第二十一條第一項規定加徵滯納金至應納費額百分之二十，其應繳之保險費仍未向保險人繳納，且情節重大。

第 99 條

依第六條第三項規定準用參加本保險之人員，其所屬投保單位或雇主有下列情形之一者，分別依各該款規定處罰：

一、違反第十二條規定，依第九十六條規定處罰。

二、違反第十五條第三項或第十九條第一款規定，依第九十七條規定處罰。

三、違反第十五條第四項規定，依第九十四條規定處罰。

四、違反第十七條第一項至第三項規定，或有前條第二款行為，依前條規定處罰。

第 100 條

投保單位、雇主或全民健康保險特約醫院、診所違反本法經處以罰鍰者，主管機關應公布其名稱、負責人姓名、公告期日、處分期日、處分字號、違反條文、違反事實及處分金額。

主管機關裁處罰鍰，應審酌與違反行為有關之勞工人數、違反情節、累計違法次數或未依法給付之金額，為量罰輕重之標準。

第 101 條

本法施行前依法應為所屬勞工辦理參加勞工保險而未辦理之雇主，其勞工發生職業災害事故致死亡或失能，經依本法施行前職業災害勞工保護法第六條規定發給補助者，處以補助金額相同額度之罰鍰。

第六章　附則

第 102 條

本法之免課稅捐、保險費免繳、故意造成事故不給付、故意犯罪行為不給付、養子女請領保險給付之條件、無謀生能力之範圍、年金給付金額隨消費者物價指數調整事項、基金之管理及運用等規定，除本法另有規定外，準用勞工保險條例及其相關規定辦理。

第 103 條

勞工保險被保險人於本法施行前發生職業災害傷病、失能或死亡保險事故，其本人或受益人已依勞工保險條例規定申請保險給付者，同一保險事故之保險給付仍適用勞工保險條例規定；尚未提出申請，且該給付請求權時效依勞工保險條例規定尚未完成者，得選擇適用本法或勞工保險條例規定請領保險給付。

依前項後段規定選擇適用本法請領保險給付情形，勞工保險條例已進行之消滅時效期間尚未完成者，其已經過之期間與本法施行後之消滅時效期間，合併計算。

被保險人或其受益人依第一項規定選擇後，經保險人核付，不得變更。

第 104 條

勞工保險被保險人於本法施行前發生職業災害傷病、失能或死亡保險事故，符合下列情形之一申請補助者，應依本法施行前職業災害勞工保護法規定辦理：

一、本法施行前，已依勞工保險條例規定請領職業災害給付。

二、依前條第一項規定選擇依勞工保險條例規定請領職業災害給付。

勞工保險被保險人或受益人依前條第一項規定選擇依本法請領保險給付者，不得依本法施行前職業災害勞工保護法申請補助。

第 105 條

未加入勞工保險之勞工於本法施行前遭遇職業傷病，應依本法施行前職業災害勞工保護法規定申請補助。

第 106 條

本法施行前，有下列情形之一者，主管機關於本法施行後，仍依職業災害勞工保護法及其相關規定辦理：

一、已依職業災害勞工保護法第十一條或第十三條等規定受理職業疾病認定或鑑定，其處理程序未終結。

二、已依職業災害勞工保護法第十條或第二十條受理事業單位、職業訓練機構或相關團體之補助申請，其處理程序未終結。

除本法另有規定外，自本法施行之日起，職業災害勞工保護法不再適用。

第 107 條

勞工保險條例第二條第二款、第十三條第三項至第六項、第十五條第一款至第四款、第十九條第五項、第六項、第二十條第一項、第二十條之一、第三十四條、第三十六條、第三十九條至第五十二條、第五十四條及第六十四條有關職業災害保險規定，除本法另有規定外，自本法施行之日起，不再適用。

第 108 條

本法施行細則，由中央主管機關定之。

第 109 條

本法施行日期，由行政院定之。

六

勞工退休金條例

勞工退休金條例

修正日期：108 年 05 月 15 日

第一章　　總則

第 1 條

為增進勞工退休生活保障，加強勞雇關係，促進社會及經濟發展，特制定本條例。

勞工退休金事項，優先適用本條例。本條例未規定者，適用其他法律之規定。

第 2 條

本條例所稱主管機關：在中央為勞動部；在直轄市為直轄市政府；在縣（市）為縣（市）政府。

第 3 條

本條例所稱勞工、雇主、事業單位、勞動契約、工資及平均工資之定義，依勞動基準法第二條規定。

第 4 條

中央主管機關為監理本條例與勞動基準法第五十六條第三項規定勞工退休基金之管理及運用業務，應聘請政府機關代表、勞工代表、雇主代表及專家學者，以勞動基金監理會（以下簡稱監理會）行之。

前項監理會之監理事項、程序、人員組成、任期與遴聘及其他相關事項之辦法，由中央主管機關定之。

第 5 條

勞工退休金之收支、保管、滯納金之加徵及罰鍰處分等業務，由中央主管機關委任勞動部勞工保險局（以下簡稱勞保局）辦理之。

第 6 條

雇主應為適用本條例之勞工，按月提繳退休金，儲存於勞保局設立之勞工退休金個人專戶。

除本條例另有規定者外，雇主不得以其他自訂之勞工退休金辦法，取代前項規定之勞工退休金制度。

第二章　　制度之適用與銜接

第 7 條

本條例之適用對象為適用勞動基準法之下列人員，但依私立學校法之規定提撥退休準備金者，不適用之：

一、本國籍勞工。

二、與在中華民國境內設有戶籍之國民結婚，且獲准居留而在臺灣地區工作之外國人、大陸地區人民、香港或澳門居民。

三、前款之外國人、大陸地區人民、香港或澳門居民，與其配偶離婚或其配偶死亡，而依法規規定得在臺灣地區繼續居留工作者。

四、前二款以外之外國人，經依入出國及移民法相關規定許可永久居留，且在臺灣地區工作者。

本國籍人員、前項第二款至第四款規定之人員具下列身分之一，得自願依本條例規定提繳及請領退休金：

一、實際從事勞動之雇主。

二、自營作業者。

三、受委任工作者。

四、不適用勞動基準法之勞工。

歷屆考題（110-1-5）

甲君已婚並撫育一位 2 歲小孩，及受僱於員工有 30 人以上乙公司，請回答下列問題：

依據勞工退休金條例第 7 條規定，甲君應為該條例之適用對象；但哪一種人員不是該條例之適用對象？（2分）

答案

依私立學校法之規定提撥退休準備金者。

歷屆考題（103-3-1）

雇主應為哪些適用勞動基準法之人員負擔提繳不得低於該等勞工每月工資 6% 之退休金？（6分）

答案

1. 本國籍勞工。

2. 與在中華民國境內設有戶籍之國民結婚，且獲准居留而在臺灣地區工作之外國人、大陸地區人民、香港或澳門居民。

3. 前款之外國人、大陸地區人民、香港或澳門居民，與其配偶離婚或其配偶死亡，而依法規規定得在臺灣地區繼續居留工作者。

4. 前二款以外之外國人，經依入出國及移民法相關規定許可永久居留，且在臺灣地區工作者。

歷屆考題（108-3-3）

依勞工退休金條例第 7 條第 2 項及第 14 條第 4 項規定，哪 3 類人員得在其每月執行業務所得百分之 6 範圍內，自願提繳退休金？（3分）

答案

1. 實際從事勞動之雇主　　　2. 自營作業者　　　3. 受委任工作者

第 8 條

本條例施行前已適用勞動基準法之勞工，於本條例施行後仍服務於同一事業單位者，得選擇繼續適用勞動基準法之退休金規定。但於離職後再受僱時，應適用本條例之退休金制度。

公營事業於本條例施行後移轉民營，公務員兼具勞工身分者繼續留用，得選擇適用勞動基準法之退休金規定或本條例之退休金制度。

第 8-1 條

下列人員自下列各款所定期日起，應適用本條例之退休金制度：

一、第七條第一項第二款、第三款人員及於中華民國九十九年七月一日後始取得本國籍之勞工，於本條例一百零二年十二月三十一日修正之條文施行日。

二、第七條第一項第四款人員，於本條例一百零八年四月二十六日修正之條文施行日。

三、前二款人員於各該修正條文施行後始取得各該身分者，為取得身分之日。

前項所定人員於各該修正條文施行前已受僱且仍服務於同一事業單位者，於適用本條例之日起六個月內，得以書面向雇主表明選擇繼續適用勞動基準法之退休金規定。

依前項規定向雇主表明選擇繼續適用勞動基準法之退休金規定者，不得再變更選擇適用本條例之退休金制度。

勞工依第一項規定適用本條例退休金制度者，其適用本條例前之工作年資依第十一條規定辦理。

雇主應為依第一項及第二項規定適用本條例退休金制度之勞工，向勞保局辦理提繳手續，並至遲於第一項及第二項規定期限屆滿之日起十五日內申報。

第 9 條

雇主應自本條例公布後至施行前一日之期間內，就本條例之勞工退休金制度及勞動基準法之退休金規定，以書面徵詢勞工之選擇；勞工屆期未選擇者，自本條例施行之日起繼續適用勞動基準法之退休金規定。

勞工選擇繼續自本條例施行之日起適用勞動基準法之退休金規定者，於五年內仍得選擇適用本條例之退休金制度。

雇主應為適用本條例之退休金制度之勞工，依下列規定向勞保局辦理提繳手續：

一、依第一項規定選擇適用者，應於本條例施行後十五日內申報。

二、依第二項規定選擇適用者，應於選擇適用之日起十五日內申報。

三、本條例施行後新成立之事業單位，應於成立之日起十五日內申報。

歷屆考題（111-3-5）

依據勞工退休金條例規定，勞工選擇繼續自本條例施行之日起，適用勞動基準法之退休金規定者，於幾年內仍得選擇適用本條例之退休金制度？（2分）

答案

五年內

第 10 條

勞工適用本條例之退休金制度後，不得再變更選擇適用勞動基準法之退休金規定。

第 11 條

本條例施行前已適用勞動基準法之勞工，於本條例施行後，仍服務於同一事業單位而選擇適用本條例之退休金制度者，其適用本條例前之工作年資，應予保留。

前項保留之工作年資，於勞動契約依勞動基準法第十一條、第十三條但書、第十四條、第二十條、第五十三條、第五十四條或職業災害勞工保護法第二十三條、第二十四條規定終止時，雇主應依各法規定，以契約終止時之平均工資，計給該保留年資之資遣費或退休金，並於終止勞動契約後三十日內發給。

第一項保留之工作年資，於勞動契約存續期間，勞雇雙方約定以不低於勞動基準法第五十五條及第八十四條之二規定之給與標準結清者，從其約定。

公營事業之公務員兼具勞工身分者，於民營化之日，其移轉民營前年資，依民營化前原適用之退休相關法

令領取退休金。但留用人員應停止其領受月退休金及相關權利，至離職時恢復。

歷屆考題（111-1-5）

依據勞工退休金條例規定，如果其餘未資遣員工仍繼續於 A 公司服務，而選擇適用勞工退休金條例之退休金制度者（新制），其適用該條例前之工作年資（舊制），應如何處理？（2分）

答案

應予保留

第 12 條

勞工適用本條例之退休金制度者，適用本條例後之工作年資，於勞動契約依勞動基準法第十一條、第十三條但書、第十四條及第二十條或職業災害勞工保護法第二十三條、第二十四條規定終止時，其資遣費由雇主按其工作年資，每滿一年發給二分之一個月之平均工資，未滿一年者，以比例計給；最高以發給六個月平均工資為限，不適用勞動基準法第十七條之規定。

依前項規定計算之資遣費，應於終止勞動契約後三十日內發給。

選擇繼續適用勞動基準法退休金規定之勞工，其資遣費與退休金依同法第十七條、第五十五條及第八十四條之二規定發給。

歷屆考題（112-1-4-4）

C 餐館於 96 年 7 月 1 日開業，即聘僱甲員工做外場服務，因生意興隆於 108 年 7 月 1 日又增聘乙員工；因受疫情影響虧損，依據勞動基準法第 11 條規定於 110 年 6 月 30 日同時與上述 2 位員工終止勞動契約，請依勞動法令之規定回答下列問題：

甲、乙 2 位員工均適用勞工退休金條例新制之人員，依該條例之規定，於 110 年 6 月 30 日終止勞動契約時，雇主應個別發給幾個月之平均工資資遣費？（2分）

四、答案

(四) 1. 甲為六個月　　　　　　　　　2. 乙為一個月

第 13 條

為保障勞工之退休金，雇主應依選擇適用勞動基準法退休制度與保留適用本條例前工作年資之勞工人數、工資、工作年資、流動率等因素精算其勞工退休準備金之提撥率，繼續依勞動基準法第五十六條第一項規定，按月於五年內足額提撥勞工退休準備金，以作為支付退休金之用。

勞雇雙方依第十一條第三項規定，約定結清之退休金，得自勞動基準法第五十六條第一項規定之勞工退休準備金專戶支應。

依第十一條第四項規定應發給勞工之退休金，應依公營事業移轉民營條例第九條規定辦理。

第三章　退休金專戶之提繳與請領

第 14 條

雇主應爲第七條第一項規定之勞工負擔提繳之退休金，不得低於勞工每月工資百分之六。

雇主得爲第七條第二項第三款或第四款規定之人員，於每月工資百分之六範圍內提繳退休金。

第七條規定之人員，得在其每月工資百分之六範圍內，自願提繳退休金；

其自願提繳之退休金，不計入提繳年度薪資所得課稅。

第七條第二項第一款至第三款規定之人員，得在其每月執行業務所得百分之六範圍內，自願提繳退休金；

其自願提繳之退休金，不計入提繳年度執行業務收入課稅。

第一項至第三項所定每月工資及前項所定每月執行業務所得，由中央主管機關擬訂月提繳分級表，報請行政院核定之。

歷屆考題（107-2-1）

公司依勞工退休金條例規定，應爲甲每月負擔提繳不得低於工資百分之 6 退休金，而勞工亦得在每月工資百分之多少範圍內，自願提繳退休金？（2分）

答案

百分之 6

歷屆考題（109-1-5）

依勞工退休金條例規定，乙公司應按月爲甲君提繳勞工退休金，該退休金提繳分級表共分爲 11 組 62 級，其中第 11 組第 62 級（最高一級）的提繳金額爲新臺幣多少元？（2分）

答案

月提繳工資新臺幣 150,000 元，月提繳勞工退休金（6%）新臺幣 9,000 元。

第 15 條

於同一雇主或依第七條第二項、前條第三項自願提繳者，一年內調整勞工退休金之提繳率，以二次爲限。

調整時，雇主應於調整當月底前，填具提繳率調整表通知勞保局，並自通知之次月一日起生效；其提繳率計算至百分率小數點第一位爲限。

勞工之工資如在當年二月至七月調整時，其雇主應於當年八月底前，將調整後之月提繳工資通知勞保局；如在當年八月至次年一月調整時，應於次年二月底前通知勞保局，其調整均自通知之次月一日起生效。

雇主爲第七條第一項所定勞工申報月提繳工資不實或未依前項規定調整月提繳工資者，勞保局查證後得逕行更正或調整之，並通知雇主，且溯自提繳日或應調整之次月一日起生效。

第 16 條

勞工退休金自勞工到職之日起提繳至離職當日止。但選擇自本條例施行之日起適用本條例之退休金制度者，其提繳自選擇適用本條例之退休金制度之日起至離職當日止。

第 17 條

依第七條第二項自願提繳退休金者，由雇主或自營作業者向勞保局辦理開始或停止提繳手續，並按月扣、

收繳提繳數額。

前項自願提繳退休金者，自申報自願提繳之日起至申報停止提繳之當日止提繳退休金。

第 18 條

雇主應於勞工到職、離職、復職或死亡之日起七日內，列表通知勞保局，辦理開始或停止提繳手續。

歷屆考題（112-2-4）

B 公司於甲君到職之日起幾日內，需列表通知勞動部勞工保險局，辦理開始提繳勞工退休金？（4分）

答案

七日內

第 19 條

雇主應提繳及收取之退休金數額，由勞保局繕具繳款單於次月二十五日前寄送事業單位，雇主應於再次月底前繳納。

勞工自願提繳退休金者，由雇主向其收取後，連同雇主負擔部分，向勞保局繳納。其退休金之提繳，自申報自願提繳之日起至離職或申報停繳之日止。

雇主未依限存入或存入金額不足時，勞保局應限期通知其繳納。

自營作業者之退休金提繳，應以勞保局指定金融機構辦理自動轉帳方式繳納之，勞保局不另寄發繳款單。

第 20 條

勞工留職停薪、入伍服役、因案停職或被羈押未經法院判決確定前，雇主應於發生事由之日起七日內以書面向勞保局申報停止提繳其退休金。勞工復職時，雇主應以書面向勞保局申報開始提繳退休金。

因案停職或被羈押勞工復職後，應由雇主補發停職期間之工資者，雇主應於復職當月之再次月底前補提繳退休金。

第 21 條

雇主提繳之金額，應每月以書面通知勞工。

雇主應置備僱用勞工名冊，其內容包括勞工到職、離職、出勤工作紀錄、工資、每月提繳紀錄及相關資料，並保存至勞工離職之日起五年止。

勞工依本條例規定選擇適用退休金制度相關文件之保存期限，依前項規定辦理。

歷屆考題（102-2-5）

A 公司之本國籍員工有 50 人，依勞工退休金條例規定，應置備勞工名冊，其內容應包括哪些項目？（6分）

答案

勞工到職、離職、出勤工作紀錄、工資、每月提繳紀錄及相關資料。

第 22 條

（刪除）

第 23 條

退休金之領取及計算方式如下：

一、月退休金：勞工個人之退休金專戶本金及累積收益，依據年金生命表，以平均餘命及利率等基礎計算所得之金額，作為定期發給之退休金。

二、一次退休金：一次領取勞工個人退休金專戶之本金及累積收益。

前項提繳之勞工退休金運用收益，不得低於以當地銀行二年定期存款利率計算之收益；有不足者，由國庫補足之。

第一項第一款所定年金生命表、平均餘命、利率及金額之計算，由勞保局擬訂，報請中央主管機關核定。

第 24 條

勞工年滿六十歲，得依下列規定之方式請領退休金：

一、工作年資滿十五年以上者，選擇請領月退休金或一次退休金。

二、工作年資未滿十五年者，請領一次退休金。

依前項第一款規定選擇請領退休金方式，經勞保局核付後，不得變更。

第一項工作年資採計，以實際提繳退休金之年資為準。年資中斷者，其前後提繳年資合併計算。

勞工不適用勞動基準法時，於有第一項規定情形者，始得請領。

第 24-1 條

勞工領取退休金後繼續工作者，其提繳年資重新計算，雇主仍應依本條例規定提繳勞工退休金；勞工領取年資重新計算之退休金及其收益次數，一年以一次為限。

第 24-2 條

勞工未滿六十歲，有下列情形之一，其工作年資滿十五年以上者，得請領月退休金或一次退休金。但工作年資未滿十五年者，應請領一次退休金：

一、領取勞工保險條例所定之失能年金給付或失能等級三等以上之一次失能給付。

二、領取國民年金法所定之身心障礙年金給付或身心障礙基本保證年金給付。

三、非屬前二款之被保險人，符合得請領第一款失能年金給付或一次失能給付之失能種類、狀態及等級，或前款身心障礙年金給付或身心障礙基本保證年金給付之障礙種類、項目及狀態。

依前項請領月退休金者，由勞工決定請領之年限。

第 25 條

勞工開始請領月退休金時，應一次提繳一定金額，投保年金保險，作為超過第二十三條第三項所定平均餘命後之年金給付之用。

前項規定提繳金額、提繳程序及承保之保險人資格，由中央主管機關定之。

第 26 條

勞工於請領退休金前死亡者，應由其遺屬或指定請領人請領一次退休金。

已領取月退休金勞工，於未屆第二十三條第三項所定平均餘命或第二十四條之二第二項所定請領年限前死亡者，停止給付月退休金。其個人退休金專戶結算賸餘金額，由其遺屬或指定請領人領回。

第 27 條

依前條規定請領退休金遺屬之順位如下：

一、配偶及子女。

二、父母。

三、祖父母。

四、孫子女。

五、兄弟、姊妹。

前項遺屬同一順位有數人時，應共同具領，有未具名之遺屬者，由具領之遺屬負責分配之；有死亡、拋棄或因法定事由喪失繼承權時，由其餘遺屬請領之。但生前預立遺囑指定請領人者，從其遺囑。

勞工死亡後，有下列情形之一者，其退休金專戶之本金及累積收益應歸入勞工退休基金：

一、無第一項之遺屬或指定請領人。

二、第一項之遺屬或指定請領人之退休金請求權，因時效消滅。

第 28 條

勞工或其遺屬或指定請領人請領退休金時，應填具申請書，並檢附相關文件向勞保局請領；相關文件之內容及請領程序，由勞保局定之。

請領手續完備，經審查應予發給月退休金者，應自收到申請書次月起按季發給；其為請領一次退休金者，應自收到申請書之日起三十日內發給。

勞工或其遺屬或指定請領人請領之退休金結算基準，由中央主管機關定之。

第一項勞工之遺屬或指定請領人退休金請求權，自得請領之日起，因十年間不行使而消滅。

歷屆考題（108-2-4）

依勞工退休金條例規定，勞工之遺屬或指定請領人退休金請求權，自得請領之日起，因多少年不行使而消滅？（2分）

答案
十年

第 29 條
勞工之退休金及請領勞工退休金之權利，不得讓與、扣押、抵銷或供擔保。
勞工依本條例規定請領退休金者，得檢具勞保局出具之證明文件，於金融機構開立專戶，專供存入退休金之用。
前項專戶內之存款，不得作爲抵銷、扣押、供擔保或強制執行之標的。

第 30 條
雇主應爲勞工提繳之金額，不得因勞工離職，扣留勞工工資作爲賠償或要求勞工繳回。約定離職時應賠償或繳回者，其約定無效。

第 31 條
雇主未依本條例之規定按月提繳或足額提繳勞工退休金，致勞工受有損害者，勞工得向雇主請求損害賠償。
前項請求權，自勞工離職時起，因五年間不行使而消滅。

第 32 條
勞工退休基金之來源如下：
一、勞工個人專戶之退休金。
二、基金運用之收益。
三、收繳之滯納金。
四、其他收入。

第 33 條
勞工退休基金除作爲給付勞工退休金及投資運用之用外，不得扣押、供擔保或移作他用；其管理、運用及盈虧分配之辦法，由中央主管機關擬訂，報請行政院核定之。
勞工退休基金之管理、經營及運用業務，由勞動部勞動基金運用局（以下簡稱基金運用局）辦理；該基金之經營及運用，基金運用局得委託金融機構辦理，委託經營規定、範圍及經費，由基金運用局擬訂，報請中央主管機關核定之。

歷屆考題（107-3-2）
勞工退休金個人專戶，而該勞工退休基金除作爲哪 2 項之用外，不得扣押、供擔保或移作他用？（4分）

答案
1. 給付勞工退休金　　　　　　　　2. 投資運用之用

第 34 條
勞保局與基金運用局對於勞工退休金及勞工退休基金之財務收支，應分戶立帳，並與其辦理之其他業務分

開處理；其相關之會計報告及年度決算，應依有關法令規定辦理，並由基金運用局彙整，報請中央主管機關備查。

勞工退休基金之收支、運用與其積存金額及財務報表，基金運用局應按月報請中央主管機關備查，中央主管機關應按年公告之。

第四章　年金保險

第 35 條

事業單位僱用勞工人數二百人以上，經工會同意，或無工會者，經勞資會議同意後，得為以書面選擇投保年金保險之勞工，投保符合保險法規定之年金保險。

前項選擇投保年金保險之勞工，雇主得不依第六條第一項規定為其提繳勞工退休金。

第一項所定年金保險之收支、核准及其他應遵行事項之辦法，由中央主管機關定之；事業單位採行前項規定之年金保險者，應報請中央主管機關核准。

第一項年金保險之平均收益率不得低於第二十三條之標準。

歷屆考題（111-2-5）

A 公司是製造醫療器材業，聘僱員工有 201 人，因市場生態丕變及 COVID-19 經指定為俗稱的「國家」家用快篩試劑「製造團隊」廠商之一，隨時要因應不同突發事件事況，遣調員工處理相關業務。請依相關勞動法令之規定，回答下列問題：

依據勞工退休金條例第 35 條規定，A 公司經工會或勞資會議同意後，是否得為以書面選擇投保年金保險之勞工，投保符合保險法規定之年金保險？（2 分）

答案

是

第 35-1 條

保險人應依保險法規定專設帳簿，記載其投資資產之價值。

勞工死亡後無遺屬或指定請領人者，其年金保險退休金之本金及累積收益，應歸入年金保險專設帳簿之資產。

第 35-2 條

實施年金保險之事業單位內適用本條例之勞工，得以一年一次為限，變更原適用之退休金制度，改為參加個人退休金專戶或年金保險，原已提存之退休金或年金保險費，繼續留存。雇主應於勞工書面選擇變更之日起十五日內，檢附申請書向勞保局及保險人申報。

第 36 條

雇主每月負擔之年金保險費，不得低於勞工每月工資百分之六。

前項雇主應負擔之年金保險費，及勞工自願提繳之年金保險費數額，由保險人繕具繳款單於次月二十五日前寄送事業單位，雇主應於再次月月底前繳納。雇主應提繳保險費之收繳情形，保險人應於繳納期限之次月七日前通知勞保局。

勞工自願提繳年金保險費者，由雇主向其收取後，連同雇主負擔部分，向保險人繳納。其保險費之提繳，自申報自願提繳之日起至離職或申報停繳之日止。

雇主逾期未繳納年金保險費者，保險人應即進行催收，並限期雇主於應繳納期限之次月月底前繳納，催收結果應於再次月之七日前通知勞保局。

第 37 條

年金保險之契約應由雇主擔任要保人，勞工為被保險人及受益人。事業單位以向一保險人投保為限。保險人之資格，由中央主管機關會同該保險業務之主管機關定之。

第 38 條

勞工離職後再就業，所屬年金保險契約應由新雇主擔任要保人，繼續提繳保險費。新舊雇主開辦或參加之年金保險提繳率不同時，其差額由勞工自行負擔。但新雇主自願負擔者，不在此限。

前項勞工之新雇主未辦理年金保險者，應依第六條第一項規定提繳退休金。除勞雇雙方另有約定外，所屬年金保險契約之保險費由勞工全額自行負擔；勞工無法提繳時，年金保險契約之存續，依保險法及各該保險契約辦理。

第一項勞工離職再就業時，得選擇由雇主依第六條第一項規定提繳退休金。

勞工離職再就業，前後適用不同退休金制度時，選擇移轉年金保險之保單價值準備金至個人退休金專戶，或個人退休金專戶之本金及收益至年金保險者，應全額移轉，且其已提繳退休金之存儲期間，不得低於四年。

第 39 條

第七條至第十三條、第十四條第二項至第五項、第十五條、第十六條、第二十條、第二十一條、第二十四條、第二十四條之一、第二十四條之二、第二十七條第一項、第二項、第二十九條至第三十一條規定，於本章所定年金保險準用之。

第五章　監督及經費

第 40 條

為確保勞工權益，主管機關、勞動檢查機構或勞保局必要時得查對事業單位勞工名冊及相關資料。

勞工發現雇主違反本條例規定時，得向雇主、勞保局、勞動檢查機構或主管機關提出申訴，雇主不得因勞工提出申訴，對其做出任何不利之處分。

第 41 條

受委託運用勞工退休基金之金融機構，發現有意圖干涉、操縱、指示其運用或其他有損勞工利益之情事時，應通知基金運用局。基金運用局認有處置必要者，應即通知中央主管機關採取必要措施。

第 42 條

主管機關、勞保局、基金運用局、受委託之金融機構及其相關機關、團體所屬人員，不得對外公布業務處理上之祕密或謀取非法利益，並應善盡管理人忠誠義務，為基金謀取最大之效益。

第 43 條

勞保局及基金運用局辦理本條例規定行政所須之費用，應編列預算支應。

第 44 條

勞保局及基金運用局辦理本條例規定業務之一切帳冊、單據及業務收支，均免課稅捐。

第六章　罰則

第 45 條

受委託運用勞工退休基金之機構違反第三十三條第二項規定，將勞工退休基金用於非指定之投資運用項目者，處新臺幣二百萬元以上一千萬元以下罰鍰，中央主管機關並應限期令其附加利息歸還。

第 45-1 條

雇主有下列各款情事之一者，處新臺幣三十萬元以上一百五十萬元以下罰鍰，並限期令其給付；屆期未給付者，應按次處罰：

一、違反第十一條第二項或第十二條第一項、第二項規定之給與標準或期限。

二、違反第三十九條準用第十一條第二項或第十二條第一項、第二項規定之給與標準或期限。

第 46 條

保險人違反第三十六條第二項規定，未於期限內通知勞保局者，處新臺幣六萬元以上三十萬元以下罰鍰，並限期令其改善；屆期未改善者，應按次處罰。

第 47 條

（刪除）

第 48 條

事業單位違反第四十條規定，拒絕提供資料或對提出申訴勞工為不利處分者，處新臺幣三萬元以上三十萬元以下罰鍰。

第 49 條

雇主違反第八條之一第五項、第九條、第十八條、第二十條第一項、第二十一條第二項、第三十五條之二或第三十九條規定，未辦理申報提繳、停繳手續、置備名冊或保存文件，經限期改善，屆期未改善者，處新臺幣二萬元以上十萬元以下罰鍰，並按月處罰至改正為止。

第 50 條

雇主違反第十三條第一項規定，未繼續按月提撥勞工退休準備金者，處新臺幣二萬元以上三十萬元以下罰鍰，並應按月處罰，不適用勞動基準法之罰鍰規定。

主管機關對於前項應執行而未執行時，應以公務員考績法令相關處罰規定辦理。

第一項收繳之罰鍰，歸入勞動基準法第五十六條第三項勞工退休基金。

第 51 條

雇主違反第三十條或第三十九條規定，扣留勞工工資者，處新臺幣一萬元以上五萬元以下罰鍰。

第 52 條

雇主違反第十五條第二項、第二十一條第一項或第三十九條申報、通知規定者，處新臺幣五千元以上二萬五千元以下罰鍰。

第 53 條

雇主違反第十四條第一項、第十九條第一項或第二十條第二項規定，未按時提繳或繳足退休金者，自期限

屆滿之次日起至完繳前一日止，每逾一日加徵其應提繳金額百分之三滯納金至應提繳金額之一倍爲止。

前項雇主欠繳之退休金，經勞保局限期令其繳納，屆期未繳納者，依法移送行政執行。雇主有不服者，得依法提起行政救濟。

雇主違反第三十六條及第三十九條規定，未按時繳納或繳足保險費者，處其應負擔金額同額之罰鍰，並按月處罰至改正爲止。

第一項及第二項規定，溯自中華民國九十四年七月一日生效。

歷屆考題（112-2-4）

B公司如未按時提繳或繳足退休金者，自期限屆滿之次日起至完繳前1日止，每逾1日加徵其應提繳金額百分之多少滯納金至應提繳金額之1倍爲止？（4分）

答案
百分之三

第 53-1 條

雇主違反本條例，經主管機關或勞保局處以罰鍰或加徵滯納金者，應公布其事業單位或事業主之名稱、負責人姓名、處分期日、違反條文及處分金額；受委託運用勞工退休基金之機構經依第四十五條規定處以罰鍰者，亦同。

第 54 條

依本條例加徵之滯納金及所處之罰鍰，受處分人應於收受通知之日起三十日內繳納；屆期未繳納者，依法移送行政執行。

第三十九條所定年金保險之罰鍰處分及移送行政執行業務，委任勞保局辦理之。

第 54-1 條

雇主未依本條例規定繳納退休金或滯納金，且無財產可供執行或其財產不足清償者，由其代表人或負責人負清償責任。

前項代表人或負責人經勞保局限期令其繳納，屆期未繳納者，依法移送行政執行。

第 55 條

法人之代表人或其他從業人員、自然人之代理人或受僱人，因執行業務違反本條例規定，除依本章規定處罰行爲人外，對該法人或自然人並應處以各該條所定之罰鍰。但法人之代表人或自然人對於違反之發生，已盡力爲防止行爲者，不在此限。

法人之代表人或自然人教唆或縱容爲違反之行爲者，以行爲人論。

第七章　附則

第 56 條

事業單位因分割、合併或轉讓而消滅者，其積欠勞工之退休金，應由受讓之事業單位當然承受。

第 56-1 條

勞保局對於雇主未依本條例規定繳納之退休金及滯納金，優先於普通債權受清償。

歷屆考題（108-2-4）

勞工保險局對於乙派遣事業單位未依勞工退休金條例規定繳納之哪2種款項，可優先於普通債權受清償？（4分）

答案

退休金及滯納金

第 56-2 條

勞工退休金不適用下列規定：

一、公司法有關公司重整之債務免責規定。

二、消費者債務清理條例有關清算之債務免責規定。

三、破產法有關破產之債務免責規定。

第 56-3 條

勞保局為辦理勞工退休金業務所需必要資料，得請相關機關提供，各該機關不得拒絕。

勞保局依前項規定取得之資料，應盡善良管理人之注意義務，相關資料之保有、處理及利用等事項，應依個人資料保護法之規定為之。

第 57 條

本條例施行細則，由中央主管機關定之。

第 58 條

本條例自公布後一年施行。

本條例修正條文，除已另定施行日期者外，自公布日施行。

七

性別平等工作法

性別平等工作法

修正日期：112 年 08 月 16 日

第一章　總則

第 1 條

為保障工作權之性別平等，貫徹憲法消除性別歧視、促進性別地位實質平等之精神，爰制定本法。

工作場所性騷擾事件，除校園性騷擾事件依性別平等教育法規定處理外，依本法規定處理

第 2 條

雇主與受僱者之約定優於本法者，從其約定。

本法於公務人員、教育人員及軍職人員，亦適用之。但第三十二條之一、第三十二條之二、第三十三條、第三十四條、第三十八條及第三十八條之一之規定，不適用之。

公務人員、教育人員及軍職人員之申訴、救濟及處理程序，依各該人事法令之規定。

本法於雇主依勞動基準法規定招收之技術生及準用技術生規定者，除適用高級中等學校建教合作實施及建教生權益保障法規定之建教生外，亦適用之。但第十六條及第十七條之規定，不在此限。

實習生於實習期間遭受性騷擾時，適用本法之規定。

第 3 條

本法用詞，定義如下：

一、受僱者：指受雇主僱用從事工作獲致薪資者。

二、求職者：指向雇主應徵工作之人。

三、雇主：指僱用受僱者之人、公私立機構或機關。代表雇主行使管理權之人或代表雇主處理有關受僱者事務之人，視同雇主。要派單位使用派遣勞工時，視為第八條、第九條、第十二條、第十三條、第十八條、第十九條及第三十六條規定之雇主。

四、實習生：指公立或經立案之私立高級中等以上學校修習校外實習課程之學生。

五、要派單位：指依據要派契約，實際指揮監督管理派遣勞工從事工作者。

六、派遣勞工：指受派遣事業單位僱用，並向要派單位提供勞務者。

七、派遣事業單位：指從事勞動派遣業務之事業單位。

八、薪資：指受僱者因工作而獲得之報酬；包括薪資、薪金及按計時、計日、計月、計件以現金或實物等方式給付之獎金、津貼及其他任何名義之經常性給與。

九、復職：指回復受僱者申請育嬰留職停薪時之原有工作。

第 4 條

本法所稱主管機關：在中央為勞動部；在直轄市為直轄市政府；在縣（市）為縣（市）政府。

本法所定事項，涉及各目的事業主管機關職掌者，由各該目的事業主管機關辦理。

A 公司僱用的員工人數計 31 人，請依性別工作平等法及大量解僱勞工保護法規定，回答下列問題：

上述兩種法規中所稱主管機關，在中央及地方分別為何機關？（2分）

答案

1. 在中央為勞動部。
2. 在直轄市為直轄市政府；在縣（市）為縣（市）政府。

第 5 條

各級主管機關應設性別平等工作會，處理審議、諮詢及促進性別平等工作事項。

前項性別平等工作會應置委員五人至十一人，任期二年，由具備勞工事務、性別問題之相關學識經驗或法律專業人士擔任之；其中經勞工團體、性別團體推薦之委員各二人；女性委員人數應占全體委員人數二分之一以上；政府機關代表不得逾全體委員人數三分之一。

前二項性別平等工作會組織、會議及其他相關事項，由各級主管機關另定之。

地方主管機關設有就業歧視評議委員會者，第一項性別平等工作會得與該委員會合併設置，其組成仍應符合第二項規定。

性別工作平等會與協商委員會與勞資會議委員會成員

	人數	任期	女性委員
性別平等工作會	5-11 人	2 年	1/2 以上
協商委員會	5-11 人		
勞資會議	各為 2-15 人事業單位人數在 100 人以上者，各不得少於 5 人	4 年	事業單位單一性別勞工人數逾勞工人數 1/2 者，其當選勞方代表名額不得少於勞方應選出代表總額 1/3 以上

第 6 條

直轄市及縣（市）主管機關為婦女就業之需要應編列經費，辦理各類職業訓練、就業服務及再就業訓練，並於該期間提供或設置托兒、托老及相關福利設施，以促進性別工作平等。

中央主管機關對直轄市及縣（市）主管機關辦理前項職業訓練、就業服務及再就業訓練，並於該期間提供或設置托兒、托老及相關福利措施，得給予經費補助。

第 6-1 條

主管機關應就本法所訂之性別、性傾向歧視之禁止、性騷擾之防治及促進工作平等措施納入勞動檢查項目。

依性別工作平等法規定，主管機關應就該法所訂之哪三項納入勞動檢查項目？（6分）

答案

　　1. 性別、性傾向歧視之禁止。　　2. 性騷擾之防治。　　3. 促進工作平等措施。

第二章　性別歧視之禁止

第 7 條

雇主對求職者或受僱者之招募、甄試、進用、分發、配置、考績或陞遷等，不得因性別或性傾向而有差別待遇。但工作性質僅適合特定性別者，不在此限。

【處新臺幣 30 萬元以上 150 萬元以下罰鍰】

【應公布其名稱、負責人姓名、處分期日、違反條文及罰鍰金額，並限期令其改善；屆期未改善者，應按次處罰。】

> 差別待遇：指雇主因性別或性傾向因素而對受僱者或求職者為直接或間接不利之對待。
>
> 工作性質僅適合特定性別者：指非由特定性別之求職者或受僱者從事，不能完成或難以完成之工作。

第 8 條

雇主為受僱者舉辦或提供教育、訓練或其他類似活動，不得因性別或性傾向而有差別待遇。

【處新臺幣 30 萬元以上 150 萬元以下罰鍰】

【應公布其名稱、負責人姓名、處分期日、違反條文及罰鍰金額，並限期令其改善；屆期未改善者，應按次處罰。】

第 9 條

雇主為受僱者舉辦或提供各項福利措施，不得因性別或性傾向而有差別待遇。

【處新臺幣 30 萬元以上 150 萬元以下罰鍰】

【應公布其名稱、負責人姓名、處分期日、違反條文及罰鍰金額，並限期令其改善；屆期未改善者，應按次處罰。】

第 10 條

雇主對受僱者薪資之給付，不得因性別或性傾向而有差別待遇；其工作或價值相同者，應給付同等薪資。但基於年資、獎懲、績效或其他非因性別或性傾向因素之正當理由者，不在此限。

雇主不得以降低其他受僱者薪資之方式，規避前項之規定。

【處新臺幣 30 萬元以上 150 萬元以下罰鍰】

【應公布其名稱、負責人姓名、處分期日、違反條文及罰鍰金額，並限期令其改善；屆期未改善者，應按次處罰。】

歷屆考題（107-1-4）

依性別工作平等法規定，雇主對受僱者薪資之給付，不得因性別或性傾向而有差別待遇；其工作或價值相同者，應給付同等薪資。請回答基於哪 5 種正當理由，不在此限？（10 分）

答案

年資、獎懲、績效或其他非因性別或性傾向因素

第 11 條

雇主對受僱者之退休、資遣、離職及解僱，不得因性別或性傾向而有差別待遇。

工作規則、勞動契約或團體協約，不得規定或事先約定受僱者有結婚、懷孕、分娩或育兒之情事時，應行離職或留職停薪；亦不得以其為解僱之理由。

違反前二項規定者，其規定或約定無效；勞動契約之終止不生效力。

【處新臺幣 30 萬元以上 150 萬元以下罰鍰】

【應公布其名稱、負責人姓名、處分期日、違反條文及罰鍰金額，並限期令其改善；屆期未改善者，應按次處罰。】

> **歷屆考題（104-3-1）**
>
> (二) 甲事業單位知悉丁懷孕，即以該事由將其解僱，應處新臺幣多少元之罰鍰？（3分）
> (三) 甲事業單位有前述違反規定之行為，除罰鍰外，另應對其為何種裁罰？（4分）
>
> **答案**
> (二) 處新臺幣 30 萬元以上 150 萬元以下罰鍰。
> (三) 應公布其姓名或名稱、負責人姓名，並限期令其改善；屆期未改善者，應按次處罰。

> **歷屆考題（108-3-3）**
>
> 依性別工作平等法規定，工作規則、勞動契約或團體協約，不得規定或事先約定受僱者如有結婚、懷孕及哪 2 項之情事，就應行離職或留職停薪？（2分）
>
> **答案**
> 1. 分娩。　　　　2. 育兒。

性別歧視之禁止

條款	對象	受保護者	項目
第 7 條	雇主	求職者 受僱者	招募、甄試、進用、分發、配置、考績或陞遷
第 8 條	雇主	受僱者	舉辦或提供教育、訓練或其他類似活動，不得因性別或性傾向而有差別待遇
第 9 條	雇主	受僱者	舉辦或提供各項福利措施，不得因性別或性傾向而有差別待遇
第 10 條	雇主	受僱者	薪資之給付
第 11 條	雇主	受僱者	退休、資遣、離職及解僱

第三章　性騷擾之防治

第 12 條

本法所稱性騷擾，指下列情形之一：

一、受僱者於執行職務時，任何人以性要求、具有性意味或性別歧視之言詞或行為，對其造成敵意性、脅迫性或冒犯性之工作環境，致侵犯或干擾其人格尊嚴、人身自由或影響其工作表現。

二、雇主對受僱者或求職者為明示或暗示之性要求、具有性意味或性別歧視之言詞或行為，作為勞務契約成立、存續、變更或分發、配置、報酬、考績、陞遷、降調、獎懲等之交換條件。

本法所稱權勢性騷擾，指對於因僱用、求職或執行職務關係受自己指揮、監督之人，利用權勢或機會為性騷擾。

有下列情形之一者，適用本法之規定：

一、受僱者於非工作時間，遭受所屬事業單位之同一人，為持續性性騷擾。

二、受僱者於非工作時間，遭受不同事業單位，具共同作業或業務往來關係之同一人，為持續性性騷擾。

三、受僱者於非工作時間，遭受最高負責人或僱用人為性騷擾。

前三項性騷擾之認定，應就個案審酌事件發生之背景、工作環境、當事人之關係、行為人之言詞、行為及相對人之認知等具體事實為之。

中央主管機關應建立性別平等人才資料庫、彙整性騷擾防治事件各項資料，並作統計及管理。

第十三條、第十三條之一、第二十七條至第三十條及第三十六條至第三十八條之一之規定，於性侵害犯罪，亦適用之。

第一項第一款所定情形，係由不特定人於公共場所或公眾得出入場所為之者，就性騷擾事件之調查、調解及處罰等事項，適用性騷擾防治法之規定。

本法所稱最高負責人，指下列之人：

一、機關（構）首長、學校校長、各級軍事機關（構）及部隊上校編階以上之主官、行政法人董（理）事長、公營事業機構董事長、理事主席或與該等職務相當之人。

二、法人、合夥、設有代表人或管理人之非法人團體及其他組織之對外代表人或與該等職務相當之人。

歷屆考題（101-2-5）

五、請依勞動基準法及性別工作平等法規定，回答下列問題：

㈡性別工作平等法所稱之性騷擾，其情形分為哪二類？試述之。（6分）

五、答案

㈡ 1. 受僱者於執行職務時，任何人以性要求、具有性意味或性別歧視之言詞或行為，對其造成敵意性、脅迫性或冒犯性之工作環境，致侵犯或干擾其人格尊嚴、人身自由或影響其工作表現。

2. 雇主對受僱者或求職者為明示或暗示之性要求、具有性意味或性別歧視之言詞或行為，作為勞務契約成立、存續、變更或分發、配置、報酬、考績、陞遷、降調、獎懲等之交換條件。

歷屆考題（112-1-5）

依據性別工作平等法第12條規定，乙君認為甲君對他有不當肢體接觸的性騷擾，而向D公司雇主投訴，依規定D公司雇主要針對此一性騷擾事件處理時，所謂的「性騷擾之認定」，應就個案審酌事件發生之具體事實為之，請任舉2種所謂的「事件發生之具體事實」的項目。（2分）

答案

事件發生之背景、工作環境、當事人之關係、行為人之言詞、行為及相對人之認知

第 13 條

雇主應採取適當之措施，防治性騷擾之發生，並依下列規定辦理：

一、僱用受僱者十人以上未達三十人者，應訂定申訴管道，並在工作場所公開揭示。

【經限期改善，屆期未改善者，處新臺幣一萬元以上十萬元以下罰鍰】

【應公布其名稱、負責人姓名、處分期日、違反條文及罰鍰金額，並限期令其改善；屆期未改善者，應按次處罰】

二、僱用受僱者三十人以上者，應訂定性騷擾防治措施、申訴及懲戒規範，並在工作場所公開揭示。

【處新臺幣二萬元以上三十萬元以下罰鍰】

【應公布其名稱、負責人姓名、處分期日、違反條文及罰鍰金額，並限期令其改善；屆期未改善者，應按次處罰】

雇主於知悉性騷擾之情形時，應採取下列立即有效之糾正及補救措施；被害人及行為人分屬不同事業單位，且具共同作業或業務往來關係者，該行為人之雇主，亦同：

一、雇主因接獲被害人申訴而知悉性騷擾之情形時：

　　㈠採行避免申訴人受性騷擾情形再度發生之措施。

　　㈡對申訴人提供或轉介諮詢、醫療或心理諮商、社會福利資源及其他必要之服務。

　　㈢對性騷擾事件進行調查。

　　㈣對行為人為適當之懲戒或處理。

二、雇主非因前款情形而知悉性騷擾事件時：

　　㈠就相關事實進行必要之釐清。

　　㈡依被害人意願，協助其提起申訴。

　　㈢適度調整工作內容或工作場所。

　　㈣依被害人意願，提供或轉介諮詢、醫療或心理諮商處理、社會福利資源及其他必要之服務。

【處新臺幣二萬元以上一百萬元以下罰鍰】

【應公布其名稱、負責人姓名、處分期日、違反條文及罰鍰金額，並限期令其改善；屆期未改善者，應按次處罰。】

雇主對於性騷擾事件之查證，應秉持客觀、公正、專業原則，並給予當事人充分陳述意見及答辯機會，有詢問當事人之必要時，應避免重複詢問；其內部依規定應設有申訴處理單位者，其人員應有具備性別意識之專業人士。

雇主接獲被害人申訴時，應通知地方主管機關；經調查認定屬性騷擾之案件，並應將處理結果通知地方主管機關。

地方主管機關應規劃整合相關資源，提供或轉介被害人運用，並協助雇主辦理第二項各款之措施；中央主管機關得視地方主管機關實際財務狀況，予以補助。

雇主依第一項所為之防治措施，其內容應包括性騷擾樣態、防治原則、教育訓練、申訴管道、申訴調查程序、應設申訴處理單位之基準與其組成、懲戒處理及其他相關措施；其準則，由中央主管機關定之。

一、甲君爲某房屋仲介公司之專業仲介員，某日客戶至公司洽談業務，對其性騷擾，請回
　　答下列問題：

㈠依性別工作平等法規定，雇主於知悉性騷擾之情形時，應採取立即有效之哪 2 項措施？
　　（4分）

一、答案

㈠糾正及補救措施

依性別工作平等法規定，甲公司於知悉乙遭受性騷擾時，應採取何種措施？（2分）

答案

應採取立即有效之糾正及補救措施。

第 13-1 條

性騷擾被申訴人具權勢地位，且情節重大，於進行調查期間有先行停止或調整職務之必要時，雇主得暫時停止或調整被申訴人之職務；經調查未認定爲性騷擾者，停止職務期間之薪資，應予補發。

申訴案件經雇主或地方主管機關調查後，認定爲性騷擾，且情節重大者，雇主得於知悉該調查結果之日起三十日內，不經預告終止勞動契約。

第四章　促進工作平等措施

第 14 條

女性受僱者因生理日致工作有困難者，每月得請生理假一日，全年請假日數未逾三日，不併入病假計算，其餘日數併入病假計算。

前項併入及不併入病假之生理假薪資，減半發給。

【處新臺幣 2 萬元以上 30 萬元以下罰鍰】

【應公布其姓名或名稱、負責人姓名，並限期令其改善；屆期未改善者，應按次處罰】

【應公布其名稱、負責人姓名、處分期日、違反條文及罰鍰金額，並限期令其改善；屆期未改善者，應按次處罰】

依性別工作平等法規定，女性受僱者每月得請生理假幾日？（2分）

答案

一日

第 15 條

雇主於女性受僱者分娩前後，應使其停止工作，給予產假八星期；妊娠三個月以上流產者，應使其停止工作，給予產假四星期；妊娠二個月以上未滿三個月流產者，應使其停止工作，給予產假一星期；妊娠未滿二個月流產者，應使其停止工作，給予產假五日。

產假期間薪資之計算，依相關法令之規定。

受僱者經醫師診斷需安胎休養者，其治療、照護或休養期間之請假及薪資計算，依相關法令之規定。

受僱者妊娠期間，雇主應給予產檢假七日。

受僱者陪伴其配偶妊娠產檢或其配偶分娩時，雇主應給予陪產檢及陪產假七日。

產檢假、陪產檢及陪產假期間，薪資照給。

雇主依前項規定給付產檢假、陪產檢及陪產假薪資後，就其中各逾五日之部分得向中央主管機關申請補助。但依其他法令規定，應給予產檢假、陪產檢及陪產假各逾五日且薪資照給者，不適用之。

前項補助業務，由中央主管機關委任勞動部勞工保險局辦理之。

【處新臺幣 2 萬元以上 30 萬元以下罰鍰】

【應公布其姓名或名稱、負責人姓名，並限期令其改善；屆期未改善者，應按次處罰】

【應公布其名稱、負責人姓名、處分期日、違反條文及罰鍰金額，並限期令其改善；屆期未改善者，應按次處罰】

產假

分娩	應使其停止工作	8 星期
妊娠 3 個月以上流產者	應使其停止工作	4 星期
妊娠 2 個月以上未滿 3 個月流產者	應使其停止工作	1 星期
妊娠未滿 2 個月流產者	應使其停止工作	5 日

> ## 產假、陪產檢及陪產假之規定
> 產假期間之計算：應依曆連續計算
> 陪產檢假：配偶妊娠期間請假
> 陪產假：配偶分娩之當日及其前後合計十五日期間內為之

歷屆考題（100-2-2）

試述性別工作平等法所定雇主應給予女性受僱者產假（含分娩及流產）之內容？（8分）

答案

1. 分娩前後，應使其停止工作，給予產假八星期。
2. 妊娠三個月以上流產者，應使其停止工作，給予產假四星期。
3. 妊娠二個月以上未滿三個月流產者，應使其停止工作，給予產假一星期。
4. 妊娠未滿二個月流產者，應使其停止工作，給予產假五日。

歷屆考題（96-3-2）

A 超級市場公司有員工 40 人，其中 25 人為女性。附近新開了一家大賣場，A 超市備感壓力，決定要改為 24 小時營業。A 之員工 B 女，已懷孕兩個半月，因公司要求半夜排班，使得 B 女因過度勞累而流產，在家休養 8 日後，雖身體已康復但因對公司懷恨在心，遂拒絕公司之要求回去輪值大夜班。A 公司決定以 B 女曠職為由將之解僱。另一女性員工 C 女甫生產，欲請產假回家坐月子。請依勞動基準法與兩性工作平等法之規定，回答下列問題：
(一) B 女可請求多少日之流產假？（2分）

答案

(一) 一星期

歷屆考題（96-3-2）

A 超級市場公司有員工 40 人，其中 25 人為女性。附近新開了一家大賣場，A 超市備感壓力，決定要改為 24 小時營業。A 之員工 B 女，已懷孕兩個半月，因公司要求半夜排班，使得 B 女因過度勞累而流產，在家休養 8 日後，雖身體已康復但因對公司懷恨在心，遂拒絕公司之要求回去輪值大夜班。A 公司決定以 B 女曠職為由將之解僱。另一女性員工 C 女甫生產，欲請產假回家坐月子。請依勞動基準法與兩性工作平等法之規定，回答下列問題：
(二) C 女可請求多少日之產假？（2分）

答案

(二) 八星期

第 16 條

受僱者任職滿六個月後，於每一子女滿三歲前，得申請育嬰留職停薪，期間至該子女滿三歲止，但不得逾二年。同時撫育子女二人以上者，其育嬰留職停薪期間應合併計算，最長以最幼子女受撫育二年為限。

受僱者於育嬰留職停薪期間，得繼續參加原有之社會保險，原由雇主負擔之保險費，免予繳納；原由受僱者負擔之保險費，得遞延三年繳納。

依家事事件法、兒童及少年福利與權益保障法相關規定與收養兒童先行共同生活之受僱者，其共同生活期間得依第一項規定申請育嬰留職停薪。

育嬰留職停薪津貼之發放，另以法律定之。

育嬰留職停薪實施辦法，由中央主管機關定之。

【處新臺幣 2 萬元以上 30 萬元以下罰鍰】

【應公布其姓名或名稱、負責人姓名，並限期令其改善；屆期未改善者，應按次處罰】

【應公布其名稱、負責人姓名、處分期日、違反條文及罰鍰金額，並限期令其改善；屆期未改善者，應按次處罰】

歷屆考題（96-3-2）

第二題題目：

A 超級市場公司有員工 40 人，其中 25 人為女性。附近新開了一家大賣場，A 超市備感壓力，決定要改為 24 小時營業。A 之員工 B 女，已懷孕兩個半月，因公司要求半夜排班，使得 B 女因過度勞累而流產，在家休養 8 日後，雖身體已康復但因對公司懷恨在心，遂拒絕公司之要求回去輪值大夜班。A 公司決定以 B 女曠職為由將之解僱。另一女性員工 C 女甫生產，欲請產假回家坐月子。請依勞動基準法與兩性工作平等法之規定，回答下列問題：

㈢A 公司是否為法律所規定之員工得請求育嬰留職停薪之雇主？（2 分）

第二題答案

㈢是

歷屆考題（107-2-1）

甲向公司申請育嬰留職停薪，依性別工作平等法規定，期間至該子女滿 3 歲止，但最長不得逾幾年？（2 分）

答案

㈣兩年

第 17 條

前條受僱者於育嬰留職停薪期滿後，申請復職時，除有下列情形之一，並經主管機關同意者外，雇主不得拒絕：

一、歇業、虧損或業務緊縮者。

二、雇主依法變更組織、解散或轉讓者。

三、不可抗力暫停工作在一個月以上者。

四、業務性質變更，有減少受僱者之必要，又無適當工作可供安置者。

雇主因前項各款原因未能使受僱者復職時，應於三十日前通知之，並應依法定標準發給資遣費或退休金。

【處新臺幣 2 萬元以上 30 萬元以下罰鍰】

【應公布其姓名或名稱、負責人姓名，並限期令其改善；屆期未改善者，應按次處罰】

【應公布其名稱、負責人姓名、處分期日、違反條文及罰鍰金額，並限期令其改善；屆期未改善者，應按次處罰】

育嬰留職停薪期滿後資遣與勞動基準法資遣

育嬰留職停薪期滿後，申請復職時	一、歇業、虧損或業務緊縮者。
	二、雇主依法變更組織、解散或轉讓者。
	三、不可抗力暫停工作在一個月以上者。
	四、業務性質變更，有減少受僱者之必要，又無適當工作可供安置者。
資遣	一、歇業或轉讓時。
	二、虧損或業務緊縮時。
	三、不可抗力暫停工作在一個月以上時。
	四、業務性質變更，有減少勞工之必要，又無適當工作可供安置時。
	五、勞工對於所擔任之工作確不能勝任時。

第 18 條

子女未滿二歲須受僱者親自哺（集）乳者，除規定之休息時間外，雇主應每日另給哺（集）乳時間六十分鐘。

受僱者於每日正常工作時間以外之延長工作時間達一小時以上者，雇主應給予哺（集）乳時間三十分鐘。

前二項哺（集）乳時間，視為工作時間。

【處新臺幣 2 萬元以上 30 萬元以下罰鍰】

【應公布其姓名或名稱、負責人姓名，並限期令其改善；屆期未改善者，應按次處罰】

【應公布其名稱、負責人姓名、處分期日、違反條文及罰鍰金額，並限期令其改善；屆期未改善者，應按次處罰】

第 19 條

受僱於僱用三十人以上雇主之受僱者，為撫育未滿三歲子女，得向雇主請求為下列二款事項之一：

一、每天減少工作時間一小時；減少之工作時間，不得請求報酬。

二、調整工作時間。

受僱於僱用未滿三十人雇主之受僱者，經與雇主協商，雙方合意後，得依前項規定辦理。

【處新臺幣 2 萬元以上 30 萬元以下罰鍰】

【應公布其姓名或名稱、負責人姓名，並限期令其改善；屆期未改善者，應按次處罰】

【應公布其名稱、負責人姓名、處分期日、違反條文及罰鍰金額，並限期令其改善；屆期未改善者，應按次處罰】

歷屆考題（110-1-5）

甲君已婚並撫育一位 2 歲小孩，及受僱於員工有 30 人以上乙公司，請回答下列問題：

依據性別工作平等法第 19 條規定，甲君為撫育小孩，除得向乙公司請求調整工作時間外，

還可以請求哪一種事項？（2分）

答案

每天減少工作時間一小時；減少之工作時間，不得請求報酬。

歷屆考題（103-1-5）

依性別工作平等法規定，甲公司於知悉乙遭受性騷擾時，應採取何種措施？（2分）另員工為撫育未滿3歲子女，得向甲公司請求為哪兩款事項之一？（4分）

答案

1. 應採取立即有效之糾正及補救措施。
2. (1)每天減少工作時間一小時；減少之工作時間，不得請求報酬。
   (2) 調整工作時間。

第 20 條

受僱者於其家庭成員預防接種、發生嚴重之疾病或其他重大事故須親自照顧時，得請家庭照顧假；其請假日數併入事假計算，全年以七日為限。

家庭照顧假薪資之計算，依各該事假規定辦理。

【處新臺幣 2 萬元以上 30 萬元以下罰鍰】

【應公布其姓名或名稱、負責人姓名，並限期令其改善；屆期未改善者，應按次處罰】

【應公布其名稱、負責人姓名、處分期日、違反條文及罰鍰金額，並限期令其改善；屆期未改善者，應按次處罰】

> **「家庭成員」**
>
> 援引民法第 1123 條之之規定；具備血緣關係之「親屬」係屬家庭成員，自不待言。至同住一家之「家屬」及以永久共同生活為目的同居一家之「視為家屬」者，亦與「家庭成員」之內涵相符。

第 21 條

受僱者依前七條之規定為請求時，雇主不得拒絕。

受僱者為前項之請求時，雇主不得視為缺勤而影響其全勤獎金、考績或為其他不利之處分。

【處新臺幣 2 萬元以上 30 萬元以下罰鍰】

【應公布其姓名或名稱、負責人姓名，並限期令其改善；屆期未改善者，應按次處罰】

【應公布其名稱、負責人姓名、處分期日、違反條文及罰鍰金額，並限期令其改善；屆期未改善者，應按次處罰】

第 23 條

僱用受僱者一百人以上之雇主，應提供下列設施、措施：

一、哺（集）乳室。

二、托兒設施或適當之托兒措施。

主管機關對於雇主設置哺（集）乳室、托兒設施或提供托兒措施，應給予經費補助。

有關哺（集）乳室、托兒設施、措施之設置標準及經費補助辦法，由中央主管機關會商有關機關定之。

促進工作平等措施

法條	項目	內容
第 14 條	生理假	女性受僱者因生理日致工作有困難者，每月得請生理假一日，全年請假日數未逾三日，不併入病假計算，其餘日數併入病假計算。 前項併入及不併入病假之生理假薪資，減半發給。
第 15 條	產假 產檢假 陪產檢及陪產假	雇主於女性受僱者分娩前後，應使其停止工作，給予產假八星期；妊娠三個月以上流產者，應使其停止工作，給予產假四星期；妊娠二個月以上未滿三個月流產者，應使其停止工作，給予產假一星期；妊娠未滿二個月流產者，應使其停止工作，給予產假五日。 受僱者妊娠期間，雇主應給予產檢假七日。 受僱者陪伴其配偶妊娠產檢或其配偶分娩時，雇主應給予陪產檢及陪產假七日。 雇主依前項規定給付產檢假、陪產檢及陪產假薪資後，就其中各逾五日之部分得向中央主管機關申請補助。
第 16 條	育嬰留職停薪	受僱者任職滿六個月後，於每一子女滿三歲前，得申請育嬰留職停薪，期間至該子女滿三歲止，但不得逾二年。同時撫育子女二人以上者，其育嬰留職停薪期間應合併計算，最長以最幼子女受撫育二年為限。 受僱者於育嬰留職停薪期間，得繼續參加原有之社會保險，原由雇主負擔之保險費，免予繳納；原由受僱者負擔之保險費，得遞延三年繳納。
第 17 條	復職	前條受僱者於育嬰留職停薪期滿後，申請復職時，除有下列情形之一，並經主管機關同意者外，雇主不得拒絕： 一、歇業、虧損或業務緊縮者。 二、雇主依法變更組織、解散或轉讓者。 三、不可抗力暫停工作在一個月以上者。 四、業務性質變更，有減少受僱者之必要，又無適當工作可供安置者。 雇主因前項各款原因未能使受僱者復職時，應於三十日前通知之，並應依法定標準發給資遣費或退休金。
第 18 條	哺（集）乳時間	子女未滿二歲須受僱者親自哺（集）乳者，除規定之休息時間外，雇主應每日另給哺（集）乳時間六十分鐘。 受僱者於每日正常工作時間以外之延長工作時間達一小時以上者，雇主應給予哺（集）乳時間三十分鐘。 前二項哺（集）乳時間，視為工作時間。
第 19 條	撫育未滿三歲子女，得向雇主請求事項	受僱於僱用三十人以上雇主之受僱者，為撫育未滿三歲子女，得向雇主請求為下列二款事項之一： 一、每天減少工作時間一小時；減少之工作時間，不得請求報酬。 二、調整工作時間。

		受僱於僱用未滿三十人雇主之受僱者，經與雇主協商，雙方合意後，得依前項規定辦理。
第 20 條	家庭照顧假	受僱者於其家庭成員預防接種、發生嚴重之疾病或其他重大事故須親自照顧時，得請家庭照顧假；其請假日數併入事假計算，全年以七日為限。 家庭照顧假薪資之計算，依各該事假規定辦理
第 23 條	僱用一百人以上， 應提供設施、措施	僱用受僱者一百人以上之雇主，應提供下列設施、措施： 一、哺（集）乳室。 二、托兒設施或適當之托兒措施。

歷屆考題（104-1-1）

一、甲公司僱有員工 300 人，其女性員工乙育有 3 歲及未滿 1 歲之子女。依性別工作平等法規定，甲公司應提供哪些設施措施？（10 分）

一、答案

㈠ 哺（集）乳室　　　　　　　　　　㈡ 托兒設施或適當之托兒措施

第 24 條

主管機關為協助因結婚、懷孕、分娩、育兒或照顧家庭而離職之受僱者獲得再就業之機會，應採取就業服務、職業訓練及其他必要之措施。

歷屆考題（109-2-3）

依性別工作平等法規定，主管機關為協助因結婚、懷孕、分娩、育兒或照顧家庭而離職之受僱者獲得再就業之機會，應採取其他必要之措施及哪二種作為？（2 分）

答案

　1. 就業服務　　　　　　　　　　2. 職業訓練

第 25 條

雇主僱用因結婚、懷孕、分娩、育兒或照顧家庭而離職之受僱者成效卓著者，主管機關得給予適當之獎勵。

歷屆考題（106-3-5）

依性別工作平等法規定，請回答雇主僱用因哪 5 種事由而離職之受僱者成效卓著，主管機關得給予適當之獎勵？（10 分）

答案

㈠ 結婚　　　　　㈡ 懷孕　　　　　㈢ 分娩
㈣ 育兒　　　　　㈤ 照顧家庭

第五章　救濟及申訴程序

第 26 條

受僱者或求職者因第七條至第十一條或第二十一條之情事，受有損害者，雇主應負賠償責任。

第 27 條

受僱者或求職者因遭受性騷擾，受有財產或非財產上損害者，由雇主及行為人連帶負損害賠償責任。但雇主證明其已遵行本法所定之各種防治性騷擾之規定，且對該事情之發生已盡力防止仍不免發生者，雇主不負損害賠償責任。

如被害人依前項但書之規定不能受損害賠償時，法院因其聲請，得斟酌雇主與被害人之經濟狀況，令雇主為全部或一部之損害賠償。

雇主賠償損害時，對於性騷擾行為人，有求償權。

被害人因遭受性騷擾致生法律訴訟，於受司法機關通知到庭期間，雇主應給予公假。

【處新臺幣 2 萬元以上 30 萬元以下罰鍰】

【應公布其姓名或名稱、負責人姓名，並限期令其改善；屆期未改善者，應按次處罰】

【應公布其名稱、負責人姓名、處分期日、違反條文及罰鍰金額，並限期令其改善；屆期未改善者，應按次處罰。】

行為人因權勢性騷擾，應依第一項規定負損害賠償責任者，法院得因被害人之請求，依侵害情節，酌定損害額一倍至三倍之懲罰性賠償金。

前項行為人為最高負責人或僱用人，被害人得請求損害額三倍至五倍之懲罰性賠償金。

第 28 條

受僱者或求職者因雇主違反第十三條第二項之義務，受有損害者，雇主應負賠償責任。

第 29 條

前三條情形，受僱者或求職者雖非財產上之損害，亦得請求賠償相當之金額。其名譽被侵害者，並得請求回復名譽之適當處分。

歷屆考題（108-2-5）

依性別工作平等法規定，受僱者或求職者因遭受性騷擾之情事受有損害，雇主於賠償損害時，對於為性騷擾之行為人，有何種之請求權？（2分）承上，受僱者或求職者雖非財產上之損害，亦得為如何之請求？（2分）另其名譽被侵害者，並得請求何種之適當處分？（2分）

答案

1. 求償權　　　2. 請求賠償相當之金額　　　3. 請求回復名譽之適當處分

第 30 條

第二十六條至第二十八條之損害賠償請求權，自請求權人知有損害及賠償義務人時起，二年間不行使而消滅。自有性騷擾行為或違反各該規定之行為時起，逾十年者，亦同。

歷屆考題（112-2-5）

甲君任職於臺北市C公司，上班時間遭受同事性騷擾，甲君向C公司反映，C公司未採取立即有效之補救措施，致甲君遭受損害；另甲君的太太懷孕生產，甲君向C公司申請陪產檢及陪產假，C公司僅同意給甲君3日陪產檢及陪產假。請問以下問題：

(一) 甲君知有損害及賠償義務人時起，幾年間不行使損害賠償請求權而消滅？（2分）

(二) 甲君知有性騷擾行爲時起，逾幾年不行使損害賠償請求權而消滅？（2分）

答案

(一) 二年　　　　　　　　　　　　　　(二) 十年

第 31 條

受僱者或求職者於釋明差別待遇之事實後，雇主應就差別待遇之非性別、性傾向因素，或該受僱者或求職者所從事工作之特定性別因素，負舉證責任。

第 32 條

雇主爲處理受僱者之申訴，得建立申訴制度協調處理。

第 32-1 條

受僱者或求職者遭受性騷擾，應向雇主提起申訴。但有下列情形之一者，得逕向地方主管機關提起申訴：

一、被申訴人屬最高負責人或僱用人。

二、雇主未處理或不服被申訴人之雇主所爲調查或懲戒結果。

受僱者或求職者依前項但書規定，向地方主管機關提起申訴之期限，應依下列規定辦理：

一、被申訴人非具權勢地位：自知悉性騷擾時起，逾二年提起者，不予受理；自該行爲終了時起，逾五年者，亦同。

二、被申訴人具權勢地位：自知悉性騷擾時起，逾三年提起者，不予受理；自該行爲終了時起，逾七年者，亦同。

有下列情形之一者，依各款規定辦理，不受前項規定之限制。但依前項規定有較長申訴期限者，從其規定：

一、性騷擾發生時，申訴人爲未成年，得於成年之日起三年內申訴。

二、被申訴人爲最高負責人或僱用人，申訴人得於離職之日起一年內申訴。但自該行爲終了時起，逾十年者，不予受理。

申訴人依第一項但書規定向地方主管機關提起申訴後，得於處分作成前，撤回申訴。撤回申訴後，不得就同一案件再提起申訴。

第 32-2 條

地方主管機關爲調查前條第一項但書之性騷擾申訴案件，得請專業人士或團體協助；必要時，得請求警察機關協助。

地方主管機關依本法規定進行調查時，被申訴人、申訴人及受邀協助調查之個人或單位應配合調查，並提供相關資料，不得規避、妨礙或拒絕。

【處新臺幣一萬元以上五萬元以下罰鍰，並得按次處罰】

地方主管機關依前條第一項第二款受理之申訴，經認定性騷擾行為成立或原懲戒結果不當者，得令行為人之雇主於一定期限內採取必要之處置。

【處新臺幣二萬元以上一百萬元以下罰鍰】

【應公布其名稱、負責人姓名、處分期日、違反條文及罰鍰金額，並限期令其改善；屆期未改善者，應按次處罰】

前條及前三項有關地方主管機關受理工作場所性騷擾申訴之範圍、處理程序、調查方式、必要處置及其他相關事項之辦法，由中央主管機關定之。

性騷擾之被申訴人為最高負責人或僱用人時，於地方主管機關調查期間，申訴人得向雇主申請調整職務或工作型態至調查結果送達雇主之日起三十日內，雇主不得拒絕。

【處新臺幣一萬元以上五萬元以下罰鍰】

【應公布其名稱、負責人姓名、處分期日、違反條文及罰鍰金額，並限期令其改善；屆期未改善者，應按次處罰】

第 32-3 條

公務人員、教育人員或軍職人員遭受性騷擾，且行為人為第十二條第八項第一款所定最高負責人者，應向上級機關（構）、所屬主管機關或監督機關申訴。

第十二條第八項第一款所定最高負責人或機關（構）、公立學校、各級軍事機關（構）、部隊、行政法人及公營事業機構各級主管涉及性騷擾行為，且情節重大，於進行調查期間有先行停止或調整職務之必要時，得由其上級機關（構）、所屬主管機關、監督機關，或服務機關（構）、公立學校、各級軍事機關（構）、部隊、行政法人或公營事業機構停止或調整其職務。但其他法律別有規定者，從其規定。

私立學校校長或各級主管涉及性騷擾行為，且情節重大，於進行調查期間有先行停止或調整職務之必要時，得由學校所屬主管機關或服務學校停止或調整其職務。

依前二項規定停止或調整職務之人員，其案件調查結果未經認定為性騷擾，或經認定為性騷擾但未依公務人員、教育人員或其他相關法律予以停職、免職、解聘、停聘或不續聘者，得依各該法律規定申請復職，及補發停職期間之本俸（薪）、年功俸（薪）或相當之給與。

機關政務首長、軍職人員，其停止職務由上級機關或具任免權之機關為之。

第 33 條

受僱者發現雇主違反第十四條至第二十條之規定時，得向地方主管機關申訴。

其向中央主管機關提出者，中央主管機關應於收受申訴案件，或發現有上開違反情事之日起七日內，移送地方主管機關。

地方主管機關應於接獲申訴後七日內展開調查，並得依職權對雙方當事人進行協調。

前項申訴處理辦法，由地方主管機關定之。

歷屆考題（112-2-5）

㈢ 甲君發現C公司違反性別工作平等法陪產檢及陪產假規定，得向哪個機關申訴？（2分）又該機關應於接獲申訴後幾日內展開調查？（2分）

㈣承上，若甲君向勞動部提出申訴，勞動部應於收受申訴案件之日起幾日內移送前項機關？（2分）

答案
㈢ 1.地方主管機關　　　　　　　2.七日內
㈣ 七日內

第 34 條

受僱者或求職者發現僱主違反第七條至第十一條、第十三條第二項、第二十一條或第三十六條規定時，得向地方主管機關提起申訴。

前項申訴，地方主管機關應經性別平等工作會審議。僱主、受僱者或求職者對於地方主管機關審議後所為之處分有異議時，得於十日內向中央主管機關性別平等工作會申請審議或逕行提起訴願；如有不服中央主管機關性別平等工作會之審定，得逕行提起行政訴訟。

地方主管機關對於第三十二條之一第一項但書所定申訴案件，經依第三十二條之二第一項及第二項規定調查後，除情節重大或經媒體報導揭露之特殊案件外，得不經性別平等工作會審議，逕為處分。如有不服，得提起訴願及進行行政訴訟。

第一項及第二項申訴審議處理辦法，由中央主管機關定之。

第 35 條

法院及主管機關對差別待遇事實之認定，應審酌性別平等工作會所為之調查報告、評議或處分。

第 36 條

僱主不得因受僱者提出本法之申訴或協助他人申訴，而予以解僱、調職或其他不利之處分。

【處新臺幣 2 萬元以上 30 萬元以下罰鍰】

【應公布其姓名或名稱、負責人姓名，並限期令其改善；屆期未改善者，應按次處罰】

【應公布其名稱、負責人姓名、處分期日、違反條文及罰鍰金額，並限期令其改善；屆期未改善者，應按次處罰。】

第 37 條

受僱者或求職者因僱主違反本法之規定，或遭受性騷擾，而向地方主管機關提起申訴，或向法院提出訴訟時，主管機關應提供必要之法律諮詢或扶助；其諮詢或扶助業務，得委託民間團體辦理。

前項法律扶助辦法，由中央主管機關定之。

地方主管機關提供第一項之法律諮詢或扶助，中央主管機關得視其實際財務狀況，予以補助。

受僱者或求職者為第一項訴訟而聲請保全處分時，法院得減少或免除供擔保之金額。

第六章　罰則

第 38 條

僱主違反第二十一條、第二十七條第四項或第三十六條規定者，處新臺幣二萬元以上三十萬元以下罰鍰。

有前項規定行為之一者，應公布其姓名或名稱、負責人姓名，並限期令其改善；屆期未改善者，應按次處罰。

第 38-1 條

雇主違反第七條至第十條、第十一條第一項、第二項規定者，處新臺幣三十萬元以上一百五十萬元以下罰鍰。

雇主違反第十三條第二項規定或地方主管機關依第三十二條之二第三項限期為必要處置之命令，處新臺幣二萬元以上一百萬元以下罰鍰。

雇主違反第十三條第一項第二款規定，處新臺幣二萬元以上三十萬元以下罰鍰。

雇主違反第十三條第一項第一款規定，經限期改善，屆期未改善者，處新臺幣一萬元以上十萬元以下罰鍰。

雇主違反第三十二條之二第五項規定，處新臺幣一萬元以上五萬元以下罰鍰。

有前條或前五項規定行為之一者，應公布其名稱、負責人姓名、處分期日、違反條文及罰鍰金額，並限期令其改善；屆期未改善者，應按次處罰。

第 38-2 條

最高負責人或僱用人經地方主管機關認定有性騷擾者，處新臺幣一萬元以上一百萬元以下罰鍰。

被申訴人違反第三十二條之二第二項規定，無正當理由而規避、妨礙、拒絕調查或提供資料者，處新臺幣一萬元以上五萬元以下罰鍰，並得按次處罰。

第一項裁處權時效，自地方主管機關收受申訴人依第三十二條之一第一項但書規定提起申訴之日起算。

第 38-3 條

第十二條第八項第一款之最高負責人經依第三十二條之三第一項規定認定有性騷擾者，由地方主管機關依前條第一項規定處罰。

前項裁處權時效，自第三十二條之三第一項所定受理申訴機關收受申訴人依該項規定提起申訴之日起算，因三年期間之經過而消滅；自該行為終了時起，逾十年者，亦同。

第七章　附則

第 38-4 條

性騷擾防治法第十條、第二十五條及第二十六條規定，於本法所定性騷擾事件，適用之。

第 39 條

本法施行細則，由中央主管機關定之。

第 39-1 條

本法中華民國一百十二年七月三十一日修正之本條文施行前，已受理之性騷擾申訴案件尚未終結者，及修正施行前已發生性騷擾事件而於修正施行後受理申訴者，均依修正施行後之規定終結之。但已進行之程序，其效力不受影響。

第 40 條

本法自中華民國九十一年三月八日施行。

本法修正條文，除中華民國九十七年一月十六日修正公布之第十六條及一百十一年一月十二日修正公布之條文施行日期由行政院定之；一百十二年七月三十一日修正之第五條第二項至第四項、第十二條第三項、第五項至第八項、第十三條、第十三條之一、第三十二條之一至第三十二條之三、第三十四條、第三十八條之一至第三十八條之三自一百十三年三月八日施行外，自公布日施行。

八

身心障礙者權益保障法

身心障礙者權益保障法

修正日期：110 年 01 月 20 日

第四章　就業權益

第 33 條

各級勞工主管機關應參考身心障礙者之就業意願，由職業重建個案管理員評估其能力與需求，訂定適切之個別化職業重建服務計畫，並結合相關資源，提供職業重建服務，必要時得委託民間團體辦理。

前項所定職業重建服務，包括職業重建個案管理服務、職業輔導評量、職業訓練、就業服務、職務再設計、創業輔導及其他職業重建服務。

前項所定各項職業重建服務，得由身心障礙者本人或其監護人向各級勞工主管機關提出申請。

推動職務再設計服務計畫（112.1.17）

本計畫適用對象如下：

(一) 身心障礙者。

(二) 滿 45 歲至 65 歲之中高齡者。

(三) 逾 65 歲之高齡者。

(四) 經醫療院所診斷為失智症，且尚未取得身心障礙證明者。

(五) 劣耳聽力閾值在四十分貝以上，且與優耳聽力閾值相差二十五分貝以上，且未取得身心障礙證明之單側聽損者。

(六) 原因應貿易自由化產業調整支援方案指定產業所屬事業單位之勞工。

職務再設計服務項目

1. 改善職場工作環境
2. 改善工作設備或機具
3. 提供就業所需之輔具
4. 改善工作條件
5. 調整工作方法

申請職務再設計服務之單位

(一) 受僱者

(二) 公民營事業機構、政府機關、學校或團體

(三) 自營作業者

(四) 公私立職業訓練機構

(五) 接受政府委託辦理職業訓練之單位

(六) 接受政府委託或補助辦理居家就業服務之單位

歷屆考題（106-1-9）

依身心障礙者權益保障法第33條第2項規定，職業重建服務內容共有7種，除提供就業服務及其他職業重建服務外，尚包括哪5種重要的服務？（10分）

答案

㈠ 職業重建個案管理服務　　　　　　㈡ 職業輔導評量

㈢ 職業訓練　　　　　　　　　　　　㈣ 職務再設計

㈤ 創業輔導

歷屆考題（108-1-5）

請問我想申請職業重建之職務再設計的服務，是要向哪一主管機關申請？（2分）依規定除本人外，還有誰可提出申請？（2分）

答案

1. 各級勞工主管機關　　　　　　　　2. 其監護人

歷屆考題（106-3-3）

㈠ 各級勞工主管機關應參考身心障礙者之就業意願，由何種人員評估其能力與需求，訂定適切之個別化職業重建服務計畫，並結合相關資源，提供職業重建服務？（2分）

㈡ 承上，前項所定各項職業重建服務，得由誰向各級勞工主管機關提出申請？（2分）

答案

㈠ 職業重建個案管理員　　　　　　　㈡ 身心障礙者本人或其監護人

歷屆考題（110-2-7）

國內提供身心障礙者的職業重建服務主要包括：職業重建個案管理服務、職業輔導評量、職業訓練、就業服務、職務再設計、創業輔導及其他職業重建服務。茲有4位朋友，如下所述：

甲君：普通高中綜合職能科的學生，持有智能障礙重度的身心障礙證明，畢業後原實習階段的雇主願意繼續僱用。

乙君：甲君的同校同學，只持有情緒行為障礙的鑑定證明，畢業後想隨即找工作，不想再升學。

丙君：五十歲的自營工作者，最近半年記性嚴重退化，經醫療院所確診為失智症，但尚未取得身心障礙證明，需要個別化的設計和訓練等支持服務，幫助他記得工作的程序、調整工作方法，來穩住現有的工作。

丁君：大學畢業且領有輕度肢體障礙證明，因家中有經濟壓力，也不打算升學，希望能找到工作。

依上述4位的資格及初步需求，請回答下列問題：（10分）

㈠哪幾位具備資格可至各直轄市及縣（市）政府身心障礙者職業重建服務窗口獲得職業重建服務？

㈡若上述 4 位都找到工作或已經在工作，哪幾位具備申請職務再設計服務的資格？

答案

㈠甲、丁　　　　　　　　　　㈡甲、丙、丁

歷屆考題（111-2-4）

請依身心障礙者權益保障法規定回答下列問題：

為提供身心障礙者適切的職業重建服務，請依第 33 條規定回答是哪 1 種專業人員與身心障礙者訂定個別化職業重建服務計畫？（2 分）

答案

職業重建個案管理員

歷屆試題 108-3-7

小明後來應徵到一份行銷的工作，希望購置電動輪椅，以便拜訪客戶，他可以依哪一方案，向公立就業服務機構申請就業所需之輔具補助？（2 分）

答案

職務再設計

第 34 條

各級勞工主管機關對於具有就業意願及就業能力，而不足以獨立在競爭性就業市場工作之身心障礙者，應依其工作能力，提供個別化就業安置、訓練及其他工作協助等支持性就業服務。

各級勞工主管機關對於具有就業意願，而就業能力不足，無法進入競爭性就業市場，需長期就業支持之身心障礙者，應依其職業輔導評量結果，提供庇護性就業服務。

支持性就業服務與庇護性就業服務之比較

	就業意願	就業能力	可否進入競爭性就業市場
支持性就業服務	v	v	不足以獨立在競爭性就業市場
庇護性就業服務	v	就業能力不足	無法進入競爭性就業市場

歷屆考題（106-3-3）

各級勞工主管機關應提供身心障礙者支持性就業服務及庇護性就業服務之對象，請依第 34 條規定分別敘明之。（6 分）

答案

1. 支持性就業服務之對象具有就業意願及就業能力，而不足以獨立在競爭性就業市場工作之身心障礙者。

2.庇護性就業服務之對象具有就業意願，而就業能力不足，無法進入競爭性就業市場，需長期就業支持之身心障礙者。

第 35 條

直轄市、縣（市）勞工主管機關為提供第三十三條第二項之職業訓練、就業服務及前條之庇護性就業服務，應推動設立下列機構：

一、職業訓練機構。

二、就業服務機構。

三、庇護工場。

前項各款機構得單獨或綜合設立。機構設立因業務必要使用所需基地為公有，得經該公有基地管理機關同意後，無償使用。

第一項之私立職業訓練機構、就業服務機構、庇護工場，應向當地直轄市、縣（市）勞工主管機關申請設立許可，經發給許可證後，始得提供服務。

未經許可，不得提供第一項之服務。但依法設立之機構、團體或學校接受政府委託辦理者，不在此限。

第一項機構之設立許可、設施與專業人員配置、資格、遴用、培訓及經費補助之相關準則，由中央勞工主管機關定之。

歷屆考題（109-3-4）

申請設立庇護工場的主管機關為何？（2分）

答案

直轄市、縣（市）勞工主管機關

歷屆考題（111-2-4）

請依身心障礙者權益保障法規定回答下列問題：

該法規定未經許可不得提供身心障礙者就業服務，請依第35條規定回答民間單位有哪2種途徑才能提供身心障礙者就業服務？（8分）

答案

依法設立之機構、團體或學校接受政府委託辦理者。

第 36 條

各級勞工主管機關應協調各目的事業主管機關及結合相關資源，提供庇護工場下列輔導項目：

一、經營及財務管理。

二、市場資訊、產品推廣及生產技術之改善與諮詢。

三、員工在職訓練。

四、其他必要之協助。

第 37 條

各級勞工主管機關應分別訂定計畫，自行或結合民間資源辦理第三十三條第二項職業輔導評量、職務再設

計及創業輔導。

前項服務之實施方式、專業人員資格及經費補助之相關準則，由中央勞工主管機關定之。

第 38 條

各級政府機關、公立學校及公營事業機構員工總人數在三十四人以上者，進用具有就業能力之身心障礙者人數，不得低於員工總人數百分之三。

私立學校、團體及民營事業機構員工總人數在六十七人以上者，進用具有就業能力之身心障礙者人數，不得低於員工總人數百分之一，且不得少於一人。

前二項各級政府機關、公、私立學校、團體及公、民營事業機構爲進用身心障礙者義務機關（構）；其員工總人數及進用身心障礙者人數之計算方式，以各義務機關（構）每月一日參加勞保、公保人數爲準；第一項義務機關（構）員工員額經核定爲員額凍結或列爲出缺不補者，不計入員工總人數。

前項身心障礙員工之月領薪資未達勞動基準法按月計酬之基本工資數額者，不計入進用身心障礙者人數及員工總人數。但從事部分工時工作，其月領薪資達勞動基準法按月計酬之基本工資數額二分之一以上者，進用二人得以一人計入身心障礙者人數及員工總人數。

辦理庇護性就業服務之單位進用庇護性就業之身心障礙者，不計入進用身心障礙者人數及員工總人數。

依第一項、第二項規定進用重度以上身心障礙者，每進用一人以二人核計。

警政、消防、關務、國防、海巡、法務及航空站等單位定額進用總人數之計算範圍，得於本法施行細則另定之。

依前項規定不列入定額進用總人數計算範圍之單位，其職務應經職務分析，並於三年內完成。

前項職務分析之標準及程序，由中央勞工主管機關另定之。

歷屆考題（106-1-4）

依據第 38 條規定，哪七種單位得不列入定額進用總人數計算範圍？（7分）

答案

1. 警政單位　　2. 消防單位　　3. 關務單位　　4. 國防單位
5. 海巡單位　　6. 法務單位　　7. 航空站單位

歷屆考題（110-2-4）

1. A 公司 3 名身心障礙員工爲輕、中度障礙者且皆爲部分工時員工，其月領薪資分別爲 16,000 元、15,000 元及 8,000 元，請問依法計算 A 公司在當月進用身心障礙者人數爲幾人？（3分）

2. B 公司 3 名身心障礙員工中 1 名中度障礙者月領薪資爲 24,000 元，另 2 名部分工時員工分別爲 1 名中度障礙者月領薪資爲 15,000 元、1 名重度障礙者月領薪資爲 12,000 元，請問依法計算 B 公司在當月進用身心障礙者人數爲幾人？（3分）

答案

1. 1 人　　　　　　　　　　2. 2 人

第 38-1 條

事業機構依公司法成立關係企業之進用身心障礙者人數達員工總人數百分之二十以上者，得與該事業機構合併計算前條之定額進用人數。

事業機構依前項規定投資關係企業達一定金額或僱用一定人數之身心障礙者應予獎勵與輔導。

前項投資額、僱用身心障礙者人數、獎勵與輔導及第一項合併計算適用條件等辦法，由中央各目的事業主管機關會同中央勞工主管機關定之。

第 39 條

各級政府機關、公立學校及公營事業機構為進用身心障礙者，應洽請考試院依法舉行身心障礙人員特種考試，並取消各項公務人員考試對身心障礙人員體位之不合理限制。

第 40 條

進用身心障礙者之機關（構），對其所進用之身心障礙者，應本同工同酬之原則，不得為任何歧視待遇，其所核發之正常工作時間薪資，不得低於基本工資。

庇護性就業之身心障礙者，得依其產能核薪；其薪資，由進用單位與庇護性就業者議定，並報直轄市、縣（市）勞工主管機關核備。

> **歷屆考題（109-1-4）**
>
> 依身心障礙者權益保障法第 40 條第 1 項規定，進用身心障礙者之機關（構），對於所進用之身障礙者，應本哪一原則，不得為任何歧視待遇？（2分）承上，其所核發之正常工作時間薪資，不得低於哪一工資？（2分）
>
> **答案**
>
> 1. 同工同酬之原則　　　　　　　2. 基本工資

> **歷屆考題（109-3-4）**
>
> 庇護性就業的身心障礙者如依產能核薪的薪資訂定程序為何？（4分）
>
> **答案**
>
> 1. 由進用單位與庇護性就業者議定。
> 2. 報直轄市、縣（市）勞工主管機關核備。

第 41 條

經職業輔導評量符合庇護性就業之身心障礙者，由辦理庇護性就業服務之單位提供工作，並由雙方簽訂書面契約。

接受庇護性就業之身心障礙者，經第三十四條之職業輔導評量單位評量確認不適於庇護性就業時，庇護性就業服務單位應依其實際需求提供轉銜服務，並得不發給資遣費。

> **歷屆考題（109-2-4）**
>
> 甲經大量解僱後，經職業輔導評量符合庇護性就業，依身心障礙者權益保障法第 41 條第 1 項規定，由辦理庇護性就業服務之單位提供工作，並由雙方以哪一方式簽訂契約？（2分）

答案

書面契約

第 42 條

身心障礙者於支持性就業、庇護性就業時，雇主應依法為其辦理參加勞工保險、全民健康保險及其他社會保險，並依相關勞動法規確保其權益。

庇護性就業者之職業災害補償所採薪資計算之標準，不得低於基本工資。

庇護工場給付庇護性就業者之職業災害補償後，得向直轄市、縣（市）勞工主管機關申請補助；其補助之資格條件、期間、金額、比率及方式之辦法，由中央勞工主管機關定之。

第 43 條

為促進身心障礙者就業，直轄市、縣（市）勞工主管機關應設身心障礙者就業基金；其收支、保管及運用辦法，由直轄市、縣（市）勞工主管機關定之。

進用身心障礙者人數未達第三十八條第一項、第二項標準之機關（構），應定期向所在地直轄市、縣（市）勞工主管機關之身心障礙者就業基金繳納差額補助費；其金額，依差額人數乘以每月基本工資計算。

直轄市、縣（市）勞工主管機關之身心障礙者就業基金，每年應就收取前一年度差額補助費百分之三十撥交中央勞工主管機關之就業安定基金統籌分配；其提撥及分配方式，由中央勞工主管機關定之。

歷屆考題（102-2-3）

雇主應向何機關繳納身心障礙者定額進用差額補助費？（2分）

答案

直轄市、縣（市）勞工主管機關。

歷屆考題（110-2-4）

未達身心障礙者權益保障法第 38 條規定應進用身心障礙者人數標準之機關（構），應定期向所在地直轄市、縣（市）勞工主管機關繳納差額補助費之金額如何計算？（4分）

答案

依差額人數乘以每月基本工資計算。

第 44 條

前條身心障礙者就業基金之用途如下：

一、補助進用身心障礙者達一定標準以上之機關（構），因進用身心障礙者必須購置、改裝、修繕器材、設備及其他為協助進用必要之費用。

二、核發超額進用身心障礙者之私立機構獎勵金。

三、其他為辦理促進身心障礙者就業權益相關事項。

前項第二款核發之獎勵金，其金額最高按超額進用人數乘以每月基本工資二分之一計算。

第 45 條

各級勞工主管機關對於進用身心障礙者工作績優之機關（構），應予獎勵。

前項獎勵辦法，由中央勞工主管機關定之。

第 46 條

非視覺功能障礙者，不得從事按摩業。

各級勞工主管機關為協助視覺功能障礙者從事按摩及理療按摩工作，應自行或結合民間資源，輔導提升其專業技能、經營管理能力，並補助其營運所需相關費用。

前項輔導及補助對象、方式及其他應遵行事項之辦法，由中央勞工主管機關定之。

醫療機構得僱用視覺功能障礙者於特定場所從事非醫療按摩工作。

醫療機構、車站、民用航空站、公園營運者及政府機關（構），不得提供場所供非視覺功能障礙者從事按摩或理療按摩工作。其提供場地供視覺功能障礙者從事按摩或理療按摩工作者應予優惠。

第一項規定於中華民國一百年十月三十一日失其效力。

第 46-1 條

政府機關（構）及公營事業自行或委託辦理諮詢性電話服務工作，電話值機人數在十人以上者，除其他法規另有規定外，應進用視覺功能障礙者達電話值機人數十分之一以上。但因工作性質特殊或進用確有困難，報經電話值機所在地直轄市、縣（市）勞工主管機關同意者，不在此限。

於前項但書所定情形，電話值機所在地直轄市、縣（市）勞工主管機關與自行或委託辦理諮詢性電話服務工作之機關相同者，應報經中央勞工主管機關同意。

第 47 條

為因應身心障礙者提前老化，中央勞工主管機關應建立身心障礙勞工提早退休之機制，以保障其退出職場後之生活品質。

歷屆考題（106-1-4）

依據第 47 條規定，為因應身心障礙者提前老化哪一個主管機關？建立身心障礙勞工何種機制？以保障其生活品質（3 分）

答案

1. 中央勞工主管機關（勞動部）　2. 提早退休之機制
3. 退出職場後之生活品質

歷屆考題（107-2-6）

請依我國身心障礙者就業服務相關法令規定，請列出 5 項就業安置（模式）資源？（10 分）

答案

(一) 職業重建服務計畫

(二) 支持性就業服務、庇護性就業服務

(三) 職業訓練、就業服務機構及庇護工場之設立

(四) 提供庇護工場輔導項目

(五) 相關經費補助

(六) 身心障礙人員特種考試之舉行

(七) 就業保障名額

(八) 身心障礙者薪資待遇

(九) 轉銜服務之提供

視障者生活重建服務內容

(一) 個案管理（含評估及擬訂重建處遇計畫）。

(二) 功能性視覺評估及視光學評估。

(三) 定向行動訓練。

(四) 生活技能訓練。

(五) 資訊溝通能力及輔具訓練。

(六) 心理支持。

(七) 家庭支持。

(八) 社交活動及人際關係之訓練。

(九) 轉銜服務。

(十) 其他生活重建及資源連結服務。

視障者職業重建服務內容

㈠ 職業重建個案管理服務（含職涯諮商及評量、擬訂職業重建服務計畫）。

㈡ 功能性視覺評估、視光學評估及職業輔導評量服務。

㈢ 職前適應訓練。

㈣ 資訊溝通能力及就業輔具訓練。

㈤ 職場環境定向行動訓練。

㈥ 職業訓練。

㈦ 就業服務。

㈧ 創業輔導。

㈨ 職務再設計。

㈩ 其他職業重建及資源連結服務。

歷屆考題（107-3-10）

十、視覺功能障礙者的重建服務是頗特別的群組往往需能整合職業重建服務及生活重建服務後才能看到服務的成效。以明立為例，他是伴隨有輕度智障的重度視障者，居家生活可完全自理，但因視野小，有安全顧慮，不曾獨立外出至社區，不熟悉環境，不喜歡使用白手杖；特殊學校畢業結束前有取得丙級按摩技術士證，畢業後曾在按摩小棧工作幾日，即因與顧客言語互動不佳等原因而離職，已待業 3 年（在家待業時間久，與他人互動和手部用力操作機會少，以致能力退化），挫折感大，他希望能趕快就業，做什麼都好，按摩也可以。依上述的例子，請回答下列問題：

㈠ 依明立的需求，是否需要同時考量到職業重建服務及生活重建服務嗎？（2分）

㈡ 請列出其可能需要的職業重建服務及生活重建服務各 2 項。（8分）

十、答案

㈠ 需要

㈡ 1. 職業重建服務：職業訓練、就業服務、創業輔導、職務再設計。

　　2. 生活重建服務：定向行動訓練、生活技能訓練、心理支持、家庭支持。

歷屆考題（108-3-9）

九、提供身心障礙者職業重建服務時，對於輔導需求的評估與運用可能的資源息息相關，請依輔導需求項目的序號，分別配對最適合使用的 1 類資源。（10分）

㈠ 輔導需求項目：

　　一、增進職涯抉擇；二、增進求職技巧；三、增進工作技能；四、增進工作態度；五、增進職場支持環境。

㈡ 可使用資源類別：

　　甲、庇護工場職場見習計畫；職業訓練；在職技能訓練。

　　乙、職業輔導評量；職涯輔導諮商（個別與團體諮商）。

丙、穩定就業服務；輔具資源；職務再設計。

丁、面試技巧、履歷表撰寫之研習；就業準備團體。

戊、職場學習及再適應計畫；成長團體活動；雇主及同儕的回饋。

九、答案

一、增進職涯抉擇——乙　　　　二、增進求職技巧——丁

三、增進工作技能——甲　　　　四、增進工作態度——戊

五、增進職場支持環境——丙

歷屆試題 108-2-10

身心障礙者職業行為的生態學模式包括 5 個彼此相關的構念因素：㈠ 個人因素（個人的生理和心理特徵）、㈡ 背景因素（個人現在或過去的情形，對一個人來說，它是外在的）、㈢ 中介因素（影響個人和環境間互動的個人、文化和社會的想法）、㈣ 環境因素（工作環境中的特性或條件）、㈤ 結果因素（因素群的交互作用所產生的狀態）。請依序將上述 5 個構念因素與下列 5 項的說明配對。（甲）工作的持久性、滿意度；（乙）社經地位、家庭、教育；（丙）需求、工作能力、興趣、價值觀、身心障礙；（丁）任務要求、組織接納度、職務再設計；（戊）世界觀、就業歧視。（10分）

答案

㈠ 個人因素（個人的生理和心理特徵）——（丙）需求、工作能力、興趣、價值觀、身心障礙

㈡ 背景因素（個人現在或過去的情形，對一個人來說，它是外在的）——（乙）社經地位、家庭、教育

㈢ 中介因素（影響個人和環境間互動的個人、文化和社會的想法）——（戊）世界觀、就業歧視

㈣ 環境因素（工作環境中的特性或條件）——（丁）任務要求、組織接納度、職務再設計

㈤ 結果因素（因素群的交互作用所產生的狀態）——（甲）工作的持久性、滿意度

歷屆試題 112-2-7

七、身心障礙者求職或諮詢相關服務，通常會依需求向公立就業服務機構、身心障礙者職業重建機構，或社政相關機構尋求如後的服務：(A) 庇護性就業服務、(B) 大專青年學生公部門暑期工讀服務、(C) 居家就業服務、(D) 社區式日間作業服務措施、(E) 一般性就業服務、(F) 中高齡者及高齡者就業服務。

請依據下列題目，寫出上述服務之英文代碼。

㈠請寫出 3 項身心障礙者職業重建機構有提供的服務。（6分）

㈡請寫出 2 項公立就業服務機構有提供的服務。（4分）

七、答案

㈠ (A) 庇護性就業服務、(C) 居家就業服務、(D) 社區式日間作業服務措施

㈡ (E) 一般性就業服務、(F) 中高齡者及高齡者就業服務

身心障礙者職業重建服務專業人員遴用及培訓準則

修正日期：112 年 09 月 23 日

第 1 條

本準則依身心障礙者權益保障法第三十五條第五項及第三十七條第二項規定訂定之。

第 2 條

本準則所稱主管機關：在中央為勞動部；在直轄市為直轄市政府；在縣（市）為縣（市）政府。

第 3 條

本準則所定專業人員及其職務內容如下：

一、職業訓練師：直接擔任職業技能與相關知識教學事項。

二、職業訓練員：辦理職業技能訓練事項。

三、職業輔導評量員：辦理職業輔導評量計畫擬定、個案職業輔導評量、撰寫職業輔導評量報告及提供個案就業建議等事項。

四、就業服務員：辦理就業諮詢、就業機會開發、推介就業、擬定並執行就業服務計畫、職務分析、工作訓練、追蹤輔導、職務再設計、穩定就業後之職場適應、就業支持及庇護性就業員工轉銜輔導等事項。

五、職業重建個案管理員：辦理就業轉銜、職業重建諮詢、開案評估、擬定並執行職業重建服務計畫、分派或連結適當服務、資源開發、整合與獲取、服務追蹤及結案評定等事項。

六、督導：協助專業人員專業知能提升、情緒支持與團隊整合及溝通等事項。

歷屆考題（111-3-7）

我國的身心障礙者職業重建服務專業人員包括：A 職業訓練師、B 職業訓練員、C 職業輔導評量員、D 就業服務員、E 職業重建個案管理員、F 督導，他們各司其職。請依據職業重建服務專業人員的職掌，回答下列情況適合尋求上述哪一類專業人員的協助？（10 分，每小題 2 分）

(一) 已在職場的身心障礙工作者，需職場適應的協助時。

(二) 身心障礙者第一次尋求職業重建服務時。

(三) 就業服務員需要情緒或專業支持或協助，卻不適合找同儕時。

(四) 當身心障礙個案想進庇護工場，需要適切的評估時。

(五) 身心障礙個案參加養成或進修訓練期間，需學習專業技能時。

答案

(一) D 就業服務員　　　　　　　　(二) E 職業重建個案管理員

㈢ F 督導　　　　　　　　　　㈣ C 職業輔導評量員

㈤ A 職業訓練師

第 4 條

身心障礙者職業訓練機構聘任職業訓練師，其資格應符合職業訓練師甄審遴聘辦法規定。

第 5 條

身心障礙者職業訓練機構聘任之職業訓練員，應具備下列資格之一：

一、取得應聘職類相關甲級或乙級技術士證。

二、取得應聘職類相關丙級技術士證，並從事該職類相關工作三年以上。

三、政府尚未辦理該應聘職類丙級以上技術士技能檢定者：

　㈠大專校院相關科、系、所或學位學程畢業，且從事該職類相關工作年資一年以上。

　㈡大專校院非相關科、系、所或學位學程畢業，且從事該職類相關工作年資三年以上。

　㈢高中（職）畢業，且從事該職類相關工作年資五年以上。

　㈣曾擔任與應聘職類相關工作年資六年以上。

四、在應聘職類上有特殊表現，具相關教學或工作經驗累計達六年以上者。

第 6 條

職業輔導評量員應具備下列資格之一：

一、大專校院復健諮商研究所畢業。

二、取得身心障礙者職業重建服務職業輔導評量員學分學程證明，且從事就業服務、職業重建個案管理或
　　職能治療相關工作一年以上。

三、完成職業輔導評量專業訓練一百六十小時以上，成績及格取得結訓證明，並具備下列資格之一：

　㈠領有社會工作師、職能治療師、物理治療師、心理師或特殊教育教師證書。

　㈡大專校院社會工作、職能治療、物理治療、特殊教育、勞工關係、人力資源、心理或輔導之相關科、
　　系、所或學位學程畢業，且從事就業服務、職業重建個案管理或職能治療相關工作一年以上。

　㈢取得就業服務乙級技術士證，且從事就業服務、職業重建個案管理或職能治療相關工作一年以上。

從事職業重建個案管理工作二年以上，且完成六十小時職業輔導評量專業訓練者，經直轄市、縣（市）主
管機關報請中央主管機關同意後，得先行提供職業輔導評量服務，並於執行業務期間由具職業輔導評量督
導資格者予以輔導。

前項人員應於進用後二年內，完成第一項第三款專業訓練時數，成績及格並取得結訓證明，始得繼續提供
職業輔導評量服務。

第 7 條

就業服務員應具備下列資格之一：

一、領有社會工作師、職能治療師、物理治療師、心理師或特殊教育教師證書。

二、取得就業服務乙級技術士證。

三、大專校院復健諮商、社會工作、職能治療、物理治療、特殊教育、勞工關係、人力資源、心理或輔
　　導、長期照護之相關科、系、所或學位學程畢業。

四、非屬前款所定相關科、系、所或學位學程畢業，完成身心障礙者就業服務相關專業訓練八十小時以上或取得身心障礙者職業重建服務學分學程證明。

五、高中（職）畢業，且從事就業服務或身心障礙者福利服務相關工作三年以上，並完成身心障礙者就業服務相關專業訓練八十小時以上。

本準則施行前進用之就業服務助理員，應於就業服務督導之指導下，協助辦理就業服務事項。

第一項就業服務員至遲應於初次進用後一年內完成身心障礙者就業服務相關專業訓練三十六小時以上，成績及格取得結訓證明，始得繼續提供服務。但經直轄市、縣（市）主管機關同意者，得延後一年完成。

第 8 條

職業重建個案管理員應具備下列資格之一，並於進用前完成身心障礙者職業重建個案管理員專業訓練三十六小時以上，成績及格取得結訓證明：

一、領有社會工作師、職能治療師、物理治療師、心理師或特殊教育教師證書，且從事身心障礙者就業服務、職業輔導評量或成人個案管理工作一年以上。

二、大專校院復健諮商研究所畢業，且從事身心障礙者就業服務、職業輔導評量或成人個案管理工作一年以上。

三、大專校院社會工作、職能治療、物理治療、特殊教育、勞工關係、人力資源、心理或輔導之相關科、系、所或學位學程畢業，或取得就業服務乙級技術士證，且從事身心障礙者就業服務、職業輔導評量或成人個案管理工作一年以上。

四、非屬前款所定大專校院相關科、系、所或學位學程畢業，取得身心障礙者職業重建服務學分學程證明，且從事身心障礙者就業服務、職業輔導評量或成人個案管理工作二年以上。

五、非屬第三款所定大專校院相關科、系、所或學位學程畢業，且從事身心障礙者就業服務或職業輔導評量工作四年以上。

職業重建個案管理員於進用前，未完成前項所定之專業訓練，經直轄市、縣（市）主管機關報請中央主管機關同意後，得先行提供服務，並應於進用後一年內完成訓練，成績及格取得結訓證明者，始得繼續提供服務。

第 9 條

督導應具備下列資格：

一、符合第三條第一款至第五款規定專業人員資格之一。

二、完成督導專業訓練三十六小時以上，成績及格取得結訓證明。

三、從事所督導業務之工作三年以上。

其他具有實際輔導前項第一款規定之人員三年以上，並經中央主管機關專案審查具有所需督導專業能力者，不受前項規定之限制。

第 10 條

符合本準則規定之專業人員應申請資格認證證明，其證明之有效期間為三年。

專業人員於取得資格認證證明後，每三年接受下列各款繼續教育，合計應達六十小時以上，並於三年期間屆滿前三個月內，提出完成繼續教育證明文件，辦理資格認證證明更新：

一、專業課程。

二、專業相關法規課程。

三、專業倫理課程。

四、專業品質課程。

前項第三款及第四款所定繼續教育之課程，合計應達六小時；逾六小時者，以六小時計。

專業人員依第七條第三項規定完成之專業訓練，不計入第二項繼續教育課程。

第二項繼續教育之課程及時數認定，中央主管機關得委辦直轄市、縣（市）主管機關或委託專業機關（構）、團體辦理。

專業人員符合第二項規定者，發給三年效期之完成繼續教育證明文件。

第 10-1 條

專業人員離開職場三個月以上，致未完成前條第二項之繼續教育時數且資格認證證明失效者，經直轄市、縣（市）主管機關報請中央主管機關同意後，得先行提供服務。

前項人員應於一年內完成繼續教育時數二十小時以上，始得繼續提供服務，及申請資格認證證明更新。

第 11 條

第十條第二項規定每三年接受繼續教育期間之計算，得扣除專業人員因故未執行職務三個月以上之期間。

前項期間之扣除，應由專業人員提具證明，送中央主管機關辦理審查。

第 12 條

持有教育部規定學程或相關科、系、所或學位學程之學分證明者，得向中央主管機關申請抵免第六條至第九條規定專業訓練相關課程時數。

第五條至第八條所定相關科、系、所或學位學程畢業，及身心障礙者職業重建服務學分學程證明，由中央主管機關認定之。

前二項所定專業訓練時數抵免、專業人員資格及身心障礙者職業重建服務學分學程之認定，中央主管機關得委託專業機構或團體辦理。

第 13 條

本準則所定之專業訓練、繼續教育及身心障礙者職業重建服務學分學程之時數、課程及抵免規定，由中央主管機關公告，並刊登政府公報。

前項所定專業訓練、繼續教育，主管機關應視轄區內需求規劃辦理，並得委託大專校院、專業機構或團體辦理。

第一項所定身心障礙者職業重建服務學分學程，得由各大專校院辦理。

第 14 條

有下列各款情事之一者，不得申請專業人員資格認證；已取得資格認證者，應予撤銷或廢止：

一、受監護或輔助宣告，尚未撤銷。

二、犯性侵害犯罪防治法第二條第一款之罪、性騷擾防治法第二十五條第一項之罪、兒童及少年性剝削防制條例所定之罪、刑法第三百十九條之一至第三百十九條之四之罪，經有罪判決確定。

三、犯貪污罪，經有罪判決確定。

四、犯家庭暴力罪，經有罪判決確定。

五、犯前三款以外與業務有關之故意犯罪行為，經有罪判決確定。

前項第一款所定原因消滅後，得依本準則規定申請專業人員資格認證。

第 15 條

第十條第二項所定資格認證證明更新，專業人員應檢附原資格認證證明及完成繼續教育證明文件，向中央主管機關申請並經認證後，始得繼續提供服務；其有依第十條之一或第十一條規定申請者，另應檢附同意扣除期間或先行提供服務之核定文件。

前項所定繼續教育證明文件，以資格認證更新申請日前三年內有效。

新發資格認證證明之有效期間，以原資格認證證明期間屆滿之翌日起算。但逾三年期間屆滿後申請資格認證更新經核定者，以申請日起算。

專業人員未於規定期間申請資格認證證明更新者，資格認證證明自期間屆滿之翌日失其效力。

第 16 條

專業人員應遵守職業重建服務倫理守則之規定。

前項所定倫理守則，由中央主管機關公告之。

第 17 條

辦理身心障礙者職業重建服務之機關（構）或團體，應遴派其專業人員參加相關在職進修及繼續教育課程。

主管機關應輔導前項辦理身心障礙者職業重建服務之機關（構）或團體遴派其專業人員，參加相關在職進修及繼續教育課程。

第 18 條

專業訓練成績及格或完成繼續教育者，應發給結訓證明，並載明訓練起迄日期、課程及時數。

第 19 條

本準則所需經費來源如下：

一、身心障礙者就業基金。

二、主管機關編列預算。

三、其他收入。

第 20 條

本準則自發布日施行。

大量解僱勞工保護法

大量解僱勞工保護法

修正日期：104 年 07 月 01 日

第 1 條

為保障勞工工作權及調和雇主經營權，避免因事業單位大量解僱勞工，致勞工權益受損害或有受損害之虞，並維護社會安定，特制定本法；本法未規定者，適用其他法律之規定。

第 2 條

本法所稱大量解僱勞工，指事業單位有勞動基準法第十一條所定各款情形之一、或因併購、改組而解僱勞工，且有下列情形之一：

一、同一事業單位之同一廠場僱用勞工人數未滿三十人者，於六十日內解僱勞工逾十人。

二、同一事業單位之同一廠場僱用勞工人數在三十人以上未滿二百人者，於六十日內解僱勞工逾所僱用勞工人數三分之一或單日逾二十人。

三、同一事業單位之同一廠場僱用勞工人數在二百人以上未滿五百人者，於六十日內解僱勞工逾所僱用勞工人數四分之一或單日逾五十人。

四、同一事業單位之同一廠場僱用勞工人數在五百人以上者，於六十日內解僱勞工逾所僱用勞工人數五分之一或單日逾八十人。

五、同一事業單位於六十日內解僱勞工逾二百人或單日逾一百人。

前項各款僱用及解僱勞工人數之計算，不包含就業服務法第四十六條所定之定期契約勞工。

勞動基準法第 11 條	非有左列情事之一者，雇主不得預告勞工終止勞動契約： 一、歇業或轉讓時。 二、虧損或業務緊縮時。 三、不可抗力暫停工作在一個月以上時。 四、業務性質變更，有減少勞工之必要，又無適當工作可供安置時。 五、勞工對於所擔任之工作確不能勝任時。
勞動基準法第 20 條	事業單位改組或轉讓時，除新舊雇主商定留用之勞工外，其餘勞工應依第十六條規定期間預告終止契約，並應依第十七條規定發給勞工資遣費。其留用勞工之工作年資，應由新雇主繼續予以承認。

大量解僱勞工之定義

同一事業單位之同一廠場僱用勞工人數	僱用勞工人數	60 日內解僱	單日解僱
同上	未滿 30 人	逾 10 人	
同上	30 人以上未滿 200 人	逾 1/3	逾 20 人
同上	200 人以上未滿 500 人	逾 1/4	逾 50 人
同上	500 人以上	逾 1/5	逾 80 人
同一事業單位		逾 200 人	逾 100 人

歷屆考題（109-3-5）

A 公司僱用的員工人數計 31 人，請依性別工作平等法及大量解僱勞工保護法規定，回答下列問題：

依大量解僱勞工保護法規定，倘 A 公司發生大量解僱情事，係指 A 公司於 60 日內解僱勞工逾僱用勞工人數幾分之幾？（2分）或單日解僱勞工人數逾多少人？（2分）

答案

1. 三分之一　　　　　　　　　　　2. 二十人

歷屆考題（102-1-2）

甲公司於民國 100 年成立，僱有員工 210 人，並組有企業工會。近期因業務緊縮，而欲進行裁員解僱勞工。

甲公司於 60 日內解僱勞工達何種情形，為大量解僱勞工保護法所稱「大量解僱」？（4分）

答案

逾 1/4

歷屆考題（96-1-1）

A 證券公司有員工 120 人，其中股票承銷部有 25 人。因市場生態丕變，股票承銷業務量急速下降，狀況不佳，公司決定 1 日內同時將所有承銷部的員工解僱，以減少成本。請依勞動基準法與大量解僱勞工保護法之規定，回答下列問題：

A 公司解僱承銷部的員工，是否符合大量解僱勞工保護法所規定之門檻，而為大量解僱？（2分）

答案

為大量解僱，單日解僱勞工逾二十人。

歷屆考題（110-3-5）

甲君在僱有 20 個員工的 A 公司工作，請依據相關勞動法令回答下列問題：

A 公司剛好遇到疫情期間訂單減少，不得已宣布要進行大量解僱勞工。準此，依據大量解僱勞工保護法第 2 條第 1 款規定，該公司之「大量解僱勞工」情形，係指於 60 日內解僱勞工逾多少人？（2分）

答案

逾十人

第 3 條

本法所稱主管機關：在中央為勞動部；在直轄市為直轄市政府；在縣（市）為縣（市）政府。

同一事業單位大量解僱勞工事件，跨越直轄市、縣（市）行政區域時，直轄市或縣（市）主管機關應報請中央主管機關處理，或由中央主管機關指定直轄市或縣（市）主管機關處理。

歷屆考題（109-3-5）

A 公司僱用的員工人數計 31 人，請依性別工作平等法及大量解僱勞工保護法規定，回答下列問題：

上述兩種法規中所稱主管機關，在中央及地方分別為何機關？（2分）

答案

1. 在中央為勞動部。

2. 在直轄市為直轄市政府；在縣（市）為縣（市）政府。

第 4 條

事業單位大量解僱勞工時，應於符合第二條規定情形之日起六十日前，將解僱計畫書通知主管機關及相關單位或人員，並公告揭示。但因天災、事變或突發事件，不受六十日之限制。

依前項規定通知相關單位或人員之順序如下：

一、事業單位內涉及大量解僱部門勞工所屬之工會。

二、事業單位勞資會議之勞方代表。

三、事業單位內涉及大量解僱部門之勞工。但不包含就業服務法第四十六條所定之定期契約勞工。

事業單位依第一項規定提出之解僱計畫書內容，應記載下列事項：

一、解僱理由。

二、解僱部門。

三、解僱日期。

四、解僱人數。

五、解僱對象之選定標準。

六、資遣費計算方式及輔導轉業方案等。

【處新臺幣 10 萬元以上 50 萬元以下罰鍰】

【並限期令其通知或公告揭示】

【屆期未通知或公告揭示者，按日連續處罰至通知或公告揭示為止】

大量解僱勞工通知與終止勞動契約預告期間

大量解僱勞工通知	60 日前
終止勞動契約預告期間	一、繼續工作 3 個月以上 1 年未滿者，於 10 日前預告之。
	二、繼續工作 1 年以上 3 年未滿者，於 20 日前預告之。
	三、繼續工作 3 年以上者，於 30 日前預告之。

大量解僱勞工通知與資遣通報

大量解僱勞工通知	事業單位大量解僱勞工時，應於符合第二條規定情形之日起 60 日前，將解僱計畫書通知主管機關及相關單位或人員，並公告揭示。
	但因天災、事變或突發事件，不受 60 日之限制。
	依前項規定通知相關單位或人員之順序如下：

	一、事業單位內涉及大量解僱部門勞工所屬之工會。
	二、事業單位勞資會議之勞方代表。
	三、事業單位內涉及大量解僱部門之勞工。
資遣通報	雇主資遣員工時，應於員工離職之 10 日前，將被資遣員工之姓名、性別、年齡、住址、電話、擔任工作、資遣事由及需否就業輔導等事項，列冊通報當地主管機關及公立就業服務機構。但其資遣係因天災、事變或其他不可抗力之情事所致者，應自被資遣員工離職之日起 3 日內為之。

歷屆考題（99-2-4）

(一) 事業單位大量解僱勞工時，除有因天災、事變或突發事件外，一般而言，應於符合大量解僱規定情形之日起幾日前，將解僱計畫書通知主管機關及相關單位或人員，並公告揭示？（1分）

(二) 通知相關單位或人員之順序為何？（3分）

(三) 事業單位所提出之解僱計畫書內容，應記載哪些事項？（6分）

答案

(一) 六十日前

(二) 1. 事業單位內涉及大量解僱部門勞工所屬之工會。

2. 事業單位勞資會議之勞方代表。

3. 事業單位內涉及大量解僱部門之勞工。但不包含就業服務法第四十六條所定之定期契約勞工。

(三) 1. 解僱理由　2. 解僱部門　3. 解僱日期　4. 解僱人數

5. 解僱對象之選定標準　6. 資遣費計算方式及輔導轉業方案等

歷屆考題（107-3-4）

依大量解僱勞工保護法規定，解僱如屬大量解僱勞工情形，在無天災、事變或突發事件情況下，甲公司逾 60 日仍未將解僱計畫書通知主管機關及相關單位或人員，並公告揭示。對甲公司違法行為，依該法第 17 條規定，主管機關可採取哪 3 種行政處分？（6分）

答案

1. 處新臺幣十萬元以上五十萬元以下罰鍰。

2. 限期令其通知或公告揭示。

3. 屆期末通知或公告揭示者，按日連續處罰至通知或公告揭示為止。

第 5 條

事業單位依前條規定提出解僱計畫書之日起十日內，勞雇雙方應即本於勞資自治精神進行協商。

勞雇雙方拒絕協商或無法達成協議時，主管機關應於十日內召集勞雇雙方組成協商委員會，就解僱計畫書內容進行協商，並適時提出替代方案。

【處新臺幣 10 萬元以上 50 萬元以下罰鍰】

歷屆考題（112-3-5）
A 公司提出解僱計畫書之日起幾日內，勞雇雙方應即本於勞資自治精神進行協商？（2 分）

答案
十日內

第 6 條

協商委員會置委員五人至十一人，由主管機關指派代表一人及勞雇雙方同數代表組成之，並由主管機關所指派之代表為主席。資方代表由雇主指派之；勞方代表，有工會組織者，由工會推派；無工會組織而有勞資會議者，由勞資會議之勞方代表推選之；無工會組織且無勞資會議者，由事業單位通知第四條第二項第三款規定之事業單位內涉及大量解僱部門之勞工推選之。

勞雇雙方無法依前項規定於十日期限內指派、推派或推選協商代表者，主管機關得依職權於期限屆滿之次日起五日內代為指定之。

協商委員會應由主席至少每二週召開一次。

【處新臺幣 10 萬元以上 50 萬元以下罰鍰】

第 7 條

協商委員會協商達成之協議，其效力及於個別勞工。

協商委員會協議成立時，應作成協議書，並由協商委員簽名或蓋章。

主管機關得於協議成立之日起七日內，將協議書送請管轄法院審核。

前項協議書，法院應盡速審核，發還主管機關；不予核定者，應敘明理由。

經法院核定之協議書，以給付金錢或其他代替物或有價證券之一定數量為標的者，其協議書得為執行名義。

第 8 條

主管機關於協商委員會成立後，應指派就業服務人員協助勞資雙方，提供就業服務與職業訓練之相關諮詢。

雇主不得拒絕前項就業服務人員進駐，並應排定時間供勞工接受就業服務人員個別協助。

【處新臺幣 10 萬元以上 50 萬元以下罰鍰】

第 9 條

事業單位大量解僱勞工後再僱用工作性質相近之勞工時，除法令另有規定外，應優先僱用經其大量解僱之勞工。

前項規定，於事業單位歇業後，有重行復工或其主要股東重新組織營業性質相同之公司，而有招募員工之事實時，亦同。

前項主要股東係指佔原事業單位一半以上股權之股東持有新公司百分之五十以上股權。

政府應訂定辦法，獎勵雇主優先僱用第一項、第二項被解僱之勞工。

第 10 條

經預告解僱之勞工於協商期間就任他職，原雇主仍應依法發給資遣費或退休金。但依本法規定協商之結果

條件較優者，從其規定。

協商期間，雇主不得任意將經預告解僱勞工調職或解僱。

【處新臺幣 10 萬元以上 50 萬元以下罰鍰】

歷屆考題（109-2-4）

依大量解僱勞工保護法規定，經預告解僱之勞工於協商期間就任他職，原雇主仍應依法發給資遣費或哪一種金額？（2分）承上，於協商期間，雇主不得任意將經預告解僱勞工為解僱或哪一行為？（2分）

答案

1. 退休金　　　　　　　　　　2. 調職

第 11 條

僱用勞工三十人以上之事業單位，有下列情形之一者，由相關單位或人員向主管機關通報：

一、僱用勞工人數在二百人以下者，積欠勞工工資達二個月；僱用勞工人數逾二百人者，積欠勞工工資達一個月。

二、積欠勞工保險保險費、工資墊償基金、全民健康保險保險費或未依法提繳勞工退休金達二個月，且金額分別在新臺幣二十萬元以上。

三、全部或主要之營業部分停工。

四、決議併購。

五、最近二年曾發生重大勞資爭議。

前項規定所稱相關單位或人員如下：

一、第一款、第三款、第四款及第五款為工會或該事業單位之勞工；第四款為事業單位。

二、第二款為勞動部勞工保險局、衛生福利部中央健康保險署。

主管機關應於接獲前項通報後七日內查訪事業單位，並得限期令其提出說明或提供財務報表及相關資料。

【處新臺幣 3 萬元以上 15 萬元以下罰鍰】

【限期令其提供】

【屆期未提供者，按次連續處罰至提供為止】

主管機關依前項規定派員查訪時，得視需要由會計師、律師或其他專業人員協助辦理。

主管機關承辦人員及協助辦理人員，對於事業單位提供之財務報表及相關資料，應保守祕密。

歷屆考題（111-3-5）

依據大量解僱勞工保護法規定，A 公司是僱用勞工人數在二百人以下者，積欠勞工工資達幾個月時，要由相關單位或人員向主管機關通報？

答案

二個月

歷屆考題（109-1-4）

依大量解僱勞工保護法規定，僱用勞工人數 30 人以上 200 人以下之事業單位，積欠勞工工資達 2 個月；僱用勞工人數逾 200 人者，積欠勞工工資達 1 個月者，哪一相關單位或人員即可向主管機關通報？（4 分）

答案

工會或該事業單位之勞工

第 12 條

事業單位於大量解僱勞工時，積欠勞工退休金、資遣費或工資，有下列情形之一，經主管機關限期令其清償；屆期未清償者，中央主管機關得函請入出國管理機關禁止其代表人及實際負責人出國：

一、僱用勞工人數在十人以上未滿三十人者，積欠全體被解僱勞工之總金額達新臺幣三百萬元。

二、僱用勞工人數在三十人以上未滿一百人者，積欠全體被解僱勞工之總金額達新臺幣五百萬元。

三、僱用勞工人數在一百人以上未滿二百人者，積欠全體被解僱勞工之總金額達新臺幣一千萬元。

四、僱用勞工人數在二百人以上者，積欠全體被解僱勞工之總金額達新臺幣二千萬元。

事業單位歇業而勞工依勞動基準法第十四條第一項第五款或第六款規定終止勞動契約，其僱用勞工人數、勞工終止契約人數及積欠勞工退休金、資遣費或工資總金額符合第二條及前項各款規定時，經主管機關限期令其清償，屆期未清償者，中央主管機關得函請入出國管理機關禁止其代表人及實際負責人出國。

前二項規定處理程序及其他應遵行事項之辦法，由中央主管機關定之。

禁止其代表人與實際負責人出國

僱用勞工人數	積欠全體被解僱勞工之總金額
10-29	300 萬元
30-99	500 萬元
100-199	1,000 萬元
200～	2,000 萬元

歷屆考題（103-2-4）

㈠事業單位於大量解僱勞工時，積欠勞工退休金、資遣費或工資，有哪些情形之一，主管機關即應限期令其清償？（8分）

㈡承上該事業單位屆期未清償中央主管機關得函請入出國管理機關禁止何種身分之人出國？（2分）

答案

㈠ 1. 僱用勞工人數在十人以上未滿三十人者，積欠全體被解僱勞工之總金額達新臺幣三百萬元。

2. 僱用勞工人數在三十人以上未滿一百人者，積欠全體被解僱勞工之總金額達新臺幣五百萬元。

3. 僱用勞工人數在一百人以上未滿二百人者，積欠全體被解僱勞工之總金額達新臺幣一千萬元。

4. 僱用勞工人數在二百人以上者，積欠全體被解僱勞工之總金額達新臺幣二千萬元。

㈡其代表人及實際負責人

第 13 條

事業單位大量解僱勞工時，不得以種族、語言、階級、思想、宗教、黨派、籍貫、性別、容貌、身心障礙、年齡及擔任工會職務為由解僱勞工。

違反前項規定或勞動基準法第十一條規定者，其勞動契約之終止不生效力。

主管機關發現事業單位違反第一項規定時，應即限期令事業單位回復被解僱勞工之職務，逾期仍不回復者，主管機關應協助被解僱勞工進行訴訟。

大量解僱歧視與就業歧視

大量解僱	種族、語言、階級、思想、宗教、黨派、籍貫、性別、容貌、身心障礙、年齡及擔任工會職務
就業歧視	種族、階級、語言、思想、宗教、黨派、籍貫、出生地、性別、性傾向、年齡、婚姻、容貌、五官、身心障礙、星座、血型或以往工會會員身分

第 14 條

中央主管機關應編列專款預算，作為因違法大量解僱勞工所需訴訟及必要生活費用。其補助對象、標準、申請程序等應遵行事項之辦法，由中央主管機關定之。

第 15 條

為掌握勞動市場變動趨勢，中央主管機關應設置評估委員會，就事業單位大量解僱勞工原因進行資訊蒐集與評估，以作為產業及就業政策制訂之依據。

前項評估委員會之組織及應遵行事項之辦法，由中央主管機關定之。

第 16 條

依第十二條規定禁止出國者，有下列情形之一時，中央主管機關應函請入出國管理機關廢止禁止其出國之處分：

一、已清償依第十二條規定禁止出國時之全部積欠金額。

二、提供依第十二條規定禁止出國時之全部積欠金額之相當擔保。但以勞工得向法院聲請強制執行者為限。

三、已依法解散清算，且無賸餘財產可資清償。

四、全部積欠金額已依破產程序分配完結。

第 17 條

事業單位違反第四條第一項規定，未於期限前將解僱計畫書通知主管機關及相關單位或人員，並公告揭示者，處新臺幣十萬元以上五十萬元以下罰鍰，並限期令其通知或公告揭示；屆期未通知或公告揭示者，按日連續處罰至通知或公告揭示為止。

第 18 條

事業單位有下列情形之一者，處新臺幣十萬元以上五十萬元以下罰鍰：

一、未依第五條第二項規定，就解僱計畫書內容進行協商。

二、違反第六條第一項規定，拒絕指派協商代表或未通知事業單位內涉及大量解僱部門之勞工推選勞方代表。

三、違反第八條第二項規定，拒絕就業服務人員進駐。

四、違反第十條第二項規定，在協商期間任意將經預告解僱勞工調職或解僱。

第 19 條

事業單位違反第十一條第三項規定拒絕提出說明或未提供財務報表及相關資料者，處新臺幣三萬元以上十五萬元以下罰鍰；並限期令其提供，屆期未提供者，按次連續處罰至提供為止。

第 20 條

依本法所處之罰鍰，經限期繳納，屆期不繳納者，依法移送強制執行。

第 21 條

本法自公布日後三個月施行。

本法修正條文自公布日施行。

十

勞資爭議處理法

勞資爭議處理法

修正日期：110 年 04 月 28 日

第一章　總則

第 1 條

為處理勞資爭議，保障勞工權益，穩定勞動關係，特制定本法。

第 2 條

勞資雙方當事人應本誠實信用及自治原則，解決勞資爭議。

勞資爭議之處理原則

第 2 條	勞資雙方當事人應本誠實信用及自治原則，解決勞資爭議
第 55 條	爭議行為應依誠實信用及權利不得濫用原則為之

歷屆考題（107-3-4）

依勞資爭議處理法規定，上開解僱如滋生勞資爭議，勞資雙方應本哪 2 種原則，解決勞資爭議？（4分）

答案

1. 誠實信用　　　　　　　　　2. 自治原則

第 3 條

本法於雇主或有法人資格之雇主團體（以下簡稱雇主團體）與勞工或工會發生勞資爭議時，適用之。但教師之勞資爭議屬依法提起行政救濟之事項者，不適用之。

第 4 條

本法所稱主管機關：在中央為勞動部；在直轄市為直轄市政府；在縣（市）為縣（市）政府。

第 5 條

本法用詞，定義如下：

一、勞資爭議：指權利事項及調整事項之勞資爭議。

二、權利事項之勞資爭議：指勞資雙方當事人基於法令、團體協約、勞動契約之規定所為權利義務之爭議。

三、調整事項之勞資爭議：指勞資雙方當事人對於勞動條件主張繼續維持或變更之爭議。

四、爭議行為：指勞資爭議當事人為達成其主張，所為之罷工或其他阻礙事業正常運作及與之對抗之行為。

五、罷工：指勞工所為暫時拒絕提供勞務之行為。

勞資爭議之種類

權利事項	指勞資雙方當事人基於法令、團體協約、勞動契約之規定所為權利義務之爭議
調整事項	指勞資雙方當事人對於勞動條件主張繼續維持或變更之爭議

歷屆考題（96-3-1）
第一題題目：
勞工月薪新臺幣 5 萬元，雇主僅支付新臺幣 3 萬元而積欠新臺幣 2 萬元，此應為權利事項或調整事項之勞資爭議？（2 分）

答案
權利事項

歷屆考題（96-3-1）
勞工月薪新臺幣 5 萬元，但因公司營運甚佳而要求加薪至新臺幣 6 萬元，此應為權利事項或調整事項之勞資爭議？（2 分）

答案
調整事項

歷屆考題（99-1-4）
請依勞資爭議處理法規定，回答下列問題：
㈠勞資爭議分為哪兩種事項之爭議？（4 分）
㈡其定義各為何？（6 分）

答案
㈠權利事項及調整事項之勞資爭議。
㈡ 1. 權利事項之勞資爭議：指勞資雙方當事人基於法令、團體協約、勞動契約之規定所為權利義務之爭議。
　 2. 調整事項之勞資爭議：指勞資雙方當事人對於勞動條件主張繼續維持或變更之爭議。

歷屆考題（100-2-1）
試述「爭議行為」之定義？（2 分）

答案
指勞資爭議當事人為達成其主張，所為之罷工或其他阻礙事業正常運作及與之對抗之行為。

歷屆考題（110-3-5）
如果甲君是 A 公司要大量解僱勞工之一的員工，則甲君與 A 公司之間因而發生勞動契約規定之勞資爭議時，依據勞資爭議處理法第 5 條規定，是屬於哪一種爭議事項之勞資爭議？（2 分）

答案
權利事項之勞資爭議

第 6 條

權利事項之勞資爭議，得依本法所定之調解、仲裁或裁決程序處理之。

法院為審理權利事項之勞資爭議，必要時應設勞工法庭。

權利事項之勞資爭議，勞方當事人有下列情形之一者，中央主管機關得給予適當扶助：

一、提起訴訟。

二、依仲裁法提起仲裁。

三、因工會法第三十五條第一項第一款至第四款所定事由，依本法申請裁決。

前項扶助業務，中央主管機關得委託民間團體辦理。

前二項扶助之申請資格、扶助範圍、審核方式及委託辦理等事項之辦法，由中央主管機關定之。

第 7 條

調整事項之勞資爭議，依本法所定之調解、仲裁程序處理之。

前項勞資爭議之勞方當事人，應為工會。但有下列情形者，亦得為勞方當事人：

一、未加入工會，而具有相同主張之勞工達十人以上。

二、受僱於僱用勞工未滿十人之事業單位，其未加入工會之勞工具有相同主張者達三分之二以上。

	調解	仲裁	裁決
權利事項之勞資爭議	V	V	V
調整事項之勞資爭議	V	V	✕

歷屆考題（96-3-1）

除調解外，勞資爭議處理法尚提供何種方式，得讓勞雇雙方解決勞資爭議？（2分）

答案

仲裁或裁決

歷屆考題（107-2-5）

被解僱勞工如認解僱為非法，而生勞資爭議，此種勞資爭議係屬權利事項或調整事項之勞資爭議？（2分）該勞資爭議得依勞資爭議處理法所定之哪 3 種程序處理之？（3分）

答案

1. 權利事項

2. (1) 調解　(2) 仲裁　(3) 裁決

歷屆考題（98-1-1）

依據勞資爭議處理法規定，請說明勞資爭議的類型及其處理方式？（10分）

答案

(一) 權利事項及調整事項之勞資爭議。

(二) 1. 權利事項之勞資爭議：調解、仲裁或裁決。

　　 2. 調整事項之勞資爭議：調解、仲裁。

第 8 條

勞資爭議在調解、仲裁或裁決期間，資方不得因該勞資爭議事件而歇業、停工、終止勞動契約或為其他不利於勞工之行為；勞方不得因該勞資爭議事件而罷工或為其他爭議行為。

勞資爭議在調解、仲裁或裁決期間，不得之行為

資方	1. 歇業
	2. 停工
	3. 終止勞動契約
	4. 為其他不利於勞工之行為
勞方	1. 罷工
	2. 為其他爭議行為

歷屆考題（101-3-2）

㈠勞資爭議在調解、仲裁或裁決期間，資方（雇主）不得因該勞資爭議事件，而有哪些行為？（4分）

㈡承上題，勞方不得有哪些行為？（2分）

答案

㈠歇業、停工、終止勞動契約或為其他不利於勞工之行為。

㈡罷工或為其他爭議行為。

歷屆考題（101-1-3）

依勞資爭議處理法第 8 條規定，勞資爭議在調解期間，資方不得因該勞資爭議事件而終止勞動契約。依該條規定，勞資爭議尚在哪兩種期間內，資方同樣不得為類似不利勞工之行為？（2分）

答案

仲裁、裁決

第二章　調解

第 9 條

勞資爭議當事人一方申請調解時，應向勞方當事人勞務提供地之直轄市或縣（市）主管機關提出調解申請書。

前項爭議當事人一方為團體協約法第十條第二項規定之機關（構）、學校者，其出席調解時之代理人應檢附同條項所定有核可權機關之同意書。

第一項直轄市、縣（市）主管機關對於勞資爭議認為必要時，得依職權交付調解，並通知勞資爭議雙方當事人。

第一項及前項調解，其勞方當事人有二人以上者，各勞方當事人勞務提供地之主管機關，就該調解案件均有管轄權。

第 10 條

調解之申請，應提出調解申請書，並載明下列事項：

一、當事人姓名、性別、年齡、職業及住所或居所；如為法人、雇主團體或工會時，其名稱、代表人及事務所或營業所；有代理人者，其姓名、名稱及住居所或事務所。

二、請求調解事項。

三、依第十一條第一項選定之調解方式。

第 11 條

直轄市或縣（市）主管機關受理調解之申請，應依申請人之請求，以下列方式之一進行調解：

一、指派調解人。

二、組成勞資爭議調解委員會（以下簡稱調解委員會）。

直轄市或縣（市）主管機關依職權交付調解者，得依前項方式之一進行調解。

第一項第一款之調解，直轄市、縣（市）主管機關得委託民間團體指派調解人進行調解。

第一項調解之相關處理程序、充任調解人或調解委員之遴聘條件與前項受託民間團體之資格及其他應遵行事項之辦法，由中央主管機關定之。

主管機關對第三項之民間團體，除委託費用外，並得予補助。

第 12 條

直轄市或縣（市）主管機關指派調解人進行調解者，應於收到調解申請書三日內為之。

調解人應調查事實，並於指派之日起七日內開始進行調解。

直轄市或縣（市）主管機關於調解人調查時，得通知當事人、相關人員或事業單位，以言詞或書面提出說明；調解人為調查之必要，得經主管機關同意，進入相關事業單位訪查。

前項受通知或受訪查人員，不得為虛偽說明、提供不實資料或無正當理由拒絕說明。

調解人應於開始進行調解十日內作出調解方案，並準用第十九條、第二十條及第二十二條之規定。

第 13 條

調解委員會置委員三人或五人，由下列代表組成之，並以直轄市或縣（市）主管機關代表一人為主席：

一、直轄市、縣（市）主管機關指派一人或三人。

二、勞資爭議雙方當事人各自選定一人。

第 14 條

直轄市、縣（市）主管機關以調解委員會方式進行調解者，應於收到調解申請書或職權交付調解後通知勞資爭議雙方當事人於收到通知之日起三日內各自選定調解委員，並將調解委員之姓名、性別、年齡、職業及住居所具報；屆期未選定者，由直轄市、縣（市）主管機關代為指定。

前項主管機關得備置調解委員名冊，以供參考。

第 15 條

直轄市、縣（市）主管機關以調解委員會方式進行調解者，應於調解委員完成選定或指定之日起十四日內，組成調解委員會並召開調解會議。

第 16 條

調解委員會應指派委員調查事實，除有特殊情形外，該委員應於受指派後十日內，將調查結果及解決方案

提報調解委員會。

調解委員會應於收到前項調查結果及解決方案後十五日內開會。必要時或經勞資爭議雙方當事人同意者，得延長七日。

歷屆考題（112-3-5）

依據勞資爭議處理法第 15 條規定，新北市政府勞工局應於調解委員完成選定或指定之日起幾日內，組成調解委員會並召開調解會議？（2分）

調解委員會應於收到調查結果及解決方案後幾日內開會？（2分）

答案

1. 十四日內　　　　　　　　　　2. 十五日內

第 17 條

調解委員會開會時，調解委員應親自出席，不得委任他人代理；受指派調查時，亦同。

直轄市、縣（市）主管機關於調解委員調查或調解委員會開會時，得通知當事人、相關人員或事業單位以言詞或書面提出說明；調解委員為調查之必要，得經主管機關同意，進入相關事業單位訪查。

前項受通知或受訪查人員，不得為虛偽說明、提供不實資料或無正當理由拒絕說明。

第 18 條

調解委員會應有調解委員過半數出席，始得開會；經出席委員過半數同意，始得決議，作成調解方案。

調解委員會與仲裁委員會與裁決委員會召集會議程序

	出席	出席委員 （決議、仲裁判斷、裁決決定）
調解委員會	過半數	過半數
仲裁委員會	3 人──全體委員	過半數
	5 人或 7 人─2/3 以上	3/4 以上
裁決委員會	2/3 以上	1/2 以上

第 19 條

依前條規定作成之調解方案，經勞資爭議雙方當事人同意在調解紀錄簽名者，為調解成立。但當事人之一方為團體協約法第十條第二項規定之機關（構）、學校者，其代理人簽名前，應檢附同條項所定有核可權機關之同意書。

第 20 條

勞資爭議當事人對調解委員會之調解方案不同意者，為調解不成立。

第 21 條

有下列情形之一者，視為調解不成立：

一、經調解委員會主席召集會議，連續二次調解委員出席人數未過半數。

二、未能作成調解方案。

調解不成立之情形

為調解不成立	勞資爭議當事人對調解委員會之調解方案不同意者
視為調解不成立	1. 經調解委員會主席召集會議，連續二次調解委員出席人數未過半數 2. 未能作成調解方案。

歷屆考題（102-1-2）

依勞資爭議處理法規定，視為調解不成立之情形有哪二種？（4分）

答案

1. 經調解委員會主席召集會議，連續二次調解委員出席人數未過半數。
2. 未能作成調解方案。

第 22 條

勞資爭議調解成立或不成立，調解紀錄均應由調解委員會報由直轄市、縣（市）主管機關送達勞資爭議雙方當事人。

第 23 條

勞資爭議經調解成立者，視為爭議雙方當事人間之契約；當事人一方為工會時，視為當事人間之團體協約。

調解、仲裁、裁決之法律效力

調解		視為爭議雙方當事人間之契約
		當事人一方為工會時，視為當事人間之團體協約
仲裁	權利事項	於當事人間，與法院之確定判決有同一效力
	調整事項	視為爭議當事人間之契約
		當事人一方為工會時，視為當事人間之團體協約
裁決		經法院核定後，與民事確定判決有同一效力

歷屆考題（96-3-1）

如果勞雇雙方去縣市政府勞工局進行調解，而雙方達成共識，則此成立之調解的內容，其法律性質為何？（2分）

答案

視為爭議雙方當事人間之契約

歷屆考題（109-1-4）

依勞資爭議處理法規定，勞資爭議經調解成立者，視為爭議雙方當事人間之契約；當事人一方為工會時，視為當事人間之哪一協約？（2分）

答案

團體協約

第 24 條

勞資爭議調解人、調解委員、參加調解及經辦調解事務之人員，對於調解事件，除已公開之事項外，應保守祕密。

第三章　仲裁

第 25 條

勞資爭議調解不成立者，雙方當事人得共同向直轄市或縣（市）主管機關申請交付仲裁。但調整事項之勞資爭議，當事人一方爲團體協約法第十條第二項規定之機關（構）、學校時，非經同條項所定機關之核可，不得申請仲裁。

勞資爭議當事人之一方爲第五十四條第二項之勞工者，其調整事項之勞資爭議，任一方得向直轄市或縣（市）申請交付仲裁；其屬同條第三項事業調整事項之勞資爭議，而雙方未能約定必要服務條款者，任一方得向中央主管機關申請交付仲裁。

勞資爭議經雙方當事人書面同意，得不經調解，逕向直轄市或縣（市）主管機關申請交付仲裁。

調整事項之勞資爭議經調解不成立者，直轄市或縣（市）主管機關認有影響公眾生活及利益情節重大，或應目的事業主管機關之請求，得依職權交付仲裁，並通知雙方當事人。

第 26 條

主管機關受理仲裁之申請，應依申請人之請求，以下列方式之一進行仲裁，其爲一方申請交付仲裁或依職權交付仲裁者，僅得以第二款之方式爲之：

一、選定獨任仲裁人。

二、組成勞資爭議仲裁委員會（以下簡稱仲裁委員會）。

前項仲裁人與仲裁委員之資格條件、遴聘方式、選定及仲裁程序及其他應遵行事項之辦法，由中央主管機關定之。

第 27 條

雙方當事人合意以選定獨任仲裁人方式進行仲裁者，直轄市或縣（市）主管機關應於收到仲裁申請書後，通知勞資爭議雙方當事人於收到通知之日起五日內，於直轄市、縣（市）主管機關遴聘之仲裁人名冊中選定獨任仲裁人一人具報；屆期未選定者，由直轄市、縣（市）主管機關代爲指定。

前項仲裁人名冊，由直轄市、縣（市）主管機關遴聘具一定資格之公正並富學識經驗者充任、彙整之，並應報請中央主管機關備查。

第三十二條、第三十三條及第三十五條至第三十七條之規定，於獨任仲裁人仲裁程序準用之。

第 28 條

申請交付仲裁者，應提出仲裁申請書，並檢附調解紀錄或不經調解之同意書；其爲一方申請交付仲裁者，並應檢附符合第二十五條第二項規定之證明文件。

第 29 條

以組成仲裁委員會方式進行仲裁者，主管機關應於收到仲裁申請書或依職權交付仲裁後，通知勞資爭議雙方當事人於收到通知之日起五日內，於主管機關遴聘之仲裁委員名冊中各自選定仲裁委員具報；屆期未選定者，由主管機關代爲指定。

勞資雙方仲裁委員經選定或指定後，主管機關應於三日內通知雙方仲裁委員，於七日內依第三十條第一項及第二項或第四項規定推選主任仲裁委員及其餘仲裁委員具報；屆期未推選者，由主管機關指定。

第 30 條

仲裁委員會置委員三人或五人，由下列人員組成之：

一、勞資爭議雙方當事人各選定一人。

二、由雙方當事人所選定之仲裁委員於仲裁委員名冊中，共同選定一人或三人。

前項仲裁委員會置主任仲裁委員一人，由前項第二款委員互推一人擔任，並爲會議主席。

仲裁委員由直轄市、縣（市）主管機關遴聘具一定資格之公正並富學識經驗者任之。直轄市、縣（市）主管機關遴聘後，應報請中央主管機關備查。

依第二十五條第二項規定由中央主管機關交付仲裁者，其仲裁委員會置委員五人或七人，由勞資爭議雙方當事人各選定二人之外，再共同另選定一人或三人，並由共同選定者互推一人爲主任仲裁委員，並爲會議主席。

前項仲裁委員名冊，由中央主管機關會商相關目的事業主管機關後遴聘之。

第 31 條

主管機關應於主任仲裁委員完成選定或指定之日起十四日內，組成仲裁委員會，並召開仲裁會議。

第 32 條

有下列情形之一者，不得擔任同一勞資爭議事件之仲裁委員：

一、曾爲該爭議事件之調解委員。

二、本人或其配偶、前配偶或與其訂有婚約之人爲爭議事件當事人，或與當事人有共同權利人、共同義務人或償還義務人之關係。

三、爲爭議事件當事人八親等內之血親或五親等內之姻親，或曾有此親屬關係。

四、現爲或曾爲該爭議事件當事人之代理人或家長、家屬。

五、工會爲爭議事件之當事人者，其會員、理事、監事或會務人員。

六、雇主團體或雇主爲爭議事件之當事人者，其會員、理事、監事、會務人員或其受僱人。

仲裁委員有前項各款所列情形之一而不自行迴避，或有具體事實足認其執行職務有偏頗之虞者，爭議事件當事人得向主管機關申請迴避，其程序準用行政程序法第三十三條規定。

第 33 條

仲裁委員會應指派委員調查事實，除有特殊情形外，調查委員應於指派後十日內，提出調查結果。

仲裁委員會應於收到前項調查結果後二十日內，作成仲裁判斷。但經勞資爭議雙方當事人同意，得延長十日。

主管機關於仲裁委員調查或仲裁委員會開會時，應通知當事人、相關人員或事業單位以言詞或書面提出說明；仲裁委員為調查之必要，得經主管機關同意後，進入相關事業單位訪查。

前項受通知或受訪查人員，不得為虛偽說明、提供不實資料或無正當理由拒絕說明。

第 34 條

仲裁委員會由主任仲裁委員召集，其由委員三人組成者，應有全體委員出席，經出席委員過半數同意，始得作成仲裁判斷；其由委員五人或七人組成者，應有三分之二以上委員出席，經出席委員四分之三以上同意，始得作成仲裁判斷。

仲裁委員連續二次不參加會議，當然解除其仲裁職務，由主管機關另行指定仲裁委員代替之。

第 35 條

仲裁委員會作成仲裁判斷後，應於十日內作成仲裁判斷書，報由主管機關送達勞資爭議雙方當事人。

第 36 條

勞資爭議當事人於仲裁程序進行中和解者，應將和解書報仲裁委員會及主管機關備查，仲裁程序即告終結；其和解與依本法成立之調解有同一效力。

第 37 條

仲裁委員會就權利事項之勞資爭議所作成之仲裁判斷，於當事人間，與法院之確定判決有同一效力。

仲裁委員會就調整事項之勞資爭議所作成之仲裁判斷，視為爭議當事人間之契約；當事人一方為工會時，視為當事人間之團體協約。

對於前二項之仲裁判斷，勞資爭議當事人得準用仲裁法第五章之規定，對於他方提起撤銷仲裁判斷之訴。

調整事項經作成仲裁判斷者，勞資雙方當事人就同一爭議事件不得再為爭議行為；其依前項規定向法院提起撤銷仲裁判斷之訴者，亦同。

歷屆考題（101-2-4）

㈡權利事項之勞資爭議所作成之仲裁判斷，其效力為何？（2分）

㈢調整事項之勞資爭議所作成之仲裁判斷，其效力為何？（3分）

答案

㈡與法院之確定判決有同一效力。

㈢視為爭議當事人間之契約；當事人一方為工會時，視為當事人間之團體協約。

第 38 條

第九條第四項、第十條、第十七條第一項及第二十四條之規定，於仲裁程序準用之。

第四章　裁決

第 39 條

勞工因工會法第三十五條第二項規定所生爭議，得向中央主管機關申請裁決。

前項裁決之申請，應自知悉有違反工會法第三十五條第二項規定之事由或事實發生之次日起九十日內為之。

> **工會法第 35 條**
>
> 雇主或代表雇主行使管理權之人，不得有下列行為：
>
> 一、對於勞工組織工會、加入工會、參加工會活動或擔任工會職務，而拒絕僱用、解僱、降調、減薪或為其他不利之待遇。
>
> 二、對於勞工或求職者以不加入工會或擔任工會職務為僱用條件。
>
> 三、對於勞工提出團體協商之要求或參與團體協商相關事務，而拒絕僱用、解僱、降調、減薪或為其他不利之待遇。
>
> 四、對於勞工參與或支持爭議行為，而解僱、降調、減薪或為其他不利之待遇。
>
> 五、不當影響、妨礙或限制工會之成立、組織或活動。
>
> 雇主或代表雇主行使管理權之人，為前項規定所為之解僱、降調或減薪者，無效。

第 40 條

裁決之申請，應以書面為之，並載明下列事項：

一、當事人之姓名、性別、年齡、職業及住所或居所；如為法人、雇主團體或工會，其名稱、代表人及事務所或營業所；有代理人者，其姓名、名稱及住居所或事務所。

二、請求裁決之事項及其原因事實。

第 41 條

基於工會法第三十五條第二項規定所為之裁決申請，違反第三十九條第二項及前條規定者，裁決委員應作成不受理之決定。但其情形可補正者，應先限期令其補正。

前項不受理決定，不得聲明不服。

第 42 條

當事人就工會法第三十五條第二項所生民事爭議事件申請裁決，於裁決程序終結前，法院應依職權停止民事訴訟程序。

當事人於第三十九條第二項所定期間提起之訴訟，依民事訴訟法之規定視為調解之聲請者，法院仍得進行調解程序。

裁決之申請，除經撤回者外，與起訴有同一效力，消滅時效因而中斷。

第 43 條

中央主管機關為辦理裁決事件，應組成不當勞動行為裁決委員會（以下簡稱裁決委員會）。

裁決委員會應秉持公正立場，獨立行使職權。

裁決委員會置裁決委員七人至十五人，均為兼職，其中一人至三人為常務裁決委員，由中央主管機關遴聘熟悉勞工法令、勞資關係事務之專業人士任之，任期二年，並由委員互推一人為主任裁決委員。

中央主管機關應調派專任人員或聘用專業人員，承主任裁決委員之命，協助辦理裁決案件之程序審查、爭點整理及資料蒐集等事務。具專業證照執業資格者，經聘用之期間，計入其專業執業年資。

裁決委員會之組成、裁決委員之資格條件、遴聘方式、裁決委員會相關處理程序、前項人員之調派或遴聘及其他應遵行事項之辦法，由中央主管機關定之。

第 44 條

中央主管機關應於收到裁決申請書之日起七日內，召開裁決委員會處理之。

裁決委員會應指派委員一人至三人，依職權調查事實及必要之證據，並應於指派後二十日內作成調查報告，必要時得延長二十日。

裁決委員調查或裁決委員會開會時，應通知當事人、相關人員或事業單位以言詞或書面提出說明；裁決委員為調查之必要，得經主管機關同意，進入相關事業單位訪查。

前項受通知或受訪查人員，不得為虛偽說明、提供不實資料或無正當理由拒絕說明。

申請人經依第三項規定通知，無正當理由二次不到場者，視為撤回申請；相對人二次不到場者，裁決委員會得經到場一造陳述為裁決。

裁決當事人就同一爭議事件達成和解或經法定調解機關調解成立者，裁決委員會應作成不受理之決定。

第 45 條

主任裁決委員應於裁決委員作成調查報告後七日內，召開裁決委員會，並於開會之日起三十日內作成裁決決定。但經裁決委員會應出席委員二分之一以上同意者得延長之，最長以三十日為限。

第 46 條

裁決委員會應有三分之二以上委員出席，並經出席委員二分之一以上同意，始得作成裁決決定；作成裁決決定前，應由當事人以言詞陳述意見。

裁決委員應親自出席，不得委任他人代理。

裁決委員審理案件相關給付報酬標準，由中央主管機關定之。

第 47 條

裁決決定書應載明下列事項：

一、當事人姓名、住所或居所；如為法人、雇主團體或工會，其名稱、代表人及主事務所或主營業所。

二、有代理人者，其姓名、名稱及住居所或事務所。

三、主文。

四、事實。

五、理由。

六、主任裁決委員及出席裁決委員之姓名。

七、年、月、日。

裁決委員會作成裁決決定後，中央主管機關應於二十日內將裁決決定書送達當事人。

第 47-1 條

中央主管機關應以定期出版、登載於網站或其他適當方式公開裁決決定書。但裁決決定書含有依政府資訊公開法應限制公開或不予提供之事項者，應僅就其他部分公開之。

前項公開，得不含自然人之名字、身分證統一編號及其他足資識別該個人之資料。但應公開自然人之姓氏及足以區辨人別之代稱。

第 48 條

對工會法第三十五條第二項規定所生民事爭議事件所為之裁決決定，當事人於裁決決定書正本送達三十日內，未就作為裁決決定之同一事件，以他方當事人為被告，向法院提起民事訴訟者，或經撤回其訴者，視

為雙方當事人依裁決決定書達成合意。

裁決經依前項規定視為當事人達成合意者，裁決委員會應於前項期間屆滿後七日內，將裁決決定書送請裁決委員會所在地之法院審核。

前項裁決決定書，法院認其與法令無牴觸者，應予核定，發還裁決委員會送達當事人。

法院因裁決程序或內容與法令牴觸，未予核定之事件，應將其理由通知裁決委員會。但其情形可以補正者，應定期間先命補正。

經法院核定之裁決有無效或得撤銷之原因者，當事人得向原核定法院提起宣告裁決無效或撤銷裁決之訴。

前項訴訟，當事人應於法院核定之裁決決定書送達後三十日內提起之。

第 49 條

前條第二項之裁決經法院核定後，與民事確定判決有同一效力。

歷屆考題（101-2-4）

工會法第35條第2項規定所生民事爭議事件所為之裁決經法院核定後，其效力為何？（2分）

答案

與民事確定判決有同一效力

第 50 條

當事人本於第四十八條第一項裁決決定之請求，欲保全強制執行或避免損害之擴大者，得於裁決決定書經法院核定前，向法院聲請假扣押或假處分。

前項聲請，債權人得以裁決決定代替請求及假扣押或假處分原因之釋明，法院不得再命債權人供擔保後始為假扣押或假處分。

民事訴訟法有關假扣押或假處分之規定，除第五百二十九條規定外，於前二項情形準用之。

裁決決定書未經法院核定者，當事人得聲請法院撤銷假扣押或假處分之裁定。

第 51 條

基於工會法第三十五條第一項及團體協約法第六條第一項規定所為之裁決申請，其程序準用第三十九條、第四十條、第四十一條第一項、第四十三條至第四十七條規定。

前項處分並得令當事人為一定之行為或不行為。

不服第一項不受理決定者，得於決定書送達之次日起三十日內繕具訴願書，經由中央主管機關向行政院提起訴願。

對於第一項及第二項之處分不服者，得於決定書送達之次日起二個月內提起行政訴訟。

第 52 條

本法第三十二條規定，於裁決程序準用之。

第五章　爭議行為

第 53 條

勞資爭議，非經調解不成立，不得為爭議行為；權利事項之勞資爭議，不得罷工。

雇主、雇主團體經中央主管機關裁決認定違反工會法第三十五條、團體協約法第六條第一項規定者，工會得依本法爲爭議行爲。

第 54 條

工會非經會員以直接、無記名投票且經全體過半數同意，不得宣告罷工及設置糾察線。

下列勞工，不得罷工：

一、教師。

二、國防部及其所屬機關（構）、學校之勞工。

下列影響大眾生命安全、國家安全或重大公共利益之事業，勞資雙方應約定必要服務條款，工會始得宣告罷工：

一、自來水事業。

二、電力及燃氣供應業。

三、醫院。

四、經營銀行間資金移轉帳務清算之金融資訊服務業與證券期貨交易、結算、保管事業及其他辦理支付系統業務事業。

前項必要服務條款，事業單位應於約定後，即送目的事業主管機關備查。

提供固定通信業務或行動通信業務之第一類電信事業，於能維持基本語音通信服務不中斷之情形下，工會得宣告罷工。

第二項及第三項所列之機關（構）及事業之範圍，由中央主管機關會同其主管機關或目的事業主管機關定之；前項基本語音通信服務之範圍，由目的事業主管機關定之。

重大災害發生或有發生之虞時，各級政府爲執行災害防治法所定災害預防工作或有應變處置之必要，得於災害防救期間禁止、限制或停止罷工。

答案

1. 自來水事業　　2. 電力及燃氣供應業　　　3. 醫院

4. 經營銀行間資金移轉帳務清算之金融資訊服務業與證券期貨交易、結算、保管事業及其他辦理支付系統業務事業。

歷屆考題（101-3-2）

工會應經何種法定程序，始得宣告罷工及設置糾察線？（4分）

答案

經會員以直接、無記名投票且經全體過半數同意。

歷屆考題（109-2-4）

依勞資爭議處理法規定，工會非經會員以直接、無記名投票且經全體過半數同意，不得宣告罷工及為哪一行為？（2分）承上，重大災害發生或有發生之虞時，各級政府為執行災害防治（救）法所定災害預防工作或有應變處置之必要，得於哪一期間禁止、限制或停止罷工？（2分）

答案

1. 設置糾察線　　　　　　　　2. 災害防救期間

第 55 條

爭議行為應依誠實信用及權利不得濫用原則為之。

雇主不得以工會及其會員依本法所為之爭議行為所生損害為由，向其請求賠償。

工會及其會員所為之爭議行為，該當刑法及其他特別刑法之構成要件，而具有正當性者，不罰。但以強暴脅迫致他人生命、身體受侵害或有受侵害之虞時，不適用之。

第 56 條

爭議行為期間，爭議當事人雙方應維持工作場所安全及衛生設備之正常運轉。

第六章　訴訟費用之暫減及強制執行之裁定

第 57 條

勞工或工會提起確認僱傭關係或給付工資之訴，暫免徵收依民事訴訟法所定裁判費之二分之一。

第 58 條

除第五十條第二項所規定之情形外，勞工就工資、職業災害補償或賠償、退休金或資遣費等給付，為保全強制執行而對雇主或雇主團體聲請假扣押或假處分者，法院依民事訴訟法所命供擔保之金額，不得高於請求標的金額或價額之十分之一。

第 59 條

勞資爭議經調解成立或仲裁者，依其內容當事人一方負私法上給付之義務，而不履行其義務時，他方當事人得向該管法院聲請裁定強制執行並暫免繳裁判費；於聲請強制執行時，並暫免繳執行費。

前項聲請事件，法院應於七日內裁定之。

對於前項裁定，當事人得為抗告，抗告之程序適用非訟事件法之規定，非訟事件法未規定者，準用民事訴訟法之規定。

歷屆考題（103-1-4）

勞資爭議經調解成立或仲裁者，依其內容當事人一方負私法上何種義務？（2分）不履行時，他方當事人得向該管法院聲請裁定強制執行並暫免繳交何種費用？（2分）聲請強制執行時，暫免繳交何種費用？（2分）

答案

1. 給付之義務　　　2. 裁判費　　　3. 執行費

第 60 條

有下列各款情形之一者，法院應駁回其強制執行裁定之聲請：

一、調解內容或仲裁判斷，係使勞資爭議當事人為法律上所禁止之行為。

二、調解內容或仲裁判斷，與爭議標的顯屬無關或性質不適於強制執行。

三、依其他法律不得為強制執行。

第 61 條

依本法成立之調解，經法院裁定駁回強制執行聲請者，視為調解不成立。

但依前條第二款規定駁回，或除去經駁回強制執行之部分亦得成立者，不適用之。

第七章　罰則

第 62 條

雇主或雇主團體違反第八條規定者，處新臺幣二十萬元以上六十萬元以下罰鍰。

工會違反第八條規定者，處新臺幣十萬元以上三十萬元以下罰鍰。

勞工違反第八條規定者，處新臺幣一萬元以上三萬元以下罰鍰。

第 63 條

違反第十二條第四項、第十七條第三項、第三十三條第四項或第四十四條第四項規定，為虛偽之說明或提供不實資料者，處新臺幣三萬元以上十五萬元以下罰鍰。

違反第十二條第三項、第十七條第三項、第三十三條第四項或第四十四條第四項規定，無正當理由拒絕說明或拒絕調解人或調解委員進入事業單位者，處新臺幣一萬元以上五萬元以下罰鍰。

勞資雙方當事人無正當理由未依通知出席調解會議者，處新臺幣二千元以上一萬元以下罰鍰。

第八章　附則

第 64 條

權利事項之勞資爭議，經依鄉鎮市調解條例調解成立者，其效力依該條例之規定。

權利事項勞資爭議經當事人雙方合意，依仲裁法所為之仲裁，其效力依該法之規定。

第八條之規定於前二項之調解及仲裁適用之。

第 65 條

為處理勞資爭議，保障勞工權益，中央主管機關應捐助設置勞工權益基金。

前項基金來源如下：

一、勞工權益基金（專戶）賸餘專款。

二、由政府逐年循預算程序之撥款。

三、本基金之孳息收入。

四、捐贈收入。

五、其他有關收入。

歷屆考題（103-2-5）

為處理勞資爭議保障勞工權益依勞資爭議處理法規定中央主管機關應捐助設置勞工權益基金該基金來源有哪些？（10分）

答案

㈠ 勞工權益基金（專戶）賸餘專款　　㈡ 由政府逐年循預算程序之撥款

㈢ 本基金之孳息收入　　㈣ 捐贈收入

㈤ 其他有關收入

第 66 條

本法施行日期，由行政院定之。

個人資料保護法

個人資料保護法

修正日期：112 年 05 月 31 日

第一章　總則

第 1 條

為規範個人資料之蒐集、處理及利用，以避免人格權受侵害，並促進個人資料之合理利用，特制定本法。

第 1-1 條

本法之主管機關為個人資料保護委員會。

自個人資料保護委員會成立之日起，本法所列屬中央目的事業主管機關、直轄市、縣（市）政府及第五十三條、第五十五條所列機關之權責事項，由該會管轄。

第 2 條

本法用詞，定義如下：

一、個人資料：指自然人之姓名、出生年月日、國民身分證統一編號、護照號碼、特徵、指紋、婚姻、家庭、教育、職業、病歷、醫療、基因、性生活、健康檢查、犯罪前科、聯絡方式、財務情況、社會活動及其他得以直接或間接方式識別該個人之資料。

二、個人資料檔案：指依系統建立而得以自動化機器或其他非自動化方式檢索、整理之個人資料之集合。

三、蒐集：指以任何方式取得個人資料。

四、處理：指為建立或利用個人資料檔案所為資料之記錄、輸入、儲存、編輯、更正、複製、檢索、刪除、輸出、連結或內部傳送。

五、利用：指將蒐集之個人資料為處理以外之使用。

六、國際傳輸：指將個人資料作跨國（境）之處理或利用。

七、公務機關：指依法行使公權力之中央或地方機關或行政法人。

八、非公務機關：指前款以外之自然人、法人或其他團體。

九、當事人：指個人資料之本人。

歷屆考題（112-1-5-1）

依據個人資料保護法第 2 條規定，甲君應受到保護的「個人資料」，請任舉 2 種該法所訂的個人之資料？（2 分）又我國目前個人資料保護法之中央主管機關是哪一個機關？（1 分）

答案

㈠ 1. 姓名、出生年月日　　　　　　　2. 國家發展委員會

第 3 條

當事人就其個人資料依本法規定行使之下列權利，不得預先拋棄或以特約限制之：

一、查詢或請求閱覽。

二、請求製給複製本。

三、請求補充或更正。

四、請求停止蒐集、處理或利用。

五、請求刪除。

歷屆考題（111-2-7）

依據個人資料保護法及其相關子法第 3 條規定，任舉 2 項，A 公司之員工就其個人資料依法規定行使之那些權利，不得預先拋棄或以特約限制之？（4分）

答案

1. 查詢或請求閱覽　　　　2. 請求製給複製本　　　3. 請求補充或更正

4. 請求停止蒐集、處理或利用　　5. 請求刪除

第 4 條

受公務機關或非公務機關委託蒐集、處理或利用個人資料者，於本法適用範圍內，視同委託機關。

第 5 條

個人資料之蒐集、處理或利用，應尊重當事人之權益，依誠實及信用方法為之，不得逾越特定目的之必要範圍，並應與蒐集之目的具有正當合理之關聯。

第 6 條

有關病歷、醫療、基因、性生活、健康檢查及犯罪前科之個人資料，不得蒐集、處理或利用。但有下列情形之一者，不在此限：

一、法律明文規定。

二、公務機關執行法定職務或非公務機關履行法定義務必要範圍內，且事前或事後有適當安全維護措施。

三、當事人自行公開或其他已合法公開之個人資料。

四、公務機關或學術研究機構基於醫療、衛生或犯罪預防之目的，為統計或學術研究而有必要，且資料經過提供者處理後或經蒐集者依其揭露方式無從識別特定之當事人。

五、為協助公務機關執行法定職務或非公務機關履行法定義務必要範圍內，且事前或事後有適當安全維護措施。

六、經當事人書面同意。但逾越特定目的之必要範圍或其他法律另有限制不得僅依當事人書面同意蒐集、處理或利用，或其同意違反其意願者，不在此限。

依前項規定蒐集、處理或利用個人資料，準用第八條、第九條規定；其中前項第六款之書面同意，準用第七條第一項、第二項及第四項規定，並以書面為之。

歷屆考題（112-3-3）

下列何者不是個人資料保護法第 6 條規定之特種個人資料？（單選題，3分）(A) 基因資料、(B) 醫療資料、(C) 個人學歷、(D) 健康檢查。

答案

㈢ (C) 個人學歷

第 7 條

第十五條第二款及第十九條第一項第五款所稱同意，指當事人經蒐集者告知本法所定應告知事項後，所爲允許之意思表示。

第十六條第七款、第二十條第一項第六款所稱同意，指當事人經蒐集者明確告知特定目的外之其他利用目的、範圍及同意與否對其權益之影響後，單獨所爲之意思表示。

公務機關或非公務機關明確告知當事人第八條第一項各款應告知事項時，當事人如未表示拒絕，並已提供其個人資料者，推定當事人已依第十五條第二款、第十九條第一項第五款之規定表示同意。

蒐集者就本法所稱經當事人同意之事實，應負舉證責任。

第 8 條

公務機關或非公務機關依第十五條或第十九條規定向當事人蒐集個人資料時，應明確告知當事人下列事項：

一、公務機關或非公務機關名稱。

二、蒐集之目的。

三、個人資料之類別。

四、個人資料利用之期間、地區、對象及方式。

五、當事人依第三條規定得行使之權利及方式。

六、當事人得自由選擇提供個人資料時，不提供將對其權益之影響。

有下列情形之一者，得免爲前項之告知：

一、依法律規定得免告知。

二、個人資料之蒐集係公務機關執行法定職務或非公務機關履行法定義務所必要。

三、告知將妨害公務機關執行法定職務。

四、告知將妨害公共利益。

五、當事人明知應告知之內容。

六、個人資料之蒐集非基於營利之目的，且對當事人顯無不利之影響。

第 9 條

公務機關或非公務機關依第十五條或第十九條規定蒐集非由當事人提供之個人資料，應於處理或利用前，向當事人告知個人資料來源及前條第一項第一款至第五款所列事項。

有下列情形之一者，得免爲前項之告知：

一、有前條第二項所列各款情形之一。

二、當事人自行公開或其他已合法公開之個人資料。

三、不能向當事人或其法定代理人爲告知。

四、基於公共利益爲統計或學術研究之目的而有必要，且該資料須經提供者處理後或蒐集者依其揭露方式，無從識別特定當事人者爲限。

五、大眾傳播業者基於新聞報導之公益目的而蒐集個人資料。

第一項之告知，得於首次對當事人爲利用時併同爲之。

第 10 條

公務機關或非公務機關應依當事人之請求，就其蒐集之個人資料，答覆查詢、提供閱覽或製給複製本。但有下列情形之一者，不在此限：

一、妨害國家安全、外交及軍事機密、整體經濟利益或其他國家重大利益。

二、妨害公務機關執行法定職務。

三、妨害該蒐集機關或第三人之重大利益。

第 11 條

公務機關或非公務機關應維護個人資料之正確，並應主動或依當事人之請求更正或補充之。

個人資料正確性有爭議者，應主動或依當事人之請求停止處理或利用。但因執行職務或業務所必須，或經當事人書面同意，並經註明其爭議者，不在此限。

個人資料蒐集之特定目的消失或期限屆滿時，應主動或依當事人之請求，刪除、停止處理或利用該個人資料。但因執行職務或業務所必須或經當事人書面同意者，不在此限。

違反本法規定蒐集、處理或利用個人資料者，應主動或依當事人之請求，刪除、停止蒐集、處理或利用該個人資料。

因可歸責於公務機關或非公務機關之事由，未為更正或補充之個人資料，應於更正或補充後，通知曾提供利用之對象。

歷屆考題（110-1-5）

依據個人資料保護法第 11 條規定，乙公司因執行職務或業務所必須或經甲君書面同意者外，在哪 2 個情況，對甲君個人資料之蒐集，應主動或依甲君之請求，刪除、停止處理或利用其該個人資料？（2分）

答案

1. 特定目的消失　　　　　　　2. 期限屆滿時

第 12 條

公務機關或非公務機關違反本法規定，致個人資料被竊取、洩漏、竄改或其他侵害者，應查明後以適當方式通知當事人。

歷屆考題（108-3-3）

依個人資料保護法規定，公務機關或非公務機關違反該法規定，致個人資料被竊取、洩漏、竄改或其他侵害者，應查明後以適當方式通知哪一對象？（2分）

答案

當事人

第 13 條

公務機關或非公務機關受理當事人依第十條規定之請求，應於十五日內，為准駁之決定；必要時，得予延

長，延長之期間不得逾十五日，並應將其原因以書面通知請求人。

公務機關或非公務機關受理當事人依第十一條規定之請求，應於三十日內，為准駁之決定；必要時，得予延長，延長之期間不得逾三十日，並應將其原因以書面通知請求人。

第 14 條

查詢或請求閱覽個人資料或製給複製本者，公務機關或非公務機關得酌收必要成本費用。

第二章　公務機關對個人資料之蒐集、處理及利用

第 15 條

公務機關對個人資料之蒐集或處理，除第六條第一項所規定資料外，應有特定目的，並符合下列情形之一者：

一、執行法定職務必要範圍內。

二、經當事人同意。

三、對當事人權益無侵害。

第 16 條

公務機關對個人資料之利用，除第六條第一項所規定資料外，應於執行法定職務必要範圍內為之，並與蒐集之特定目的相符。但有下列情形之一者，得為特定目的外之利用：

一、法律明文規定。

二、為維護國家安全或增進公共利益所必要。

三、為免除當事人之生命、身體、自由或財產上之危險。

四、為防止他人權益之重大危害。

五、公務機關或學術研究機構基於公共利益為統計或學術研究而有必要，且資料經過提供者處理後或經蒐集者依其揭露方式無從識別特定之當事人。

六、有利於當事人權益。

七、經當事人同意。

第 17 條

公務機關應將下列事項公開於電腦網站，或以其他適當方式供公眾查閱；

其有變更者，亦同：

一、個人資料檔案名稱。

二、保有機關名稱及聯絡方式。

三、個人資料檔案保有之依據及特定目的。

四、個人資料之類別。

第 18 條

公務機關保有個人資料檔案者，應指定專人辦理安全維護事項，防止個人資料被竊取、竄改、毀損、滅失或洩漏。

第三章　非公務機關對個人資料之蒐集、處理及利用

第 19 條

非公務機關對個人資料之蒐集或處理，除第六條第一項所規定資料外，應有特定目的，並符合下列情形之一者：

一、法律明文規定。

二、與當事人有契約或類似契約之關係，且已採取適當之安全措施。

三、當事人自行公開或其他已合法公開之個人資料。

四、學術研究機構基於公共利益為統計或學術研究而有必要，且資料經過提供者處理後或經蒐集者依其揭露方式無從識別特定之當事人。

五、經當事人同意。

六、為增進公共利益所必要。

七、個人資料取自於一般可得之來源。但當事人對該資料之禁止處理或利用，顯有更值得保護之重大利益者，不在此限。

八、對當事人權益無侵害。

蒐集或處理者知悉或經當事人通知依前項第七款但書規定禁止對該資料之處理或利用時，應主動或依當事人之請求，刪除、停止處理或利用該個人資料。

第 20 條

非公務機關對個人資料之利用，除第六條第一項所規定資料外，應於蒐集之特定目的必要範圍內為之。但有下列情形之一者，得為特定目的外之利用：

一、法律明文規定。

二、為增進公共利益所必要。

三、為免除當事人之生命、身體、自由或財產上之危險。

四、為防止他人權益之重大危害。

五、公務機關或學術研究機構基於公共利益為統計或學術研究而有必要，且資料經過提供者處理後或經蒐集者依其揭露方式無從識別特定之當事人。

六、經當事人同意。

七、有利於當事人權益。

非公務機關依前項規定利用個人資料行銷者，當事人表示拒絕接受行銷時，應即停止利用其個人資料行銷。

非公務機關於首次行銷時，應提供當事人表示拒絕接受行銷之方式，並支付所需費用。

歷屆考題（112-3-3）

依個人資料保護法第 20 條規定，請回答下列內容是否正確？

1. 依該條第 1 項規定，非公務機關對個人資料之利用，除第 6 條第 1 項所規定資料外，應於蒐集之特定目的必要範圍內為之。（2 分）

2. 依該條第 2 項規定，非公務機關依前項規定利用個人資料行銷者，當事人表示拒絕接受行銷時，仍可繼續利用其個人資料行銷。（2分）

答案

1. 是　　　　　　　　　　　　　　　　2. 否

第 21 條

非公務機關為國際傳輸個人資料，而有下列情形之一者，中央目的事業主管機關得限制之：

一、涉及國家重大利益。

二、國際條約或協定有特別規定。

三、接受國對於個人資料之保護未有完善之法規，致有損當事人權益之虞。

四、以迂迴方法向第三國（地區）傳輸個人資料規避本法。

歷屆考題（112-3-3）

依個人資料保護法第 21 條規定，非公務機關為國際傳輸個人資料，而有下列情形之一者，中央目的事業主管機關得限制之，下列何者是錯的？（單選題，3分）

(A) 未涉及國家重大利益。

(B) 國際條約或協定有特別規定。

(C) 接受國對於個人資料之保護未有完善之法規，致有損當事人權益之虞。

(D) 以迂迴方法向第三國（地區）傳輸個人資料規避本法。

答案

(A) 未涉及國家重大利益

第 22 條

中央目的事業主管機關或直轄市、縣（市）政府為執行資料檔案安全維護、業務終止資料處理方法、國際傳輸限制或其他例行性業務檢查而認有必要或有違反本法規定之虞時，得派員攜帶執行職務證明文件，進入檢查，並得命相關人員為必要之說明、配合措施或提供相關證明資料。

中央目的事業主管機關或直轄市、縣（市）政府為前項檢查時，對於得沒入或可為證據之個人資料或其檔案，得扣留或複製之。對於應扣留或複製之物，得要求其所有人、持有人或保管人提出或交付；無正當理由拒絕提出、交付或抗拒扣留或複製者，得採取對該非公務機關權益損害最少之方法強制為之。

中央目的事業主管機關或直轄市、縣（市）政府為第一項檢查時，得率同資訊、電信或法律等專業人員共同為之。

對於第一項及第二項之進入、檢查或處分，非公務機關及其相關人員不得規避、妨礙或拒絕。

【處新臺幣 2 萬元以上 20 萬元以下罰鍰】

參與檢查之人員，因檢查而知悉他人資料者，負保密義務。

歷屆考題（108-2-5）

依個人資料保護法規定，非公務機關無正當理由拒絕中央目的事業主管機關或直轄市、縣（市）政府執行資料檔案安全維護檢查而受罰鍰處罰時，該非公務機關之代表人、管理人或其他有代表權人除能證明已盡防止義務者外，應並受如何之處罰？（2分）

答案

處新臺幣二萬元以上二十萬元以下罰鍰

第 23 條

對於前條第二項扣留物或複製物，應加封緘或其他標識，並為適當之處置；其不便搬運或保管者，得命人看守或交由所有人或其他適當之人保管。

扣留物或複製物已無留存之必要，或決定不予處罰或未為沒入之裁處者，應發還之。但應沒入或為調查他案應留存者，不在此限。

第 24 條

非公務機關、物之所有人、持有人、保管人或利害關係人對前二條之要求、強制、扣留或複製行為不服者，得向中央目的事業主管機關或直轄市、縣（市）政府聲明異議。

前項聲明異議，中央目的事業主管機關或直轄市、縣（市）政府認為有理由者，應立即停止或變更其行為；認為無理由者，得繼續執行。經該聲明異議之人請求時，應將聲明異議之理由製作紀錄交付之。

對於中央目的事業主管機關或直轄市、縣（市）政府前項決定不服者，僅得於對該案件之實體決定聲明不服時一併聲明之。但第一項之人依法不得對該案件之實體決定聲明不服時，得單獨對第一項之行為逕行提起行政訴訟。

第 25 條

非公務機關有違反本法規定之情事者，中央目的事業主管機關或直轄市、縣（市）政府除依本法規定裁處罰鍰外，並得為下列處分：

一、禁止蒐集、處理或利用個人資料。

二、命令刪除經處理之個人資料檔案。

三、沒入或命銷燬違法蒐集之個人資料。

四、公布非公務機關之違法情形，及其姓名或名稱與負責人。

中央目的事業主管機關或直轄市、縣（市）政府為前項處分時，應於防制違反本法規定情事之必要範圍內，採取對該非公務機關權益損害最少之方法為之。

第 26 條

中央目的事業主管機關或直轄市、縣（市）政府依第二十二條規定檢查後，未發現有違反本法規定之情事者，經該非公務機關同意後，得公布檢查結果。

第 27 條

非公務機關保有個人資料檔案者，應採行適當之安全措施，防止個人資料被竊取、竄改、毀損、滅失或洩漏。

中央目的事業主管機關得指定非公務機關訂定個人資料檔案安全維護計畫或業務終止後個人資料處理方法。

前項計畫及處理方法之標準等相關事項之辦法，由中央目的事業主管機關定之。

第四章　損害賠償及團體訴訟

第 28 條

公務機關違反本法規定，致個人資料遭不法蒐集、處理、利用或其他侵害當事人權利者，負損害賠償責任。但損害因天災、事變或其他不可抗力所致者，不在此限。

被害人雖非財產上之損害，亦得請求賠償相當之金額；其名譽被侵害者，並得請求為回復名譽之適當處分。

依前二項情形，如被害人不易或不能證明其實際損害額時，得請求法院依侵害情節，以每人每一事件新臺幣五百元以上二萬元以下計算。

對於同一原因事實造成多數當事人權利受侵害之事件，經當事人請求損害賠償者，其合計最高總額以新臺幣二億元為限。但因該原因事實所涉利益超過新臺幣二億元者，以該所涉利益為限。

同一原因事實造成之損害總額逾前項金額時，被害人所受賠償金額，不受第三項所定每人每一事件最低賠償金額新臺幣五百元之限制。

第二項請求權，不得讓與或繼承。但以金額賠償之請求權已依契約承諾或已起訴者，不在此限。

第 29 條

非公務機關違反本法規定，致個人資料遭不法蒐集、處理、利用或其他侵害當事人權利者，負損害賠償責任。但能證明其無故意或過失者，不在此限。

依前項規定請求賠償者，適用前條第二項至第六項規定。

> **歷屆考題**（107-2-1）
> 甲同意公司對其個人資料加以蒐集或處理，但公司因未採取適當之安全措施，致甲之個人資料遭不法利用而侵害甲之權利，依個人資料保護法規定，公司應對甲負何種責任？（2分）
>
> **答案**
> 負損害賠償責任

第 30 條

損害賠償請求權，自請求權人知有損害及賠償義務人時起，因二年間不行使而消滅；自損害發生時起，逾五年者，亦同。

> **歷屆考題**（108-1-2）
> 依個人資料保護法規定，甲君因公司違反規定致其個人資料遭不法蒐集、處理或利用，而侵害其權利者，其損害賠償請求權，自其知有損害及賠償義務人時起，因多久不行使而消滅？（1分）另自損害發生時起，逾多久，亦同？（1分）

答案

1. 二年　　　　　　　　　　2. 五年

第 31 條

損害賠償，除依本法規定外，公務機關適用國家賠償法之規定，非公務機關適用民法之規定。

歷屆考題（107-3-3）

公務機關或非公務機關違反個人資料保護法規定，致甲之個人資料遭不法蒐集、處理、利用或其他侵害當事人權利者，負損害賠償責任。該損害賠償，除依個人資料保護法規定外，公務機關適用哪一法律之規定？（2分）非公務機關適用哪一法律之規定？（2分）

答案

1. 國家賠償法　　　　　　　2. 民法

第 32 條

依本章規定提起訴訟之財團法人或公益社團法人，應符合下列要件：

一、財團法人之登記財產總額達新臺幣一千萬元或社團法人之社員人數達一百人。

二、保護個人資料事項於其章程所定目的範圍內。

三、許可設立三年以上。

第 33 條

依本法規定對於公務機關提起損害賠償訴訟者，專屬該機關所在地之地方法院管轄。對於非公務機關提起者，專屬其主事務所、主營業所或住所地之地方法院管轄。

前項非公務機關為自然人，而其在中華民國現無住所或住所不明者，以其在中華民國之居所，視為其住所；無居所或居所不明者，以其在中華民國最後之住所，視為其住所；無最後住所者，專屬中央政府所在地之地方法院管轄。

第一項非公務機關為自然人以外之法人或其他團體，而其在中華民國現無主事務所、主營業所或主事務所、主營業所不明者，專屬中央政府所在地之地方法院管轄。

第 34 條

對於同一原因事實造成多數當事人權利受侵害之事件，財團法人或公益社團法人經受有損害之當事人二十人以上以書面授與訴訟實施權者，得以自己之名義，提起損害賠償訴訟。當事人得於言詞辯論終結前以書面撤回訴訟實施權之授與，並通知法院。

前項訴訟，法院得依聲請或依職權公告曉示其他因同一原因事實受有損害之當事人，得於一定期間內向前項起訴之財團法人或公益社團法人授與訴訟實施權，由該財團法人或公益社團法人於第一審言詞辯論終結前，擴張應受判決事項之聲明。

其他因同一原因事實受有損害之當事人未依前項規定授與訴訟實施權者，亦得於法院公告曉示之一定期間內起訴，由法院併案審理。

其他因同一原因事實受有損害之當事人，亦得聲請法院為前項之公告。

前二項公告，應揭示於法院公告處、資訊網路及其他適當處所；法院認為必要時，並得命登載於公報或新聞紙，或用其他方法公告之，其費用由國庫墊付。

依第一項規定提起訴訟之財團法人或公益社團法人，其標的價額超過新臺幣六十萬元者，超過部分暫免徵裁判費。

第 35 條

當事人依前條第一項規定撤回訴訟實施權之授與者，該部分訴訟程序當然停止，該當事人應即聲明承受訴訟，法院亦得依職權命該當事人承受訴訟。

財團法人或公益社團法人依前條規定起訴後，因部分當事人撤回訴訟實施權之授與，致其餘部分不足二十人者，仍得就其餘部分繼續進行訴訟。

第 36 條

各當事人於第三十四條第一項及第二項之損害賠償請求權，其時效應分別計算。

第 37 條

財團法人或公益社團法人就當事人授與訴訟實施權之事件，有為一切訴訟行為之權。但當事人得限制其為捨棄、撤回或和解。

前項當事人中一人所為之限制，其效力不及於其他當事人。

第一項之限制，應於第三十四條第一項之文書內表明，或以書狀提出於法院。

第 38 條

當事人對於第三十四條訴訟之判決不服者，得於財團法人或公益社團法人上訴期間屆滿前，撤回訴訟實施權之授與，依法提起上訴。

財團法人或公益社團法人於收受判決書正本後，應即將其結果通知當事人，並應於七日內將是否提起上訴之意旨以書面通知當事人。

第 39 條

財團法人或公益社團法人應將第三十四條訴訟結果所得之賠償，扣除訴訟必要費用後，分別交付授與訴訟實施權之當事人。

提起第三十四條第一項訴訟之財團法人或公益社團法人，均不得請求報酬。

第 40 條

依本章規定提起訴訟之財團法人或公益社團法人，應委任律師代理訴訟。

第五章　罰則

第 41 條

意圖為自己或第三人不法之利益或損害他人之利益，而違反第六條第一項、第十五條、第十六條、第十九條、第二十條第一項規定，或中央目的事業主管機關依第二十一條限制國際傳輸之命令或處分，足生損害於他人者，處五年以下有期徒刑，得併科新臺幣一百萬元以下罰金。

第 42 條

意圖為自己或第三人不法之利益或損害他人之利益，而對於個人資料檔案為非法變更、刪除或以其他非法方法，致妨害個人資料檔案之正確而足生損害於他人者，處五年以下有期徒刑、拘役或科或併科新臺幣

一百萬元以下罰金。

第 43 條

中華民國人民在中華民國領域外對中華民國人民犯前二條之罪者，亦適用之。

第 44 條

公務員假借職務上之權力、機會或方法，犯本章之罪者，加重其刑至二分之一。

第 45 條

本章之罪，須告訴乃論。但犯第四十一條之罪者，或對公務機關犯第四十二條之罪者，不在此限。

第 46 條

犯本章之罪，其他法律有較重處罰規定者，從其規定。

第 47 條

非公務機關有下列情事之一者，由中央目的事業主管機關或直轄市、縣（市）政府處新臺幣五萬元以上五十萬元以下罰鍰，並令限期改正，屆期未改正者，按次處罰之：

一、違反第六條第一項規定。

二、違反第十九條規定。

三、違反第二十條第一項規定。

四、違反中央目的事業主管機關依第二十一條規定限制國際傳輸之命令或處分。

第 48 條

非公務機關有下列情事之一者，由中央目的事業主管機關或直轄市、縣（市）政府限期改正，屆期未改正者，按次處新臺幣二萬元以上二十萬元以下罰鍰：

一、違反第八條或第九條規定。

二、違反第十條、第十一條、第十二條或第十三條規定。

三、違反第二十條第二項或第三項規定。

非公務機關違反第二十七條第一項或未依第二項訂定個人資料檔案安全維護計畫或業務終止後個人資料處理方法者，由中央目的事業主管機關或直轄市、縣（市）政府處新臺幣二萬元以上二百萬元以下罰鍰，並令其限期改正，屆期未改正者，按次處新臺幣十五萬元以上一千五百萬元以下罰鍰。

非公務機關違反第二十七條第一項或未依第二項訂定個人資料檔案安全維護計畫或業務終止後個人資料處理方法，其情節重大者，由中央目的事業主管機關或直轄市、縣（市）政府處新臺幣十五萬元以上一千五百萬元以下罰鍰，並令其限期改正，屆期未改正者，按次處罰。

第 49 條

非公務機關無正當理由違反第二十二條第四項規定者，由中央目的事業主管機關或直轄市、縣（市）政府處新臺幣二萬元以上二十萬元以下罰鍰。

第 50 條

非公務機關之代表人、管理人或其他有代表權人，因該非公務機關依前三條規定受罰鍰處罰時，除能證明已盡防止義務者外，應並受同一額度罰鍰之處罰。

第六章 附則

第 51 條

有下列情形之一者，不適用本法規定：

一、自然人為單純個人或家庭活動之目的，而蒐集、處理或利用個人資料。

二、於公開場所或公開活動中所蒐集、處理或利用之未與其他個人資料結合之影音資料。

公務機關及非公務機關，在中華民國領域外對中華民國人民個人資料蒐集、處理或利用者，亦適用本法。

第 52 條

第二十二條至第二十六條規定由中央目的事業主管機關或直轄市、縣（市）政府執行之權限，得委任所屬機關、委託其他機關或公益團體辦理；其成員因執行委任或委託事務所知悉之資訊，負保密義務。

前項之公益團體，不得依第三十四條第一項規定接受當事人授與訴訟實施權，以自己之名義提起損害賠償訴訟。

第 53 條

法務部應會同中央目的事業主管機關訂定特定目的及個人資料類別，提供公務機關及非公務機關參考使用。

第 54 條

本法中華民國九十九年五月二十六日修正公布之條文施行前，非由當事人提供之個人資料，於本法一百零四年十二月十五日修正之條文施行後為處理或利用者，應於處理或利用前，依第九條規定向當事人告知。

前項之告知，得於本法中華民國一百零四年十二月十五日修正之條文施行後首次利用時併同為之。

未依前二項規定告知而利用者，以違反第九條規定論處。

第 55 條

本法施行細則，由法務部定之。

第 56 條

本法施行日期，由行政院定之。

本法中華民國九十九年五月二十六日修正公布之現行條文第十九條至第二十二條、第四十三條之刪除及一百十二年五月十六日修正之第四十八條，自公布日施行。

外國專業人才延攬及僱用法

外國專業人才延攬及僱用法

修正日期：民國 110 年 07 月 07 日

第 1 條

為加強延攬及僱用外國專業人才，以提升國家競爭力，特制定本法。

第 2 條

外國專業人才在中華民國（以下簡稱我國）從事專業工作、尋職，依本法之規定；本法未規定者，適用就業服務法、入出國及移民法及其他相關法律之規定。

第 3 條

本法之主管機關為國家發展委員會。

本法所定事項，涉及中央目的事業主管機關職掌者，由各該機關辦理。

第 4 條

本法用詞，定義如下：

一、外國專業人才：指得在我國從事專業工作之外國人。

二、外國特定專業人才：指外國專業人才具有中央目的事業主管機關公告之我國所需科技、經濟、教育、文化藝術、體育、金融、法律、建築設計、國防及其他領域之特殊專長，或經主管機關會商相關中央目的事業主管機關認定具有特殊專長者。

三、外國高級專業人才：指入出國及移民法所定為我國所需之高級專業人才。

四、專業工作：指下列工作：

　㈠就業服務法第四十六條第一項第一款至第三款、第五款及第六款所定工作。

　㈡就業服務法第四十八條第一項第一款及第三款所定工作。

　㈢依補習及進修教育法立案之短期補習班（以下簡稱短期補習班）之專任外國語文教師，或具專門知識或技術，且經中央目的事業主管機關會商教育部指定之短期補習班教師。

　㈣教育部核定設立招收外國專業人才、外國特定專業人才及外國高級專業人才子女專班之外國語文以外之學科教師。

　㈤學校型態實驗教育實施條例、公立高級中等以下學校委託私人辦理實驗教育條例及高級中等以下教育階段非學校型態實驗教育實施條例所定學科、外國語文課程教學、師資養成、課程研發及活動推廣工作。

第 5 條

雇主聘僱外國專業人才在我國從事前條第四款之專業工作，除依第七條規定不須申請許可者外，應檢具相關文件，向勞動部申請許可，並依就業服務法規定辦理。但聘僱從事就業服務法第四十六條第一項第三款及前條第四款第四目、第五目之專業工作者，應檢具相關文件，向教育部申請許可。

依前項本文規定聘僱外國專業人才從事前條第四款第三目之專業工作，其工作資格及審查標準，由勞動部會商中央目的事業主管機關定之。

依第一項但書規定聘僱外國專業人才從事所定之專業工作，其工作資格、審查基準、申請許可、廢止許可、聘僱管理及其他相關事項之辦法，由教育部定之。

依第一項規定聘僱從事前條第四款第四目、第五目專業工作之外國專業人才，其聘僱之管理，除本法另有規定外，依就業服務法有關從事該法第四十六條第一項第一款至第六款工作者之規定辦理。

第 6 條

外國專業人才經許可在我國從事前項專業工作者，其停留、居留及永久居留，除本法另外國人取得國內外大學之碩士以上學位，或教育部公告世界頂尖大學之學士以上學位者，受聘僱在我國從事就業服務法第四十六條第一項第一款專門性或技術性工作，除應取得執業資格、符合一定執業方式及條件者，及應符合中央目的事業主管機關所定之法令規定外，無須具備一定期間工作經驗。

第 7 條

外國專業人才、外國特定專業人才及外國高級專業人才在我國從事專業工作，有下列情形之一者，不須申請許可：

一、受各級政府及其所屬學術研究機關（構）聘請擔任顧問或研究工作。

二、受聘僱於公立或已立案之私立大學進行講座、學術研究經教育部認可。

外國專業人才、外國特定專業人才及外國高級專業人才，其本人、配偶、未成年子女及因身心障礙無法自理生活之成年子女，經許可永久居留者，在我國從事工作，不須向勞動部或教育部申請許可。

歷屆考題（112-2-2）

甲君為持工作簽證及聘僱許可在我國從事律師工作已多年之外國人，於 112 年 10 月 10 日取得移民署之永久居留許可，請回答下列問題：

㈠甲君與雇主（即律師事務所）於 111 年 10 月 10 日合意終止聘僱契約，甲君想繼續在我國從事律師工作，請問律師工作是否為外國專業人才延攬及僱用法規定之專業工作？（2分）

㈡承上，其他雇主為甲君申請聘僱許可從事律師工作，應依外國專業人才延攬及僱用法與就業服務法申請，請問是否正確？（3分）

㈢甲君原聘僱許可於 112 年 12 月 12 日到期，雇主如擬與甲君續約從事律師工作，依外國專業人才延攬及僱用法第 7 條規定，請問下列何者正確？(A) 應由雇主為甲君申請許可、(B) 甲君自己申請許可、(C) 不須申請許可，即可在我國從事律師工作。（5分）

答案

㈠是　㈡否　㈢(C) 不須申請許可

第 8 條

雇主聘僱從事專業工作之外國特定專業人才，其聘僱許可期間最長為五年，期滿有繼續聘僱之需要者，得申請延期，每次最長為五年。

前項外國特定專業人才經內政部移民署許可居留者，其外僑居留證之有效期間，自許可之翌日起算，最長為五年；期滿有繼續居留之必要者，得於居留期限屆滿前，向內政部移民署申請延期，每次最長為五年。

該外國特定專業人才之配偶、未成年子女及因身心障礙無法自理生活之成年子女，經內政部移民署許可居留者，其外僑居留證之有效期間及延期期限，亦同。

第 9 條

外國特定專業人才擬在我國從事專業工作者，得逕向內政部移民署申請核發具工作許可、居留簽證、外僑居留證及重入國許可四證合一之就業金卡。內政部移民署許可核發就業金卡前，應會同勞動部及外交部審查。但已入國之外國特定專業人才申請就業金卡時得免申請居留簽證。

前項就業金卡有效期間為一年至三年；符合一定條件者，得於有效期間屆滿前申請延期，每次最長為三年。

前二項就業金卡之申請程序、審查、延期之一定條件及其他相關事項之辦法，由內政部會商勞動部及外交部定之。

依第一項申請就業金卡或第二項申請延期者，由內政部移民署收取規費；其收費標準，由內政部會商勞動部及外交部定之。

第 10 條

外國專業人才為藝術工作者，得不經雇主申請，逕向勞動部申請許可，在我國從事藝術工作；其許可期間最長為三年，必要時得申請延期，每次最長為三年。

前項申請之工作資格、審查基準、申請許可、廢止許可、聘僱管理及其他相關事項之辦法，由勞動部會商文化部定之。

第 11 條

外國專業人才擬在我國從事專業工作，須長期尋職者，得向駐外館處申請核發三個月有效期限、多次入國、停留期限六個月之停留簽證，總停留期限最長為六個月。

依前項規定取得停留簽證者，自總停留期限屆滿之日起三年內，不得再依該項規定申請核發停留簽證。

依第一項規定核發停留簽證之人數，由外交部會同內政部並會商主管機關及中央目的事業主管機關，視人才需求及申請狀況每年公告之。

第一項申請之條件、程序、審查及其他相關事項之辦法，由外交部會同內政部並會商中央目的事業主管機關，視人才需求定之。

第 12 條

外國專業人才或外國特定專業人才以免簽證或持停留簽證入國，經許可或免經許可在我國從事專業工作者，得逕向內政部移民署申請居留；經許可者，發給外僑居留證。

外國專業人才在我國從事專業工作及外國特定專業人才，經許可居留或永久居留者，其配偶、未成年子女及因身心障礙無法自理生活之成年子女，以免簽證或持停留簽證入國者，得逕向內政部移民署申請居留，經許可者，發給外僑居留證。

依前二項許可居留並取得外僑居留證之人，因居留原因變更，而有入出國及移民法第二十三條第一項各款情形之一者，得向內政部移民署申請變更居留原因。但有該條第一項第一款但書規定者，不得申請。

依前三項申請居留或變更居留原因，有入出國及移民法第二十四條第一項各款情形之一者，內政部移民署得不予許可；已許可者，得撤銷或廢止其許可，並註銷其外僑居留證。

前項之人有入出國及移民法第二十四條第一項第十款或第十一款情形經不予許可者，不予許可之期間，自其出國之翌日起算至少為一年，並不得逾三年。

第 13 條

外國專業人才在我國從事專業工作、外國特定專業人才依第八條第二項規定取得外僑居留證或依第九條規定取得就業金卡，於居留效期或就業金卡有效期間屆滿前，仍有居留之必要者，其本人及原經許可居留之配偶、未成年子女及因身心障礙無法自理生活之成年子女，得向內政部移民署申請延期居留。

前項申請延期居留經許可者，發給外僑居留證，其外僑居留證之有效期間，自原居留效期或就業金卡有效期間屆滿之翌日起延期六個月；延期屆滿前，有必要者，得再申請延期一次，總延長居留期間最長為一年。

第 14 條

外國專業人才在我國從事專業工作，合法連續居留五年，平均每年居住一百八十三日以上，並符合下列各款要件者，得向內政部移民署申請永久居留：

一、成年。

二、無不良素行，且無警察刑事紀錄證明之刑事案件紀錄。

三、有相當之財產或技能，足以自立。

四、符合我國國家利益。

以下列各款情形之一為居留原因而經許可在我國居留之期間，不計入前項在我國連續居留期間：

一、在我國就學。

二、經許可在我國從事就業服務法第四十六條第一項第八款至第十款工作。

三、以前二款人員為依親對象經許可居留。

外國特定專業人才在我國合法連續居留三年，平均每年居住一百八十三日以上，且其居留原因係依第八條第一項規定取得特定專業人才工作許可或依第九條規定取得就業金卡，並符合第一項各款要件者，得向內政部移民署申請永久居留。

外國專業人才及外國特定專業人才在我國就學取得大學校院碩士以上學位者，得依下列規定折抵第一項及前項之在我國連續居留期間：

一、外國專業人才：取得博士學位者折抵二年，碩士學位者折抵一年。二者不得合併折抵。

二、外國特定專業人才：取得博士學位者折抵一年。

依第一項及第三項規定申請永久居留者，應於居留及居住期間屆滿後二年內申請之。

第一項第二款及第十六條第一項第一款所定無不良素行之認定、程序及其他相關事項之標準，由內政部定之。

第 15 條

外國專業人才在我國從事專業工作、外國特定專業人才及外國高級專業人才，經內政部移民署許可永久居留者，其成年子女經內政部移民署認定符合下列要件之一，得不經雇主申請，逕向勞動部申請許可，在我國從事工作：

一、曾在我國合法累計居留十年，每年居住超過二百七十日。

二、未滿十四歲入國，每年居住超過二百七十日。

三、在我國出生，曾在我國合法累計居留十年，每年居住超過一百八十三日。

雇主聘僱前項成年子女從事工作，得不受就業服務法第四十六條第一項、第三項、第四十七條、第五十二條、第五十三條第三項、第四項、第五十七條第五款、第七十二條第四款及第七十四條規定之限制，並免

依第五十五條規定繳納就業安定費。

第一項外國專業人才、外國特定專業人才及外國高級專業人才之子女於中華民國一百十二年一月一日前未滿十六歲入國者，得適用該項規定，不受該項第二款有關未滿十四歲入國之限制。

第 16 條

外國專業人才在我國從事專業工作，經內政部移民署許可永久居留後，其配偶、未成年子女及因身心障礙無法自理生活之成年子女，在我國合法連續居留五年，平均每年居住一百八十三日以上，並符合下列要件者，得向內政部移民署申請永久居留：

一、無不良素行，且無警察刑事紀錄證明之刑事案件紀錄。

二、符合我國國家利益。

外國特定專業人才依第十四條第三項規定經內政部移民署許可永久居留後，其配偶、未成年子女及因身心障礙無法自理生活之成年子女，在我國合法連續居留三年，平均每年居住一百八十三日以上，並符合前項各款要件者，得向內政部移民署申請永久居留。

前二項外國專業人才及外國特定專業人才之永久居留許可，依入出國及移民法第三十三條第一款至第三款及第八款規定經撤銷或廢止者，其配偶、未成年子女及因身心障礙無法自理生活之成年子女之永久居留許可，應併同撤銷或廢止。

依第一項及第二項規定申請永久居留者，應於居留及居住期間屆滿後二年內申請之。

第 17 條

外國高級專業人才依入出國及移民法規定申請永久居留者，其配偶、未成年子女及因身心障礙無法自理生活之成年子女，得隨同本人申請永久居留。

前項外國高級專業人才之永久居留許可，依入出國及移民法第三十三條第一款至第三款及第八款規定經撤銷或廢止者，其配偶、未成年子女及因身心障礙無法自理生活之成年子女之永久居留許可，應併同撤銷或廢止。

第 18 條

外國特定專業人才及外國高級專業人才經內政部移民署許可居留或永久居留者，其直系尊親屬得向外交部或駐外館處申請核發一年效期、多次入國、停留期限六個月及未加註限制不准延期或其他限制之停留簽證；期滿有繼續停留之必要者，得於停留期限屆滿前，向內政部移民署申請延期，並得免出國，每次總停留期間最長為一年。

第 19 條

外國專業人才、外國特定專業人才及外國高級專業人才，其本人、配偶、未成年子女及因身心障礙無法自理生活之成年子女，經內政部移民署許可永久居留後，出國五年以上未曾入國者，內政部移民署得廢止其永久居留許可及註銷其外僑永久居留證。

第 20 條

自一百零七年度起，在我國未設有戶籍並因工作而首次核准在我國居留且符合一定條件效期間受聘僱從事專業工作，於首次符合在我國居留滿一百八十三日且薪資所得超過新臺幣三百萬元之課稅年度起算五年內，其各該在我國居留滿一百八十三日之課稅年度薪資所得超過新臺幣三百萬元部分之半數免予計入綜合所得總額課稅，且不適用所得基本稅額條例第十二條第一項第一款規定。

前項一定條件、申請適用程序、應檢附之證明文件及其他相關事項之辦法，由財政部會商相關機關定之。

第 21 條

外國專業人才、外國特定專業人才及外國高級專業人才有下列情形之一者，其本人、配偶、未成年子女及因身心障礙無法自理生活之成年子女，經領有居留證明文件者，應參加全民健康保險為保險對象，不受全民健康保險法第九條第一款在臺居留滿六個月之限制：

一、受聘僱從事專業工作。

二、外國特定專業人才及外國高級專業人才，具全民健康保險法第十條第一項第一款第四目所定僱主或自營業主之被保險人資格。

第 22 條

從事專業工作之外國專業人才及外國特定專業人才，並經內政部移民署依本法規定許可永久居留者，於許可之日起適用勞工退休金條例之退休金制度。但其於本法中華民國一百十年六月十八日修正之條文施行前已受僱且仍服務於同一事業單位，於許可之日起六個月內，以書面向僱主表明繼續適用勞動基準法之退休金規定者，不在此限。

曾依前項但書規定向僱主表明繼續適用勞動基準法之退休金規定者，不得再變更選擇適用勞工退休金條例之退休金制度。

依第一項規定適用勞工退休金條例退休金制度者，其適用前之工作年資依該條例第十一條規定辦理。

僱主應為適用勞工退休金條例退休金制度之外國專業人才及外國特定專業人才，向勞動部勞工保險局辦理提繳手續，並至遲於第一項規定期限屆滿之日起十五日內申報。

第一項外國專業人才及外國特定專業人才於本法中華民國一百十年六月十八日修正之條文施行前已適用勞工退休金條例，或已依法向僱主表明繼續適用勞動基準法之退休金制度者，仍依各該規定辦理，不適用前四項規定。

第 23 條

外國專業人才、外國特定專業人才及外國高級專業人才受聘僱擔任我國公立學校現職編制內專任合格有給之教師與研究人員，及政府機關與其所屬學術研究機關（構）現職編制內專任合格有給之研究人員，其退休事項準用公立學校教師之退休規定且經許可永久居留者，得擇一支領一次退休金或月退休金。

已依前項規定支領月退休金而經內政部移民署撤銷或廢止其永久居留許可者，喪失領受月退休金之權利。但因回復我國國籍、取得我國國籍或兼具我國國籍經撤銷或廢止永久居留許可者，不在此限。

第 24 條

香港或澳門居民在臺灣地區從事專業工作或尋職，準用第五條第一項至第四項、第六條、第七條第一項、第八條至第十一條、第十三條、第二十條及第二十一條規定；有關入境、停留及居留等事項，由內政部依香港澳門關係條例及其相關規定辦理。

第 25 條

我國國民兼具外國國籍而未在我國設有戶籍，並持外國護照至我國從事專業工作或尋職者，依本法有關外國專業人才之規定辦理。但其係因歸化取得我國國籍者，得免申請工作許可。

經歸化取得我國國籍且兼具外國國籍而未在我國設有戶籍，並持我國護照入國從事專業工作或尋職者，得免申請工作許可。

第 26 條

外國專業人才、外國特定專業人才及外國高級專業人才經歸化取得我國國籍者，其成年子女之工作許可、配偶與未成年子女及因身心障礙無法自理生活之成年子女之永久居留、直系尊親屬探親停留簽證，準用第十五條至第十九條規定。

第 27 條

本法施行日期，由行政院定之。

中高齡者及高齡者就業促進法暨其子法

中高齡者及高齡者就業促進法

公布日期：民國 108 年 12 月 04 日

第一章　總則

第 1 條

為落實尊嚴勞動，提升中高齡者勞動參與，促進高齡者再就業，保障經濟安全，鼓勵世代合作與經驗傳承，維護中高齡者及高齡者就業權益，建構友善就業環境，並促進其人力資源之運用，特制定本法。

中高齡者及高齡者就業事項，依本法之規定；本法未規定者，適用勞動基準法、性別工作平等法、就業服務法、職業安全衛生法、就業保險法、職業訓練法及其他相關法律之規定。

第 2 條

本法所稱主管機關：在中央為勞動部；在直轄市為直轄市政府；在縣（市）為縣（市）政府。

第 3 條

本法用詞，定義如下：

一、中高齡者：指年滿四十五歲至六十五歲之人。

二、高齡者：指逾六十五歲之人。

三、受僱者：指受雇主僱用從事工作獲致薪資之人。

四、求職者：指向雇主應徵工作之人。

五、雇主：指僱用受僱者之人、公私立機構或機關。代表雇主行使管理權或代表雇主處理有關受僱者事務之人，視同雇主。

第 4 條

本法適用對象為年滿四十五歲之下列人員：

一、本國國民。

二、與在中華民國境內設有戶籍之國民結婚，且獲准在臺灣地區居留之外國人、大陸地區人民、香港或澳門居民。

三、前款之外國人、大陸地區人民、香港或澳門居民，與其配偶離婚或其配偶死亡，而依法規規定得在臺灣地區繼續居留工作者。

第 5 條

雇主應依所僱用之中高齡者及高齡者需要，協助提升專業知能、調整職務或改善工作設施，提供友善就業環境。

第 6 條

中央主管機關為推動中高齡者及高齡者就業，應蒐集中高齡者及高齡者勞動狀況，辦理供需服務評估、職場健康、職業災害等相關調查或研究，並進行性別分析，其調查及研究結果應定期公布。

第 7 條

中央主管機關應會商中央目的事業主管機關及地方主管機關，至少每三年訂定中高齡者及高齡者就業計畫。

地方主管機關應依前項就業計畫，結合轄區產業特性，推動中高齡者及高齡者就業。

第 8 條

主管機關得遴聘受僱者、雇主、學者專家及政府機關之代表，研議、諮詢有關中高齡者及高齡者就業權益事項；其中受僱者、雇主及學者專家代表，不得少於二分之一。

前項代表中之單一性別、中高齡者及高齡者，不得少於三分之一。

第 9 條

為協助中高齡者及高齡者就業，主管機關得提供職場指引手冊。

第 10 條

為傳承中高齡者與高齡者智慧經驗及營造世代和諧，主管機關應推廣世代交流，支持雇主推動世代合作。

第 11 條

主管機關應推動中高齡者與高齡者就業之國際交流及合作。

第二章　禁止年齡歧視

第 12 條

雇主對求職或受僱之中高齡者及高齡者，不得以年齡為由予以差別待遇。

前項所稱差別待遇，指雇主因年齡因素對求職者或受僱者為下列事項之直接或間接不利對待：

一、招募、甄試、進用、分發、配置、考績或陞遷等。

二、教育、訓練或其他類似活動。

三、薪資之給付或各項福利措施。

四、退休、資遣、離職及解僱。

第 13 條

前條所定差別待遇，屬下列情形之一者，不受前條第一項規定之限制：

一、基於職務需求或特性，而對年齡為特定之限制或規定。

二、薪資之給付，係基於年資、獎懲、績效或其他非因年齡因素之正當理由。

三、依其他法規規定任用或退休年齡所為之限制。

四、依本法或其他法令規定，為促進特定年齡者就業之相關僱用或協助措施。

第 14 條

求職或受僱之中高齡者及高齡者於釋明差別待遇之事實後，雇主應就差別待遇之非年齡因素，或其符合前條所定之差別待遇因素，負舉證責任。

第 15 條

求職或受僱之中高齡者及高齡者發現雇主違反第十二條第一項規定時，得向地方主管機關申訴。

地方主管機關受理前項之申訴，由依就業服務法相關規定組成之就業歧視評議委員會辦理年齡歧視認定。

第 16 條

雇主不得因受僱之中高齡者及高齡者提出本法之申訴或協助他人申訴，而予以解僱、調職或其他不利之處分。

第 17 條

求職或受僱之中高齡者及高齡者，因第十二條第一項之情事致受有損害，雇主應負賠償責任。

前項之損害賠償請求權，自請求權人知有損害及賠償義務人時起，二年間不行使而消滅。自有違反行為時起，逾十年者，亦同。

第三章　穩定就業措施

第 18 條

雇主依經營發展及穩定留任之需要，得自行或委託辦理所僱用之中高齡者及高齡者在職訓練，或指派其參加相關職業訓練。

雇主依前項規定辦理在職訓練，中央主管機關得予訓練費用補助，並提供訓練輔導協助。

第 19 條

雇主對於所僱用之中高齡者及高齡者有工作障礙或家屬需長期照顧時，得依其需要為職務再設計或提供就業輔具，或轉介適當之長期照顧服務資源。

雇主依前項規定提供職務再設計及就業輔具，主管機關得予輔導或補助。

第 20 條

雇主為使所僱用之中高齡者與高齡者傳承技術及經驗，促進世代合作，得採同一工作分工合作等方式為之。

雇主依前項規定辦理時，不得損及受僱者原有勞動條件，以穩定其就業。

雇主依第一項規定辦理者，主管機關得予輔導或獎勵。

第 21 條

雇主繼續僱用符合勞動基準法第五十四條第一項第一款所定得強制退休之受僱者達一定比率及期間，中央主管機關得予補助。

第 22 條

前四條所定補助、獎勵之申請資格條件、項目、方式、期間、廢止、經費來源及其他相關事項之辦法，由中央主管機關定之。

第四章　促進失業者就業

第 23 條

公立就業服務機構為協助中高齡者及高齡者就業，應依其能力及需求，提供職涯輔導、就業諮詢與推介就業等個別化就業服務及相關就業資訊。

第 24 條

中央主管機關為提升中高齡者及高齡者工作技能，促進就業，應辦理職業訓練。

雇主依僱用人力需求，得自行或委託辦理失業之中高齡者及高齡者職業訓練。

雇主依前項規定辦理職業訓練，中央主管機關得予訓練費用補助。

第 25 條

主管機關為協助中高齡者及高齡者創業或與青年共同創業，得提供創業諮詢輔導、創業研習課程及創業貸款利息補貼等措施。

第 26 條

主管機關對於失業之中高齡者及高齡者，應協助其就業，提供相關就業協助措施，並得發給相關津貼、補助或獎助。

第 27 條

前三條所定補助、利息補貼、津貼或獎助之申請資格條件、項目、方式、期間、廢止、經費來源及其他相關事項之辦法，由中央主管機關定之。

第五章　支持退休後再就業

第 28 條

六十五歲以上勞工，雇主得以定期勞動契約僱用之。

第 29 條

雇主對於所僱用之中高齡者，得於其達勞動基準法第五十四條第一項第一款所定得強制退休前一年，提供退休準備、調適及再就業之相關協助措施。

雇主依前項規定辦理時，中央主管機關得予補助。

第 30 條

雇主僱用依法退休之高齡者，傳承其專業技術及經驗，中央主管機關得予補助。

第 31 條

前二條所定補助之申請資格條件、項目、方式、期間、廢止、經費來源及其他相關事項之辦法，由中央主管機關定之。

第 32 條

中央主管機關為提供退休之中高齡者及高齡者相關資料供查詢，以強化退休人力再運用，應建置退休人才資料庫，並定期更新。

退休人才資料庫之使用依個人資料保護法相關規定辦理。

第六章　推動銀髮人才服務

第 33 條

中央主管機關為促進依法退休或年滿五十五歲之中高齡者及高齡者就業，應辦理下列事項，必要時得指定或委託相關機關（構）、團體推動之：

一、區域銀髮就業市場供需之調查。

二、銀髮人力資源運用創新服務模式之試辦及推廣。

三、延緩退休、友善職場與世代合作之倡議及輔導。

四、就業促進之服務人員專業知能培訓。

五、銀髮人才服務據點工作事項之輔導及協助。

第 34 條

地方主管機關得成立銀髮人才服務據點，辦理下列事項：

一、開發臨時性、季節性、短期性、部分工時、社區服務等就業機會及就業媒合。

二、提供勞動法令及職涯發展諮詢服務。

三、辦理就業促進活動及訓練研習課程。

四、促進雇主聘僱專業銀髮人才傳承技術及經驗。

五、推廣世代交流及合作。

地方主管機關辦理前項服務，中央主管機關得予補助，其申請資格條件、項目、方式、期間、廢止、經費來源及其他相關事項之辦法，由中央主管機關定之。

第 35 條

地方主管機關應定期向中央主管機關提送銀髮人才服務據點執行成果報告。

中央主管機關對地方主管機關推動銀髮人才服務據點應予監督及考核。

第七章　開發就業機會

第 36 條

中央主管機關為配合國家產業發展需要，得會商中央目的事業主管機關，共同開發中高齡者及高齡者就業機會。

第 37 條

公立就業服務機構應定期蒐集、整理與分析其業務區域內中高齡者及高齡者從事之行業與職業分布、薪資變動、人力供需及未來展望等資料。

公立就業服務機構應依據前項調查結果，訂定中高齡者及高齡者工作機會之開發計畫。

第 38 條

公立就業服務機構為協助中高齡者及高齡者就業或再就業，應開發適合之就業機會，並定期於勞動部相關網站公告。

第 39 條

主管機關為協助雇主僱用中高齡者及高齡者，得提供相關人力運用指引、職務再設計及其他必要之措施。

第 40 條

主管機關對於促進中高齡者及高齡者就業有卓越貢獻者，得予獎勵。

前項所定獎勵之申請資格條件、項目、方式、期間、廢止、經費來源及其他相關事項之辦法，由中央主管機關定之。

第八章　罰則

第 41 條

違反第十二條第一項規定者，處新臺幣三十萬元以上一百五十萬元以下罰鍰。

違反第十六條規定者，處新臺幣二萬元以上三十萬元以下罰鍰。

第 42 條

有前條規定行為之一者，應公布其姓名或名稱、負責人姓名，並限期令其改善；屆期未改善者，應按次處罰。

第 43 條

本法所定之處罰，由地方主管機關為之。

第九章　附則

第 44 條

本法施行細則，由中央主管機關定之。

第 45 條

本法施行日期，由行政院定之。

中高齡者及高齡者就業促進法施行細則

發布日期：民國 109 年 12 月 03 日

第 1 條

本細則依中高齡者及高齡者就業促進法（以下簡稱本法）第四十四條規定訂定之。

第 2 條

中央主管機關應至少每三年，公布本法第六條所定調查及研究之結果。

第 3 條

依本法第七條訂定中高齡者及高齡者就業計畫，應包括下列事項：

一、推動中高齡者及高齡者之職務再設計。

二、促進中高齡者及高齡者之職場友善。

三、提升中高齡者及高齡者之職業安全措施與輔具使用。

四、辦理提升中高齡者及高齡者專業知能之職業訓練。

五、獎勵雇主僱用失業中高齡者及高齡者。

六、推動中高齡者及高齡者之退休後再就業。

七、推動銀髮人才服務。

八、宣導雇主責任、受僱者就業及退休權益。

九、其他促進中高齡者及高齡者就業之相關事項。

前項計畫，應依目標期程及辦理情形適時檢討，以落實其成效。

第 4 條

本法第九條所定職場指引手冊，其內容包括下列事項：

一、勞動市場就業趨勢。

二、就業、轉業準備及職場適應相關資訊。

三、勞動相關法令。

四、促進中高齡者及高齡者就業措施。

五、其他有助於中高齡者及高齡者就業之相關資訊。

第 5 條

本法第十一條所定國際交流，為主管機關與其他國家之政府或民間組織合作辦理有關中高齡者及高齡者就業之觀摩考察、經驗交流或研討活動等事項。

第 6 條

本法第十九條所定職務再設計，為協助中高齡者及高齡者排除工作障礙，以提升其工作效能與穩定就業所進行之改善工作設備、工作條件、工作環境及調整工作方法之措施。

第 7 條

雇主依本法第二十八條以定期勞動契約僱用六十五歲以上勞工，不適用勞動基準法第九條規定。

前項定期契約期間，不適用勞動基準法第五十四條第一項第一款規定。

第一項定期勞動契約期限逾三年者，於屆滿三年後，勞工得終止契約。但應於三十日前預告雇主。

第 8 條

本法第三十七條第二項所定中高齡者及高齡者工作機會之開發計畫，其內容包括下列事項：

一、轄區產業適合中高齡者及高齡者之就業機會。

二、轄區中高齡者及高齡者之就業需求。

三、加強就業媒合之策略及作法。

四、預期成效。

第 9 條

本法第三十九條所定人力運用指引，其內容包括下列事項：

一、中高齡及高齡就業者特性。

二、職場管理及溝通。

三、勞動相關法令。

四、各項獎助雇主僱用措施。

五、績優企業案例。

六、其他有助於提高雇主僱用中高齡者及高齡者意願之相關資訊。

第 10 條

中央主管機關得將本法第三章穩定就業措施、第四章促進失業者就業、第五章支持退休後再就業及第七章開發就業機會所定事項，委任所屬就業服務機關（構）或職業訓練機構、委辦直轄市、縣（市）主管機關或委託相關機關（構）、團體辦理之。

第 11 條

本細則自中華民國一百零九年十二月四日施行。

地方政府成立銀髮人才服務據點補助辦法

發布日期：民國 109 年 12 月 03 日

第 1 條

本辦法依中高齡者及高齡者就業促進法（以下簡稱本法）第三十四條第二項規定訂定之。

第 2 條

地方主管機關為辦理本法第三十四條第一項所定銀髮人才服務據點及業務，得按年研提實施計畫報中央主管機關，經審核通過後發給補助。

前項實施計畫，內容應包括下列事項：

一、計畫目標。

二、轄區勞動力現況及供需分析。

三、辦理方式。

四、服務項目。

五、預定進度。

六、預期績效。

七、經費概算表。

八、其他經中央主管機關規定之事項。

前項第三款所定辦理方式，應包括成立之銀髮人才服務據點與中央主管機關所屬就業服務機關（構）及單位之合作或分工事項。

第一項補助標準、申請、審核及核銷作業等事項，由中央主管機關公告之。

第 3 條

前條第一項所定補助之項目如下：

一、開辦之設施設備費。

二、設施設備汰換費。

三、房屋租金。

四、人事費。

五、業務費。

地方主管機關購置前項第一款及二款之設施設備，其採購及財產管理應依有關規定及法定程序辦理。

第 4 條

地方主管機關獲得第二條補助者，應依核定之實施計畫辦理；其計畫內容有變更者，應事前報請中央主管機關同意。

第 5 條

地方主管機關獲得第二條補助者，於中央主管機關辦理業務訪視及考核時，不得規避、妨礙或拒絕。

第 6 條

地方主管機關獲得第二條補助者，應於年度結束後一個月內，將執行成果報告送中央主管機關備查。

第 7 條

地方主管機關成立銀髮人才服務據點，辦理本法第三十四條第一項所定事項，中央主管機關得聘請專家學者或具實務經驗工作者，視地方主管機關需求提供協助及輔導措施。

第 8 條

地方主管機關推動銀髮人才服務績效優良者，中央主管機關得予以公開表揚或獎勵。

第 9 條

地方主管機關獲得第二條補助，有下列情事之一者，經通知限期改善而屆期未改善，中央主管機關得撤銷或廢止全部或一部之補助；已補助者，應限期命其返還：

一、不實請領或溢領。

二、執行內容與原核定計畫不符。

三、規避、妨礙或拒絕中央主管機關辦理業務訪視及考核。

四、經中央主管機關考核成效不佳。

第 10 條

本辦法所規定之書表及文件，由中央主管機關定之。

第 11 條

本辦法所需經費，由中央主管機關編列預算支應。

第 12 條

本辦法自中華民國一百零九年十二月四日施行。

退休中高齡者及高齡者再就業補助辦法

發布日期：民國 109 年 12 月 03 日

第 1 條

本辦法依中高齡者及高齡者就業促進法（以下簡稱本法）第三十一條規定訂定之。

第 2 條

本辦法所定雇主，為就業保險投保單位之民營事業單位、團體或私立學校。

前項所稱團體，指依人民團體法或其他法令設立者。但不包括政治團體及政黨。

第 3 條

雇主依本法第二十九條提供下列協助措施者，得向中央主管機關申請補助：

一、辦理勞工退休準備與調適之課程、團體活動、個別諮詢、資訊及文宣。

二、辦理勞工退休後再就業之職涯發展、就業諮詢、創業諮詢及職業訓練。

雇主應於中央主管機關公告之受理期間提出申請。

第一項各款補助額度，同一雇主每年最高新臺幣五十萬元。

第一項與第二項所定受理期間、審查及核銷作業等事項，由中央主管機關公告之。

第 4 條

雇主依前條規定申請補助，應檢附下列文件、資料，送中央主管機關審核：

一、申請書。

二、計畫書。

三、經費概算表。

四、依法設立登記之證明文件影本。

五、其他經中央主管機關規定之文件、資料。

前項文件、資料未備齊者，應於中央主管機關通知期間內補正；屆期未補正者，不予受理。

第 5 條

雇主依本法第三十條僱用高齡者傳承專業技術及經驗，得向中央主管機關申請下列補助：

一、傳承專業技術及經驗之實作或講師鐘點費。

二、非自有場地費。

三、其他必要之費用。

雇主應於中央主管機關公告之受理期間提出申請。

第一項補助額度，每位受僱用之高齡者每年最高補助雇主新臺幣十萬元，每位雇主每年最高補助新臺幣五十萬元；受僱用之高齡者，不得為雇主配偶或三親等以內親屬。

第一項與第二項所定受理期間、審查及核銷作業等事項，由中央主管機關公告之。

第 6 條

雇主依前條規定申請補助，應檢附下列文件、資料，送中央主管機關審核：

一、申請書。

二、計畫書。

三、經費概算表。

四、依法設立登記之證明文件影本。

五、講師為退休高齡者證明文件影本。

六、講師具專業技術及經驗證明文件影本。

七、僱用證明文件影本。

八、其他經中央主管機關規定之文件、資料。

前項文件、資料未備齊者，應於中央主管機關通知期間內補正；屆期未補正者，不予受理。

第 7 條

中央主管機關為查核本辦法執行情形，得查對相關文件、資料，雇主不得規避、妨礙或拒絕。

第 8 條

雇主有下列情形之一者，應不予核發補助；已發給者，經撤銷或廢止後，應限期命其返還：

一、不實請領或溢領。

二、執行內容與原核定計畫不符。

三、未實質僱用中高齡者及高齡者。

四、規避、妨礙或拒絕中央主管機關查核。

五、同一事由已領取政府機關相同性質之補助。

六、違反本辦法規定。

七、其他違反相關勞動法令，情節重大。

有前項第一款所定情事，中央主管機關得停止補助二年。

第 9 條

本辦法所規定之書表及文件，由中央主管機關定之。

第 10 條

本辦法所需經費，由中央主管機關編列預算支應。

第 11 條

本辦法自中華民國一百零九年十二月四日施行。

促進中高齡者及高齡者就業獎勵辦法

發布日期：民國 112 年 06 月 14 日

第 1 條

本辦法依中高齡者及高齡者就業促進法第四十條第二項規定訂定之。

第 2 條

本辦法適用於下列對象：

一、依法登記或取得設立許可之民營事業單位、非營利組織及民間團體。

二、從事促進中高齡者及高齡者就業事項之相關人員（以下簡稱從業人員）。

政府機關（構）與公營事業單位及其從業人員，不適用本辦法。

第 3 條

前條所定適用對象之評選，分為績優單位及從業人員二組。

前項所定績優單位組，依其組織性質及規模分為下列四類：

一、中小企業類：依法辦理公司登記或商業登記，且合於中小企業認定標準之企業。

二、大型企業類：依法辦理公司登記或商業登記，且非屬中小企業之企業。

三、中小型之機構、非營利組織或團體類：經常僱用員工數未滿一百人者、診所或地區醫院。

四、大型之機構、非營利組織或團體類：經常僱用員工數滿一百人者、區域醫院或醫學中心。

第 4 條

報名績優單位組者，應符合下列各款要件：

一、積極進用中高齡者及高齡者，並促進其穩定就業，有具體實績。

二、依法登記或取得設立許可滿三年，且營運中。

三、依法繳交勞工保險費、勞工職業災害保險費、全民健康保險費、提撥勞工退休準備金及提繳勞工退休金。

四、依身心障礙者權益保障法與原住民族工作權保障法，已足額進用身心障礙者及原住民，或繳納差額補助費及代金。

五、最近二年內未有重大違反相關勞動法令情事。

報名從業人員組者，應為從事促進中高齡者及高齡者就業事項相關工作滿三年，有具體事蹟，並經相關單位或人員推薦之現職從業人員。

第 5 條

第二條所定對象參加評選，應檢具下列文件、資料：

一、基本資料表。

二、協助中高齡及高齡者措施及優良實績或事蹟說明表。

三、其他經主管機關指定之相關證明文件、資料。

前項所定文件、資料、受理期間及評選作業等事項，由主管機關公告之。

第 6 條

主管機關應成立評選小組，辦理第三條所定績優單位及從業人員評選。

前項所定評選小組，置委員十一人至十九人，其組成如下：

一、專家學者代表五人至八人。

二、人力資源主管代表、非營利團體代表五人至八人。

三、主管機關代表一人至三人。

評選小組委員，任一性別比例不得少於三分之一。

第 7 條

本辦法所定績優單位及從業人員，依下列項目評選：

一、建立及推動友善中高齡者及高齡者就業機制。

二、促進中高齡者及高齡者職場穩定就業措施。

三、結合單位組織特性，辦理中高齡及高齡人力發展之前瞻性或創意性措施。

四、執行前三款所定項目具有成效及影響力。

五、其他足為楷模之事蹟。

第 8 條

本辦法之獎項如下：

一、績優單位獎。

二、績優人員獎。

前項所定獎項名額由評選小組分配之，評選小組並得視參選狀況調整或從缺。

獲獎者由主管機關公開表揚，頒發獎座（牌）及獎金，並得補助參加主管機關辦理與本項業務相關之國內外交流活動。

第 9 條

第三條所定評選，以每二年辦理一次為原則。

第 10 條

參選者於報名截止日前二年內、審查期間及獲獎後二年內，有下列情形之一，主管機關得撤銷或廢止其參選或獲獎資格，並應限期命其返還已頒發之獎金：

一、提報偽造、變造、不實或失效資料。

二、違反本辦法規定。

三、其他違反相關勞動法令，情節重大。

第 11 條

本辦法所需經費，由主管機關編列預算支應。

第 12 條

本辦法自中華民國一百零九年十二月四日施行。

本辦法修正條文自發布日施行。

在職中高齡者及高齡者穩定就業辦法

發布日期：民國 112 年 09 月 04 日

第一章　總則

第 1 條

本辦法依中高齡者及高齡者就業促進法（以下簡稱本法）第二十二條規定訂定之。

第 2 條

本辦法所定雇主，爲就業保險投保單位之民營事業單位、團體或私立學校。

前項所稱團體，指依人民團體法或其他法令設立者。但不包括政治團體及政黨。

第 3 條

本法第三章穩定就業措施，其項目如下：

一、職業訓練之補助。

二、職務再設計與就業輔具之輔導及補助。

三、世代合作之輔導及獎勵。

四、繼續僱用之補助。

第二章　職業訓練之補助

第 4 條

中央主管機關補助雇主依本法第十八條第一項規定，指派所僱用之中高齡者及高齡者參加職業訓練，以國內訓練單位公開招訓之訓練課程爲限。

第 5 條

雇主依前條指派所僱用之中高齡者或高齡者參加職業訓練，應檢附下列文件、資料，送中央主管機關審核：

一、申請書。

二、全年度訓練計畫書，其內容包括對象及經費概算總表。

三、依法設立登記之證明文件影本。

四、最近一期勞工保險費用繳款單及明細表影本。

五、最近一期繳納之營業稅證明或無欠稅證明。

六、其他經中央主管機關規定之文件、資料。

雇主應就各層級中高齡及高齡勞工參訓權益予以考量，以保障基層中高齡及高齡勞工之受訓權益。

第一項第二款所定訓練計畫書經核定後，雇主應於預定施訓日三日前至補助企業辦理訓練資訊系統登錄，並於每月十日前回報前一月已施訓之訓練課程。

雇主變更訓練課程內容，應於訓練計畫原定施訓日三日前向中央主管機關申請變更。

第一項文件、資料未備齊，應於中央主管機關通知期間內補正；屆期未補正者，不予受理。

第 6 條

雇主依第四條指派所僱用之中高齡者或高齡者參加職業訓練，得向中央主管機關申請訓練費用最高百分之七十之補助。但補助總額上限不得超過中央主管機關另行公告之金額。

第 7 條

雇主依第五條所送之訓練計畫書，經審核通過且實施完畢者，應於當年度檢附下列文件、資料向中央主管機關申請補助：

一、請款之領據或收據及存摺封面影本。

二、實際參訓人員總名冊。

三、訓練計畫實施與經費支出明細表及成果報告。

四、經費支用單據及明細表。

五、訓練紀錄表。

六、其他經中央主管機關規定之文件、資料。

第 8 條

雇主應依第五條核定訓練計畫書實施訓練，無正當理由連續二年單一班次參訓率低於原預定參訓人數之百分之六十，且逾核定班次三分之一者，次一年度不予受理申請。

第 9 條

雇主於計畫執行期間有下列情形之一者，該課程不予補助，並廢止原核定處分之全部或一部：

一、未經同意，自行變更部分訓練計畫書內容，或未依核定之訓練計畫書及課程進度實施訓練。

二、未於預定施訓日三日前登錄，或施訓日之次月十日前辦理訓練課程回報。

三、同一訓練課程，已接受其他政府機關補助。

第 10 條

雇主有下列情形之一者，中央主管機關應不予補助其訓練費用；已發給者，經撤銷或廢止原核定處分後，應限期命其返還：

一、未依據核定之訓練計畫書及課程進度實施訓練，且未於期限內申請辦理變更達二次以上。

二、未依核銷作業期程辦理申領補助訓練費。

第三章　職務再設計與就業輔具之輔導及補助

第 11 條

雇主依本法第十九條第一項所定為職務再設計或提供就業輔具，得向主管機關申請輔導或補助。

前項補助金額，按所申請人數，每人每年以新臺幣十萬元為限。但經評估有特殊需求，經主管機關事前核准者，不在此限。

第 12 條

前條所定職務再設計或提供就業輔具之輔導或補助項目如下：

一、提供就業輔具：為排除中高齡者及高齡者工作障礙，維持、改善、增加其就業能力之輔助器具。

二、改善工作設備或機具：為提高中高齡者及高齡者工作效能，增進其生產力，所進行工作設備或機具之

改善。

三、改善職場工作環境：為穩定中高齡者及高齡者就業，所進行與工作場所環境有關之改善。

四、改善工作條件：為改善中高齡者及高齡者工作狀況，提供必要之工作協助。

五、調整工作方法：透過分析與訓練，按中高齡者及高齡者特性，安排適當工作。

前項情形，屬職業安全衛生法所定之僱主義務或責任者，不予補助。

第 13 條

僱主依第十一條規定申請職務再設計或提供就業輔具，應檢附下列文件、資料，送主管機關審核：

一、申請書。

二、依法設立登記之證明文件影本。

三、勞工保險、勞工職業災害保險投保證明文件或僱用證明文件影本。

四、其他經主管機關規定之文件、資料。

前項文件、資料未備齊，應於主管機關通知期間內補正；屆期未補正者，不予受理。

第 14 條

主管機關受理職務再設計或就業輔具補助申請，為評估申請案件之需要性、必要性、可行性、預算合理性及能否解決工作障礙等，得視需要邀請專家學者至現場訪視及提供諮詢輔導，並得召開審查會議審查。

第 15 條

依第十三條規定申請補助費用，應於核定補助項目執行完畢三十日內檢附下列文件、資料，向主管機關申請撥款及經費核銷：

一、核准函影本。

二、領據。

三、成果報告。

四、會計報告或收支清單。

五、發票或收據等支用單據。

前項文件、資料未備齊，應於主管機關通知期間內補正；屆期未補正者，不予受理。

第 16 條

僱主申請補助購置之就業輔具，符合下列各款情形，且於受補助後二年內遇該補助項目之職位出缺，而未能僱用使用相同輔具之中高齡者或高齡者，應報請主管機關回收輔具：

一、全額補助，且具重複使用性質。

二、未逾使用期限。

三、經第十四條評估、審查應予回收。

前項第二款所定使用期限，依下列順序定之：

一、屬衛生福利部身心障礙者輔具費用補助基準表所定輔具者，其使用年限從其規定。

二、依行政院主計總處財物標準分類規定之使用年限。

三、非屬前二款者，使用年限為二年。

第四章　世代合作之輔導及獎勵

第 17 條

本法第二十條第一項所稱促進世代合作，指雇主透過同一工作分工合作、調整內容及其他方法，使所僱用之中高齡者及高齡者與差距年齡達十五歲以上之受僱者共同工作之方式。

第 18 條

雇主依前條推動世代合作之方式如下：

一、人才培育型：由中高齡者或高齡者教導跨世代員工，傳承知識、技術及實務經驗。

二、工作分享型：由不同世代共同合作，發展職務互補或時間分工，且雙方應有共同工作時段。

三、互為導師型：結合不同世代專長，雙方互為導師，共同提升營運效率。

四、能力互補型：依不同世代職務能力進行工作重組、工作規劃或績效調整。

五、其他世代合作之推動方式。

主管機關為促進雇主辦理世代合作，推動世代交流及經驗傳承，得聘請專家學者或具實務經驗工作者，視雇主需求提供諮詢及輔導。

第 19 條

中央主管機關對推動前條世代合作項目著有績效之雇主，得公開表揚，頒發獎座（牌）及獎金。

前項獎勵活動以每二年辦理一次為原則，獎勵相關事項，由中央主管機關公告之。

第五章　繼續僱用之補助

第 20 條

雇主依本法第二十一條申請補助者，應符合下列資格條件：

一、繼續僱用符合勞動基準法第五十四條第一項第一款規定之受僱者，達其所僱用符合該規定總人數之百分之三十。但情況特殊，經中央主管機關另行公告行業及繼續僱用比率者，不在此限。

二、繼續僱用期間達六個月以上。

三、繼續僱用期間之薪資不低於原有薪資。

前項第一款所定受僱者，不得為雇主之配偶或三親等內之親屬。

第 21 條

符合前條所定雇主，應於每年中央主管機關公告之期間及補助總額範圍內，檢附下列文件、資料，向公立就業服務機構提出申請次一年度繼續僱用補助，並送中央主管機關審核：

一、申請書。

二、繼續僱用計畫書。

三、依法設立登記之證明文件影本。

四、繼續僱用者投保勞工保險或勞工職業災害保險之證明文件。

五、連續僱用者最近三個月之薪資證明文件。

六、其他經中央主管機關規定之文件、資料。

雇主應於繼續僱用期滿六個月之日起九十日內，檢附繼續僱用期間之僱用與薪資證明文件及中央主管機關核准函影本，向公立就業服務機構請領繼續僱用補助。

雇主申請第一項補助時，不得同時請領與本辦法相同性質之津貼或補助。

第 22 條

繼續僱用之補助，僱用日數未達三十日者不予列計，並按雇主繼續僱用期間核發，其規定如下：

一、勞僱雙方約定按月計酬方式給付薪資者，依下列標準核發：

　㈠雇主繼續僱用期間滿六個月，自雇主僱用第一個月起，依受僱人數每人每月補助新臺幣一萬三千元，一次發給六個月僱用補助。

　㈡雇主繼續僱用期間逾六個月，自第七個月起依受僱人數每人每月補助新臺幣一萬五千元，按季核發，最高補助十二個月。

二、勞僱雙方約定按前款以外方式給付薪資者，依下列標準核發：

　㈠雇主繼續僱用期間滿六個月，自雇主僱用第一個月起，依受僱人數每人每小時補助新臺幣七十元，每月最高發給新臺幣一萬三千元，一次發給六個月僱用補助。

　㈡雇主繼續僱用期間逾六個月，自第七個月起依受僱人數每人每小時補助新臺幣八十元，每月最高發給新臺幣一萬五千元，按季核發，最高補助十二個月。

雇主於申請前條補助期間，遇有勞僱雙方計酬方式變更情事，應報請公立就業服務機構備查。

第六章　附則

第 23 條

主管機關及公立就業服務機構為查核本辦法執行情形，得查對相關文件、資料，雇主不得規避、妨礙或拒絕。

第 24 條

除本辦法另有規定者外，雇主有下列情形之一者，主管機關應不予核發獎勵或補助；已發給者，經撤銷或廢止後，應限期命其返還：

一、不實請領或溢領。

二、執行內容與原核定計畫不符。

三、未實質僱用中高齡者及高齡者。

四、規避、妨礙或拒絕主管機關或公立就業服務機構查核。

五、以同一事由已領取政府機關相同性質之補助。

六、違反本辦法規定。

七、其他違反相關勞動法令，情節重大。

有前項第一款所定情事，主管機關得停止補助二年。

第 25 條

本辦法所規定之書表及文件，由中央主管機關定之。

第 26 條

本辦法所需經費，由主管機關編列預算支應。

第 27 條

本辦法自中華民國一百零九年十二月四日施行。

本辦法修正條文自發布日施行。

失業中高齡者及高齡者就業促進辦法

發布日期：民國 109 年 12 月 03 日

第一章　總則

第 1 條

本辦法依中高齡者及高齡者就業促進法（以下簡稱本法）第二十七條規定訂定之。

第 2 條

本辦法所稱雇主，為就業保險投保單位之民營事業單位、團體或私立學校。

前項所稱定團體，指依人民團體法或其他法令設立者。但不包括政治團體及政黨。

第 3 條

本法第二十七條所定補助、利息補貼、津貼或獎助如下：

一、職業訓練補助。

二、創業貸款利息補貼。

三、跨域就業補助。

四、臨時工作津貼。

五、職場學習及再適應津貼。

六、僱用獎助。

第二章　職業訓練之補助

第 4 條

失業之中高齡者及高齡者，參加中央主管機關自辦、委託或補助辦理之職業訓練課程，全額補助其訓練費用。

申請前項補助者，應檢附下列文件、資料，向辦理職業訓練單位提出，送中央主管機關審核：

一、身分證明文件影本。

二、其他經中央主管機關規定之文件、資料。

第 5 條

中央主管機關為提升失業之高齡者工作技能，促進就業，得自辦、委託或補助辦理高齡者職業訓練專班。

前項高齡者職業訓練專班，應符合下列規定：

一、訓練對象為經公立就業服務機構或受託單位就業諮詢並推介參訓，且由職業訓練單位甄選錄訓之高齡者。

二、訓練專班之規劃應切合高齡者就業市場，且其課程、教材、教法及評量方式，應適合失業之高齡者身心特性及需求。

第 6 條

雇主依本法第二十四條第二項規定辦理訓練，並申請訓練費用補助者，最低開班人數應達五人，且訓練時數不得低於八十小時。

第 7 條

雇主依前條規定申請訓練費用補助者，應檢附下列文件、資料，送中央主管機關審核：

一、申請書。

二、招募計畫書，其內容應包括僱用結訓中高齡者及高齡者之勞動條件。

三、訓練計畫書。

四、依法設立登記之證明文件影本。

五、其他經中央主管機關規定之文件、資料。

經核定補助者，補助標準分為下列二類，其餘未補助部分，由雇主自行負擔，不得向受訓學員收取任何費用：

一、由雇主自行辦理訓練：補助訓練費用百分之七十。

二、雇主委託辦理訓練：補助訓練費用百分之八十五。

第 8 條

依第六條辦理職業訓練結訓後，雇主應依招募計畫書之勞動條件全部僱用；未僱用者，其全部或一部之訓練費用不予補助。但中途離退訓、成績考核不合格或因個人因素放棄致未僱用者，不在此限。

前項僱用人數於結訓一個月內離職率達百分之三十以上，不予補助已離職者之訓練費用。

第 9 條

失業之中高齡者及高齡者參加職業訓練，中央主管機關得發給職業訓練生活津貼；其申請資格條件、方式、期間及不予核發、撤銷或廢止等事項，準用就業促進津貼實施辦法第三條、第十八條至第二十一條及第二十六條規定。

第三章　創業貸款利息補貼

第 10 條

失業之中高齡者及高齡者，符合下列規定，並檢具相關文件、資料，經中央主管機關同意核貸，得向金融機構辦理創業貸款：

一、登記為所營事業之負責人，並有實際經營該事業之事實。

二、未同時經營其他事業。

三、三年內曾參與政府創業研習課程至少十八小時。

四、所營事業設立登記未超過五年。

五、所營事業員工數未滿五人。

六、貸款用途以購置或租用廠房、營業場所、機器、設備或營運週轉金為限。

前項失業者與二十九歲以下之青年共同創業，向金融機構辦理貸款時，應檢具共同實際經營該事業之創業計畫書。

前項共同創業者不得為配偶、三親等內血親、二親等內血親之配偶、配偶之二親等內血親或其配偶。

第 11 條

創業貸款之利率，按中華郵政股份有限公司二年期定期儲金機動利率加百分之零點五七五機動計息。

第 12 條

第十條所定創業貸款，其利息補貼之最高貸款額度為新臺幣二百萬元；所營事業為商業登記法第五條規定得免辦理登記之小規模商業，並辦有稅籍登記者，利息補貼之最高貸款額度為新臺幣五十萬元。

貸款人貸款期間前二年之利息，由中央主管機關全額補貼。

貸款人符合第十條第二項規定者，貸款期間前三年之利息，由中央主管機關全額補貼；第四年起負擔年息百分之一點五，利息差額由中央主管機關補貼，但年息低於百分之一點五時，由貸款人負擔實際全額利息。

前項利息補貼期間最長七年。

第 13 條

貸款人有下列情形之一者，自事實發生之日起停止或不予補貼利息；已撥付者，由承貸金融機構向貸款人追回，並返還中央主管機關：

一、所營事業停業、歇業或變更負責人。

二、貸款人積欠貸款本息達六個月。

前項第二款情形於貸款人清償積欠貸款本息且恢復正常繳款後，得繼續補貼利息。

第 14 條

同一創業貸款案件，曾領取政府機關其他相同性質創業貸款利息補貼或補助者，不得領取本辦法之創業貸款利息補貼。

第四章　跨域就業補助

第 15 條

本辦法所定跨域就業補助項目如下：

一、求職交通補助金。

二、異地就業交通補助金。

三、搬遷補助金。

四、租屋補助金。

第 16 條

失業之中高齡者及高齡者，親自向公立就業服務機構辦理求職登記，經諮詢及開立介紹卡推介就業，有下列情形之一者，得發給求職交通補助金：

一、推介地點與日常居住處所距離三十公里以上。

二、為低收入戶、中低收入戶或家庭暴力被害人。

除前項規定外，其他補助資格條件、核發金額及相關事項，準用就業促進津貼實施辦法第三條、第八條及第九條規定。

第 17 條

申請前條補助，應檢附下列文件、資料：

一、身分證明文件影本。

二、同意代爲查詢勞工保險資料委託書。

三、補助金領取收據。

四、其他經中央主管機關規定之文件、資料。

第 18 條

失業之中高齡者及高齡者依本辦法、就業促進津貼實施辦法及就業保險促進就業實施辦法申領之求職交通補助金應合併計算，每人每年度以四次爲限。

第 19 條

符合下列各款情形之失業者，親自向公立就業服務機構辦理求職登記，經諮詢及開立介紹卡推介就業，得向就業當地轄區之公立就業服務機構申請核發異地就業交通補助金：

一、高齡者、失業期間連續達三個月以上中高齡者或非自願性離職中高齡者。

二、就業地點與原日常居住處所距離三十公里以上。

三、因就業有交通往返之事實。

四、連續三十日受僱於同一雇主。

第 20 條

中高齡者及高齡者申請前條異地就業交通補助金，其申請程序、應備文件、資料、核發標準、補助期間及不予核發或撤銷等事項，準用就業保險促進就業實施辦法第二十七條、第二十八條及第三十六條規定。

第 21 條

符合下列各款情形之失業者，親自向公立就業服務機構辦理求職登記，經諮詢及開立介紹卡推介就業，得向就業當地轄區之公立就業服務機構申請核發搬遷補助金：

一、高齡者、失業期間連續達三個月以上中高齡者或非自願性離職中高齡者。

二、就業地點與原日常居住處所距離三十公里以上。

三、因就業而需搬離原日常居住處所，搬遷後有居住事實。

四、就業地點與搬遷後居住處所距離三十公里以內。

五、連續三十日受僱於同一雇主。

第 22 條

中高齡者及高齡者申請前條搬遷補助金，其申請程序、應備文件、資料、核發標準及不予核發或撤銷等事項，準用就業保險促進就業實施辦法第三十條、第三十一條及第三十六條規定。

第 23 條

符合下列各款情形之失業者，親自向公立就業服務機構辦理求職登記，經諮詢及開立介紹卡推介就業，得向就業當地轄區之公立就業服務機構申請核發租屋補助金：

一、高齡者、失業期間連續達三個月以上中高齡者或非自願性離職中高齡者。

二、就業地點與原日常居住處所距離三十公里以上。

三、因就業而需租屋，並在租屋處所有居住事實。

四、就業地點與租屋處所距離三十公里以內。

五、連續三十日受僱於同一雇主。

第 24 條

中高齡者及高齡者申請前條租屋補助金，其申請程序、應備文件、資料、核發標準、補助期間及不予核發或撤銷等事項，準用就業保險促進就業實施辦法第三十三條、第三十四條及第三十六條規定。

第 25 條

中高齡者及高齡者申領租屋補助金或異地就業交通補助金，僅得按月擇一申領。

第 26 條

中高齡者及高齡者依本辦法及就業保險促進就業實施辦法申領之租屋補助金、異地就業交通補助金及搬遷補助金應合併計算，租屋補助金及異地就業交通補助金申領期間最長十二個月；搬遷補助金最高新臺幣三萬元。

第五章　臨時工作津貼

第 27 條

失業之中高齡者及高齡者，親自向公立就業服務機構辦理求職登記，經就業諮詢並推介就業，有下列情形之一者，得指派其至用人單位從事臨時性工作，並發給臨時工作津貼：

一、於求職登記日起十四日內未能推介就業。

二、有正當理由無法接受推介工作。

公立就業服務機構發給前項津貼之適用對象，準用就業促進津貼實施辦法第三條規定。

第一項正當理由、用人單位及津貼發給方式，準用就業促進津貼實施辦法第十條第二項至第四項規定。

第 28 條

前條津貼發給標準，按中央主管機關公告之每小時基本工資核給，且不超過每月基本工資，最長六個月。

第 29 條

用人單位申請津貼應備文件、資料，準用就業促進津貼實施辦法第十一條規定。

失業之中高齡者及高齡者申領第二十七條津貼，其請假及給假事宜，準用就業促進津貼實施辦法第十三條規定。

公立就業服務機構查核及終止用人單位計畫，準用就業促進津貼實施辦法第十四條及第十五條規定。

失業之中高齡者及高齡者申領第二十七條津貼，其撤銷、廢止、停止或不予給付臨時工作津貼情形，準用就業促進津貼實施辦法第十六條規定。

用人單位辦理保險事項，準用就業促進津貼實施辦法第十七條規定。

第 30 條

依本辦法、就業促進津貼實施辦法及就業保險促進就業實施辦法申領之臨時工作津貼應合併計算，二年內申領期間最長六個月。

第六章　職場學習及再適應津貼

第 31 條

失業之中高齡者及高齡者，親自向公立就業服務機構辦理求職登記，經公立就業服務機構評估後，得推介至用人單位進行職場學習及再適應。

第 32 條

前條所稱用人單位，指依法登記或取得設立許可之民間團體、民營事業單位、公營事業機構、非營利組織或學術研究機構。但不包括政治團體及政黨。

用人單位應向當地轄區公立就業服務機構提出職場學習及再適應工作計畫書，經公立就業服務機構審核通過後，進用其推介之中高齡者及高齡者。

前項計畫執行完畢後，用人單位得向公立就業服務機構申請職場學習及再適應津貼、用人單位行政管理及輔導費。

第 33 條

用人單位請領職場學習及再適應津貼期間，應以不低於中央主管機關公告之基本工資進用。

職場學習及再適應津貼，按每小時基本工資核給，且不超過每月基本工資。

前項津貼補助期間最長三個月，高齡者經當地轄區公立就業服務機構評估後，得延長至六個月。

中高齡者及高齡者轉換職場學習及再適應單位，其期間應合併計算，二年內合併之期間最長六個月。

第 34 條

用人單位向公立就業服務機構申請第三十二條所定行政管理及輔導費，其發給金額，以實際核發職場學習及再適應津貼之百分之三十核給。

第 35 條

用人單位於計畫執行完畢或經公立就業服務機構終止六十日內，應檢附下列文件、資料，向當地轄區公立就業服務機構申請第三十二條津貼及補助：

一、計畫核准函影本。

二、領據。

三、參加計畫人員名冊。

四、津貼與行政管理及輔導費之印領清冊及工作輔導紀錄。

五、參加計畫人員之簽到表，或足以證明參與計畫之出勤文件影本。

六、參加計畫人員之勞工保險投保資料或其他資料影本。

七、延長補助之核准函影本。

八、已依身心障礙者權益保障法及原住民族工作權保障法規定，足額進用身心障礙者及原住民或繳納差額補助費、代金之文件影本。

第 36 條

公立就業服務機構補助用人單位職場學習及再適應津貼之人數限制如下：

一、以用人單位申請日前一個月之勞工保險投保人數之百分之三十為限，不足一人者以一人計。但員工數為十人以下者，最多得補助三人。

二、同一用人單位各年度最高補助之人數不得超過十人。

第 37 條

用人單位申領職場學習及再適應津貼、行政管理費及輔導費，有下列情形之一者，公立就業服務機構得視其違反情形，撤銷或廢止全部或一部之補助；已領取者，應限期命其返還：

一、進用負責人之配偶或三親等內之親屬。

二、同一用人單位再進用離職未滿一年者。

三、進用之人員，於同一時期已領取政府機關其他相同性質之就業促進相關補助或津貼。

四、自行進用未經公立就業服務機構推介之失業者。

第七章　僱用獎助

第 38 條

失業期間連續達三十日以上之中高齡者及高齡者，向公立就業服務機構辦理求職登記，經就業諮詢無法推介就業者，公立就業服務機構得發給僱用獎助推介卡。

前項失業期間之計算，以辦理前項求職登記之日起回溯三十日，該期間未有參加就業保險、勞工保險或職業災害保險之紀錄。

第 39 條

雇主僱用前條之中高齡者及高齡者連續滿三十日，由公立就業服務機構發給僱用獎助。

前項所定僱用，為雇主以不定期契約或一年以上之定期契約僱用勞工。

第 40 條

雇主連續僱用同一領有僱用獎助推介卡之中高齡者及高齡者，應於滿三十日之日起九十日內，檢附下列文件、資料，向原推介轄區之公立就業服務機構申請僱用獎助：

一、僱用獎助申請書。

二、僱用名冊、載明受僱者工作時數之薪資清冊、出勤紀錄。

三、受僱勞工之身分證明文件或有效期間居留證明文件影本。

四、請領僱用獎助之勞工保險、就業保險、職業災害保險投保資料表或其他足資證明投保之文件。

五、其他經中央主管機關規定之文件、資料。

前項雇主，得於每滿三個月之日起九十日內，向原推介轄區之公立就業服務機構提出僱用獎助之申請。

第一項僱用期間，一個月以三十日計算，其末月僱用時間逾二十日而未滿三十日者，以一個月計算。

第 41 條

雇主依前二條規定申請僱用獎助，依下列規定核發：

一、高齡者與雇主約定以按月計酬全時工作受僱者：依受僱人數每人每月發給新臺幣一萬五千元。

二、高齡者與雇主約定按前款以外方式工作受僱者：依受僱人數每人每小時發給新臺幣八十元，每月最高發給新臺幣一萬五千元。

三、中高齡者與雇主約定以按月計酬全時工作受僱者：依受僱人數每人每月發給新臺幣一萬三千元。

四、中高齡者與雇主約定按前款以外方式工作受僱者：依受僱人數每人每小時發給新臺幣七十元，每月最高發給新臺幣一萬三千元。

勞工依勞動基準法及性別工作平等法等相關法令規定請假，致雇主給付薪資低於前項各款核發標準之情形，依勞工實際獲致薪資數額發給僱用獎助。

同一雇主僱用同一勞工，雇主依本辦法、就業保險促進就業實施辦法申領之僱用獎助及政府機關其他相同性質之補助或津貼應合併計算；其申領期間最長十二個月。

同一勞工於同一時期受僱於二以上雇主，並符合第一項第二款或第四款規定者，各雇主均得依規定申請獎

助；公立就業服務機構應按雇主申請送達受理之時間，依序核發。但獎助金額每月合計不得逾第一項第二款或第四款規定之最高金額。

第 42 條

雇主僱用第三十八條之失業者，公立就業服務機構不予核發或撤銷僱用獎助之情形，準用就業保險促進就業實施辦法第十九條第二項規定。

第八章　附則

第 43 條

第十九條、第二十一條、第二十三條及第四十條所定受僱或僱用期間之認定，自勞工到職投保就業保險生效之日起算。但依法不得投保就業保險者，自勞工到職投保勞工保險或職業災害保險生效之日起算。

第 44 條

雇主、用人單位或勞工申請本辦法補助、補貼、津貼或獎助之文件、資料未備齊者，應於主管機關或公立就業服務機構通知期間內補正；屆期未補正者，不予受理。

第 45 條

主管機關及公立就業服務機構為查核本辦法執行情形，得查對相關文件、資料。雇主、用人單位、依本辦法領取補助、補貼、津貼或獎助者，不得規避、妨礙或拒絕。

第 46 條

除本辦法另有規定者外，依本辦法領取補助、補貼、津貼及獎助者，有下列情形之一，主管機關或公立就業服務機構應不予核發；已發給者，經撤銷或廢止後，應限期命其返還：

一、不實請領或溢領。

二、規避、妨礙或拒絕主管機關或公立就業服務機構查核。

三、違反本辦法規定。

四、其他違反相關勞動法令，情節重大。

有前項第一款所定情事，主管機關或公立就業服務機構得停止補助二年。

第 47 條

本辦法所規定之書表及文件，由中央主管機關定之。

第 48 條

本辦法所需經費，由主管機關編列預算支應。

第 49 條

本辦法自中華民國一百零九年十二月四日施行。

職業訓練與職業訓練師之類型

職業訓練	養成訓練	技術生訓練	進修訓練	轉業訓練	✕
職業訓練師	養成訓練	✕	進修訓練	✕	補充訓練

滯納金

職業訓練法第 40 條	依第二十七條規定，應繳交職業訓練費用差額而未依規定繳交者，自規定期限屆滿之次日起，至差額繳清日止，每逾一日加繳欠繳差額百分之零點二滯納金。但以不超過欠繳差額一倍為限。
就業服務法第 55 條	雇主未依規定期限繳納就業安定費者，得寬限三十日；於寬限期滿仍未繳納者，自寬限期滿之翌日起至完納前一日止，每逾一日加徵其未繳就業安定費百分之零點三滯納金。但以其未繳之就業安定費百分之三十為限。
勞工退休金條例第 53 條	雇主違反第十四條第一項、第十九條第一項或第二十條第二項規定，未按時提繳或繳足退休金者，自期限屆滿之次日起至完繳前一日止，每逾一日加徵其應提繳金額百分之三滯納金至應提繳金額之一倍為止。

長期失業者與失業給付

長期失業者
指連續失業期間達一年以上，且辦理勞工保險退保當日前三年內，保險年資合計滿六個月以上，並於最近一個月內有向公立就業服務機構辦理求職登記者。

失業給付
被保險人於非自願離職辦理退保當日前三年內，保險年資合計滿一年以上，具有工作能力及繼續工作意願，向公立就業服務機構辦理求職登記，自求職登記之日起十四日內仍無法推介就業或安排職業訓練。

勞方當事人與勞方多數人之定義

就業服務法第 10 條	在依法罷工期間，或因終止勞動契約涉及勞方多數人權利之勞資爭議在調解期間，就業服務機構不得推介求職人至該罷工或有勞資爭議之場所工作。 前項所稱勞方多數人，係指事業單位勞工涉及勞資爭議達十人以上，或雖未達十人而占該勞資爭議場所員工人數三分之一以上者。
勞資爭議處理法第 7 條	調整事項之勞資爭議，依本法所定之調解、仲裁程序處理之。 前項勞資爭議之勞方當事人，應為工會。但有下列情形者，亦得為勞方當事人： 一、未加入工會，而具有相同主張之勞工達十人以上。 二、受僱於僱用勞工未滿十人之事業單位，其未加入工會之勞工具有相同主張者達三分之二以上。

規避、妨礙或拒絕

就業服務法第 39 條	私立就業服務機構應依規定備置及保存各項文件資料，於主管機關檢查時，不得規避、妨礙或拒絕。	處新臺幣6-30 萬罰鍰
就業服務法第 41 條	接受委託登載或傳播求才廣告者，應自廣告之日起，保存委託者之姓名或名稱、住所、電話、國民身分證統一編號或事業登記字號等資料二個月，於主管機關檢查時，不得規避、妨礙或拒絕。	處新臺幣3-15 萬罰鍰

就業服務法 第 62 條	主管機關、入出國管理機關、警察機關、海岸巡防機關或其他司法警察機關得指派人員攜帶證明文件，至外國人工作之場所或可疑有外國人違法工作之場所，實施檢查。 對前項之檢查，雇主、雇主代理人、外國人及其他有關人員不得規避、妨礙或拒絕。	處新臺幣 6-30 萬罰鍰
就業保險法 第 7 條	主管機關、保險人及公立就業服務機構為查核投保單位勞工工作情況、薪資或離職原因，必要時，得查對其員工名冊、出勤工作紀錄及薪資帳冊等相關資料，投保單位不得規避、妨礙或拒絕。	處新臺幣 1-5 萬罰鍰
勞工職業災害保險及保護法 第 94 條	投保單位規避、妨礙或拒絕保險人依第十五條第四項規定之查對者，處新臺幣五萬元以上三十萬元以下罰鍰。	處新臺幣 5-30 萬罰鍰
性別平等工作法 第 38-2 條	被申訴人違反第三十二條之二第二項規定，無正當理由而規避、妨礙、拒絕調查或提供資料者	處新臺幣 1-5 萬罰鍰
個人資料保護法第 22 條	非公務機關及其相關人員不得規避、妨礙或拒絕。	處新臺幣 2-20 萬元罰鍰

求職假（謀職假）（尋職假）

就業促進津貼實施辦法 第 13 條	領取第十條津貼者，經公立就業服務機構推介就業時，應於推介就業之次日起七日內，填具推介就業情形回覆卡通知公立就業服務機構。期限內通知者，應徵當日給予四小時或八小時之有給求職假。 前項求職假，每週以八小時為限。
就業保險促進就業實施辦法第 41 條	領取臨時工作津貼者，經公立就業服務機構推介就業時，應於推介就業之次日起七日內，填具推介就業情形回覆卡通知公立就業服務機構。期限內通知者，應徵當日給予四小時或八小時之求職假。 前項求職假，每星期以八小時為限，請假期間，津貼照給。
勞動基準法 第 16 條	雇主依第十一條或第十三條但書規定終止勞動契約者，其預告期間依左列各款之規定： 一、繼續工作三個月以上一年未滿者，於十日前預告之。 二、繼續工作一年以上三年未滿者，於二十日前預告之。 三、繼續工作三年以上者，於三十日前預告之。 勞工於接到前項預告後，為另謀工作得於工作時間請假外出。其請假時數，每星期不得超過二日之工作時間，請假期間之工資照給。

就業促進津貼．跨域就業補助與就業保險之比較

就業促進津貼	1. 求職交通補助金 2. 臨時工作津貼 3. 職業訓練生活津貼
跨域就業補助	1. 求職交通補助金 2. 異地就業交通補助金

	3. 搬遷補助金
	4. 租屋補助金
就業保險之給付	1. 失業給付
	2. 提早就業獎助津貼
	3. 職業訓練生活津貼
	4. 育嬰留職停薪津貼
	5. 失業之被保險人及隨同被保險人辦理加保之眷屬全民健康保險保險費補助

求職交通補助金

就業促進津貼實施辦法	一、其推介地點與日常居住處所距離三十公里以上。
	二、為低收入戶、中低收入戶或家庭暴力被害人。
青年跨域就業促進補助實施辦法	其推介地點與其日常居住處所距離三十公里以上
就業保險促進就業實施辦法	一、其推介地點與日常居住處所距離三十公里以上。
	二、為低收入戶或中低收入戶。
失業中高齡者及高齡者就業促進辦法	一、推介地點與日常居住處所距離三十公里以上。
	二、為低收入戶、中低收入戶或家庭暴力被害人。

求職假（謀職假）（尋職假）

就業促進津貼實施辦法第13條	領取第十條津貼者，經公立就業服務機構推介就業時，應於推介就業之次日起七日內，填具推介就業情形回覆卡通知公立就業服務機構。期限內通知者，應徵當日給予四小時或八小時之有給求職假。 前項求職假，每週以八小時為限。
就業保險促進就業實施辦法第41條	領取臨時工作津貼者，經公立就業服務機構推介就業時，應於推介就業之次日起七日內，填具推介就業情形回覆卡通知公立就業服務機構。期限內通知者，應徵當日給予四小時或八小時之求職假。 前項求職假，每星期以八小時為限，請假期間，津貼照給。
勞動基準法第16條	雇主依第十一條或第十三條但書規定終止勞動契約者，其預告期間依左列各款之規定： 一、繼續工作三個月以上一年未滿者，於十日前預告之。 二、繼續工作一年以上三年未滿者，於二十日前預告之。 三、繼續工作三年以上者，於三十日前預告之。 勞工於接到前項預告後，為另謀工作得於工作時間請假外出。其請假時數，每星期不得超過二日之工作時間，請假期間之工資照給。

職業訓練生活津貼

| 就業促進津貼實施辦法 | 每月按基本工資百分之六十發給，最長以六個月為限。
申請人為身心障礙者，最長發給一年。 |
| 就業保險法 | 退保之當月起前六個月平均月投保薪資百分之六十發給職業訓練生活津貼，最長發給六個月。
有受其扶養之眷屬者，每一人按申請人離職辦理本保險退保之當月起前六個月平均月投保薪資百分之十加給給付或津貼，最多計至百分之二十。 |

異地就業交通補助金

青年跨域就業促進補助實施辦法	1. 就業地點與原日常居住處所距離三十公里以上。 2. 因就業有交通往返之事實。 3. 連續三十日受僱於同一雇主。
就業保險促進就業實施辦法	1. 失業期間連續達三個月以上或非自願性離職。 2. 就業地點與原日常居住處所距離三十公里以上。 3. 因就業有交通往返之事實。 4. 連續三十日受僱於同一雇主。
失業中高齡者及高齡者就業促進辦法	1. 高齡者、失業期間連續達三個月以上中高齡者或非自願性離職中高齡者。 2. 就業地點與原日常居住處所距離三十公里以上。 3. 因就業有交通往返之事實。 4. 連續三十日受僱於同一雇主。

搬遷補助金

青年跨域就業促進補助實施辦法	1. 就業地點與原日常居住處所距離三十公里以上。 2. 因就業而需搬離原日常居住處所，搬遷後有居住事實。 3. 就業地點與搬遷後居住處所距離三十公里以內。 4. 連續三十日受僱於同一雇主。
就業保險促進就業實施辦法	1. 失業期間連續達三個月以上或非自願性離職。 2. 就業地點與原日常居住處所距離三十公里以上。 3. 因就業而需搬離原日常居住處所，搬遷後有居住事實。 4. 就業地點與搬遷後居住處所距離三十公里以內。 5. 連續三十日受僱於同一雇主。
失業中高齡者及高齡者就業促進辦法	1. 高齡者、失業期間連續達三個月以上中高齡者或非自願性離職中高齡者。 2. 就業地點與原日常居住處所距離三十公里以上。 3. 因就業而需搬離原日常居住處所，搬遷後有居住事實。 4. 就業地點與搬遷後居住處所距離三十公里以內。 5. 連續三十日受僱於同一雇主。

租屋補助金

青年跨域就業促進補助實施辦法	1. 就業地點與原日常居住處所距離三十公里以上。 2. 因就業而需租屋，並有居住事實。 3. 就業地點與租屋處所距離三十公里以內。 4. 連續三十日受僱於同一雇主。
就業保險促進就業實施辦法	1. 失業期間連續達三個月以上或非自願性離職。 2. 就業地點與原日常居住處所距離三十公里以上。 3. 因就業而需租屋，並有居住事實。

	4. 就業地點與租屋處所距離三十公里以內。
	5. 連續三十日受僱於同一雇主。
失業中高齡者及高齡者就業促進辦法	1. 高齡者、失業期間連續達三個月以上中高齡者或非自願性離職中高齡者。
	2. 就業地點與原日常居住處所距離三十公里以上。
	3. 因就業而需租屋，並在租屋處所有居住事實。
	4. 就業地點與租屋處所距離三十公里以內。
	5. 連續三十日受僱於同一雇主。

中階技術工作

| 雇主聘僱外國人許可及管理辦法第 43 條 | 第二類外國人在我國境內受聘僱從事工作，符合下列情形之一，得受聘僱從事中階技術工作：
一、現受聘僱從事工作，且連續工作期間達六年以上，或受聘僱於同一雇主，累計工作期間達六年以上者。
二、曾受聘僱從事工作期間累計達六年以上出國後，再次入國工作，其工作期間累計達十一年六個月以上者。
三、曾受聘僱從事工作，累計工作期間達十一年六個月以上，並已出國者。 |
| （藍領）工作資格及審查標準第 62 條 | 外國人受聘僱從事第六條第三款之中階技術工作，應符合附表十三所定專業證照、訓練課程或實作認定資格條件，並具備下列資格之一：
一、現受聘僱從事本法第四十六條第一項第八款至第十款工作，連續工作期間達六年以上，或受聘僱於同一雇主，累計工作期間達六年以上者。
二、曾受聘僱從事前款所定工作期間累計達六年以上出國後，再次入國工作 者，其工作期間累計達十一年六個月以上者。
三、曾受聘僱從事第一款所定工作，累計工作期間達十一年六個月以上，並已出國者。
四、在我國大專校院畢業，取得副學士以上學位之外國留學生、僑生或其他華裔學生。 |

展延聘僱許可、期滿續聘許可、期滿轉換

第一類	前四個月內	繼續聘僱	展延聘僱許可
第二類	前二個月至四個月內	繼續聘僱	期滿續聘許可
第二類	前二個月至四個月內	無繼續聘僱	期滿轉換
重大特殊情形、重大工程之工作	前六十日期間內	繼續聘僱	展延聘僱許可
第三類	前四個月內	繼續聘僱	展延聘僱許可
第三類	前二個月至四個月內	無繼續聘僱	期滿轉換
第五類	前六十日內	繼續聘僱	展延聘僱許可

勞工權益基金、勞工保險基金、就業保險基金、勞工退休基金、就業安定基金之來源

勞工權益基金	1. 勞工權益基金（專戶）賸餘專款。 2. 由政府逐年循預算程序之撥款。 3. 本基金之孳息收入。 4. 捐贈收入。 5. 其他有關收入。
勞工保險基金	1. 創立時政府一次撥付之金額。 2. 當年度保險費及其孳息之收入與保險給付支出之結餘。 3. 保險費滯納金。 4. 基金運用之收益。
就業保險基金	1. 本保險開辦時，中央主管機關自勞工保險基金提撥之專款。 2. 保險費與其孳息收入及保險給付支出之結餘。 3. 保險費滯納金。 4. 基金運用之收益。 5. 其他有關收入。
勞工退休基金	1. 勞工個人專戶之退休金。 2. 基金運用之收益。 3. 收繳之滯納金。 4. 其他收入。
就業安定基金	1. 就業安定費收入。 2. 本基金之孳息收入。 3. 勞工權益基金收入。 4. 其他有關收入。

勞工保險、就業保險之罰責

	違反	罰鍰
勞工保險條例	以詐欺或其他不正當行為領取保險給付	二倍
	未為其所屬勞工辦理投保手續者	四倍
	未依規定負擔被保險人之保險費	二倍
	投保薪資金額以多報少或以少報多者	四倍
就業保險法	以詐欺或其他不正當行為領取保險給付	二倍
	未為其所屬勞工辦理投保手續者	十倍
	未依規定負擔被保險人之保險費	二倍
	投保薪資金額以多報少或以少報多者	四倍

僱用獎助

就業保險促進就業實施辦法	13,000 元（每小時 70 元）──失業期間連續達三十日以上、中高齡者、身心障礙者、長期失業者
	11,000 元（每小時 60 元）──失業期間連續達三十日以上原住民、更生人……
	9,000 元（每小時 50 元）──失業期間連續達三個月以上
失業中高齡者及高齡者就業促進辦法	15,000 元（每小時 80 元）──高齡者
	13,000 元（每小時 70 元）──中高齡者

資遣費

勞動基準法第 17 條	雇主依前條終止勞動契約者，應依下列規定發給勞工資遣費： 一、在同一雇主之事業單位繼續工作，每滿一年發給相當於一個月平均工資之資遣費。 二、依前款計算之剩餘月數，或工作未滿一年者，以比例計給之。未滿一個月者以一個月計。 前項所定資遣費，雇主應於終止勞動契約三十日內發給。
勞工退休金條例第 12 條	勞工適用本條例之退休金制度者，適用本條例後之工作年資，於勞動契約依勞動基準法第十一條、第十三條但書、第十四條及第二十條或職業災害勞工保護法第二十三條、第二十四條規定終止時，其資遣費由雇主按其工作年資，每滿一年發給二分之一個月之平均工資，未滿一年者，以比例計給；最高以發給六個月平均工資為限，不適用勞動基準法第十七條之規定。 依前項規定計算之資遣費，應於終止勞動契約後三十日內發給。

雇主得預告勞工終止勞動契約

勞基法 11 條	非有左列情事之一者，雇主不得預告勞工終止勞動契約： 一、歇業或轉讓時。 二、虧損或業務緊縮時。 三、不可抗力暫停工作在一個月以上時。 四、業務性質變更，有減少勞工之必要，又無適當工作可供安置時。 五、勞工對於所擔任之工作確不能勝任時。
職保法第 84 條	非有下列情形之一者，雇主不得預告終止與職業災害勞工之勞動契約： 一、歇業或重大虧損，報經主管機關核定。 二、職業災害勞工經醫療終止後，經中央衛生福利主管機關醫院評鑑合格醫院認定身心障礙不堪勝任工作。 三、因天災、事變或其他不可抗力因素，致事業不能繼續經營，報經主管機關核定。

勞工得不經預告終止契約

勞基法第 14 條	有下列情形之一者，勞工得不經預告終止契約： 一、雇主於訂立勞動契約時為虛偽之意思表示，使勞工誤信而有受損害之 虞者。 二、雇主、雇主家屬、雇主代理人對於勞工，實施暴行或有重大侮辱之行為者。

	三、契約所訂之工作，對於勞工健康有危害之虞，經通知雇主改善而無效果者。
	四、雇主、雇主代理人或其他勞工患有法定傳染病，對共同工作之勞工有傳染之虞，且重大危害其健康者。
	五、雇主不依勞動契約給付工作報酬，或對於按件計酬之勞工不供給充分之工作者。
	六、雇主違反勞動契約或勞工法令，致有損害勞工權益之虞者。
職保法 第 85 條	有下列情形之一者，職業災害勞工得終止勞動契約： 一、經中央衛生福利主管機關醫院評鑑合格醫院認定身心障礙不堪勝任工作。 二、事業單位改組或轉讓，致事業單位消滅。 三、雇主未依規定協助勞工恢復原工作或安置適當之工作。 四、對雇主依規定安置之工作未能達成協議。

老年一次金給付、一次請領老年給付、勞工退休金之差異

老年一次金給付 一次請領老年給付	前 15 年：1 年，按其平均月投保薪資發給 1 個月 16 年起：1 年，按其平均月投保薪資發給 2 個月
勞工退休金	前 15 年：1 年給與 2 個基數 16 年起：1 年給與 1 個基數

補償權、請求權

勞動基準法第 58 條	勞工請領退休金之權利，自退休之次月起，因五年間不行使而消滅。
勞動基準法第 61 條	第五十九條(職業災害補償)之受領補償權，自得受領之日起，因二年間不行使而消滅。
勞工退休金條例第 31 條	雇主未依本條例之規定按月提繳或足額提繳勞工退休金，致勞工受有損害者，勞工得向雇主請求損害賠償。 前項請求權，自勞工離職時起，因五年間不行使而消滅。
勞工退休金條例第 28 條	勞工之遺屬或指定請領人退休金請求權，自得請領之日起，因十年間不行使而消滅。
性別平等工作法第 30 條	損害賠償請求權，自請求權人知有損害及賠償義務人時起，二年間不行使而消滅。自有性騷擾行為或違反各該規定之行為時起，逾十年者，亦同。
中高齡者及高齡者 就業促進法第 17 條	損害賠償請求權，自請求權人知有損害及賠償義務人時起，二年間不行使而消滅。自有違反行為時起，逾十年者，亦同。
個人資料保護法第 30 條	損害賠償請求權，自請求權人知有損害及賠償義務人時起，因二年間不行使而消滅；自損害發生時起，逾五年者，亦同。
勞工保險條例第 30 條	領取保險給付之請求權，自得請領之日起，因五年間不行使而消滅。
就業保險法第 24 條	領取保險給付之請求權，自得請領之日起，因二年間不行使而消滅。
勞工職業災害保險 及保護法第 82 條	職業災害勞工請領第七十八條至第八十一條所定津貼或補助之請求權，自得請領之日起，因五年間不行使而消滅。

調解委員會與仲裁委員會與裁決委員會召集會議程序

	出席	出席委員 （決議、仲裁判斷、裁決決定）
調解委員會	過半數	過半數
仲裁委員會	3 人──全體委員	過半數
	5 人或 7 人─2/3 以上	3/4 以上
裁決委員會	2/3 以上	1/2 以上

調解、仲裁、裁決之法律效力

調解	視為爭議雙方當事人間之契約	
	當事人一方為工會時，視為當事人間之團體協約	
仲裁	權利事項	於當事人間，與法院之確定判決有同一效力
	調整事項	視為爭議當事人間之契約
		當事人一方為工會時，視為當事人間之團體協約
裁決	經法院核定後，與民事確定判決有同一效力	

職業分析

行業統計分類

（第 11 次修正）（110 年 1 月）

行業

係指工作者所隸屬場所單位之經濟活動種類

編碼原則

採大、中、小、細類等 4 個層級進行編碼

1. 大類採大寫英文字母編碼。

2. 中、小、細類分別採用 2、3、4 位數編碼。

3. 小、細類代碼尾數「0」代表與上一層級相同，尾數「9」則代表其他類。

每 5 年修正乙次，計分為 19 大類、88 中類、249 小類、522 細類

行業判定原則

基本原則

行業標準分類係以場所單位之主要經濟活動作為判定基礎

行業標準分類之統計單位

所謂統計單位（statistical unit）係指可據以陳示經濟活動數據之實體，實務上多以「場所」或「企業」作為統計單位

行業 19 大類分類

農業

A 大類「農、林、漁、牧業」

工業

B 大類「礦業及土石採取業」

C 大類「製造業」

D 大類「電力及燃氣供應業」

E 大類「用水供應及污染整治業」

F 大類「營建工程業」

服務業

G 大類「批發及零售業」

H 大類「運輸及倉儲業」

I 大類「住宿及餐飲業」

J 大類「出版、影音製作、傳播及資通訊服務業」

K 大類「金融及保險業」

L 大類「不動產業」

M 大類「專業、科學及技術服務業」

N 大類「支援服務業」

O 大類「公共行政及國防；強制性社會安全」

P 大類「教育業」

Q 大類「醫療保健及社會工作服務業」

R 大類「藝術、娛樂及休閒服務業」

S 大類「其他服務業」

歷屆試題（111-1-6）

假設要針對就業者或原有職業者之離職失業前行業之第二級行業（工業）進行統計分析時，則依據行政院主計總處第 11 次（110 年 1 月）修正之行業統計分類大類共有 5 種行業，請任舉 2 種行業大類名稱。（4 分，答英文或中文大類名稱均可）

六、答案

1. B 大類「礦業及土石採取業」　　　2. C 大類「製造業」

3. D 大類「電力及燃氣供應業」　　　4. E 大類「用水供應及污染整治業」

5. F 大類「營建工程業」

歷屆試題（108-3-6）

行政院主計總處以聯合國最新版國際行業標準分類（簡稱 ISIC）為基準，在行業分類上，請回答下列問題：

㈠ 以場所單位為分類對象中，依據行政院主計總處行業判定基本原則，請寫出其判定業別之基礎為何？（2分）

㈡ 請寫出行業分類的 4 個主要層級？（4分）

㈢ 行業統計單位（statistical unit）之實體，實務上多以哪 2 類作為統計單位？（4分）

答案

㈠ 主要經濟活動

㈡ 1. 大類　　　　　　　　　　　2. 中類

　 3. 小類　　　　　　　　　　　4. 細類

㈢ 1. 場所　　　　　　　　　　　2. 企業

歷屆試題（108-1-8）

根據我國於民國 105 年第 10 次所修訂「行業標準分類」之大類分類包括：甲、住宿及餐飲業；乙、批發及零售業；丙、支援服務業；丁、農林漁牧業……等 19 大類，請回答：

阿國前 3 年在民宿的會計工作是在哪一行業類別？（2分）

阿國後 5 年在果菜市場的會計工作是在哪一行業類別？（2分）

答案

1. 甲、住宿及餐飲業　　　　　　　2. 乙、批發及零售業

職業標準分類

職業

指工作者本身所擔任之職務或工作

職業之分類原則

職業之分類原則主要建構在工作內容及所需技術上，相同性質的工作應歸屬同一職業。所謂「技術」係指執行特定工作的能力，可由「技術層次」及「技術領域」等兩個層面加以分類

編碼系統（99 年最新版）

職業分類系統分為大、中、小、細類等 4 個層級，其編碼方式依 ISCO，大、中、小、細類分別採用 1、2、3、4 位數編碼

歸類原則

職業之歸類原則在於工作的本質及所負擔的責任，相同或相似性質的工作應歸入同一職業，而不考慮工作者個人技術或特質之差異性

職業分類 10 大類

第 1 大類「民意代表、主管及經理人員」

第 2 大類「專業人員」

第 3 大類「技術員及助理專業人員」

第 4 大類「事務支援人員」

第 5 大類「服務及銷售工作人員」

第 6 大類「農、林、漁、牧業生產人員」

第 7 大類「技藝有關工作人員」

第 8 大類「機械設備操作及組裝人員」

第 9 大類「基層技術工及勞力工」

第 0 大類「軍人」

歷屆試題（110-2-9）

近一年來有些公司為因應嚴重特殊傳染性肺炎（COVID-19）緊急需求人力，欲招募如下員工：㈠ 專業人員、㈡ 事務工作人員、㈢ 技術員及助理專業人員、㈣ 服務工作人員及售貨員、㈤ 清潔人員等 5 種職缺工作人員。依據《中華民國職業分類典》10 大類職業分類，前述欲招募的 5 種職缺工作人員，依序是屬於《中華民國職業分類典》之 10 大類職業（第 1 至第 10 大類）的第幾大類職業？（10 分）

答案

㈠ 第 2 大類「專業人員」　　　㈡ 第 4 大類「事務支援人員」

㈢ 第 3 大類「技術員及助理專業人員」　　㈣ 第 5 大類「服務及銷售工作人員」

㈤ 第 9 大類「基層技術工及勞力工」

根據中華民國職業標準分類，針對下列 5 種通俗職業名稱，請依序寫出每一個職業名稱屬於中華民國職業標準分類之哪一個大類？寫出代碼或名稱均可。（10分）

職業名稱：

㈠觀光飯店的服務經理

㈡銀行的櫃員

㈢大賣場的收銀員

㈣醫院的清潔工

㈤醫院的藥師

中華民國職業標準分類之大類：

1. 民意代表、主管及經理人員

2. 專業人員

3. 技術員及助理專業人員

4. 事務支援人員

5. 服務及銷售工作人員

6. 農、林、漁、牧業生產人員

7. 技藝有關工作人員

8. 機械設備操作及組裝人員

9. 基層技術工及勞力工

答案

㈠觀光飯店的服務經理── 1. 民意代表、主管及經理人員

㈡銀行的櫃員── 4. 事務支援人員

㈢大賣場的收銀員── 5. 服務及銷售工作人員

㈣醫院的清潔工── 9. 基層技術工及勞力工

㈤醫院的藥師── 2. 專業人員

根據我國於民國 99 年第 6 次修訂「職業標準分類」所屬職業類別包含：甲、專業人員；乙、技術員及助理專業人員；丙、事務支援人員；丁、服務及銷售工作人員……共 10 大類。請回答：「醫院行政人員」是屬於上述哪一職業類別？（3分）「陪病人員」是屬於上述哪一職業類別？（3分）

答案

99 年第 6 次修訂之「職業標準分類」中並無「醫院行政人員」、「陪病人員」這 2 種。

職業分析

即是對一個職業所涵蓋的職務或工作所做的分析。這種分析，主要是獲得與職業有關的資料。

職業分析（工作分析）：是一種蒐集及分析職業資料的手段工具，透過針對一個職業所涵蓋的職務及工作內容所進行的分析，而正確完整之蒐集及分析職業資料，俾利就業服務、職業輔導、人事管理和職業訓練等的參考。

職業分析方法

1. 訪談法

2. 自然觀察法

3. 工作日誌法

4. 問卷調查法

5. 實作法

6. 職能工作分析法

7. 職位分析問卷法

8. 小組討論法

9. 文件分析法

職業分析就職業內容方面

㈠ 從業人員執行工作時，所負職責

㈡ 從業人員執行工作時，所運用的方法和技能

㈢ 從業人員執行工作時，所需的機具和設備等

㈣ 從業人員執行工作時，所投入的原料及所產出的貨品或所提供的服務

㈤ 從業人員執行工作時，所處的環境狀況

職業分析就從業人員條件

㈠ 必須具備的最低學歷

㈡ 必須具備的工作經驗

㈢ 必須接受的訓練種類及時間

㈣ 所需的執照或證書

㈤ 所需的體能

㈥ 應具備的個人特質，如性向、興趣、職業性格等

職業（工作）分析之用途

1. 職業介紹

2. 就業輔導

3. 人員甄選與配置

4. 職業評鑑與建立薪工資制度

5. 員工績效考核

6. 職業訓練

7. 企業合理化經營

8. 促進安全防止職業災害

職業分析七個程序

1. 選擇所要分析的職業

2. 擬定機構調查計畫

3. 進行機構調查

4. 擬訂職業分析計畫

5. 進行職業分析

6. 評定分析所得資料

7. 整理職業資料

歷屆試題（109-1-6）

蒐集、分析及運用就業市場資訊，對於職業的選擇與瞭解是相當重要的事。請依下列五個與職業相關的名詞「（甲）線上（即時）媒合／職業交換、（乙）職業適應、（丙）職業介紹、（丁）職業輔導、（戊）職業分析」，請寫出下列每一題與上述相關名詞最適切的對應代號。（10分）

㈠以就業服務機構為工作與人才予以媒合，促使雇主及求職人，彼此獲得最適合的人才及職業。（2分）

㈡透過對一個職業所涵蓋的職務或工作內容所做的分析，以正確完整地蒐集及分析職業資料，並以簡明、扼要方式表達，以供就業服務、職業諮詢、人事管理和職業訓練等參考。（2分）

㈢將各地區的就業機會，在人力網站提供即時求才訊息，提供求職者於線上即時找到就業機會，促進人才供需媒合。（2分）

㈣主要內容包括：職業選擇、職業準備、職業安置、追蹤輔導。（2分）

㈤促使個人與所處環境間處於和諧狀態，使個人生涯的發展過程順利，不但有利於個人及工作，便有利於未來事業的發展。（2分）

答案

㈠（丙）職業介紹　　　　　　　　㈡（戊）職業分析」

㈢（甲）線上（即時）媒合／職業交換　㈣（丁）職業輔導

㈤（乙）職業適應

歷屆試題（108-2-8）

為能掌握不同職務的工作內涵，某機構邀請甲、乙、丙、丁四人使用不同的方法，進行職業分析。四個人所採用的分析方法如下：

甲：請某一職業的工作者詳細描述其職務的主要工作活動與責任並舉例說明，以歸納整理出工作任務與職能標準。

乙：請某一職業的工作者回憶其最近半年與此工作有關的 5 個重要（關鍵）事件，包括事件的起因、進行活動描述、結果、採取的解決方法以及未來可能的改變等，據此整理出工作任務與職能標準。

丙：透過實地觀察，記錄某一職業的工作者在其工作職位上所做的事、發生的事以及所需能力，並且根據這些資料進行分析，建立工作任務與職能標準。

丁：邀請某一職業領域的專家，以匿名作業方式，請每位專家表達其對該職務應具備工作任務與職能標準之看法，透過數回合意見徵詢，多次反覆蒐集意見，最後取得共識。

根據上述，回答下列問題：

(一) 請依序寫出甲、乙、丙、丁四人各自使用的職業分析方法？（8分）

(二) 甲、乙、丙、丁四人所使用的職業分析方法，哪一種方法的分析結果最精確？（2分）

答案

(一) 1. 甲—職能訪談法（晤談法）　　2. 乙—重要事件法

　　3. 丙—觀察法　　　　　　　　　4. 丁—德菲法

(二) 觀察法

歷屆試題（105-1-9）

職業分析的內容一般包括職業內容分析與從業人員條件分析，試說明從業人員條件分析的其中 5 項。（10分，每項2分）

答案

(一) 必須具備的最低學歷　　　　　　(二) 必須具備的工作經驗

(三) 必須接受的訓練種類及時間　　　(四) 所需的執照或證書

(五) 所需的體能　　　　(六) 應具備的個人特質，如性向、興趣、職業性格等

歷屆試題（104-1-6）

小智為某一公立就業服務機構之就業服務人員，為積極主動有效的提供求才雇主與求職者，有關轄區的行職業發展現況與未來情形資料，依據勞動部勞動力發展署（前行政院勞工委員會職業訓練局）所編訂的「職業分析手冊」，有關職業分析的流程有 7 個先後步驟，包括：擬定職業分析計畫、擬定機構調查計畫、進行機構調查、整理職業資料、進行職業分析、選定擬分析之職業、評定分析所得資料等步驟。請回答下列問題：

(一) 請寫出上述 7 個步驟之先後順序。（7分）

(二) 另依據上述分析資料，請列舉 3 種可運用在專業的就業促進或建構勞資雙贏的服務工作用途。（3分）

答案

㈠ 1. 選擇所要分析的職業　　　　2. 擬定機構調查計畫

　　3. 進行機構調查　　　　　　4. 擬定職業分析計畫

　　5. 進行職業分析　　　　　　6. 評定分析所得資料

　　7. 整理職業資料

㈡ 1. 招募與甄選　　　　　　　　2. 薪酬給付水準

　　3. 績效評估　　　　　　　　4. 職業訓練

　　5. 工作職責的分配完整　　　　6. 職業介紹

　　7. 職業輔導　　　　　　　　8. 職業評鑑

　　9. 企業合理化經營　　　　　10. 防止職災

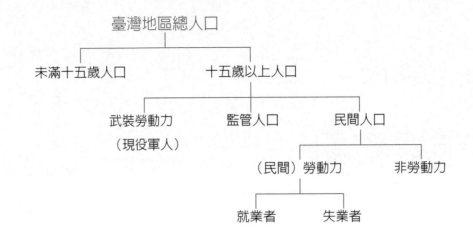

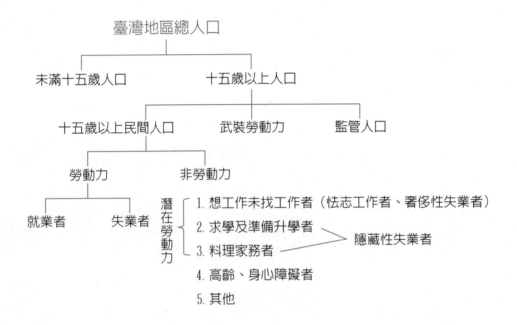

勞動力

指在資料標準週內年滿 15 歲可以工作之民間人口，包括就業者及失業者。

勞動力參與率（%）

指勞動力占 15 歲以上民間人口之比率。

勞動力參與率＝（勞動力 ÷ 15 歲以上民間人口）× 100

就業者

在調查資料標準週（每個月含 15 日那一週）內，年滿 15 歲且符合下列情形之一者：

⑴ 從事有酬工作（不論時數多寡），或每週工作 15 小時以上之無酬家屬工作

⑵ 有工作而未做之有酬工作者

⑶ 已受僱用領有報酬但因故未開始工作者，均視為就業者。

非典型就業者

指部分時間、臨時性或人力派遣工作就業者。

就業率

指就業者除以勞動力之比率。

就業率＝就業者／勞動力

就業者之從業身分

1. 雇主

2. 受僱者

3. 自營作業者

4. 無酬家屬工作者

受僱者又分為

1. 受政府僱用者

2. 受私人僱用者

就業者依工作時間區分

1. 全時工作者

2. 部分時間工作者

低度就業的情形

1. 所得偏低

2. 工作時間不足

3. 教育程度與職業性質不相配合

失業人口之定義

即凡在資料標準週內，年滿 15 歲，同時具有

(1) 無工作

(2) 隨時可以工作

(3) 正在尋找工作或等待工作結果

失業率

失業者占勞動力之比率。

廣義失業率（％）

包含失業者及想工作而未找工作且隨時可以開始工作之非勞動力所計算之失業率

廣義失業率＝（失業者＋想工作而未找工作且隨時可以開始工作者）÷（勞動力＋想工作而未找工作且隨時可以開始工作者）× 100。

失業週數

指失業者自開始尋找工作起至資料標準週之最後一日止，找尋工作之總週數。

廣義失業率

較「失業率」多納入了非勞動力之中的

「想工作而未找工作且隨時可以開始工作者」

$$\text{廣義失業率（\%）} = \frac{\text{（失業者 + 想工作而未找工作且隨時可以開始工作者）}}{\text{（勞動力 + 想工作而未找工作且隨時可以開始工作者）}} * 100$$

受失業波及之人口

受失業波及人口是依據按月人力資源調查之失業者家庭戶內人口特性及其就業、失業狀況推估而得，考慮情形如下：

(1) 若失業者為單身戶，因其影響僅及於個人，受失業波及人數僅以該個人推計。

(2) 若失業者屬非單身戶，則受失業波及人數，以全戶人口扣除就業者推計。

將上述(1)、(2)項受失業者波及人數加總，即得出整體受失業波及人口數。

行政院主計總處人力資源調查報告

失業原因的分類

失業原因：

(一) 初次尋職者

(二) 非初次尋職者：

 1. 對原有工作不滿意

 2. 工作場所業務緊縮或歇業

 3. 季節性或臨時性工作結束

 4. 健康不良

 5. 女性結婚或生育

 6. 退休

 7. 家務太忙

 8. 其他

失業的種類

 1. 摩擦性失業

 是指人們在尋找工作或轉換工作過程中的失業現象。勞動者於轉換工作職場間，由於勞動的缺乏流動性，與就業市場訊息的不靈通等因素，將產生短期之失業。增加職業訓練項目及提高就業資訊溝通，可降低這方面的失業。

 2. 結構性失業

 係指由於經濟結構之改變，生產技術之進步等原因，使勞動力供給無法配合勞動力需求，因而產生的失業現象。換言之指市場競爭的結果或者是生產技術改變而造成的失業。

 3. 循環性失業

 全球景氣循環波動所造成的失業。當景氣蕭條時，廠商銷售不佳，會減少對勞工的僱用，這就成循環性失業增加；當景氣回升時，廠商會增加對勞工的僱用，造成循環性失業下降。

 4. 季節性失業

 農林漁牧業、營造業、觀光旅遊業易受季節性因素影響。在淡季時因人力過剩，造成季節性失業。

 自然失業率（%）=（摩擦性失業 + 結構性失業）÷ 勞動人口 ×100%

非勞動力

指在資料標準週內，年滿 15 歲不屬於勞動力之民間人口，包括因就學、料理家務、高齡、身心障礙、想工作而未找工作及其他原因等而未工作亦未找工作者。

潛在勞動力

指非勞動力人口扣除高齡、身心障礙者。包括

1. 想工作而未找工作者且隨時可以開始工作者

2. 求學或準備升學者

3. 料理家務者

怯志工作者

係指想工作而未找工作且隨時可以開始工作者中，於過去一年曾找過工作，但因認為無工作機會，或本身資歷限制無法找到合適工作機會而放棄找尋工作者。

求供倍數：指新登記求才人數對新登記求職人數之倍數。

1. 求供倍數等於 1 時，代表勞動力的需求與供給剛好平衡

2. 大於 1 代表勞動力的需求大於供給，失業率較低，求職的勞工有較多的選擇職位機會

3. 小於 1 代表勞動力的需求小於供給，失業率較高，求才的雇主有較多選擇勞工的機會。

4. 求供倍數與失業率成反比

求職就業率：指有效求職推介就業人數占新登記求職人數之百分比。

求才利用率：指有效求才僱用人數占新登記求才人數之百分比。係指每一位求職者有幾個工作機會

景氣對策信號

信號燈	景氣	措施
紅燈	過熱	採適當的緊縮
黃紅燈	活絡	不宜再採刺激經濟成長的政策
綠燈	穩定	應採取能穩定促進成長的措施
黃藍燈	欠佳	應適時採取擴張措施
藍燈	衰退	採取強力刺激景氣復甦政策

歷屆試題（111-2-10）

十、生涯諮商採勞動經濟學觀點學者認為，在勞動市場中一直存在勞動市場區隔現象，不同勞動市場的工作難以相互流動。二元勞動市場論者認為工作可區隔為主要勞動市場工作和次要勞動市場工作，之後又有學者將主要勞動市場工作又再區分為高層主要勞動市場工作和基層主要勞動市場工作。就業服務人員應協助服務個案了解不同市場工作的特徵，做適當的工作特性分析和媒合。請從下列 A～H 特徵，選出：

(一)哪 2 項屬於基層主要勞動市場工作特徵？（4 分）

(二)哪 3 項屬於高層主要勞動市場工作特徵？（6 分）

　A. 擁有多的自主性　　B. 鼓勵服從性　　C. 工作規則較無制度化　　D. 很容易因季節因素失業　　E. 較高的職業流動和工作轉換　　F. 工作環境惡劣　　G. 收入及地位都高　　H. 工作穩定但薪水較低

十、答案

㈠ B. 鼓勵服從性　D. 很容易因季節因素失業　F. 工作環境惡劣　H. 工作穩定但薪水較低

㈡ A. 擁有多的自主性　C. 工作規則較無制度化　G. 收入及地位都高

歷屆試題（111-2-7）

七、就業服務工作是助人的專業，在服務過程中，社會資源的運用和助人服務的成效有密切關聯。請就下列 A～O 社會資源，列出（一）無形資源與（二）有形資源各 5 項（請寫出編號即可）。（10 分）

A. 財力。　B. 社會關係。　C. 物力。　D. 職業訓練機構。　E. 專業技術。　F. 地方法院觀護人室。　G. 勞動力市場變化。　H. 家扶中心。　I. 社區心理衛生中心。　J. 信念。　K. 庇護工場。　L. 教會。　M. 就業服務機構。　N. 機會。　O. 家暴防治中心。

七、答案

㈠ 無形資源

　B. 社會關係　E. 專業技術　G. 勞動力市場變化　J. 信念　N. 機會

㈡ 有形資源

　A. 財力　C. 物力　D. 職業訓練機構　F. 地方法院觀護人室　H. 家扶中心　I. 社區心理衛生中心　K. 庇護工場　L. 教會　M. 就業服務機構　O. 家暴防治中心

歷屆試題（111-1-6）

六、請依據就業市場基本概念及資訊蒐集與分析運用，回答下列問題：

㈠ 假設依據行政院主計總處人力資源調查統計結果顯示，某一年年平均 15 歲以上民間人口 20,231 千人，勞動力人數 11,964 千人，就業人數為 11,504 千人，失業人數為 460 千人，非勞動力 8,267 千人，想工作而未找工作且隨時可以開始工作者 158 千人，則此一統計結果之年平均勞動力參與率、失業率、廣義失業率分別是多少（計算均四捨五入及呈現小數點第二位）？（6 分）

六、答案

㈠ 1. 平均勞動力參與率 =59.14%　2. 失業率 =3.84%　3. 廣義失業率 =5.10%

平均勞動力參與率 = 勞動力 /15 歲以上民間人口 =11,964 千人 /20,231 千人 =59.14%

失業率

= 失業人數 / 勞動力人數

= 460 千人 / 11,964 千人

= 3.84%

廣義失業率

=（失業人數 + 想工作而未找工作且隨時可以開始工作者）/（勞動力人數 + 想工作而未找工作且隨時可以開始工作者）

=（460 千人 + 158 千人）/（11,964 千人 + 158 千人）

= 618 千人 / 12,122 千人

= 5.10%

歷屆試題（110-3-6）

六、近一年多以來，一些醫療保健用品公司因為大量訂單湧進，緊急需要用人，便向公立就業服務機構登記求才，公立就業服務機構依據現有就業服務系統中之求職登記人數，進行就業媒合。假設：新登記求職人數有 1 萬人，有效求職人數有 2 萬人，有效求職就業人數 5 千人，新登記求才人數有 2 萬人，有效求才人數有 3 萬人，有效求才僱用人數 1 萬 5 千人，請回答下列問題：

㈠ 1. 求職就業率為多少？（2分）

　　2. 求才利用率為多少？（2分）

　　3. 求供倍數為多少？（2分）

㈡上述所謂的「有效求職人數或有效求才人數」之有效期限，一般訂為幾個月？（2分）

㈢請任舉二種，一般求才雇主申請求才登記之方式。（2分）

六、答案

㈠ 1. 求職就業率 = 有效求職就業人數 / 新登記求職人數有 = 5 千人 / 1 萬人 = 50%

　　2. 求才利用率 = 有效求才僱用人數 / 新登記求才人數 = 1 萬 5 千人 / 2 萬人 = 75%

　　3. 求供倍數 = 新登記求才人數 / 新登記求職人數 = 2 萬人 / 1 萬人 = 2 倍

㈡二個月

㈢ 1.「臺灣就業通─找人才」網站登錄求才職缺資料招募人才。

　　2. 各地就業中心（就業服務站）辦理。

歷屆試題（110-1-9）

九、政府每年皆會進行就業、失業調查，作為人力規劃、職業訓練及就業輔導決策之參考。表 1 揭示我國就業者人數、失業者人數、以及勞動力相關數據，其中⑴民間勞動力係指就業者人數及失業者人數之合計。⑵勞動力參與率指民間勞動力占 15 歲以上民間人口之比率。⑶失業率指失業者占民間勞動力之比率。請依據上列說明及表 1 所擬訂之數據，回答下列問題：

㈠民國 109 年我國就業者人數為多少千人？（2分）自民國 105 年至 109 年，哪一年的就業者人數最多？（2分）

㈡民國 105 年與 109 年的失業者人數一樣多，若以失業率來看，哪一年的失業率較高？（2分）其失業率是多少？（2分）（失業率計算以 4 捨 5 入計算，取至小數點第 1 位）

㈢民國 105 年至 109 年，這 5 年之間，哪 1 年的勞動力參與率最高？（2分）

表 1 臺灣地區就業者、失業者及勞動力人數（年度平均）

單位：千人

年（民國）	就業者人數	失業者人數	失業率	勞動力參與率	民間勞動力	15 歲以上民間人口
105	11,267	460	--	58.7	11,727	19,962
106	11,352	443	3.8	58.8	11,795	20,049
107	11,434	440	3.7	59.0	11,874	20,129
108	11,500	446	3.7	--	11,946	20,189
109	--	460	--	59.1	11,964	20,231

九、答案

㈠ 1. 109 年就業者人數 11,504　　　2. 109 年

㈡ 1. 105 年失業率較高　　　2. 3.9

㈢ 108 年勞動力參與率

105 年失業率

＝失業者人數／民間勞動力

＝460／11,727

＝3.9

108 年勞動力參與率

＝民間勞動力／15 歲以上民間人口

＝11,946／20,189

＝59.17

109 年就業者人數

＝民間勞動力－失業者人數

＝11,964－460

＝11,504

109 年失業率

＝失業者人數／民間勞動力

＝460／11,964

＝3.8

歷屆試題（110-1-6）

六、John Atkinson（約翰・阿特金森）於 1984 年提出「勞動彈性化」的概念，描述企業面對
　　市場景氣變動與不確定時，在僱用人力部分採用數量彈性化，除了縮減核心人力的僱
　　用，其他採用非典型勞動人力，請寫出 5 種非典型勞動工作型態。（10 分）

一、答案

㈠ 勞動派遣　　　　　　　　　㈡ 勞務承攬

㈢ 業務外包　　　　　　　　　㈣ 部分時間工作

㈤ 電傳勞工　　　　　　　　　㈥ 定期契約

歷屆試題（109-2-6）

六、就業市場基本概念與資訊蒐集及分析運用之專業知能，為就業服務專業人員提供諮詢
　　服務時之重要項目之一，其中常用之就業市場相關專業名詞如下：1. 就業市場特報、
　　2. 就業市場快報、3. 季節調整、4. 勞動力參與率、5. 就業媒合率、6. 求供倍數、7. 求
　　才利用率、8. 密度比例法、9. 有效求職人數、10. 有效求才人數。請逐一針對下列敘
　　述，依序寫出對應上述哪一專業名詞：（10分）

㈠ 依時間發生先後順序排列之一群性質相同的統計資料。例如，假設某一教育程度勞動力
　　在某季的失業人數有 2 萬 5 千人，且若已知該季的季節指數為 125，經調整後，得知在
　　不受該變動影響下，該教育程度勞動力在該季之失業人數應僅有 2 萬人。（2分）

㈡ 由公立就業服務機構編印，報導就業市場專題性研究或探討突發性就業問題之就業市場
　　報告。（2分）

㈢ 人力需求推計方法。例如，以護理人員與醫師比例，推計護理人員之需求。（2分）

㈣ 勞動力占 15 歲以上人口之比率。（2分）

㈤ 求才人數除以求職人數之比值。（2分）

六、答案

㈠ 3. 季節調整　　　　　　　　㈡ 1. 就業市場特報

㈢ 8. 密度比例法　　　　　　　㈣ 4. 勞動力參與率

㈤ 6. 求供倍數

歷屆試題（109-1-6）

六、蒐集、分析及運用就業市場資訊，對於職業的選擇與瞭解是相當重要的事。請依下列
　　五個與職業相關的名詞「（甲）線上（即時）媒合／職業交換、（乙）職業適應、（丙）
　　職業介紹、（丁）職業輔導、（戊）職業分析」，請寫出下列每一題與上述相關名詞
　　最適切的對應代號。（10分）

㈠ 以就業服務機構為工作與人才予以媒合，促使雇主及求職人，彼此獲得最適合的人才及
　　職業。（2分）

㈡ 透過對一個職業所涵蓋的職務或工作內容所做的分析，以正確完整地蒐集及分析職業資
　　料，並以簡明、扼要方式表達，以供就業服務、職業諮詢、人事管理和職業訓練等參
　　考。（2分）

㈢ 將各地區的就業機會，在人力網站提供即時求才訊息，提供求職者於線上即時找到就業
　　機會，促進人才供需媒合。（2分）

㈣主要內容包括：職業選擇、職業準備、職業安置、追蹤輔導。（2分）

㈤促使個人與所處環境間處於和諧狀態，使個人生涯的發展過程順利，不但有利於個人及工作，便有利於未來事業的發展。（2分）

六、答案

㈠（丙）職業介紹　　　　　　　　㈡（戊）職業分析」

㈢（甲）線上（即時）媒合／職業交換　　㈣（丁）職業輔導

㈤（乙）職業適應

歷屆試題（108-3-9）

九、提供身心障礙者職業重建服務時，對於輔導需求的評估與運用可能的資源息息相關，請依輔導需求項目的序號，分別配對最適合使用的1類資源。（10分）

㈠輔導需求項目：

　1.增進職涯抉擇；2.增進求職技巧；3.增進工作技能；4.增進工作態度；5.增進職場支持環境。

㈡可使用資源類別：

　甲、庇護工場職場見習計畫；職業訓練；在職技能訓練。

　乙、職業輔導評量；職涯輔導諮商（個別與團體諮商）。

　丙、穩定就業服務；輔具資源；職務再設計。

　丁、面試技巧、履歷表撰寫之研習；就業準備團體。

　戊、職場學習及再適應計畫；成長團體活動；雇主及同儕的回饋。

九、答案

　1.增進職涯抉擇——乙、職業輔導評量；職涯輔導諮商（個別與團體諮商）

　2.增進求職技巧——丁、面試技巧、履歷表撰寫之研習；就業準備團體

　3.增進工作技能——甲、庇護工場職場見習計畫；職業訓練；在職技能訓練

　4.增進工作態度——戊、職場學習及再適應計畫；成長團體活動；雇主及同儕的回饋

　5.增進職場支持環境——丙、穩定就業服務；輔具資源；職務再設計

歷屆試題（108-2-6）

六、小市為研擬有效的失業者就業促進計畫，於是想蒐集失業者的相關資料，據以進行分析思考相關對策方向。其中參考行政院主計總處每月發布的「人力資源調查統計結果」資料中，有關失業者的失業原因，共分「初次尋職者」與「非初次尋職者」2類，其中「非初次尋職者」的失業原因，除了其他原因外，請任舉5個非初次尋職者的失業原因。（10分）

六、答案

㈠對原有工作不滿意　　　　　　　㈡工作場所業務緊縮或歇業

㈢季節性或臨時性工作結束	㈣健康不良
㈤女性結婚或生育	㈥退休
㈦家務太忙	㈧其他

歷屆試題（108-2-7）

七、阿明有弱視，戴著厚重眼鏡，大學音樂相關科系畢業，之後又學習鍵盤、絃樂器調音，現前往一家私立就業服務機構（以下稱該機構）請其推介就業，情形如下：

1. 他告訴該機構服務人員上述背景，表明想找一份全時工作，又因準備購屋，希望待遇在新臺幣 3 萬元以上，並從事與其所學和專業背景相關之工作。

2. 該機構服務人員因最近有業績壓力，乃回答：「啊，有一家專做國內旅遊的企業社最近要徵行政助理，因業務關係，這個職缺一週只須工作 3 天而已，但是薪資會依全時的薪資打一些折扣，又依你的情形，我跟雇主連繫後，雇主說：『求職者因為是弱視，如果一週要工作 5 天，視力一定無法負荷，這樣的視力條件應該不是很好找工作哦，有就好啦，隨時都可以來上班哦。』」

請回答下列問題：

㈠該機構服務人員推介給阿明的這個工作，會造成哪 3 種低度就業的情形？（9分）

七、答案

㈠ 1. 所得偏低　　2. 工作時間不足　　3. 教育程度與職業性質不相配合

歷屆試題（108-1-6）

六、小資經高考分發服務於公立就業服務機構，由於近年來青年失業率一直居年齡組別首位，及就業機會開發與提升薪資不易，經主管指示，要利用歷年來的產業結構與經濟及勞動力供需等議題之「大數據（Big data）」統計資料，運用統計方法推估預測發展趨勢，研擬如何有效的運用就業促進工具，建構該地區之「就業服務雲」。請回答下列問題：

㈠請任舉 2 個適用於建構「就業服務雲」大數據的技術。（2分）

㈡假設相關機關機構公布：臺灣地區某年月景氣對策信號為「黃紅燈」，則此信號所代表的景氣意義為何？（1分）

㈢假設相關機關機構公布：臺灣地區某年月民間人口之勞動力人數、勞動力參與率、三級產業（行業）就業人數、就業率、失業人數、失業率、求供倍數、武裝勞動力、監管人口及非勞動力等人力資源統計資料，請指出：目前臺灣地區之人力資源調查對象不包括上述哪 2 種調查對象資料？（2分）

㈣檢閱有關青年失業資料發現：近年日本「繭居族青年」（ひきこもり，Yiju youth）約 100 多萬人，似與過去所稱之「尼特族」和「啃老族」（Not-Eeducation-Employment-Training, NEET）等名詞相仿，他們是不想工作也不願出門、不接受教育與職業訓練等人口族群，造成社會問題。請問：此類族群在我國行政院主計總處的「人力資源運用統計」

的名稱爲何？（1分）近5年（103-107年）來人數約多少人，下列何者正確？(1)10～13萬、(2)14～17萬、(3)18～21萬。（2分）

(五)任舉1個常運用歷年統計數據推估預測解釋力的主要統計方法爲何？（2分）

六、答案

(一)採集、存儲、處理、分析　(二)景氣活絡　(三)武裝勞動力、監管人口

(四) 1.「人力資源運用統計」中並無該名稱

2.「人力資源運用統計」中並無統計資料

(五)迴歸分析、同時分析法、階層分析法、逐步分析法

歷屆試題（107-3-8）

八、我國國家發展委員會與行政院主計總處每月都會分別公布「景氣指標及對策信號」及「人力資源調查統計結果」，說明景氣與人力運用狀況，請回答下列問題：

(一)假設國家發展委員會公布：某年月臺灣地區景氣對策信號爲「黃藍燈」，則此信號所代表的景氣意義爲何？（1分）

(二)假設行政院主計總處公布：某年月臺灣地區15歲以上民間人口爲約2,012萬4千人，勞動力參與率爲58.92%，其中第三級（服務業）、二級（工業）、一級（農、林、漁、牧業）產業（行業）的就業人數，分別居於第一、二、三位；失業率爲3.70%請就下表的統計數字判讀，讀，何者爲 1.勞動力人數 2.就業人數 3.第一級產業（行業）人數 4.第二級產業（行業）人數 5.第三級產業（行業）人數 6.失業人數 7.非勞動力？（可用英文字母代號作答）（7分）

A.559千人　B.826萬7千人　C.43萬9千人　D.1,141萬8千人

E.1,185萬7千人　F.4,078千人　G.6,781千人　H.0.78

(三)承前開2項的現象，除了特殊狀況外，一般而言求供倍數與失業率及就業率，比較會呈現何種關係？（2分）

八、答案

(一)景氣欠佳

(二)1—E，2—D，3—A，4—F，5—G，6—C，7—B

(三) 1.求供倍數與失業率呈反向關係　　2.求供倍數與就業率呈正向關係

勞動力參與率＝勞動力人數／15歲以上民間人口

58.92%＝勞動力人數／2,012萬4千

勞動力人數＝1,185萬7千人

失業率＝失業人數／勞動力人數

3.70%＝失業人數／1,185萬7千人

失業人數＝43萬9千人

就業人數 = 勞動力人數 – 失業人數

= 1,185 萬 7 千人 – 43 萬 9 千人

= 1,141 萬 8 千人

非勞動力 = 15 歲以上民間人口 – 勞動力人數

= 2,012 萬 4 千人 – 1,185 萬 7 千人

= 826 萬 7 千人

歷屆試題（107-3-9）

九、最近大明與阿德二人因失業問題至公立就業服務機構求助。大明提及自己原有的工作技術被公司新採用的機器人取代，但新的技術又學不來。阿德表示自己的工作受季節性材料原料影響，常常失業。經由就業服務人員的引導與關懷，二人漸能敞開心扉，分享自己的故事。諮詢中，就業服務人員使用情感反映，對著大明與阿德說：「從你們的表情以及訴說的事情內容，我可以感受到諸多壓力與擔心。換成是我處在你們的處境，我也會感到焦慮與挫折」。諮詢過後，二人都體會到有負面情緒並不代表自己就是壞的、不好的，進而願意進入內在經驗，檢視自己真正的感受與想法。大明覺察自己會把失業的情緒壓力發作到比較沒有威脅性的子女身上；阿德則是隱藏自己內心的焦慮，拒絕對家人承認自己有失業焦慮。覺察之後，二人在就業服務人員持續的協助下，啟動許多改變行動，最後順利找到新的工作職務。請回答下列問題：

㈠就失業類型來看，大明與阿德分別屬於哪一種失業類型？（4分）

九、答案

㈠ 1. 結構性失業　　2. 季節性失業

歷屆試題（107-2-8）

八、阿文即將自大學畢業，為尋找適合的工作，特定上臺灣就業通網站搜尋相關的就業市場資訊，以便能順利返鄉就業。請回答下列問題：

㈠就業市場區域的劃分標準，有的從地理因素上考量，有的從行政因素上考量，或者從經濟、社會、等因素上考量。目前勞動部以行政因素劃分的就業市場區域，例如以北部地區為例，有北基宜花金馬區，另外還有哪4個區域？（4分）

㈡針對各界不同的需要，以及各地區不同的特性，就業市場資訊的彙編，即應以滿足求職人、雇主或其他應用者的需要為導向。請任舉4個就業市場資訊應包括的項目。（4分）

㈢由公立就業服務機構編印，以時間序列定期報導之就業市場報告，任舉2種？（2分）

八、答案

㈠ 1. 桃竹苗區　　2. 中彰投區　　3. 雲嘉南區　　4. 高屏澎東區

㈡ 1. 人口結構資料　　2. 全國經濟變動情勢　　3. 地區性工商活動報導

　　4. 教育統計資料　　5. 人力資源資料　　6. 職業訓練消息

　　7. 求職求才消息　　8. 勞動條件資料　　9. 職業指導資料報導

10. 技能檢定消息　11. 新職類特徵報導　　12. 有關法令增修訂報導等資訊

㈢ 1. 就業市場情勢分析月報　　2. 就業市場統計月報　　3. 就業市場概況季報

　　4. 就業市場特報　　　　　　5. 就業市場快報

歷屆試題（107-1-10）

十、李開復（2016）推測未來 10 年，以 AlphaGo 為代表的新人工智慧（AI, ArtificialIntelligence）可能造成約 50% 的白領智慧工作者失業。請回答下列有關就業市場資訊蒐集與分析運用統計方法的相關問題：

㈠全球已歷經 3 次工業革命，時至今日，大數據、物聯網、智能機器人等技術的興起，正掀起再次的工業革命，即是智慧製造，簡稱為：「工業 3.0」或「工業 4.0」？（2分）

㈡密度比例法（The Density Quotient Method）係常用的人力需求推計方法之一。

　例如，以醫師（白領智慧工作者）與人口比例推估醫師需求。一般而言，此方法的優缺點：

1. 優點是：計算簡單或計算複雜？（2分）

2. 缺點是：僅適用於少數技術性職類或少數行政性質職類？（2分）

㈢時間數列（time series）是依時間發生先後順序，排列的一群性質相同的統計資料，一般而言：

1. 影響其變動的成分主要有 4 個：長期趨勢、季節變動、循環變動、不規則變動。其中季節變動是所有週期變動中最主要的一種，其變動幅度週期恰為 1 年或 3 年？（2分）

2. 假設醫師勞動力在某季的失業人數有 25,000 人，且若已知該季的季節指數為 125，則得知在不受季節變動影響下，該醫生勞動力在該季的失業人數應僅有 20,000 人或 25,000 人？（2分）

十、答案

㈠工業 4.0

㈡ 1. 計算簡單　2. 少數技術職類

㈢ 1. 一年　2. 20,000 人（25000÷1.25 = 20000）

歷屆試題（106-3-6）

六、依據勞動部統計資料顯示，透過各公立就業服務機構（含就業 e 網）及直轄市、縣市就業服務據點，辦理一般職業介紹、就業甄選（代招代考）等就業服務業務情形，假設：新登記求職人數為 56,000 人，新登記求才人數為 105,000 人，推介就業人數 31,000 人，求才僱用人數 58,000 人，請回答下述問題：

㈠求職就業率、求供倍數分別是多少（算到小數點第二位，四捨五入）？（4分）

㈡依據前述調查統計，所稱之「求供倍數」，是反映就業市場榮枯的重要指標之一，如果「求供倍數」等於 1、大於 1、小於 1，各代表什麼意涵？（6分）

六、答案

(一) 求職就業率＝求職推介就業人數／求職人數＝31,000人／56,000人＝55.36%

求供倍數＝求才人數／求職人數＝105,000人／56,000人＝1.87

(二) 1. 當求供倍數等於1：即表示當時就業市場的勞力供需處於平衡狀態，平均每一位求職人恰有一個工作機會供其運用。

2. 當求供倍數大於1：表示就業市場的勞力需求大於勞力供給，且比值愈大，就業市場的需求即愈超過供給，亦即就業市場對人力需求愈殷切，而勞力不足現象亦愈明顯。

3. 當求供倍數小於1：不但表示勞力供給超過勞力需求，其比值愈小，就業市場勞力供給超過勞力需求愈多，就業市場對人力需求愈有限，勞力過剩現象亦趨明顯。

歷屆試題（106-3-7）

七、阿政對職涯服務具有高度興趣，期許自己成為全職的職涯諮詢師，並能參與國內、外專業職涯組織，以協助國人做好職涯規劃與管理。請你列出：

(一) 職涯探索（含興趣、能力、價值觀等）資源網站名稱2個。（5分，每個2.5分）

(二) 專業職涯組織2個。（5分，每個2.5分）

以上資源網站或組織，國內或國外均可，公立或私立均可。

七、答案

(一) 1. 臺灣就業通　　2. Career雜誌人才評測網

3. 教育部大專校院就業職能平臺（教育部UCAN計畫）

4. 臺中市就業服務處　　5. 教育部青年發展署　　6. 賈桃樂學習主題館

(二) 1. 美國國家生涯發展協會（NCDA）。

2. 臺灣生涯發展與諮詢學會。

3. 彰化師範大學輔導與諮商學系暨華人生涯研究中心。

4. 教育部高教司高東屏區域教學資源中心。

5. 勞動部勞動力發展署職能基準發展與應用推動計畫辦公室。

歷屆試題（106-2-5）

五、近年來針對社會新鮮人的失業概況與促進就業策略探討中，有指出是「學用落差」與「職涯迷惘」等重要因素。因此，政府非常重視此一問題，而成立「青年職涯發展中心」、「學習主題館」等積極協助青年之職涯發展規劃與促進就業作為，請任舉10個「青年職涯發展中心」提供就業促進之服務？（10分）

五、答案

(一) 職涯探索　　(二) 職業訓練　　(三) 就（創）業資訊

(四) 職涯諮詢　　(五) 履歷和面試　　(六) 求職技巧

(七) 職涯教練　　(八) 名人講堂　　(九) 市場認識

(十) 菁英面談　　(十一) 創業諮詢　　(十二) 深度晤談

七、勞參率的全稱爲何（2分）？其定義爲何（4分）？勞動力中包括就業者與失業者，假設15歲以上民間人口20,000,000人，其中勞動力爲12,000,000人，就業者爲11,500,000人，請問勞參率（2分）及失業率（2分）各多少？（答案請四捨五入至小數點第二位數）

七、答案

㈠ 勞動力參與率

㈡ 指勞動力除以15歲以上民間人口之比率。勞動力占15歲以上民間人口之比率

　　勞動力參與率＝勞動力／15歲以上民間人口

　　　　　　　　＝（就業者＋失業者）／15歲以上民間人口

㈢ 勞動力參與率＝勞動力／15歲以上民間人口

　　　　　　　　＝12,000,000／20,000,000

　　　　　　　　＝60.00%

㈣ 失業率＝失業者／勞動力

　　　　　＝（勞動力－就業者）／勞動力

　　　　　＝（12,000,000－11,500,000）／12,000,000

　　　　　＝500,000／12,000,000

　　　　　＝4.17%

七、近年來全球資訊網路的盛行與技術快速進展，網路服務已蔚爲風尚。儘管已有眾多民間人力銀行網站設置，但我國政府依然設立臺灣就業通網站（https://www.taiwanjobs.gov.tw/），請任舉說明政府建置「臺灣就業通網站」的5個立場或原則。（10分）

七、答案

㈠ 擴大服務範圍及提供整合性就業服務　　㈡ 提供及時便利的求職管道

㈢ 整合職缺資訊強化資料庫完整性　　　　㈣ 結合四大超商與提供便利服務

㈤ 職業訓練資源之不可取代性

七、所謂「勞動／就業市場分析」，係指針對勞動／就業市場的各項人力重要指標的變動，進行探討分析，藉以瞭解勞動市場人力供需情形。請任舉五種人力重要指標變動分析範圍。（10分）

七、答案

勞動參與率、就業率、失業率、求供倍數、求才利用率、求職就業率

八、企業在進行人員招募時，除了筆試之外，通常會安排面試。面試時，面試官常會運用5W1H又稱六何分析法，對求職者進行提問，甚至會請求職者對自己進行SWOT分析。

請回答下列問題：

㈠ 請說明何謂 5W1H。（6分）

㈡ 請說明何謂 SWOT。（4分）

八、答案

㈠ 原因（WHY）、對象（WHAT）、地點（WHERE）、時間（WHEN）、人員（WHO）、方法（HOW）。

㈡ SWOT 分析是透過對優勢（Strengths）、劣勢（Weaknesses）、機會（Opportunities）和威脅（Threats）
這四項因素的綜合分析。

歷屆試題（105-2-8）

八、目前我國各地公立就業服務機構，結合轄區內各項資源網絡，辦理校園徵才及就業博
覽會等徵才活動，聲稱可於全國 1 萬多個觸控式設備與相關資源網絡，查詢各項就業
資訊，請回答下列問題：

㈠ 上述 1 萬多個觸控式設備設置在哪四種連鎖商店？（8分）

㈡ 查詢全國公立就業服務機構之就業資訊，可撥打勞動部勞動力發展署設置之免付費就業
服務科技客服專線號碼為何？（2分）

八、答案

㈠ 1. 7-Eleven 便利商店　　　　　　2. OK 便利商店

　　3. 萊爾富便利商店　　　　　　　4. 全家便利商店

㈡ 0800777888

歷屆試題（105-1-8）

八、臺灣就業通（www.taiwanjobs.gov.tw）號稱五網合一，是結合哪五個網？（10分）

八、答案

㈠ 就業　㈡ 職訓　㈢ 技能檢定　㈣ 身障就業　㈤ 創業 e 網

歷屆試題（104-3-8）

八、民國 103 年臺灣地區青年（15-24 歲）失業率為平均失業率的 3.2 倍，依行政院主計總
處人力資源調查報告對失業原因結構的分類，青年失業的主要原因為何？（4分）針對
該原因如何作最有效處理？（6分）

八、答案

㈠ 1. 對原有工作不滿意　　　　　　2. 工作場所業務緊縮或歇業

　　3. 季節性或臨時性工作結束　　　其他

㈡ 1. 職業訓練　　　　　　　　　　2. 提供個人職涯諮詢服務

　　3. 協助青年釐清就業方向　　　　4. 培養青年良好工作價值觀

　　5. 協助青年職場體驗　　　　　　6. 增加青年就業媒合機制

六、依據勞動部統計資料顯示，透過各公立就業服務機構（含就業 e 網）及直轄市、縣市就業服務據點，辦理一般職業介紹、就業甄選（代招代考）等就業服務業務情形，於中華民 103 年 11 月新登記求職人數爲 56,393 人，新登記求才人數爲 105,918 人，求職推介就業人數 31,154 人，求才僱用人數 58,206 人，請回答下列問題：（10分）

㈠103 年 11 月之求職就業率、求才利用率、求供倍數分別是多少（均計算至小數點第二位）？（6分）

㈡依據前述調查統計，所稱之「求供倍數」，是反映就業市場榮枯的重要指標之一，如果「求供倍數」等於 1、大於 1、小於 1，各代表什麼意涵？（3分）

㈢基本上，「求供倍數」和失業率的高低，是呈現統計上的正向或反向相關性？（1分）

六、答案

㈠ 1. 求職就業率 = 安置就業人數 / 求職人數 = 31,154 / 56,393 = 0.5524 = 55.24%

　　2. 求才利用率 = 求才僱用人數 / 求才人數 = 58,206 / 105,918 = 0.5495 = 54.95%。

　　3. 求供倍數 = 求才人數 / 求職人數 = 105,918 / 56,393 = 1.88。

㈡ 1. 求供倍數 = 1，當求供倍數等於 1，即表示當時就業市場的勞力供需處於平衡狀態，平均每一位求職人恰有一個工作機會供其運用。

　　2. 求供倍數 > 1，當求供倍數大於 1，表示就業市場的勞力需求大於勞力供給，且比值愈大，就業市場的需求即愈超過供給，亦即就業市場對人力需求愈殷切，而勞力不足現象亦愈明顯。

　　3. 求供倍數 < 1，當求供倍數小於 1，不但表示勞力供給超過勞力需求，其比值愈小，就業市場勞力供給超過勞力需求愈多，就業市場對人力需求愈有限，勞力過剩現象亦趨明顯。

㈢求供倍數的大小和失業率的高低，呈反向關係，當求供倍數愈大，失業率即愈低；反之，求供倍數愈小，失業率愈高。

七、依據行政院主計總處人力資源調查統計結果顯示，中華民國 103 年年平均 15 歲以上民間人口 19,705 千人，勞動力人數 11,535 千人，就業人數爲 11,079 千人，失業人數爲 457 千人，非勞動力 8,170 千人，想找工作而未找工作者 144 千人，請回答下列問題：

㈠103 年年平均勞動力參與率、失業率、廣義失業率分別是多少（均計算至小數點第二位）？（6分）

㈡另依據上述調查統計，所稱之「受失業波及人口」，是指依據該調查之失業者的那些項目推估而得到的數據？（4分）

七、答案

㈠勞動力參與率 = 勞動力 / 15 歲以上民間人口 = 11,535 / 19,705 = 58.54%

　　失業率 = 失業者 / 勞動力 = 457/11,535 = 3.96%

　　廣義的失業率 =（失業者 + 想工作而未找工作）/（勞動力 + 想工作而未找工作）

　　=（457 + 144）/（11,535 + 144）= 601/11,679 = 5.15%

㈡ 受失業波及人口是依據按月人力資源調查之失業者家庭戶內人口特性及其就業、失業狀況推估而得，考慮情形如下：

　1.若失業者為單身戶，或是戶內有其他就業者之非單身戶中，屬 15 至 24 歲之青少年或 60 歲以上之中老年失業人口，因其影響僅及於個人，受失業波及人數僅以該個人推計。

　2.若失業者屬非單身戶且戶內並無其他就業者，或是戶內有其他就業者但該失業者之年齡介於 25 至 59 歲者（可能為家計主要負責人），則受失業波及人數，以全戶人口扣除就業者推計。

　將上述 1、2 項受失業者波及人數加總，即得出整體受失業波及人口數。

歷屆試題 112-3-6

六、某公立就業服務中心統計 112 年 7 月份的各項就業市場資訊如下：

1. 求職人數（含 7 月份新登記求職人數及有效期限內已登記尚未介紹就業者）為 15,000 人。
2. 求才人數（含 7 月份新登記求才人數及有效期限內已登記尚未填補空缺者）為 9,000 人。
3. 求職推介就業人數為 6,000 人。
4. 求才僱用人數為 4,500 人。

請根據上述 1～4 的數據，分別回答㈠～㈣：

㈠ 請計算此公立就業服務中心的求供倍數為何？（2 分）
㈡ 勞動力市場平衡時求供倍數＝ 1；當經濟受到通膨影響而出口不佳，導致勞動力市場不平衡，因此求供倍數的比值為何？（2 分）
㈢ 請計算此公立就業服務中心的求才利用率為何？（3 分）
㈣ 請計算此公立就業服務中心的求職就業率為何？（3 分）

六、答案
㈠ 0.6
㈡ 小於 1
㈢ 50%
㈣ 40%

歷屆試題 112-3-8

八、面試時可提供職場面試官很多的資訊，以選用最適當的人才，因此面試一開始、進行中、結束時、結束後等流程的掌握，對面試官取得應徵者資訊而言極為重要。請回答下列問題：

㈠ 下列 (A)～(H) 哪 2 項是面試進行中的重要內涵？（各 3 分，共 6 分）
㈡ 下列 (A)～(H) 哪 2 項是面試結束時的重要內涵？（各 2 分，共 4 分）

(A) 簡介組織與應徵的職務。
(B) 對應徵者表達由衷的謝意。
(C) 審慎澄清並評估各項來自應徵者的資訊。
(D) 立刻填寫相關面試的評估表。

(E) 決定僱用人選。

(F) 寒暄並歡迎應徵者，閒話家常，讓應徵者感到輕鬆自在。

(H) 依實際工作需要，詢問應徵者各項相關問題。

八、答案

㈠(C) 審慎澄清並評估各項來自應徵者的資訊。

　　(H) 依實際工作需要，詢問應徵者各項相關問題。

㈡(B) 對應徵者表達由衷的謝意。

　　(G) 再次確定是否有任何訊息遺漏，並鼓勵應徵者發問。

歷屆試題 112-2-6

六、行政院主計總處為了解國人就業與失業狀況，以及蒐集臺灣地區人力供應資料，每個月動用各直轄市縣市基層調查員近 700 人，向被抽選到的樣本住戶 2.1 萬戶辦理「人力資源調查」。依據該總處調查 112 年 3 月臺灣地區 15 歲以上民間人口為 2,013 萬 2 千人，勞動力約為 1,191 萬 9 千人，就業人數約為 1,149 萬 4 千人，失業人數約為 42 萬 4 千人，請依據該總處 112 年 3 月「人力資源調查」結果回答下列問題：

㈠依據調查結果就業者按各「行業」就業人數分別是：(A) 4,042 千人、(B) 520 千人、(C) 6,932 千人等數據；請就專業與實務判斷，上述 3 個數據，分別是下述哪一個行業之該月數據？1.「工業」、2.「農、林、漁、牧業」、3.「服務業」？（可用英文字母或統計數據配對回答，共 3 分）

㈡依據調查結果就業者按各「職業」就業人數分別是：(D) 3,432 千人、(E) 356 千人、(F) 461 千人等數據；請就專業與實務判斷，上述 3 個數據，分別是下述哪一個職業之該月數據？1.「技藝有關工作人員、機械設備操作及勞力工」、2.「民意代表、主管及經理人員」、3.「農、林、漁、牧生產人員」？（可用英文字母或統計數據配對回答，共 3 分）

㈢依據該總處「就業失業統計常用統計指標概念」中，所謂「就業者或失業者」，是指在資料標準週內，年齡滿 15 歲，而且符合所定情形之一的人。請回答：上述之「資料標準週」，是指每個月的哪一日（含此一日）的那一週內？（1 分）又所謂「就業者」，是指年齡滿 15 歲，而且符合所定的哪 3 種情形之一的人？（3 分）

六、答案

㈠

(A) 4,042 千人 —— 1.「工業」

(B) 520 千人 —— 2.「農、林、漁、牧業」

(C) 6,932 千人 —— 3.「服務業」

㈡

(D) 3,432 千人 —— 1.「技藝有關工作人員、機械設備操作及勞力工」

(E) 356 千人 —— 2.「民意代表、主管及經理人員」

(F) 461 千人 —— 3.「農、林、漁、牧生產人員」

㈢

　1. 15 日

　2. ⑴ 從事有酬工作（不論時數多寡），或每週工作 15 小時以上之無酬家屬工作

　　⑵ 有工作而未做之有酬工作者

　　⑶ 已受僱用領有報酬但因故未開始工作者，均視為就業者。

歷屆試題 112-1-6

六、

㈠ 國內經濟景氣好壞影響國內就業市場，國家發展委員會定期發布景氣對策信號，以 5 種不同顏色的信號燈來代表當前景氣狀況為熱絡、穩定、低迷或注意性燈號。依 111 年 11 月發布景氣燈號，其中批發、零售及餐飲業營業額均由綠燈轉呈藍燈，機械及電機設備進口值由紅燈轉呈綠燈，請說明景氣燈號之綠燈、紅燈、藍燈所代表的景氣狀況。（各 1 分，共 3 分）

㈡ 隨 COVID-19 疫情趨緩邊境管制陸續解封，國內旅館業業者反映一般所僱用的房務及清潔人員需求殷切，請問依主計總處行業統計分類之 19 個大類，旅館業屬於哪一個大類行業別（請寫出行業別名稱）？（2 分）另依主計總處職業標準分類之 10 個大類，房務及清潔人員屬哪一個大類職業別（請寫出職業別名稱）？（2 分）

㈢ 請依下表 1 行政院主計總處 111 年 5 月人力運用調查統計結果，回答下列問題：

　1. 111 年 5 月從事非典型工作者計 79.8 萬人，與 110 年 10 月比較，從事非典型工作主要原因中，哪一項增幅 (%) 最多？（1 分）哪一項減幅 (%) 最多？（1 分）

　2. 15-24 歲從事非典型工作的主要原因為何？（1 分）

表 1　從事非典型工作主要原因

單位：%

	總計		兼差	兼顧家務	求學及受訓	找不到全時、正式工作	職類特性	健康不良或傷病	準備就業與證照考試	偏好此類工作型態	其他
	千人	%									
110 年 10 月	797	100.00	0.76	12.70	12.82	20.47	35.57	1.53	1.13	14.69	0.33
111 年 5 月	798	100.00	0.73	13.19	15.08	13.22	39.36	3.24	0.48	14.38	0.31
性別											
男	449	100.00	0.84	1.92	12.79	10.61	57.24	3.07	0.24	12.73	0.56
女	349	100.00	0.59	27.68	18.03	16.56	16.36	3.47	0.79	16.51	-
年齡											
15～24 歲	153	100.00	0.69	-	72.22	7.95	11.68	0.30	0.43	6.73	-
25～44 歲	267	100.00	0.21	14.88	3.59	15.51	45.01	6.45	1.16	12.72	0.47
45 歲以上	377	100.00	1.12	17.35	-	13.74	46.60	2.17	0.03	18.67	0.33

六、答案

㈠ 1.綠燈──景氣穩定　　　2. 紅燈──景氣熱絡　　　3. 藍燈──景氣低迷

㈡ 1.旅館業──Ⅰ大類「住宿及餐飲業」　2. 房務及清潔人員──第 9 大類「基層技術工及勞力工」

㈢ 1.⑴ 職類特性　　　　　　　　　⑵ 找不到全時、正式工作

　　2. 求學及受訓

歷屆試題 112-1-8

八、F 公司在過年後，展開人員招募，其招募方式包括：公司電子布告欄張貼工作告示 (job posting)、校園徵才、獵人頭公司 (head hunting)、員工推薦等方式。此外也透過會員方式，至台灣就業通網站招募中高齡就業人員。此次求才強調：⑴ 良好溝通能力。⑵ 主動解決問題。⑶ 有效分配時間，規劃行程。⑷ 掌握時事，為公司提供新資訊等四大能力。為有效衡量求職者的職能，F 公司規劃三關面試。第一關：刻意在面試過程，製造緊張氣氛，甚至提出相當困難的問題，用以判斷求職者的承受能力。第二關：給予求職者一個假定情況並詢問求職者如何回應這個事件。第三關：安排認知能力測驗。請根據上述敘述，回答下列問題：

㈠F 公司以會員方式登入台灣就業通網站，能否在網站查詢到求職者全名（姓氏及名字）？（2 分）

㈡F 公司使用的招募方式，哪 2 項屬於內部招募？（2 分）

㈢假設甲君經錄取後，F 公司老闆想要舉辦聚餐慰勞大家，並將辦理餐會活動任務交付給甲君。甲君在接到後立即向大家宣布餐會事項。結果陸續有同事問：

「辦在假日還是平日」、「可不可以帶家眷參加」、「需要準備表演嗎」。若以上述四大能力來看，甲君在哪 1 能力的表現最不理想？（2 分）

㈣面試第一關屬於何種方式的面談？（2 分）

㈤面試第二關屬於何種方式的面談？（2 分）

八、答案

㈠可以　　㈡公司電子布告欄張貼工作告示、員工推薦　　㈢⑴ 良好溝通能力

㈣壓力式面談　　㈤情境式面談

歷屆試題 111-3-6

六、A 公司經營餐飲業，B 公司經營資訊製造業，C 公司經營畜牧業，為拓展業務，在“台灣就業通”刊登求才訊息，包括：區域業務代表、大數據分析人員、行政文書事務人員、現場手工商品分類及打包人員等職缺，請依據就業市場基本概念及行職業相關概念回答下列問題：

㈠請說明行業與職業的相關性情形為何？（2 分）

㈡依據行政院主計總處「人力資源調查統計指標摘要表」之「就業者結構比」指標項目，及「就業市場資訊基本概念」，所稱之「3 大行業或產業」，說明 A、B、C 等 3 間公司

分屬哪一種行業或產業？（3 分）

㈢依據行政院主計總處之「職業標準分類（十大職業）」概念，說明 3 間公司所刊登的 4 種求才訊息職缺人員，分屬十大職業（大類）中的哪一種職業名稱（從業人員）？（4 分）其中哪一種職類人員（從業人員）在統計上，所占的從業人數是最少的？（1 分）

六、答案

㈠職業是指工作者本身所擔任的工作或職務，行業則指工作者所隸屬的經濟活動部門種類

㈡A 公司經營餐飲業——服務業

　B 公司經營資訊製造業——工業

　C 公司經營畜牧業——農林漁牧業

㈢1. ⑴ 區域業務代表——第 3 大類「技術員及助理專業人員」

　　⑵ 大數據分析人員——第 2 大類「專業人員」

　　⑶ 行政文書事務人員——第 4 大類「事務支援人員」

　　⑷ 現場手工商品分類及打包人員——第 9 大類「基層技術工及勞力工」

　　2. 第 2 大類「專業人員」

歷屆試題 111-2-7

七、就業服務工作是助人的專業，在服務過程中，社會資源的運用和助人服務的成效有密切關聯。請就下列 A～O 社會資源，列出㈠無形資源與㈡有形資源各 5 項（請寫出編號即可）。（10 分）

　A. 財力。B. 社會關係。C. 物力。

　D. 職業訓練機構。E. 專業技術。F. 地方法院觀護人室。

　G. 勞動力市場變化。H. 家扶中心。I. 社區心理衛生中心。

　J. 信念。K. 庇護工場。L. 教會。

　M. 就業服務機構。N. 機會。O. 家暴防治中心。

七、答案

㈠無形資源

　B. 社會關係 E. 專業技術 G. 勞動力市場變化 J. 信念 N. 機會

㈡有形資源

　A. 財力 C. 物力 D. 職業訓練機構 F. 地方法院觀護人室 H. 家扶中心

　I. 社區心理衛生中心 K. 庇護工場 L. 教會 M. 就業服務機構 O. 家暴防治中心

歷屆試題 111-2-10

十、生涯諮商採勞動經濟學觀點學者認為，在勞動市場中一直存在勞動市場區隔現象，不同勞動市場的工作難以相互流動。二元勞動市場論者認為工作可區隔為主要勞動市場工作和次要勞動市場工作，之後又有學者將主要勞動市場工作又再區分為高層主要勞動市場工作和基層主要勞動市場工作。就業服務人員應協助服務個案了解不同市場工作的特徵，做適當的工作特性分析和媒合。請從下列 A~H 特徵，選出：

㈠哪 2 項屬於基層主要勞動市場工作特徵？（4 分）

㈡哪 3 項屬於高層主要勞動市場工作特徵？（6 分）

　A. 擁有多的自主性　　B. 鼓勵服從性

　C. 工作規則較無制度化　　D. 很容易因季節因素失業

　E. 較高的職業流動和工作轉換　　F. 工作環境惡劣

　G. 收入及地位都高　　H. 工作穩定但薪水較低

十、答案

㈠ B. 鼓勵服從性 D. 很容易因季節因素失業 F. 工作環境惡劣 H. 工作穩定但薪水較低

㈡ A. 擁有多的自主性 C. 工作規則較無制度化 G. 收入及地位都高

歷屆試題 111-1-6

六、請依據就業市場基本概念及資訊蒐集與分析運用，回答下列問題：

㈠假設依據行政院主計總處人力資源調查統計結果顯示，某一年年平均 15 歲以上民間人口 20,231 千人，勞動力人數 11,964 千人，就業人數為 11,504 千人，失業人數為 460 千人，非勞動力 8,267 千人，想工作而未找工作且隨時可以開始工作者 158 千人，則此一統計結果之年平均勞動力參與率、失業率、廣義失業率分別是多少（計算均四捨五入及呈現小數點第二位）？（6 分）

㈡假設要針對就業者或原有職業者之離職失業前行業之第二級行業（工業）進行統計分析時，則依據行政院主計總處第 11 次（110 年 1 月）修正之行業統計分類大類共有 5 種行業，請任舉 2 種行業大類名稱。（4 分，答英文或中文大類名稱均可）

六、答案

㈠ 1. 平均勞動力參與率 =59.14%

　　2. 失業率 =3.84%

　　3. 廣義失業率 =5.10%

㈡ 1. B 大類「礦業及土石採取業」

　　2. C 大類「製造業」

　　3. D 大類「電力及燃氣供應業」

　　4. E 大類「用水供應及污染整治業」

　　5. F 大類「營建工程業」

諮商技巧

八、A 君的父母在他高三時因經商失敗而破產，因此他一畢業就參加了職訓機構的培訓課程，以期謀得一技之長，好儘快就業、協助父母還債。當時他挑選了「人工智慧」的課程，認為這個領域前景看好，將來可找到待遇好的工作。在 352 個小時訓練中，他愈學愈覺得興趣缺缺，但為了將來找到好工作，他努力撐到了結訓。沒想到他獲得推介的工作待遇跟原本預期差很多，於是 A 君來找就業服務人員幫忙就業推介。請根據基本會談技巧和生涯渾沌理論來說明就業諮詢人員在下列對話中所使用的是什麼諮詢技巧或策略。回答時，請寫出對話序號與最合適的一個答案的代碼。（10 分）

對話 1：A 君說：「不是我愛錢，而是家裡真的有需要，拜託你儘快幫我介紹『比較好』的工作。」就業服務人員說：「到現在還沒找到待遇好的工作來分擔家裡經濟壓力，讓你很焦慮。」

對話 2：A 君說：「其實我對人工智慧沒什麼興趣，但是為了讓爸媽可以不要過得那麼苦，我還是堅持學完了，拿到結業證書時我都不敢相信我真的辦到了。」就業服務人員說：「為了追求自己設定的目標，能夠忍受過程中的辛苦、堅持不放棄，你這種吃苦耐勞和毅力，想必可以成為你未來在職場上獲得成功的重要資產。」

對話 3：A 君說：「現在的問題是我的結業成績不好，推介給我的工作待遇都不好，你可不可以幫我找薪水好一點的工作，的工作，只要錄取我我一定會認真做，加班加多晚都沒關係。」就業服務人員說：「你剛才說『沒興趣也會堅持學完』，現在說『願意多加班』，這是你面對困難挑戰的習慣反應嗎？如果要給你這個習慣反應一個名字，你會取甚麼名字？」A 君說：「不屈不撓的勤奮工蟻！」

對話 4：就業服務人員說：「每一個工作的優點不一樣，有的是起薪高，有的是獎金多，有的是福利好，你想想看，對於『不屈不撓的勤奮工蟻』來說，哪一種報酬結構最有利呢？」A 君說：「對呀，既然我願意多做，要看的就不是底薪高，而是加班費或按件計酬的獎金高。」就業服務人員說：「你目前被推介的工作之中，有類似這樣的嗎？」A 君說：「有喔，甲公司的底薪很低，所以我本來完全不考慮，但經你這樣一說，我想到的好處是會有加班費，而且加班費蠻優的，應該很適合我。」

對話 5：就業服務人員說：「把我們剛才談的綜合起來，你覺得你現在心目中的好工作是怎樣的呢？」A 君說：「我覺得我學的人工智慧就是我的保障，真的不怕沒工作，與其東挑西挑等等等，不如騎驢找馬，先從目前的工作機會中挑出把加

班費算進去能賺到最多錢的工作，反正我的優勢就是勤奮、願意做，將來做熟以後，也可以考慮另外接 CASE、賺外快，總之，只要不放棄，靠著 AI 的硬技術，總是能賺到錢的。」

A. 專注，或傾聽。　　　　　B. 同理，或情感反映。

C. 鼓勵，或支持。　　　　　D. 立即性。

E. 解釋。　　　　　　　　　F. 面質，或挑戰。

G. 辨認出行為模式。　　　　H. 蒐集多元資訊。

I. 對機會保持開放的心靈。　J. 回饋個人的生命故事。

K. 調整或添加新的元素在現有的生涯目標中。

八、答案

㈠ B. 同理，或情感反映。

㈡ C. 鼓勵，或支持。

㈢ G. 辨認出行為模式。

㈣ K. 調整或添加新的元素在現有的生涯目標中。

㈤ I. 對機會保持開放的心靈。

歷屆試題（110-3-10）

十、受到 COVID-19 疫情影響，甲君的餐飲專賣店開幕不到 10 天即因配合防疫而停業，惟仍需支付店租、水電及人事等費用。面對外部環境驟變，不僅沒有收入尚有大筆開銷要支付，甲君因此失眠、焦慮，同時在腦海裡一再出現：「我慘了」。為了度過此一難關，甲君求助就業服務人員。請依上列敘述及下列各問題情境，自下表所列職涯理論、概念與技巧，選擇 1 個最適合的答案或代號，依序回答下列問題：

㈠甲君初見就業服務人員有感而發的說：「一個小病毒竟能撼動我的職業生涯而且改變人們的日常生活」。依甲君所言，即使是一個微小的起始差異，也能產生巨大改變，係屬職涯混沌理論的何種概念？（2分）

㈡就業服務人員邀請甲君閉上眼睛，想像自己處在一個心情平靜的地方，並進入此一畫面，直到有比較放鬆的感覺才張開眼睛，以緩和焦慮，係屬何種諮詢技巧？（2分）

㈢就業服務人員引導甲君使用：「我會辛苦，但不會被擊垮」的話語取代「我慘了」的負面想法，幫助甲君從正向的觀點看問題，係屬何種諮詢技巧？（2分）

㈣就業服務人員陪伴甲君辨識壓力來源，探討有哪些可以改變、哪些無法改變，然後學習問題解決技巧、資源應用並建立支持系統，以協助其度過難關，係屬何種諮詢技巧？（2分）

㈤透過諮詢，甲君學會以彈性、樂觀的心態，面對此一偶發疫情事件，對其餐飲事業造成的影響，而且找到新的應變策略。此一諮詢策略最接近何種職涯理論觀點？（2分）

職業理論與概念

(A) 奇異吸子 Strange attractor	(B) 蝴蝶效應 Butterfly effect	(C) 鐘擺效應 Pendulum Effect
(D) 善用機緣論 Planned happenstance theory	(E) 生涯建構論 Career construction theory	(F) 社會認知生涯論 Social cognitive career theory

職業諮詢策略與技巧

(G) 引導式心像 Visual imagery	(H) 漸進式肌肉放鬆 Progressive relaxation	(I) 壓力免疫訓練 Stress inoculation training
(J) 奇蹟問句 Miracle question	(K) 過度糾正 Overcorrection	(L) 消弱 Extinction
(M) 系統檢敏感法 Systematic desensitization	(N) 普力馬原則 Premack principle	(O) 重新框架 Reframing

十、答案

㈠ (B) 蝴蝶效應　　　　　　　　　㈡ (G) 引導式心像

㈢ (O) 重新框架　　　　　　　　　㈣ (I) 壓力免疫訓練

㈤ (D) 善用機緣論

歷屆試題（110-3-9）

九、甲君最近一直處理不同求職者的客訴問題而深感困擾，因此，

㈠甲君去跟同事乙君說：我對有些求職者的耐性已快到極限，而感覺這樣的狀況很糟。

㈡甲君說：因為服務單位規定員工對求職者不可以冒犯，所以面對求職者的無禮，仍然要和顏悅色的解釋。

㈢甲君又說：有一天一位求職者一來，我還沒搞清楚狀況就被大罵了 3 分鐘，當下我也很生氣，但是我請同事先處理，然後跑進廁所用冷水沖臉。

㈣乙君向甲君表示：我面對來客訴的求職者，都能同理他們一定是在接受服務過程不開心了才有這些舉動，所以可以冷靜的跟求職者談問題。

㈤甲君又說：那次被求職者大罵 3 分鐘後，我想應該找出那位求職者的服務紀錄，再對應他抱怨的內容，把重點放在他的問題，而不是把求職者暫時推給同事服務。

從下列 5 項情緒調節技巧：(A) 表層演出、(B) 深層演出、(C) 認知重評、(D) 情緒壓抑、(E) 社交分享，請根據㈠～㈤描述的情境，回答各屬哪一類情緒調節技巧？（10 分）

九、答案

㈠(E)社交分享　　㈡(A)表層演出

㈢(D)情緒壓抑　　㈣(B)深層演出

㈤(C)認知重評

歷屆試題（110-3-8）

八、甲君，女性，31歲，高中畢業，未婚，自述過去找工作時，有很長一段時間由於自己的身心障礙而處處受挫，會來到公立就業服務機構尋求協助，是因爲一位好朋友的介紹和鼓勵。

就業服務人員在提供就業諮詢的4個階段（建立關係階段、議題開展與揭露階段、促進改變階段，以及關係結束的準備階段），分別運用了許多相關的會談技巧，請問下列4組會談技巧（技術），一般而言，各主要對應到上述哪一階段？（每組技巧只對應1個階段，每個階段只對應1組技巧）

㈠面質、賦能／賦權。（2.5分）

㈡反映／回應、確認、鼓勵。（2.5分）

㈢連結、理解、高層次同理心。（2.5分）

㈣接納、傾聽、初層次同理心、觀察。（2.5分）

八、答案

㈠面質、賦能／賦權──促進改變階段。

㈡反映／回應、確認、鼓勵──關係結束的準備階段。

㈢連結、理解、高層次同理心──議題開展與揭露階段。

㈣接納、傾聽、初層次同理心、觀察──建立關係階段。

歷屆試題（110-2-8）

八、甲君經某就業服務機構媒合，至A公司應徵業務工作。公司基於營業上需要，在面試前徵得甲君同意，提供過去共事過的主管或同事1至2位之聯絡方式，作爲公司詢問使用。A公司進行下列各題甄選活動，請從下表所示之招募及面談方法，擇一個最適合答案，寫出代號或名稱，回答各題活動屬於哪一種甄選方法：

㈠A公司詢問甲君過去一起共事過的主管或同事，對其看法並作爲是否錄用的參考。（2分）

㈡A公司選出完成業務工作所需之關鍵任務，請甲君實際演練一段客戶拜訪及推銷產品的情形。（2分）

㈢A公司提問甲君：「行銷組合4P是指哪四大要素？」。（2分）

㈣A公司描述一種顧客情境，請甲君說明過去對這類情況，會如何處理？（2分）

㈤A公司將業務主管每天日常處理的書面文件抽樣選出，請甲君在一定的時間之內，擬定處理的步驟。（2分）

招募及面談方法

(a)團體式面談 group interview	(b)意願問題 willingness questions	(c)裙帶關係查核 nepotismcheck
(d)行為式問題 behavioral question/interview	(e)壓力式面談 stress interview	(f)工作價值問題 work value questions
(g)興趣問題 interest questions	(h)資歷查核／人事查核作業／背景查核 reference check	(i)公文藍技術 in-basket technique
(j)工作知識問題 work knowledge questions	(k)工作抽樣技術 work sampling technique	(l)管理競賽 management games

八、答案

㈠ h　㈡ k　㈢ J　㈣ d　㈤ i

歷屆試題（110-1-8）

八、甲君是 18 歲男性，他在 15 歲時因為販毒而被判進入少年觀護所，三個月前剛離開少年觀護所。他前往公立就業服務機構登記求職，他說他不想在家吃閒飯，也不想回頭做販毒或其他涉及不法的營生活動，請就業服務人員幫甲君介紹「賺乾淨錢」的工作。請說明就業諮詢人員在下列對話中所使用的是什麼諮詢技巧。回答時，請標出對話序號與最合適的一個答案的代碼。

㈠對話 1：因為甲君並沒有接受過專業技能訓練，又可能在 10 個月後被徵調去服兵役，連續 4 次媒合都沒成功。甲君對就業服務人員說：「我什麼都不會，還被關過，難怪沒有人要我，再試也是白費力氣。」就業服務人員說：「接連著應徵都碰釘子，真的很讓人沮喪。」

㈡對話 2：甲君接著跟就業服務人員說：「其實輕鬆的快錢多的是，也有兄弟一直跟我說，我們這些被關過的人，跟你們這些規規矩矩的人沒緣，要我別再肖想『賺乾淨錢』。」就業服務人員說：「也許事情還沒糟糕到那個地步，你要不要說說看你去應徵時的狀況？我們來看看可以怎樣做調整，說不定就可以找到適合你的雇主和工作。」

㈢對話 3：甲君對就業服務人員說：「我就跟他們說，我不貪心，什麼工作都可以做，只要工作不要太累、薪水不要太苛，做什麼都可以，他們就說要考慮看看，然後就都沒再通知。」就業服務人員說：「你雖然說『你不貪心，做什麼都可以』，好像要求很低的樣子，但你又說『工作不要太累、薪水不要太苛』，你如果是老闆，聽到應徵的人這樣說，你真的會覺得他要求很低嗎？」

㈣對話 4：甲君對就業服務人員說：「嘿嘿，好像是齁，那怎麼辦咧？要怎樣說才好。」就業服務人員說：「這裡有一份資料，介紹雇主在應徵過程會怎麼看應徵人，應徵人要怎麼做比較能夠給未來的雇主留下好印象。我們來練習看看，你下次去應徵時可以怎麼做。」他們接著討論出四個可以在下次應徵時派上用場的具體原則和做法，並做了簡單的演練。

㈤對話 5：甲君後來真的成功被聘僱從事搬家公司的搬運工作。但，工作二週之後，甲君回來找就業服務人員，他說：「我受不了了，你幫我換個工作吧，我覺得這個工作我做不來，與其等著被人家開除，不如自己走路。」就業服務人員說：「這個工作要背重物，真的很不容易，你沒做兩天就跑掉，一直撐到現在，可見你很看重這個得來不易的工作，相信你的老闆和同事都會看在眼裡。」

(A)專注，或傾聽。(B)同理，或情感反映。(C)鼓勵，或支持。(D)運用契約取向。(E)澄清，或開放式問句，或探問，或詢問，或探究。(F)聚焦。(G)立即性。(H)面質，或挑戰。(I)建議，或提供訊息。

八、答案

㈠(B)同理，或情感反映

㈡(E)澄清，或開放式問句，或探問，或詢問，或探究

㈢(H)面質，或挑戰

㈣(I)建議，或提供訊息

㈤(C)鼓勵，或支持

歷屆試題（109-3-8）

八、甲君高職畢業後從事平面設計工作 10 年，之後因為結婚辭職成為家庭主婦，30 歲時成為兩個孩子的媽，家庭生活幸福美滿。40 歲時丈夫車禍過世。為了撫養孩子，甲君決定重新投入職場，兩年以來持續換了 10 個工作、每個工作都沒辦法持續 1 個月以上。於是，甲君至就業服務機構求職及接受就業諮詢。請針對下列 5 種晤談對話中就業服務人員所使用的諮詢技巧，從 (A) 至 (L) 選項中依序選出最適合的 1 項（寫出代碼或名詞皆可）：(A)安慰、(B)支持、(C)允許、(D)專注、(E)同理、(F)分析、(G)解釋、(H)建議、(I)面質、(J)澄清、(K)比較、(L)自我揭露。晤談對話：

㈠在第 1 次晤談中，甲君情緒消沉地抱怨著目前生活的種種，就業服務人員沒有打斷甲君，也沒有安慰或勸阻甲君，只是上身前傾、注視著甲君，聆聽甲君說的每一句話並頻頻點頭。（2分）

㈡在第 2 次晤談中，甲君反覆描述過去從事平面設計工作的風光與現在求職處處碰壁的窘囊，就業服務人員說：「聽起來，你年輕時做什麼都得心應手、人人誇讚，現在卻處處格格不入、經常被嫌東嫌西，讓你感到沮喪。」（2分）

㈢在第 3 次晤談中，就業服務人員數次邀請甲君談談自己對「好好工作撫養孩子」的期望，甲君都說「我想有什麼用，老闆不懂得欣賞，一切白搭」，並接著滔滔不絕訴說著過去的風光與現在的窘囊。於是，就業服務人員說：「你求職時說你想要『好好工作撫養孩子』，但到目前為止，你卻一直在談過去的風光和現在的悲慘，似乎拒絕討論如何尋找與維持工作。我想邀請你問問自己，你是真的期待透過我們的討論以便『好好工作撫養孩子』嗎？」（2分）

㈣在第4次晤談中，甲君描述過去從事平面設計時總是不斷挑戰與超越自己既有風格的經驗，就業服務人員說：「在你過去做設計尋求自我挑戰時，你認爲是什麼幫助你持續努力尋求突破呢？」（2分）

㈤在第5次晤談中，就業服務人員對甲君說：「你提到過去做設計自我挑戰時都是靠著告訴自己『超越自己才能擁有更美好的明天』來激勵自己，你不妨想想，如何用類似的方法來把『手上的工作做好』」（2分）

八、答案

㈠(D)專注　㈡(E)同理　㈢(I)面質　㈣(J)澄清　㈤(H)建議

歷屆試題（108-3-8）

八、甲君原本是籃球國手，20歲時在一場比賽中脊椎受傷，從此無法站立。過去10年，他都靠著社會福利以及家人的金錢接濟過活。兩個月前，甲君開始接受青年職涯發展中心的職涯諮詢。請說明就業諮詢人員在下列情況中所使用的是什麼諮詢技巧。

㈠在第1次晤談中，甲君情緒消沉地抱怨著目前生活的種種，就業諮詢人員沒有打斷甲君，也沒有安慰或勸阻甲君，只是上身前傾、注視著甲君，聆聽甲君說的每一句話並頻頻點頭。請問就業諮詢人員使用的是什麼諮詢技巧？（2分）

㈡在第2次晤談中，甲君反覆描述過去在籃球場上的風光與現在依賴別人生活的窩囊，就業諮詢人員說：「從大家瘋迷的籃球國手，變成接受協助的待業者，讓你感到沮喪。」請問就業諮詢人員使用的是什麼諮詢技巧？（2分）

㈢在第3次晤談中，就業諮詢人員數次邀請甲君談談自己對「有工作的新生活」的期望，甲君都說「像我這樣，還能怎樣」，並接著滔滔不絕訴說著過去的風光與現在的窩囊。就業諮詢人員認爲彼此已經建立信任關係，就說：「你申請諮詢時說你想要『嘗試去工作，過新生活』，但到目前爲止，你卻一直在談過去的風光和現在的悲慘，一再拒絕相信自己可以有新生活。你是眞的想要去過『有工作的新生活』嗎？」請問就業諮詢人員使用的是什麼諮詢技巧？（2分）

㈣在第4次晤談中，甲君描述過去擔任籃球國手時愈挫愈勇的種種經驗，就業諮詢人員說：「在你過去練籃球碰到挫折時，是什麼幫助你繼續努力尋求突破呢？」請問就業諮詢人員使用的是什麼諮詢技巧？（2分）

㈤在第5次晤談中，就業諮詢人員邀請甲君：「你提到過去練籃球碰到挫折時都是靠著告訴自己『繼續努力就有機會』來幫助自己撐過去，你可以用同樣的方法來面對目前的『嘗試工作』的困難。」請問就業諮詢人員使用的是什麼諮詢技巧？（2分）

八、答案

㈠傾聽或專注　㈡同理心　㈢面質　㈣澄清　㈤引導

歷屆試題（107-2-7）

七、小花因求職困擾前去公立就業服務機構尋求就業諮詢，晤談一開始，如果就業諮詢人員雙手交叉抱胸、身體後傾，談話時，還會分心看看天花板甚至檢查自己的手機簡訊，與小花的眼神接觸不多。小花說：「我不知道自己怎麼了，今天來這裡，也很怕浪費你的時間，……」，就業諮詢人員很快打斷小花，說：「你只要講重點就好了」，晤談結束時對小花說：「不要想太多」。整個晤談過程，就業諮詢人員選擇自己有興趣的部分做回應，雖然聽了小花所說的話，但沒有真正掌握小花內心的想法。請你根據上述敘述，分別列舉促進積極傾聽在非口語行為與口語行為應注意的原則各 2 項。（每項 2.5 分，共 10 分）

七、答案

㈠ 口語行為應注意的原則
　　1. 避免中途插話。
　　2. 鼓勵案主主動說話：引導讓案主提出自身看法，主動說話。
　　3. 適度反應：重述案主說話內容，掌握說話重點。

㈡ 非口語行為應注意的原則
　　1. 觀察肢體語言　　2. 眼神接觸專注　　3. 消除內、外在干擾
　　4. 聽清楚關鍵字、各項暗示　　5. 回顧整理結論再表達

歷屆試題（107-1-9）

九、溝通是人與人之間分享資訊、思想、情感的歷程，聽覺障礙求職者由於受限聽力及語言表達能力，常有溝通的困難，因此多元的溝通方式是非常重要的，請任列 4 種與聽覺障礙求職者常用的溝通方式（每項 2.5 分，共 10 分）

九、答案

㈠ 手語　　㈡ 口語　　㈢ 綜合溝通法　　㈣ 筆談

歷屆試題（106-2-10）

十、美國生涯發展學會（National Career Development Association，簡稱 NCDA）規定了 11 項生涯諮商（就業諮詢）能力（Career Counseling Competencies）範疇，請任舉其中 5 項。（每項 2 分，計 10 分）

十、答案

㈠ 生涯發展理論　　　　　　　　㈡ 個人與團體諮商技巧
㈢ 個人與團體衡鑑技巧　　　　　㈣ 提供資訊與資源的能力
㈤ 計畫推廣、管理與修正的能力　㈥ 訓練、諮詢與表現改進的能力
㈦ 服務多元對象的能力　　　　　㈧ 督導
㈨ 熟悉倫理與法律議題　　　　　㈩ 研究與評估的能力
㈪ 運用科技的能力

歷屆試題（106-2-8）

八、人際溝通有 65% 是經由非語言訊息傳達，其中，非語言管道的肢體動作，可提供許多重要的訊息，請列出 5 種非語言溝通中肢體動作的類型。（每類型各 2 分，共計 10 分）

八、答案

㈠ 眼神接觸　㈡ 臉部表情　㈢ 手勢　㈣ 姿勢　㈤ 姿態

歷屆試題（106-1-10）

十、根據 Brown 和 Brown 的架構，在就業媒合會談中，請說明常用的四類主要技巧？

十、答案

㈠ 決策技巧的增能。　　　　　　㈡ 價值觀的澄清。

㈢ 生活角色的澄清。　　　　　　㈣ 催化行動的技巧。

歷屆試題（106-1-6）

六、情緒管理是一門學問，也是一種藝術，尤其在職場上，個人與主管及同事間之相處時，情緒管理更要掌控得恰當好處，方能建立良好的職場人際關係。請任舉 10 種個人與主管及同事之間，處理憤怒情緒的管理處方或對策？（10 分）

六、答案

㈠ 深呼吸，開始數數　　　　　　㈡ 遠離是非，多做運動

㈢ 寫下不好的心情，然後把它扔掉　㈣ 與自己交談

㈤ 與人交談　　　　　　　　　　㈥ 改變想法

㈦ 擁抱親人　　　　　　　　　　㈧ 肌肉放鬆

㈨ 深呼吸　　　　　　　　　　　㈩ 聽輕鬆的音樂

㈪ 按摩　　　　　　　　　　　　㈫ 默想

㈬ 看喜劇片　　　　　　　　　　㈭ 與放慢步調

㈮ 增進溝通技能　　　　　　　　㈯ 正向的態度

㈰ 評估與表達情緒　　　　　　　㈱ 調整情緒

歷屆試題（105-3-8）

八、企業在進行人員招募時，除了筆試之外通常會安排面試。面試官常會運用 5W1H 又稱六何分析法，對求職者進行提問，甚至會請求職者對自己進行 SWOT 分析。請回答下列問題：分析。請回答下列問題：

㈠ 請說明何謂 5W1H。（6 分）

㈡ 請說明何謂 SWOT。（4 分）

八、答案

㈠ WHY 原因、WHAT 對象、WHERE 地點、WHEN 時間、WHO 人員、HOW 方法

㈡ Strengths 優勢、Weaknesses 劣勢、Opportunities 機會和 Threats 威脅

歷屆試題（104-3-9）

九、就業媒合會談技巧中，通常在求職者有哪5種狀況會使用面質（confrontation）技術？
（10分）

九、答案

㈠ 求職者知與行不一致時　　　　㈡ 求職者口語行為與非口語行為不一致

㈢ 求職者不願意面對某些事實時　㈣ 求職者故意扭曲事實

㈤ 求職者故意逃避時　　　　　　㈥ 求職者前後行為矛盾

歷屆試題 112-2-8

八、甲君從高一開始就靠飲料店打工養活自己並完成高職餐飲科學業。他高職畢業後的第
　　一個工作是小吃店的廚師，甲君覺得工作環境狹小悶熱、薪水少、升遷無望，領到第
　　一個月薪水就辭職了。沒想到接下來三個月應徵了十幾個工作都沒被錄取。甲君希望
　　就業諮詢人員幫他找到比較好的工作。

　　一般就業諮詢人員所應用的諮詢技巧或策略，包括下列基本會談技巧、敘事取向生涯
　　諮商技巧等：

　　(A)專注，或傾聽。(B)同理，或情感反映。(C)鼓勵，或支持。(D)面質，或挑戰。(E)建議，
　　或忠告。(F)解釋。(G)立即性。(H)保持樂觀的態度。(I)保持開放的態度。(J)創造性思考。
　　(K)歸納性思考。(L)閃亮時刻的問話。(M)辨認行為模式。(N)擬定行動計畫。(O)評估行
　　動成效。

　　請回答就業諮詢人員在對話中所使用的是上列哪個諮詢技巧或策略？回答時，請標出
　　題號與最合適的一個答案的英文代碼。（10分，每小題2分）

㈠ 對話1：甲君說：「我從小就喜歡看 YouTuber 的廚師做菜，廚師很優雅，做出來的菜就
　　是高級，小吃店那個根本不叫廚房，做的菜也上不了臺面！」

　　就業諮詢人員說：「你很清楚自己喜歡什麼，你的渴望可以成為你的力量！」

㈡ 對話2：甲君說：「可是沒用啊，附近幾個縣市的大飯店我都投了，可是他們都沒回，
　　我親自跑去問，他們也都懶得聽，直接拒絕我。實在是，齁！」

　　就業諮詢人員說：「一再被拒絕，你很著急！」

㈢ 對話3：甲君說：「對呀，怎麼辦？」

　　就業諮詢人員說：「知己知彼，百戰百勝。你可以先上網去蒐集資料，看大飯店廚師有
　　什麼條件、有什麼本事。」

㈣ 對話4：甲君說：「哇，他們好厲害，不但有乙級證照，還有國際證照！可是我沒錢沒
　　時間去學，我得工作才能生活。」

　　就業諮詢人員說：「職訓機構有一些訓練機會和津貼，你可以怎樣運用這些資源來實現
　　夢想呢？」

㈤ 對話5：甲君說：「成為大飯店廚師的路好遙遠喔！我真的走得到嗎？」

就業諮詢人員說：「別人讀高中時，都還靠家裡養，你卻能夠靠自己工作養活自己！說說看你當時怎麼做到的？」

八、答案

㈠(C) 鼓勵，或支持

㈡(B) 同理，或情感反映

㈢(E) 建議，或忠告

㈣(N) 擬定行動計畫

㈤(L) 閃亮時刻的問話

歷屆試題 111-2-8

八、甲君是 56 歲男性，受疫情影響，失業在家已逾 3 個月，希望再就業，以維持家庭經濟收入。因此前往公立就業服務機構登記求職。請說明就業服務人員在對話中所使用的諮詢技巧。回答時，請就每一題的提問，從下表所擇一最適合答案，寫出代號或名稱。（每題 2 分，共 10 分）

㈠對話 1：甲君對就業服務人員說：「我是一名專業經理人，也是家中主要經濟來源，誰知道疫情攪局，我竟然失業了，很多事都不在我的掌控中⋯我覺得自己真沒價值⋯。」就業服務人員說：「失業，讓你感到失落，也擔心家裡的收入甚至自我懷疑，一定很不好受。」

㈡對話 2：甲君對就業服務人員說：「還好你瞭解我的心情，我也常告訴自己危機就是轉機。」就業服務人員說：「雖然不好受，但你能坦然面對失業，主動求詢，將艱難的處境，視為自己重新出發的機會。」

㈢對話 3：三週後，就業服務人員媒合甲君至一家民營事業機構就職。不久，甲君再次前來諮詢，對就業服務人員說：「公司參與政府的『青銀共事』計畫，老闆也支持我加入，我不知要選擇哪一種方式。」就業服務人員說：「你指的是『世代合作、青銀共舞計畫』的推動方式，這個理解是否正確？」

㈣對話 4：甲君對就業服務人員說：「沒錯，就是這個。但我不知如何選擇。」就業服務人員對甲君說：「我可以陪伴你分析每一個推動方式的利弊得失，並針對你考慮的各個因素進行加權計分與計算，我們可以透過這個方式一起討論你想要的優先順序。」

㈤對話 5：甲君對就業服務人員說：「這個分析方式真不錯，讓我知道最適合自己的方式就是互為導師型，我可以運用自己的知識及實務經驗結合年輕同事的構想、意見與新技術，一起為公司提升營運績效。」就業服務人員對甲君說：「很欣賞你的韌性與勇氣，努力克服失業危機，重新找到自己的工作發揮方向。」

(A) 同情反映 Reflection of sympathy

(B) 情感反映 Reflection of feeling

(C) 結構化 Structuring

(D) 決策平衡單 Decision balance sheet

(E) 決策樹 Decision tree

(F) 重新框架 Reframing

(G) 解釋 Interpretation

(H) 澄清 Clarification

(I) 優點轟炸 Strength bombardment

(J) 自我揭露 Self-disclosure

八、答案

㈠ (B) 情感反映

㈡ (F) 重新框架

㈢ (H) 澄清

㈣ (D) 決策平衡單

㈤ (I) 優點轟炸

職業諮商理論

九、甲君填寫〈我喜歡做的事〉興趣量表，得到下表的結果。請根據下表資料回答下列問題：

㈠根據下表的資料，甲君最有興趣的三個類別依序是哪 3 個？請依興趣高低順序寫出 3 個類別的 ABC……代碼。（3 分）

㈡甲君的「藝術」的原始分數是 5，該分量表最高分 28 分、PR 值是 39，據此推測，相較之下，甲君比多少百分比的人都還喜歡以創造性的方式來表達感受呢？（2 分）

　1. 39。　　2. 61。　　3. 5。　　4. 13。

㈢下列有關甲君的區分性描述，哪個完全正確？（2 分）

　1. 區分性高，甲君和常模有差異。

　2. 區分性高，甲君各興趣類型分數有差異。

　3. 區分性低，甲君和常模沒有顯著差異。

　4. 區分性低，甲君各興趣類型分數沒有差異。

㈣甲君看到測驗結果後說：「我的『個人服務』怎麼可能這麼高？」根據心理測驗解釋的基本原則，就業服務人員的第一個回應應該採用下列哪一個最好？（3 分）

　1.「做測驗的好處，就是它能夠幫你做整理，讓你對自己有更清楚、甚至不一樣的想法，可見這個測驗真的對你有幫助，讓你發現自己的『個人服務』比你原本想的還要高。」

　2.「你的『個人服務』真的非常高，我們來看看，有哪些職業特別適合『個人服務』高的人。」

　3.「你似乎對自己得到『個人服務』高分很訝異，你以前沒考慮『個人服務』是覺得『個人服務』有什麼不好嗎？」

　4.「你的『個人服務』比你想的還要高，我們來看看這是怎麼回事，首先，這個分量表的題目是這些，所謂的『個人服務』分數就是由你對這些題目的回答得到的，你想像中的『個人服務』，會是類似這些題目的內容嗎？」

興趣類別	原始分數	PR 值	職業特性
A 藝術	5	39	喜歡以創造性的方式來表達感受
B 科學	4	47	喜歡發現、收集自然界的事物，並且將科學研究的結果應用以解決生命科學及自然科學的問題。
C 動植物	9	74	喜歡做與農、林、畜牧、狩獵等與動物及植物有關的事情。

D 保全	8	81	喜歡為人保護生命及財產。
E 機械	0	13	喜歡使用機器、手、工具及有關技術、把機械原理應用於日常生活中。
F 工業生產	0	15	喜歡在工廠中作重覆、具體而有組織的工作。
G 企業事務	1	25	喜歡做非常具體、很組織化、需要注意細節及精確性的工作。
H 銷售	2	30	喜歡用個人說服的方法及銷售的技術讓別人聽從自己意見。
I 個人服務	10	90	喜歡依別人的個別需要及期望以提供照顧性的服務。
J 社會福利	8	69	喜歡幫助人解決心理、精神、社會、生理及職業上的困難。
K 領導	4	36	喜歡用高等語文及數理能力來影響別人。
L 體能表演	2	38	喜歡在觀眾前面表演體能活動。

九、答案

㈠I 個人服務　D 保全　C 動植物

㈡ 1. 39

㈢ 2. 區分性高，甲君各興趣類型分數有差異

㈣ 1.「做測驗的好處，就是它能夠幫你做整理，讓你對自己有更清楚、甚至不一樣的想法，可見這個測驗真的對你有幫助，讓你發現自己的『個人服務』比你原本想的還要高。」

歷屆試題（111-2-8）

八、甲君是56歲男性，受疫情影響，失業在家已逾3個月，希望再就業，以維持家庭經濟收入。因此前往公立就業服務機構登記求職。請說明就業服務人員在對話中所使用的諮詢技巧。回答時，請就每一題的提問，從下表所擇一最適合答案，寫出代號或名稱。（每題2分，共10分）

㈠對話1：甲君對就業服務人員說：「我是一名專業經理人，也是家中主要經濟來源，誰知道疫情攪局，我竟然失業了，很多事都不在我的掌控中…我覺得自己真沒價值…。」就業服務人員說：「失業，讓你感到失落，也擔心家裡的收入甚至自我懷疑，一定很不好受。」

㈡對話2：甲君對就業服務人員說：「還好你瞭解我的心情，我也常告訴自己危機就是轉機。」就業服務人員說：「雖然不好受，但你能坦然面對失業，主動求詢，將艱難的處境，視為自己重新出發的機會。」

㈢對話3：三週後，就業服務人員媒合甲君至一家民營事業機構就職。不久，甲君再次前來諮詢，對就業服務人員說：「公司參與政府的『青銀共事』計畫，老闆也支持我加入，我不知要選擇哪一種方式。」就業服務人員說：「你指的是『世代合作、青銀共舞計畫』的推動方式，這個理解是否正確？」

㈣對話4：甲君對就業服務人員說：「沒錯，就是這個。但我不知如何選擇。」就業服務人員對甲君說：「我可以陪伴你分析每一個推動方式的利弊得失，並針對你考慮的各個因素進行加權計分與計算，我們可以透過這個方式一起討論你想要的優先順序。」

(五)對話 5：甲君對就業服務人員說：「這個分析方式真不錯，讓我知道最適合自己的方式就是互爲導師型，我可以運用自己的知識及實務經驗結合年輕同事的構想、意見與新技術，一起爲公司提升營運績效。」就業服務人員對甲君說：「很欣賞你的韌性與勇氣，努力克服失業危機，重新找到自己的工作發揮方向。」

(A)同情反映 Reflection of sympathy

(B)情感反映 Reflection of feeling

(C)結構化 Structuring

(D)決策平衡單 Decision balance sheet

(E)決策樹 Decision tree

(F)重新框架 Reframing

(G)解釋 Interpretation

(H)澄清 Clarification

(I)優點轟炸 Strength bombardment

(J)自我揭露 Self-disclosure

八、答案

(一)(B)情感反映

(二)(F)重新框架

(三)(H)澄清

(四)(D)決策平衡單

(五)(I)優點轟炸

歷屆試題（111-2-6）

六、就業服務人員在提供求職求才服務過程中，爲解決問題及化解衝突，有時會面對兩難的困境，而必須做出實務的專業倫理抉擇。有關倫理決策模式很多，其中由 Hoose 和 Paradise（胡斯和派瑞戴斯）根據 Kohlberg（柯爾堡）的道德發展理論，所提出之「五級倫理思考模式」，是從 5 個不同導向階段來思考，包括：A. 獎懲導向、B. 機構導向、C. 社會導向、D. 個人導向、E. 原則或良心導向等 5 個不同導向。而 V. M.Tarvydas（塔夫達斯）也將專業倫理的標準，分爲三大類，包括：F. 專業的內部標準、G. 專業實務工作者的臨床標準、H. 外部規範標準。請依據下列 5 個概念的敘述，回答是屬於哪一個倫理導向或類型？（每題 2 分，共 10 分，寫出文字或序號均可）

(一)遵從機構的規定和政策，關心倫理決策是否符合機構主管或督導的期望。

(二)焦點在案主的權益，以避免侵犯案主的權益爲優先考量，做倫理決策時，不僅考慮社會規範、法律，同時更考慮案主的需求。

(三)完全根據個人的原則及倫理意識，不考慮社會、專業的價值或倫理，或對社會可能的影響。

㈣聚焦在專業的考量、特定的各種專業標準、涉及專業認同與義務。

㈤聚焦在職場場域、適用於單一領域或多重領域的標準、依個案或情境不同而異、可用於評量個別專業人員的表現、可用於測量成果。

六、答案

㈠ B. 機構導向

㈡ D. 個人導向

㈢ E. 原則或良心導向

㈣ F. 專業的內部標準

㈤ G. 專業實務工作者的臨床標準

歷屆試題（111-1-10）

十、甲君、乙君、丙君、丁君4位求職者在何倫碼（Holland Code）興趣測驗的施測結果如下表一，請根據此一測驗類型及表列測驗分數，回答下列問題。

㈠以史賓賽與史賓賽（Spencer & Spencer）職能冰山模型之外顯性與內隱性二個層面來看，興趣測驗主要在測量哪1層面的職能？（2分）

㈡就人境適配的分化性（differentiation）而言，4位求職者中哪1位的興趣多元且分化明確？（2分）哪1位最可能缺乏熱情與動機且分化低？（2分）

㈢就人境適配的一致性（consistency）而言，4位求職者中哪1位的一致性最高？（2分）哪1位的一致性最低？（2分）

表一、4位求職者的興趣測驗分數

求職者	R	I	A	S	E	C
甲君	22	15	35	30	25	14
乙君	3	2	10	1	1	5
丙君	22	23	31	22	27	22
丁君	2	3	3	4	3	4

十、答案

㈠內隱性

㈡ 1. 甲君　　　　　　　　　　2. 丁君

㈢ 1. 一致性最高為甲君　　　　2. 一致性最低為乙君

分化性是指最高分及最低分之差距

甲君（最高分35及最低分14之差距21）

乙君（最高分10及最低分1之差距9）

丙君（最高分31及最低分22之差距9）

丁君（最高分 4 及最低分 2 之差距 2）

一致性取頭碼及次碼，若相鄰為一致性高，若不相鄰為一致性低

甲君 AS（相鄰）

乙君 AC（不相鄰，對角）

丙君 AE（不相鄰）

丁君 CS 或 SC（不相鄰）

歷屆試題（110-3-10）

十、受到 COVID-19 疫情影響，甲君的餐飲專賣店開幕不到 10 天即因配合防疫而停業，惟仍需支付店租、水電及人事等費用。面對外部環境驟變，不僅沒有收入尚有大筆開銷要支付，甲君因此失眠、焦慮，同時在腦海裡一再出現：「我慘了」。為了度過此一難關，甲君求助就業服務人員。請依上列敘述及下列各問題情境，自下表所列職涯理論、概念與技巧，選擇 1 個最適合的答案或代號，依序回答下列問題：

㈠ 甲君初見就業服務人員有感而發的說：「一個小病毒竟能撼動我的職業生涯而且改變人們的日常生活」。依甲君所言，即使是一個微小的起始差異，也能產生巨大改變，係屬職涯混沌理論的何種概念？（2 分）

㈡ 就業服務人員邀請甲君閉上眼睛，想像自己處在一個心情平靜的地方，並進入此一畫面，直到有比較放鬆的感覺才張開眼睛，以緩和焦慮，係屬何種諮詢技巧？（2 分）

㈢ 就業服務人員引導甲君使用：「我會辛苦，但不會被擊垮」的話語取代「我慘了」的負面想法，幫助甲君從正向的觀點看問題，係屬何種諮詢技巧？（2 分）

㈣ 就業服務人員陪伴甲君辨識壓力來源，探討有哪些可以改變、哪些無法改變，然後學習問題解決技巧、資源應用並建立支持系統，以協助其度過難關，係屬何種諮詢技巧？（2 分）

㈤ 透過諮詢，甲君學會以彈性、樂觀的心態，面對此一偶發疫情事件，對其餐飲事業造成的影響，而且找到新的應變策略。此一諮詢策略最接近何種職涯理論觀點？（2 分）

職業理論與概念

(A) 奇異吸子 Strange attractor	(B) 蝴蝶效應 Butterfly effect	(C) 鐘擺效應 Pendulum Effect
(D) 善用機緣論 Planned happenstance theory	(E) 生涯建構論 Career construction theory	(F) 社會認知生涯論 Social cognitive career theory

職業諮詢策略與技巧

(G) 引導式心像 Visual imagery	(H) 漸進式肌肉放鬆 Progressive relaxation	(I) 壓力免疫訓練 Stress inoculation training

(J) 奇蹟問句 Miracle question	(K) 過度糾正 Overcorrection	(L) 消弱 Extinction
(M) 系統檢敏感法 Systematic desensitization	(N) 普力馬原則 Premack principle	(O) 重新框架 Reframing

十、答案

㈠(B) 蝴蝶效應　　　　　　　　　㈡(G) 引導式心像

㈢(O) 重新框架　　　　　　　　　㈣(I) 壓力免疫訓練

㈤(D) 善用機緣論

歷屆試題（110-2-10）

十、甲君在台灣就業通填寫〈我喜歡做的事〉，得到下表的結果。請根據下表資料回答下列問題：

㈠〈我喜歡做的事〉紫版的測量標準誤為 2，表示下列哪個陳述是正確的？請寫出編號。（2分）

1. 甲君真實的「科學」分數有 84% 的可能性會落在 -1 到 3 之間。

2. 甲君真實的「藝術」分數有 84% 的可能性會落在 1 到 5 之間。

3. 甲君真實的「社會福利」分數不可能是 5。

㈡甲君的「藝術」的原始分數是 3、該份量表最高分 14 分、PR 值是 23，據此推測，平均來說，每一百人之中，甲君喜歡以創造性的方式來表達感受程度，能贏過多少人呢？（3分）

㈢根據下表的資料，甲君最有興趣的 3 個類型依序是哪 3 個？請依序寫出該類型的 A、B、C、……代碼。（2分）

㈣根據甲君最有興趣的 3 個類型，在照顧身心障礙兒童及少年的機構任職並執行下面哪 1 組編號的工作任務最能同時契合甲君這 3 方面的興趣呢？請寫出編號。（3分）

1. 進行教育訓練，幫助服務對象學習自理生活，並記錄與統計他們的進步程度。

2. 推動職能治療，幫助服務對象學習園藝技能，並觀察與歸納他們常出現的錯誤操作。

3. 製作畫冊，教導服務對象的父母學習照顧孩子的情緒問題，並記錄銷售人員回報的銷售狀況。

4. 籌辦募款晚會，安排藝人演出，藉以籌措機構營運基金，並分析成本與營收狀況。

興趣類別	原始分數	PR 值	職業特性
A 藝術	3	23	喜歡以創造性的方式來表達感受。
B 科學	1	21	喜歡發現、收集自然界的事物，並且將科學研究的結果應用以解決生命科學及自然科學的問題

C 動植物	0	10	喜歡做與農、林、畜牧、狩獵等與動物及植物有關的事情。
D 保全	0	14	喜歡為人保護生命及財產。
E 機械	0	17	喜歡使用機器、手、工具及有關技術、把機械原理應用於日常生活中。
F 工業生產	0	17	喜歡在工廠中作重覆、具體而有組織的工作。
G 企業事務	1	24	喜歡做非常具體、很組織化、需要注意細節及精確性的工作。
H 銷售	0	16	喜歡用個人說服的方法及銷售的技術讓別人聽從自己意見。
I 個人服務	0	13	喜歡依別人的個別需要及期望以提供照顧性的服務。
J 社會福利	2	29	喜歡幫助人解決心理、精神、社會、生理及職業上的困難。
K 領導	2	19	喜歡用高等語文及數理能力來影響別人。
L 體能表演	0	20	喜歡在觀察前面表演體能活動。

十、答案

㈠ 2. 甲君真實的「藝術」分數有 84% 的可能性會落在 1 到 5 之間。

㈡ 23 人

㈢ J 社會福利　G 企業事務　A 藝術

㈣ 1. 進行教育訓練，幫助服務對象學習自理生活，並記錄與統計他們的進步程度。

歷屆試題（110-1-10）

十、Hershenson 的工作適應理論主張，工作者在職場的工作適應，和工作者工作概念發展以及與職場環境有關。工作概念的發展有三個主要的影響因素，依序為：在學前即已發展之「工作人格」（如：工作者的自我概念、工作動機、工作價值觀等）、在學習過程中所學習到之「工作能力」（工作習慣、工作技巧、與工作有關的人際關係等）與在各個階段所學習到的知能而建構之「工作目標」，上述三者彼此影響，也會和環境交互作用，而形成工作適應的結果（包括：工作角色行為、工作表現、工作滿意的程度）。通常工作人格主要會連結到工作角色行為，工作能力主要會連結到工作表現，工作目標主要會連結到工作滿意的程度，而上述的理論對障礙者或非障礙者都適用。

㈠承上，一位已在職場工作 10 年的工作者，發生中途致障的情形但仍很想工作，所發生的障礙情形，最先會影響到個人在工作概念發展的哪一個因素？（5分）

㈡再者，對於一位先天的障礙者而言，最先會影響到個人在工作概念發展的哪一個因素？（5分）

十、答案

㈠工作能力　　　　　　　　　　　　㈡工作人格

歷屆試題（110-1-7）

七、政府與社會資源運用，會因應不同時空變遷，而依據政策法令擬定不同類型的就業促進計畫或方案，促進勞動者就業或職能提升之資源。而目前一般對福利服務資源需求指標的界定方式，常以 Jonathan Bradshaw（珍娜布雷・蕭，1972 年）所提出的下列四種需求理論為論證依據。

(A)規範性需求（normative need）：係指由專家學者或實務的專業工作者及社會學家來界定共同性標準，以規範民眾之需求。

(B)比較性需求（comparative need）：對需求的界定是針對某些特徵與條件等作為基礎，所作的比較。

(C)感覺性需求（felt need）：係指直接問諸於被服務的對象，對某一種福利服務是否有需要，亦即是指人們內心裡覺得迫切需要，而提出書面或口頭的需求。

(D)表達性／行動性需求（expressed need）：個體將感覺性需求透過行動或社會運動或走上街頭等方式來表示，這一類需求受限於個體對情境的瞭解和自己的標準。

承上，請回答下列問題，分別是屬於哪一種需求類型：（10分）

(一)特定對象團體依據規定申請集會遊行，要求政府應該儘速依據受當前疫情（COVID-19）影響而失業的特定對象，提出立即性就業促進計畫或方案。（2分）

(二)非自願失業者，函請政府應提供12個月的失業給付津貼之期待。（2分）

(三)為了解決勞動者工作技能不足造成二度就業困難的需求，召開專家會議，訂定職業訓練生活津貼的實施辦法。（2分）

(四)前述的職業訓練生活津貼會因為適用者的身分不同，而有不同的請領額度。（2分）

(五)又，請任舉2種勞動部因應當前疫情（COVID-19）影響，而實施的對策措施項目。（2分）

七、答案

(一)(D) 表達性／行動性需求　　　　(二)(C) 感覺性需求

(三)(A) 規範性需求　　　　　　　　(四)(B) 比較性需求

(五) 1. 充電再出發計畫　　2. 安心就業計畫　　3. 安心即時上工計畫
　　4. 自營作業者及無一定雇主之勞工生活補貼

歷屆試題（109-3-10）

十、就業服務人員對前來求職的甲君、乙君及丙君實施「工作氣質測驗」，並將其測驗得分換算為百分等級。另外，也整理求才職缺中的「觀光導遊」、「鑄造工」及「餐飲服務員」等3個職業種類所強調的工作氣質組型如下表。

工作氣質測驗			■表示該職業種類強調的工作氣質組型			百分等級		
分量表		分量表涵義	觀光導遊	鑄造工	餐飲服務員	甲君	乙君	丙君
A 人際效能	1 督導性	善於做工作規劃，督導與分派工作	■	-	-	88	46	32
	2 說服性	具備良好說服技巧，能夠改變別人的判斷、想法與態度	■	-	■	90	70	34
	3 親和性	善於與人相處，能與人打成一片，建立良好關係	■	-	■	88	81	25
	4 表達性	善於表達個人的感受與想法	■	-	■	91	88	38
B	優柔猶豫	無法依據個人的主觀意念與客觀資料下決定	-	-	-	6	41	32
C	審慎精確	做事力求精確，不會發生錯誤	-	■	■	80	80	99

D	偏好單純	能執行重複性或例行性工作，不覺得單調或厭煩	-	■	-	15	41	98
E	堅忍犯難	在危險或惡劣的環境下，也能有效執行工作	■	■	-	93	81	94
F	獨處自為	能與別人分開，單獨工作而不感到難受	-	■	-	69	52	91
G	世故順從	遵從上司之工作指示並能考量上司感受	-	■	■	59	89	82
H	虛飾傾向	原始分數若低於9分，測驗結果可信度偏低						

請按照上表揭示的測驗資料，回答下列問題：

(一) 根據受測者測驗得分的百分等級與職種的氣質組合相似性做判斷，針對甲君、乙君及丙君3人，與「觀光導遊」、「鑄造工」及「餐飲服務員」3種不同職種，寫出每人相符程度最高的1項職種配對。（6分）

(二) 檢視甲君、乙君及丙君3人在「優柔猶豫」的百分等級，哪1位在下決定方面的能力最強？（2分）

(三) 在「虛飾傾向」的原始分數：甲君15分、乙君8分及丙君14分，哪1位最可能有作答不實的情況？（2分）

十、答案

(一) 甲君——觀光導遊　乙君——餐飲服務員　丙君——鑄造工

(二) 甲君　　　　　　　　　　　　　　　(三) 乙君

歷屆試題（109-3-9）

九、情緒勞動（emotional labor）在職場的人際往來中是一項能否將工作做好的重要因素。以下敘述5項不同的情緒類別和情緒掌握的情況：

(一) 員工為符合情緒表現的規定而隱藏內心感受，放棄真實情緒表達而仍對顧客微笑。（2分）

(二) 員工基於符合情緒表現的規定而嘗試修正自己內心的感受而對顧客有更多的同理心。（2分）

(三) 員工感受到一種情緒卻必須展現另一種情緒，因而產生情緒的不一致現象。（2分）

(四) 員工在組織中被要求展現且被視為與工作相符的情緒。（2分）

(五) 員工個人的真實情緒。（2分）

請依據上述5項情緒類別和情緒掌握的情況，就以下所列名詞定義，依序寫出1個最符合的正確答案。（每個選項僅能對應1次）

A. 感知情緒

B. 顯示情緒

C. 情緒失調

D. 深層偽裝

E. 表層偽裝

九、答案

(一) E. 表層偽裝　(二) D. 深層偽裝　(三) C. 情緒失調　(四) B. 顯示情緒

(五) A. 感知情緒

歷屆試題（109-2-10）

十、甲君是某公立就業服務機構之就業服務人員，他應用「認知訊息處理」（簡稱 CIP）取向之「訊息處理層面的金字塔」模式（如下圖），協助中年轉業之乙君進行諮詢。甲君依此模式所涵蓋之 4 要項如下：(A) 後設認知—係指高層次的認知，自我檢視或反省過去的想法及言行表現、(B) 生涯決定—係指生（職）涯之思考評估及規劃、(C) 職業知識—係指了解職業應具備之工作內容及資格條件等、(D) 自我知識—係指了解自己的興趣、能力及個性特質等。提出下列 5 種輔導策略，請寫出每 1 種輔導策略最可能對應模式中之哪一要項？（每個配對選項各 2 分，共 10 分）

㈠列出各種職業選擇之機會與發展方向。

㈡應用職業組合卡，將相關之職業分類成堆，並說明各堆卡片之相似點。

㈢應用「華格納人格測驗」及自傳速寫。

㈣列出各種職業技能學習目標及計畫。

㈤學習自我覺察，並監督自己每一個行為之有效性及進行必要修正。

十、答案

㈠列出各種職業選擇之機會與發展方向。

　——(B) 生涯決定—係指生（職）涯之思考評估及規劃

㈡應用職業組合卡，將相關之職業分類成堆，並說明各堆卡片之相似點。

　——(C) 職業知識—係指了解職業應具備之工作內容及資格條件等

㈢應用「華格納人格測驗」及自傳速寫。

　——(D) 自我知識—係指了解自己的興趣、能力及個性特質等

㈣列出各種職業技能學習目標及計畫。

　——(B) 生涯決定—係指生（職）涯之思考評估及規劃

㈤學習自我覺察，並監督自己每一個行為之有效性及進行必要修正

　——(A) 後設認知—係指高層次的認知，自我檢視或反省過去的想法及言行表現

歷屆試題（109-1-9）

九、甲君是公司主管，致力營造良好的組織溝通並關切員工情緒健康，其將「周哈里窗」及「愛語」概念轉化為關懷員工的行動。周哈里窗源自 Joseph 與 Harry，把人際溝通分為 (A) 開放自我、(B) 盲目自我、(C) 隱藏自我、(D) 未知自我等四個區域，這四個區域相互影響，任何一個區域變大，其他區域就會縮小，反之亦然。愛語源自 Chapman 所倡導，包括：(E) 肯定語詞、(F) 精心時刻、(G) 接受禮物、(H) 服務行動、(I) 身體接觸等五種方法。請針對下列所述情境，寫出上述區域或方法之最適切對應代碼

㈠主動關懷員工，除了分享主管自身的心情，也會引導員工談自己的背景及興趣，增進主管與員工的正向情誼。此一作法，最能擴展員工在周哈里窗的哪一個區域？（2 分）

㈡提供心靈成長課程，協助員工知道與自己本身有關，但平常不會察覺或注意的事，例如個人未意識到的習慣或口頭禪。此一作法，最能縮小員工在周哈里窗的哪一個區域？（2 分）

㈢規劃公司旅遊，安排員工聚在一起，相互陪伴、聆聽及分享心情。此種做法，最符合哪一種愛語的方法？（2分）

㈣鼓勵員工參與志工活動，每位員工一年有 4 天公假，以行動關懷社會弱勢。此種作法，最符合哪一種愛語的方法？（2分）

㈤尋找員工的優點並告訴員工主管欣賞其哪些優點。此種作法，最符合哪一種愛語的方法？（2分）

九、答案

㈠(A) 開放自我　㈡(B) 盲目自我　㈢(F) 精心時刻　㈣(H) 服務行動

㈤(E) 肯定語詞

歷屆試題（108-3-10）

十、甲女與乙女經某一私立就業服務機構推介至養護機構擔任照顧服務員工作。甲女今年21 歲，雇主對她相當關照，然而甲女卻擔心自己不能勝任雇主交付的任務，一直有個內在聲音對自己說：「我是一個差勁的人，不可能把事情做好」甚至有焦慮與失眠現象。乙女今年 50 歲，過去曾有 3 年照護工作經驗，依然保有良好的能力水準而且工作勝任愉快。某次休假乙女與家人發生衝突，因而干擾工作心情。經該私立就業服務機構安排個別諮詢服務，隨後專業諮詢人員協助甲女從不同和較正面的角度解讀她看待自己的方式，讓甲女不再陷入錯誤信念中；至於乙女，則在會談中安排乙女扮演家人的角色，專業諮詢人員扮演當事人乙女的角色，協助乙女體驗不同角色行為進而練習衝突解決技巧，用以修復關係。請依上列所述，回答下列問題：

㈠根據 Super 的生涯發展階段，包括成長、探索、建立、維持以及衰退五個階段以及甲女、乙女兩人的年齡，分別寫出甲女與乙女所處的生涯發展為哪一階段？（4分）

㈡根據 Bandura 在自我效能概念中所提及的難度知覺，有關甲女和乙女兩人，哪一位的工作難度知覺較低？（2分）

㈢請寫出專業諮詢人員分別對甲女、乙女使用哪一種職涯諮詢技巧？（4分）

十、答案

㈠甲女——探索階段；乙女——維持階段

㈡乙女

㈢甲女——正向引導；乙女——角色扮演

歷屆試題（108-1-10）

十、小明 22 歲大學畢業後就結婚了，由妻子負責經濟重擔，他則處理家務以及擔任網路經營者（Youtuber）分享家庭主夫的故事。不料，在 32 歲時妻子意外過世，留下 3 歲和 6歲的兩個孩子。考慮到自己的網路經營者（Youtuber）收入有限，為了養家活口，他首先用妻子的保險理賠回學校進修碩士學位，接著進入一間中小企業擔任基層員工，五

年下來，因表現良好而晉升到主管層級。在這 5 年之間，他仍持續投入自己喜愛的網路經營者（Youtuber）工作，分享單親爸爸的故事。由於父兼母職，又投入兩份工作，最近孩子常抱怨很少看到爸爸（小明），小明的健康檢查也出現免疫力下降的問題。

請根據上述案例回答下列問題：

(一)根據何倫（Holland）的興趣類型論，小明喜歡主管工作、網路經營者（Youtuber）、照顧孩子，顯示他喜歡的興趣類型可能包含哪 3 個類型？（6分）

(二)根據舒波（Super）的生涯發展論，哪個概念最能充分說明小明對主管工作、網路經營者（Youtuber）、照顧孩子等的看重程度與投入時間？（2分）

(三)根據克倫巴茲（Krumboltz）的機緣學習論，小明在碰到妻子過世的意外時，能夠以開放的胸襟來調整應對，展現出哪 1 種偶發力（serendipity）？（2分）

十、答案

(一)「企業型」E、「藝術型」A、「社會型」S

(二)深度　　　　　　　　　　　(三)樂觀

歷屆試題（107-3-9）

九、最近大明與阿德二人因失業問題至公立就業服務機構求助。大明提及自己原有的工作技術被公司新採用的機器人取代，但新的技術又學不來。阿德表示自己的工作受季節性材料原料影響，常常失業。經由就業服務人員的引導與關懷，二人漸能敞開心扉，分享自己的故事。諮詢中，就業服務人員使用情感反映，對著大明與阿德說：「從你們的表情以及訴說的事情內容，我可以感受到諸多壓力與擔心。換成是我處在你們的處境，我也會感到焦慮與挫折」。諮詢過後，二人都體會到有負面情緒並不代表自己就是壞的、不好的，進而願意進入內在經驗，檢視自己真正的感受與想法。大明覺察自己會把失業的情緒壓力發作到比較沒有威脅性的子女身上；阿德則是隱藏自己內心的焦慮，拒絕對家人承認自己有失業焦慮。覺察之後，二人在就業服務人員持續的協助下，啟動許多改變行動，最後順利找到新的工作職務。請回答下列問題：

(一)就失業類型來看，大明與阿德分別屬於哪一種失業類型？（4分）

(二)從佛洛依德（Freud）的防衛機轉（defense）概念來看，大明與阿德各使用了哪一種防衛機制？（4分）

(三)根據上述就業服務人員對大明與阿德所做的情感反映話語內容，請列出覺察個案情感線索的來源與方法各 1 個？（2分）

九、答案

(一) 1. 結構性失業　　　　　　　2. 季節性失業

(二) 1. 替代　　　　　　　　　　2. 壓抑

(三) 1. 內心　　　　　　　　　　2. 自我表露

七、甲與乙是大學畢業的新鮮人，二人想找工作，但是又不知道要找什麼工作，便相約到公立就業服務機構尋求協助，經過就業服務人員丙提供相關的專業諮詢服務，請回答下列問題：

㈠丙發現二人的情緒狀態及自我概念如下：1. 甲屬於「常面對微笑愉快心情」，及「不瞭解自己，且別人也不瞭解他」的情況。2. 乙屬於「略顯有點焦慮」，及「不瞭解自己，而別人瞭解他」的情況。如果依據「正、負向情緒狀態」，及「周哈里窗」的4個自我概念分析。請問：甲與乙分別屬於下表的哪一種情緒狀態及自我概念？（4分）

狀態及概念	選項			
情緒狀態	A. 正向情緒狀態		B. 負向情緒狀態	
「周哈里窗」的4個自我概念	A. 盲目我／已矇我（Blind Spot）	B. 隱藏我（Facade）	C. 未知我／封閉我（Unknown）	D. 開放我（Arena）

㈡二人經過職業心理測驗結果如下：

1. 甲在「基氏人格測驗量表」（The Guilford Martin Personality Inventory）方面，是個「情緒安定、社會通識良好、不活動內向」的人格。請問甲是該測驗的5種人格類型（如下表）的哪一種類型？（1分）

基氏人格測驗量表的5種人格類型

A型／「平均型」（average type）	B型／「暴力型」（blacklist type）	C型／「鎮靜型」（calm type）	D型／「指導型」（director type）	E型／「怪癖型」（eccentric type）

2. 乙在「工作價值觀量表」（Work Value Inventory）方面，是個「樂於助人」的工作價值觀者。請問乙是該測驗的2種價值觀類型（如下表）的哪一種類型？（1分）

「工作價值觀量表」的2種價值觀類型

「利他主義」者	「利己主義」者

3. 在「職業探索量表」（The Vocational Self-directed Search Inventory）方面：(1)甲是個「喜歡觀察、研究、分析和解決問題」職業趨向類型者，(2)乙是個「喜歡聽從指示，完成細瑣工作」職業趨向類型者。請問他們2個人分別是該測驗的6種類型（如下表）的哪一種類型？（2分）

「職業探索量表」的6種職業趨向類型

「實用(R)」	「研究(I)」	「藝術(A)」	「社會(S)」	「企業(E)」	「事務(C)」

4. 在「工作氣質測驗（個人工作態度問卷）」（The Working Temperament Scale/The Personal Work Aptitude Questionnaire）方面，(1)甲是個「獨處性高」氣質者；(2)乙是個「影響力大」氣質者。請就下表任選出比較適合他們的典型職業或工作名稱各1個？（2分）

相關氣質之典型職業或工作名稱

A. 傳教士	B. 實驗室工作者	C. 諮商員	D. 貨車駕駛員

七、答案

(一) 1. 甲是 A 正向情緒狀態；C 未知我／封閉我

　　 2. 甲是 B 負向情緒狀態；A 盲目我／已矇我

(二) 1. C 型「鎮靜型」　　　　　　　　2.「利他主義」者

　　 3. 甲「研究(I)」；乙「事務(C)」　4. 甲 D. 貨車駕駛員；乙 A. 傳教士

歷屆試題（107-3-6）

六、請先閱讀小故事，再根據 Krumboltz 的生涯社會學習論回答問題。

（故事 A）（a-1）小如愛看電視的美食節目，因為片中主廚戴著高帽子，非常帥氣，端出來的美食更是色香味俱全。小如因此學到：（a-2）廚師世界充滿各種精緻美好的事物。

（故事 B）（b-1）小如很喜歡上家政課，他的烹調作品總是受到老師同學的稱讚。小如因此學到：（b-2）自己具有烹調方面的興趣和能力。

（故事 C）（c-1）跟小如一起進餐廳工作的小華，最近考上中餐烹調丙級技術士證照，馬上被加薪。小如因此學到：（c-2）在餐飲界工作，要努力考上證照才有好前途。

（故事 D）（d-1）小如在做獅子頭的時候，突發奇想，在碎肉中加點義大利香料，沒想到獲得客人好評，師傅因此誇小如有天分。小如因此學到：（d-2）自己具有發展出新食譜的創造力。

(一) 影響個人生涯發展的學習經驗包括聯結學習（associative learning）、工具性學習（operational learning）兩種，請逐一說明：A、B、C、D 四則小故事分別代表哪一種學習經驗？（8分）

(二) 個人會在學習經驗中學到自我觀察的推論（self-observation generalization）或世界觀的推論（world-view generalization），請問（a-2）、（b-2）、（c-2）、（d-2）這四段描述之中，(1)何者屬於自我觀察推論？請寫出 1 個。(2)何者屬於世界觀推論？請寫出 1 個。（請用上述所列之（a-2）、（b-2）、（c-2）、（d-2）代碼作答）（2分）

六、答案

(一) A 聯結學習；B 聯結學習；C 工具性學習；D 工具性學習

(二) 自我觀察推論（b-2）、（c-2）；世界觀推論（a-2）、（d-2）

歷屆試題（106-3-10）

十、請說明沙維卡斯（Savickas）提出的建構取向生涯諮商的 5 個步驟。（每個步驟 2 分，共 10 分）

十、答案

㈠ 從當事人所敘說故事中，找出的生命主題。

㈡ 諮商師將生命主題反映給當事人，讓進一步思索此一生命主題。

㈢ 回到當事人所遭遇的生涯困境，探討與生命主題關連。

㈣ 嘗試將生命主題延伸至未來。

㈤ 演練生涯決定所必須具備的行為技能。

歷屆試題（106-3-9）

九、瞭解面對衝突時的反應行為，將有助人際衝突的處理，請列出博德柏克和博德柏（Verderberc & Verderber, 1995）所提出的 5 種主要衝突處理模式。（10分）

九、答案

㈠ 迴避　　　　　㈡ 放棄　　　　　㈢ 攻擊

㈣ 說服　　　　　㈤ 問題解決式的討論

歷屆試題（106-2-9）

九、在職業決定過程，有許多職涯諮詢者會使用傑尼斯與曼安（Janis & Mann, 1977）的「平衡單」（Balance sheet）與求職者一起討論職業選擇，幫助個體具體的分析每一個可能的選擇方案，研判各個方案實施後的利弊得失，最後排定優先順序，擇一而行。請寫出金樹人（1990）所提及「平衡單」中影響個人做決定的四大層面因素為何（每項2分，計8分），每個層面各舉一個具體考慮因素（每層面最多1項給分，每項0.5分，計2分）

九、答案

㈠ 自我物質方面的得失：工作收入……

㈡ 他人物質方面的得失：家人協助負擔金額……

㈢ 自我精神方面的得失：個人興趣……

㈣ 他人精神方面的得失：家人的態度……

歷屆試題（106-1-8）

八、生涯目標是指引當事人發展未來的行動方向，管理學大師 Peter Drucker 強調目標管理有助於提升實踐效能，主張目標設定要符合 SMART 原則。請說明 SMART 五個英文字母分別代表的中文字詞及意涵為何？（每個中文字詞各1分及意涵各1分，共10分）

八、答案

㈠ Specific（明確性）：目標必須是具體的

㈡ Measurable（可測量性）：目標必須是可以衡量的

㈢ Achievable（可達成性）：目標必須是可以達到的

㈣ Relevant（關聯性）：目標必須和其他目標具有相關性

㈤ Time-Bound（時間性）：目標必須具有明確的截止期限

歷屆試題（105-3-6）

六、我們一般在做決定或採取行動時，應掌握有效的人際溝通方式，使自己能愉快的工作，充分發揮所長由此顯見人際溝通的重要性。請回答下列問題：

㈠所謂：「意在言外、一切盡在不言中、此時無聲勝有聲。」即人與人溝通互動不需言語做為管道之意思，稱為何種溝通類型（方法）？（1分）而此一溝通方法至少有哪四個主要的功能？（4分）

㈡依據心理學家維吉尼亞‧薩提爾（Virginia Satir）的觀點，認為溝通類別（方式）至少有哪五個？（5分）

六、答案

㈠ 1. 非語言溝通。

　　2. 加強語言訊息、補充語言訊息、取代語言訊息、調整語言溝通的進行。

㈡ 1. 指責型　2. 超理智型　3. 打岔型　4. 討好型　5. 一致型

歷屆試題（105-2-10）

十、請敘述生涯發展大師Super將人的生涯發展歷程劃分成哪五個階段？（10分）

十、答案

㈠成長階段（0-14歲）　㈡探索階段（15-24歲）　㈢建立階段（25-44歲）

㈣維持階段（45-64歲）　㈤衰退階段（65歲以上）

歷屆試題（105-2-9）

九、Spencer & Spencer（1993）提出「冰山模型」的理論，將職能區分為五種基本特質，請說明此一理論的五種基本特質。（10分）

九、答案

㈠動機：一個人對某種事物持續渴望，進而付諸行動的念頭。

㈡特質：指身體的特性以及擁有對情境或訊息的持續反應。

㈢自我概念：關於一個人的態度、價值觀及自我印象。

㈣知識：意指一個人在特定領域的專業知識。

㈤技能：執行有形或無形任務的能力。

歷屆試題（105-2-7）

七、周哈里窗理論（Johari Window Theory）展示了關於自我認知、行為舉止和他人對自己的認知之間，在有意識或無意識的前提下形成的差異，請回答下列問題：

㈠由此分割成哪四個範疇的我？（4分）

㈡發展周哈里窗理論至少有哪三個目的？（6分）

七、答案

㈠ 1. 開放我　2. 盲目我　3. 隱藏我　4. 未知我

㈡ 1. 自我給予　　　　　　　　　　2. 他人反饋

　 3. 三個領域的互動，縮小私人領域，縮小自我盲點

歷屆試題（105-1-10）

十、有關談到如何分配資源，請回答下列問題：

㈠ 依據社會福利學者的最標準答案是什麼？（2分）

㈡ 根據 Bradshaw 的分類，可分為哪四種類型？（8分）

十、答案

㈠ 公平正義

㈡ 1. 規範性需求　　　　　　　　　2. 感覺性需求

　 3. 表達性需求　　　　　　　　　4. 比較性需求（相對性需求）

歷屆試題（105-1-7）

七、所謂「情緒」，是指對某人某事所產生的熱切感覺（intense feeling），或因為某個事情、某個人而發生的反應。請回答下述問題：

㈠ 請各任舉 2 種正向情緒與負向情緒種類。（4分）

㈡ 引發情緒的原因很多，其中不合理的信念會引發內在情緒衝突。下列何者非屬「信念迷思」：（3分，寫出編號即可）

編號	內容
1	事情不如意並不是一件很可怕的事，也不是很悲慘的。
2	我應該被眾人喜歡，接受和稱讚。
3	我應該很有能力或很有成就才有價值。
4	不管好人或壞人都應該受到刑罰、懲治和責難。
5	應該時時刻刻擔憂、思慮危險、可怕的事，及歹事會發生。
6	面對困難和責任重大之事務，不以逃避應對較為妥適。
7	我應該找一位比我自己更剛強有力的人來作倚靠。
8	過去的經驗決定了我現今的處境，並且我的境遇不會永遠無法改變。
9	生命中的每一個問題，都應該有一個完美的答案，否則會很痛苦。

㈢ 助人者在協助個案情緒管理過程中，扮演著非常重要的角色與功能。而助人是一種關係型態，一般而言，其包含哪三種元素？（3分）

七、答案

㈠ 1. 正向情緒：愉快、關愛、同情、驕傲、希望、滿足……

2.負向情緒：擔心、傷感、遺憾、後悔、失望、焦慮、沮喪、罪惡感、羞恥、氣憤、受傷、悲觀……。

(二) 1、6、8

(三) 助人者、受助者、助人行為

歷屆試題（104-3-6）

六、在職業生涯諮商的相關理論中，「人格理論」是許多人常常討論運用的，所謂「人格」就是個人對自己或別人、對環境事物等各方面適應時，在行為上所表現出來的獨特個性。請回答下列問題：

(一) 請將「A. 氣質」、「B. 動機」、「C. 興趣」、「D. 能力」、「E. 價值觀」、「F. 社會態度」等6個人格特質名詞，與下列比較吻合接近意涵說明者，進行配對：（6分，可以編號配對作答）

編號	意涵
1	性向與成就。
2	能滿足動機與興趣的事物。
3	對社會事物的個人意見。
4	性情或脾氣。
5	促使行為與引導行為的內在力量
6	個人對事務的愛好與重視

(二) 馬碧經過人格測驗結果，具備能夠調整自己的心態與言行，以適應現在職場的各種文化與規定。請問這種人格是 1. 佛洛依德（Freud）心理分析理論及 2. 伯尼（Eric Berne）溝通分析治療法（Transactional Analysis therapy, TA）中，所指稱的哪一個人格結構？（4分；必須寫出學者名字（或理論名詞）與其所指稱相配對之人格結構名稱，缺一項或配對錯誤都不給分。

六、答案

(一) 1──D　2──E　3──F　4──A　5──B　6──C

(二) 1. 佛洛依德（Freud）──自我　2. 伯恩（伯尼）（Eric Berne）──成人

歷屆試題（104-2-8）

八、某甲興趣測驗的何倫碼（Holland Code）結果為AR（A：藝術型；R：務實型或實用型），若以人境契合性作為協助方式，請於下表十個職業中，推薦五個較契合其何倫碼之職業給某甲。請以「職業編號」回答。（10分）

職業編號	職業名稱	職業簡介
1	平面設計師	利用各種多媒體材料做出藝術性或裝飾的視覺效果，以設計或創作圖樣，來符應諸如包裝、展覽、或商標的廣告需要或宣傳需求。

2	收銀員	在商業機關（不含銀行機關）中收取或支付現金，通常會使用條碼掃瞄機、收銀機等設備。也常需進行信用卡或銀行卡之刷卡或支票支付事宜。
3	布景／展場設計師	為展覽、電視、電影與劇場作特別的設計。應該在研讀腳本，與導演討論等方式深究後，決定合適的背景風格。
4	汽車工程師	借助電腦科技，開發或修正汽車設計，包含汽車結構構件、引勤、傳動器等。
5	流行設計師	設計服裝、飾品和配件。掌握時尚區是以設計或創新服飾商品，也可以研發色彩的調配，與材質種類。
6	旅遊領隊	為個體旅行者或旅行團組織，安排長途旅行或探險活動。
7	商品展示與櫥窗布置工作者	規劃並設計商業場所的物品擺置，例如櫥窗設計，商店規劃，以及貿易展覽中心商品。
8	舞者	舞蹈演出；也可能是唱歌或表演。
9	遙測科學家與技師	應用遙測原理或方法分析資料與解決問題，如自然資源管理、都會規劃以及國土安全之領域。可以開發新的分析技術與感應系統或現有系統新的應用。
10	調查研究員	設計與執行調查。可以監督執行面訪或電訪的訪問員。可以呈現調查結果給客戶。

八、答案

13578

歷屆試題（104-1-10）

十、就業服務人員要協助求職者在需求與社會資料之間取得平衡關係，首先必須評估求職者與環境間的互動關係是否達到一種連續狀況，而需求與資源要達到持續有效的連續關係必須具備哪四項特質？（10分）

十、答案

1. 資源平衡性
2. 資源妥適性
3. 資源存在可用性
4. 資源可信賴性

歷屆試題（104-1-8）

八、某甲與趣測驗的何倫碼（Holland Code）結果為RI（R：務實型或實用型；I：研究型），若以人境契合性作為協助方式，請於下表十個職業中，推薦五個較契合其何倫碼之職業給某甲。作答時，請依「職業編號」回答。（10分）

職業編號	職業名稱	職業簡介
1	遙測科學家與技師	應用遙測原理和方法分析資料與解決問題，如自然資源管理、都會規劃以及國土安全之領域。可以開發新的分析技術與感應系統，或現有系統新的應用。

2	調查研究員	設計或執行調查。可以監督執行面訪或電訪的訪問員。可以呈現調查結果給顧客。
3	審計師	檢查並分析會計記錄，以確認公司財務現況並編製有關營運流程的財務報表
4	汽車工程師	借助電腦科技、開發或修正汽車設計，包含汽車結構構件、引擎、傳動器等。
5	旅遊領隊	為個體旅行者或旅行團組織、安排長途旅行或探險活動。
6	單車／腳踏車／自行車修理匠	腳踏車之修理和服務。
7	電話推銷員	透過電話以銷售商品或服務。
8	收銀員	在商業機關（不含銀行機關）中收取與支付現金，通常會使用條碼掃瞄機、收銀機等高務。也常需進行信用卡或銀行卡之刷卡或支票支付事宜。
9	汽車維修技匠	修理汽車、卡車、巴士和其他車輛。專長於車輛之機械維修，或專精 於維修傳動系統。
10	裝潢木作師傅	用手工具或電動工具，以原木、夾板和牆板等建材建造、架設、安裝及修補建物之結構與裝潢。

八、答案

1. 遙測科學家與技師　4. 汽車工程師　6. 單車／腳踏車／自行車修理匠
9. 汽車維修技匠　10. 裝潢木作師傅

歷屆試題 112-3-10

十、Salovey 與 Mayer（1990）首先提出「情緒智力」一詞，隨後，高夫曼（Goleman）在情緒智力〔Emotional Intelligence〕一書中指出，情緒智力包含下列 5 項能力元素：

(A) 自我情緒覺察：精準覺察自己的情緒。

(B) 自我情緒管理：積極、適當地控制和表達自我情緒。

(C) 自我激勵行為：善用情緒來達成自我激勵、自我驅動，以專注投入、完成目標。

(D) 同理他人情緒：敏銳地感受到他人的需求和欲望，辨別他人的情緒。

(E) 處理人際關係：靈活因應、調節、管理他人情緒，以維持良好人際關係。

下列 (一)～(五) 題所描述的甲君行為，分別反應出上面哪個情緒智力的能力元素？請依題號順序寫出正確的情緒智力能力元素或英文代碼。（10分，每小題2分）

甲君 6 月剛從高中畢業，7 月經媒合前往飲料店擔任正職人員，2 天後他回來就業服務站要求換工作，抱怨「那地方太恐怖了，生意好到都沒休息時間，不但要幫客人點餐，還要提早去備料，飲料桶重的要命，關店後還要點收、關帳，差一毛都不行！」

(一) 就業服務人員問：「你在那樣的忙碌中，感覺如何？」

甲君說：「第一天蠻興奮的，鬥志滿滿，第二天就悲劇了，我不小心多放了一包茶，那個店長就整天挑我毛病，害我好緊張。」

(二)就業服務人員問：「你當時怎麼反應？」

　　甲君說：「當然只能化緊張為謹慎啦！加倍集中精神，做好每個細節。」

(三)就業服務人員說：「你真了不起，第一次出社會工作，就懂得怎麼應付這種情況！」

　　甲君說：「有嗎？我倒是覺得店長很可憐，差 10 分鐘就要開賣了，出了差錯他會被上面罰！難怪他會那麼緊張。」

(四)就業服務人員說：「你很難得，自己不好受時，還能想到店長的難處。」

　　甲君說：「還好啦！那我明天去跟店長說，很抱歉給他造成這麼大的災難，謝謝他幫我善後！」

(五)就業服務人員說：「我猜店長會接受你的道歉。」

　　甲君說：「其實，我昨天就想跟他道歉，只是太害怕了，才會躲著他。我明天一定要克服自己的害怕，誠心跟他道歉。」

十、答案

(一)(A) 自我情緒覺察

(二)(C) 自我激勵行為

(三)(D) 同理他人情緒

(四)(E) 處理人際關係

(五)(B) 自我情緒管理

歷屆試題 112-2-10

十、甲君 55 歲時退休，休息了 3 年之後再就業，好不容易找到的工作又一直做的不順利，因此找到員工關係室的同事乙君幫他釐清與主管溝通過程有哪些障礙存在。一般溝通過程會有許多的障礙因素，影響有效的溝通，這些常見障礙因素有：(A) 過濾作用、(B) 選擇性知覺、(C) 情緒、(D) 語言、(E) 沉默、(F) 資訊過荷、(G) 溝通焦慮。

　　以下為甲君與同事乙君的對話和情境：

(一)乙君：「你剛才說上週主管指導你做專案時，你當時的反應是什麼？」

　　甲君：「這個專案又複雜又很多人一起做，主管講的若跟我特別有關的和我比較覺得有興趣的就會多記下來，其他的就讓他講他的。」

(二)甲君：「我跟主管相差 20 歲，他講專案時一下又 K 啊 I 啊，一下又什麼 M…」乙君：「喔，你主管可能要你注意 KPI，績效指標啦？專案的專業用語。」甲君：「我有年紀了，聽不懂這些專案用的啦。」

(三)乙君：「你主管知道你進公司沒有多久，會提供你一些協助吧？」

　　甲君：「有啊！像上週我的主管給我厚厚一本資料，說隔天後跟我討論第一個部分我的專案直接會用到的，99 頁吧。」

(四)乙君：「沒關係，你以前很有職場經驗，應該可以應付。」

　　甲君：「齁！像那天主管走過來說他剛被總經理訓了一頓，他跟我講話的時候就是特別

針對我，我實在很不想聽。」

(五)乙君：「也不一定只有你的內容有問題啦，你主管也要回應總經理的指示啊。」

甲君：「好啊！反正我現在開始就挑不會被盯的內容向他報告和討論，其他的先放著不講。」

請根據上述 A～G，分別回答(一)～(五)對話和情境相對應的 1 個溝通障礙因素。（10 分，每小題 2 分）

十、答案

(一)(B) 選擇性知覺　(二)(D) 語言　(三)(F) 資訊過荷　(四)(C) 情緒　(五)(A) 過濾作用

歷屆試題 112-1-10

十、Maslow（馬斯洛）的需求層次理論將人的需求歸納為 5 種，由低到高層次，滿足初階需求後，才會進展到高階需求，依序是(A) 生理需求（Physiological Needs）、(B) 安全需求（Safety Needs）、(C) 愛與歸屬需求（Affiliation Needs）、(D) 自尊需求（Esteem Needs）、(E) 自我實現（Self-actualization Needs）。僱用單位想激發員工動力，宜先評估員工正處於什麼層次的需求，以提供或調整對應的相關措施。請將下列的需求依序歸類至上述五類的需求，每題只能有一個答案。（填答英文代碼、中文或英文皆可）

(一)甲君很希望職場是友善、溫暖，而且有談得來的同事或支持自己的主管。（2 分）

(二)乙君期待在職場能受尊重。（2 分）

(三)丙君喜歡職場能免費提供茶和咖啡、中午可以休息一下、辦活動有便當。（2 分）

(四)丁君期待從工作中獲得成就感。（2 分）

(五)戊君最重視職場要工作穩定。（2 分）

十、答案

(一)(C) 愛與歸屬需求　(二)(D) 自尊需求　(三)(A) 生理需求　(四)(E) 自我實現　(五)(B) 安全需求

歷屆試題 111-3-8

八、結構性面談是執行有效面談的方法之一，運用工作知識、背景、情境、行為等問題類別設計結構性面談問題，可增進對求職者是否適合欲推介工作之了解。請針對下列 5 種面談問題中，從 A 至 D 選項中依序寫出正確的 1 項（寫出英文代碼或問題類別皆可）：A. 工作知識問題、B. 背景問題、C. 情境問題、D. 過去行為問題。

面談問題：

(一)請問「假設你正要向客戶做業務簡報時，但發現帶錯簡報資料，你會怎麼處理？」。（2 分）

(二)請問「你若進入仲介公司要規劃每半年的員工教育訓練，製作計畫時用 6W 設計是指哪些面向？」。（2 分）

(三)請問「你可否舉例說說曾經對客戶做過最成功的業務簡報？」。（2 分）

㈣請問「你要應徵導遊工作，過去有哪些相關工作經驗、有拿到什麼證照或參加什麼相關
　訓練？」。（2分）

㈤請問「你若幫公司撰寫徵才廣告，可否說說哪些資格設定是違反法令，而不可以出現
　的？」。（2分）

八、答案

㈠C.情境問題　㈡A.工作知識問題　㈢D.過去行為問題　㈣B.背景問題　㈤A.工作知識問題

歷屆試題 111-3-9

九、高曼（Goleman）在情緒智力〔Emotional Intelligence〕一書中指出，情緒智力包含下列
　五項能力元素：

　⒜自我情緒察覺：精準察覺自己的情緒；

　⒝自我情緒管理：積極、適當地控制和表達情緒；

　⒞自我激勵行為：善用情緒來達成自我激勵、自我驅動，以專注投入、完成目標；

　⒟同理他人情緒：敏感地感受到他人的需求和欲望，辨別他人的情緒；

　⒠處理人際關係：靈活因應、調節、管理他人情緒，以維持良好人際關係。

　下面各題項所描述的甲君行為，分別反應出上面哪個情緒智力的能力元素？請寫出題號
　以及能力元素或其英文代碼。（10分，每小題2分）

㈠甲君在求職面試等候區，發現自己胃部緊縮、手腳冰冷，覺得自己應該是正在「緊張」。

㈡甲君擔心等一下面試官發現自己的緊張，做了深呼吸，努力舒緩心情。

㈢甲君看到旁邊的求職者也在深呼吸，對他說：「要被考，很焦慮齁。」

㈣甲君看到面試官放在桌面上的手機一直震動，主動說：「您若有事需要處理的話，我可
　以等一等。」

㈤甲君本來想：「天啊，這麼多人來！我的學經歷都不漂亮，這下沒希望了。」但一轉念
　就告訴自己：「絕對不能自己先放棄，願意學習是我的優勢，我一定要讓考官看到我的
　優勢。」

九、答案

㈠⒜自我情緒察覺　㈡⒝自我情緒管理　㈢⒟同理他人情緒

㈣⒠處理人際關係　㈤⒞自我激勵行為

職業心理測驗

十、甲君是某就業服務機構的就業諮詢人員，提供求職者測驗服務。因此，在實際辦理過程中，必須注意多項測驗要素，包括下列：(A) 測驗時效 (B) 知後同意權 (C) 測驗保密原則 (D) 測驗施測環境 (E) 測驗智慧財產權 (F) 測驗結果解釋 (G) 測驗分級 (H) 專業知能。請針對下列所述情境，寫出上述測驗要素之最適切對應代碼。

㈠ 甲君具備此項測驗使用資格而為求職者施測。（2分）

㈡ 甲君評估求職者的需求，選擇具有測驗編製者同意授權的測驗進行施測。（2分）

㈢ 進行施測前，甲君告知求職者此一測驗的性質、目的及結果如何運用。（2分）

㈣ 施測結束後，甲君針對本次測驗結果，使用求職者理解的用語，清楚說明測驗數據與結果代表的涵義，提供符合求職者志趣及能力的職業選擇。（2分）

㈤ 求職者對甲君的服務感到滿意，主動表示願意提供其測驗結果作為教學範例。甲君將測驗結果資料中的求職者真實姓名完全移除，才用於培訓教學。（2分）

十、答案

㈠ (H) 專業知能　　　　　　　　　　㈡ (E) 測驗智慧財產權

㈢ (B) 知後同意權　　　　　　　　　㈣ (F) 測驗結果解釋

㈤ (C) 測驗保密原則

九、勞動部勞動力發展署研發並訂有職業心理測驗使用管理要點（勞動部勞動力發展署職業心理測驗發行目錄），以維護各種職業心理測驗之有效使用，並促進就業服務工作之推行。其中常用的職業心理測驗包括：㈠ 通用性向測驗（GATB）（3分）、㈡ 我喜歡做的事測驗（3分）、㈢ 工作氣質測驗（3分）、成人生涯轉換需求量表（1分）。請分別敘明上述 4 種測驗的目的。

九、答案

㈠ 在就業諮詢及職業輔導過程中，透過測驗所得之性向資料，以協助受試者了解自己的潛在能力，做為擇業、就業之參考。

㈡ 協助受試者了解自己的職業興趣，以做為擇業、就業之參考。

㈢ 協助受試者了解自己對於選擇職業的態度及適應性，以做為擇業、就業之參考。

㈣ 具體探測成人的生涯需求，以 6 個面向進行探討，以協助有需要的成人進行生涯轉換。

歷屆試題（108-1-9）

九、評量服務對象的工作潛能時，最主要的評量方式有四：㈲標準化心理測驗—在標準化情境，測量其心理特質；㈡工作樣本—以具體目的的操作性活動，模擬真實工作中所用到的工具、材料，及作業步驟；㈢情境評量—在真實或模擬的工作場所，評估者可操弄情境（如：工作數量、速度、態度等），有系統的觀察其工作相關能力；㈣現場試作—在真實的工作或生活環境觀察個體的功能，以判斷其在相似環境的潛能。

請依據上述意涵，逐一歸類下列各小題的評量方式分屬於㈲、㈡、㈢、㈣之哪一類？

（作答必須標示下列題號，並依題號順序逐一寫出㈲、㈡、㈢、㈣之代碼始給分）。

（每小題各 1 分，共計 10 分）

㈠服務對象被安排在障礙發生前的職場來評量，以瞭解回原職場的可能性。

㈡「我喜歡做的事」量表。

㈢配合在庇護工場上下班一天，評估服務對象的體力及交通的情形。

㈣「傑考氏職前技能評估」。

㈤「工作氣質測驗」。

㈥安排服務對象在超商最忙時段工作一整天，觀察其忍受工作壓力的情形。

㈦「明尼蘇達手部操作測驗」。

㈧服務對象被安排在未來可能工作的職場，以瞭解未來所需的職務再設計。

㈨「通用性向測驗」。

㈩「育成綜合工作能力評量」。

九、答案

㈠(丙)　　㈡(甲)　　㈢(丁)　　㈣(乙)　　㈤(甲)　　㈥(丁)　　㈦(乙)

㈧(丙)　　㈨(甲)　　㈩(乙)

歷屆試題（107-2-9）

九、為了增進求職者阿菊對自己職能表現的瞭解，諮詢人員決定實施測驗，他找到 A、B、C 等 3 份職能測驗。首先，諮詢人員查看測驗的內部一致性係數值：「A 測驗」為 0.5、「B 測驗」為 0.9、「C 測驗」也是 0.9；其次，查看因素分析的解釋變異量：「A 測驗」為 23%、「B 測驗」為 56%、「C 測驗」為 33%；最後檢視參照團體，「A 測驗」採便利抽樣（convenience sampling），在 1990 年建立常模、「B 測驗」採隨機抽樣，在 2015 年建立常模、「C 測驗」採便利抽樣，在 2017 年建立常模。如果你是這位諮詢人員，請根據上述敘述內容重點，請回答下列問題：

㈠寫出良好品質的測驗應具備的 3 個要素？（6 分）

㈡這 3 份測驗中，寫出哪 1 份測驗的品質最適切？（4 分）

九、答案

㈠ 1. 良好信度　　2. 良好效度　　3. 適當常模　　4. 具備實用性

㈡ B 測驗

歷屆試題（107-1-8）

八、明仁在求職之前，做了興趣測驗。他遇到一位未受過職涯專業訓練的解測人員。這位解測人員提供明仁 3 個數字，並以此數值作爲唯一資料，解釋明仁的能力偏低，並在明仁不知情的情況下，將他的測驗分數公告周知，導致明仁將興趣解讀爲能力，並對自己失去信心，也擔心個資外洩。請您根據上述案例，寫出使用或解釋測驗分數應注意的原則 4 項。（每項 2.5 分，共 10 分）

八、答案

㈠ 測驗分數應保密。

㈡ 對低分者的解釋應謹慎小心。

㈢ 解釋分數應參考其他有關資料。

㈣ 以測驗內容及形式解說受測者的表現解釋測驗分數。

㈤ 依據測驗的目的適當地解釋測驗分數。

㈥ 將受測者其他的相關資料納入考慮，以提升解釋的正確性。

㈦ 將常模樣本與實際受試者間的主要差異及實際施測情境之差異納入考量。

㈧ 應由專業人士進行解釋測驗分數。

㈨ 應依測驗性質及功能加以解釋測驗分數。

㈩ 解釋測驗分數後只做建議，不做決定與判斷。

(十一) 避免月暈效應或偏誤。

(十二) 依測驗的目的選擇常模參照或標準參照的測驗形式。

歷屆試題（106-3-8）

八、測驗的分類可依據編製方式分爲標準化與非標準化測驗，亦可根據測驗所測量的特質進行分類。請針對被測量的特質，列出 5 種常見的生（職）涯測驗類型。（10分）

八、答案

㈠ 智力測驗

㈡ 成就測驗

㈢ 人格測驗

㈣ 工作氣質測驗

㈤ 性向測驗

㈥ 適性化職涯性向測驗

㈦ 通用性向測驗

㈧ 工作風格測驗

㈨ 職業興趣測驗

㈩ 情境式職涯興趣測驗

(十一) 興趣量表

(十二) 職業興趣量表——我喜歡做的事

(十三) 基氏人格測驗量表

(十四) 工作價值觀量表

(十五) 明尼蘇達工作價值觀量表

(十六) 職業探索量表

歷屆試題（106-2-6）

六、職業心理測驗的主要目的，是在提供客觀的以及具有代表性的行爲樣本，以協助求職者對自我進行探索與釐清職涯方向，是生涯決定過程中最重要的方法之一。請任舉 5 項職業心理測驗的功用。（10分）

六、答案

(一) 辨別愚智　　　　　(二) 分辨才能　　　　　(三) 客觀評量成績

(四) 改進教學方法　　　(五) 增進學習動機　　　(六) 診斷

(七) 預測　　　　　　　(八) 自我了解　　　　　(九) 職涯規劃

(十) 了解自己的興趣　　(土) 協助擇業、轉業或工作適應

(圭) 協助職業訓練機構甄選受訓學員

歷屆試題（105-3-10）

十、黃藍是高中畢業生，因為家庭經濟問題，決定白天工作、晚上就讀大學進修部。他剛剛做了「我喜歡做的事」，請說明生涯輔導人員如何進行「測驗解釋」（例如：應包含哪些態度或進行方法）？（10分）

十、答案

(一) 應保持中立客觀態度，不做任何評論。

(二) 應對受測者的分數保密。

(三) 測驗解釋不宜用專業術語。

(四) 應小心解釋測驗低分。

(五) 讓當事人參與解釋分數過程。

(六) 向受試者說明這份測驗量表的編製目的和分數的結構。

(七) 測驗分數高低不是能力的絕對，應參考其他資料解釋受測分數。

歷屆試題（105-1-6）

六、韋小堡經由就業服務人員協助下，採用勞動部勞動力發展署所編製的「工作氣質測驗」，進行施測結果顯示，在「A.說服性」、「B.親和性」、「C.世故順從」等3個氣質得分較高，請回答下列問題：

(一) 請在下表有關氣質的特質內涵說明中選擇3個，與韋小堡在3個得分較高的氣質相配對。（3分，可寫出得分較高的氣質名稱或編號及與其配對的特質內涵說明或編號）

編號	特質內涵
1	能夠守本分，順從上司。
2	不依照既定工作指示，忠實執行工作。
3	能夠改變別人的判斷、想法及態度。
4	善於表達個人感受與想法，並以創意眼光展現。
5	能夠謹守人際間傳統關係，注重和諧，不得罪人。
6	做事力求精確，不發生錯誤。
7	能與人打成一片，建立良好關係。
8	能在惡劣或危險環境下執行工作。

㈡此一測驗量表可配合「通用性向測驗」與「職業興趣量表」，組成一套兼顧「性向」、「興趣」及「氣質」等3種性格特質的職業生涯輔導工具。上述3種性格特質，何者「外控性」較強？何者受「遺傳」的影響程度較小？（2分）

㈢根據心理測驗專家阿那斯塔西〈Anastasi, 1961〉的定義，心理測驗是一種對行為樣本做客觀和標準化的測量。請簡述其定義的5個因素。（5分）

六、答案

㈠ 1. A-3　　　　　2. B-7　　　　　3. C-5
㈡ 1. 興趣　　　　　2. 興趣
㈢ 1. 行為樣本　　　2. 標準化　　　　3. 難度的客觀測量
　　4. 信度（可靠性）　5. 效度（有效性）

歷屆試題（104-3-7）

七、沈小雲經由就業服務人員協助下，採用勞動部勞動力發展署所編製的「我喜歡做的事—職業興趣量表」，進行施測結果顯示，在「A. 藝術」、「B. 個人服務」、「C. 社會福利」等3個職業興趣範圍得分較高，請回答下列問題：

㈠請在下表職業工作者中選擇3個，與沈小雲在3個得分較高之職業興趣範圍相配對。（3分，可寫出職業興趣範圍名稱或編號及與其配對的職業工作者名稱或編號

編號	職業工作者名稱	編號	職業工作者名稱
1	駐節警察	6	倉庫管理員
2	精神科醫師	7	空中服務員
3	品管員	8	保全人員
4	馬戲團工作者	9	金融業櫃員
5	日用品小販	10	少年觀護人

㈡請寫出此一測驗量表有哪三種常模？（6分）
㈢沈小雲對藝術的興趣分數高，從事藝術工作一定會成功和滿足嗎？（1分）

七、答案

㈠ A 藝術—4 馬戲團工作者　　　　B 個人服務—7 空中服務員
　　C 社會福利—10 少年觀護人
㈡ 1. T 分數常模　　2. 百分等級常模　　3. 標準分數常模
㈢ 不一定會成功，仍必須配合能力及努力

歷屆試題（104-1-9）

九、依就業服務法第五條第二項第二款，雇主招募或僱用員工，不得違反求職人或員工之意思，要求提供非屬就業所需之隱私資料。而依就業服務法施行細則第1-1條規定，智力測驗與心理測驗屬隱私資料之範疇。因此，雇主招募或僱用員工時，除非是「就業所需」之心理測驗（含智力測驗），否則雇主不得要求求職人或員工填寫心理測驗。

以工業與組織心理學的觀點而言，所謂心理測驗是「就業所需」或「非就業所需」，端視該測驗是否具有恰當的效度檢驗（validation），請問：檢驗是否「就業所需」時，常使用哪幾種效度檢驗方式？（10分）

九、答案

㈠內容效度　　　　　㈡校標關聯效度　　　　　㈢建構效度

歷屆試題 112-3-9

九、㈠甲君為了解自己尋找工作的方向，透過公立就業服務機構就業服務諮詢人員的協助，進行工作氣質測驗（個人工作態度問卷）及何倫碼（Holland Code）興趣測驗的施測，2種測驗施測結果如下：

1. 在工作氣質測驗（個人工作態度問卷）方面的氣質類型，包括：⑴影響力大、⑵親和性大、⑶表達力強等三種類型。

2. 在何倫碼（Holland Code）興趣測驗方面的人格傾向類型，包括：⑴溫暖助人、⑵進取的等二種類型。

請就下列的工作類型，回答公立就業服務機構就業服務諮詢人員，得依據前述 2 種測驗施測結果，為甲君提供最適合考慮尋找的 4 種工作類型之建議：（各 2 分，共 8 分）

⒜推銷員、⒝廣告文案員、⒞警衛、⒟工程師、⒠機械繪圖員、⒡包裝工、⒢複印員、教師、⒤軍人。

（回答時，請寫出最合適的答案或代碼。）

㈡公立就業服務機構就業服務諮詢人員也建議甲君能夠思考調整自己的人格特質，以符合工作職場所需要的人格特質。依據公立就業服務機構就業服務諮詢人員建議的人格特質：

1. 是精神分析學派學者佛洛伊德（Freud）所強調的哪一個人格結構？（1分）

2. 是溝通分析治療學派學者伯尼（Eric Berne）所強調的哪一個人格結構？（1分）

九、答案

㈠⒜推銷員、⒞警衛、⒣教師、⒥旅館接待員

㈡ 1. 自我　　　　　　　　　　2. 成人

歷屆試題 112-2-9

九、一般公司在進用員工時，常會透過職業心理測驗的施測結果，確定是否僱用員工之依據。而影響一般受測者在職業心理測驗結果正確性的主要因素，包括：⒜受測者的心理狀態、⒝測驗的效度、⒞測驗的信度、⒟測驗的常模、⒠測驗環境的影響、⒡受測者的背景經歷、⒢解釋分析者的知識與經驗。

請根據下列各情境描述，依序寫出題號以及每題最可能反映的上述影響因素之英文代碼或名稱一個。（10分，每小題 2 分）

㈠由於天氣炎熱，在施測時特別為受測者安排一個通風、安靜且舒適的空間，進行職業心

理測驗施測。

㈡受測者具大學畢業文憑，因長期在外國生活，對所實施測驗內容的中文字句較難理解，需要更多時間進行測驗填答。

㈢受測者做測驗時，情緒起伏很大，擔心自己的測驗分數表現太低，無法獲得聘用。

㈣三週後，使用同一份職業心理測驗，通知進入第二次面談的受測者再做一次測驗。經查這些受測者在此期間的經驗並無太大變化，而其前後二次的測驗分數，得到幾乎一樣的計分結果。

㈤以過去三年受測者的測驗分數作為參照分數標準並進行比較，發現此次受測者在「開放」向度的測驗分數，其平均分數明顯高於過去三年的平均分數。

九、答案

㈠(E) 測驗環境的影響　㈡(F) 受測者的背景經歷　㈢(A) 受測者的心理狀態

㈣(C) 測驗的信度　㈤(B) 測驗的效度

歷屆試題 112-1-9

九、甲君為了找到適合自己的職業，他在勞動力發展署網站的職涯測評專區填答了「工作氣質測驗」，得到下面的百分等級，以及跟印刷職業常模相較的結果，如下方表、圖。甲君帶著測驗結果前來尋求就業服務人員的協助。

請回答下列問題：

㈠甲君詢問就業服務人員：「網頁上說超過 66 算高分，但我只有『偏好單純』、『擔險耐勞』、『獨處自為』這三項的百分等級超過 66，是否表示我的個性跟職場需要不合呢？」請問：就業服務人員最適合採用 A、B、C 之中的哪一種反應來說明「工作氣質測驗」的性質和功用？（3 分）

A. 工作有很多，高高低低都有，雖然你只有三項比別人強，但好好利用這三項，還是能夠找到工作。

B. 個性是可以學習改變的，你的「說服性」、「決策果斷」分數也不低，好好培養，就可以提升你的市場競爭力。

C. 各個工作需要的氣質組型不同，因此重要的不是你那些氣質高分，而是你跟哪種職業的氣質組型相合。

㈡甲君接著提問：「我覺得很奇怪，我的『獨處自為』怎麼會這麼高，我其實平常也喜歡交朋友、有不少朋友啊？」請問：根據「工作氣質測驗」，就業服務人員比較適合採用 D、E 之中的哪一種反應？（2 分）

D. 百分等級是跟別人比較出來的，雖然你平常朋友不少，但根據統計，別人的朋友更多，所以你的「獨處自為」才會這麼高。

E. 生活時和工作時的偏好不一定會一樣，你平常生活中喜歡交朋友是一回事，但你工作時是否喜歡「與別人分開，單獨工作」呢？

(三) 甲君詢問就業服務人員：「我適合做印刷工作嗎」。

1. 請問：根據帕森斯（Parsons）生涯特質理論所關注的客觀適配，就業服務人員最適合採用 F、G、H 之中的哪一種反應？（2分）

2. 請問：根據薩維克（Savickas）生涯建構理論所關注的主觀建構，就業服務人員最適合採用 F、G、H 之中的哪一種反應。（3分）

F. 你可以算算看，在 10 個工作氣質中，你的個人百分等級有幾個落在常模範圍中。如果落在印刷常模百分等級的數目比其他職業常模多，就表示你比較適合印刷工作。

G. 你可以挑出你比較看重的幾個工作氣質來看，如果這幾工作氣質的個人百分等級有落在印刷常模百分等級中，就表示你適合這個工作。

H. 最重要的是你對印刷工作的印象，只要你真心喜歡印刷工作，就不必管這個測驗結果。

氣質因素	百分等級	結果解釋
A1 督導性	34	得高分者善於做工作規劃，能督導部屬執行工作，並掌分派與約制部屬的活動。
A2 說服性	50	得高分者具備良好的說服技巧，能夠改變別人的判斷、想法及態度。
A3 親和性	21	得高分者善於與人相處，能與人打成一片，以建立良好的人際關係。
A3 表達性	21	得高分者善於表達個人的感受與想法，並能以創意的眼光加以展現。
B. 決策果斷（擅於決策）	63	得高分者較能依據個人的主觀感受與事物的客觀資料，進行工作評核或下決定。
C. 審慎精確	30	得高分者做事力求精確，不會發生錯誤，能夠接受精確的標準，否則會造成重大的災害。
D. 偏好單純	69	得高分者能執行重複性或例行性工作，而不覺得單調或厭煩。得低分者能夠同時執行各種性質不同的工作職務，而不覺得力不從心。
E. 擔險耐勞（堅忍犯難）	86	得高分者在危險或困難的環境下，亦能有效執行工作。
F. 獨處自為	91	得高分者能與別人分開，自己單獨工作，而不感到難受。
G. 敬上順從	31	得高分者能依照既定的工作指示，忠實地推行工作；能守本分，並能順從上司，考慮上司的感受，與上司維持良好的關係；能謹守人與人之前的傳統關係，注重和諧，不得罪人。

和印刷之常模相較結果如下

「▨」表示常模百分等級；「─」表示個人在某一氣質的高低程度「百分等級」

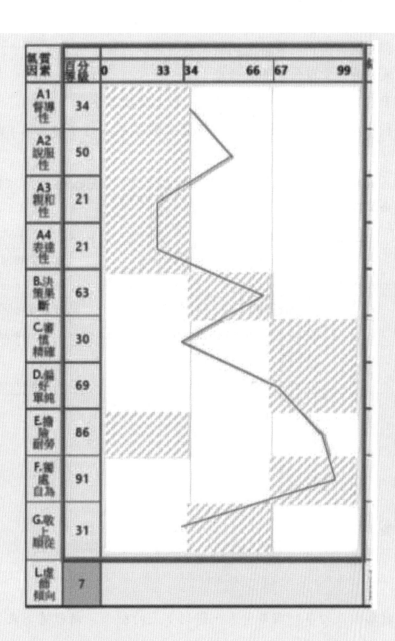

九、答案

㈠ C

㈡ E

㈢ 1. F　　　　　　　　　　　　　　2. H

歷屆試題 111-3-10

十、就業服務人員（簡稱甲君）應用測驗檢測學員參與「職前訓練課程」的培訓成果。編製測驗時，甲君設計一張表格，在直欄部分，列出培訓的教材內容，共有 8 個單元；在橫列部分，列出學習目標，以布洛姆（Bloom）六大認知領域分類呈現，包括：知識、理解、應用、分析、綜合、評鑑；在縱橫交叉所形成的細格中標示題數，作為各教材在六大認知領域的學習比重。甲君事先訂好標準，檢視學員是否達到標準，希望瞭解學員真正學會的程度。請依上列敘述及下列各問題，自下表選擇 1 個最適合的答案或代號，依序作答。（10 分，每小題 2 分）

㈠甲君所繪製包含直欄與橫列之表格，測驗人員通常以何種名稱表示？

㈡甲君所繪製之表格最能掌握何種測驗效度？

㈢就功能而言，甲君編製的測驗，最可能是哪一種測驗類型？

㈣甲君只看個人的成績是否達到預定標準，而不比較不同人得分的高低，此一做法係選用何種參照測驗？

㈤參訓學員能夠「將職訓所學，應用在新工作情境」，若以 Bloom 的六大認知領域來看，最符合哪一項學習目標之達成？

A 雙向細目表 (Two-way specificationtable)	B 項目分析 (Itemanalysis)	C 內容效度 (Contentvalidity)	D 效標關聯效度 (Criterion-related validity)
E 價值觀測驗 (Valuetest)	F 成就測驗 (Achievementtest)	G 常模參照測驗 (Norm-referenced test)	H 標準參照測驗 (Criterion-referenced test)
I 分析 (Analysis)	J 應用 (Application)	K 知識 (Knowledge)	L 理解 (Comprehension)

十、答案

㈠A 雙向細目表

㈡C 內容效度

㈢F 成就測驗

㈣H 標準參照測驗

㈤J 應用

歷屆試題 111-2-9

九、甲君填寫〈我喜歡做的事〉興趣量表，得到下表的結果。請根據下表資料回答下列問題：

㈠根據下表的資料，甲君最有興趣的三個類別依序是哪 3 個？請依興趣高低順序寫出 3 個類別的 ABC……代碼。（3 分）

㈡甲君的「藝術」的原始分數是 5、該分量表最高分 28 分、PR 值是 39，據此推測，相較之下，甲君比多少百分比的人都還喜歡以創造性的方式來表達感受呢？（2 分）

1、39。2、61。3、5。4、13。

㈢下列有關甲君的區分性描述，哪個完全正確？（2 分）

1. 區分性高，甲君和常模有差異。

2. 區分性高，甲君各興趣類型分數有差異。

3. 區分性低，甲君和常模沒有顯著差異。

4. 區分性低，甲君各興趣類型分數沒有差異。

㈣甲君看到測驗結果後說：「我的『個人服務』怎麼可能這麼高？」根據心理測驗解釋的基本原則，就業服務人員的第一個回應應該採用下列哪一個最好？（3分）

1.「做測驗的好處，就是它能夠幫你做整理，讓你對自己有更清楚、甚至不一樣的想法，可見這個測驗真的對你有幫助，讓你發現自己的『個人服務』比你原本想的還要高。」

2.「你的『個人服務』真的非常高，我們來看看，有哪些職業特別適合『個人服務』高的人。」

3.「你似乎對自己得到『個人服務』高分很訝異，你以前沒考慮『個人服務』是覺得『個人服務』有什麼不好嗎？」

4.「你的『個人服務』比你想的還要高，我們來看看這是怎麼回事，首先，這個分量表的題目是這些，所謂的『個人服務』分數就是由你對這些題目的回答得到的，你想像中的『個人服務』，會是類似這些題目的內容嗎？」

興趣類別	原始分數	PR 值	職業特性
A 藝術	5	39	喜歡以創造性的方式來表達感受
B 科學	4	47	喜歡發現、收集自然界的事物，並且將科學研究的結果應用以解決生命科學及自然科學的問題。
C 動植物	9	74	喜歡做與農、林、畜牧、狩獵等與動物及植物有關的事情。
D 保全	8	81	喜歡為人保護生命及財產。
E 機械	0	13	喜歡使用機器、手、工具及有關技術、把機械原理應用於日常生活中。
F 工業生產	0	15	喜歡在工廠中作重覆、具體而有組織的工作。
G 企業事務	1	25	喜歡做非常具體、很組織化、需要注意細節及精確性的工作。
H 銷售	2	30	喜歡用個人說服的方法及銷售的技術讓別人聽從自己意見。
I 個人服務	10	90	喜歡依別人的個別需要及期望以提供照顧性的服務。
J 社會福利	8	69	喜歡幫助人解決心理、精神、社會、生理及職業上的困難。
K 領導	4	36	喜歡用高等語文及數理能力來影響別人。
L 體能表演	2	38	喜歡在觀眾前面表演體能活動。

九、答案

㈠ I 個人服務 . D 保全 . C 動植物

㈡ 1、39

㈢ 2、區分性高，甲君各興趣類型分數有差異

㈣ 1、「做測驗的好處，就是它能夠幫你做整理，讓你對自己有更清楚、甚至不一樣的想法，可見這個測驗真的對你有幫助，讓你發現自己的『個人服務』比你原本想的還要高。」

職業道德與專業倫理

九、組成個人情感有許多不同的心情（moods）構面，這些構面有正向、負向，也有身心驅動程度高低之分。請從下列各種心情構面，選出 5 種屬於高程度的心情構面：（10 分，請寫出 5 個正確代號，超過 5 個代號者，以前 5 項答案為計分基準）A. 安詳　B. 警覺　C. 著急　D. 疲乏　E. 興奮　F. 得意　G. 緊張

九、答案
B. 警覺　C. 著急　E. 興奮　F. 得意　G. 緊張。

七、就業服務人員在提供就業服務時應重視當事人隱私的權利，並保守祕密，有關當事人服務資料之蒐集、處理或利用，應遵守個人資料保護法等相關法規之規定，請問下列哪 5 個情況是違反保護當事人隱私權？（10 分，請寫出 5 個正確代號，超過 5 個代號者，以前 5 項答案為計分基準）

A. 所使用的資料是經當事人或其法定代理人書面同意。

B. 因為要倡議，所以提供當事人資料給媒體報導。

C. 依相關法令負有報告責任時。

D. 當事人是屬於心智障礙者，不知道隱私會被侵犯，就可以直接使用。

E. 在做單位的文宣時，以單位為主體，使用當事人的相片。

F. 經評估，當事人有自殺危險時。

G. 在電梯內高談闊論當事人的私事。

H. 因上班時間做不完紀錄，故將當事人資料帶回家處理。

I. 為推介就業之必要，而提供雇主與求職人資料。

七、答案
㈠ B. 因為要倡議，所以提供當事人資料給媒體報導。
㈡ D. 當事人是屬於心智障礙者，不知道隱私會被侵犯，就可以直接使用。
㈢ E. 在做單位的文宣時，以單位為主體，使用當事人的相片。
㈣ G. 在電梯內高談闊論當事人的私事。
㈤ H. 因上班時間做不完紀錄，故將當事人資料帶回家處理。

七、在就業服務過程中，就業服務人員應尊重與維護求職者的下列權益：
　　A. 最佳福祉：促進服務對象的最佳福祉。

B. 尊重差異：讓不同文化的族群都能同等受到尊重。

C. 免受傷害：促使服務對象免於恐懼、不安、壓迫及不正義對待。

D. 自主決定：不可限制服務對象自我決定權。

請針對下列 4 種情境說明，就業服務人員的做法是維護上述的哪一項權益？每個情境寫出一個最適合的權益，每個權益只能出現在其中一個情境，作答時請填寫 A、B、C、D 代碼。

㈠甲君 30 歲，領有身心障礙證明，被鑑定為中度肢體障礙。他來到就業服務機構求職，就業服務人員依甲君需求，除成功幫他媒合就業外，並協調雇主依甲君的職務及工作環境，向地方政府申請職務再設計服務。（2.5 分）

㈡乙君對學校工作沒興趣，決定放棄公立高中正式教師工作，轉投入商場工作，並願意因為缺乏經驗而從只有基本薪資的基層業務工作做起。就業服務人員配合他的期望幫他做媒合。（2.5 分）

㈢丙君是印尼籍外國人，信奉伊斯蘭教，因與本國人結婚而來臺獲准居留。他來到就業服務機構求職，就業服務人員在媒合過程中主動關心他是否因為印尼生活習慣或宗教信仰而對工作有特別考量。（2.5 分）

㈣丁君因為不堪性騷擾而離開前一個工作，就業服務人員除了配合丁君期望介紹可能的工作機會，還主動提供防範與申訴性騷擾的相關資源。（2.5 分）

七、答案

㈠ A. 最佳福祉　　　　　　　㈡ D. 自主決定

㈢ B. 尊重差異　　　　　　　㈣ C. 免受傷害

歷屆試題（110-2-6）

六、職場遵守法律規範是最基本的要求，而職場倫理則講求超越法律之外，側重與利害關係人之間關係的職業素養和工作倫理，常見與利害關係人包含：(A) 雇主關係、(B) 顧客關係、(C) 主管關係、(D) 部屬關係，下例情境各違反哪一類職場倫理？

㈠甲君為某單位清潔隊長，假日喜歡海釣，因為習慣在上班地點用餐，所以常在上班日要求其隊員在辦公室幫忙殺魚。（2 分）

㈡乙君與一位公司顧客交情很好，在該顧客要求下，未依任職公司規定而利用所任職公司的機具設備私下接單，並協助生產新產品。（2 分）

㈢丙君是某辦公室承辦人員，丙君的科長因剛上任不熟悉業務但又不喜歡找轄下股長討論，丙君揣摩科長心思，時常在與科長商議公務後，並未向直屬股長說明與科長討論的情形。（2 分）

㈣丁君某日與家人大吵而情緒大壞，索性就不去上班也沒有跟老闆聯絡，認為反正明日去上班老闆就知道了。（2 分）

㈤戊君是工廠的排程主管，在與老闆商量後，選擇以讓公司獲利最大但生產時間最長，再慢慢交貨的生產流程。（2 分）

六、答案

㈠ D 部屬關係　　　㈡ B 顧客關係　　　㈢ C 主管關係
㈣ A 雇主關係　　　㈤ B 顧客關係

歷屆試題（109-3-7）

七、下列哪 5 項敘述違反了職業重建服務時對服務對象的倫理守則？（10分）

㈠ 經評估發現服務對象有自殺危險，故依相關流程處理。

㈡ 服務對象若因身心障礙特質而無法自我決定時，就業服務人員可代為做決定。

㈢ 協助服務對象規劃職涯目標時，只考量服務對象的職業性向，以協助其進入職場。

㈣ 讓服務對象能獲得所需服務，並盡可能提供多元服務，供服務對象選擇使用。

㈤ 對限制行為能力或無行為能力的服務對象提供服務時，就業服務人員可直接為他們做決定。

㈥ 就業服務人員因家裡有私事，就跟求才廠商取消身心障礙求職者的面談，等待日後有機會再推介。

㈦ 提供服務時，應避免與服務對象有雙重關係，以免影響客觀判斷，對服務對象造成傷害。

㈧ 轉介或連結之合作機構所提供之各項服務時，應完全相信該單位。

七、答案

㈡、㈢、㈤、㈥、㈧。

歷屆試題（109-2-7）

七、在就業服務過程中，就業服務人員應尊重當事人之下列權益：

　　(A)自主權：除為防止不法侵權事件、維護公眾利益及增進社會福祉外，不可限制服務對象之自我決定權，並應明確告知服務對象有關服務目標、限制、風險、費用權益措施等相關事宜，協助服務對象作理性之分析，以利服務對象作最佳之選擇。

　　(B)受益權：基於社會公平及正義，以促進服務對象福祉為服務之優先考量。

　　(C)免受傷害權：避免關係、倫理或利益衝突，以避免傷害當事人。

　　(D)要求忠誠權：保守業務祕密，重視當事人之隱私權利。

　　在實際服務過程中，往往會面臨上述權利之間的衝突。請針對下列情境，說明就業服務人員之做法顧及到服務對象之哪一項權利及忽略掉哪一項權利？

㈠ 小新領有身心障礙證明（手冊），被鑑定為中度智能障礙，致過去 2 年持續在競爭性職場遭遇困難，因此來到公立就業服務機構求職。經就業服務人員評估，原本打算轉介小新去直轄市、縣（市）政府職業重建服務窗口尋求支持性就業服務，但小新無法理解這個建議，堅持拒絕轉介，他說：「你們不是幫忙做職業介紹的嗎？你可不可以幫我介紹？不要再叫我去找其他地方了，好麻煩喔！」。就業服務人員遂依照一般求職者的程序幫他做就業媒合。請說明：⑴這位就業服務人員目前之做法顧及到上述哪一項權利？（2分）⑵這位就業服務人員如更積極轉介，可以顧及上述哪一項權利？（2分）為什麼？（1分）（寫出代碼或名稱均可）

㈡小雯因為嚴重特殊傳染性肺炎（新型冠狀病毒肺炎 COVID-19）疫情嚴峻而關閉自助餐店，並且憂鬱症發作，常有自殺念頭。但小雯還是想找工作，並懇請就業服務人員不要跟任何人說起她的自殺念頭。就業服務人員了解小雯迫切需要工作才能維持基本生活，就沒有跟任何人提到小雯的自殺念頭。請說明：⑴這位就業服務人員目前之作法顧及到上述哪一項權利？（2分）⑵這位就業服務人員如更積極轉介或通報心理衛生專業人員，可以顧及上述哪一項權利？（2分）為什麼？（1分）

七、答案

㈠⑴A

⑵B，以促進服務對象小新的福祉為服務之優先考量。

㈡⑴D　　㈡C，使小雯免受傷害

歷屆試題（109-1-7）

七、V. M.Tarvydas 將專業倫理的標準，分為三大類：專業的內部標準、專業實務工作者的臨床標準、外部規範標準。請依下列專業倫理的特色，依序寫出其歸屬上述 3 大類之哪一類專業倫理的標準？（10分）

㈠以規範或機構為標準、以法律及風險管理的觀點為考量、以經費及機構或信託觀點為考量。（3分）

㈡較為聚焦在專業的考量、較為特定的各種專業標準、涉及專業認同與義務。（3分）

㈢較為聚焦在職場場域、適用於單一領域或多重領域的標準、依個案或情境不同而異、可用於評量個別專業人員的表現、可用於測量成果。（4分）

七、答案

㈠外部規範標準　　㈡專業的內部標準　　㈢專業實務工作者的臨床標準

歷屆試題（107-2-10）

十、在生涯服務過程中，生涯專業人員應尊重當事人的下列權益：⑷自主權：尊重並促進服務對象的自我決定權，⑻受益權：以促進服務對象福祉為服務之優先考量，⑺免受傷害權：避免倫理或利益衝突，以避免傷害當事人，⑼公平待遇權：基於社會公平、社會正義，而促進服務對象獲得均等服務的權利，㈠忠誠保密權：保守業務祕密，尊重當事人重視隱私權利。但在實際服務過程中，往往會面臨上述權利之間的衝突，請針對下列情境，依據上開定義說明，就服人員面臨哪 2 項權利的衝突？寫出 A、B、C、D、E 代碼或名稱均可。

㈠小藍 20 歲，上個月因為常常晚上打電玩以致上班遲到或打瞌睡被辭退，他來到公立就業服務機構，要求做求職登記，並且說：「現在的工作都不好賺，事一堆、錢一點，你也不用給我介紹什麼工作了，14 天之後給我開證明領錢就好」。如果就服人員判斷小藍真正想要的應該不是求職，而是申請失業給付，也就未積極幫小藍找工作。請說明：

1. 這位就服人員照顧到上述哪 1 項權利？爲什麼？（2.5 分）

2. 這位就服人員如果也能照顧上述哪 1 項權利將可以更周延照顧小藍的權益？爲什麼？（2.5 分）

㈡ 小黃 30 歲，從青春期開始就飽受躁鬱症之苦，上個月因爲工作壓力大而離職之後，鬱症發作，常有自殺念頭。但小黃還是強打精神找工作，並懇請就服人員不要跟任何人說起他的自殺念頭。如果就服人員了解小黃迫切需要工作才能繳房租、吃飯，就沒有跟任何人提到小黃的自殺念頭，也未積極建議小黃尋求自殺防治的專業協助。請說明：

1. 這位就服人員照顧到上述哪 1 項權利？爲什麼？（2.5 分）

2. 這位就服人員如果也能照顧上述哪 1 項權利將可以更周延照顧小黃的權益？爲什麼？（2.5 分）

十、答案

㈠ 1.(A) 自主權（尊重案主自我選擇權）。

　 2.(B) 受益權（以案主最高利益為原則）。

㈡ 1.(E) 忠誠保密權（案主個人隱私資料，有保密的義務）。

　 2.(C) 免受傷害權（防範案主遭受傷害）。

歷屆試題（105-3-9）

九、就業服務專業人員在協助求職者媒合工作時，有時候會遇到機構價值干擾專業價值，而產生倫理判斷與兩難的問題，根據 Reamer 處理倫理抉擇的解決方法，有哪些決策指標？（10 分）

九、答案

㈠ 避免傷害、生命安全重於個人隱私。

㈡ 案主自決權，尊重其決定。

㈢ 遵守法律規定重於個人價值或原則。

㈣ 個人福祉優先於法令或機構之規定。

㈤ 防止案主個人傷害、公共利益先於個人財產。

歷屆試題（104-3-10）

十、助人工作者履行告知義務的行爲中，告知義務之內容，根據 Reamer 所言，必須告知的基本要項有哪些？（10 分）

十、答案

㈠ 治療的成本　　㈡ 可能有的危險性　　㈢ 優點及缺點

㈣ 對於案主家庭、工作……可能造成的影響　　㈤ 作出決策之過程

歷屆試題（104-2-10）

十、就業服務人員在對求職者之直接服務工作的倫理兩難議題中，最凸出的主題有哪五項？（10分）

十、答案

㈠ 個人福祉優先於法令或機構規定　　㈡ 防止傷害、公共利益優先於個人財產

㈢ 避免傷害、生命安全重於個人隱私　　㈣ 案主自決權

㈤ 遵守法律規定重於個人價值或原則　　㈥ 個人價值觀

㈦ 機構之政策

歷屆試題 112-3-7

七、

㈠「工作倫理」與「職業道德」二個概念，皆為職業活動進行過程所強調的約束機制。企業較常將上述哪一個概念轉化為勞雇契約，作為勞雇雙方遵守的義務？（2分）

㈡ 甲君擔任 C 公司的食品包裝設計師。設計過程中，C 公司要求甲君採用某知名網站的設計元素，同時在包裝上聲稱食品具有醫療效果，以提高銷售量。甲君未經授權使用以及沒有相關證據支持食品好處的情況下，配合 C 公司所有要求。此一做法，涉及下列哪二種不道德行為？（各3分，共6分）(A) 侵犯版權、(B) 虛假宣傳、(C) 非法製藥、(D) 賄賂、(E) 期約。

㈢ 乙君為某企業員工，因為睡過頭，導致上班遲到。從敬業態度來看，乙君選擇下列哪一種做法最為恰當？（2分）

(A) 善用科技工具，以 LINE 傳送訊息至工作小組。

(B) 親自向直屬主管報告，說明原因並依規定辦理請假。

(C) 應用人際關係，請要好的同事向主管轉達。

七、答案

㈠ 工作倫理

㈡ (A) 侵犯版權、(B) 虛假宣傳

㈢ (B) 親自向直屬主管報告，說明原因並依規定辦理請假。

歷屆試題 112-2-6

六、就業服務人員在提供求職求才服務過程中，為解決問題及化解衝突，有時會面對兩難的困境，而必須做出實務的專業倫理抉擇。有關倫理決策模式很多，其中由 Hoose 和 Paradise（胡斯和派瑞戴斯）根據 Kohlberg（柯爾堡）的道德發展理論，所提出之「五級倫理思考模式」，是從 5 個不同導向階段來思考，包括：A. 獎懲導向、B. 機構導向、C. 社會導向、D. 個人導向、E. 原則或良心導向等 5 個不同導向。而 V. M.Tarvydas（塔夫達斯）也將專業倫理的標準，分為三大類，包括：F. 專業的內部標準、G. 專業實務工作者的臨床標準、H. 外部規範標準。請依據下列 5 個概念的敘述，回答是屬於哪一

　　個倫理導向或類型？（每題 2 分，共 10 分，寫出文字或序號均可）

㈠ 遵從機構的規定和政策，關心倫理決策是否符合機構主管或督導的期望。

㈡ 焦點在案主的權益，以避免侵犯案主的權益為優先考量，做倫理決策時，不僅考慮社會規範、法律，同時更考慮案主的需求。

㈢ 完全根據個人的原則及倫理意識，不考慮社會、專業的價值或倫理，或對社會可能的影響。

㈣ 聚焦在專業的考量、特定的各種專業標準、涉及專業認同與義務。

㈤ 聚焦在職場場域、適用於單一領域或多重領域的標準、依個案或情境不同而異、可用於評量個別專業人員的表現、可用於測量成果。

六、答案

㈠ B. 機構導向

㈡ D. 個人導向

㈢ E. 原則或良心導向

㈣ F. 專業的內部標準

㈤ G. 專業實務工作者的臨床標準

Note

國家圖書館出版品預行編目資料

就業服務乙級技術士證照考試（學科、術科）：
重點中的重點，不囉嗦，讓你一本就PASS～／
李聰成著. ——二版.——臺北市：五南圖
書出版股份有限公司, 2024.05
面；　公分
ISBN 978-626-393-183-1（平裝）

1.就業　2.勞動法規　3考試指南

542.77　　　　　　　　　　113003470

1F1A

就業服務乙級技術士證照考試（學科、術科）——重點中的重點，不囉嗦，讓你一本就PASS～

作　　者 ― 李聰成

發 行 人 ― 楊榮川

總 經 理 ― 楊士清

總 編 輯 ― 楊秀麗

副總編輯 ― 黃惠娟

責任編輯 ― 魯曉玟、李湘喆

封面設計 ― 姚孝慈

出 版 者 ― 五南圖書出版股份有限公司

地　　址：106台北市大安區和平東路二段339號4樓

電　　話：(02)2705-5066　　傳　真：(02)2706-6100

網　　址：https://www.wunan.com.tw

電子郵件：wunan@wunan.com.tw

劃撥帳號：01068953

戶　　名：五南圖書出版股份有限公司

法律顧問　林勝安律師

出版日期　2022年11月初版一刷（共三刷）
　　　　　2024年5月二版一刷

定　　價　新臺幣780元

經典永恆・名著常在

五十週年的獻禮——經典名著文庫

五南，五十年了，半個世紀，人生旅程的一大半，走過來了。

思索著，邁向百年的未來歷程，能為知識界、文化學術界作些什麼？

在速食文化的生態下，有什麼值得讓人雋永品味的？

歷代經典・當今名著，經過時間的洗禮，千錘百鍊，流傳至今，光芒耀人；

不僅使我們能領悟前人的智慧，同時也增深加廣我們思考的深度與視野。

我們決心投入巨資，有計畫的系統梳選，成立「經典名著文庫」，

希望收入古今中外思想性的、充滿睿智與獨見的經典、名著。

這是一項理想性的、永續性的巨大出版工程。

不在意讀者的眾寡，只考慮它的學術價值，力求完整展現先哲思想的軌跡；

為知識界開啟一片智慧之窗，營造一座百花綻放的世界文明公園，

任君遨遊、取菁吸蜜、嘉惠學子！